한국
농어촌공사

5 · 6급

NCS + 전공 + 모의고사 3회

SD에듀
(주)시대고시기획

2024 최신판 SD에듀 All-New 한국농어촌공사 5 · 6급
NCS + 전공 + 모의고사 3회 + 무료NCS특강

Always with you

사람의 인연은 길에서 우연하게 만나거나 함께 살아가는 것만을 의미하지는 않습니다.
책을 펴내는 출판사와 그 책을 읽는 독자의 만남도 소중한 인연입니다.
SD에듀는 항상 독자의 마음을 헤아리기 위해 노력하고 있습니다. 늘 독자와 함께하겠습니다.

행복한 농어촌과 함께하는 한국농어촌공사는 2024년에 5·6급 신입사원을 채용할 예정이다. 한국농어촌공사 5·6급의 채용절차는 「지원서 접수 ➜ 서류전형 ➜ 필기전형 ➜ AI면접 ➜ 면접전형 ➜ 최종합격자 발표」 순서로 이루어지며, 필기전형은 직업기초능력, 직무수행능력, 인성검사로 진행한다. 직업기초능력은 공통적으로 의사소통능력, 문제해결능력, 수리능력, 정보능력을 평가하고, 채용분야에 따라 자원관리능력 또는 기술능력을 평가하며, 직무수행능력은 각 채용분야의 전공지식을 평가한다. 또한, 필기전형 고득점자 순으로 채용예정인원의 2~5배수를 선발하여 면접전형을 진행하므로 필기전형에 대비하기 위해 다양한 유형에 대한 폭넓은 학습과 문제풀이능력을 높이는 등 철저한 준비가 필요하다.

한국농어촌공사 5·6급 필기전형 합격을 위해 SD에듀에서는 한국농어촌공사 5·6급 판매량 1위의 출간경험을 토대로 다음과 같은 특징을 가진 도서를 출간하였다.

도서의 특징

❶ 기출복원문제를 통한 출제 유형 확인!
- 2023년 주요 공기업 NCS 기출문제를 복원하여 공기업별 NCS 필기 유형을 파악할 수 있도록 하였다.
- 2023년 주요 공기업 전공 기출문제를 복원하여 공기업별 전공 출제경향을 파악할 수 있도록 하였다.

❷ 한국농어촌공사 5·6급 필기전형 출제 영역 맞춤 문제를 통한 실력 상승!
- 직업기초능력 출제유형분석&실전예제를 수록하여 유형별로 대비할 수 있도록 하였다.
- 직무수행능력(행정직·토목직) 적중예상문제를 수록하여 필기전형에 완벽히 대비할 수 있도록 하였다.

❸ 최종점검 모의고사를 통한 완벽한 실전 대비!
- 철저한 분석을 통해 실제 유형과 유사한 최종점검 모의고사를 수록하여 자신의 실력을 점검할 수 있도록 하였다.

❹ 다양한 콘텐츠로 최종 합격까지!
- 한국농어촌공사 채용 가이드와 면접 기출질문을 수록하여 채용을 준비하는 데 부족함이 없도록 하였다.
- 온라인 모의고사와 AI면접 응시 쿠폰을 무료로 제공하여 채용 전반에 대비할 수 있도록 하였다.

끝으로 본 도서를 통해 한국농어촌공사 5·6급 채용을 준비하는 모든 수험생 여러분이 합격의 기쁨을 누리기를 진심으로 기원한다.

SDC(Sidae Data Center) 씀

미션

> 우리는 농어촌자원의 효율적 이용 · 관리와 가치 증진을 통해
> **농어업의 경쟁력 강화**와 **농어촌의 경제 · 사회 · 환경적 발전**에 기여한다.

비전

> **행복한 농어촌, 함께하는 KRC**

핵심가치

안전
Safety First

신뢰
Customer First

혁신
Innovation First

○ 전략목표

튼튼한 **식량주권** 기반 강화

풍요로운 **물복지** 실현

고객중심 **농지플랫폼** 구축

활기찬 **농어촌 공간** 조성

지속가능 경영 실현

○ 인재상

농어촌의 **가치** 창출에 기여하는 **창의적 인재**

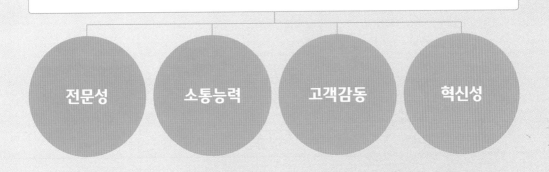

전문성　　　소통능력　　　고객감동　　　혁신성

신입 채용 안내 INFORMATION

○ 지원자격(공통)

① 학력 · 전공 · 성별 · 연령 : 제한 없음
② 임용일 즉시 근무 가능한 자
③ 입사지원 마감일 기준 공사 정년(만 60세)에 해당하지 아니한 자
④ 병역법 제76조에서 정한 병역의무 불이행 사실이 없는 자
⑤ 한국농어촌공사 인사규정 제9조(결격사유)의 임용 결격사유가 없는 자

○ 필기전형

구분	채용분야		출제범위
직업기초능력 (50문항)	경상, 법정, 농학, 전산		의사소통능력, 문제해결능력, 수리능력, 정보능력, 자원관리능력
	토목일반, 조경, 도시계획, 기계, 전기, 건축, 지질, 환경		의사소통능력, 문제해결능력, 수리능력, 정보능력, 기술능력
직무수행능력 (40문항)	경상 (택 1)	경영학	경영학원론, 재무관리, 마케팅, 조직 및 인적자원관리, 재무회계, 관리회계
		경제학	경제학원론, 미시경제학, 거시경제학, 국제경제학
	법정 (택 1)	법학	헌법, 민법(가족법 제외), 민사소송법, 행정법
		행정학	행정학원론, 인사행정론, 재무행정론, 조직론
	토목일반	토목학	수리학, 농업수리학, 응용역학
인성검사	전 분야		태도, 직업윤리, 대인관계능력 등 인성 전반

※ 일부 채용분야의 전공과목은 생략하였음

○ 면접전형

구분	평가내용
직무수행능력 면접	실무지식, 직무역량 등
직업기초능력 면접	직업윤리, 조직이해능력, 대인관계능력 등

❖ 위 채용 안내는 2023년 채용공고를 기준으로 작성하였으므로 세부사항은 확정된 채용공고를 확인하기 바랍니다.

2023년 기출분석

한국농어촌공사 5 · 6급 필기전형은 피셋형으로 출제되었으며, 난이도가 다소 높고 시간이 부족했다는 후기가 많았다. 특히 의사소통능력의 경우 지문의 길이가 긴 문제가 출제되었고, 수리능력과 자원관리능력에서 계산하는 문제가 많이 출제되었으므로 빠르게 풀이하는 연습이 필요하다. 또한, 시험 전반적으로 복잡한 계산문제가 많이 나왔기 때문에 시간을 효율적으로 배분하는 연습을 해두는 것이 좋겠다.

의사소통능력

출제 특징	• 긴 지문의 문제가 출제됨
출제 키워드	• 추론, 어휘, 농산물, 곡물 등

문제해결능력

출제 특징	• 자료 해석 문제가 출제됨 • 명제 문제가 출제됨
출제 키워드	• 조건 등

수리능력

출제 특징	• 도표 계산 문제가 출제됨
출제 키워드	• 계산, 비율 등

정보능력

출제 특징	• 지문 문제가 출제됨 • 엑셀 문제가 출제됨
출제 키워드	• VLOOKUP, MATCH, 단축키, 일련번호 등

자원관리능력(행정직)

출제 특징	• 표 문제가 출제됨
출제 키워드	• 계산, 비용 등

기술능력(토목직)

출제 특징	• 오작동 문제가 출제됨
출제 키워드	• 사용 매뉴얼 등

NCS 문제 유형 소개 NCS TYPES

PSAT형

※ 다음은 K공단의 국내 출장비 지급 기준에 대한 자료이다. 이어지는 질문에 답하시오. **[15~16]**

〈국내 출장비 지급 기준〉

① 근무지로부터 편도 100km 미만의 출장은 공단 차량 이용을 원칙으로 하며, 다음 각호에 따라 "별표 1"에 해당하는 여비를 지급한다.
　㉠ 일비
　　ⓐ 근무시간 4시간 이상 : 전액
　　ⓑ 근무시간 4시간 미만 : 1일분의 2분의 1
　㉡ 식비 : 명령권자가 근무시간이 모두 소요되는 1일 출장으로 인정한 경우에는 1일분의 3분의 1 범위 내에서 지급
　㉢ 숙박비 : 편도 50km 이상의 출장 중 출장일수가 2일 이상으로 숙박이 필요할 경우, 증빙자료 제출 시 숙박비 지급
② 제1항에도 불구하고 공단 차량을 이용할 수 없어 개인 소유 차량으로 업무를 수행한 경우에는 일비를 지급하지 않고 이사장이 따로 정하는 바에 따라 교통비를 지급한다.
③ 근무지로부터 100km 이상의 출장은 "별표 1"에 따라 교통비 및 일비는 전액을, 식비는 1일분의 3분의 2 해당액을 지급한다. 다만, 업무 형편상 숙박이 필요하다고 인정할 경우에는 출장기간에 대하여 숙박비, 일비, 식비 전액을 지급할 수 있다.

〈별표 1〉

구분	교통비				일비 (1일)	숙박비 (1박)	식비 (1일)
	철도임	선임	항공임	자동차임			
임원 및 본부장	1등급	1등급	실비	실비	30,000원	실비	45,000원
1, 2급 부서장	1등급	2등급	실비	실비	25,000원	실비	35,000원
2, 3, 4급 부장	1등급	2등급	실비	실비	20,000원	실비	30,000원
4급 이하 팀원	2등급	2등급	실비	실비	20,000원	실비	30,000원

1. 교통비는 실비를 기준으로 하되, 실비 정산은 국토해양부장관 또는 특별시장·광역시장·도지사·특별자치도지사 등이 인허한 요금을 기준으로 한다.
2. 선임 구분표 중 1등급 해당자는 특등, 2등급 해당자는 1등을 적용한다.
3. 철도임 구분표 중 1등급은 고속철도 특실, 2등급은 고속철도 일반실을 적용한다.
4. 임원 및 본부장의 식비가 위 정액을 초과하였을 경우 실비를 지급할 수 있다.
5. 운임 및 숙박비의 할인이 가능한 경우에는 할인 요금으로 지급한다.
6. 자동차임 실비 지급은 연료비와 실제 통행료를 지급한다.
　(연료비)＝[여행거리(km)]×(유가)÷(연비)
7. 임원 및 본부장을 제외한 직원의 숙박비는 70,000원을 한도로 실비를 정산할 수 있다.

특징
▶ 대부분 의사소통능력, 수리능력, 문제해결능력을 중심으로 출제(일부 기업의 경우 자원관리능력, 조직이해능력을 출제)
▶ 자료에 대한 추론 및 해석 능력을 요구

대행사
▶ 엑스퍼트컨설팅, 커리어넷, 태드솔루션, 한국행동과학연구소(행과연), 휴노 등

모듈형

| 대인관계능력

60 다음 자료는 갈등해결을 위한 6단계 프로세스이다. 3단계에 해당하는 대화의 예로 가장 적절한 것은?

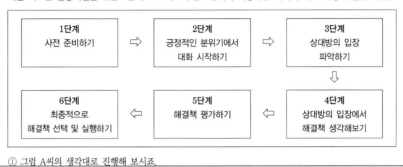

① 그럼 A씨의 생각대로 진행해 보시죠.

특징
▶ 이론 및 개념을 활용하여 푸는 유형
▶ 채용 기업 및 직무에 따라 NCS 직업기초능력평가 10개 영역 중 선발하여 출제
▶ 기업의 특성을 고려한 직무 관련 문제를 출제
▶ 주어진 상황에 대한 판단 및 이론 적용을 요구

대행사
▶ 인트로맨, 휴스테이션, ORP연구소 등

피듈형(PSAT형 + 모듈형)

| 문제해결능력

60 P회사는 직원 20명에게 나눠 줄 추석 선물 품목을 조사하였다. 다음은 유통업체별 품목 가격과 직원들의 품목 선호도를 나타낸 자료이다. 이를 참고하여 P회사에서 구매하는 물품과 업체를 바르게 연결한 것은?

〈업체별 품목 금액〉

구분		1세트당 가격	혜택
A업체	돼지고기	37,000원	10세트 이상 주문 시 배송 무료
	건어물	25,000원	
B업체	소고기	62,000원	20세트 주문 시 10% 할인
	참치	31,000원	
C업체	스팸	47,000원	50만 원 이상 주문 시 배송 무료
	김	15,000원	

〈구성원 품목 선호도〉

특징
▶ 기초 및 응용 모듈을 구분하여 푸는 유형
▶ 기초인지모듈과 응용업무모듈로 구분하여 출제
▶ PSAT형보다 난도가 낮은 편
▶ 유형이 정형화되어 있고, 유사한 유형의 문제를 세트로 출제

대행사
▶ 사람인, 스카우트, 인크루트, 커리어케어, 트리피, 한국사회능력개발원 등

주요 공기업 적중 문제 TEST CHECK

단축키 ▶ 키워드

02 다음 엑셀의 단축키 중 한 셀에 두 줄 이상 입력하기 위한 '줄 바꿈'의 단축키로 적절한 것은?

① 〈Alt〉 + 〈Enter〉　　　　　　　② 〈Ctrl〉 + 〈N〉

③ 〈Alt〉 + 〈F1〉　　　　　　　　④ 〈Enter〉

⑤ 〈Ctrl〉 + 〈Enter〉

오작동 ▶ 키워드

47 귀하는 설명서 내용을 토대로 새로운 공유기를 기존 공유기와 연결하고 설정을 마무리하였는데 제대로 작동하지 않았다. 귀하의 동료 중 IT기술 관련 능력이 뛰어난 A주임에게 문의를 한 결과, 아래와 같은 답변을 받았다. 다음 중 답변으로 적절하지 않은 것은?

① 기존 공유기로부터 연결된 LAN선이 새로운 공유기에 LAN 포트에 연결되어 있네요. 이를 WAN 포트에 연결하면 될 것 같습니다.

② PC에서 IP 갱신이 제대로 되지 않은 것 같습니다. 공유기와 PC 모두 재시작해보는 게 좋을 것 같습니다.

③ 기존 공유기와 새로운 공유기를 연결하는 LAN선이 제대로 꼽혀 있지 않네요.

④ 기존 공유기에서 DHCP 서버가 발견될 경우 DHCP 서버 기능을 중단하도록 설정되어 있어서 오작동한 것 같아요. 해당 설정을 해제하면 될 것 같습니다.

⑤ 공유기를 스위치로 변경 후, UPNP 포트포워딩 기능이 실행 중이라면 네트워크 장애를 유발할 수 있습니다. 해당 기능을 중단해 주시기 바랍니다.

내용 추론 ▶ 유형

05 다음 글을 읽고 추론한 내용으로 적절하지 않은 것은?

현재 다양한 종류의 라이프로그가 있으며, 개인의 생활방식 변화와 새로운 기술의 출현에 따라 새로운 종류의 라이프로그가 계속 생겨나고 있다. 기본적인 라이프로그에는 사진, 비디오, 문서, 이메일, 일정 등이 있으며, 대화나 모임의 내용, 컴퓨터 사용 내역 등을 기록한 라이프로그도 있다. 또한 센서 기술의 발달로 다양한 센서에서 측정한 값이나 건강상태의 기록 같은 라이프로그도 생겨나고 있다. 개인 정보기기와 저장 기술이 발전하면서 개인 콘텐츠를 손쉽게 생성할 수 있게 되었고, 유비쿼터스 컴퓨팅 기술의 발달로 지속적인 라이프로그 생성이 가능해졌다. 이러한 라이프로그는 효과적인 관리를 통해 개인의 생산성 향상, 소셜 릴레이션십 강화, 문화 수준의 증진, 삶의 질 향상, 개인화된 비즈니스 창출 등 다양한 효과를 기대할 수 있다. 이렇게 라이프로그 관리의 중요성에 대한 인식이 확산되면서 라이프로그를 효과적으로 관리하기 위한 라이프로그 관리 시스템들이 제안되었다. 기존 라이프로그 관리 시스템들은 기반 데이터 모델에 따라 크게 세 가지 부류로 나눌 수 있다. 먼저, 관계 데이터 모델 기반 라이프로그 관리 시스템은 라이프로그를 관계 데이터 모델로 모델링하고, 라이프로그에 관한 질의를 SQL로 변환해 처리한다. 이러한 시스템은 질의 처리 성능이 뛰어난 반면 라이프로그 간 복잡한 관계에 기반한 관계 질의 처리를 제대로 지원하지 못한다. 반면, 온톨로지 기반 라이프로그 관리 시스템은 라이프로그를 자유로운 구조를 가지는 그래프로 모델링함으로써 복잡한 관계 질의를 가능하게 한다. 하지만 이러한 시스템은 질의 작성이 어렵고 질의 처리 성능이

한국마사회

11 다음 A ~ C의 비윤리적 행위에 대한 원인을 순서대로 바르게 나열한 것은?

- A는 영화관 내 촬영이 금지된 것을 모르고 영화 관람 중 스크린을 동영상으로 촬영하였고, 이를 인터넷에 올렸다가 저작권 위반으로 벌금이 부과되었다.
- B는 얼마 전 친구에게 인터넷 도박 사이트를 함께 운영하자는 제안을 받았고, 그러한 행위가 불법인 줄 알았음에도 불구하고 많은 돈을 벌 수 있다는 친구의 말에 제안을 바로 수락했다.
- 평소에 화를 잘 내지 않는 C는 만취한 상태로 편의점에 들어가 물건을 구매하는 과정에서 직원과 말다툼을 하다가 화를 주체하지 못하고 주먹을 휘둘렀다.

	A	B	C
①	무절제	무지	무관심
②	무관심	무지	무절제
③	무관심	무절제	무지
④	무지	무관심	무절제

13 다음 글을 통해 알 수 있는 내용으로 적절하지 않은 것은?

한국 고유의 전통 무술인 택견은 유연하고 율동적인 춤과 같은 동작으로 다리를 걸어 넘어뜨리거나 상대를 공격한다. 택견 전수자는 우아한 몸놀림으로 움직이며 부드러운 곡선을 만들어 내지만, 이를 통해 유연성뿐 아니라 힘도 보여준다. 택견에서는 발동작이 손만큼이나 중요한 역할을 한다. 택견은 부드러워 보이지만, 가능한 모든 전투 방법을 이용하며 다양한 공격과 방어 기술을 강조하는 효과적인 무술이다.

택견은 또한 배려의 무술이다. 숙련된 택견 전수자는 짧은 시간 내에 상대를 제압할 수 있지만, 진정한 고수는 상대를 다치게 하지 않으면서도 물러나게 하는 법을 안다. 우리 민족의 역사 속에서 택견은 계절에 따른 농업과 관련된 전통의 한 부분으로서 공동체의 통합을 이루어 왔고, 대중적인 스포츠로서 공중 보건을 증진하는 역할까지 맡아왔다. 택견의 동작은 유연하고 율동적인 춤과 같으며, 이러한 동작으로 상대를 공격하거나 다리를 걸어 넘어뜨린다. 천천히 꿈틀거리고 비트는 유연하고도 곡선적인 동작이 때로 웃음을 자아내기도 하지만, 전수자에게 내재된 에너지는 엄청난 유연성과 힘으로 나타난다. 수천 년의 역사를 지닌 이 한국의 토착 무술은 보기에는 정적이고 품위 있으나 근본적으로는 활력이 있으며 심지어 치명적이다.

택견은 주도권을 장악하는 바로 그 순간까지도 상대를 배려해야 한다고 가르친다. 또한 공격보다는 수비 기술을 더 많이 가르치는데 바로 이러한 점에서 여타의 무술과는 다르다고 볼 수 있다. 이는 전투 스포츠에서는 상상도 할 수 없는 개념이나 택견에서는 이 모든 것이 가능하다.

택견은 자신보다 상대를, 개인보다 집단을 배려하도록 가르친다. 택견의 동작은 유연하고 부드럽지만 전수자를 강력하게 유도하는 힘이 있다. 한 마리의 학과 같이 우아하기만 한 숙련된 택견 전수자의 몸놀림도 공격할 때만큼은 매와 같이 빠르고 강력하다.

택견에는 몇 가지 독특한 특징이 있다. 첫째, 곡선을 그리는 듯한 움직임 때문에 외적으로는 부드러우나 내적으로는 강한 무술이다. 둘째, 우아함과 품위를 강조하는 자연스럽고 자발적인 무술이다. 셋째, 걸고 차는 다양한 기술을 통해 공격과 방어가 조화를 이루는 실질적이고 통합된 무술이다. 부드러운 인상을 풍기지만, 택견은 가능한 모든 전투 방법을 이용하며 다양한 공격과 방어 기술을 강조하는 효과적인 무술이다. 한국의 전통 무술의 뿌리라 할 수 있는 택견은 한국 문화의 특징인 항일과 온전함을 대표한다.

주요 공기업 적중 문제 TEST CHECK

글의 순서 ▶ 유형

24 다음 문단에 이어질 내용을 논리적 순서대로 알맞게 나열한 것은?

> 청바지는 모든 사람이 쉽게 애용할 수 있는 옷이다. 말 그대로 캐주얼의 대명사인 청바지는 내구력과 범용성 면에서 다른 옷에 비해 뛰어나고, 패션적으로도 무난하다는 점에서 옷의 혁명이라 일컬을 만하다. 그러나 청바지의 시초는 그렇지 않았다.

> (가) 청바지의 시초는 광부들의 옷으로 알려졌다. 정확히 말하자면 텐트용으로 주문받은 천을 실수로 푸른색으로 염색한 바람에 텐트 납품계약이 무산되자, 재고가 되어 버린 질긴 천을 광부용 옷으로 변용해보자는 아이디어에 의한 것이었다.
> (나) 청바지의 패션 아이템하는 한국에서도 크게 다르지 않다. 나팔바지, 부츠컷, 배기 팬츠 등 다양한 변용이 있으나, 세대차라는 말이 무색할 만큼 과거의 사진이나 현재의 사진이나 많은 사람이 청바지를 캐주얼한 패션 아이템으로 활용하는 것을 볼 수 있다.
> (다) 비록 시작은 그리하였지만, 청바지는 이후 패션 아이템으로 선풍적인 인기를 끌었다. 과거 유명한 서구 남성 배우들의 아이템에는 꼭 청바지가 있었다고 해도 과언이 아닌데, 그 예로는 제임스 딘이 있다.
> (라) 청바지는 주재료인 데님의 성질 때문에 활동성을 보장하기 어려웠던 부분을 단점으로 들 수 있겠으나, 2000년대 들어 스판덱스가 첨가된 청바지가 제작되기 시작하면서 그러한 문제도 해결되어, 전천후 의류로 기능하고 있다.

① (라) - (다) - (가) - (나)　　　② (다) - (가) - (라) - (나)
③ (가) - (다) - (라) - (나)　　　④ (가) - (다) - (나) - (라)

인원수 계산 ▶ 유형

01 한국환경공단에서 다음 면접방식으로 면접을 진행할 때, 심층면접을 할 수 있는 최대 인원수와 마지막 심층면접자의 기본면접 종료 시각을 옳게 짝지은 것은?

> ⟨면접방식⟩
> • 면접은 기본면접과 심층면접으로 구분된다. 기본면접실과 심층면접실은 각 1개이고, 면접대상자는 1명씩 입실한다.
> • 기본면접과 심층면접은 모두 개별면접의 방식을 취한다. 기본면접은 심층면접의 진행 상황에 관계없이 10분 단위로 계속되고, 심층면접은 기본면접의 진행 상황에 관계없이 15분 단위로 계속된다.
> • 기본면접을 마친 면접대상자는 순서대로 심층면접에 들어간다.
> • 첫 번째 기본면접은 오전 9시 정각에 실시되고, 첫 번째 심층면접은 첫 번째 기본면접이 종료된 시각에 시작된다.
> • 기본면접과 심층면접 모두 낮 12시부터 오후 1시까지 점심 및 휴식 시간을 가진다.
> • 각각의 면접 도중에 점심 및 휴식 시간을 가질 수 없고, 1인을 위한 기본면접 시간이나 심층면접 시간이 확보되지 않으면 새로운 면접을 시작하지 않는다.
> • 기본면접과 심층면접 모두 오후 1시에 오후 면접 일정을 시작하고, 기본면접의 일정과 관련 없이 심층면접은 오후 5시 정각에는 종료되어야 한다.
> ※ 면접대상자의 이동 및 교체 시간 등 다른 조건은 고려하지 않는다.

　　 최대 인원수　　　 종료 시각
①　　 27명　　　　 오후 2시 30분
③　　 27명　　　　 오후 2시 40분

해양환경공단

조직도 ▶ 유형

24 다음은 H공사 조직도의 변경 전 모습이다. 업무 효율을 높이기 위해 〈조건〉을 참고하여 조직도를 변경하였을 때, 잘못 배치한 것은?

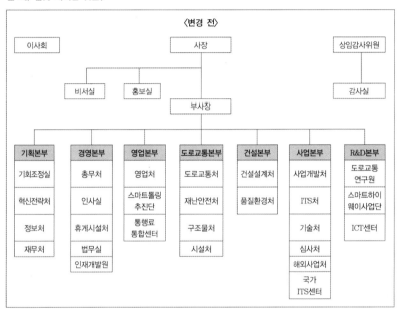

〈변경 전〉

〈조건〉

지금 우리 공사의 조직구성이 업무와 잘 맞지 않는다는 의견이 있어 여러 고심 끝에 조직체계를 새롭게 구성하였음을 알려드립니다. 먼저, 인사를 담당하고 있는 부서의 인력 충원에 따른 규모 확장과 직원들의 복지 증진을 위해 권한을 확대하였기에 이에 따라 이름을 인력처로 변경하였습니다. 또한, 부서별 특성과 업무의 전문화를 고려하여 도로처와 교통처로 각각 분리하였으며, 이와 같은 이유로 건설설계처도 업무의 전문화와 세분화를 위하여 두 개의 처로 분리하였습니다. 반면, 기술처와 심사처는 업무의 연관성을 고려하여 기술심사처로 통합하였습니다. 필요성이 꾸준히 제기되어 온 교통센터를 신설하여 도로교통본부에서 관리하게 될 것이며, 초장대교량 기술의 발달과 건설 증대로 인한 관리가 중요해짐에 따라 초장대교량사업단을 임시로 설치하여 연구개발본부 소속으로 활동하게 될 것입니다. 마지막으로 새로운 조직도를 첨부하오니, 미리 숙지하시어 업무에 혼동이 없도록 하시기 바랍니다.

도서 200% 활용하기 STRUCTURES

1 기출복원문제로 출제경향 파악

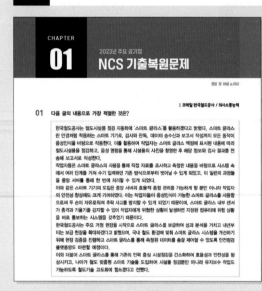
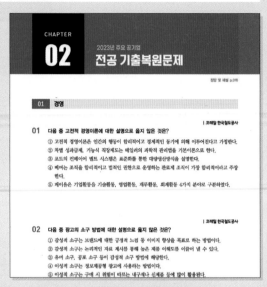

▶ 2023년 주요 공기업 NCS 기출문제를 복원하여 공기업별 NCS 필기 유형을 파악할 수 있도록 하였다.
▶ 2023년 주요 공기업 전공 기출문제를 복원하여 공기업별 전공 출제경향을 파악할 수 있도록 하였다.

2 출제유형분석 + 유형별 실전예제로 필기전형 완벽 대비

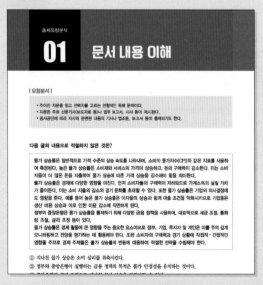

▶ NCS 출제 영역에 대한 출제유형분석과 유형별 실전예제를 수록하여 NCS 문제에 대한 접근 전략을 익히고 점검할 수 있도록 하였다.
▶ 직무수행능력(행정직·토목직) 적중예상문제를 수록하여 전공까지 효과적으로 학습할 수 있도록 하였다.

3 최종점검 모의고사 + OMR을 활용한 실전 연습

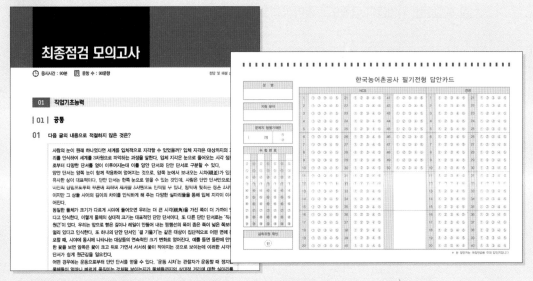

▶ 최종점검 모의고사와 OMR 답안카드를 수록하여 실제로 시험을 보는 것처럼 최종 마무리 연습을 할 수 있도록 하였다.

▶ 모바일 OMR 답안채점/성적분석 서비스를 통해 필기전형에 대비할 수 있도록 하였다.

4 인성검사부터 면접까지 한 권으로 최종 마무리

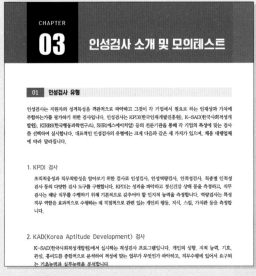

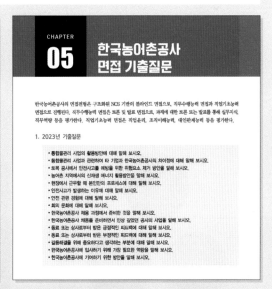

▶ 인성검사 모의테스트를 수록하여 인성검사 유형 및 문항을 확인할 수 있도록 하였다.

▶ 한국농어촌공사 면접 기출질문을 통해 실제 면접에서 나오는 질문을 미리 파악하고 연습할 수 있도록 하였다.

AI면접 소개 AI INTERVIEW

⟳ 소개

▸ AI면접전형은 '공정성'과 '객관적 평가'를 면접과정에 도입하기 위한 수단으로, 최근 채용과정에 AI 면접을 도입하는 기업들이 급속도로 증가하고 있다.

▸ AI기반의 평가는 서류전형 또는 면접전형에서 활용된다. 서류전형에서는 AI가 모든 지원자의 자기 소개서를 1차적으로 스크리닝한 후, 통과된 자기소개서를 인사담당자가 다시 평가하는 방식으로 활용되고 있다. 또한 면접전형에서는 서류전형과 함께, 또는 면접 절차를 대신하여 AI면접의 활용을 통해 지원자의 전반적인 능력을 종합적으로 판단하여 채용에 도움을 준다.

⟳ AI면접 프로세스

서류전형 ▸ 필기전형 ▸ 1차 면접 (AI면접 포함) ▸ 2차 면접 ▸ 입사

⟳ AI면접 분석 종류

자기분석

기본면접

상황면접   인성검사

뇌과학분석

게이미피케이션

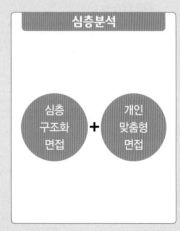

심층분석

심층 구조화 면접 + 개인 맞춤형 면접

AI면접 진행과정 AI INTERVIEW

⟳ AI면접 정의
뇌신경과학 기반의 인공지능 면접

⟳ 소요시간
60분 내외(1인)

⟳ 진행순서

❶ 웹캠/음성체크   ❷ 안면 능록

❸ 기본 질문   ❹ 탐색 질문

❺ 상황 질문   ❻ 뇌과학게임

❼ 심층/구조화 질문   ❽ 종합평가

▸ 뇌과학게임 : 게임 형식의 AI면접을 통해 지원자의 성과 역량, 성장 가능성 분석

▸ 기본 질문, 상황 질문, 탐색 질문을 통해 지원자의 강점, 약점을 분석하여 심층/구조화 질문 제시

| 기본적인 질문 및 상황 질문 | 지원자의 특성을 분석하기 위한 질문 | 지원자의 강점 / 약점 실시간 분석 | 심층 / 구조화 질문 |

⟳ 평가요소
종합 코멘트, 주요 및 세부 역량 점수, 응답신뢰 가능성 등을 분석하여 종합평가 점수 도출

❶ 성과능력지수	스스로 성과를 내고 지속적으로 성장하기 위해 갖춰야 하는 성과 지향적 태도 및 실행력
❷ 조직적합지수	조직에 적응하고 구성원들과 시너지를 내기 위해 갖춰야 하는 심리적 안정성
❸ 관계역량지수	타인과의 관계를 좋게 유지하기 위해 갖춰야 하는 고객지향적 태도 및 감정 파악 능력
❹ 호감지수	대면 상황에서 자신의 감정과 의사를 적절하게 전달할 수 있는 소통 능력

AI면접 준비 AI INTERVIEW

⟳ 면접 환경 점검

Windows 7 이상 OS에 최적화되어 있다. 웹카메라와 헤드셋(또는 이어폰과 마이크)은 필수 준비물이며, 크롬 브라우저도 미리 설치해 놓는 것이 좋다. 또한, 주변 정리정돈과 복장을 깔끔하게 해야 한다.

⟳ 이미지

AI면접은 동영상으로 녹화되므로 지원자의 표정이나 자세, 태도 등에서 나오는 전체적인 이미지가 상당히 중요하다. 특히, '상황 제시형 질문'에서는 실제로 대화하듯이 답변해야 하므로 표정과 제스처의 중요성은 더더욱 커진다. 그러므로 자연스럽고 부드러운 표정과 정확한 발음은 기본이자 필수요소이다.

▶ 시선 처리 : 눈동자가 위나 아래로 향하는 것은 피해야 한다. 대면면접의 경우 아이컨택(Eye Contact)이 가능하기 때문에 대화의 흐름상 눈동자가 자연스럽게 움직일 수 있지만, AI면접에서는 카메라를 보고 답변하기 때문에 다른 곳을 응시하거나 시선이 분산되는 경우에는 불안감으로 눈빛이 흔들린다고 평가될 수 있다. 따라서 카메라 렌즈 혹은 모니터를 바라보면서 대화를 하듯이 면접을 진행하는 것이 가장 좋다. 시선 처리는 연습하는 과정에서 동영상 촬영을 하며 확인하는 것이 좋다.

▶ 입 모양 : 좋은 인상을 주기 위해서는 입꼬리가 올라가도록 미소를 짓는 것이 좋으며, 이때 입꼬리는 양쪽 꼬리가 동일하게 올라가야 한다. 그러나 입만 움직이게 되면 거짓된 웃음으로 보일 수 있기에 눈과 함께 미소 짓는 연습을 해야 한다. 자연스러운 미소 짓기는 쉽지 않기 때문에 매일 재미있는 사진이나 동영상, 아니면 최근 재미있었던 일 등을 떠올리면서 자연스러운 미소를 지을 수 있는 연습을 해야 한다.

▶ 발성 · 발음 : 답변을 할 때, 말을 더듬는다거나 '음…', '아…' 하는 소리를 내는 것은 마이너스 요인이다. 질문마다 답변을 생각할 시간을 함께 주지만, 지원자의 의견을 체계적으로 정리하지 못한 채 답변을 시작한다면 발생할 수 있는 상황이다. 생각할 시간이 주어진다는 것은 답변에 대한 기대치가 올라간다는 것을 의미하므로 주어진 시간 동안에 빠르게 답변구조를 구성하는

연습을 진행해야 하고, 말끝을 흐리는 습관이나 조사를 흐리는 습관을 교정해야 한다. 이때, 연습 과정을 녹음하여 체크하는 것이 효과가 좋고, 답변에 관한 부분 또한 명료하고 체계적으로 답변할 수 있도록 연습해야 한다.

◐ 답변방식

AI면접 후기를 보다 보면, 대부분 비슷한 유형의 질문패턴이 진행되는 것을 알 수 있다. 따라서 대면면접 준비 방식과 동일하게 질문 리스트를 만들고 연습하는 과정이 필요하다. 특히, AI면접은 질문이 광범위하기 때문에 출제 유형 위주의 연습이 이루어져야 한다.

▸ 유형별 답변방식 습득
- **기본 필수 질문** : 지원자들에게 필수로 질문하는 유형으로, 지원자만의 답변이 확실하게 구성되어 있어야 한다.
- **상황 제시형 질문** : AI면접에서 주어지는 상황은 크게 8가지 유형으로 분류된다. 유형별로 효과적인 답변 구성 방식을 연습해야 한다.
- **심층/구조화 실문(개인 맞춤형 질문)** : 가치관에 따라 선택을 해야 하는 질문이 대다수를 이루는 유형으로, 여러 예시를 통해 유형을 익히고 그에 맞는 답변을 연습해야 한다.

▸ 유성(有聲) 답변 연습 : AI면접을 연습할 때에는 같은 유형의 예시를 연습한다고 해도, 실제 면접에서의 세부 소재는 거의 다르다고 할 수 있다. 따라서 새로운 상황이 주어졌을 때 유형을 빠르게 파악하고 답변의 구조를 구성하는 반복연습이 필요하며, 항상 목소리를 내어 답변하는 연습을 하는 것이 좋다.

▸ 면접에 필요한 연기 : 면접은 연기가 반이라고 할 수 있다. 물론 가식적이고 거짓된 모습을 보이라는 것이 아닌, 상황에 맞는 적절한 행동과 답변의 인상을 극대화시킬 수 있는 연기를 해야 한다는 것이다. 면접이 무난하게 흘러가면 무난하게 탈락할 확률이 높다. 이 때문에 하나의 답변에도 깊은 인상을 전달해 주어야 하고, 이때 필요한 것이 연기이다. 특히 AI면접에서는 답변 내용에 따른 표정변화가 필요하고, 답변에 연기를 더할 수 있는 부분까지 연습이 되어있다면 면접 준비가 완벽히 되어있다고 말할 수 있다.

지원자의 외면적 요소 V4를 활용한 정서 및 성향, 거짓말 파악

Vision Analysis	미세 표정(Micro Expression)
Voice Analysis	보디 랭귀지(Body Language)
📄 Verbal Analysis	진술 분석 기법(Scientific Contents Analysis)
💓 Vital Analysis	자기 최면 기법(Auto Hypnosis)

AI면접의 V4를 대비하는 방법으로 미세 표정, 보디 랭귀지, 진술 분석 기법, 자기 최면 기법을 활용

AI면접 구성

기본 필수 질문

모든 지원자가 공통으로 받게 되는 질문으로, 기본적인 자기소개, 지원동기, 성격의 장·단점 등을 질문하는 구성으로 되어 있다. 이는 대면면접에서도 높은 확률로 받게 되는 질문 유형이므로, AI면접에서 답변한 내용을 대면면접에서도 다르지 않게 답변해야 한다.

탐색 질문
(인성검사)

인적성 시험의 인성검사와 일치하는 유형으로, 정해진 시간 내에 해당 문장과 지원자의 가치관이 일치하는 정도를 빠르게 체크해야 하는 단계이다.

상황 제시형 질문

특정한 상황을 제시하여, 제시된 상황 속에서 어떻게 대응할지에 대한 답변을 묻는 유형이다. 기존의 대면면접에서는 이러한 질문에 대하여 지원자가 어떻게 행동할지에 대한 '설명'에 초점이 맞춰져 있었다면, AI면접에서는 실제로 '행동'하며, 상대방에게 이야기하듯 답변이 이루어져야 한다.

게임

약 5가지 유형의 게임이 출제되고, 정해진 시간 내에 해결해야 하는 유형이다. 인적성 시험의 새로운 유형으로, AI면접을 실시하는 기업의 경우, 인적성 시험을 생략하는 기업도 증가하고 있다. AI면접 중에서도 비중이 상당한 게임 문제풀이 유형이다.

심층 / 구조화 질문
(개인 맞춤형 질문)

인성검사 과정 중 지원자가 선택한 항목들에 기반한 질문에 답변을 해야 하는 유형이다. 그렇기 때문에 인성검사 과정에서 인위적으로 접근하지 않는 것이 중요하고, 주로 가치관에 대하여 묻는 질문이 많이 출제되는 편이다.

AI면접 게임 유형 예시 AI INTERVIEW

도형 옮기기 유형

01 기둥에 각기 다른 모양의 도형이 꽂혀져 있다. 왼쪽 기본 형태에서 도형을 한 개씩 이동시켜서 오른쪽의 완성 형태와 동일하게 만들기 위한 최소한의 이동 횟수를 고르시오.

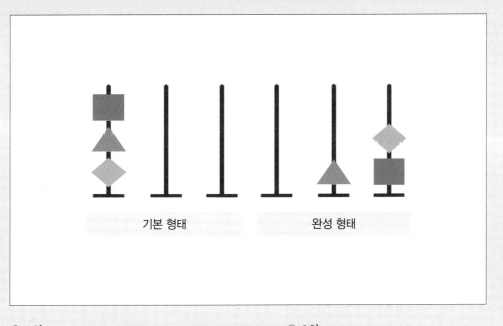

기본 형태   완성 형태

① 1회   ② 2회

③ 3회   ④ 4회

⑤ 5회

해설

왼쪽 기둥부터 1~3번이라고 칭할 때, 사각형을 3번 기둥으로 먼저 옮기고, 삼각형을 2번 기둥으로 옮긴 뒤 마름모를 3번 기둥으로 옮기면 된다. 따라서 정답은 ③이다.

Solution

온라인으로 진행하게 되는 AI면접에서는 도형 이미지를 드래그하여 실제 이동 작업을 진행하게 된다. 문제 해결의 핵심은 '최소한의 이동 횟수'에 있는데, 문제가 주어지면 머릿속으로 도형을 이동시키는 시뮬레이션을 진행해 보고 손을 움직여야 한다. 해당 유형에 익숙해지기 위해서는 다양한 유형을 접해 보고, 가장 효율적인 이동 경로를 찾는 연습을 해야 하며, 도형의 개수가 늘어나면 다소 난도가 올라가므로 연습을 통해 유형에 익숙해지도록 해야 한다.

동전 비교 유형

02 두 개의 동전이 있다. 왼쪽 동전 위에 쓰인 글씨의 의미와 오른쪽 동전 위에 쓰인 색깔의 일치 여부를 판단하시오.

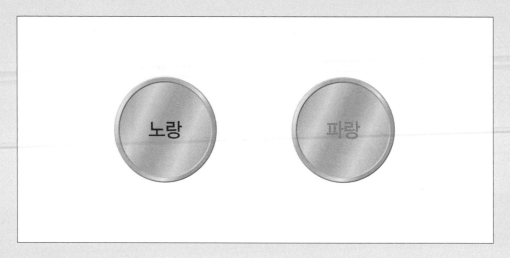

① 일치   ② 불일치

해설

왼쪽 동전 글씨의 '의미'와 오른쪽 동전 글씨의 '색깔' 일치 여부를 선택하는 문제이다. 제시된 문제의 왼쪽 동전 글씨 색깔은 빨강이지만 의미 자체는 노랑이다. 또한, 오른쪽 동전 글씨 색깔은 초록이지만 의미는 파랑이다. 따라서 노랑과 초록이 일치하지 않으므로 왼쪽 동전 글씨의 의미와 오른쪽 동전의 색깔은 불일치한다.

Solution

빠른 시간 내에 다수의 문제를 풀어야 하기 때문에 혼란에 빠지기 쉬운 유형이다. 풀이 방법의 한 예는 오른쪽 글씨만 먼저 보고, 색깔을 소리 내어 읽어보는 것이다. 입으로 내뱉은 오른쪽 색깔이 왼쪽 글씨에 그대로 쓰여 있는지를 확인하도록 하는 등 본인만의 접근법 없이 상황을 판단하다 보면 실수를 할 수밖에 없기 때문에 연습을 통해 유형에 익숙해져야 한다.

❶ 오른쪽 글씨만 보고, 색깔을 소리 내어 읽는다.
❷ 소리 낸 단어가 왼쪽 글씨의 의미와 일치하는지를 확인한다.

무게 비교 유형

03 A~D 4개의 상자가 있다. 시소를 활용하여 무게를 측정하고, 무거운 순서대로 나열하시오(단, 무게 측정은 최소한의 횟수로 진행해야 한다).

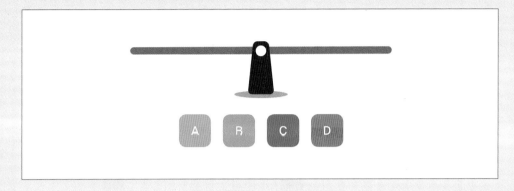

해설

온라인으로 진행하게 되는 AI면접에서는 제시된 물체의 이미지를 드래그하여 계측기 위에 올려놓고, 무게를 측정하게 된다. 비교적 쉬운 유형에 속하나 계측은 최소한의 횟수로만 진행해야 좋은 점수를 받을 수 있다. 측정의 핵심은 '무거운 물체 찾기'이므로 가장 무거운 물체부터 덜 무거운 순서로 하나씩 찾아야 하며, 이전에 진행한 측정에서 무게 비교가 완료된 물체들이 있다면, 그중 무거운 물체를 기준으로 타 물체와의 비교가 이루어져야 한다.

Solution

❶ 임의로 두 개의 물체를 선정하여 무게를 측정한다.

❷ · ❸ 더 무거운 물체는 그대로 두고, 가벼운 물체를 다른 물체와 교체하여 측정한다.

❹ 가장 무거운 물체가 선정되면, 남은 3가지 물체 중 2개를 측정한다.

❺ 남아 있는 물체 중 무게 비교가 안 된 상자를 최종적으로 측정한다.

따라서 무거운 상자 순서는 'C > B > A > D'이다.

AI면접 게임 유형 예시 AI INTERVIEW

n번째 이전 도형 맞추기 유형

04 제시된 도형이 2번째 이전 도형과 모양이 일치하면 Y를, 일치하지 않으면 N을 기입하시오.

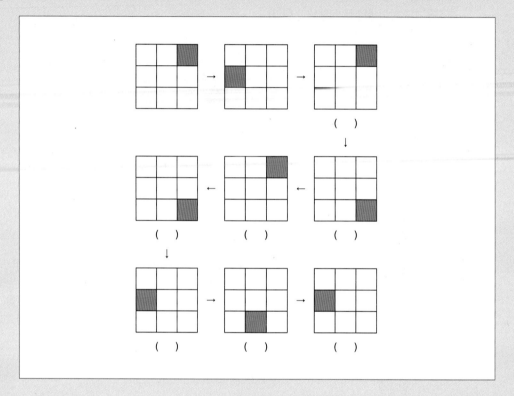

해설

n번째 이전에 나타난 도형과 현재 주어진 도형의 모양이 일치하는지에 대한 여부를 판단하는 유형이다. 제시된 문제는 3번째 도형부터 2번째 이전의 도형인 1번째 도형과 비교해 나가면 된다. 따라서 진행되는 순서를 기준으로 'Y → N → Y → Y → N → N → Y'이다.

Solution

온라인 AI면접에서는 도형이 하나씩 제시되며, 화면이 넘어갈 때마다 n번째 이전 도형과의 일치 여부를 체크해야 한다. 만약 '2번째 이전'이라는 조건이 주어졌다면 인지하고 있던 2번째 이전 도형의 모양을 떠올려 현재 도형과의 일치 여부를 판단함과 동시에 현재 주어진 도형의 모양 역시 암기해 두어야 한다. 이는 판단과 암기가 동시에 이루어져야 하는 문항으로 난도는 상급에 속한다. 순발력과 암기력이 동시에 필요한 어려운 유형이기에 접근조차 못하는 지원자들도 많지만, 끊임없는 연습을 통해 유형에 익숙해질 수 있다. 풀이 방법의 한 예로 여분의 종이를 활용하여 문제를 가린 상태에서 도형을 하나씩 순서대로 보면서 문제를 풀어나가는 것이 있다.

분류코드 일치 여부 판단 유형

05 도형 안에 쓰인 자음, 모음 또는 숫자의 결합이 '분류코드'와 일치하면 Y를, 일치하지 않으면 N을 체크하시오.

ㄹ8

분류코드 : 홀수
(Y/N)

해설

분류코드에는 짝수, 홀수, 자음, 모음 4가지가 존재한다. 분류코드로 짝수 혹은 홀수가 제시된 경우, 도형 안에 있는 자음이나 모음은 신경 쓰지 않아도 되며, 제시된 숫자가 홀수인지 짝수인지만 판단하면 된다. 반대로, 분류코드로 자음 혹은 모음이 제시된 경우에는 숫자를 신경 쓰지 않아도 된다. 제시된 문제에서 분류코드로 홀수가 제시되었지만, 도형 안에 있는 숫자 8은 짝수이므로 N이 정답이다.

Solution

개념만 파악한다면 쉬운 유형에 속한다. 문제는 순발력으로, 정해진 시간 내에 최대한 많은 문제를 풀어야 한다. 계속해서 진행하다 보면 쉬운 문제도 혼동될 수 있으므로 시간을 정해 빠르게 문제를 해결하는 연습을 반복하고 실전에 임해야 한다.

AI면접 게임 유형 예시 AI INTERVIEW

표정을 통한 감정 판단 유형

06 주어지는 인물의 얼굴 표정을 보고 감정 상태를 판단하시오.

① 무표정   ② 기쁨
③ 놀람   ④ 슬픔
⑤ 분노   ⑥ 경멸
⑦ 두려움   ⑧ 역겨움

Solution

제시된 인물의 사진을 보고 어떤 감정 상태인지 판단하는 유형의 문제이다. AI면접에서 제시되는 표정은 크게 8가지로, '무표정, 기쁨, 놀람, 슬픔, 분노, 경멸, 두려움, 역겨움'이다. '무표정, 기쁨, 놀람, 슬픔'은 쉽게 인지가 가능하지만, '분노, 경멸, 두려움, 역겨움'에 대한 감정은 비슷한 부분이 많아 혼동이 될 수 있다. 사진을 보고 나서 5초 안에 정답을 선택해야 하므로 깊게 고민할 시간이 없다. 사실 해당 유형이 우리에게 완전히 낯설지는 않은데, 우리는 일상생활 속에서 다양한 사람들을 마주하게 되며 이때 무의식적으로 상대방의 얼굴 표정을 통해 감정을 판단하기 때문이다. 즉, 누구나 어느 정도의 연습이 되어 있는 상태이므로 사진을 보고 즉각적으로 드는 느낌이 정답일 확률이 높다. 따라서 해당 유형은 직관적으로 정답을 선택하는 것이 중요하다. 다만, 대다수의 지원자가 혼동하는 표정에 대한 부분은 어느 정도의 연습이 필요하다.

카드 조합 패턴 파악 유형

07 주어지는 4장의 카드 조합을 통해 대한민국 국가 대표 야구 경기의 승패 예측이 가능하다. 카드 무늬와 앞뒷면의 상태를 바탕으로 승패를 예측하시오(문제당 제한 시간 3초).

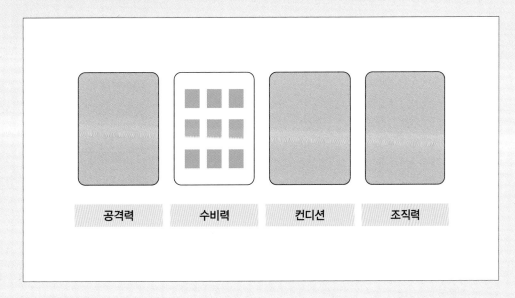

| 공격력 | 수비력 | 컨디션 | 조직력 |

① 승리   ② 패배

Solution

계속해서 제시되는 카드 조합을 통해 정답의 패턴을 파악하는 유형이다. 온라인으로 진행되는 AI면접에서는 답을 선택하면 곧바로 정답 여부를 확인할 수 있다. 이에 따라 하나씩 정답을 확인한 후, 몇 번의 시행착오 과정을 바탕으로 카드에 따른 패턴을 유추해 나갈 수 있게 된다. 그렇기 때문에 초반에 제시되는 카드 조합의 정답을 맞히기는 어려우며, 앞서 얻은 정보들을 잘 기억해 두는 것이 핵심이다. 제시된 문제의 정답은 패배이다.

이 책의 차례 CONTENTS

Add+

특별부록

정답 및 해설 p.002

| 코레일 한국철도공사 / 의사소통능력

01 다음 글의 내용으로 가장 적절한 것은?

> 한국철도공사는 철도시설물 점검 자동화에 '스마트 글라스'를 활용하겠다고 밝혔다. 스마트 글라스
> 란 안경처럼 착용하는 스마트 기기로, 검사와 판독, 데이터 송수신과 보고서 작성까지 모든 동작이
> 음성인식을 바탕으로 작동한다. 이를 활용하여 작업자는 스마트 글라스 액정에 표시된 내용에 따라
> 철도시설물을 점검하고, 음성 명령을 통해 시설물의 사진을 촬영한 후 해당 정보와 검사 결과를 전
> 송해 보고서로 작성한다.
> 작업자들은 스마트 글라스의 사용을 통해 직접 자료를 조사하고 측정한 내용을 바탕으로 시스템 속
> 에서 여러 단계를 거쳐 수기 입력하던 기존 방식으로부터 벗어날 수 있게 되었고, 이 일련의 과정들
> 을 중앙 서버를 통해 한 번에 처리할 수 있게 되었다.
> 이와 같은 스마트 기기의 도입은 중앙 서버의 효율적 종합 관리를 가능하게 할 뿐만 아니라 작업자
> 의 안전성 향상에도 크게 기여하였다. 이는 작업자들이 음성인식이 가능한 스마트 글라스를 사용함
> 으로써 두 손이 자유로워져 추락 사고를 방지할 수 있게 되었기 때문이며, 스마트 글라스 내부 센서
> 가 충격과 기울기를 감지할 수 있어 작업자에게 위험한 상황이 발생하면 지정된 컴퓨터에 위험 상황
> 을 바로 통보하는 시스템을 갖추었기 때문이다.
> 한국철도공사는 주요 거점 현장을 시작으로 스마트 글라스를 보급하여 성과 분석을 거치고 내년부
> 터는 보급 현장을 확대하겠다고 밝혔으며, 국내 철도 환경에 맞춰 스마트 글라스 시스템을 개선하기
> 위해 현장 검증을 진행하고 스마트 글라스를 통해 측정된 데이터를 총괄 제어할 수 있도록 안전점검
> 플랫폼망도 마련할 예정이다.
> 이와 더불어 스마트 글라스를 통해 기존의 인력 중심 시설점검을 간소화하여 효율성과 안전성을 향
> 상시키고, 나아가 철도 맞춤형 스마트 기술을 도입하여 시설물 점검뿐만 아니라 유지보수 작업도
> 가능하도록 철도기술 고도화에 힘쓰겠다고 전했다.

① 작업자의 음성인식을 통해 철도시설물의 점검 및 보수 작업이 가능해졌다.

② 스마트 글라스의 도입으로 철도시설물 점검의 무인작업이 가능해졌다.

③ 스마트 글라스의 도입으로 철도시설물 점검 작업 시 안전사고 발생 횟수가 감소하였다.

④ 스마트 글라스의 도입으로 철도시설물 작업 시간 및 인력이 감소하고 있다.

⑤ 스마트 글라스의 도입으로 작업자의 안전사고 발생을 바로 파악할 수 있게 되었다.

02 다음 글에 대한 설명으로 적절하지 않은 것은?

2016년 4월 27일 오전 7시 20분경 임실역에서 익산으로 향하던 열차가 전기 공급 중단으로 멈추는 사고가 발생해 약 50분간 열차 운행이 중단되었다. 바로 전차선에 지어진 까치집 때문이었는데, 까치가 집을 지을 때 사용하는 젖은 나뭇가지나 철사 등이 전선과 닿거나 차로에 떨어져 합선과 단전을 일으킨 것이다.

비록 이번 사고는 단전에서 끝났지만, 고압 전류가 흐르는 전차선인 만큼 철사와 젖은 나뭇가지만으로도 자칫하면 폭발사고로 이어질 우려가 있다. 지난 5년간 까치집으로 인한 단전사고는 한 해 평균 3 ~ 4건 발생해 왔으며, 한국철도공사는 사고방지를 위해 까치집 방지 설비를 설치하고 설비가 없는 구간은 작업자가 육안으로 까치집 생성 여부를 확인해 제거하고 있는데, 이렇게 제거해 온 까치집 수가 연평균 8,000개에 달한다. 하지만 까치집은 빠르면 불과 4시간 만에 완성되어 작업자들에게 큰 곤욕을 주고 있다.

이에 한국철도공사는 전차선로 주변 까치집 제거의 효율성과 신속성을 높이기 위해 인공지능(AI)과 사물인터넷(IoT) 등 첨단 기술을 활용하기에 이르렀다. 열차 운전실에 영상 장비를 설치해 달리는 열차에서 전차선을 촬영한 화상 정보를 인공지능으로 분석함으로써 까치집 등의 위험 요인을 찾아 해당 위치와 현장 이미지를 작업자에게 실시간으로 전송하는 '실시간 까치집 자동 검출 시스템'을 개발한 것이다. 하지만 시속 150km로 빠르게 달리는 열차에서 까치집 등의 위험 요인을 실시간으로 판단해 전송하는 것이다 보니 그 정확도는 65%에 불과했다.

이에 한국철도공사는 전차선과 까치집을 정확하게 식별하기 위해 인공지능이 스스로 학습하는 '딥러닝' 방식을 도입했고, 전차선을 구성하는 복잡한 구조 및 까치집과 유사한 형태를 빅데이터로 분석해 이미지를 구분하는 학습을 실시한 결과 까치집 검출 정확도는 95%까지 상승했다. 또한 해당 이미지를 실시간 문자메시지로 작업자에게 전송해 위험 요소와 위치를 인지시켜 현장에 적용할 수 있다는 사실도 확인했다. 현재는 이와 더불어 정기열차가 운행하지 않거나 작업자가 접근하기 쉽지 않은 차량 정비 시설 등에 드론을 띄워 전차선의 까치집을 발견 및 제거하는 기술도 시범 운영하고 있다.

① 인공지능도 학습을 통해 그 정확도를 향상시킬 수 있다.
② 빠른 속도에서 인공지능의 사물 식별 정확도는 낮아진다.
③ 사람의 접근이 불가능한 곳에 위치한 까치집의 제거도 가능해졌다.
④ 까치집 자동 검출 시스템을 통해 실시간으로 까치집 제거가 가능해졌다.
⑤ 인공지능 등의 스마트 기술 도입으로 까치집 생성의 감소를 기대할 수 있다.

03 다음 글을 이해한 내용으로 적절하지 않은 것은?

> 열차 내에서의 범죄가 급격하게 증가함에 따라 한국철도공사는 열차 내 범죄 예방과 안전 확보를 위해 2023년까지 현재 운행하고 있는 열차의 모든 객실에 CCTV를 설치하고, 모든 열차 승무원에게 바디캠을 지급하겠다고 밝혔다.
>
> CCTV는 열차 종류에 따라 운전실에서 비상시 실시간으로 상황을 파악할 수 있는 '네트워크 방식'과 각 객실에서의 영상을 저장하는 '개별 독립 방식'이라는 2가지 방식으로 사용 및 설치가 진행될 예정이며, 객실에는 사각지대를 없애기 위해 4대가량의 CCTV가 설치된다. 이 중 2대는 휴대 물품 도난 방지 등을 위해 휴대 물품 보관대 주변에 위치하게 된다.
>
> 이에 따라 한국철도공사는 CCTV 제품 품평회를 가져 제품의 형태와 색상, 재질 등에 대한 의견을 나누고 각 제품이 실제로 열차 운행 시 진동과 충격 등에 적합한지 시험을 거친 후 도입할 예정이다.

① 현재는 모든 열차의 객실 전부에 CCTV가 설치되어 있지 않을 것이다.
② 과거에 비해 승무원에 대한 승객의 범죄행위 증거 취득이 유리해질 것이다.
③ CCTV 설치를 통해 인적 피해와 물적 피해 모두 예방할 수 있을 것이다.
④ CCTV 설치를 통해 실시간으로 모든 객실을 모니터링할 수 있을 것이다.
⑤ CCTV의 내구성뿐만 아니라 외적인 디자인도 제품 선택에 영향을 줄 수 있을 것이다.

04 작년 K대학교에 재학 중인 학생 수는 6,800명이었고 남학생과 여학생의 비는 8 : 9였다. 올해 남학생 수와 여학생 수의 비가 12 : 13만큼 줄어들어 7 : 8이 되었다고 할 때, 올해 K대학교의 전체 재학생 수는?

① 4,440명
② 4,560명
③ 4,680명
④ 4,800명
⑤ 4,920명

05 다음 자료에 대한 설명으로 가장 적절한 것은?

- KTX 마일리지 적립
  - KTX 이용 시 결제금액의 5%가 기본 마일리지로 적립됩니다.
  - 더블적립(×2) 열차로 지정된 열차는 추가로 5%가 적립됩니다(결제금액의 총 10%).
    ※ 더블적립 열차는 홈페이지 및 코레일톡 애플리케이션에서만 승차권 구매 가능
  - 선불형 교통카드 Rail+(레일플러스)로 승차권을 결제하는 경우 1% 보너스 적립도 제공되어 최대 11% 적립이 가능합니다.
  - 마일리지를 적립받고자 하는 회원은 승차권을 발급받기 전에 코레일 멤버십카드 제시 또는 회원번호 및 비밀번호 등을 입력해야 합니다.
  - 해당 열차 출발 후에는 마일리지를 적립받을 수 없습니다.
- 회원 등급 구분

구분	등급 조건	제공 혜택
VVIP	• 반기별 승차권 구입 시 적립하는 마일리지가 8만 점 이상인 고객 또는 기준일부터 1년간 16만 점 이상 고객 중 매년 반기 익월 선정	• 비즈니스 회원 혜택 기본 제공 • KTX 특실 무료 업그레이드 쿠폰 6매 제공 • 승차권 나중에 결제하기 서비스 (열차 출발 3시간 전까지)
VIP	• 반기별 승차권 구입 시 적립하는 마일리지가 4만 점 이상인 고객 또는 기준일부터 1년간 8만 점 이상인 고객 중 매년 반기 익월 선정	• 비즈니스 회원 혜택 기본 제공 • KTX 특실 무료 업그레이드 쿠폰 2매 제공
비즈니스	• 철도 회원으로 가입한 고객 중 최근 1년간 온라인에서 로그인한 기록이 있거나, 회원으로 구매실적이 있는 고객	• 마일리지 적립 및 사용 가능 • 회원 전용 프로모션 참가 가능 • 열차 할인상품 이용 등 기본서비스와 멤버십 제휴서비스 등 부가서비스 이용
패밀리	• 철도 회원으로 가입한 고객 중 최근 1년간 온라인에서 로그인한 기록이 없거나, 회원으로 구매실적이 없는 고객	• 멤버십 제휴서비스 및 코레일 멤버십 라운지 이용 등의 부가서비스 이용 제한 • 휴면 회원으로 분류 시 별도 관리하며, 본인인증 절차로 비즈니스 회원으로 전환 가능

- 마일리지는 열차 승차 다음 날 적립되며, 지연료를 마일리지로 적립하신 실적은 등급 산정에 포함되지 않습니다.
- KTX 특실 무료 업그레이드 쿠폰 유효기간은 6개월이며, 반기별 익월 10일 이내에 지급됩니다.
- 실적의 연간 적립 기준일은 7월 지급의 경우 전년도 7월 1일부터 당해 연도 6월 30일까지 실적이며, 1월 지급은 전년도 1월 1일부터 전년도 12월 31일까지의 실적입니다.
- 코레일에서 지정한 추석 및 설 명절 특별수송기간의 승차권은 실적 적립 대상에서 제외됩니다.
- 회원 등급 조건 및 제공 혜택은 사전 공지 없이 변경될 수 있습니다.
- 승차권 나중에 결제하기 서비스는 총 편도 2건 이내에서 제공되며, 3회 자동 취소 발생(열차 출발 전 3시간 내 미결제) 시 서비스가 중지됩니다. 리무진+승차권 결합 발권은 2건으로 간주되며, 정기권, 특가상품 등은 나중에 결제하기 서비스 대상에서 제외됩니다.

① 코레일에서 운행하는 모든 열차는 이용 때마다 결제금액의 최소 5%가 KTX 마일리지로 적립된다.
② 회원 등급이 높아져도 열차 탑승 시 적립되는 마일리지는 동일하다.
③ 비즈니스 등급은 기업회원을 구분하는 명칭이다.
④ 6개월간 마일리지 4만 점을 적립하더라도 VIP 등급을 부여받지 못할 수 있다.
⑤ 회원 등급이 높아도 승차권을 정가보다 저렴하게 구매할 수 있는 방법은 없다.

〈2023년 한국의 국립공원 기념주화 예약 접수〉

• 우리나라 자연환경의 아름다움과 생태 보전의 중요성을 널리 알리기 위해 K공사는 한국의 국립공원 기념주화 3종(설악산, 치악산, 월출산)을 발행할 예정임
• 예약 접수일 : 3월 2일(목) ~ 3월 17일(금)
• 배부 시기 : 2023년 4월 28일(금)부터 예약자가 신청한 방법으로 배부
• 기념주화 상세

화종	앞면	뒷면
은화 I – 설악산		
은화 II – 치악산		
은화 III – 월출산		

• 발행량 : 화종별 10,000장씩 총 30,000장
• 신청 수량 : 단품 및 3종 세트로 구분되며 단품과 세트에 중복신청 가능
  – 단품 : 1인당 화종별 최대 3장
  – 3종 세트 : 1인당 최대 3세트
• 판매 가격 : 액면금액에 판매 부대비용(케이스, 포장비, 위탁판매수수료 등)을 부가한 가격
  – 단품 : 각 63,000원(액면가 50,000원+케이스 등 부대비용 13,000원)
  – 3종 세트 : 186,000원(액면가 150,000원+케이스 등 부대비용 36,000원)
• 접수 기관 : 우리은행, 농협은행, K공사
• 예약 방법 : 창구 및 인터넷 접수
  – 창구 접수
    신분증[주민등록증, 운전면허증, 여권(내국인), 외국인등록증(외국인)]을 지참하고 우리·농협은행 영업점을 방문하여 신청
  – 인터넷 접수
    ① 우리·농협은행의 계좌를 보유한 고객은 개시일 9시부터 마감일 23시까지 홈페이지에서 신청
    ② K공사 온라인 쇼핑몰에서는 가상계좌 방식으로 개시일 9시부터 마감일 23시까지 신청
• 구입 시 유의사항
  – 수령자 및 수령지 등 접수 정보가 중복될 경우 단품별 10장, 3종 세트 10세트만 추첨 명단에 등록
  – 비정상적인 경로나 방법으로 접수할 경우 당첨을 취소하거나 배송을 제한

06 다음 중 한국의 국립공원 기념주화 발행 사업의 내용으로 옳은 것은?

① 국민들을 대상으로 예약 판매를 실시하며, 외국인에게는 판매하지 않는다.

② 1인당 구매 가능한 최대 주화 수는 10장이다.

③ 기념주화를 구입하기 위해서는 우리・농협은행 계좌를 사전에 개설해 두어야 한다.

④ 사전예약을 받은 뒤, 예약 주문량에 맞추어 제한된 수량만 생산한다.

⑤ K공사를 통한 예약 접수는 온라인에서만 가능하다.

07 외국인 A씨는 이번에 발행되는 기념주화를 예약 주문하려고 한다. 다음 상황을 참고했을 때 A씨가 기념주화 구매 예약을 할 수 있는 방법으로 옳은 것은?

〈외국인 A씨의 상황〉

• A씨는 국내 거주 외국인으로 등록된 사람이다.
• A씨의 명의로 국내은행에 개설된 계좌는 총 2개로, 신한은행, 한국씨티은행에 1개씩이다.
• A씨는 우리은행이나 농협은행과는 거래이력이 없다.

① 여권을 지참하고 우리은행이나 농협은행 지점을 방문한다.

② K공사 온라인 쇼핑몰에서 신용카드를 사용한다.

③ 계좌를 보유한 신한은행이나 한국씨티은행의 홈페이지를 통해 신청한다.

④ 외국인등록증을 지참하고 우리은행이나 농협은행 지점을 방문한다.

⑤ 우리은행이나 농협은행의 홈페이지에서 신청한다.

08 다음은 기념주화를 예약한 5명의 신청내역이다. 이 중 가장 많은 금액을 지불한 사람의 구매 금액은?

(단위 : 세트, 장)

구매자	3종 세트	단품		
		은화Ⅰ – 설악산	은화Ⅱ – 치악산	은화Ⅲ – 월출산
A	2	1	–	–
B	–	2	3	3
C	2	1	1	–
D	3	–	–	–
E	1	–	2	2

① 558,000원

② 561,000원

③ 563,000원

④ 564,000원

⑤ 567,000원

척추는 신체를 지탱하고, 뇌로부터 이어지는 중추신경인 척수를 보호하는 중요한 뼈 구조물이다. 보통 사람들은 허리에 심한 통증이 느껴지면 허리디스크(추간판탈출증)를 떠올리는데, 디스크 이외에도 통증을 유발하는 척추 질환은 다양하다. 특히 노인 인구가 증가하면서 척추관협착증(요추관협착증)의 발병 또한 늘어나고 있다. 허리디스크와 척추관협착증은 사람들이 혼동하기 쉬운 척추 질환으로, 발병 원인과 치료법이 다르기 때문에 두 질환의 차이를 이해하고 통증 발생 시 질환에 맞춰 적절하게 대응할 필요가 있다.

허리디스크는 척추 뼈 사이에 쿠션처럼 완충 역할을 해주는 디스크(추간판)에 문제가 생겨 발생한다. 디스크는 찐득찐득한 수핵과 이를 둘러싸는 섬유륜으로 구성되는데, 나이가 들어 탄력이 떨어지거나, 젊은 나이에도 급격한 충격에 의해서 섬유륜에 균열이 생기면 속의 수핵이 빠져나오면서 주변 신경을 압박하거나 염증을 유발한다. 허리디스크가 발병하면 초기에는 허리 통증으로 시작되어 점차 허벅지에서 발까지 찌릿하게 저리는 방사통을 유발하고, 디스크에서 수핵이 흘러나오는 상황이기 때문에 허리를 굽히거나 앉아 있으면 디스크에 가해지는 압력이 높아져 통증이 더욱 심해진다. 허리디스크는 통증이 심한 질환이지만, 흘러나온 수핵은 대부분 대식세포에 의해 제거되고, 지연치유가 가능하기 때문에 병원에서는 주로 통증을 줄이고, 염증을 줄이하는 방법으로 보존치료를 진행한다. 하지만 염증이 심해져 중앙 척수를 건드리게 되면 하반신 마비 등의 증세가 나타날 수 있는데, 이러한 경우에는 탈출된 디스크 조각을 물리적으로 제거하는 수술이 필요하다.

반면, 척추관협착증은 대표적인 척추 퇴행성 질환으로 주변 인대(황색 인대)가 척추관을 압박하여 발생한다. 척추관은 척추 가운데 신경 다발이 지나갈 수 있도록 속이 빈 공간인데, 나이가 들면서 척추가 흔들리게 되면 흔들리는 척추를 붙들기 위해 인대가 점차 두꺼워지고, 척추 뼈에 변형이 생겨 결과적으로 척추관이 좁아지게 된다. 이렇게 오랜 기간 동안 변형된 척추 뼈와 인대가 척추관 속의 신경을 눌러 발생하는 것이 척추관협착증이다. 척추관 속의 신경이 눌리게 되면 통증과 함께 저리거나 당기게 되어 보행이 힘들어지며, 지속적으로 압박받을 경우 척추 신경이 경색되어 하반신 마비 증세로 악화될 수 있다. 일반적으로 서 있을 경우보다 허리를 구부렸을 때 척추관이 더 넓어지므로 허리디스크 환자와 달리 앉아 있을 때 통증이 완화된다. 척추관협착증은 자연치유가 되지 않고 척추관이 다시 넓어지지 않으므로 발병 초기를 제외하면 일반적으로 변형된 부분을 제거하는 수술을 하게 된다.

이와 같이 허리디스크와 척추관협착증은 똑같이 허리 통증을 유발하지만 원인과 증상, 치료법이 서로 상이하다. 비교적 고령인 60대 이상의 사람이 만성적으로 서 있을 때 통증이 나타난다면 ___㉠___ 을/를 의심해야 하며, 비교적 젊은 20 ~ 50대의 사람이 앉아 있을 때 통증이 급작스럽게 나타날 때는 ___㉡___ 을/를 의심해야 한다. 척추는 우리의 몸을 지탱하는 중요한 골격이며, 신경계와 밀접한 관련이 있으므로 통증이 발생한다면 자신의 몸 상태를 잘 파악하고, 초기에 치료를 받는 것이 중요하다.

| 국민건강보험공단 / 의사소통능력

09 다음 중 윗글의 내용으로 적절하지 않은 것은?

① 일반적으로 허리디스크는 척추관협착증에 비해 급작스럽게 증상이 나타난다.

② 허리디스크는 서 있을 때 통증이 더 심해진다.

③ 허리디스크에 비해 척추관협착증은 외과적 수술 빈도가 높다.

④ 허리디스크와 척추관협착증 모두 증세가 심해지면 하반신 마비의 가능성이 있다.

10 다음 중 빈칸 ⊙과 ⓒ에 들어갈 단어가 바르게 연결된 것은?

	⊙	ⓒ
①	허리디스크	추간판탈출증
②	허리디스크	척추관협착증
③	척추관협착증	요추관협착증
④	척추관협착증	허리디스크

11 다음 문단을 논리적 순서대로 바르게 나열한 것은?

> (가) 주장애관리는 장애정도가 심한 장애인이 의원뿐만 아니라 병원 및 종합병원급에서 장애 유형별 전문의에게 전문적인 장애관리를 받을 수 있는 서비스이다. 이전에는 대상 관리 유형이 지체장애, 시각장애, 뇌병변장애로 제한되어 있었으나, 3단계부터는 지적장애, 정신장애, 자폐성장애까지 확대되어 더 많은 중증장애인들이 장애관리를 받을 수 있게 되었다.
>
> (나) 이와 같이 3단계 장애인 건강주치의 시범사업은 기존 1·2단계 시범사업보다 더욱 확대되어 많은 중증장애인들의 참여를 예상하고 있다. 장애인 건강주치의 시범사업에 신청하기 위해서는 국민건강보험공단 홈페이지의 건강IN에서 장애인 건강주치의 의료기관을 찾은 후 해당 의료기관에 방문하여 장애인 건강주치의 이용 신청사실 통지서를 작성하면 신청할 수 있다.
>
> (다) 장애인 건강주치의 제도가 제공하는 서비스는 일반건강관리, 주(主)장애관리, 통합관리로 나누어진다. 일반건강관리 서비스는 모든 유형의 중증장애인이 만성질환 등 전반적인 건강관리를 받을 수 있는 서비스로, 의원급에서 원하는 의사를 선택하여 참여할 수 있다. 1·2단계까지의 사업에서는 만성질환관리를 위해 장애인 본인이 검사비용의 30%를 부담해야 했지만, 3단계부터는 본인부담금 없이 질환별 검사바우처로 제공한다.
>
> (라) 마지막으로 통합관리는 일반건강관리와 주장애관리를 동시에 받을 수 있는 서비스로, 동네에 있는 의원급 의료기관에 속한 지체·뇌병변·시각·지적·정신·자폐성 장애를 진단하는 전문의가 주장애관리와 만성질환관리를 모두 제공한다. 이 3가지 서비스들은 거동이 불편한 환자를 위해 의사나 간호사가 직접 집으로 방문하는 방문 서비스를 제공하고 있으며 기존까지는 연 12회였으나, 3단계 시범사업부터 연 18회로 증대되었다.
>
> (마) 보건복지부와 국민건강보험공단은 2021년 9월부터 3단계 장애인 건강주치의 시범사업을 진행하였다. 장애인 건강주치의 제도는 중증장애인이 인근 지역에서 주치의로 등록 신청한 의사 중 원하는 의사를 선택하여 장애로 인한 건강문제, 만성질환 등 건강상태를 포괄적이고 지속적으로 관리받을 수 있는 제도로, 2018년 5월 1단계 시범사업을 시작으로 2단계 시범사업까지 완료되었다.

① (다) - (가) - (마) - (나) - (라)
② (다) - (라) - (가) - (마) - (나)
③ (마) - (가) - (라) - (나) - (다)
④ (마) - (다) - (가) - (라) - (나)

12 다음은 K지역의 연도별 건강보험금 부과액 및 징수액에 대한 자료이다. 직장가입자 건강보험금 징수율이 가장 높은 해와 지역가입자의 건강보험금 징수율이 가장 높은 해를 바르게 짝지은 것은?

〈건강보험금 부과액 및 징수액〉

(단위 : 백만 원)

구분		2019년	2020년	2021년	2022년
직장가입자	부과액	6,706,712	5,087,163	7,763,135	8,376,138
	징수액	6,698,187	4,898,775	7,536,187	8,368,972
지역가입자	부과액	923,663	1,003,637	1,256,137	1,178,572
	징수액	886,396	973,681	1,138,763	1,058,943

※ [징수율(%)]=$\dfrac{(징수액)}{(부과액)}\times100$

	직장가입자	지역가입자
①	2022년	2020년
②	2022년	2019년
③	2021년	2020년
④	2021년	2019년

13 다음은 K병원의 하루 평균 이뇨제, 지사제, 진통제 사용량에 대한 자료이다. 이에 대한 설명으로 옳지 않은 것은?

〈하루 평균 이뇨제, 지사제, 진통제 사용량〉

구분	2018년	2019년	2020년	2021년	2022년	1인 1일 투여량
이뇨제	3,000mL	3,480mL	3,360mL	4,200mL	3,720mL	60mL/일
지사제	30정	42정	48정	40정	44정	2정/일
진통제	6,720mg	6,960mg	6,840mg	7,200mg	7,080mg	60mg/일

※ 모든 의약품은 1인 1일 투여량을 준수하여 투여했다.

① 전년 대비 2022년 사용량 감소율이 가장 큰 의약품은 이뇨제이다.
② 5년 동안 지사제를 투여한 환자 수의 평균은 18명 이상이다.
③ 이뇨제 사용량은 증가와 감소를 반복하였다.
④ 매년 진통제를 투여한 환자 수는 이뇨제를 투여한 환자 수의 2배 이하이다.

14 다음은 분기별 상급병원, 종합병원, 요양병원의 보건인력 현황에 대한 자료이다. 분기별 전체 보건인력 중 전체 사회복지사 인력의 비율로 옳지 않은 것은?

〈상급병원, 종합병원, 요양병원의 보건인력 현황〉

(단위 : 명)

구분		2022년 3분기	2022년 4분기	2023년 1분기	2023년 2분기
상급병원	의사	20,002	21,073	22,735	24,871
	약사	2,351	2,468	2,526	2,280
	사회복지사	391	385	370	375
종합병원	의사	32,765	33,084	34,778	33,071
	약사	1,941	1,988	2,001	2,006
	사회복지사	670	695	700	720
요양병원	의사	19,382	19,503	19,761	19,982
	약사	1,439	1,484	1,501	1,540
	사회복지사	1,887	1,902	1,864	1,862
합계		80,828	82,582	86,236	86,707

※ 보건인력은 의사, 약사, 사회복지사 인력 모두를 포함한다.

① 2022년 3분기 : 약 3.65%
② 2022년 4분기 : 약 3.61%
③ 2023년 1분기 : 약 3.88%
④ 2023년 2분기 : 약 3.41%

15 다음은 건강생활실천지원금제에 대한 자료이다. 〈보기〉의 신청자 중 예방형과 관리형에 해당하는 사람을 바르게 분류한 것은?

〈건강생활실천지원금제〉

• 사업설명 : 참여자 스스로 실천한 건강생활 노력 및 건강개선 결과에 따라 지원금을 지급하는 제도
• 시범지역

지역	예방형	관리형
서울	노원구	중랑구
경기·인천	안산시, 부천시	인천 부평구, 남양주시, 고양일산(동구, 서구)
충청권	대전 대덕구, 충주시, 충남 청양군(부여군)	대전 동구
전라권	광주 광산구, 전남 완도군, 전주시(완주군)	광주 서구, 순천시
경상권	부산 중구, 대구 남구, 김해시, 대구 달성구	대구 동구, 부산 북구
강원·제주권	원주시, 제주시	원주시

• 참여대상 : 주민등록상 주소지가 시범지역에 해당되는 사람 중 아래에 해당하는 사람

구분	조건
예방형	만 20~64세인 건강보험 가입자(피부양자 포함) 중 국민건강보험공단에서 주관하는 일반건강검진 결과 건강관리가 필요한 사람*
관리형	고혈압·당뇨병 환자

*건강관리가 필요한 사람 : 다음에 모두 해당하거나 ①, ② 또는 ①, ③에 해당하는 사람

① 체질량지수(BMI) $25kg/m^2$ 이상
② 수축기 혈압 120mmHg 이상 또는 이완기 혈압 80mmHg 이상
③ 공복혈당 100mg/dL 이상

보기

신청자	주민등록상 주소지	체질량지수	수축기 혈압 / 이완기 혈압	공복혈당	기저질환
A	서울 강북구	$22kg/m^2$	117mmHg / 78mmHg	128mg/dL	–
B	서울 중랑구	$28kg/m^2$	125mmHg / 85mmHg	95mg/dL	–
C	경기 안산시	$26kg/m^2$	142mmHg / 92mmHg	99mg/dL	고혈압
D	인천 부평구	$23kg/m^2$	145mmHg / 95mmHg	107mg/dL	고혈압
E	광주 광산구	$28kg/m^2$	119mmHg / 78mmHg	135mg/dL	당뇨병
F	광주 북구	$26kg/m^2$	116mmHg / 89mmHg	144mg/dL	당뇨병
G	부산 북구	$27kg/m^2$	118mmHg / 75mmHg	132mg/dL	당뇨병
H	강원 철원군	$28kg/m^2$	143mmHg / 96mmHg	115mg/dL	고혈압
I	제주 제주시	$24kg/m^2$	129mmHg / 83mmHg	108mg/dL	–

※ 단, 모든 신청자는 만 20~64세이며, 건강보험에 가입하였다.

	예방형	관리형			예방형	관리형
①	A, E	C, D		②	B, E	F, I
③	C, E	D, G		④	F, I	C, H

16 K동에서는 임신한 주민에게 출산장려금을 지원하고자 한다. 출산장려금 지급 기준 및 K동에 거주하는 임산부에 대한 정보가 다음과 같을 때, 출산장려금을 가장 먼저 받을 수 있는 사람은?

〈K동 출산장려금 지급 기준〉

- 출산장려금 지급액은 모두 같으나, 지급 시기는 모두 다르다.
- 지급 순서 기준은 임신일, 자녀 수, 소득 수준 순서이다.
- 임신일이 길수록, 자녀가 많을수록, 소득 수준이 낮을수록 먼저 받는다(단, 자녀는 만 19세 미만의 아동 및 청소년으로 제한한다).
- 임신일, 자녀 수, 소득 수준이 모두 같으면 같은 날에 지급한다.

〈K동 거주 임산부 정보〉

임산부	임신일	자녀	소득 수준
A	150일	만 1세	하
B	200일	만 3세	상
C	100일	만 10세, 만 6세, 만 5세, 만 4세	상
D	200일	만 7세, 만 5세, 만 3세	중
E	200일	만 20세, 만 16세, 만 14세, 만 10세	상

① A임산부
② B임산부
③ D임산부
④ E임산부

17 다음 글의 주제로 가장 적절한 것은?

현재 우리나라의 진료비 지불제도 중 가장 주도적으로 시행되는 지불제도는 행위별수가제이다. 행위별수가제는 의료기관에서 의료인이 제공한 의료서비스(행위, 약제, 치료 재료 등)에 대해 서비스별로 가격(수가)을 정하여 사용량과 가격에 의해 진료비를 지불하는 제도로, 의료보험 도입 당시부터 채택하고 있는 지불제도이다. 그러나 최근 관련 전문가들로부터 이러한 지불제도를 개선해야 한다는 목소리가 많이 나오고 있다.

조사에 의하면 우리나라의 국민의료비를 증대시키는 주요 원인은 고령화로 인한 진료비 증가와 행위별수가제로 인한 비용의 무한 증식이다. 현재 우리나라의 국민의료비는 OECD 회원국 중 최상위를 기록하고 있으며 앞으로 더욱 심화될 것으로 예측된다. 특히 행위별수가제는 의료행위를 할수록 지불되는 진료비가 증가하므로 CT, MRI 등 영상검사를 중심으로 의료 남용이나 과다 이용 문제가 발생하고 있고, 병원의 이익 증대를 위하여 환자에게는 의료비 부담을, 의사에게는 업무 부담을, 건강보험에는 재정 부담을 증대시키고 있다.

이러한 행위별수가제의 문제점을 개선하기 위해 일부 질병군에서는 환자가 입원해서 퇴원할 때까지 발생하는 진료에 대하여 질병마다 미리 정해진 금액을 내는 제도인 포괄수가제를 시행 중이며, 요양병원, 보건기관에서는 입원 환자의 질병, 기능 상태에 따라 입원 1일당 정액수가를 적용하는 정액수가제를 병행하여 실시하고 있지만 비용 산정의 경직성, 의사 비용과 병원 비용의 비분리 등 여러 가지 문제점이 있어 현실적으로 효과를 내지 못하고 있다는 지적이 나오고 있다.

기획재정부와 보건복지부는 시간이 지날수록 건강보험 적자가 계속 증대되어 머지않아 고갈될 위기에 있다고 발표하였다. 당장 행위별수가제를 전면적으로 폐지할 수는 없으므로 기존의 다른 수가제의 문제점을 개선하여 확대하는 등 의료비 지불방식의 다변화가 구조적으로 진행되어야 할 것이다.

① 신포괄수가제의 정의
② 행위별수가제의 한계점
③ 의료비 지불제도의 역할
④ 건강보험의 재정 상황
⑤ 다양한 의료비 지불제도 소개

18 다음 중 제시된 단어와 그 뜻이 바르게 연결되지 않은 것은?

① 당위(當爲) : 마땅히 그렇게 하거나 되어야 하는 것

② 구상(求償) : 자연적인 재해나 사회적인 피해를 당하여 어려운 처지에 있는 사람을 도와줌

③ 명문(明文) : 글로 명백히 기록된 문구 또는 그런 조문

④ 유기(遺棄) : 어떤 사람이 종래의 보호를 거부하여 그를 보호받지 못하는 상태에 두는 일

⑤ 추계(推計) : 일부를 가지고 전체를 미루어 계산함

19 질량이 2kg인 공을 지표면으로부터 높이가 50cm인 지점에서 지표면을 향해 수직으로 4m/s의 속력으로 던져 공이 튀어 올랐다. 다음 〈조건〉을 보고 가장 높은 지점에서 공의 위치에너지를 구하면?(단, 에너지 손실은 없으며, 중력가속도는 10m/s^2으로 가정한다)

> **조건**
> - (운동에너지)$=\left[\dfrac{1}{2}\times(질량)\times(속력)^2\right]$J
> - (위치에너지)$=[(질량)\times(중력가속도)\times(높이)]$J
> - (역학적 에너지)$=[(운동에너지)+(위치에너지)]$J
> - 에너지 손실이 없다면 역학적 에너지는 어떠한 경우에도 변하지 않는다.
> - 공이 지표면에 도달할 때 위치에너지는 0이고, 운동에너지는 역학적 에너지와 같다.
> - 공이 튀어 오른 후 가장 높은 지점에서 운동에너지는 0이고, 위치에너지는 역학적 에너지와 같다.
> - 운동에너지와 위치에너지를 구하는 식에 대입하는 질량의 단위는 kg, 속력의 단위는 m/s, 중력가속도의 단위는 m/s^2, 높이의 단위는 m이다.

① 26J ② 28J

③ 30J ④ 32J

⑤ 34J

20 A부장이 시속 200km의 속력으로 달리는 기차로 1시간 30분 걸리는 출장지에 자가용을 타고 출장을 갔다. 시속 60km의 속력으로 가고 있는데, 속력을 유지한 채 가면 약속시간보다 1시간 늦게 도착할 수 있어 도중에 시속 90km의 속력으로 달려 약속시간보다 30분 일찍 도착하였다. A부장이 시속 90km의 속력으로 달린 거리는?(단, 달리는 동안 속력은 시속 60km로 달리는 도중에 시속 90km로 바뀌는 경우를 제외하고는 그 속력을 유지하는 것으로 가정한다)

① 180km

② 210km

③ 240km

④ 270km

⑤ 300km

21 S공장은 어떤 상품을 원가에 23%의 이익을 남겨 판매하였으나, 잘 팔리지 않아 판매가에서 1,300원 할인하여 판매하였다. 이때 얻은 이익이 원가의 10%일 때, 상품의 원가는?

① 10,000원

② 11,500원

③ 13,000원

④ 14,500원

⑤ 16,000원

22 A ~ G 7명은 일렬로 배치된 의자에 다음 〈조건〉과 같이 앉는다. 이때 가능한 경우의 수는?

> **조건**
> • A는 양 끝에 앉지 않는다.
> • G는 가운데에 앉는다.
> • B는 G의 바로 옆에 앉는다.

① 60가지

② 72가지

③ 144가지

④ 288가지

⑤ 366가지

23 S유치원에 다니는 아이 11명의 평균 키는 113cm이다. 키가 107cm인 원생이 유치원을 나가게 되어 원생이 10명이 되었을 때, 남은 유치원생 10명의 평균 키는?

① 113cm

② 113.6cm

③ 114.2cm

④ 114.8cm

⑤ 115.4cm

24 다음 글과 같이 한자어 및 외래어를 순화한 내용으로 적절하지 않은 것은?

> 열차를 타다 보면 한 번쯤은 다음과 같은 안내방송을 들어 봤을 것이다.
> "○○역 인근 '공중사상사고' 발생으로 KTX 열차가 지연되고 있습니다."
> 이때 들리는 안내방송 중 한자어인 '공중사상사고'를 한 번에 알아듣기란 일반적으로 쉽지 않다. 실제로 S교통공사 관계자는 승객들로부터 안내방송 문구가 적절하지 않다는 지적을 받아 왔다고 밝혔으며, 이에 S교통공사는 국토교통부와 협의를 거쳐 보다 이해하기 쉬운 안내방송을 전달하기 위해 문구를 바꾸는 작업에 착수하기로 결정하였다고 전했다.
> 우선 가장 먼저 수정하기로 한 것은 한자어 및 외래어로 표기된 철도 용어이다. 그중 대표적인 것이 '공중사상사고'이다. S교통공사 관계자는 이를 '일반인의 사상사고'나 '열차 운행 중 인명사고' 등과 같이 이해하기 쉬운 말로 바꿀 예정이라고 밝혔다. 이 외에도 열차 지연 예상 시간, 사고복구 현황 등 열차 내 안내방송을 승객에게 좀 더 알기 쉽고 상세하게 전달할 것이라고 전했다.

① 열차시격 → 배차간격

② 전차선 단전 → 선로 전기 공급 중단

③ 우회수송 → 우측 선로로 변경

④ 핸드레일(Handrail) → 안전손잡이

⑤ 키스 앤 라이드(Kiss and Ride) → 환승정차구역

25 다음 글에서 언급되지 않은 내용은?

전 세계적인 과제로 탄소중립이 대두되자 친환경적 운송 수단인 철도가 주목받고 있다. 특히 국제에 너지기구는 철도를 에너지 효율이 가장 높은 운송 수단으로 꼽으며, 철도 수송을 확대하면 세계 수송 부문에서 온실가스 배출량이 그렇지 않을 때보다 약 6억 톤이 줄어들 수 있다고 하였다.

특히 철도의 에너지 소비량은 도로의 22분의 1이고, 온실가스 배출량은 9분의 1에 불과해, 탄소 배출이 높은 도로 운행의 수요를 친환경 수단인 철도로 전환한다면 수송 부문 총배출량이 획기적으로 감소될 것이라 전망하고 있다.

이에 발맞춰 우리나라의 S철도공단도 '녹색교통'인 철도 중심 교통체계를 구축하기 위해 박차를 가하고 있으며, 정부 역시 '2050 탄소중립 실현' 목표에 발맞춰 저탄소 철도 인프라 건설·관리로 탄소를 지속적으로 감축하고자 노력하고 있다.

S철도공단은 철도 인프라 생애주기 관점에서 탄소를 감축하기 위해 먼저 철도 건설 단계에서부터 친환경·저탄소 자재를 적용해 탄소 배출을 줄이고 있다. 실제로 중앙선 안등~엉친 긴 궤도 설계 당시 철근 대신에 저탄소 자재인 유리섬유 보강근을 콘크리트 궤도에 적용했으며, 이를 통한 탄소 감축효과는 약 6,000톤으로 추정된다. 이 밖에도 저탄소 철도 건축물 구축을 위해 2025년부터 모든 철도건축물을 에너지 자립률 60% 이상(3등급)으로 설계하기로 결정했으며, 도심의 철도 용지는 지자체와 협업을 통해 도심 속 철길 숲 등 탄소 흡수원이자 지역민의 휴식처로 철도부지 특성에 맞게 조성되고 있다.

S철도공단은 이와 같은 철도로의 수송 전환으로 약 20%의 탄소 감축 목표를 내세웠으며, 이를 위해서는 정부의 노력도 필요하다고 강조하였다. 특히 수송 수단 간 공정한 가격 경쟁이 이루어질 수 있도록 도로 차량에 집중된 보조금 제도를 화물차의 탄소배출을 줄이기 위한 철도 전환교통 보조금으로 확대하는 등 실질적인 방안의 필요성을 제기하고 있다.

① 녹색교통으로 철도 수송이 대두된 배경
② 철도 수송 확대를 통해 기대할 수 있는 효과
③ 국내의 탄소 감축 방안이 적용된 설계 사례
④ 정부의 철도 중심 교통체계 구축을 위해 시행된 조치
⑤ S철도공단의 철도 중심 교통체계 구축을 위한 방안

26 다음 글의 주제로 가장 적절한 것은?

> 지난 5월 아이슬란드에 각종 파이프와 열교환기, 화학물질 저장탱크, 압축기로 이루어져 있는 '조지올라 재생가능 메탄올 공장'이 등장했다. 이곳은 이산화탄소로 메탄올을 만드는 첨단 시설로, 과거 2011년 아이슬란드 기업 '카본리사이클링인터내셔널(CRI)'이 탄소 포집·활용(CCU) 기술의 실험을 위해서 지은 곳이다.
>
> 이곳에서는 인근 지열발전소에서 발생하는 적은 양의 이산화탄소(CO_2)를 포집한 뒤 물을 분해해 조달한 수소(H_2)와 결합시켜 재생 메탄올(CH_3OH)을 제조하였으며, 이때 필요한 열과 냉각수 역시 지열발전소의 부산물을 이용했다. 이렇게 만들어진 메탄올은 자동차, 선박, 항공 연료는 물론 플라스틱 제조 원료로 활용되는 등 여러 곳에서 활용되었다.
>
> 하지만 이렇게 메탄올을 만드는 것이 미래 원료 문제의 근본적인 해결책이 될 수는 없었다. 왜냐하면 메탄올이 만드는 에너지보다 메탄올을 만드는 데 들어가는 에너지가 더 필요하다는 문제점에 더하여 액화천연가스(LNG)를 메탄올로 변환할 경우 이전보다 오히려 탄소배출량이 증가하고, 탄소배출량을 감소시키기 위해서는 태양광과 에너지 저장장치를 활용해 메탄올 제조에 필요한 에너지를 모두 조달해야만 하기 때문이다.
>
> 또한 탄소를 포집해 지하에 영구 저장하는 탄소포집 저장방식과 달리, 탄소를 포집해 만든 연료나 제품은 사용 중에 탄소를 다시 배출할 가능성이 있어 이에 대한 논의가 분분한 상황이다.

① 탄소 재활용의 득과 실
② 재생 에너지 메탄올의 다양한 활용
③ 지열발전소에서 탄생한 재활용 원료
④ 탄소 재활용을 통한 미래 원료의 개발
⑤ 미래의 에너지 원료로 주목받는 재활용 원료, 메탄올

27 다음은 A ~ C철도사의 연도별 차량 수 및 승차인원에 대한 자료이다. 이에 대한 설명으로 옳지 않은 것은?

<표>

구분	2020년			2021년			2022년		
	A	B	C	A	B	C	A	B	C
차량 수(량)	2,751	103	185	2,731	111	185	2,710	113	185
승차인원 (천 명/년)	775,386	26,350	35,650	768,776	24,746	33,130	755,376	23,686	34,179

〈철도사별 차량 수 및 승차인원〉

① C철도사가 운영하는 차량 수는 변동이 없다.
② 3년간 전체 승차인원 중 A철도사 철도를 이용하는 승차인원의 비율이 가장 높다.
③ A ~ C철도사의 철도를 이용하는 연간 전체 승차인원 수는 매년 감소하였다.
④ 3년간 차량 1량당 연간 평균 승차인원 수는 B철도사가 가장 적다.
⑤ C철도사의 차량 1량당 연간 승차인원 수는 200천 명 미만이다.

28 다음은 A ~ H국의 연도별 석유 생산량에 대한 자료이다. 이에 대한 설명으로 옳은 것은?

〈연도별 석유 생산량〉

(단위 : bbl/day)

국가	2018년	2019년	2020년	2021년	2022년
A	10,356,185	10,387,665	10,430,235	10,487,336	10,556,259
B	8,251,052	8,297,702	8,310,856	8,356,337	8,567,173
C	4,102,396	4,123,963	4,137,857	4,156,121	4,025,936
D	5,321,753	5,370,256	5,393,104	5,386,239	5,422,103
E	258,963	273,819	298,351	303,875	335,371
F	2,874,632	2,633,087	2,601,813	2,538,776	2,480,221
G	1,312,561	1,335,089	1,305,176	1,325,182	1,336,597
H	100,731	101,586	102,856	103,756	104,902

① 석유 생산량이 매년 증가한 국가는 6곳이다.
② 2018년 대비 2022년에 석유 생산량 증가량이 가장 많은 국가는 A이다.
③ 매년 E국가의 석유 생산량은 H국가 석유 생산량의 3배 미만이다.
④ 연도별 석유 생산량 상위 2개 국가의 생산량 차이는 매년 감소한다.
⑤ 2018년 대비 2022년에 석유 생산량 감소율이 가장 큰 국가는 F이다.

29 A씨는 최근 승진한 공무원 친구에게 선물로 개당 12만 원인 수석을 보내고자 한다. 다음 부정청탁 및 금품 등 수수의 금지에 관한 법률에 따라 선물을 보낼 때, 최대한 많이 보낼 수 있는 수석의 수는?(단, A씨는 공무원인 친구와 직무 연관성이 없는 일반인이며, 선물은 한 번만 보낸다)

> 금품 등의 수수 금지(부정청탁 및 금품 등 수수의 금지에 관한 법률 제8조 제1항)
> 공직자 등은 직무 관련 여부 및 기부·후원·증여 등 그 명목에 관계없이 동일인으로부터 1회에 100만 원 또는 매 회계연도에 300만 원을 초과하는 금품 등을 받거나 요구 또는 약속해서는 아니 된다.

① 7개
② 8개
③ 9개
④ 10개
⑤ 11개

30 S대리는 업무 진행을 위해 본사에서 거래처로 외근을 가고자 한다. 본사에서 거래처까지 가는 길이 다음과 같을 때, 본사에서 출발하여 C와 G를 거쳐 거래처로 간다면 S대리의 최소 이동거리는?(단, 어떤 곳을 먼저 가도 무관하다)

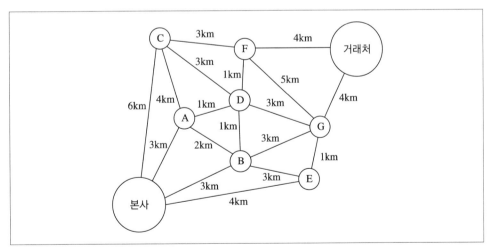

① 8km
② 9km
③ 13km
④ 16km
⑤ 18km

31 총무부에 근무하는 A사원은 각 부서에 필요한 사무용품을 조사한 결과, 볼펜 30자루, 수정테이프 8개, 연필 20자루, 지우개 5개가 필요하다고 한다. 다음 〈조건〉에 따라 비품을 구매할 때, 지불할 수 있는 가장 저렴한 금액은?(단, 필요한 비품 수를 초과하여 구매할 수 있고, 지불하는 금액은 배송료를 포함한다)

조건
- 볼펜, 수정테이프, 연필, 지우개의 판매 금액은 다음과 같다(단, 모든 품목은 낱개로 판매한다).

품목	가격(원/1EA)	비고
볼펜	1,000	20자루 이상 구매 시 개당 200원 할인
수정테이프	2,500	10개 이상 구매 시 개당 1,000원 할인
연필	400	12자루 이상 구매 시 연필 전체 가격의 25% 할인
지우개	300	10개 이상 구매 시 개당 100원 할인

- 품목당 할인을 적용한 금액의 합이 3만 원을 초과할 경우, 전체 금액의 10% 할인이 추가로 적용된다.
- 전체 금액의 10% 할인 적용 전 금액이 5만 원 초과 시 배송료는 무료이다.
- 전체 금액의 10% 할인 적용 전 금액이 5만 원 이하 시 배송료 5,000원이 별도로 적용된다.

① 51,500원
② 51,350원
③ 46,350원
④ 45,090원
⑤ 42,370원

32 S사는 개발 상품 매출 순이익에 기여한 직원에게 성과급을 지급하고자 한다. 기여도에 따른 성과급 지급 기준과 〈보기〉를 참고하여 성과급을 차등지급할 때, 가장 많은 성과급을 지급받는 직원은? (단, 팀장에게 지급하는 성과급은 기준 금액의 1.2배이다)

〈기여도에 따른 성과급 지급 기준〉

매출 순이익	개발 기여도			
	1% 이상 5% 미만	5% 이상 10% 미만	10% 이상 20% 미만	20% 이상
1천만 원 미만	−	−	매출 순이익의 1%	매출 순이익의 2%
1천만 원 이상 3천만 원 미만	5만 원	매출 순이익의 1%	매출 순이익의 2%	매출 순이익의 5%
3천만 원 이상 5천만 원 미만	매출 순이익의 1%	매출 순이익의 2%	매출 순이익의 3%	매출 순이익의 5%
5천만 원 이상 1억 원 미만	매출 순이익의 1%	매출 순이익의 3%	매출 순이익의 5%	매출 순이익의 7.5%
1억 원 이상	매출 순이익의 1%	매출 순이익의 3%	매출 순이익의 5%	매출 순이익의 10%

보기

직원	직책	매출 순이익	개발 기여도
A	팀장	4,000만 원	25%
B	팀장	2,500만 원	12%
C	팀원	1억 2,500만 원	3%
D	팀원	7,500만 원	7%
E	팀원	800만 원	6%

① A ② B
③ C ④ D
⑤ E

33 다음은 S시의 학교폭력 상담 및 신고 건수에 대한 자료이다. 이에 대한 설명으로 옳지 않은 것은?

〈학교폭력 상담 및 신고 건수〉

(단위 : 건)

구분	2022년 7월	2022년 8월	2022년 9월	2022년 10월	2022년 11월	2022년 12월
상담	977	805	3,009	2,526	1,007	871
상담 누계	977	1,782	4,791	7,317	8,324	9,195
신고	486	443	1,501	804	506	496
신고 누계	486	929	2,430	3,234	3,740	4,236
구분	2023년 1월	2023년 2월	2023년 3월	2023년 4월	2023년 5월	2023년 6월
상담	( )	( )	4,370	3,620	1,004	905
상담 누계	9,652	10,109	14,479	18,099	19,103	20,008
신고	305	208	2,781	1,183	557	601
신고 누계	4,541	4,749	7,530	( )	( )	( )

① 2023년 1월과 2023년 2월의 학교폭력 상담 건수는 같다.

② 학교폭력 상담 건수와 신고 건수 모두 2023년 3월에 가장 많다.

③ 전월 대비 학교폭력 상담 건수가 가장 크게 감소한 월과 학교폭력 신고 건수가 가장 크게 감소한 월은 다르다.

④ 전월 대비 학교폭력 상담 건수가 증가한 월은 학교폭력 신고 건수도 같이 증가하였다.

⑤ 2023년 6월까지의 학교폭력 신고 누계 건수는 10,000건 이상이다.

34 다음은 5년 동안 발전원별 발전량 추이에 대한 자료이다. 이에 대한 설명으로 옳지 않은 것은?

<2018 ~ 2022년 발전원별 발전량 추이>

(단위 : GWh)

발전원	2018년	2019년	2020년	2021년	2022년
원자력	127,004	138,795	140,806	155,360	179,216
석탄	247,670	226,571	221,730	200,165	198,367
가스	135,072	126,789	138,387	144,976	160,787
신재생	36,905	38,774	44,031	47,831	50,356
유류·양수	6,605	6,371	5,872	5,568	5,232
합계	553,256	537,300	550,826	553,900	593,958

① 매년 원자력 자원 발전량과 신재생 자원 발전량의 증감 추이는 같다.

② 석탄 자원 발전량의 전년 대비 감소폭이 가장 큰 해는 2021년이다.

③ 신재생 자원 발전량 대비 가스 자원 발전량이 가장 큰 해는 2018년이다.

④ 매년 유류·양수 자원 발전량은 전체 발전량의 1% 이상을 차지한다.

⑤ 전체 발전량의 전년 대비 증가폭이 가장 큰 해는 2022년이다.

35 다음 중 〈보기〉에 해당하는 문제해결방법이 바르게 연결된 것은?

> **보기**
>
> ㉠ 중립적인 위치에서 그룹이 나아갈 방향과 주제에 대한 공감을 이룰 수 있도록 도와주어 깊이 있는 커뮤니케이션을 통해 문제점을 이해하고 창조적으로 해결하도록 지원하는 방법이다.
> ㉡ 상이한 문화적 토양을 가진 구성원이 사실과 원칙에 근거한 토론을 바탕으로 서로의 생각을 직설적인 논쟁이나 협상을 통해 의견을 조정하는 방법이다.
> ㉢ 구성원이 같은 문화적 토양을 가지고 서로를 이해하는 상황에서 권위나 공감에 의지하여 의견을 중재하고, 타협과 조정을 통해 해결을 도모하는 방법이다.

	㉠	㉡	㉢
①	하드 어프로치	퍼실리테이션	소프트 어프로치
②	퍼실리테이션	하드 어프로치	소프트 어프로치
③	소프트 어프로치	하드 어프로치	퍼실리테이션
④	퍼실리테이션	소프트 어프로치	하드 어프로치
⑤	하드 어프로치	소프트 어프로치	퍼실리테이션

36 A ~ G 7명은 주말 여행지를 고르기 위해 투표를 진행하였다. 다음 〈조건〉과 같이 투표를 진행하였을 때, 투표를 하지 않은 사람을 모두 고르면?

> **조건**
>
> • D나 G 중 적어도 한 명이 투표하지 않으면, F는 투표한다.
> • F가 투표하면, E는 투표하지 않는다.
> • B나 E 중 적어도 한 명이 투표하지 않으면, A는 투표하지 않는다.
> • A를 포함하여 투표한 사람은 모두 5명이다.

① B, E

② B, F

③ C, D

④ C, F

⑤ F, G

37 다음과 같이 G마트에서 파는 물건을 상품코드와 크기에 따라 엑셀 프로그램으로 정리하였다. 상품코드가 S3310897이고, 크기가 '중'인 물건의 가격을 구하는 함수로 옳은 것은?

◢	A	B	C	D	E	F
1						
2		상품코드	소	중	대	
3		S3001287	18,000	20,000	25,000	
4		S3001289	15,000	18,000	20,000	
5		S3001320	20,000	22,000	25,000	
6		S3310887	12,000	16,000	20,000	
7		S3310897	20,000	23,000	25,000	
8		S3311097	10,000	15,000	20,000	
9						

① =HLOOKUP(S3310897,$B$2:$E$8,6,0)

② =HLOOKUP("S3310897",$B$2:$E$8,6,0)

③ =VLOOKUP("S3310897",$B$2:$E$8,2,0)

④ =VLOOKUP("S3310897",$B$2:$E$8,6,0)

⑤ =VLOOKUP("S3310897",$B$2:$E$8,3,0)

38 다음 중 Windows Game Bar 녹화 기능에 대한 설명으로 옳지 않은 것은?

① 〈Windows 로고 키〉+〈Alt〉+〈G〉를 통해 백그라운드 녹화 기능을 사용할 수 있다.

② 백그라운드 녹화 시간은 변경할 수 있다.

③ 녹화한 영상의 저장 위치는 변경할 수 없다.

④ 각 메뉴의 단축키는 본인이 원하는 키 조합에 맞추어 변경할 수 있다.

⑤ 게임 성능에 영향을 줄 수 있다.

우리나라에서 500MW 규모 이상의 발전설비를 보유한 발전사업자(공급의무자)는 신재생에너지 공급의무화 제도(RPS; Renewable Portfolio Standard)에 의해 의무적으로 일정 비율 이상을 기존의 화석연료를 변환시켜 이용하거나 햇빛·물·지열·강수·생물유기체 등 재생 가능한 에너지를 변환시켜 이용하는 에너지인 신재생에너지로 발전해야 한다. 이에 따라 공급의무자는 매년 정해진 의무공급비율에 따라 신재생에너지를 사용하여 전기를 공급해야 하는데 의무공급비율은 매년 확대되고 있으므로 여기에 맞춰 태양광, 풍력 등 신재생에너지 발전설비를 추가로 건설하기에는 여러 가지 한계점이 있다. ___㉠___ 공급의무자는 의무공급비율을 외부 조달을 통해 충당하게 되는데 이를 인증하는 것이 신재생에너지 공급인증서(REC; Renewable Energy Certificates)이다. 공급의무자는 신재생에너지 발전사에서 판매하는 REC를 구매하는 것으로 의무공급비율을 달성하게 되며, 이를 이행하지 못할 경우 미이행 의무량만큼 해당 연도 평균 REC 거래가격의 1.5배 이내에서 과징금이 부과된다.

신재생에너지 공급자가 공급의무자에게 REC를 판매하기 위해서는 먼저 「신에너지 및 재생에너지 개발·이용·보급 촉진법(신재생에너지법)」 제12조의7에 따라 공급인증기관(에너지관리공단 신재생에너지센터, 한국전력거래소 등)으로부터 공급 사실을 증명하는 공급인증서를 신청해야 한다. 인증 신청을 받은 공급인증기관은 신재생에너지 공급자, 신재생에너지 종류별 공급량 및 공급기간, 인증서 유효기간을 명시한 공급인증서를 발급해 주는데, 여기서 공급인증서의 유효기간은 발급받은 날로부터 3년이며, 공급량은 발전방식에 따라 실제 공급량에 가중치를 곱해 표기한다. 이렇게 발급받은 REC는 공급인증기관이 개설한 거래시장인 한국전력거래소에서 거래할 수 있으며, 거래시장에서 공급의무자가 구매하여 의무공급량에 충당한 공급인증서는 효력을 상실하여 폐기하게 된다.

RPS 제도를 통한 REC 거래는 최근 더욱 확대되고 있다. 시행 초기에는 전력거래소에서 신재생에너지 공급자와 공급의무자 간 REC를 거래하였으나, 2021년 8월 이후 에너지관리공단에서 운영하는 REC 거래시장을 통해 한국형 RE100에 동참하는 일반기업들도 신재생에너지 공급자로부터 REC를 구매할 수 있게 되었고 여기서 구매한 REC는 기업의 온실가스 감축실적으로 인정되어 인센티브 등 다양한 혜택을 받을 수 있게 된다.

| 한국남동발전 / 의사소통능력

39 다음 중 윗글의 내용으로 적절하지 않은 것은?

① 공급의무자는 의무공급비율 달성을 위해 반드시 신재생에너지 발전설비를 건설해야 한다.

② REC 거래를 위해서는 먼저 공급인증기관으로부터 인증서를 받아야 한다.

③ 일반기업도 REC 구매를 통해 온실가스 감축실적을 인정받을 수 있다.

④ REC에 명시된 공급량은 실제 공급량과 다를 수 있다.

40 다음 중 빈칸 ㉠에 들어갈 접속부사로 가장 적절한 것은?

① 한편 ② 그러나
③ 그러므로 ④ 예컨대

41 다음 자료를 토대로 신재생에너지법상 바르게 거래된 것은?

〈REC 거래내역〉

(거래일 : 2023년 10월 12일)

설비명	에너지원	인증서 발급일	판매처	거래시장 운영소
A발전소	풍력	2020.10.06	E기업	에너지관리공단
B발전소	천연가스	2022.10.12	F발전	한국전력거래소
C발전소	태양광	2020.10.24	G발전	한국전력거래소
D발전소	수력	2021.04.20	H기업	한국전력거래소

① A발전소 ② B발전소
③ C발전소 ④ D발전소

N전력공사가 밝힌 에너지 공급비중을 살펴보면 2022년 우리나라의 발전비중 중 가장 높은 것은 석탄(32.51%)이고, 두 번째는 액화천연가스(27.52%) 즉 LNG 발전이다. LNG의 경우 석탄에 비해 탄소 배출량이 적어 화석연료와 신재생에너지의 전환단계인 교량 에너지로서 최근 크게 비중이 늘었지만, 여전히 많은 양의 탄소를 배출한다는 문제점이 있다. 지구 온난화 완화를 위해 어떻게든 탄소 배출량을 줄여야 하는 상황에서 이에 대한 현실적인 대안으로 수소혼소 발전이 주목받고 있다. _____(가)_____

수소혼소 발전이란 기존의 화석연료인 LNG와 친환경에너지인 수소를 혼합 연소하여 발전하는 방식이다. 수소는 지구에서 9번째로 풍부하여 고갈될 염려가 없고, 연소 시 탄소를 배출하지 않는 친환경에너지이다. 발열량 또한 1kg당 142MJ로, 다른 에너지원에 비해 월등이 높아 같은 양으로 훨씬 많은 에너지를 생산할 수 있다. _____(나)_____

그러나 수소를 발전 연료로서 그대로 사용하기에는 여러 가지 문제점이 있다. 수소는 LNG에 비해 7 ~ 8배 빠르게 연소되므로 제어에 실패하면 가스 터빈에서 급격하게 발생한 화염이 역화하여 폭발할 가능성이 있다. 또한 높은 온도로 연소되므로 그만큼 공기 중의 질소와 반응하여 많은 질소산화물(NO_x)을 발생시키는데, 이는 미세먼지와 함께 대기오염의 주요 원인이 된다. 마지막으로 연료로 사용할 만큼 정제된 수소를 얻기 위해서는 물을 전기분해해야 하는데, 여기에는 많은 전력이 들어가므로 수소 생산 단가가 높아진다는 단점이 있다. _____(다)_____

이러한 수소의 문제점을 해결하기 위한 대안이 바로 수소혼소 발전이다. 인프라적인 측면에서 기존의 LNG 발전설비를 활용할 수 있기 때문에 수소혼소 발전은 친환경에너지로 전환하는 사회적·경제적 충격을 완화할 수 있다. 또한 수소를 혼입하는 비율이 많아질수록 그만큼 LNG를 대체하게 되므로 기술발전으로 인해 혼입하는 수소의 비중이 높아질수록 발전으로 인한 탄소의 발생을 줄일 수 있다. 아직 많은 기술적·경제적 문제점이 남아있지만, 세계의 많은 나라들은 탄소 배출량 저감을 위해 수소혼소 발전 기술에 적극적으로 뛰어들고 있다. 우리나라 또한 2024년 세종시에 수소혼소 발전이 가능한 열병합발전소가 들어설 예정이며, 한화, 포스코 등 많은 기업들이 수소혼소 발전 실현을 위해 사업을 추진하고 있다. _____(라)_____

| 한국남동발전 / 의사소통능력

42 다음 중 윗글의 내용으로 적절하지 않은 것은?

① 수소혼소 발전은 기존 LNG 발전설비를 활용할 수 있다.

② 수소를 연소할 때에도 공해물질은 발생한다.

③ 수소혼소 발전은 탄소를 배출하지 않는 발전 기술이다.

④ 수소혼소 발전에서 수소를 더 많이 혼입할수록 탄소 배출량은 줄어든다.

| 한국남동발전 / 의사소통능력

43 다음 중 〈보기〉의 문장이 들어갈 위치로 가장 적절한 곳은?

> **보기**
>
> 따라서 수소는 우리나라의 2050 탄소중립을 실현하기 위한 최적의 에너지원이라 할 수 있다.

① (가)　　　　　　　　　　② (나)

③ (다)　　　　　　　　　　④ (라)

44 다음은 N사의 비품 구매 신청 기준이다. 부서별로 비품 수량 현황과 기준을 참고하여 비품을 신청해야 할 때, 비품 신청 수량이 바르게 연결되지 않은 부서는?

<비품 구매 신청 기준>

비품	연필	지우개	볼펜	수정액	테이프
최소 수량	30자루	45개	60자루	30개	20개

• 팀별 비품 보유 수량이 비품 구매 신청 기준 이하일 때, 해당 비품을 신청할 수 있다.
• 각 비품의 신청 가능한 개수는 최소 수량에서 부족한 수량 이상 최소 보유 수량의 2배 이하이다.

[예] 연필 20자루, 지우개 50개, 볼펜 50자루, 수정액 40개, 테이프 30개가 있다면 지우개, 수정액, 테이프는 신청할 수 없고, 연필은 10자루 이상 60자루 이하, 볼펜은 10자루 이상 120자루 이하를 신청할 수 있다.

<N사 부서별 비품 수량 현황>

팀 \ 비품	연필	지우개	볼펜	수정액	테이프
총무팀	15자루	30개	20자루	15개	40개
연구개발팀	45자루	60개	50자루	20개	30개
마케팅홍보팀	40자루	40개	15자루	5개	10개
인사팀	25자루	50개	80자루	50개	5개

	팀	연필	지우개	볼펜	수정액	테이프
①	총무팀	15자루	15개	40자루	15개	0개
②	연구개발팀	0자루	0개	100자루	20개	0개
③	마케팅홍보팀	20자루	10개	50자루	50개	40개
④	인사팀	45자루	0개	0자루	0개	30개

※ 다음은 N사 인근의 지하철 노선도 및 관련 정보이다. 이어지는 질문에 답하시오. [45~47]

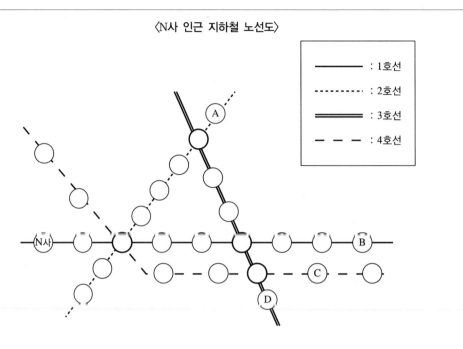

〈N사 인근 지하철 노선도〉

〈N사 인근 지하철 관련 정보〉

• 역 간 거리 및 부과요금은 다음과 같다.

지하철 노선	역 간 거리	기본요금	거리비례 추가요금
1호선	900m	1,200원	5km 초과 시 500m마다 50원 추가
2호선	950m	1,500원	5km 초과 시 1km마다 100원 추가
3호선	1,000m	1,800원	5km 초과 시 500m마다 100원 추가
4호선	1,300m	2,000원	5km 초과 시 1.5km마다 150원 추가

• 모든 노선에서 다음 역으로 이동하는 데 걸리는 시간은 2분이다.
• 모든 노선에서 환승하는 데 걸리는 시간은 3분이다.
• 기본요금이 더 비싼 열차로 환승할 때에는 부족한 기본요금을 추가로 부과하며, 기본요금이 더 저렴한 열차로 환승할 때에는 요금을 추가로 부과하거나 공제하지 않는다.
• 1회 이상 환승할 때의 거리비례 추가요금은 이용한 열차 중 기본요금이 가장 비싼 열차를 기준으로 적용한다.
  예 1호선으로 3,600m 이동 후 3호선으로 환승하여 3,000m 더 이동했다면, 기본요금 및 거리비례 추가요금은 3호선 기준이 적용되어 1,800+300=2,100원이다.

45 다음 중 N사와 A지점을 왕복하는 데 걸리는 최소 이동시간은?

① 28분 ② 34분

③ 40분 ④ 46분

46 다음 중 N사로부터 이동거리가 가장 짧은 지점은?

① A지점 ② B지점

③ C지점 ④ D지점

47 다음 중 N사에서 이동하는 데 드는 비용이 가장 적은 지점은?

① A지점 ② B지점

③ C지점 ④ D지점

SF 영화나 드라마에서만 나오던 3D 푸드 프린터를 통해 음식을 인쇄하여 소비하는 모습은 더 이상 먼 미래의 모습이 아니게 되었다. 2023년 3월 21일 미국의 컬럼비아 대학교에서는 3D 푸드 프린터와 땅콩버터, 누텔라, 딸기잼 등 7가지의 반죽형 식용 카트리지로 7겹 치즈케이크를 만들었다고 국제학술지 'NPJ 식품과학'에 소개하였다. (가) 특히 이 치즈케이크는 베이킹 기능이 있는 레이저와 식물성 원료를 사용한 비건식 식용 카트리지를 통해 만들어졌다. ㉠ 그래서 이번 발표는 대체육과 같은 다른 관련 산업에서도 많은 주목을 받게 되었다.

3D 푸드 프린터는 산업 현장에서 사용되는 일반적인 3D 프린터가 사용자가 원하는 대로 3차원의 물체를 만드는 것처럼 사람이 섭취가 가능한 페이스트, 반죽, 분말 등을 카트리지로 사용하여 사용자가 원하는 디자인으로 압출·성형하여 음식을 만들어 내는 것이다. (나) 현재 3D 푸드 프린터는 산업용 3D 프린터처럼 페이스트를 층층이 쌓아서 만드는 FDM(Fused Deposition Modeling) 방식, 분말형태로 된 재료를 접착제로 굳혀 찍어내는 PBF(Powder Bed Fusion), 레이저로 굳혀 찍어내는 SLS(Selective Laser Sintering) 방식이 주로 사용된다.

(다) 3D 푸드 프린터는 아직 대중화되지 않았지만, 많은 장점을 가지고 있어 미래에 활용가치가 아주 높을 것으로 예상되고 있다. ㉡ 예를 들어 증가하는 노령인구에 맞춰 씹고 삼키는 것이 어려운 사람을 위해 질감과 맛을 조정하거나, 개인별로 필요한 영양소를 첨가하는 등 사용자의 건강관리를 수월하게 해 준다. ㉢ 또한 우주 등 음식을 조리하기 어려운 곳에서 평소 먹던 음식을 섭취할 수 있게 하는 등 활용도는 무궁무진하다. 특히 대체육 부분에서 주목받고 있는데, 3D 푸드 프린터로 육류를 제작하게 된다면 동물을 키우고 도살하여 고기를 얻는 것보다 환경오염을 줄일 수 있다. (라) 대체육은 식물성 원료를 소재로 하는 것이므로 일반적인 고기보다는 맛은 떨어지게 된다. 실제로 대체육 전문 기업인 리디파인 미트(Redefine Meat)에서는 대체육이 축산업에서 발생하는 일반 고기보다 환경오염을 95% 줄일 수 있다고 밝히고 있다.

㉣ 따라서 3D 푸드 프린터는 개발 초기 단계이므로 아직 개선해야 할 점이 많다. 가장 중요한 것은 맛이다. 3D 푸드 프린터에 들어가는 식용 카트리지의 주원료는 식물성 재료이므로 실제 음식의 맛을 내기까지는 아직 많은 노력이 필요하다. (마) 디자인의 영역도 간과할 수 없는데, 길쭉한 필라멘트(3D 프린터에 사용되는 플라스틱 줄) 모양으로 성형된 음식이 '인쇄'라는 인식과 함께 음식을 섭취하는 데 심리적인 거부감을 주는 것도 해결해야 하는 문제이다. ㉤ 게다가 현재 주로 사용하는 방식은 페이스트, 분말을 레이저나 압출로 성형하는 것이므로 만들 수 있는 요리의 종류가 매우 제한적이며, 전력 소모 또한 많다는 것도 해결해야 하는 문제이다.

48 윗글의 내용에 대한 추론으로 적절하지 않은 것은?

① 설탕케이크 장식 제작은 SLS 방식의 3D 푸드 프린터가 적절하다.

② 3D 푸드 프린터는 식감 등으로 발생하는 편식을 줄일 수 있다.

③ 3D 푸드 프린터는 사용자 맞춤 식단을 제공할 수 있다.

④ 현재 3D 푸드 프린터로 제작된 음식은 거부감을 일으킬 수 있다.

⑤ 컬럼비아 대학교에서 만들어 낸 치즈케이크는 PBF 방식으로 제작되었다.

49 윗글의 (가) ~ (마) 중 삭제해야 할 문장으로 가장 적절한 것은?

① (가) ② (나)

③ (다) ④ (라)

⑤ (마)

50 윗글의 접속부사 ㉠ ~ ㉤ 중 문맥상 적절하지 않은 것은?

① ㉠ ② ㉡

③ ㉢ ④ ㉣

⑤ ㉤

01　경영

| 코레일 한국철도공사

01 다음 중 고전적 경영이론에 대한 설명으로 옳지 않은 것은?

① 고전적 경영이론은 인간의 행동이 합리적이고 경제적인 동기에 의해 이루어진다고 가정한다.

② 차별 성과급제, 기능식 직장제도는 테일러의 과학적 관리법을 기본이론으로 한다.

③ 포드의 컨베이어 벨트 시스템은 표준화를 통한 대량생산방식을 설명한다.

④ 베버는 조직을 합리적이고 법적인 권한으로 운영하는 관료제 조직이 가장 합리적이라고 주장한다.

⑤ 페이욜은 기업활동을 기술활동, 영업활동, 재무활동, 회계활동 4가지 분야로 구분하였다.

| 코레일 한국철도공사

02 다음 중 광고의 소구 방법에 대한 설명으로 옳지 않은 것은?

① 감성적 소구는 브랜드에 대한 긍정적 느낌 등 이미지 향상을 목표로 하는 방법이다.

② 감성적 소구는 논리적인 자료 제시를 통해 높은 제품 이해도를 이끌어 낼 수 있다.

③ 유머 소구, 공포 소구 등이 감성적 소구 방법에 해당한다.

④ 이성적 소구는 정보제공형 광고에 사용하는 방법이다.

⑤ 이성적 소구는 구매 시 위험이 따르는 내구재나 신제품 등에 많이 활용된다.

| 코레일 한국철도공사

03 다음 중 마이클 포터의 가치사슬에 대한 설명으로 옳지 않은 것은?

① 가치사슬은 거시경제학을 기반으로 하는 분석 도구이다.

② 기업의 수행활동을 제품설계, 생산, 마케팅, 유통 등 개별적 활동으로 나눈다.

③ 구매, 제조, 물류, 판매, 서비스 등을 기업의 본원적 활동으로 정의한다.

④ 기술개발, 조달활동 등을 기업의 지원적 활동으로 정의한다.

⑤ 가치사슬에서 말하는 이윤은 수입에서 가치창출을 위해 발생한 모든 비용을 제외한 값이다.

04 다음 〈보기〉 중 JIT시스템의 장점으로 옳지 않은 것을 모두 고르면?

보기
ⓐ 현장 낭비 제거를 통한 생산성 향상
ⓑ 다기능공 활용을 통한 작업자 노동부담 경감
ⓒ 소 LOT 생산을 통한 재고율 감소
ⓓ 단일 생산을 통한 설비 이용률 향상

① ㄱ, ㄴ   ② ㄱ, ㄷ
③ ㄴ, ㄷ   ④ ㄴ, ㄹ
⑤ ㄷ, ㄹ

05 다음 중 주식회사의 특징으로 옳지 않은 것은?

① 구성원인 주주와 별개의 법인격이 부여된다.
② 주주는 회사에 대한 주식의 인수가액을 한도로 출자의무를 부담한다.
③ 주주는 자신이 보유한 지분을 자유롭게 양도할 수 있다.
④ 설립 시 발기인은 최소 2인 이상을 필요로 한다.
⑤ 소유와 경영을 분리하여 이사회로 경영권을 위임한다.

06 다음 중 주식 관련 상품에 대한 설명으로 옳지 않은 것은?

① ELS : 주가지수 또는 종목의 주가 움직임에 따라 수익률이 결정되며, 만기가 없는 증권이다.
② ELB : 채권, 양도성 예금증서 등 안전자산에 주로 투자하며, 원리금이 보장된다.
③ ELD : 수익률이 코스피200지수에 연동되는 예금으로, 주로 정기예금 형태로 판매한다.
④ ELT : ELS를 특정금전신탁 계좌에 편입하는 신탁상품으로, 투자자의 의사에 따라 운영한다.
⑤ ELF : ELS와 ELD의 중간 형태로, ELS를 기초 자산으로 하는 펀드를 말한다.

07 다음 중 인사와 관련된 이론에 대한 설명으로 옳지 않은 것은?

① 허즈버그는 욕구를 동기요인과 위생요인으로 나누었으며, 동기요인에는 인정감, 성취, 성장 가능
성, 승진, 책임감, 직무 자체가 해당되고, 위생요인에는 보수, 대인관계, 감독, 직무안정성, 근무
환경, 회사의 정책 및 관리가 해당된다.

② 브룸은 동기 부여에 대해 기대이론을 적용하여 기대감, 적합성, 신뢰성을 통해 구성원의 직무에
대한 동기 부여를 결정한다고 주장하였다.

③ 매슬로는 욕구의 위계를 생리적 욕구, 안전의 욕구, 애정과 공감의 욕구, 존경의 욕구, 자아실현
의 욕구로 나누어 단계별로 욕구가 작용한다고 설명하였다.

④ 맥그리거는 인간의 본성에 대해 부정적인 관점인 X이론과 긍정적인 관점인 Y이론이 있으며, 경
영자는 조직목표 달성을 위해 근로자의 본성(X, Y)을 파악해야 한다고 주장하였다.

⑤ 로크는 인간이 합리적으로 행동한다는 가정하에 개인이 의식적으로 얻으려고 설정한 목표가 동기
와 행동에 영향을 미친다고 주장하였다.

08 다음에 해당하는 마케팅 STP 단계는 무엇인가?

- 서로 다른 욕구를 가지고 있는 다양한 고객들을 하나의 동질적인 고객집단으로 나눈다.
- 인구, 지역, 사회, 심리 등을 기준으로 활용한다.
- 전체시장을 동질적인 몇 개의 하위시장으로 구분하여 시장별로 차별화된 마케팅을 실행한다.

① 시장세분화　　　　　　　　　② 시장매력도 평가
③ 표적시장 선정　　　　　　　　④ 포지셔닝
⑤ 재포지셔닝

09 다음 K기업 재무회계 자료를 참고할 때, 기초부채를 계산하면 얼마인가?

> - 기초자산 : 100억 원
> - 기말자본 : 65억 원
> - 총수익 : 35억 원
> - 총비용 : 20억 원

① 35억 원　　　　　　　　　　　② 40억 원
③ 50억 원　　　　　　　　　　　④ 60억 원

10 다음 중 ERG 이론에 대한 설명으로 옳지 않은 것은?

① 매슬로의 욕구 5단계설을 발전시켜 주장한 이론이다.
② 인간의 욕구를 중요도 순으로 계층화하여 정의하였다.
③ 인간의 욕구를 존재욕구, 관계욕구, 성장욕구의 3단계로 나누었다.
④ 상위에 있는 욕구를 충족시키지 못하면 하위에 있는 욕구는 더욱 크게 감소한다.

11 다음 중 기업이 사업 다각화를 추진하는 목적으로 볼 수 없는 것은?

① 기업의 지속적인 성장 추구
② 사업위험 분산
③ 유휴자원의 활용
④ 기업의 수익성 강화

12 다음 중 종단분석과 횡단분석의 비교가 옳지 않은 것은?

구분	종단분석	횡단분석
방법	시간적	공간적
목표	특성이나 현상의 변화	집단의 특성 또는 차이
표본 규모	큼	작음
횟수	반복	1회

① 방법   ② 목표
③ 표본 규모   ④ 횟수

13 다음 중 향후 채권이자율이 시장이자율보다 높아질 것으로 예상될 때 나타날 수 있는 현상으로 옳은 것은?

① 별도의 이자 지급 없이 채권발행 시 이자금액을 공제하는 방식을 선호하게 된다.
② 1년 만기 은행채, 장기신용채 등의 발행이 늘어난다.
③ 만기에 가까워질수록 채권가격 상승에 따른 이익을 얻을 수 있다.
④ 채권가격이 액면가보다 높은 가격에 거래되는 할증채 발행이 증가한다.

14 다음 중 BCG 매트릭스에 대한 설명으로 옳은 것은?

① 스타(Star) 사업 : 높은 시장점유율로 현금창출은 양호하나, 성장 가능성은 낮은 사업이다.
② 현금젖소(Cash Cow) 사업 : 성장률과 시장점유율이 모두 낮아 철수가 필요한 사업이다.
③ 개(Dog) 사업 : 성장률과 시장점유율이 모두 높아서 계속 투자가 필요한 유망 사업이다.
④ 물음표(Question Mark) 사업 : 신규 사업 또는 현재 시장점유율은 낮으나, 향후 성장 가능성이 높은 사업이다.

15 다음 중 테일러의 과학적 관리법의 특징에 대한 설명으로 옳지 않은 것은?

① 작업능률을 최대로 높이기 위하여 노동의 표준량을 정한다.
② 작업에 사용하는 도구 등을 개별 용도에 따라 다양하게 제작하여 성과를 높인다.
③ 작업량에 따라 임금을 차등하여 지급한다.
④ 관리에 대한 전문화를 통해 노동자의 태업을 사전에 방지한다.

| 서울교통공사

01 다음 중 수요의 가격탄력성에 대한 설명으로 옳지 않은 것은?

① 수요의 가격탄력성은 가격의 변화에 따른 수요의 변화를 의미한다.
② 분모는 상품 가격의 변화량을 상품 가격으로 나눈 값이다.
③ 대체재가 많을수록 수요의 가격탄력성은 탄력적이다.
④ 가격이 1% 상승할 때 수요가 2% 감소하였으면 수요의 가격탄력성은 2이다.
⑤ 가격탄력성이 0보다 크면 탄력적이라고 할 수 있다.

| 서울교통공사

02 다음 중 대표적인 물가지수인 GDP 디플레이터를 구하는 계산식으로 옳은 것은?

① (실질 GDP)÷(명목 GDP)×100
② (명목 GDP)÷(실질 GDP)×100
③ (실질 GDP)+(명목 GDP)÷2
④ (명목 GDP)−(실질 GDP)÷2
⑤ (실질 GDP)÷(명목 GDP)×2

| 서울교통공사

03 다음 〈조건〉을 참고할 때, 한계소비성향(MPC) 변화에 따른 현재 소비자들의 소비 변화폭은?

조건
• 기존 소비자들의 연간 소득은 3,000만 원이며, 한계소비성향은 0.6을 나타내었다.
• 현재 소비자들의 연간 소득은 4,000만 원이며, 한계소비성향은 0.7을 나타내었다.

① 700
② 1,100
③ 1,800
④ 2,500
⑤ 3,700

04 다음 글의 빈칸에 들어갈 단어가 바르게 나열된 것은?

> • 환율이 _____㉠_____ 하면 순수출이 증가한다.
> • 국내이자율이 높아지면 환율은 _____㉡_____ 한다.
> • 국내물가가 오르면 환율은 _____㉢_____ 한다.

	㉠	㉡	㉢
①	하락	상승	하락
②	하락	상승	상승
③	하락	하락	하락
④	상승	하락	상승
⑤	상승	하락	하락

05 다음 중 독점적 경쟁시장에 대한 설명으로 옳지 않은 것은?

① 독점적 경쟁시장은 완전경쟁시장과 독점시장의 중간 형태이다.
② 대체성이 높은 제품의 공급자가 시장에 다수 존재한다.
③ 시장진입과 퇴출이 자유롭다.
④ 독점적 경쟁기업의 수요곡선은 우하향하는 형태를 나타낸다.
⑤ 가격경쟁이 비가격경쟁보다 활발히 진행된다.

06 다음 중 고전학파와 케인스학파에 대한 설명으로 옳지 않은 것은?

① 케인스학파는 경기가 침체할 경우, 정부의 적극적 개입이 바람직하지 않다고 주장하였다.
② 고전학파는 임금이 매우 신축적이어서 노동시장이 항상 균형상태에 이르게 된다고 주장하였다.
③ 케인스학파는 저축과 투자가 국민총생산의 변화를 통해 같아지게 된다고 주장하였다.
④ 고전학파는 실물경제와 화폐를 분리하여 설명한다.
⑤ 케인스학파는 단기적으로 화폐의 중립성이 성립하지 않는다고 주장하였다.

07 다음 사례에서 나타나는 현상으로 옳은 것은?

> • 물은 사용 가치가 크지만 교환 가치가 작은 반면, 다이아몬드는 사용 가치가 작지만 교환 가치는 크게 나타난다.
> • 한계효용이 작을수록 교환 가치가 작으며, 한계효용이 클수록 교환 가치가 크다.

① 매몰비용의 오류
② 감각적 소비
③ 보이지 않는 손
④ 가치의 역설
⑤ 희소성

08 다음 자료를 참고하여 실업률을 구하면 얼마인가?

> • 생산가능인구 : 50,000명
> • 취업자 : 20,000명
> • 실업자 : 5,000명

① 10%
② 15%
③ 20%
④ 25%
⑤ 30%

09 J기업이 다음 〈조건〉과 같이 생산량을 늘린다고 할 때, 한계비용은 얼마인가?

> **조건**
> • J기업의 제품 1단위당 노동가격은 4, 자본가격은 6이다.
> • J기업은 제품 생산량을 50개에서 100개로 늘리려고 한다.
> • 평균비용 $P = 2L + K + \dfrac{100}{Q}$ (L : 노동가격, K : 자본가격, Q : 생산량)

① 10
② 12
③ 14
④ 16

10 다음은 A국과 B국이 노트북 1대와 TV 1대를 생산하는 데 필요한 작업 시간을 나타낸 자료이다. A국과 B국의 비교우위에 대한 설명으로 옳은 것은?

구분	노트북	TV
A국	6시간	8시간
B국	10시간	8시간

① A국이 노트북, TV 생산 모두 비교우위에 있다.
② B국이 노트북, TV 생산 모두 비교우위에 있다.
③ A국은 노트북 생산, B국은 TV 생산에 비교우위가 있다.
④ A국은 TV 생산, B국은 노트북 생산에 비교우위가 있다.

11 다음 중 다이내믹 프라이싱에 대한 설명으로 옳지 않은 것은?

① 동일한 제품과 서비스에 대한 가격을 시장 상황에 따라 변화시켜 적용하는 전략이다.
② 호텔, 항공 등의 가격을 성수기 때 인상하고, 비수기 때 인하하는 것이 대표적인 예이다.
③ 기업은 소비자별 맞춤형 가격을 통해 수익을 극대화할 수 있다.
④ 소비자 후생이 증가해 소비자의 만족도가 높아진다.

12 다음 〈보기〉 중 빅맥 지수에 대한 설명으로 옳은 것을 모두 고르면?

> **보기**
> ㉠ 빅맥 지수를 최초로 고안한 나라는 미국이다.
> ㉡ 각 나라의 물가수준을 비교하기 위해 고안된 지수로, 구매력 평가설을 근거로 한다.
> ㉢ 맥도날드 빅맥 가격을 기준으로 한 이유는 전 세계에서 가장 동질적으로 판매되고 있는 상품이기 때문이다.
> ㉣ 빅맥 지수를 구할 때 빅맥 가격은 제품 가격과 서비스 가격의 합으로 계산한다.

① ㉠, ㉡
② ㉠, ㉢
③ ㉡, ㉢
④ ㉡, ㉣

13 다음 중 확장적 통화정책의 영향으로 옳은 것은?

① 건강보험료가 인상되어 정부의 세금 수입이 늘어난다.

② 이자율이 하락하고, 소비 및 투자가 감소한다.

③ 이자율이 상승하고, 환율이 하락한다.

④ 은행이 채무불이행 위험을 줄이기 위해 더 높은 이자율과 담보 비율을 요구한다.

14 다음 중 노동의 수요공급곡선에 대한 설명으로 옳지 않은 것은?

① 노동 수요는 파생수요라는 점에서 재화시장의 수요와 차이가 있다.

② 상품 가격이 상승하면 노동 수요곡선은 오른쪽으로 이동한다.

③ 토지, 설비 등이 부족하면 노동 수요곡선은 오른쪽으로 이동한다.

④ 노동에 대한 인식이 긍정적으로 변화하면 노동 공급곡선은 오른쪽으로 이동한다.

15 다음 〈조건〉에 따라 S씨가 할 수 있는 최선의 선택은?

> **조건**
>
> • S씨는 퇴근 후 운동을 할 계획으로 헬스, 수영, 자전거, 달리기 중 하나를 고르려고 한다.
> • 각 운동이 주는 만족도(이득)는 헬스 5만 원, 수영 7만 원, 자전거 8만 원, 달리기 4만 원이다.
> • 각 운동에 소요되는 비용은 헬스 3만 원, 수영 2만 원, 자전거 5만 원, 달리기 3만 원이다.

① 헬스 ② 수영

③ 자전거 ④ 달리기

┃ 서울교통공사

01 다음 중 노동법의 성질이 다른 하나는?

① 산업안전보건법
② 남녀고용평등법
③ 산업재해보상보험법
④ 근로자참여 및 협력증진에 관한 법
⑤ 고용보험법

┃ 서울교통공사

02 다음 〈보기〉 중 용익물권에 해당하는 것을 모두 고르면?

> **보기**
>
> 가. 지상권　　　　　　　　　　나. 점유권
> 다. 지역권　　　　　　　　　　라. 유치권
> 마. 전세권　　　　　　　　　　바. 저당권

① 가, 다, 마　　　　　　　② 가, 라, 바
③ 나, 라, 바　　　　　　　④ 다, 라, 마
⑤ 라, 마, 바

03 다음 중 선고유예와 집행유예의 내용에 대한 분류가 옳지 않은 것은?

구분	선고유예	집행유예
실효	유예한 형을 선고	유예선고의 효력 상실
요건	1년 이하 징역·금고, 자격정지, 벌금	3년 이하 징역·금고, 500만 원 이하의 벌금형
유예기간	1년 이상 5년 이하	2년
효과	면소	형의 선고 효력 상실

① 실효
② 요건
③ 유예기간
④ 효과
⑤ 없음

04 다음 〈보기〉 중 형법상 몰수가 되는 것은 모두 몇 개인가?

> **보기**
> • 범죄행위에 제공한 물건
> • 범죄행위에 제공하려고 한 물건
> • 범죄행위로 인하여 생긴 물건
> • 범죄행위로 인하여 취득한 물건
> • 범죄행위의 대가로 취득한 물건

① 1개
② 2개
③ 3개
④ 4개
⑤ 5개

05 다음 중 상법상 법원이 아닌 것은?

① 판례
② 조례
③ 상관습법
④ 상사자치법
⑤ 보통거래약관

06 다음 글의 빈칸에 들어갈 연령이 바르게 연결된 것은?

> • 촉법소년 : 형벌 법령에 저촉되는 행위를 한 10세 이상 ___㉠___ 미만인 소년
> • 우범소년 : 성격이나 환경에 비추어 앞으로 형벌 법령에 저촉되는 행위를 할 우려가 있는 10세 이상 ___㉡___ 미만인 소년

	㉠	㉡		㉠	㉡
①	13세	13세	②	13세	14세
③	14세	14세	④	14세	19세
⑤	19세	19세			

07 다음 중 국민에게만 적용되는 기본 의무가 아닌 것은?

① 근로의 의무
② 납세의 의무
③ 교육의 의무
④ 환경보전의 의무
⑤ 국방의 의무

08 다음 중 헌법재판소의 역할로 옳지 않은 것은?

① 행정청의 처분의 효력 유무 또는 존재 여부 심판
② 탄핵의 심판
③ 국가기관 상호 간, 국가기관과 지방자치단체간 및 지방자치단체 상호 간의 권한쟁의에 관한 심판
④ 정당의 해산 심판
⑤ 법원의 제청에 의한 법률의 위헌여부 심판

09 다음 중 민법상 채권을 몇 년 동안 행사하지 아니하면 소멸시효가 완성되는가?

① 2년
② 5년
③ 10년
④ 15년
⑤ 20년

| K-water 한국수자원공사

01 다음 중 정책참여자에 대한 설명으로 옳지 않은 것은?

① 의회와 지방자치단체는 모두 공식적 참여자에 해당된다.
② 정당과 NGO는 비공식적 참여자에 해당된다.
③ 사회구조가 복잡해진 현대에는 공식적 참여자의 중요도가 상승하였다.
④ 사회적 의사결정에서 정부의 역할이 줄어들수록 비공식적 참여자의 중요도가 높아진다.

| K-water 한국수자원공사

02 다음 중 정책문제에 대한 설명으로 옳지 않은 것은?

① 정책문제는 정책결정의 대상으로, 공적인 성격이 강하고 공익성을 추구하는 성향을 갖는다.
② 주로 가치판단의 문제를 포함하고 있어 계량화가 난해하다.
③ 정책문제 해결의 주요 주체는 정부이다.
④ 기업경영에서의 의사결정에 비해 고려사항이 단순하다.

| K-water 한국수자원공사

03 다음 중 회사모형의 특징에 대한 설명으로 옳은 것은?

① 사이어트와 드로어가 주장한 모형으로, 조직의 의사결정 방식에 대해 설명하는 이론이다.
② 합리적 결정과 점증적 결정이 누적 및 혼합되어 의사결정이 이루어진다고 본다.
③ 조직들 간의 연결성이 강하지 않은 경우를 전제로 하고 있다.
④ 정책결정 단계를 초정책결정 단계, 정책결정 단계, 후정책결정 단계로 구분하여 설명한다.

04 다음 〈보기〉 중 블라우와 스콧이 주장한 조직 유형에 대한 설명으로 옳지 않은 것을 모두 고르면?

> **보기**
>
> ㄱ. 호혜조직의 1차적 수혜자는 조직 내 의사결정의 참여를 보장받는 구성원이며, 은행, 유통업체 등이 해당된다.
> ㄴ. 사업조직의 1차적 수혜자는 조직의 소유자이며, 이들의 주목적은 이윤 추구이다.
> ㄷ. 봉사조직의 1차적 수혜자는 이들을 지원하는 후원조직으로, 서비스 제공을 위한 인프라 및 자금조달을 지원한다.
> ㄹ. 공공조직의 1차적 수혜자는 공공서비스의 수혜자인 일반대중이며, 경찰, 소방서, 군대 등이 공공조직에 해당된다.

① ㄱ, ㄴ
② ㄱ, ㄷ
③ ㄴ, ㄷ
④ ㄷ, ㄹ

05 다음 중 우리나라 직위분류제의 구조에 대한 설명으로 옳지 않은 것은?

① 직군 : 직위분류제의 구조 중 가장 상위의 구분 단위이다.
② 직위 : 개인에게 부여되는 직무와 책임이다.
③ 직류 : 동일 직렬 내 직무가 동일한 것이다.
④ 직렬 : 일반적으로 해당 구성원 간 동일한 보수 체계를 적용받는 구분이다.

06 다음 중 엽관주의와 실적주의에 대한 설명으로 옳지 않은 것은?

① 공공조직에서 엽관주의적 인사가 이루어질 시 조직구성원들의 신분이 불안정해진다는 단점이 있다.
② 엽관주의와 실적주의 모두 조직 수반에 대한 정치적 정합성보다 정치적 중립성 확보가 강조된다.
③ 민주주의적 평등 이념의 실현을 위해서는 엽관주의보다 실적주의가 유리하다.
④ 미국의 경우, 엽관주의의 폐단에 대한 대안으로 펜들턴 법의 제정에 따라 인사행정에 실적주의가 도입되었다.

07 다음 중 발생주의 회계의 특징으로 옳은 것은?

① 현금의 유출입 발생 시 회계 장부에 기록하는 방법을 의미한다.
② 실질적 거래의 발생을 회계처리에 정확히 반영할 수 있다는 장점이 있다.
③ 회계연도 내 경영활동과 성과에 대해 정확히 측정하기 어렵다는 한계가 있다.
④ 재화나 용역의 인수 및 인도 시점을 기준으로 장부에 기입한다.
⑤ 수익과 비용이 대응되지 않는다는 한계가 있다.

08 다음 〈보기〉 중 맥그리거(D. McGregor)의 인간관에 대한 설명으로 옳지 않은 것을 모두 고르면?

> **보기**
>
> ㄱ. X이론은 부정적이고 수동적인 인간관에 근거하고 있고, Y이론은 긍정적이고 적극적인 인간관에 근거하고 있다.
> ㄴ. X이론에서는 보상과 처벌을 통한 통제보다는 직원들에 대한 조언과 격려에 의한 경영전략을 강조하였다.
> ㄷ. Y이론에서는 자율적 통제를 강조하는 경영전략을 제시하였다.
> ㄹ. X이론의 적용을 위한 대안으로 권한의 위임 및 분권화, 직무 확대 등을 제시했다.

① ㄱ, ㄴ　　　　　　　　　② ㄱ, ㄷ
③ ㄴ, ㄷ　　　　　　　　　④ ㄴ, ㄹ
⑤ ㄷ, ㄹ

09 다음 중 대한민국 중앙정부의 인사조직형태에 대한 설명으로 옳지 않은 것은?

① 독립합의형 인사기관은 일반적으로 일반행정부처에서 분리되어 있으며, 독립적 지위를 가진 합의체의 형태를 갖는다.
② 비독립단독형 인사기관은 독립합의형 인사기관에 비해 의사결정이 신속하다는 특징이 있다.
③ 독립합의형 인사기관의 경우 비독립단독형 인사기관에 비해 책임소재가 불분명하다는 특징이 있다.
④ 실적주의 인사행정을 위해서는 독립합의형보다 비독립단독형 인사조직이 적절하다.

10 다음 〈보기〉 중 정부실패의 원인으로 옳지 않은 것을 모두 고르면?

> 보기
>
> ㉠ 정부가 민간주체보다 정보에 대한 접근성이 높아서 발생한다.
> ㉡ 공공부문의 불완전경쟁으로 인해 발생한다.
> ㉢ 정부행정이 사회적 필요에 비해 장기적 관점에서 추진되어 발생한다.
> ㉣ 정부의 공급은 공공재라는 성격을 가지기 때문에 발생한다.

① ㉠, ㉡   ② ㉠, ㉢
③ ㉡, ㉢   ④ ㉡, ㉣

11 다음 〈보기〉의 행정의 가치 중 수단적 가치가 아닌 것을 모두 고르면?

> 보기
>
> ㉠ 공익   ㉡ 자유
> ㉢ 합법성   ㉣ 민주성
> ㉤ 복지

① ㉠, ㉡, ㉣   ② ㉠, ㉡, ㉤
③ ㉠, ㉢, ㉣   ④ ㉠, ㉣, ㉤

12 다음 중 신공공관리론과 뉴거버넌스에 대한 설명으로 옳은 것은?

① 신공공관리론은 정부실패를 지적하며 등장한 이론으로, 민간에 대한 충분한 정보력을 갖춘 크고 완전한 정부를 추구한다.

② 뉴거버넌스는 정부가 사회의 문제해결을 주도하여 민간 주체들의 적극적 참여를 유도하는 것을 추구한다.

③ 영국의 대처주의, 미국의 레이거노믹스는 모두 신공공관리론에 토대를 둔 정치기조이다.

④ 뉴거버넌스는 민영화, 민간위탁을 통한 서비스의 공급을 지향한다.

13 다음 중 사물인터넷을 사용하지 않은 경우는?

① 스마트 팜 시스템을 도입하여 작물 재배의 과정을 최적화, 효율화한다.

② 비상전력체계를 이용하여 재난 및 재해 등 위기상황으로 전력 차단 시 동력을 복원한다.

③ 커넥티드 카를 이용하여 차량 관리 및 운행 현황 모니터링을 자동화한다.

④ 스마트홈 기술을 이용하여 가정 내 조명, 에어컨 등을 원격 제어한다.

14 다음 〈보기〉 중 수평적 인사이동에 해당하지 않는 것을 모두 고르면?

> **보기**
>
> ㄱ. 강임   ㄴ. 승진
> ㄷ. 전보   ㄹ. 전직

① ㄱ, ㄴ   ② ㄱ, ㄷ

③ ㄴ, ㄷ   ④ ㄷ, ㄹ

15 다음 〈보기〉 중 유료 요금제에 해당하지 않는 것을 모두 고르면?

> **보기**
>
> ㄱ. 국가지정문화재 관람료
> ㄴ. 상하수도 요금
> ㄷ. 국립공원 입장료

① ㄱ   ② ㄷ

③ ㄱ, ㄴ   ④ ㄴ, ㄷ

| 코레일 한국철도공사

01 다음 중 삼변측량에 대한 설명으로 옳지 않은 것은?

① 전자파거리측량기(E.D.M)의 출현으로 이용이 활성화되었다.
② 관측값의 수에 비해 조건식이 많은 것이 장점이다.
③ 변 길이를 관측하여 삼각점의 위치를 구하는 측량이다.
④ 조정 방법에는 조건방정식에 의한 조정 방법과 관측방정식에 의한 조정 방법이 있다.
⑤ 코사인 제2법칙과 반각공식을 이용하여 각을 구한다.

| 코레일 한국철도공사

02 다음 중 블레이드를 상하로 20 ~ 30도 기울일 수 있어 블레이드 한쪽 끝 부분에 힘을 집중시킬 수 있는 도저는?

① 레이크 도저
② 스트레이트 도저
③ 앵글 도저
④ 틸트 도저
⑤ 습지 도저

| 코레일 한국철도공사

03 다음 중 콘크리트의 건조수축에 대한 설명으로 옳은 것은?

① 콘크리트 부재 표면에는 압축응력이 발생한다.
② 건조수축의 진행속도는 외부 환경의 상대습도와 무관하다.
③ 물과 시멘트의 비율이 높을수록 크리프는 작게 발생한다.
④ 잔골재의 사용량을 줄이고 굵은골재의 사용량을 늘려 건조수축을 억제한다.
⑤ 흡수율이 높은 골재를 사용하여 건조수축을 억제할 수 있다.

04 한 변의 길이가 a인 정삼각형 모양의 보에서 축을 기준으로 T의 크기만큼 토크가 발생하였다. 이때 단면의 중심으로부터 발생한 전단응력의 크기는 얼마인가?

① $\dfrac{288\,T}{21b^3}$

② $\dfrac{144\,T}{21b^3}$

③ $\dfrac{288\,T}{7b^3}$

④ $\dfrac{144\,T}{7b^3}$

⑤ $\dfrac{288\,T}{3b^3}$

05 다음 그림과 같이 포물선형 아치에 집중하중이 작용하고 있다. 이때 C지점에서의 수평반력의 크기는 얼마인가?

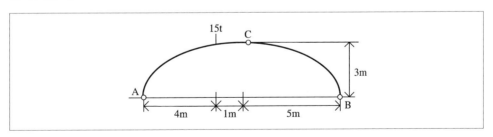

① 5t

② 7.5t

③ 10t

④ 12.5t

⑤ 15t

06 어떤 직선 도로를 최대 10m까지 측정이 가능한 줄자로 360m를 측정하였다. 1번 측정할 때마다 1cm의 오차가 발생하고 ±7.5mm의 우연오차가 발생할 때, 이 도로의 정확한 길이의 범위는?

① 360 ± 0.45m

② 360.36 ± 0.45m

③ 360 ± 0.075m

④ 360.36 ± 0.075m

⑤ 360 ± 1.62m

07 다음 〈보기〉 중 GIS와 GPS에 대한 설명으로 옳은 것은 모두 몇 개인가?

> **보기**
> ㄱ. GIS는 지리적으로 참조 가능한 모든 형태의 정보를 컴퓨터 데이터로 변환한 정보 시스템이다.
> ㄴ. GIS는 아직 기술적으로 3차원 이상의 지리정보를 알 수 없다.
> ㄷ. GPS에서 1개의 GPS 위성만 있어도 사용자의 현재 위치를 정확하게 파악할 수 있다.
> ㄹ. 각 GPS 위성의 신호 간 간섭이 발생할 수 있으므로 GPS 위성은 적을수록 정확하다.

① 없음

② 1개

③ 2개

④ 3개

⑤ 4개

08 다음 중 거푸집 측압에 영향을 주는 요소 및 영향으로 옳지 않은 것은?

① 온도가 높고 습도가 높으면 경화가 빠르므로 측압이 작아진다.

② 거푸집 표면이 평활하면 마찰계수가 작아지므로 측압이 크다.

③ 콘크리트 타설 속도가 빠를수록 측압이 크다.

④ 투수성 및 누수성이 클수록 측압이 작다.

⑤ 거푸집의 강성이 클수록 측압은 크다.

09 다음 중 DAD 해석과 관련있는 요소가 바르게 짝지어진 것은?

① 강우량, 유수단면적, 최대수심
② 적설량, 분포면적, 적설일수
③ 강우깊이, 유역면적, 최대수심
④ 강우깊이, 유역면적, 지속기간

10 다음 중 단면적이 같은 정사각형과 원의 단면계수비는?(단, 정사각형 단면의 일변은 h 이고, 단면의 지름은 D 이다)

① $1 : 0.46$
② $1 : 0.85$
③ $1 : 1.18$
④ $1 : 2.24$

11 펌프는 흡입실양정 및 토출량을 고려하여 전양정에 따라 선정하여야 한다. 전양정이 5m 이하일 때 표준이며, 비교회전도(N_s)가 $1,100 \sim 2,000$ 정도인 펌프 형식은?

① 축류펌프
② 사류펌프
③ 원심사류펌프
④ 원심펌프

12 구경이 400mm인 모터의 직결펌프에서 양수량은 $10\text{m}^3/\text{min}$, 전양정은 50m, 회전수는 1,100rpm일 때, 비교회전도(N_s)는 얼마인가?

① 약 148
② 약 168
③ 약 185
④ 약 194

13 엘리데이드 고저측량에서 수평거리는 34m, 분획차는 8.4, 측표의 높이는 2.0m, 시준공까지의 높이는 1.2m일 때, 두 점 간의 고저차는 얼마인가?

① 1.856m

② 1.956m

③ 2.056m

④ 2.156m

14 다음 중 사진측량의 특징에 대한 설명으로 옳지 않은 것은?

① 측량의 정확도가 균일하다.

② 정성적 관측이 가능하다.

③ 정량적 관측이 가능하다.

④ 기상의 제약 없이 측량이 가능하다.

15 다음 그림과 같이 어떤 유체가 원형 직관을 통하여 정상 상태로 흐를 때, 관의 축소부로 인한 수두 손실은?(단, $V_1 = 0.5\text{m/s}$, $D_1 = 0.2\text{m}$, $D_2 = 0.1\text{m}$, $f_c = 0.36$이다)

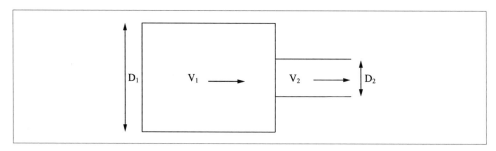

① 약 0.92cm

② 약 3.65cm

③ 약 5.6cm

④ 약 7.3cm

16 다음 그림과 같이 x, y축에 대칭인 단면에 비틀림응력 550kN · m가 작용할 때, 최대 전단응력은 얼마인가?

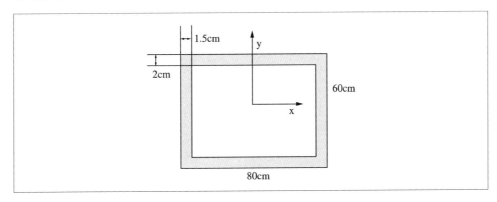

① 약 30.2MPa

② 약 40.27MPa

③ 약 60.4MPa

④ 약 80.53MPa

17 다음 중 수문곡선에 대한 설명으로 옳지 않은 것은?

① 하천유로상의 임의의 한 점에서 수문량의 시간에 대한 유량의 관계곡선이다.

② 초기에는 지하수에 의한 기저유출만이 하천에 존재한다.

③ 시간이 경과함에 따라 지수분포형의 감수곡선이 된다.

④ 표면유출은 점차적으로 수문곡선을 하강시키게 된다.

18 지름이 30cm이고 길이가 1m인 관의 손실수두가 30cm일 때, 관 벽면에 작용하는 마찰력 τ_0는?

① $150N/m^2$

② $175N/m^2$

③ $200N/m^2$

④ $225N/m^2$

19 다음 중 에너지 보정계수(α)와 운동량 보정계수(β)에 대한 설명으로 옳지 않은 것은?

① α는 속도수두를 보정하기 위한 무차원 상수이다.

② β는 운동량을 보정하기 위한 무차원 상수이다.

③ α, β값은 흐름이 난류일 때보다 층류일 때가 크다.

④ 실제유체 흐름에서는 $\beta > \alpha > 1$이다.

20 다음 중 잔골재와 굵은 골재에 대한 설명으로 옳지 않은 것은?

① 잔골재는 0.074mm 이상, 굵은 골재는 4.76mm 이상인 것을 말한다.

② 잔골재의 비중은 2.50 ~ 2.65, 굵은 골재의 비중은 2.55 ~ 2.70의 값을 표준으로 하고 있다.

③ 잔골재는 입도가 클수록 단위무게가 크다.

④ 콘크리트용 골재의 조립율은 잔골재에서 6.0 ~ 8.0, 굵은골재에서 2.3 ~ 3.1 정도가 적당하다.

21 현장에서 다짐된 사질토의 상대다짐도가 95%이고 최대 및 최소 건조단위중량이 각각 1.76t/m^3, 1.5t/m^3일 때, 현장시료의 상대밀도는?

① 약 59% 　　　　　　　② 약 64%

③ 약 69% 　　　　　　　④ 약 74%

22 다음 중 보강토 공법의 특징으로 옳지 않은 것은?

① 시공이 신속하다.

② 지진피해가 많다.

③ 시공관리에 용이하며 건설공해가 적다.

④ 부등침하에 어느 정도 유연하게 대처 가능하다.

23 다음 중 하천에 오수가 유입될 때, 하천의 자정작용 중 최초의 분해지대에서 BOD가 증가하는 주요 원인은 무엇인가?

① 온도의 변화   ② 탁도의 감소

③ 미생물의 번식   ④ 유기물의 침전

24 지름이 2m이고, 영향권의 반지름이 1,000m이며, 원지하수의 수위 $H=7$m, 집수정의 수위 $h_0=5$m인 심정에서의 양수량은 얼마인가?(단, $K=0.0038$m/s이고, $\ln 10=2.3$이다)

① 약 $0.0415\text{m}^3/\text{s}$ ② 약 $0.0461\text{m}^3/\text{s}$

③ 약 $0.083\text{m}^3/\text{s}$ ④ 약 $0.145\text{m}^3/\text{s}$

25 다음 중 유수는 원활하지만 관거의 매설 깊이가 증가하여 보공비가 많이 들고, 펌프 배수 시 펌프양정을 증가시키는 단점이 있는 하수관거의 접합 방법은?

① 수면접합   ② 관중심접합

③ 관저접합   ④ 관정접합

아이들이 답이 있는 질문을 하기 시작하면 그들이 성장하고 있음을 알 수 있다.

– 존 J. 플롬프 –

PART 1

직업기초능력

의사소통능력

합격 Cheat Key

의사소통능력은 평가하지 않는 공사·공단이 없을 만큼 필기시험에서 중요도가 높은 영역으로, 세부 유형은 문서 이해, 문서 작성, 의사 표현, 경청, 기초 외국어로 나눌 수 있다. 문서 이해·문서 작성과 같은 지문에 대한 주제 찾기, 내용 일치 문제의 출제 비중이 높으며, 문서의 특성을 파악하는 문제도 출제되고 있다.

1 문제에서 요구하는 바를 먼저 파악하라!

의사소통능력에서 가장 중요한 것은 제한된 시간 안에 빠르고 정확하게 답을 찾아내는 것이다. 의사소통능력에서는 지문이 아니라 문제가 주인공이므로 지문을 보기 전에 문제를 먼저 파악해야 하며, 문제에 따라 전략적으로 빠르게 풀어내는 연습을 해야 한다.

2 잠재되어 있는 언어 능력을 발휘하라!

세상에 글은 많고 우리가 학습할 수 있는 시간은 한정적이다. 이를 극복할 수 있는 방법은 다양한 글을 접하는 것이다. 실제 시험장에서 어떤 내용의 지문이 나올지 아무도 예측할 수 없으므로 평소에 신문, 소설, 보고서 등 여러 글을 접하는 것이 필요하다.

3   상황을 가정하라!

업무 수행에 있어 상황에 따른 언어 표현은 중요하다. 같은 말이라도 상황에 따라 다르게 해석될 수 있기 때문이다. 그런 의미에서 자신의 의견을 효과적으로 전달할 수 있는 능력을 평가하는 것이다. 업무를 수행하면서 발생할 수 있는 여러 상황을 가정하고 그에 따른 올바른 언어표현을 정리하는 것이 필요하다.

4   말하는 이의 입장에서 생각하라!

잘 듣는 것 또한 하나의 능력이다. 상대방의 이야기에 귀 기울이고 공감하는 태도는 업무를 수행하는 관계 속에서 필요한 요소이다. 그런 의미에서 다양한 상황에서 듣는 능력을 평가하는 것이다. 말하는 이가 요구하는 듣는 이의 태도를 파악하고, 이에 따른 판단을 할 수 있도록 언제나 말하는 사람의 입장이 되는 연습이 필요하다.

| 유형분석 |

- 주어진 지문을 읽고 선택지를 고르는 전형적인 독해 문제이다.
- 지문은 주로 신문기사(보도자료 등)나 업무 보고서, 시사 등이 제시된다.
- 공사공단에 따라 자사와 관련된 내용의 기사나 법조문, 보고서 등이 출제되기도 한다.

다음 글의 내용으로 적절하지 않은 것은?

> 물가 상승률은 일반적으로 가격 수준의 상승 속도를 나타내며, 소비자 물가지수(CPI)와 같은 지표를 사용하여 측정된다. 높은 물가 상승률은 소비재와 서비스의 가격이 상승하고, 돈의 구매력이 감소한다. 이는 소비자들이 더 많은 돈을 지출하여 물가 상승에 따른 가격 상승을 감수해야 함을 의미한다.
>
> 물가 상승률은 경제에 다양한 영향을 미친다. 먼저 소비자들의 구매력이 저하되므로 가계소득의 실질 가치가 줄어든다. 이는 소비 지출의 감소와 경기 둔화를 초래할 수 있다. 또한 물가 상승률은 기업의 의사결정에도 영향을 준다. 예를 들어 높은 물가 상승률은 이자율의 상승과 함께 대출 조건을 악화시키므로 기업들은 생산 비용 상승과 이로 인한 이윤 감소에 직면하게 된다.
>
> 정부와 중앙은행은 물가 상승률을 통제하기 위해 다양한 금융 정책을 사용하며, 대표적으로 세금 조정, 통화량 조절, 금리 조정 등이 있다.
>
> 물가 상승률은 경제 활동에 큰 영향을 주는 중요한 요소이므로 정부, 기업, 투자자 및 개인은 이를 주의 깊게 모니터링하고 전망을 평가하는 데 활용해야 한다. 또한 소비자의 구매력과 경기 상황에 직접적·간접적인 영향을 주므로 경제 주체들은 물가 상승률의 변동에 대응하여 적절한 전략을 수립해야 한다.

① 지나친 물가 상승은 소비 심리를 위축시킨다.
② 정부와 중앙은행이 실행하는 금융 정책의 목적은 물가 안정성을 유지하는 것이다.
③ 중앙은행의 금리 조정으로 지나친 물가 상승을 진정시킬 수 있다.
④ 소비재와 서비스의 가격이 상승하므로 기업의 입장에서는 물가 상승률이 커질수록 이득이다.

정답 ④

높은 물가 상승률은 이자율의 상승과 함께 대출 조건을 악화시키므로 기업들은 생산 비용 상승과 이로 인한 이윤 감소에 직면하게 된다.

풀이 전략!

주어진 선택지에서 키워드를 체크한 후, 지문의 내용과 비교해 가면서 내용의 일치 유무를 빠르게 판단한다.

01 다음 밑줄 친 '정원'에 대한 설명으로 적절하지 않은 것은?

> 야생의 자연이라는 이상을 고집하는 자연 애호가들은 인류가 자연과 내밀하면서도 창조적인 관계를 맺었던 반(反)야생의 자연, 즉 '정원'을 간과한다. 정원은 울타리를 통해 농경지보다 야생의 자연과 분명한 경계를 긋는다. 집약적인 토지 이용이라는 전통은 정원에서 시작되었다. 정원은 대규모의 농경지 경작이 행해지지 않은 원시적인 문화에서도 발견된다. 만여 종의 경작용 식물들은 모두 대량 생산에 들어가기 전에 정원에서 자라는 단계를 거쳐 온 것으로 보인다.
>
> 농업경제의 역사에서 정원이 갖는 의미는 시대와 지역에 따라 매우 달랐다. 좁은 공간에서 집약적인 농사를 짓는 지역에서는 농부가 곧 정원사였다. 반면 예전의 독일 농부들은 정원이 곡물 경작에 사용될 퇴비를 앗아가므로 정원을 악으로 여기기도 했다. 하지만 여성들의 입장은 지역적인 편차가 없었다. 아메리카의 푸에블로 인디언부터 근대 독일의 농부 집안까지 정원은 농업 혁신에 주도적인 역할을 해온 여성들에게는 자신들의 제국이자 자존심이었다. 그곳에는 여성들이 경험을 통해 쌓은 지식 전통이 살아 있었다. 환경사에서 여성이 갖는 특별한 역할의 물질적 근간은 대부분 정원에서 발견된다. 지난 세기들의 경우 이는 특히 여성 제후들과 관련되어 있으며 자료가 풍부하다. 작센의 여성 제후인 안나는 씨앗에 관한 지식을 늘 공유했던 긴밀하고도 광범위한 사회적 네트워크를 가지고 있었는데, 그중에는 식물 경제학에 관심이 깊은 고귀한 신분의 여성들도 많았으며 수도원 소속의 여성들도 있었다.
>
> 여성들이 정원에서 쌓은 경험의 특징은 무엇일까? 정원에서는 땅을 면밀히 살피고 손으로 흙을 부스러뜨리는 습관이 생겨났을 것이다. 정원에서 즐겨 이용되는 삽도 다양한 토질의 층을 자세히 연구하도록 부추겼을 것이 분명하다. 넓은 경작지보다는 정원에서 땅을 다룰 때 더 아끼고 보호했을 것이다. 정원이라는 매우 제한된 공간에는 옛날에도 충분한 퇴비를 줄 수 있었다. 경작지보다도 다양한 종류의 퇴비로 실험할 수 있었고 새로운 작물을 키우며 경험을 수집할 수 있었다. 정원에서는 좁은 공간에서 다양한 식물이 자라기 때문에 모든 종류의 식물들이 서로 잘 지내지는 않는다는 사실에도 주의를 기울였다. 이는 식물 생태학의 근간을 이루는 통찰이었다.
>
> 결론적으로 정원은 여성들이 주도가 되어 토양과 식물을 이해하고, 농경지 경작에 유용한 지식과 경험을 배양할 수 있는 좋은 장소였다.

① 울타리를 통해 야생의 자연과 분명한 경계를 긋는다.
② 집약적 토지 이용의 전통이 시작된 곳으로 원시적인 문화에서도 발견된다.
③ 시대와 지역에 따라 정원에 대한 여성들의 입장이 달랐다.
④ 정원에서는 모든 종류의 식물들이 서로 잘 지내지는 않는다.
⑤ 여성이 갖는 특별한 역할의 물질적 근간이 대부분 발견되는 곳이다.

02 다음 글의 내용으로 가장 적절한 것은?

세계 식품 시장의 20%를 차지하는 할랄식품(Halal Food)은 '신이 허용한 음식'이라는 뜻으로 이슬람 율법에 따라 생산, 처리, 가공되어 무슬림들이 먹거나 사용할 수 있는 식품을 말한다. 이런 기준이 적용된 할랄식품은 엄격하게 생산되고 유통과정이 투명하기 때문에 일반 소비자들에게도 좋은 평을 얻고 있다.

할랄식품 시장은 최근들어 급격히 성장하고 있는데 이의 가장 큰 원인은 무슬림 인구의 증가이다. 무슬림은 최근 20년 동안 5억 명 이상의 인구증가를 보이고 있어서 많은 유통업계들이 할랄식품을 위한 생산라인을 설치하는 등의 노력을 하고 있다.

그러나 할랄식품을 수출하는 것은 쉬운 일이 아니다. 신이 '부정한 것'이라고 하는 모든 것으로부터 분리되어야 하기 때문이다. 또한, 국제적으로 표준화된 기준이 없다는 것도 할랄식품 시장의 성장을 방해하는 요인이다. 세계 할랄 인증 기준만 200종에 달하고 수출업체는 무슬림 국가마다 별도의 인증을 받아야 한다. 전문가들은 이대로라면 할랄 인증이 무슬림 국가들의 수입장벽이 될 수 있다고 지적한다.

① 할랄식품은 무슬림만 먹어야 하는 식품이다.
② 할랄식품의 이미지 때문에 소비자들에게 인기가 좋다.
③ 할랄식품 시장의 급격한 성장으로 유통업계에서 할랄식품을 위한 생산라인을 설치 중이다.
④ 표준화된 할랄 인증 기준을 통과하면 무슬림 국가에 수출이 가능하다.
⑤ 할랄식품은 그 자체가 브랜드이기 때문에 큰 걸림돌 없이 지속적인 성장이 가능하다.

03 다음 글의 내용으로 적절하지 않은 것은?

우리 민족은 고유한 주거문화로 바닥 난방 기술인 구들을 발전시켜 왔는데, 구들은 우리 민족에 다양한 영향을 주었다. 우선 오랜 구들 생활은 우리 민족의 인체에 적지 않은 변화를 초래하였다. 태어나면서부터 따뜻한 구들에 누워 자는 것이 습관이 된 우리 아이들은 사지의 활동량이 적어 발육이 늦어졌다. 구들에서 자란 우리 아이들은 다른 어떤 민족의 아이들보다 따뜻한 곳에서 안정감을 느꼈으며, 우리 민족은 아이들에게 따뜻함을 만들어주기 위해 여러 가지를 고안하여 발전시켰다.

구들은 농경을 주업으로 하는 우리 민족의 생산도구의 제작과 사용에 많은 영향을 주었다. 구들에 앉아 오랫동안 활동하는 습관은 하반신보다 상반신의 작업량을 증가시켰고 상반신의 움직임이 상대적으로 정교하게 되었다. 구들 생활에 익숙해진 우리 민족은 방 안에서의 작업뿐만 아니라 농사를 비롯한 야외의 많은 작업에서도 앉아서 하는 습관을 갖게 되었는데 이는 큰 농기구를 이용하여 서서 작업을 하는 서양과는 완전히 다른 방식이었다.

① 구들의 영향으로 우리 민족은 앉아서 하는 작업방식이 일반화되었다.
② 구들은 실내뿐만 아니라 실외활동에도 영향을 끼쳤다.
③ 우리 민족은 하반신 활동보다 상반신 활동이 많은 대신 상반신 작업이 정교한 특징이 있다.
④ 구들은 아이들의 체온을 높여 발육을 방해한다.
⑤ 우리 민족은 앉아서 작업하는 습관이 있다.

04 다음 글의 내용으로 가장 적절한 것은?

우리는 '재활용'이라고 하면 생활 속에서 자주 접하는 종이, 플라스틱, 유리 등을 다시 활용하는 것만을 생각한다. 하지만 에너지도 재활용이 가능하다고 한다.

에너지는 우리가 인지하지 못하는 일상생활 속 움직임을 통해 매 순간 만들어지고 사라진다. 문제는 이렇게 생산되고 사라지는 에너지의 양이 적지 않다는 것이다. 이처럼 버려지는 에너지를 수집해 우리가 사용할 수 있도록 하는 기술이 에너지 하베스팅이다.

에너지 하베스팅은 열, 빛, 운동, 바람, 진동, 전자기 등 주변에서 버려지는 에너지를 모아 전기를 얻는 기술을 의미한다. 이처럼 우리 주위 자연에 존재하는 청정에너지를 반영구적으로 사용하기 때문에 공급의 안정성, 보안성 및 지속 가능성이 높고, 이산화탄소를 배출하는 화석연료를 사용하지 않기 때문에 환경공해를 줄일 수 있어 친환경 에너지 활용 기술로도 각광받고 있다.

이처럼 에너지원의 종류가 많은 만큼, 에너지 하베스팅의 유형도 매우 다양하다. 체온, 정전기 등 신체의 움직임을 이용하는 신체 에너지 하베스팅, 태양광을 이용하는 광 에너지 하베스팅, 진동이나 압력을 가해 이용하는 진동 에너지 하베스팅, 산업 현장에서 발생하는 수많은 폐열을 이용하는 열에너지 하베스팅, 방송전파나 휴대전화 전파 등의 전자파 에너지를 이용하는 전자파 에너지 하베스팅 등이 폭넓게 개발되고 있다.

영국의 어느 에너지 기업은 사람의 운동 에너지를 전기 에너지로 바꾸는 기술을 개발했다. 사람이 많이 다니는 인도 위에 버튼식 패드를 설치하여 사람이 밟을 때마다 전기가 생산되도록 하는 것이다. 이 장치는 2012년 런던올림픽에서 테스트를 한 이후 현재 영국의 12개 학교 및 미국 뉴욕의 일부 학교에서 설치하여 활용 중이다.

이처럼 전 세계적으로 화석 연료에서 신재생 에너지로 전환하려는 노력이 계속되고 있는 만큼, 에너지 전환 기술인 에너지 하베스팅에 대한 관심은 계속될 것이며 다양한 분야에 적용될 것으로 예상되고 있다.

① 재활용은 유체물만 가능하다.
② 에너지 하베스팅은 버려진 에너지를 또 다른 에너지로 만드는 것이다.
③ 에너지 하베스팅을 통해 열, 빛, 전기 등 여러 에너지를 얻을 수 있다.
④ 태양광과 폐열은 같은 에너지원에 속한다.
⑤ 사람의 운동 에너지를 전기 에너지로 바꾸는 기술은 사람의 체온을 이용한 신체 에너지 하베스팅 기술이다.

02 주제 · 제목

| 유형분석 |

- 주어진 지문을 파악하여 전달하고자 하는 핵심 주제를 고르는 문제이다.
- 정보를 종합하고 중요한 내용을 구별하는 능력이 필요하다.
- 설명문부터 주장, 반박문까지 다양한 성격의 지문이 제시되므로 글의 성격별 특징을 알아두는 것이 좋다.

다음 글의 주제로 가장 적절한 것은?

멸균이란 곰팡이, 세균, 박테리아, 바이러스 등 모든 미생물을 사멸시켜 무균 상태로 만드는 것을 의미한다. 멸균 방법에는 물리적, 화학적 방법이 있으며, 멸균 대상의 특성에 따라 적절한 멸균 방법을 선택하여 실시할 수 있다. 먼저 물리적 멸균법에는 열이나 화학약품을 사용하지 않고 여과기를 이용하여 세균을 제거하는 여과법, 병원체를 불에 태워 없애는 소각법, 100℃에서 10 ~ 20분간 물품을 끓이는 자비소독법, 미생물을 자외선에 직접 노출시키는 자외선 소독법, 160 ~ 170℃의 열에서 1 ~ 2시간 동안 건열 멸균기를 사용하는 건열법, 포화된 고압증기 형태의 습열로 미생물을 파괴시키는 고압증기 멸균법 등이 있다. 다음으로 화학적 멸균법은 화학약품이나 가스를 사용하여 미생물을 파괴하거나 성장을 억제하는 방법으로, E.O 가스, 알코올, 염소 등 여러 가지 화학약품이 사용된다.

① 멸균의 중요성
② 뛰어난 멸균 효과
③ 다양한 멸균 방법
④ 멸균 시 발생할 수 있는 부작용
⑤ 멸균 시 사용하는 약품의 종류

정답 ③

제시문에서는 멸균에 대해 언급하며, 멸균 방법을 물리적 · 화학적으로 구분하여 다양한 멸균 방법에 대해 설명하고 있다. 따라서 글의 주제로는 ③이 가장 적절하다.

풀이 전략!

'결국', '즉', '그런데', '그러나', '그러므로' 등의 접속어 뒤에 주제가 드러나는 경우가 많다는 것에 주의하면서 지문을 읽는다.

01 다음 글의 제목으로 가장 적절한 것은?

일반적으로 소비자들은 합리적인 경제 행위를 추구하기 때문에 최소 비용으로 최대 효과를 얻으려 한다는 것이 소비의 기본 원칙이다. 그들은 '보이지 않는 손'이라고 일컬어지는 시장 원리 아래에서 생산자와 만난다. 그러나 이러한 일차적 의미의 합리적 소비가 언제나 유효한 것은 아니다. 생산보다는 소비가 화두가 된 소비 자본주의 시대에 소비는 단순히 필요한 재화, 그리고 경제학적으로 유리한 재화를 구매하는 행위에 머물지 않는다. 최대 효과 자체에 정서적이고 사회 심리학적인 요인이 개입하면서, 이제 소비는 개인이 세계와 만나는 다분히 심리적인 방법이 되어버린 것이다. 곧 인간의 기본적인 생존 욕구를 충족시켜 주는 합리적 소비 수준에 머물지 않고, 자신을 표현하는 상징적 행위가 된 것이다. 이처럼 오늘날의 소비문화는 물질적 소비 차원이 아닌 심리적 소비 형태를 띠게 된다.

소비 자본주의의 화두는 '과소비'가 아니라 '과시 소비'로 넘어간 것이다. 과시 소비의 중심에는 신분의 논리가 있다. 신분의 논리는 유용성의 논리, 나아가 시장의 논리로 설명되지 않는 것들을 설명해 준다. 혈통으로 이어지던 폐쇄적 계층 사회는 소비 행위에 대해 계급에 근거한 제한을 부여했다. 먼 옛날 부족 사회에서 수장들만이 걸칠 수 있었던 장신구에서부터, 제아무리 권문세가의 정승이라도 아흔아홉 칸을 넘을 수 없던 집이 좋은 예이다. 권력을 가진 자는 힘을 통해 자기의 취향을 주위 사람들과 분리시킴으로써 경외감을 강요하고, 그렇게 자기 취향을 과시함으로써 잠재적 경쟁자들을 통제한 것이다.

가시적 신분 제도가 사라진 현대 사회에서도 이러한 신분의 논리는 여전히 유효하다. 이제 개인은 소비를 통해 자신의 물질적 부를 표현함으로써 신분을 과시하려 한다.

① '보이지 않는 손'에 의한 합리적 소비의 필요성
② 소득을 고려하지 않은 무분별한 과소비의 폐해
③ 계층별 소비 규제의 필요성
④ 신분사회에서 의복 소비와 계층의 관계
⑤ 소비가 곧 신분이 되는 과시 소비의 원리

02 다음 글의 주제로 가장 적절한 것은?

최근에 사이버공동체를 중심으로 한 시민의 자발적 정치 참여 현상이 많은 관심을 끌고 있다. 이러한 현상과 관련하여 A의 연구가 새삼 주목 받고 있다. A의 연구에 따르면 공동체의 구성원이 됨으로써 얻게 되는 '사회적 자본'이 시민사회의 성숙과 민주주의 발전을 가져오는 원동력이다. A의 이론에서는 공동체에 대한 자발적 참여를 통해 사회 구성원 간의 상호 의무감과 신뢰, 구성원들이 공유하는 규칙과 관행, 사회적 유대 관계와 같은 사회적 자본이 늘어나면 사회 구성원 간의 협조적인 행위가 가능하게 된다고 보았다. 더 나아가 A는 자원봉사자와 같이 공동체 참여도가 높은 사람이 투표할 가능성이 높고 정부 정책에 대한 의견 개진도 활발해지는 등 정치 참여도가 높아진다고 주장하였다.

몇몇 학자들은 A의 이론을 적용하여 면대면 접촉에 따른 인간관계의 산물인 사회적 자본이 사이버공동체에서도 충분히 형성될 수 있다고 보았다. 그리고 사이버공동체에서 사회적 자본의 증가가 정치 참여도 활성화시킬 것으로 기대했다. 하지만 이러한 기대와는 달리 정치 참여는 활성화되지 않았다. 요즘 젊은이들을 보면 각종 사이버공동체에 자발적으로 참여하는 수준은 높지만 투표나 다른 정치 활동에는 무관심하거나 심지어 정치를 혐오하기도 한다. 이런 측면에서 A의 주장은 사이버공동체가 활성화된 오늘날에는 잘 맞지 않는다.

이러한 이유 때문에 오늘날 사이버공동체를 중심으로 한 정치 참여를 더 잘 이해하기 위해서 '정치적 자본' 개념의 도입이 필요하다. 정치적 자본은 사회적 자본의 구성 요소와는 달리 정치 정보의 습득과 이용, 정치적 토론과 대화, 정치적 효능감 등으로 구성된다. 정치적 자본은 사회적 자본과 마찬가지로 공동체 참여를 통해서 획득되지만, 정치 과정에의 관여를 촉진한다는 점에서 사회적 자본과는 구분될 필요가 있다. 사회적 자본만으로는 정치 참여를 기대하기 어렵고, 사회적 자본과 정치 참여 사이를 정치적 자본이 매개할 때 비로소 정치 참여가 활성화된다.

① 사이버공동체를 통해 축적된 사회적 자본에 정치적 자본이 더해질 때 정치 참여가 활성화된다.
② 사회적 자본은 정치적 자본을 포함하기 때문에 그 자체로 정치 참여의 활성화를 가져온다.
③ 사회적 자본이 많은 사회는 정치 참여가 활발하기 때문에 민주주의가 실현된다.
④ 사이버공동체의 특수성으로 인해 시민들의 정치 참여가 어렵게 되었다.
⑤ 사이버공동체에의 자발적 참여 증가는 정치 참여를 활성화시킨다.

03 다음 글의 제목으로 가장 적절한 것은?

> 중세 유럽에서는 토지나 자원을 왕실이 소유하고 있었다. 사람들은 이러한 토지나 자원을 이용하려면 일정한 비용을 지불해야 했다. 예를 들어 광산을 개발하거나 수산물을 얻는 사람들은 해당 자원의 이용에 대한 비용을 왕실에 지불하였고, 이는 왕실의 권력과 부의 유지를 돕는 동시에 국가의 재정을 보충하는 역할을 하였는데 이때 지불한 비용이 바로 로열티이다.
>
> 로열티의 개념은 산업 혁명과 함께 발전하였다. 산업 혁명을 통해 특허, 상표 등의 지적 재산권이 보호되기 시작하면서 기업들은 이러한 권리를 보유한 개인이나 조직에게 사용에 대한 보상을 지불하게 되었다. 지적 재산권은 기업이 특정한 기술, 디자인, 상표 등을 보유하고 있을 때 그들에게 독점적인 권리를 제공하고 이러한 권리의 보호와 보상을 위해 로열티 제도가 도입되었다.
>
> 로열티는 기업과 지적 재산권 소유자 간의 계약에 의해 설정되는 형태로 발전하였다. 기업이 특정 제품을 판매하거나 특정 기술을 이용하는 경우 지적 재산권 소유자에게 계약에 따라 정해진 로열티를 지불하게 된다. 이로써 지적 재산권을 보유한 개인이나 조직은 자신들의 창작물이나 기술의 사용에 대한 보상을 받을 수 있으며, 기업들은 이러한 지적 재산권의 이용을 허가받아 경쟁 우위를 확보할 수 있게 되었다.
>
> 현재 로열티는 제품 판매나 라이선스, 저작물의 이용 등 다양한 형태로 나타나며 지적 재산권의 보호와 경제적 가치를 확보하는 중요한 수단으로 작용하고 있다. 로열티는 지식과 창조성의 보상으로서의 역할을 수행하며 기업들의 연구 개발을 촉진하고 혁신을 격려한다. 이처럼 로열티 제도는 기업과 지적 재산권 소유자 간의 상호 협력과 혁신적인 경제 발전에 기여하는 중요한 구조적 요소이다.

① 지적 재산권을 보호하는 방법
② 로열티 지급 시 유의사항
③ 지적 재산권의 정의
④ 로열티 제도의 유래와 발전
⑤ 로열티 제도의 모순

03 문단 나열

| 유형분석 |

- 각 문단의 내용을 파악하고 논리적 순서에 맞게 배열하는 복합적인 문제이다.
- 전체적인 글의 흐름을 이해하는 것이 중요하며, 각 문장의 지시어나 접속어에 주의한다.

다음 문단을 논리적 순서대로 바르게 나열한 것은?

(가) 여기에 반해 동양에서는 보름달에 좋은 이미지를 부여한다. 예를 들어, 우리나라의 처녀귀신이나 도깨비는 달빛이 흐린 그믐 무렵에나 활동하는 것이다. 그런데 최근에는 동서양의 개념이 마구 뒤섞여 보름달을 배경으로 악마의 상징인 늑대가 우는 광경이 동양의 영화에 나오기도 한다.

(나) 동양에서 달은 '음(陰)'의 기운을, 해는 '양(陽)'의 기운을 상징한다는 통념이 자리를 잡았다. 그래서 달을 '태음', 해를 '태양'이라고 불렀다. 동양에서는 해와 달의 크기가 같은 덕에 음과 양도 동등한 자격을 갖춘다. 즉, 음과 양은 어느 하나가 좋고 다른 하나는 나쁜 것이 아니라 서로 보완하는 관계를 이루는 것이다.

(다) 옛날부터 형성된 이러한 동서양 간의 차이는 오늘날까지 영향을 끼치고 있다. 동양에서는 달이 밝으면 달맞이를 하는데, 서양에서는 달맞이를 자살 행위처럼 여기고 있다. 특히 보름달은 서양인들에게 거의 공포의 상징과 같은 존재이다. 예를 들어, 13일의 금요일에 보름달이 뜨게 되면 사람들이 외출조차 꺼린다.

(라) 하지만 서양의 경우는 다르다. 서양에서 낮은 신이, 밤은 악마가 지배한다는 통념이 자리를 잡았다. 따라서 밤의 상징인 달에 좋지 않은 이미지를 부여하게 되었다. 이는 해와 달의 명칭을 보면 알 수 있다. 라틴어로 해를 'Sol', 달을 'Luna'라고 하는데 정신병을 뜻하는 단어 'Lunacy'의 어원이 바로 'Luna'이다.

① (가) – (나) – (라) – (다)
② (나) – (라) – (가) – (다)
③ (나) – (라) – (다) – (가)
④ (나) – (다) – (가) – (라)
⑤ (다) – (나) – (라) – (가)

정답 ③

제시문은 동양과 서양에서 서로 다른 의미를 부여하고 있는 달에 대해 설명하고 있는 글이다. 따라서 (나) 동양에서 나타나는 해와 달의 의미 → (라) 동양과 상반되는 서양에서의 해와 달의 의미 → (다) 최근까지 지속되고 있는 달에 대한 서양의 부정적 의미 → (가) 동양에서의 변화된 달의 이미지의 순서대로 나열하는 것이 적절하다.

풀이 전략!

상대적으로 시간이 부족하다고 느낄 때는 선택지를 참고하여 문장의 순서를 생각해 본다.

※ 다음 문단을 논리적 순서대로 바르게 나열한 것을 고르시오. [1~4]

01

(가) 친환경 농업은 최소한의 농약과 화학비료만을 사용하거나 전혀 사용하지 않은 농산물을 일컫는다. 친환경 농산물이 각광받는 이유는 우리가 먹고 마시는 것들이 우리네 건강과 직결되기 때문이다.

(나) 사실상 병충해를 막고 수확량을 늘리는 데 있어, 농약은 전 세계에 걸쳐 관행적으로 사용됐다. 깨끗이 씻어도 쌀에 남아있는 잔류농약을 완전히 제거하기는 어렵다. 잔류농약은 아토피와 각종 알레르기를 유발한다. 또한 출산율을 저하하고 유전자 변이의 원인이 되기도 한다. 특히 제초제 성분이 체내에 들어올 경우, 면역체계에 치명적인 손상을 일으킨다.

(다) 미국 환경보호청은 제초제 성분의 60%를 발암물질로 규정했다. 결국 더 많은 농산물을 재배하기 위한 농약과 제초제 사용이 오히려 인체에 치명적인 피해를 줄지 모를 '잠재적 위험요인'으로 자리매김한 셈이다.

① (가) - (나) - (다)　　　　　　② (가) - (다) - (나)
③ (나) - (다) - (가)　　　　　　④ (다) - (가) - (나)
⑤ (다) - (나) - (가)

02

(가) 보통 라면은 일본에서 유래된 것으로 알려졌다. 그러나 우리가 좋아하는 라면과 일본의 라멘은 다르다. 일본의 라멘은 하나의 '요리'로서 위치하고 있으며, 처음에 인스턴트 라면이 발명된 것은 라멘을 휴대하고 다니면서 어떻게 하면 쉽게 먹을 수 있을까 하는 발상에서 기인한다. 그러나 한국의 라면은 그렇지 않다.

(나) 일본의 라멘이 고기 육수를 통한 맛을 추구한다면, 한국의 인스턴트 라면에서 가장 중요한 특징은 '매운맛'이다. 한국의 라면은 매운맛을 좋아하는 한국 소비자의 입맛에 맞춰 변화되었다.

(다) 이렇게 한국의 라면이 일본 라멘과 전혀 다른 모습을 보이면서, 라멘과 한국의 라면은 독자적인 영역을 만들어내기 시작했고, 당연히 해외에서도 한국의 라면은 라멘과 달리 나름대로 마니아층을 만들어내고 있다.

(라) 한국의 라면은 요리라기보다는 일종의 간식으로서 취급되며, '일본 라멘의 간소화'로 인스턴트 라면과는 그 맛도 다르다. 이는 일본의 라멘이 어떠한 맛을 추구하고 있는지에 대해서 생각해 보면 알 수 있다.

① (가) - (다) - (나) - (라)　　　　② (가) - (라) - (나) - (다)
③ (가) - (라) - (다) - (나)　　　　④ (라) - (가) - (나) - (다)
⑤ (라) - (가) - (다) - (나)

03

(가) 나무를 가꾸기 위해서는 처음부터 여러 가지를 고려해 보아야 한다. 심을 나무의 생육조건, 나무의 형태, 성목이 되었을 때의 크기, 꽃과 단풍의 색, 식재지역의 기후와 토양 등을 종합적으로 생각하고 심어야 한다. 나무의 생육조건은 저마다 다르기 때문에 지역의 환경조건에 적합한 나무를 선별하여 환경에 적응하도록 해야 한다. 동백나무와 석류, 홍가시나무는 남부지방에 키우기 적합한 나무로 알려져 있지만 지구온난화로 남부수종의 생육한계선이 많이 북상하여 중부지방에서도 재배가 가능한 나무도 있다. 부산의 도로 중앙분리대에서 보았던 잎이 붉은 홍가시나무는 여주의 시골집 마당 양지바른 곳에서 3년째 잘 적응하고 있다.

(나) 더불어 나무의 특성을 외면하고 주관적인 해석에 따라 심었다가는 훗날 낭패를 보기 쉽다. 물을 좋아하는 수국 곁에 물을 싫어하는 소나무를 심었다면 둘 중 하나는 살기 어려운 환경이 조성된다. 나무를 심고 가꾸기 위해서는 전체적인 밑그림을 그려보고 생태적 특징을 살펴본 후에 심는 것이 바람직하다.

(다) 나무들이 밀집해있으면 나무들끼리의 경쟁은 물론 바람길과 햇빛의 방해로 성장은 고사하고 병충해에 시달리기 쉽다. 또한 나무들은 선장속도가 다르기 때문에 항상 다 자란 나무의 모습을 상상하며 나무들 사이의 공간 확보를 염두에 두어야 한다. 그러나 묘목을 심고 보니 듬성듬성한 공간을 메꾸기 위하여 자꾸 나무를 심게 되는 실수가 종종 일어나고는 한다.

(라) 식재계획의 시작은 장기적인 안목으로 적재적소의 원칙을 염두에 두고 나무를 선정해야 한다. 식물은 햇빛, 물, 바람의 조화를 이루면 잘 산다고 하지 않는가. 그래서 나무의 특성 중에서 햇볕을 좋아하는지 그늘을 좋아하는지, 물을 좋아하는지 여부를 살펴보는 것이 중요하다. 어린 묘목을 심을 경우 실수하는 것은 나무가 자랐을 때의 생육공간을 생각하지 않고 촘촘하게 심는 것이다.

① (가) – (다) – (라) – (나)   ② (가) – (라) – (다) – (나)

③ (나) – (라) – (다) – (가)   ④ (다) – (나) – (가) – (라)

⑤ (다) – (나) – (라) – (가)

04

(가) 베커는 "주말이나 저녁에는 회사들이 문을 닫기 때문에 활용할 수 있는 시간의 길이가 길어지고 이에 따라 특정 행동의 시간 비용이 줄어든다."라고도 지적한다. 시간의 비용이 가변적이라는 개념은 기대수명이 늘어나서 사람들에게 더 많은 시간이 주어지는 것이 시간의 비용에 영향을 미칠 수 있다는 점에서 의미가 있다.

(나) 베커와 린더는 사람들에게 주어진 시간을 고정된 양으로 전제했다. 1965년 당시의 기대수명은 약 70세였다. 하루 24시간 중 8시간을 수면에 쓰고 나머지 시간에 활동이 가능하다면, 평생 408,800시간의 활동가능 시간이 주어지는 셈이다. 하지만 이 방정식에서 변수 하나가 바뀌면 어떻게 될까? 기대수명이 크게 늘어난다면 시간의 가치 역시 달라져서 늘 시간에 쫓기는 조급한 마음에도 영향을 주게 되지 않을까?

(다) 시간의 비용이 가변적이라고 생각한 이는 베커만이 아니었다. 스웨덴의 경제학자 스테판 린더는 서구인들이 엄청난 경제성장을 이루고도 여유를 누리지 못하는 이유를 논증한다. 경제가 성장하면 사람들의 시간을 쓰는 방식도 달라진다. 임금이 상승하면 직장 밖 활동에 들어가는 시간의 비용이 늘어난다. 일하는 데 쓸 수 있는 시간을 영화나 책을 보는 데 소비하면 그만큼의 임금을 포기하는 것이다. 따라서 임금이 늘어난 만큼 일 이외의 활동에 들어가는 시간의 비용도 함께 늘어난다는 것이다.

(라) 1965년 노벨상 수상자 게리 베커는 '시간의 비용'이 시간을 소비하는 방식에 따라 변화한다고 주장하였다. 예를 들어 수면이나 식사 활동은 영화 관람에 비해 단위 시간당 시간외 비용이 작다. 그 이유는 수면과 식사가 생산적인 활동에 기여하기 때문이다. 잠을 못 자거나 식사를 제대로 하지 못해 체력이 떨어진다면, 생산적인 활동에 제약을 받기 때문에 수면과 식사 활동에 들어가는 시간의 비용이 영화관람에 비해 작다고 할 수 있다.

① (가) – (다) – (나) – (라) ② (가) – (라) – (다) – (나)
③ (라) – (가) – (다) – (나) ④ (라) – (나) – (다) – (가)
⑤ (라) – (다) – (가) – (나)

| 유형분석 |

- 주어진 지문을 바탕으로 도출할 수 있는 내용을 찾는 문제이다.
- 선택지의 내용을 정확하게 확인하고 지문의 정보와 비교하여 추론하는 능력이 필요하다.

다음 글을 읽고 추론한 내용으로 적절하지 않은 것은?

1977년 개관한 퐁피두 센터의 정식명칭은 국립 조르주 퐁피두 예술문화 센터로, 공공정보기관(BPI), 공업창작센터(CCI), 음악·음향의 탐구와 조정연구소(IRCAM), 파리 국립 근현대 미술관(MNAM) 등이 있는 종합 문화예술 공간이다. 퐁피두라는 이름은 이 센터의 창설에 힘을 기울인 조르주 퐁피두 대통령의 이름을 딴 것이다.

1969년 당시 대통령이었던 퐁피두는 파리의 중심지에 미술관이면서 동시에 조형예술과 음악, 영화, 서적 그리고 모든 창조적 활동의 중심이 될 수 있는 문화 복합센터를 지어 프랑스 미술을 더욱 발전시키고자 했다. 요즘 미술관들은 미술관의 이러한 복합적인 기능과 역할을 인식하고 변화를 시도하는 곳이 많다. 미술관은 더 이상 전시만 보는 곳이 아니라 식사도 하고 영화도 보고 강연도 들을 수 있는 곳으로, 대중과의 거리 좁히기를 시도하고 있는 것도 그리 특별한 일은 아니다. 그러나 이미 40년 전에 21세기 미술관의 기능과 역할을 미리 내다볼 줄 아는 혜안을 가지고 설립된 퐁피두 미술관은 프랑스가 왜 문화강국이라 불리는지를 알 수 있게 해준다.

① 퐁피두 미술관의 모습은 기존 미술관의 모습과 다를 것이다.
② 퐁피두 미술관을 찾는 사람들의 목적은 다양할 것이다.
③ 퐁피두 미술관은 전통적인 예술작품들을 선호할 것이다.
④ 퐁피두 미술관은 파격적인 예술작품들을 배척하지 않을 것이다.
⑤ 퐁피두 미술관은 현대 미술관의 선구자라는 자긍심을 가지고 있을 것이다.

정답 ③

제시문에 따르면 퐁피두 미술관은 모든 창조적 활동을 위한 공간이므로, 퐁피두가 전통적인 예술작품을 선호할 것이라는 내용은 추론할 수 없다.

풀이 전략!

주어진 지문이 어떠한 내용을 다루고 있는지 파악한 후 선택지의 키워드를 확실하게 체크하고, 지문의 정보에서 도출할 수 있는 내용을 찾는다.

01   다음 글을 읽고 추론할 수 있는 내용으로 가장 적절한 것은?

> 조선이 임진왜란 중에도 필사적으로 보존하고자 한 서적이 바로 조선왕조실록이다. 실록은 원래 서울의 춘추관과 성주·충주·전주 4곳의 사고(史庫)에 보관되었으나, 임진왜란 이후 전주 사고의 실록만 온전한 상태였다. 전란이 끝난 후 단 1벌 남은 실록을 다시 여러 벌 등서하자는 주장이 제기되었다. 우여곡절 끝에 실록 인쇄가 끝난 시기는 1606년이었다. 재인쇄 작업의 결과 원본을 포함해 모두 5벌의 실록을 갖추게 되었다. 원본은 강화도 마니산에 봉안하고 나머지 4벌은 서울의 춘추관과 평안도 묘향산, 강원도의 태백산과 오대산에 봉안했다.
>
> 이 5벌 중에서 서울 춘추관의 것은 1624년 이괄의 난 때 불에 타 없어졌고, 묘향산의 것은 1633년 후금과의 관계가 악화되자 전라도 무주의 적상산에 사고를 새로 지어 옮겼다. 강화도 마니산의 것은 1636년 병자호란 때 청군에 의해 일부 훼손되었던 것을 현종 때 보수하여 숙종 때 강화도 정족산에 다시 봉안했다. 결국 내란과 외적 침입으로 인해 5곳 가운데 1곳의 실록은 소실되었고, 1곳의 실록은 장소를 옮겼으며, 1곳의 실록은 손상을 입었던 것이다.
>
> 정족산, 태백산, 적상산, 오대산 4곳의 실록은 그 후 안전하게 지켜졌다. 그러나 일본이 다시 여기에 손을 대었다. 1910년 주서 강절 이후 인데는 정족산과 대백산에 있던 실록을 소선송녹무로 이관하고, 적상산의 실록은 구황궁 장서각으로 옮겼으며, 오대산의 실록은 일본 동경제국대학으로 반출했다. 일본으로 반출한 것은 1923년 관동 대지진 때 거의 소실되었다. 정족산과 태백산의 실록은 1930년에 경성제국대학으로 옮겨져 지금까지 서울대학교에 보존되어 있다. 한편 장서각의 실록은 6·25 전쟁 때 북한으로 옮겨져 현재 김일성종합대학에 소장되어 있다.

① 재인쇄하였던 실록은 모두 5벌이다.

② 태백산에 보관하였던 실록은 현재 일본에 있다.

③ 현재 한반도에 남아 있는 실록은 모두 4벌이다.

④ 적상산에 보관하였던 실록은 일부가 훼손되었다.

⑤ 현존하는 실록 중에서 가장 오래된 것은 서울대학교에 있다.

02 다음 글을 읽고 밑줄 친 ⊙과 같은 현상이 나타나게 된 이유로 적절하지 않은 것은?

고려와 조선은 국가적으로 금속화폐의 통용을 추진한 적이 있다. 화폐 주조권을 장악하여 세금을 효과적으로 징수하고 효율적으로 저장하려는 것이 그 목적이었다. 그러나 물품화폐에 익숙한 농민들은 금속화폐를 불편하게 여겼으므로 금속화폐의 유통 범위는 한정되고 끝내는 삼베를 비롯한 물품화폐에 압도당하고 말았다. ⊙조선 태종 때와 세종 때에도 동전의 유통을 시도하였지만 실패하였다. 조선 전기 은화(銀貨)는 서울을 중심으로 유통되었는데, 주로 왕실과 관청, 지배층과 상인, 역관(譯官) 등이 이용한 '돈'이었다. 그러나 은화(銀貨)는 고액 화폐였다. 그 때문에 서민의 경제생활에서는 여전히 무명 옷감이 화폐의 기능을 담당하였다.

그러한 가운데서도 농업생산력의 발전과 인구의 증가, 17세기 이후 지방시장의 성장은 금속화폐 통용을 위한 여건이 마련되었음을 뜻하였다. 17세기 전반 이미 개성에서는 모든 거래가 동전으로 이루어지고 있었다. 이러한 여건 아래에서 1678년(숙종 4년)부터 강력한 통용책이 추진되면서 금속화폐가 널리 보급될 수 있었다. 동전인 상평통보 1개는 1푼(分)이었다. 10푼이 1전(錢), 10전이 1냥(兩), 10냥이 1관(貫)이다. 대원군이 집권할 때 주조된 당백전(當百錢)과 1883년 주조된 당오전(當五錢)은 1개가 각각 100푼과 5푼의 가치를 가지는 동전이었다. 동전 주조가 늘면서 그 유통 범위가 경기, 충청지방으로부터 점차 확산되었고, 18세기 초에는 전국에 미칠 정도였다. 동전을 시전(市廛)에 무이자로 대출하고, 관리의 녹봉을 동전으로 지급하고, 일부 세금을 동전으로 거두어들이는 등의 국가 정책도 동전의 통용을 촉진하였다. 화폐경제의 성장은 상업적 동기를 촉진시키고 경제생활, 나아가 사회생활에 변화를 주었다.

이러한 가운데 일부 위정자들은 화폐경제로 인한 부작용을 우려했는데 특히 농촌 고리대금업(高利貸金業)의 성행을 가장 심각한 문제로 생각했다. 그래서 동전의 폐지를 주장하는 이도 있었다. 1724년 등극한 영조는 이 주장을 받아들여 동전 주조를 정지하였다. 그런데 당시에 동전은 이미 일상생활로 퍼졌기 때문에 동전의 수요에 비해 공급이 부족한 현상이 일어나 동전주조의 정지는 화폐 유통질서와 상품경제에 타격을 가하였다. 돈이 매우 귀하여 농민과 상인의 교역에 불편을 가져다 준 것이다. 또한 소수의 부유한 상인이 동전을 집중적으로 소유하여 고리대금업(高利貸金業) 활동을 강화함에 따라서 오히려 농민 몰락이 조장되었다. 결국 영조 7년 이후 동전은 다시 주조되기 시작했다.

① 화폐가 통용될 시장이 발달하지 않았다.
② 화폐가 주로 일부계층 위주로 통용되었다.
③ 백성들이 화폐보다 물품화폐를 선호하였다.
④ 국가가 화폐수요량에 맞추어 원활하게 공급하지 못했다.
⑤ 화폐가 필요할 만큼 농업생산력이 발전하지 못했다.

03 다음 글을 읽고 추론할 수 있는 내용으로 적절하지 않은 것은?

인류는 미래의 에너지로 청정하고 고갈될 염려가 없는 풍부한 에너지를 기대하며, 신재생에너지인 태양광과 풍력에너지에 많은 기대를 걸고 있다. 그러나 태양광이나 풍력으로는 화력발전을 통해 생산되는 전력 공급량을 대체하기 어렵고, 기상 환경에 많은 영향을 받는다는 점에서 한계가 있다. 이에 대한 대안으로 많은 전문가들은 '핵융합 에너지'에 기대를 걸고 있다.

핵융합발전은 핵융합 현상을 이용하는 발전 방식으로, 핵융합은 말 그대로 원자의 핵이 융합하는 것을 말한다. 우라늄의 원자핵이 분열하면서 방출되는 에너지를 이용하는 원자력발전과 달리, 핵융합발전은 수소 원자핵이 융합해 헬륨 원자핵으로 바뀌는 과정에서 방출되는 에너지를 이용해 물을 가열하고 수증기로 터빈을 돌려 전기를 생산한다.

핵융합발전이 다음 세대를 이끌어갈 전력 생산 방식이 될 수 있는 이유는 인류가 원하는 에너지원의 조건을 모두 갖추고 있기 때문이다. 우선 연료가 거의 무한대라고 할 수 있을 정도로 풍부하다. 핵융합발전에 사용되는 수소는 일반적인 수소가 아닌 수소의 동위원소로, 지구의 70%를 덮고 있는 바닷물을 이용해서 얼마든지 생산할 수 있다. 게다가 적은 연료로 원자력발전에 비해 훨씬 많은 에너지를 얻을 수 있다. 1g으로 석유 8t을 태워서 얻을 수 있는 전기를 생산할 수 있고, 원자력발전에 비하면 같은 양의 연료로 3 ~ 4배의 전기를 생산할 수 있다.

무엇보다 오염물질을 거의 배출하지 않는 점이 큰 장점이다. 미세먼지와 대기오염을 일으키는 오염물질은 전혀 나오지 않고 오직 헬륨만 배출된다. 약간의 방사선이 방출되지만, 원자력발전에서 배출되는 방사성 폐기물에 비하면 거의 없다고 볼 수 있을 정도다.

핵융합발전은 안전 문제에서도 자유롭다. 원자력발전은 수개월 혹은 1년 치 연료를 원자로에 넣고 연쇄적으로 핵분열 반응을 일으키는 방식이라 문제가 생겨도 당장 가동을 멈춰 사태가 악화되는 것을 막을 수 없다. 하지만 핵융합발전은 연료가 아주 조금 들어가기 때문에 문제가 생겨도 원자로가 녹아내리는 것과 같은 대형 재난으로 이어지지 않는다. 문제가 생기면 즉시 핵융합 반응이 중단되고 발전장치가 꺼져버린다. 핵융합 반응을 제어하는 일이 극도로 까다롭기 때문에 오히려 발전장치가 꺼지지 않도록 정밀하게 제어하는 것이 중요하다.

현재 세계 각국은 각자 개별적으로 핵융합발전 기술을 개발하는 한편 프랑스 남부 카다라슈 지역에 '국제핵융합실험로(ITER)'를 건설해 공동으로 실증 실험을 할 준비를 진행하고 있다. 한국과 유럽연합(EU), 미국, 일본, 러시아, 중국, 인도 등 7개국이 참여해 구축하고 있는 ITER는 2025년 12월 완공될 예정이며, 2025년 이후에는 그동안 각국이 갈고 닦은 기술을 적용해 핵융합 반응을 일으켜 상용화 가능성을 검증하게 된다. 불과 10년 내로 세계 전력산업의 패러다임을 바꾸는 역사적인 핵융합 실험이 지구상에서 이뤄지게 되는 것이다.

① 핵융합발전이 태양열발전보다 더 많은 양의 전기를 생산할 수 있다.
② 핵융합발전과 원자력발전은 원자의 핵을 다르게 이용한다는 점에서 차이가 있다.
③ 같은 양의 전력 생산을 목표로 한다면 원자력발전의 연료비는 핵융합발전의 3배 이상이다.
④ 헬륨은 대기오염을 일으키는 오염물질에 해당하지 않는다.
⑤ 핵융합발전에는 발전장치를 제어하는 사람의 역할이 중요하다.

05 빈칸 넣기

| 유형분석 |

- 주어진 지문을 바탕으로 빈칸에 들어갈 내용을 찾는 문제이다.
- 선택지의 내용을 정확하게 확인하고 빈칸 앞뒤 문맥을 파악하는 능력이 필요하다.

다음 글의 빈칸에 들어갈 내용으로 가장 적절한 것은?

힐링(Healing)은 사회적 압박과 스트레스 등으로 손상된 몸과 마음을 치유하는 방법을 포괄적으로 일컫는 말이다. 우리보다 먼저 힐링이 정착된 서구에서는 질병 치유의 대체 요법 또는 영적·심리적 치료 요법 등을 지칭하고 있으나, 국내에서도 최근 힐링과 관련된 갖가지 상품이 유행하고 있다. 간단한 인터넷 검색을 통해 수천 가지의 상품을 확인할 수 있을 정도이다. 종교적 명상, 자연 요법, 운동 요법 등 다양한 형태의 힐링 상품이 존재한다. 심지어 고가의 힐링 여행이나 힐링 주택 등의 상품도 나오고 있다. 그러나 _____ 우선 명상이나 기도 등을 통해 내면에 눈뜨고, 필라테스나 요가를 통해 육체적 건강을 회복하여 자신감을 얻는 것부터 출발할 수 있다.

① 힐링이 먼저 정착된 서구의 힐링 상품들을 참고해야 할 것이다.
② 많은 돈을 들이지 않고서도 쉽게 할 수 있는 일부터 찾는 것이 좋을 것이다.
③ 이러한 상품들의 값이 터무니없이 비싸다고 느껴지지는 않을 것이다.
④ 자신을 진정으로 사랑하는 법을 알아야 할 것이다.

정답 ②

빈칸의 전후 문장을 통해 내용을 파악해야 한다. 우선 '그러나'라는 접속어를 통해 빈칸에는 앞의 내용에 상반되는 내용이 오는 것임을 알 수 있다. 따라서 수천 가지의 힐링 상품이나 고가의 상품들을 참고하는 것과는 상반된 내용을 찾으면 된다. 또한, 빈칸 뒤의 내용이 주위에서 쉽게 할 수 있는 힐링 방법을 통해 자신감을 얻는 것부터 출발해야 한다는 내용이므로, 빈칸에는 많은 돈을 들이지 않고도 쉽게 할 수 있는 일부터 찾아야 한다는 내용이 담긴 문장이 오는 것이 적절하다.

풀이 전략!

빈칸 앞뒤의 문맥을 파악한 후 선택지에서 가장 어울리는 내용을 찾는다. 빈칸 앞에 접속어가 있다면 이를 활용한다.

※ 다음 글의 빈칸에 들어갈 내용으로 가장 적절한 것을 고르시오. [1~3]

01

전통문화는 근대화의 과정에서 해체되는 것인가, 아니면 급격한 사회 변동의 과정에서도 유지될 수 있는 것인가? 전통문화의 연속성과 재창조는 왜 필요하며, 어떻게 이루어지는가? 외래문화의 토착화(土着化), 한국화(韓國化)는 사회 변동과 문화 변화의 과정에서 무엇을 의미하는가? 이상과 같은 의문들은 오늘날 한국 사회에서 논란의 대상이 되고 있으며, 입장에 따라 상당한 견해 차이도 드러내고 있다.

전통의 유지와 변화에 대한 견해 차이는 오늘날 한국 사회에서 단순하게 보수주의와 진보주의의 차이로 이해될 성질의 것이 아니다. 한국 사회의 근대화는 이미 한 세기의 역사를 가지고 있으며, 앞으로도 계속되어야 할 광범하고 심대(深大)한 사회 구조적 변동이다. 그렇기 때문에, 보수주의적 성향을 가진 사람들도 전통문화의 변질을 어느 정도 수긍하지 않을 수 없는가 하면, 사회 변동의 강력한 추진 세력 또한 문화적 전통의 확립을 주장하지 않을 수 없다.

또 한국 사회에서 전통문화의 변화에 관한 논의는 단순히 외래문화이냐 전통문화이냐의 양자택일적인 문제가 될 수 없다는 것도 명백하다. 근대화는 전통문화의 연속성과 변화를 다 같이 필요로 히며, 외래문화의 수용과 그 토착화 등을 다 같이 요구하는 것이기 때문이다. 그러므로 전통을 계승하고 외래문화를 수용할 때에 무엇을 취하고 무엇을 버릴 것이냐 하는 문제도 단순히 문화의 보편성(普遍性)과 특수성(特殊性)이라고 하는 기준에서만 다룰 수 없다. 근대화라고 하는 사회 구조적 변동이 문화 변화를 결정지을 것이기 때문에, 전통문화의 변화 문제를 _____에서 다루어 보는 분석이 매우 중요하리라고 생각한다.

① 보수주의의 시각
② 진보주의의 시각
③ 사회 변동의 시각
④ 외래와 전통의 시각
⑤ 보편성과 특수성의 시각

02

오존층 파괴의 주범인 프레온 가스로 대표되는 냉매는 그 피해를 감수하고도 사용할 수밖에 없는 필요악으로 인식되어 왔다. 지구 온난화 문제를 해결할 수 있는 대체 물질이 요구되는 이러한 상황에서 최근 이를 만족할 수 있는 4세대 신냉매가 새롭게 등장해 각광을 받고 있다. 그중 온실가스 배출량을 크게 줄인 대표적인 4세대 신냉매가 수소불화올레핀(HFO)계 냉매이다.

HFO는 기존 냉매에 비해 비싸고 불에 탈 수 있다는 단점이 있으나, 온실가스 배출이 거의 없고 에너지 효율성이 높은 장점이 있다. 이러한 장점으로 4세대 신냉매에 대한 관심이 최근 급격히 증가하고 있다. 지난 2003 ~ 2017년 중 냉매 관련 특허 출원 건수는 총 686건이었고, 온실가스 배출량을 크게 줄인 4세대 신냉매 관련 특허 출원들은 꾸준히 늘어나고 있다. 특히 2008년부터 HFO계 냉매를 포함한 출원 건수가 큰 폭으로 증가하면서 같은 기간의 HFO계 비중이 65%까지 증가했다. 이러한 출원 경향은 국제 규제로 2008년부터 온실가스를 많이 배출하는 기존 3세대 냉매의 생산과 사용을 줄이면서 4세대 신냉매가 필수적으로 요구되었기 때문으로 분석된다.

냉매는 자동차, 냉장고, 에어컨 등 우리 생활 곳곳에 사용되는 물질로서 시장 규모가 대단히 크지만, 최근 환경 피해와 관련된 엄격한 국제 규주이 요구되고 있다. 우수한 친환경 냉매가 조속히 개발될 수 있도록 관련 특허 동향을 제공해야 한다. 4세대 신냉매 개발은 _____
_____

① 인공지능 기술의 확장을 열게 될 것이다.
② 엄격한 환경 국제 표준을 약화시킬 것이다.
③ 또 다른 오존층 파괴의 원인으로 이어질 것이다.
④ 지구 온난화 문제 해결의 열쇠가 될 것이다.
⑤ 새로운 일자리 창출에 많은 도움이 될 것이다.

03

탁월함은 어떻게 습득되는가, 그것을 가르칠 수 있는가? 이 물음에 대하여 아리스토텔레스는 지성의 탁월함은 가르칠 수 있지만, 성품의 탁월함은 비이성적인 것이어서 가르칠 수 없고, 훈련을 통해서 얻을 수 있다고 대답한다.

그는 좋은 성품을 얻는 것을 기술을 습득하는 것에 비유한다. 그에 따르면, 리라(Lyra)를 켬으로써 리라를 켜는 법을 배우며 말을 탐으로써 말을 타는 법을 배운다. 어떤 기술을 얻고자 할 때 처음에는 교사의 지시대로 행동한다. 그리고 반복 연습을 통하여 그 행동이 점점 더 하기 쉽게 되고 마침내 제2의 천성이 된다. 이와 마찬가지로 어린아이는 어떤 상황에서 어떻게 행동해야 진실되고 관대하며 예의를 차리게 되는지 일일이 배워야 한다. 훈련과 반복을 통하여 그런 행위들을 연마하다 보면 그것들을 점점 더 쉽게 하게 되고, 결국에는 스스로 판단할 수 있게 된다.

그는 올바른 훈련이란 강제가 아니고 그 자체가 즐거움이 되어야 한다고 지적한다. 또한 그렇게 훈련받은 사람은 일을 바르게 처리하는 것을 즐기게 되고, 일을 바르게 처리하고 싶어하게 되며, 올바른 일을 하는 것을 어려워하지 않게 된다. 이처럼 성품의 탁월함이란 사람들이 '하는 것'만이 아니라 사람들이 '하고 싶어 하는 것'과도 관련된다. 그리고 한두 번 관대한 행동을 한 것으로 충분하지 않으며, 늘 관대한 행동을 하고 그런 행동에 감정적으로 끌리는 성향을 갖고 있어야 비로소 관대함에 관하여 성품의 탁월함을 갖고 있다고 할 수 있다.

다음과 같은 예를 통해 아리스토텔레스의 견해를 생각해 보자. 갑돌이는 성품이 곧고 자신감이 충만하다. 그가 한 모임에 참석하였는데 거기서 다수의 사람들이 옳지 않은 행동을 한다고 생각했을 때, 그는 다수의 행동에 대하여 비판의 목소리를 낼 것이며 그렇게 하는 데에 별 어려움을 느끼지 않을 것이다. 한편, 수줍어하고 우유부단한 병식이도 한 모임에 참석하였는데, 그 역시 다수의 행동이 잘못되었다는 판단을 했다고 하자. 이런 경우에 병식이는 일어나서 다수의 행동이 잘못되었다고 말할 수 있겠지만, 그렇게 하려면 엄청난 의지를 발휘해야 할 것이고 자신과 힘든 싸움도 해야 할 것이다. 그런데도 병식이가 그렇게 행동했다면 우리는 병식이가 용기 있게 행동하였다고 칭찬할 것이다. 그러나 아리스토텔레스의 입장에서 생각해 볼 때, 성품의 탁월함을 가진 사람은 갑돌이다. 왜냐하면 _____ 우리가 어떠한 사람을 존경할 것인지가 아니라, 우리 아이를 어떤 사람으로 키우고 싶은가라는 질문을 받는다면 우리는 아리스토텔레스의 견해에 가까워질 것이다. 왜냐하면 우리는 우리 아이들을 갑돌이와 같은 사람으로 키우고 싶어 할 것이기 때문이다.

① 그는 내적인 갈등이 없이 옳은 일을 하기 때문이다.
② 그는 옳은 일을 하는 천성을 타고났기 때문이다.
③ 그는 주체적 판단에 따라 옳은 일을 하기 때문이다.
④ 그는 자신이 옳다는 확신을 가지고 옳은 일을 하기 때문이다.
⑤ 그는 다른 사람들의 칭찬을 의식하지 않고 옳은 일을 하기 때문이다.

06 맞춤법 및 어휘

| 유형분석 |

- 맞춤법에 맞는 단어를 찾거나 주어진 지문의 내용에 어울리는 단어를 찾는 문제가 주로 출제된다.
- 단어 사이의 관계에 대한 문제가 출제되므로 뜻이 비슷하거나 반대되는 단어를 함께 학습하는 것이 좋다.
- 자주 출제되는 단어나 헷갈리는 단어에 대한 학습을 꾸준히 하는 것이 좋다.

다음 중 밑줄 친 단어와 바꿔 사용할 수 있는 것은?

최저임금법 시행령 제5조 제1항 제2호 및 제3호는 주 단위 또는 월 단위로 지급된 임금에 대해 1주 또는 월의 소정근로시간 수로 나눈 금액을 시간에 대한 임금으로 규정하고 있다. 그러나 최저임금 산정을 위한 소정근로시간 수에 대해 고용노동부와 대법원의 해석이 <u>어긋나</u> 눈길을 끈다. 고용노동부는 소정근로시간에 유급주휴시간을 포함하여 계산하여 통상임금 산정기준 근로시간 수와 동일하게 본 반면, 대법원은 최저임금 산정을 위한 소정근로시간 수에 유급주휴시간을 제외하고 산정하였다.

① 배치되어　　　　　　　　　　② 도치되어

③ 대두되어　　　　　　　　　　④ 전도되어

⑤ 발생되어

정답　①
- 어긋나다 : 방향이 비껴서 서로 만나지 못하다.
- 배치하다 : 서로 반대로 되어 어그러지거나 어긋나다.

오답분석
② 도치하다 : 차례나 위치 따위를 서로 뒤바꾸다.
③ 대두하다 : 어떤 세력이나 현상이 새롭게 나타나다.
④ 전도하다 : 거꾸로 되거나 거꾸로 하다.
⑤ 발생하다 : 어떤 일이나 사물이 생겨나다.

풀이 전략!

문제에서 물어보는 단어를 정확히 확인해야 하고, 문제에서 다루고 있는 단어의 앞뒤 내용을 읽고 글의 전체적 흐름을 생각하며 문제에 접근해야 한다.

01 다음 중 밑줄 친 단어와 바꿔 사용할 수 있는 것은?

> 국가대표팀을 이끌었던 감독이 경기를 마친 뒤 선수들을 향한 애정을 드러내 눈길을 끌었다. 감독은 결승 경기 이후 진행된 인터뷰에서 "선수들이 여기까지 올라온 건 충분히 자긍심을 가질 만한 결과이다."라고 이야기했다. 이어 감독은 동고동락한 선수들과의 일을 <u>떠올리다</u> 감정이 벅차 말을 잇지 못하기도 했다. 한편 경기에서 최선을 다한 선수들을 향한 뜨거운 응원은 계속 이어지고 있다.

① 회상하다 ② 연상하다
③ 상상하다 ④ 남고하다
⑤ 예상하다

02 다음 중 밑줄 친 단어의 성격이 다른 것은?

① 어른들에게 반말하는 버릇을 <u>고쳐라</u>.
② 장마철이 오기 전에 지붕을 <u>고쳐라</u>.
③ 엉뚱한 원고를 <u>고치다</u>.
④ 늦잠 자는 습관을 <u>고치기가</u> 쉽지 않다.
⑤ 성종은 옷을 바로 잡으시고 자리를 <u>고쳐</u> 앉으시었다.

03 다음 중 맞춤법이 적절하지 않은 것은?

① 과녁에 화살을 맞추다.
② 오랜만에 친구를 만났다.
③ 그는 저기에 움츠리고 있었다.
④ 단언컨대 내 말이 맞다.
⑤ 저건 정말 희한하다.

CHAPTER 02

문제해결능력

합격 Cheat Key

문제해결능력은 업무를 수행하면서 여러 가지 문제 상황이 발생하였을 때, 창의적이고 논리적인 사고를 통하여 이를 올바르게 인식하고 적절히 해결하는 능력으로, 하위 능력에는 사고력과 문제처리능력이 있다.

문제해결능력은 NCS 기반 채용을 진행하는 대다수의 공사·공단에서 채택하고 있으며, 다양한 자료와 함께 출제되는 경우가 많아 어렵게 느껴질 수 있다. 특히, 난이도가 높은 문제로 자주 출제되기 때문에 다른 영역보다 더 많은 노력이 필요할 수는 있지만 그렇기에 차별화를 할 수 있는 득점 영역이므로 포기하지 말고 꾸준하게 노력해야 한다.

1 질문의 의도를 정확하게 파악하라!

문제해결능력은 문제에서 무엇을 묻고 있는지 정확하게 파악하여 먼저 풀이 방향을 설정하는 것이 가장 효율적인 방법이다. 특히, 조건이 주어지고 답을 찾는 창의적·분석적인 문제가 주로 출제되고 있기 때문에 처음에 정확한 풀이 방향이 설정되지 않는다면 문제를 제대로 풀지 못하게 되므로 첫 번째로 출제 의도 파악에 집중해야 한다.

2 중요한 정보는 반드시 표시하라!

출제 의도를 정확히 파악하기 위해서는 문제의 중요한 정보를 반드시 표시하거나 메모하여 하나의 조건, 단서도 잊고 넘어가는 일이 없도록 해야 한다. 실제 시험에서는 시간의 압박과 긴장감으로 정보를 잘못 적용하거나 잊어버리는 실수가 많이 발생하므로 사전에 충분한 연습이 필요하다.

3 반복 풀이를 통해 취약 유형을 파악하라!

문제해결능력은 특히 시간관리가 중요한 영역이다. 따라서 정해진 시간 안에 고득점을 할 수 있는 효율적인 문제 풀이 방법을 찾아야 한다. 이때, 반복적인 문제 풀이를 통해 자신이 취약한 유형을 파악하는 것이 중요하다. 정확하게 풀 수 있는 문제부터 빠르게 풀고 취약한 유형은 나중에 푸는 효율적인 문제 풀이를 통해 최대한 고득점을 맞는 것이 중요하다.

| 유형분석 |

- 주어진 조건을 토대로 논리적으로 추론하여 참 또는 거짓을 구분하는 문제이다.
- 자료를 제시하고 새로운 결과나 자료에 주어지지 않은 내용을 추론해 가는 형식의 문제가 출제된다.

K공사는 공휴일 세미나 진행을 위해 인근의 가게 A ~ F에서 필요한 물품을 구매하고자 한다. 다음 〈조건〉을 참고할 때, 공휴일에 영업하는 가게의 수는?

조건

- C는 공휴일에 영업하지 않는다.
- B가 공휴일에 영업하지 않으면, C와 E는 공휴일에 영업한다.
- E 또는 F가 영업하지 않는 날이면, D는 영업한다.
- B가 공휴일에 영업하면, A와 E는 공휴일에 영업하지 않는다.
- B와 F 중 한 곳만 공휴일에 영업한다.

① 2곳   ② 3곳

③ 4곳   ④ 5곳

⑤ 6곳

정답   ①

주어진 조건을 순서대로 논리 기호화하면 다음과 같다.
- 첫 번째 조건 : $\sim$C
- 두 번째 조건 : $\sim$B → (C ∧ E)
- 세 번째 조건 : ($\sim$E ∨ $\sim$F) → D
- 네 번째 조건 : B → ($\sim$A ∧ $\sim$E)

첫 번째 조건이 참이므로 두 번째 조건의 대우[($\sim$C ∨ $\sim$E) → B]에 따라 B는 공휴일에 영업한다. 이때 네 번째 조건에 따라 A와 E는 영업하지 않고, 다섯 번째 조건에 따라 F도 영업하지 않는다. 마지막으로 세 번째 조건에 따라 D는 영업한다. 따라서 공휴일에 영업하는 가게는 B와 D 2곳이다.

풀이 전략!

조건과 관련한 기본적인 논법에 대해서는 미리 학습해 두며, 이를 바탕으로 각 문장에 있는 핵심단어 또는 문구를 기호화하여 정리한 후, 선택지와 비교하여 참 또는 거짓을 판단한다. 또한, 이를 바탕으로 문제에서 구하고자 하는 내용을 추론 및 분석한다.

01 A ~ E는 함께 카페에 가서 〈조건〉과 같이 음료를 주문하였다. 이에 대해 〈보기〉와 같이 판단했을 때 적절한 것은?(단, 한 사람당 하나의 음료만 주문하였다)

> **조건**
> • 홍차를 주문한 사람은 2명이며, B는 커피를 주문하였다.
> • A는 홍차를 주문하였다.
> • C는 홍차 또는 녹차를 주문하였다.
> • D는 커피 또는 녹차를 주문하였다.
> • E는 딸기주스 또는 홍차를 주문하였다.
> • 직원의 실수로 E만 잘못된 음료를 받았다.
> • 주문 결과 홍차 1잔과 커피 2잔, 딸기주스 1잔, 녹차 1잔이 나왔다.

> **보기**
> 갑 : 딸기주스로 잘못 받은 사람은 E이다.
> 을 : 녹차를 주문한 사람은 C이다.

① 갑만 옳다.
② 을만 옳다.
③ 갑, 을 모두 옳다.
④ 갑, 을 모두 틀리다.
⑤ 갑, 을 모두 옳은지 틀린지 판단할 수 없다.

02 경영학과에 재학 중인 A ~ E는 계절학기 시간표에 따라 요일별로 하나의 강의만 수강한다. 전공 수업을 신청한 C는 D보다 앞선 요일에 수강하고, E는 교양 수업을 신청한 A보다 나중에 수강한다고 할 때, 다음 중 항상 참이 되는 것은?

월	화	수	목	금
전공1	전공2	교양1	교양2	교양3

① A가 수요일에 강의를 듣는다면 E는 교양2 강의를 듣는다.
② B가 전공 수업을 듣는다면 C는 화요일에 강의를 듣는다.
③ C가 화요일에 강의를 듣는다면 E는 교양3 강의를 듣는다.
④ D는 반드시 전공 수업을 듣는다.
⑤ E는 반드시 교양 수업을 듣는다.

03 미국, 영국, 중국, 프랑스에 파견된 4명의 외교관 A ~ D는 1년의 파견기간이 지나면 다시 새로운 국가로 파견된다. 다음 〈조건〉을 참고할 때, 반드시 참인 것은?

> **조건**
> • 두 번 연속 같은 국가에 파견될 수는 없다.
> • A는 작년에 영국에 파견되어 있었다.
> • C와 D는 이번에 프랑스에 파견되지는 않는다.
> • D는 작년에 중국에 파견되어 있었다.
> • C가 작년에 파견된 나라는 미국이다.
> • B가 이번에 파견된 국가는 중국이다.

① A가 이번에 파견된 국가는 영국이다.
② C가 이번에 파견된 국가는 미국이다.
③ D가 이번에 파견된 국가는 프랑스다.
④ B가 작년에 파견된 국가는 프랑스일 것이다.
⑤ A는 영국 또는 미국에 파견되었을 것이다.

04 다음 〈조건〉을 근거로 할 때, 반드시 참인 것은?

> **조건**
> • 물을 녹색으로 만드는 조류는 냄새 물질을 배출한다.
> • 독소 물질을 배출하는 조류는 냄새 물질을 배출하지 않는다.
> • 물을 황색으로 만드는 조류는 물을 녹색으로 만들지 않는다.

① 독소 물질을 배출하는 조류는 물을 녹색으로 만들지 않는다.
② 물을 녹색으로 만들지 않는 조류는 냄새 물질을 배출하지 않는다.
③ 독소 물질을 배출하지 않는 조류는 물을 녹색으로 만든다.
④ 냄새 물질을 배출하지 않는 조류는 물을 황색으로 만들지 않는다.
⑤ 냄새 물질을 배출하는 조류는 독소 물질을 배출한다.

05 K기업 갑 ~ 정은 각각 다른 팀에 근무하고 있으며, 각 팀은 2층, 3층, 4층, 5층에 위치하고 있다. 다음 〈조건〉을 참고할 때, 항상 참인 것은?

PART 1

> **조건**
> - 갑, 을, 병, 정 중 2명은 부장, 1명은 과장, 1명은 대리이다.
> - 대리의 사무실은 을보다 높은 층에 있다.
> - 을은 과장이다.
> - 갑은 대리가 아니다.
> - 갑의 사무실이 가장 높다.

① 부장 중 한 명은 반드시 2층에 근무한다.
② 갑은 부장이다.
③ 대리는 4층에 근무한다.
④ 을은 2층에 근무한다.
⑤ 병은 대리이다.

06 K프랜차이즈 카페에서는 디저트로 빵, 케이크, 마카롱, 쿠키를 판매하고 있다. 최근 각 지점에서 디저트를 섭취하고 땅콩 알레르기가 발생했다는 컴플레인이 제기되었다. 해당 디저트에는 모두 땅콩이 들어가지 않으며, 땅콩을 사용한 제품과 인접 시설에서 제조하고 있다. 아래의 사례를 참고할 때, 다음 중 반드시 옳지 않은 것은?

> - 땅콩 알레르기 유발 원인이 된 디저트는 빵, 케이크, 마카롱, 쿠키 중 하나이다.
> - 각 지점에서 땅콩 알레르기가 있는 손님이 섭취한 디저트와 알레르기 유무는 아래와 같다.
>
> | | |
> |---|---|
> | A지점 | 빵과 케이크를 먹고, 마카롱과 쿠키를 먹지 않은 경우, 알레르기가 발생했다. |
> | B지점 | 빵과 마카롱을 먹고, 케이크와 쿠키를 먹지 않은 경우, 알레르기가 발생하지 않았다. |
> | C지점 | 빵과 쿠키를 먹고, 케이크와 마카롱을 먹지 않은 경우, 알레르기가 발생했다. |
> | D지점 | 케이크와 마카롱을 먹고, 빵과 쿠키를 먹지 않은 경우, 알레르기가 발생했다. |
> | E지점 | 케이크와 쿠키를 먹고, 빵과 마카롱을 먹지 않은 경우, 알레르기가 발생하지 않았다. |
> | F지점 | 마카롱과 쿠키를 먹고, 빵과 케이크를 먹지 않은 경우, 알레르기가 발생하지 않았다. |

① A, B, D지점의 사례만을 고려하면, 케이크가 알레르기의 원인이다.
② A, C, E지점의 사례만을 고려하면, 빵이 알레르기의 원인이다.
③ B, D, F지점의 사례만을 고려하면, 케이크가 알레르기의 원인이다.
④ C, D, F지점의 사례만을 고려하면, 마카롱이 알레르기의 원인이다.
⑤ D, E, F지점의 사례만을 고려하면, 쿠키는 알레르기의 원인이 아니다.

| 유형분석 |

- 주어진 상황과 규칙을 종합적으로 활용하여 풀어 가는 문제이다.
- 일정, 비용, 순서 등 다양한 내용을 다루고 있어 유형을 한 가지로 단일화하기 어렵다.

A팀과 B팀은 보안능급 상에 해당하는 문서를 나누어 보관하고 있다. 이에 따라 두 팀은 보안을 위해 아래와 같은 규칙에 따라 각 팀의 비밀번호를 지정하였다. 다음 중 A팀과 B팀에 들어갈 수 있는 암호배열은?

〈규칙〉

- 1 ~ 9까지의 숫자로 (한 자릿수)×(두 자릿수)=(세 자릿수)=(두 자릿수)×(한 자릿수) 형식의 비밀번호로 구성한다.
- 가운데에 들어갈 세 자릿수의 숫자는 156이며 숫자는 중복 사용할 수 없다. 즉, 각 팀의 비밀번호에 1, 5, 6이란 숫자가 들어가지 않는다.

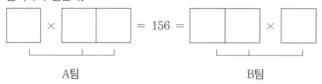

A팀   B팀

① 23   ② 27
③ 29   ④ 37
⑤ 39

정답 ⑤

규칙에 따라 사용할 수 있는 숫자는 1, 5, 6을 제외한 나머지 2, 3, 4, 7, 8, 9의 총 6개이다. (한 자릿수)×(두 자릿수)=156이 되는 수를 알기 위해서는 156의 소인수를 구해보면 된다. 156의 소인수는 3, 2^2, 13으로 여기서 156이 되는 수의 곱 중에 조건을 만족하는 것은 2×78과 4×39이다. 따라서 선택지 중에 A팀 또는 B팀에 들어갈 수 있는 암호배열은 39이다.

풀이 전략!

문제에 제시된 조건이나 규칙을 정확히 파악한 후, 선택지나 상황에 적용하여 문제를 풀어 나간다.

01 K회사는 일정한 규칙에 따라 만든 암호를 팀별 보안키로 활용한다. x와 y의 합은?

A팀	B팀	C팀	D팀	E팀	F팀
1938	2649	3576	6537	9642	2766

G팀	H팀	I팀	J팀	K팀	L팀
19344	21864	53193	84522	$9023x$	$7y352$

① 11
② 13
③ 15
④ 17
⑤ 19

02 다음 자료를 참고할 때, 〈보기〉의 주민등록번호 빈칸에 해당하는 숫자로 옳은 것은?

우리나라에서 국민에게 발급하는 주민등록번호는 각각의 번호가 고유한 번호로, 13자리 숫자로 구성된다. 13자리 숫자는 생년, 월, 일, 성별, 출생신고지역, 접수번호, 검증번호로 구분된다.

여기서 13번째 숫자인 검증번호는 주민등록번호의 정확성 여부를 검사하는 번호로, 앞의 12자리 숫자를 이용해서 구해지는데 계산법은 다음과 같다.
- 1단계 : 주민등록번호의 앞 12자리 숫자에 가중치 2, 3, 4, 5, 6, 7, 8, 9, 2, 3, 4, 5를 곱한다.
- 2단계 : 가중치를 곱한 값의 합을 계산한다.
- 3단계 : 가중치의 합을 11로 나눈 나머지를 구한다.
- 4단계 : 11에서 나머지를 뺀 수를 10으로 나눈 나머지가 검증번호가 된다.

> **보기**
>
> 240202-803701( )

① 4
② 5
③ 6
④ 7
⑤ 8

03 K공장에서 제조하는 볼트의 일련번호는 다음과 같이 구성된다. 일련번호는 형태 – 허용압력 – 직경 – 재질 – 용도 순서로 표시할 때, 다음 중 허용압력이 18kg/cm²이고, 직경이 14mm인 자동차에 쓰이는 스테인리스 육각볼트의 일련번호로 가장 적절한 것은?

형태	사각	육각	팔각	별
	SC	HX	OT	ST
허용압력(kg/cm²)	10 ~ 20	21 ~ 40	41 ~ 60	61 이상
	L	M	H	P
직경(mm)	8	10	12	14
	008	010	012	014
재질	플라스틱	크롬 도금	스테인리스	티타늄
	P	CP	SS	Ti
용도	항공기	선박	자동차	일반
	A001	S010	M110	E100

① HXL014TiE100
② HXL014SSS010
③ HXL012CPM110
④ HXL014SSM110
⑤ HXL012TiM110

04 A씨는 영업비밀 보호를 위해 자신의 컴퓨터 속 각 문서의 암호를 규칙에 따라 만들었다. 파일 이름이 다음과 같을 때, 이 파일의 암호는 무엇인가?

〈규칙〉

1. 비밀번호 중 첫 번째 자리에는 파일 이름의 첫 문자가 한글일 경우 @, 영어일 경우 #, 숫자일 경우 *로 특수문자를 입력한다.
   → 고슴Dochi＝@, haRAMY801＝#, 1app루＝*
2. 두 번째 자리에는 파일 이름의 총 자리 개수를 입력한다.
   → 고슴Dochi＝@7, haRAMY801＝#9, 1app루＝*5
3. 세 번째 자리부터는 파일 이름 내에 숫자를 순서대로 입력한다. 숫자가 없을 경우 0을 두 번 입력한다.
   → 고슴Dochi＝@700, haRAMY801＝#9801, 1app루＝*51
4. 그 다음 자리에는 파일 이름 중 한글이 있을 경우 초성만 순서대로 입력한다. 없다면 입력하지 않는다.
   → 고슴Dochi＝@700ㄱㅅ, haRAMY801＝#9801, 1app루＝*51ㄹ
5. 그 다음 자리에는 파일 이름 중 영어가 있다면 뒤에 덧붙여 순서대로 입력하되, a, e, i, o, u만 'a＝1, e＝2, i＝3, o＝4, u＝5'로 변형하여 입력한다(대문자·소문자 구분 없이 모두 소문자로 입력한다).
   → 고슴Dochi＝@700ㄱㅅd4ch3, haRAMY801＝#9801h1r1my, 1app루＝*51ㄹ1pp

---

2022매운전골Cset3인기준recipe8

---

① @23202238ㅁㅇㅈㄱㅇㄱㅈcs2trecipe

② @23202238ㅁㅇㅈㄱㅇㄱㅈcs2tr2c3p2

③ *23202238ㅁㅇㅈㄱㅇㄱㅈcs2trecipe

④ *23202238ㅁㅇㅈㄱㅇㄱㅈcs2tr2c3p2

⑤ *23202238ㅁㅇㅈㄱㅇㄱㅈcsetrecipe

03 자료 해석

| 유형분석 |

- 주어진 자료를 해석하고 활용하여 풀어가는 문제이다.
- 꼼꼼하고 분석적인 접근이 필요한 다양한 자료들이 출제된다.

다음 중 정수장 수질검사 현황에 대해 바르게 설명한 사람은?

〈정수장 수질검사 현황〉

급수 지역	항목						검사결과	
	일반세균 100 이하 (CFU/mL)	대장균 불검출 (수/100mL)	NH3-N 0.5 이하 (mg/L)	잔류염소 4.0 이하 (mg/L)	구리 1 이하 (mg/L)	망간 0.05 이하 (mg/L)	적합	기준 초과
함평읍	0	불검출	불검출	0.14	0.045	불검출	적합	없음
이삼읍	0	불검출	불검출	0.27	불검출	불검출	적합	없음
학교면	0	불검출	불검출	0.13	0.028	불검출	적합	없음
엄다면	0	불검출	불검출	0.16	0.011	불검출	적합	없음
나산면	0	불검출	불검출	0.12	불검출	불검출	적합	없음

① A사원 : 함평읍의 잔류염소는 가장 낮은 수치를 보였고, 기준치에 적합하네.

② B사원 : 모든 급수지역에서 일반세균이 나오지 않았어.

③ C사원 : 기준치를 초과한 곳은 없었지만 적합하지 않은 지역은 있어.

④ D사원 : 대장균과 구리가 검출되면 부적합 판정을 받는구나.

⑤ E사원 : 구리가 검출되지 않은 지역은 세 곳이야.

정답 ②

오답분석

① 잔류염소에서 가장 낮은 수치를 보인 지역은 나산면(0.12)이고, 함평읍(0.14)은 세 번째로 낮다.

③ 기준치를 초과한 곳도 없고, 모두 적합 판정을 받았다.

④ 함평읍과 학교면, 엄다면은 구리가 검출되었지만 적합 판정을 받았다.

⑤ 구리가 검출되지 않은 지역은 이삼읍과 나산면으로 두 곳이다.

풀이 전략!

문제해결을 위해 필요한 정보가 무엇인지 먼저 파악한 후, 제시된 자료를 분석적으로 읽고 해석한다.

PART 1

※ 다음은 퇴직연금신탁의 확정급여형(DB)과 확정기여형(DC)에 대한 비교 자료이다. 이어지는 질문에 답하시오. [1~2]

구분	확정급여형(DB)	확정기여형(DC)
운영방법	• 노사가 사전에 급여수준 및 내용을 약정 • 퇴직 후 약정에 따른 급여 지급	• 노사가 사전에 부담할 기여금을 확정 • 퇴직 후 상품 운용 결과에 따라 급여 지급

기업부담금	• 산출기초율
	  (자산운용 수익률, 퇴직률 변경 시 변동)
		• 확정
		  (근로자 연간 임금 총액의 1/12 이상)

적립공금 운용지시	• 사용자	• 근로자
운용위험 부담	• 사용자	• 근로자
직장이동 시 합산	• 어려움(단, IRA / IRP 활용 가능)	• 쉬움

01 K은행의 A사원은 퇴직연금신탁 유형에 대한 발표 자료를 제작하기 위해 다음 자료를 참고하려고 한다. 이에 대한 A사원의 해석으로 적절하지 않은 것은?

① 같은 급여를 받는 직장인이라도 퇴직연금신탁 유형에 따라 퇴직연금 수준이 달라지겠군.

② 확정급여형은 자산운용 수익률에 따라 기업부담이 달라지는군.

③ 이직이 잦은 근로자들은 아무래도 확정기여형을 선호하겠군.

④ 확정기여형으로 퇴직연금을 가입하면 근로자 본인의 선택이 퇴직 후 급여에 별 영향을 미치지 않는군.

⑤ 발표 자료에 직장이동 및 조기퇴직 시 사용할 수 있는 별도의 개인 계좌인 IRA에 대한 기본설명과 퇴직연금제도인 IRP에 대한 내용을 추가해야겠군.

02 A사원은 다음과 같이 다양한 조건에 적합한 퇴직연금 유형을 발표 자료에 추가할 예정이다. (가) ~ (마) 중 분류가 적절하지 않은 것은?

확정급여형(DB)	확정기여형(DC)
(가) 장기근속을 유도하는 기업 (나) 운용 현황에 관심이 많은 근로자	(다) 연봉제를 실시하는 기업 (라) 임금 체불위험이 높은 사업장의 근로자 (마) 이직이 빈번한 근로자

① (가)

② (나)

③ (다)

④ (라)

⑤ (마)

03 다음 자료와 〈조건〉을 바탕으로 철수, 영희, 민수, 철호가 상품을 구입한 쇼핑몰을 바르게 나열한 것은?

〈이용약관의 주요 내용〉

쇼핑몰	주문 취소	환불	배송비	포인트 적립
A	주문 후 7일 이내 취소 가능	10% 환불수수료+송금수수료 차감	무료	구입 금액의 3%
B	주문 후 10일 이내 취소 가능	환불수수료+송금수수료 차감	20만 원 이상 무료	구입 금액의 5%
C	주문 후 7일 이내 취소 가능	환불수수료+송금수수료 차감	1회 이용 시 1만 원	없음
D	주문 후 당일에만 취소 가능	환불수수료+송금수수료 차감	5만 원 이상 무료	없음
E	취소 불가능	고객 귀책 사유에 의한 환불 시에만 10% 환불수수료	1만 원 이상 무료	구입 금액의 10%
F	취소 불가능	원칙적으로 환불 불가능 (사업자 귀책 사유일 때만 환불 가능)	100g당 2,500원	없음

조건

- 철수는 부모님의 선물로 등산용품을 구입하였는데, 판매자의 업무착오로 배송이 지연되어 판매자에게 전화로 환불을 요구하였다. 판매자는 판매금액 그대로를 통장에 입금해 주었고 구입 시 발생한 포인트도 유지하여 주었다.
- 영희는 옷을 구매할 때 배송료를 고려하여 한 가지씩 여러 번에 나누어 구매하기보다는 가능한 한꺼번에 주문하곤 하였다.
- 인터넷 사이트에서 영화티켓을 20,000원에 주문한 민수는 다음날 같은 티켓을 18,000원에 파는 가게를 발견하고 전날 주문한 물건을 취소하려 했지만 취소가 되지 않아 곤란을 겪은 적이 있다.
- 가방을 100,000원에 구매한 철호는 도착한 물건의 디자인이 마음에 들지 않아 환불 및 송금수수료와 배송료를 감수하는 손해를 보면서도 환불할 수밖에 없었다.

	철수	영희	민수	철호
①	E	B	C	D
②	F	E	D	B
③	E	D	F	C
④	F	C	E	B
⑤	E	C	B	D

04 같은 해에 입사한 동기 A ~ E는 모두 K공사 소속으로 서로 다른 부서에서 일하고 있다. 이들이 근무하는 부서와 해당 부서의 성과급은 다음과 같다. 이를 참고할 때 항상 옳은 것은?

〈부서별 성과급〉

비서실	영업부	인사부	총무부	홍보부
60만 원	20만 원	40만 원	60만 원	60만 원

※ 각 사원은 모두 각 부서의 성과급을 동일하게 받는다.

〈부서배치 조건〉

• A는 성과급이 평균보다 적은 부서에서 일한다.
• B와 D의 성과급을 더하면 나머지 세 명의 성과급 합과 같다.
• C의 성과급은 총무부보다는 적지만 A보다는 많다.
• C와 D 중 한 사람은 비서실에서 일한다.
• E는 홍보부에서 일한다.

〈휴가 조건〉

• 영업부 직원은 비서실 직원보다 늦게 휴가를 가야 한다.
• 인사부 직원은 첫 번째 또는 제일 마지막으로 휴가를 가야 한다.
• B의 휴가 순서는 이들 중 세 번째이다.
• E는 휴가를 반납하고 성과급을 두 배로 받는다.

① A의 3개월 치 성과급은 C의 2개월 치 성과급보다 많다.
② C가 맨 먼저 휴가를 갈 경우, B가 맨 마지막으로 휴가를 가게 된다.
③ D가 C보다 성과급이 많다.
④ 휴가철이 끝난 직후, D와 E의 성과급 차이는 세 배이다.
⑤ B는 A보다 휴가를 먼저 출발한다.

CHAPTER 03

수리능력

합격 Cheat Key

수리능력은 사칙 연산·통계·확률의 의미를 정확하게 이해하고 이를 업무에 적용하는 능력으로, 기초 연산과 기초 통계, 도표 분석 및 작성의 문제 유형으로 출제된다. 수리능력 역시 채택하지 않는 공사·공단이 거의 없을 만큼 필기시험에서 중요도가 높은 영역이다.

특히, 난이도가 높은 공사·공단의 시험에서는 도표 분석, 즉 자료 해석 유형의 문제가 많이 출제되고 있고, 응용 수리 역시 꾸준히 출제하는 공사·공단이 많기 때문에 기초 연산과 기초 통계에 대한 공식의 암기와 자료 해석 능력을 기를 수 있는 꾸준한 연습이 필요하다.

1 응용 수리의 공식은 반드시 암기하라!

응용 수리는 공사·공단마다 출제되는 문제는 다르지만, 사용되는 공식은 비슷한 경우가 많으므로 자주 출제되는 공식을 반드시 암기하여야 한다. 문제에서 묻는 것을 정확하게 파악하여 그에 맞는 공식을 적절하게 적용하는 꾸준한 노력과 공식을 암기하는 연습이 필요하다.

2 **자료의 해석은 자료에서 즉시 확인할 수 있는 지문부터 확인하라!**

수리능력 중 도표 분석, 즉 자료 해석 능력은 많은 시간을 필요로 하는 문제가 출제되므로, 증가·감소 추이와 같이 눈으로 확인이 가능한 지문을 먼저 확인한 후 복잡한 계산이 필요한 지문을 확인하는 방법으로 문제를 풀이한다면 시간을 조금이라도 아낄 수 있다. 또한, 여러 가지 보기가 주어진 문제 역시 지문을 잘 확인하고 문제를 풀이한다면 불필요한 계산을 생략할 수 있으므로 항상 지문부터 확인하는 습관을 들여야 한다.

3 **도표 작성에서 지문에 작성된 도표의 제목을 반드시 확인하라!**

도표 작성은 하나의 자료 혹은 보고서와 같은 수치가 표현된 자료를 도표로 작성하는 형식으로 출제되는데, 대체로 표보다는 그래프를 작성하는 형태로 많이 출제된다. 지문을 살펴보면 각 지문에서 주어진 도표에도 소제목이 있는 경우가 대부분이다. 이때, 자료의 수치와 도표의 제목이 일치하지 않는 경우 함정이 존재하는 문제일 가능성이 높으므로 도표의 제목을 반드시 확인하는 것이 중요하다.

01 응용 수리

| 유형분석 |

- 문제에서 제공하는 정보를 파악한 뒤, 사칙연산을 활용하여 계산하는 전형적인 수리문제이다.
- 문제를 풀기 위한 정보가 산재되어 있는 경우가 많으므로 주어진 조건 등을 꼼꼼히 확인해야 한다.

세희네 가족의 올해 휴가비용은 작년 내비 교통비는 15%, 숙박비는 24% 증가하였고, 전체 휴가비용은 20% 증가하였다. 작년 전체 휴가비용이 36만 원일 때, 올해 숙박비는?(단, 전체 휴가비는 교통비와 숙박비의 합이다)

① 160,000원
② 184,000원
③ 200,000원
④ 248,000원
⑤ 268,000원

정답 ④

작년 교통비를 x원, 숙박비를 y원이라 하자.
$1.15x + 1.24y = 1.2(x+y)$ ··· ㉠
$x+y = 36$ ··· ㉡
㉠과 ㉡을 연립하면 $x=16$, $y=20$이다.
따라서 올해 숙박비는 $20 \times 1.24 = 24.8$만 원이다.

풀이 전략!

문제에서 묻는 바를 정확하게 확인한 후, 필요한 조건 또는 정보를 구분하여 신속하게 풀어 나간다. 단, 계산에 착오가 생기지 않도록 유의한다.

01　농도가 서로 다른 소금물 A, B가 있다. 소금물 A를 200g, 소금물 B를 300g 섞으면 농도가 9%인 소금물이 되고, 소금물 A를 300g, 소금물 B를 200g 섞으면 농도 10%인 소금물이 될 때, 소금물 B의 농도는?

① 7%　　　　　　　　　　　　　　　② 10%

③ 13%　　　　　　　　　　　　　　　④ 20%

⑤ 25%

02　희경이의 회사는 본사에서 지점까지의 거리가 총 50km이다. 본사에서 근무하는 희경이가 지점에서의 미팅을 위해 버스를 타고 60km/h의 속력으로 20km를 갔더니 시간이 얼마 남지 않아서, 택시로 바꿔 타고 90km/h의 속력으로 가서 오후 3시에 도착할 수 있었다. 희경이가 본사에서 나온 시각은 언제인가?(단, 본사에서 나와 버스를 기다린 시간과 버스에서 택시로 바꿔 탄 시간은 생각하지 않는다)

① 오후 1시 40분　　　　　　　　　　② 오후 2시

③ 오후 2시 20분　　　　　　　　　　④ 오후 2시 40분

⑤ 오후 3시

03　수인이는 베트남 여행을 위해 공항에서 환전하기로 하였다. 다음은 K환전소의 당일 환율 및 수수료를 나타낸 자료이다. 수인이가 한국 돈으로 베트남 현금 1,670만 동을 환전한다고 할 때, 수수료까지 포함하여 필요한 돈은 얼마인가?(단, 모든 계산과정에서 구한 값은 일의 자리에서 버림한다)

〈K환전소 환율 및 수수료〉

• 베트남 환율 : 483원/만 동
• 수수료 : 0.5%
• 우대사항 : 50만 원 이상 환전 시 70만 원까지 수수료 0.4%로 인하 적용
　　　　　　100만 원 이상 환전 시 총 금액 수수료 0.4%로 인하 적용

① 808,840원　　　　　　　　　　　② 808,940원

③ 809,840원　　　　　　　　　　　④ 809,940원

⑤ 810,040원

02 자료 계산

| 유형분석 |

- 문제에 주어진 도표를 분석하여 각 선택지의 값을 계산해 정답 유무를 판단하는 문제이다.
- 주로 그래프와 표로 제시되며, 경영·경제·산업 등과 관련된 최신 이슈를 많이 다룬다.
- 자료 간의 증감률·비율·추세 등을 자주 묻는다.

다음은 K국의 부양인구비를 나타낸 자료이다. 2023년 15세 미만 인구 대비 65세 이상 인구의 비율은 얼마인가?(단, 비율은 소수점 둘째 자리에서 반올림한다)

〈부양인구비〉

구분	2019년	2020년	2021년	2022년	2023년
부양비	37.3	36.9	36.8	36.8	36.9
유소년부양비	22.2	21.4	20.7	20.1	19.5
노년부양비	15.2	15.6	16.1	16.7	17.3

※ (유소년부양비)$=\dfrac{(15세 \ 미만 \ 인구)}{(15 \sim 64세 \ 인구)} \times 100$

※ (노년부양비)$=\dfrac{(65세 \ 이상 \ 인구)}{(15 \sim 64세 \ 인구)} \times 100$

① 72.4% ② 77.6%

③ 81.5% ④ 88.7%

정답 ④

2023년 15세 미만 인구를 x명, 65세 이상 인구를 y명, $15 \sim 64$세 인구를 a명이라 하면,

15세 미만 인구 대비 65세 이상 인구 비율은 $\dfrac{y}{x} \times 100$이므로

(2023년 유소년부양비)$=\dfrac{x}{a} \times 100 = 19.5 \rightarrow a = \dfrac{x}{19.5} \times 100 \cdots \bigcirc$

(2023년 노년부양비)$=\dfrac{y}{a} \times 100 = 17.3 \rightarrow a = \dfrac{y}{17.3} \times 100 \cdots \bigcirc$

$\bigcirc$, $\bigcirc$을 연립하면 $\dfrac{x}{19.5} = \dfrac{y}{17.3} \rightarrow \dfrac{y}{x} = \dfrac{17.3}{19.5}$ 이므로, 15세 미만 인구 대비 65세 이상 인구의 비율은 $\dfrac{17.3}{19.5} \times 100 \fallingdotseq 88.7\%$이다.

풀이 전략!

선택지를 먼저 읽고 필요한 정보를 도표에서 확인하도록 하며, 계산이 필요한 경우에는 실제 수치를 사용하여 복잡한 계산을 하는 대신, 대소 관계의 비교나 선택지의 옳고 그름만을 판단할 수 있을 정도로 간소화하여 계산해 풀이시간을 단축할 수 있도록 한다.

01 다음은 세계 음악 시장의 규모에 대한 자료이다. 〈조건〉에 근거하여 2024년 음악 시장의 규모를 구하면?(단, 소수점 둘째 자리에서 반올림한다)

〈세계 음악 시장 규모〉

(단위 : 백만 달러)

구분		2019년	2020년	2021년	2022년	2023년
공연음악	후원	5,930	6,008	6,097	6,197	6,305
	티켓 판매	20,240	20,688	21,165	21,703	22,324
	합계	26,170	26,696	27,262	27,900	28,629
음반	디지털	8,719	9,432	10,180	10,905	11,544
	다운로드	5,743	5,986	6,258	6,520	6,755
	스트리밍	1,530	2,148	2,692	3,174	3,557
	모바일	1,447	1,298	1,230	1,212	1,233
	오프라인 음반	12,716	11,287	10,171	9,270	8,551
	합계	30,155	30,151	30,531	31,081	31,640
합계		56,325	56,847	57,793	58,981	60,269

조건

• 2024년 공연음악 후원금은 2023년보다 1억 1천 8백만 달러, 티켓 판매는 2023년보다 7억 4천만 달러가 증가할 것으로 예상된다.
• 스트리밍 시장의 경우 빠르게 성장하는 추세로 2024년 스트리밍 시장 규모는 2019년 스트리밍 시장 규모의 2.5배가 될 것으로 예상된다.
• 오프라인 음반 시장은 점점 감소하는 추세로 2024년 오프라인 음반 시장 규모는 2023년 대비 6%의 감소율을 보일 것으로 예상된다.

	공연음악	스트리밍	오프라인 음반
①	29,487백만 달러	3,711백만 달러	8,037.9백만 달러
②	29,487백만 달러	3,825백만 달러	8,037.9백만 달러
③	29,685백만 달러	3,825백만 달러	7,998.4백만 달러
④	29,685백만 달러	4,371백만 달러	7,998.4백만 달러
⑤	30,298백만 달러	4,371백만 달러	7,598.2백만 달러

02 다음은 2018년부터 2023년까지 자원봉사 참여 현황에 대한 표이다. 참여율이 4번째로 높은 해의 전년 대비 참여율의 증가율을 구하면?(단, 증가율은 소수점 첫째 자리에서 반올림한다)

〈자원봉사 참여 현황〉

(단위 : 천 명, %)

구분	2018년	2019년	2020년	2021년	2022년	2023년
총 성인 인구수	35,744	36,786	37,188	37,618	38,038	38,931
자원봉사 참여 성인 인구수	1,621	2,103	2,548	3,294	3,879	4,634
참여율	4.5	5.7	6.9	8.8	10.2	11.9

① 17%
② 19%
③ 21%
④ 23%
⑤ 25%

03 A사는 최근 미세먼지와 황사로 인해 실내 공기질이 많이 안 좋아졌다는 건의가 들어와 내부 검토 후 예산 400만 원으로 공기청정기 40대를 구매하기로 하였다. 다음 두 업체 중 어느 곳에서 공기청정기를 구매하는 것이 유리하며, 얼마나 더 저렴한가?

업체	할인 정보	가격
S전자	• 8대 구매 시 2대 무료 증정 • 구매 금액 100만 원당 2만 원 할인	8만 원/대
B마트	• 20대 이상 구매 : 2% 할인 • 30대 이상 구매 : 5% 할인 • 40대 이상 구매 : 7% 할인 • 50대 이상 구매 : 10% 할인	9만 원/대
※ 1,000원 단위 이하는 절사한다.		

① S전자, 82만 원
② S전자, 148만 원
③ B마트, 12만 원
④ B마트, 20만 원
⑤ S전자, 120만 원

※ 다음은 2021 ~ 2023년 한국의 스포츠 관련 비용의 통계자료이다. 이어지는 질문에 답하시오. **[4~5]**

구분	2021년		2022년		2023년	
	규모(억 원)	비율(%)	규모(억 원)	비율(%)	규모(억 원)	비율(%)
합계	49,590	100.0	43,277	100.0	46,539	100.0
스포츠용품 소비	23,090	46.5	14,426	33.3	17,002	36.5
시설이용료 · 강습비	25,270	51	28,680	66.3	29,195	62.8
스포츠 관람료	1,230	2.5	171	0.4	342	0.7

〈한국의 스포츠 관련 비용〉

04 2023년 스포츠 관련 비용 중 2022년 대비 증가율이 가장 큰 품목의 비용 차이는?

① 171억 원
② 515억 원
③ 2,576억 원
④ 3,262억 원
⑤ 3,427억 원

05 2021년 스포츠용품 소비 대비 스포츠 관람료 비율은?(단, 소수점 셋째 자리에서 반올림한다)

① 5.31%
② 5.32%
③ 5.33%
④ 5.34%
⑤ 5.35%

| 유형분석 |

- 제시된 자료를 분석하여 선택지의 정답 유무를 판단하는 문제이다.
- 자료의 수치 등을 통해 변화량이나 증감률, 비중 등을 비교하여 판단하는 문제가 자주 출제된다.
- 지원하고자 하는 기업이나 산업과 관련된 자료 등이 문제의 자료로 많이 다뤄진다.

다음은 도시폐기물량 상위 10개국의 도시폐기물량지수와 한국의 도시폐기물량을 나타낸 자료이다. 이에 대한 〈보기〉 중 옳은 것을 모두 고르면?

〈도시폐기물량 상위 10개국의 도시폐기물량지수〉

순위	2020년		2021년		2022년		2023년	
	국가	지수	국가	지수	국가	지수	국가	지수
1	미국	12.05	미국	11.94	미국	12.72	미국	12.73
2	러시아	3.40	러시아	3.60	러시아	3.87	러시아	4.51
3	독일	2.54	브라질	2.85	브라질	2.97	브라질	3.24
4	일본	2.53	독일	2.61	독일	2.81	독일	2.78
5	멕시코	1.98	일본	2.49	일본	2.54	일본	2.53
6	프랑스	1.83	멕시코	2.06	멕시코	2.30	멕시코	2.35
7	영국	1.76	프랑스	1.86	프랑스	1.96	프랑스	1.91
8	이탈리아	1.71	영국	1.75	이탈리아	1.76	터키	1.72
9	터키	1.50	이탈리아	1.73	영국	1.74	영국	1.70
10	스페인	1.33	터키	1.63	터키	1.73	이탈리아	1.40

※ (도시폐기물량지수)＝$\dfrac{\text{(해당 연도 해당 국가의 도시폐기물량)}}{\text{(해당 연도 한국의 도시폐기물량)}}$

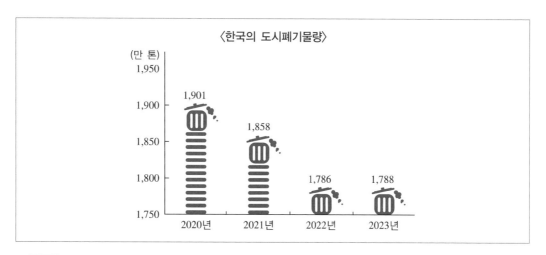

보기

㉠ 2023년 도시폐기물량은 미국이 일본의 4배 이상이다.

㉡ 2022년 러시아의 도시폐기물량은 8,000만 톤 이상이다.

㉢ 2023년 스페인의 도시폐기물량은 2020년에 비해 감소하였다.

㉣ 영국의 도시폐기물량은 터키의 도시폐기물량보다 매년 많다.

① ㉠, ㉢   ② ㉠, ㉣

③ ㉡, ㉢   ④ ㉢, ㉣

정답 ①

㉠ 제시된 자료의 각주에 의해 같은 해의 각국의 도시폐기물량지수는 그 해 한국의 도시폐기물량을 기준해 도출된다. 즉, 같은 해의 여러 국가의 도시폐기물량을 비교할 때 도시폐기물량지수로도 비교가 가능하다. 2023년 미국과 일본의 도시폐기물량지수는 각각 12.73, 2.53이며, 2.53×4=10.12<12.73이므로 옳은 설명이다.

㉢ 2020년 한국의 도시폐기물량은 1,901만 톤이므로 2020년 스페인의 도시폐기물량은 1,901×1.33=2,528.33만 톤이다. 도시폐기물량 상위 10개국의 도시폐기물량지수 자료를 보면 2023년 스페인의 도시폐기물량지수는 상위 10개국에 포함되지 않았음을 확인할 수 있다. 즉, 스페인의 도시폐기물량은 도시폐기물량지수 10위인 이탈리아의 도시폐기물량보다 적다. 2023년 한국의 도시폐기물량은 1,788만 톤이므로 이탈리아의 도시폐기물량은 1,788×1.40=2,503.2만 톤이다. 즉, 2023년 이탈리아의 도시폐기물량은 2020년 스페인의 도시폐기물량보다 적다. 따라서 2023년 스페인의 도시폐기물량은 2020년에 비해 감소했다.

오답분석

㉡ 2022년 한국의 도시폐기물량은 1,786만 톤이므로 2022년 러시아의 도시폐기물량은 1,786×3.87=6,911.82만 톤이다.

㉣ 2023년의 경우 터키의 도시폐기물량지수는 영국보다 높다. 따라서 2023년 영국의 도시폐기물량은 터키의 도시폐기물량보다 적다.

풀이 전략!

평소 변화량이나 증감률, 비중 등을 구하는 공식을 알아두고 있어야 하며, 지원하는 기업이나 산업에 관한 자료 등을 확인하여 비교하는 연습 등을 한다.

01 다음은 OECD 국가의 대학졸업자 취업에 대한 자료이다. A ~ L국가 중 전체 대학졸업자 대비 대학
졸업자 중 취업자 비율이 OECD 평균보다 높은 국가끼리 바르게 짝지어진 것은?

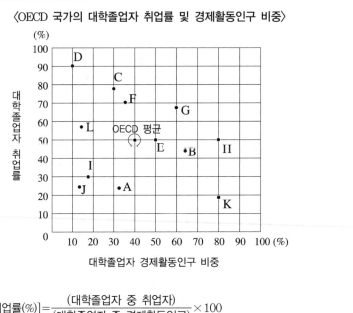

〈OECD 국가의 대학졸업자 취업률 및 경제활동인구 비중〉

- [대학졸업자 취업률(%)] = $\dfrac{(\text{대학졸업자 중 취업자})}{(\text{대학졸업자 중 경제활동인구})} \times 100$

- [대학졸업자의 경제활동인구 비중(%)] = $\dfrac{(\text{대학졸업자 중 경제활동인구})}{(\text{전체 대학졸업자})} \times 100$

① A, D ② B, C

③ D, H ④ G, K

⑤ H, L

02 K기업의 연구소에서는 신소재 물질을 개발하고 있다. 최근 새롭게 연구하고 있는 4가지 물질에 대한 농도를 측정하기 위해 A ~ D연구기관에 검사를 요청하였다. 측정결과가 다음과 같을 때, 이를 이해한 내용으로 옳지 않은 것은?

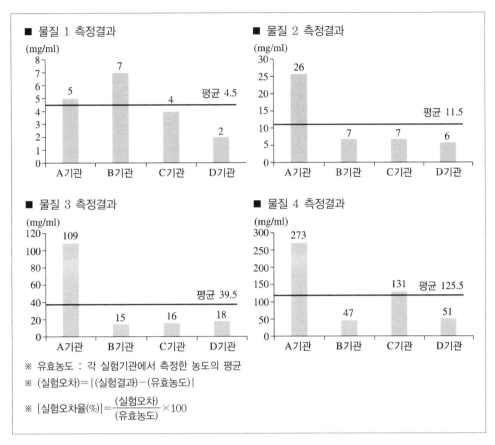

■ 물질 1 측정결과

■ 물질 2 측정결과

■ 물질 3 측정결과

■ 물질 4 측정결과

※ 유효농도 : 각 실험기관에서 측정한 농도의 평균
※ (실험오차)=|(실험결과)−(유효농도)|
※ [실험오차율(%)]= $\dfrac{(실험오차)}{(유효농도)}$ ×100

① 물질 1에 대한 B기관과 D기관의 실험오차율은 동일하다.
② 물질 3에 대한 실험오차율은 A기관이 가장 크다.
③ 물질 1에 대한 B기관의 실험오차율은 물질 2에 대한 A기관의 실험오차율보다 작다.
④ 물질 2에 대한 A기관의 실험오차율은 물질 2에 대한 나머지 기관의 실험오차율 합보다 작다.
⑤ A기관의 실험 결과를 제외하면, 4개 물질의 유효농도 값은 A기관의 결괏값을 제외하기 전보다 작아진다.

03 다음은 미국이 환율조작국을 지정하기 위해 만든 요건별 판단기준과 A ~ K국에 대한 자료이다. 이에 대한 설명으로 옳은 것을 〈보기〉에서 모두 고르면?

〈요건별 판단기준〉

요건	X 현저한 대미무역수지 흑자	Y 상당한 경상수지 흑자	Z 지속적 환율시장 개입
판단기준	대미무역수지 200억 달러 초과	GDP 대비 경상수지 비중 3% 초과	GDP 대비 외화자산순매수액 비중 2% 초과

※ 요건 중 세 가지를 모두 충족하면 환율조작국으로 지정된다.
※ 요건 중 두 가지만을 충족하면 관찰대상국으로 지정된다.

〈환율조작국 지정 관련 자료〉

(단위 : 10억 달러, %)

구분	대미무역수지	GDP 대비 경상수지 비중	GDP 대비 외화자산순매수액 비중
A	365.7	3.1	−3.9
B	74.2	8.5	0.0
C	68.6	3.3	2.1
D	58.4	−2.8	−1.8
E	28.3	7.7	0.2
F	27.8	2.2	1.1
G	23.2	−1.1	1.8
H	17.6	−0.2	0.2
I	14.9	−3.3	0.0
J	14.9	14.6	2.4
K	−4.3	−3.3	0.1

보기

㉠ 환율조작국으로 지정되는 국가는 없다.
㉡ B국은 X요건과 Y요건을 충족한다.
㉢ 관찰대상국으로 지정되는 국가는 모두 4곳이다.
㉣ X요건의 판단기준을 '대미무역수지 200억 달러 초과'에서 '대미무역수지 150억 달러 초과'로 변경하여도 관찰대상국 및 환율조작국으로 지정되는 국가들은 동일하다.

① ㉠, ㉡
② ㉠, ㉢
③ ㉡, ㉣
④ ㉢, ㉣
⑤ ㉡, ㉢, ㉣

04 다음은 국민권익위원회에서 발표한 행정기관들의 고충민원 접수처리 현황이다. 〈보기〉 중 이에 대한 설명으로 옳은 것을 모두 고르면?(단, 소수점 셋째 자리에서 반올림한다)

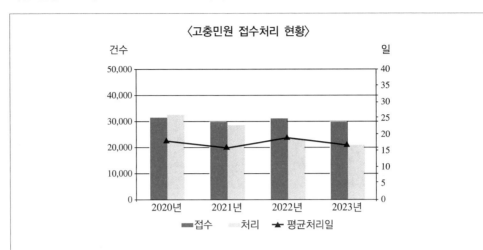

〈고충민원 접수처리 현황〉

〈고충민원 접수처리 항목별 세부현황〉

(단위 : 건, 일)

구분		2020년	2021년	2022년	2023년
접수		31,681	30,038	31,308	30,252
처리		32,737	28,744	23,573	21,080
인용	시정권고	277	257	205	212
	제도개선	0	0	0	0
	의견표명	467	474	346	252
	조정합의	2,923	2,764	2,644	2,567
	소계	3,667	3,495	3,195	3,031
단순안내		12,396	12,378	10,212	9,845
기타처리		16,674	12,871	10,166	8,204
평균처리일		18	16	19	17

보기

ㄱ. 기타처리 건수의 전년 대비 감소율은 매년 증가하였다.
ㄴ. 처리 건수 중 인용 건수 비율은 2023년이 2020년에 비해 3%p 이상 높다.
ㄷ. 처리 건수 대비 조정합의 건수의 비율은 2021년이 2022년보다 높다.
ㄹ. 평균처리일이 짧은 해일수록 조정합의 건수 대비 의견표명 건수 비율이 높다.

① ㄱ
② ㄴ
③ ㄱ, ㄷ
④ ㄴ, ㄹ
⑤ ㄴ, ㄷ, ㄹ

CHAPTER 04

정보능력

합격 Cheat Key

정보능력은 업무를 수행함에 있어 기본적인 컴퓨터를 활용하여 필요한 정보를 수집, 분석, 활용하는 능력을 의미한다. 또한 업무와 관련된 정보를 수집하고, 이를 분석하여 의미 있는 정보를 얻는 능력이다. 국가직무능력표준에 따르면 정보능력의 세부 유형은 컴퓨터 활용·정보 처리로 나눌 수 있다.

1 평소에 컴퓨터 활용 스킬을 틈틈이 익혀라!

윈도우(OS)에서 어떠한 설정을 할 수 있는지, 응용프로그램(엑셀 등)에서 어떠한 기능을 활용할 수 있는지를 평소에 직접 사용해 본다면 문제를 보다 수월하게 해결할 수 있다. 여건이 된다면 컴퓨터 활용 능력에 관련된 자격증 공부를 하는 것도 이론과 실무를 익히는 데 도움이 될 것이다.

2 문제의 규칙을 찾는 연습을 하라!

일반적으로 코드체계나 시스템 논리체계를 제공하고 이를 분석하여 문제를 해결하는 유형이 출제된다. 이러한 문제는 문제해결능력과 같은 맥락으로 규칙을 파악하여 접근하는 방식으로 연습이 필요하다.

3 현재 보고 있는 그 문제에 집중하라!

정보능력의 모든 것을 공부하려고 한다면 양이 너무나 방대하다. 그렇기 때문에 수험서에서 본인이 현재 보고 있는 문제들을 집중적으로 공부하고 기억하려고 해야 한다. 그러나 엑셀의 함수 수식, 연산자 등 암기를 필요로 하는 부분들은 필수적으로 암기를 해서 출제가 되었을 때 오답률을 낮출 수 있도록 한다.

4 사진·그림을 기억하라!

컴퓨터 활용 능력을 파악하는 영역이다 보니 컴퓨터 속 옵션, 기능, 설정 등의 사진·그림이 문제에 같이 나오는 경우들이 있다. 그런 부분들은 직접 컴퓨터를 통해서 하나하나 확인을 하면서 공부한다면 더 기억에 잘 남게 된다. 조금 귀찮더라도 한 번씩 클릭하면서 확인을 해보도록 한다.

01 정보 이해

| 유형분석 |

- 정보능력 전반에 대한 이해를 확인하는 문제이다.
- 정보능력 이론이나 새로운 정보 기술에 대한 문제가 자주 출제된다.

다음 중 정보의 가공 및 활용에 대한 설명으로 옳지 않은 것은?

① 정보는 원형태 그대로 혹은 가공하여 활용할 수 있다.

② 수집된 정보를 가공하여 다른 형태로 재표현하는 방법도 가능하다.

③ 정적정보의 경우, 이용한 이후에도 장래활용을 위해 정리하여 보존한다.

④ 비디오테이프에 저장된 영상정보는 동적정보에 해당한다.

⑤ 동적정보는 입수하여 처리 후에는 해당 정보를 즉시 폐기해도 된다.

정답 ④

저장매체에 저장된 자료는 시간이 지나도 언제든지 동일한 형태로 재생이 가능하므로 정적정보에 해당한다.

오답분석

① 정보는 원래 형태 그대로 활용하거나, 분석, 정리 등 가공하여 활용할 수 있다.

② 정보를 가공하는 것뿐 아니라 일정한 형태로 재표현하는 것도 가능하다.

③ 시의성이 사라지면 정보의 가치가 떨어지는 동적정보와 달리 정적정보의 경우, 이용 후에도 장래에 활용을 하기 위해 정리하여 보존하는 것이 좋다.

⑤ 동적정보의 특징은 입수 후 처리한 경우에는 폐기하여도 된다는 것이다. 오히려 시간의 경과에 따라 시의성이 점점 떨어지는 동적정보를 축적하는 것은 비효율적이다.

풀이 전략!

자주 출제되는 정보능력 이론을 확인하고, 확실하게 암기해야 한다. 특히 새로운 정보 기술이나 컴퓨터 전반에 대해 관심을 가지는 것이 좋다.

01 다음 중 4차 산업혁명의 적용사례로 적절하지 않은 것은?

① 농사 기술에 ICT를 접목한 농장에서는 농작물 재배 시설의 온도·습도·햇볕량·토양 등을 분석하고, 그 결과에 따라 기계 등을 작동하여 적절한 상태로 변화시킨다.

② 주로 경화성 소재를 사용하고, 3차원 모델링 파일을 출력 소스로 활용하여 프린터로 입체 모형의 물체를 뽑아낸다.

③ 인터넷 서버에 데이터를 저장하고 여러 IT 기기를 사용해 언제 어디서든 이용할 수 있는 컴퓨팅 환경에서는 자신의 컴퓨터가 아닌 인터넷으로 연결된 다른 컴퓨터로 정보를 처리할 수 있다.

④ 인터넷에서 정보를 교환하는 시스템으로, 하이퍼텍스트 구조를 활용해서 인터넷상의 정보들을 연결해 준다.

⑤ 사물에 센서를 부착해 실시간으로 데이터를 인터넷으로 주고받는 환경에서는 세상 모든 유형·무형 객체들이 연결되어 새로운 서비스를 제공한다.

02 다음은 기획안을 제출하기 위한 정보수집 전에 어떠한 정보를 어떻게 수집할지에 대한 '정보의 전략적 기획'의 사례이다. S사원이 필요한 정보로 적절하지 않은 것은?

> K전자의 S사원은 상사로부터 세탁기 신상품에 대한 기획안을 제출하라는 업무를 받았다. 먼저 S사원은 기획안을 작성하기 위해 자신에게 어떠한 정보가 필요한지를 생각해 보았다. 개발하려는 세탁기 신상품의 컨셉은 중년층을 대상으로 한 실용적이고 경제적이며 조작하기 쉬운 것을 대표적인 특징으로 삼고 있다.

① 기존에 세탁기를 구매한 고객들의 데이터베이스로부터 정보가 필요할 수도 있다.

② 현재 세탁기를 사용하면서 불편한 점은 무엇인지에 대한 정보가 필요하다.

③ 데이터베이스로부터 성별로 세탁기 선호 디자인에 대한 정보가 필요하다.

④ 고객들의 세탁기에 대한 부담 가능한 금액은 얼마인지에 대한 정보도 필요할 것이다.

⑤ 데이터베이스를 통해 중년층이 선호하는 디자인이나 색은 무엇인지에 대한 정보도 있으면 좋을 것이다.

| 유형분석 |

- 컴퓨터 활용과 관련된 상황에서 문제를 해결하기 위한 행동이 무엇인지 묻는 문제이다.
- 주로 업무수행 중에 많이 활용되는 대표적인 엑셀 함수(COUNTIF, ROUND, MAX, SUM, COUNT, AVERAGE …)가 출제된다.
- 종종 엑셀시트를 제시하여 각 셀에 들어갈 함수식이 무엇인지 고르는 문제가 출제되기도 한다.

다음 시트에서 판매수량과 추가판매의 합계를 구하기 위해서 [B6] 셀에 들어갈 수식으로 옳은 것은?

	A	B	C
1	일자	판매수량	추가판매
2	06월19일	30	8
3	06월20일	48	
4	06월21일	44	
5	06월22일	42	12
6	합계	184	

① =SUM(B2,C2,C5)

② =LEN(B2:B5, 3)

③ =COUNTIF(B2:B5, ">=12")

④ =SUM(B2:B5)

⑤ =SUM(B2:B5,C2,C5)

정답 ⑤

「=SUM(합계를 구할 처음 셀:합계를 구할 마지막 셀)」으로 표시해야 한다. 판매수량과 추가판매를 더하는 것은 비연속적인 셀을 더하는 것이므로 연속하는 영역을 입력하고 ','로 구분해 준 다음 영역을 다시 지정해야 한다. 따라서 [B6] 셀에 작성해야 할 수식으로는 「=SUM(B2:B5,C2,C5)」이 옳다.

풀이 전략!

제시된 상황에서 사용할 엑셀 함수가 무엇인지 파악한 후, 선택지에서 적절한 함수식을 골라 식을 만들어야 한다. 평소 대표적으로 문제에 자주 출제되는 몇몇 엑셀 함수를 익혀두면 풀이시간을 단축할 수 있다.

01 다음은 K사 영업팀의 실적을 정리한 파일이다. 고급 필터의 조건 범위를 [E1:G3] 영역으로 지정한 후 고급 필터를 실행했을 때 나타나는 데이터에 대한 설명으로 옳은 것은?(단, [G3] 셀에는 「＝C2 ＞＝AVERAGE($C$2:$C$8)」가 입력되어 있다)

	A	B	C	D	E	F	G
1	부서	사원	실적		부서	사원	식
2	영업2팀	최지원	250,000		영업1팀	*수	
3	영업1팀	김창수	200,000		영업2팀		TRUE
4	영업1팀	김홍인	200,000				
5	영업2팀	홍상진	170,000				
6	영업1팀	홍상수	150,000				
7	영업1팀	김성민	120,000				
8	영업2팀	황준하	100,000				

① 부서가 '영업1팀'이고 이름이 '수'로 끝나거나, 부서가 '영업2팀'이고 실적이 평균 이상인 데이터
② 부서가 '영업1팀'이거나 이름이 '수'로 끝나고, 부서가 '영업2팀'이거나 실적이 평균 이상인 데이터
③ 부서가 '영업1팀'이고 이름이 '수'로 끝나거나, 부서가 '영업2팀'이고 실적의 평균이 250,000 이상인 데이터
④ 부서가 '영업1팀'이거나 이름이 '수'로 끝나고, 부서가 '영업2팀'이거나 실적의 평균이 250,000 이상인 데이터
⑤ 부서가 '영업1팀'이고 이름이 '수'로 끝나고, 부서가 '영업2팀'이고 실적의 평균이 250,000 이상인 데이터

02 다음 대화에서 S사원이 답변할 내용으로 적절하지 않은 것은?

> P과장 : 자네, 마우스도 거의 만지지 않고 윈도우를 사용하다니, 신기하군. 방금 윈도우 바탕화면
> 에 있는 창들이 모두 사라졌는데 어떤 단축키를 눌렀나?
> S사원 : 네, 과장님. 〈윈도우〉 키와 〈D〉를 함께 누르면 바탕화면에 펼쳐진 모든 창이 최소화됩니
> 다. 이렇게 주요한 단축키를 알아두면 업무에 많은 도움이 됩니다.
> P과장 : 그렇군. 나도 자네에게 몇 가지를 배워서 활용해봐야겠어.
> S사원 : 우선 윈도우에서 자주 사용하는 단축키를 알려드리겠습니다.
> 　　　　 첫 번째로 _____

① 〈윈도우〉+〈E〉를 누르면 윈도우 탐색기를 열 수 있습니다.

② 〈윈도우〉+〈Home〉을 누르면 현재 보고 있는 창을 제외한 나머지 창들이 최소화됩니다.

③ 잠시 자리를 비울 때 〈윈도우〉+〈L〉을 누르면 잠금화면으로 전환할 수 있습니다.

④ 〈Alt〉+〈W〉를 누르면 현재 사용하고 있는 창을 닫을 수 있습니다.

⑤ 여러 창을 띄어 놓고 작업할 때, 〈Alt〉+〈Tab〉을 사용하면 이전에 사용했던 창으로 쉽게 옮겨갈
수 있습니다.

03 다음 중 아래의 워크시트를 참조하여 작성한 수식 「=INDEX(A3:E9,MATCH(SMALL(B3:B9,2),
B3:B9,0),5)」의 결과는?

	A	B	C	D	E
1				(단위 : 개, 원)	
2	상품명	판매수량	단 가	판매금액	원산지
3	참외	5	2,000	10,000	대구
4	바나나	12	1,000	12,000	서울
5	감	10	1,500	15,000	부산
6	포도	7	3,000	21,000	대전
7	사과	20	800	16,000	광주
8	오렌지	9	1,200	10,800	전주
9	수박	8	10,000	80,000	춘천

① 21,000　　　　　　　　　　　　② 대전

③ 15,000　　　　　　　　　　　　④ 광주

⑤ 사과

04 다음 시트에서 [B1] 셀에 〈보기〉의 (가) ~ (마) 함수를 입력하였을 때, 표시되는 결괏값이 다른 것은?

	A	B
1	333	
2	합격	
3	불합격	
4	12	
5	7	

보기

(가) =ISNUMBER(A1)	(나) =ISNONTEXT(A2)
(다) =ISTEXT(A3)	(라) =ISEVEN(A4)
(마) =ISODD(A5)	

① (가)
② (나)
③ (다)
④ (라)
⑤ (마)

05 다음 워크시트에서 '박지성'의 결석 값을 찾기 위한 함수식은?

	A	B	C	D
1	성적표			
2	이름	중간	기말	결석
3	김남일	86	90	4
4	이천수	70	80	2
5	박지성	95	85	5

① =VLOOKUP("박지성",$A$3:$D$5,4,1)

② =VLOOKUP("박지성",$A$3:$D$5,4,0)

③ =HLOOKUP("박지성",$A$3:$D$5,4,0)

④ =HLOOKUP("박지성",$A$3:$D$5,4,1)

⑤ =HLOOKUP("박지성",$A$3:$D$5,4,2)

06 K중학교에서 근무하는 P교사는 반 학생들의 과목별 수행평가 제출 여부를 확인하기 위해 다음과 같이 자료를 정리하였다. P교사가 [D11] ~ [D13] 셀에 〈보기〉와 같이 함수를 입력하였을 때, [D11] ~ [D13] 셀에 나타날 결괏값이 바르게 연결된 것은?

◢	A	B	C	D
1				(제출했을 경우 '1'로 표시)
2	이름	A과목	B과목	C과목
3	김혜진	1	1	1
4	이방숙	1		
5	정영교	재제출 요망	1	
6	정혜운		재제출 요망	1
7	이승준		1	
8	이혜진			1
9	정영남	1		1
10				
11				
12				
13				

보기

- [D11] 셀에 입력한 함수 → =COUNTA(B3:D9)
- [D12] 셀에 입력한 함수 → =COUNT(B3:D9)
- [D13] 셀에 입력한 함수 → =COUNTBLANK(B3:D9)

	[D11]	[D12]	[D13]
①	12	10	11
②	12	10	9
③	10	12	11
④	10	12	9
⑤	10	10	9

※ 병원에서 근무하는 S씨는 건강검진 관리 현황을 정리하고 있다. 이어지는 질문에 답하시오. [7~8]

	A	B	C	D	E	F
1			〈건강검진 관리 현황〉			
2	이름	검사구분	주민등록번호	검진일	검사항목 수	성별
3	강민희	종합검진	960809-2******	2023-11-12	18	
4	김범민	종합검진	010323-3******	2023-03-13	17	
5	조현진	기본검진	020519-3******	2023-09-07	10	
6	최진석	추가검진	871205-1******	2023-11-06	6	
7	한기욱	추가검진	980232-1******	2023-04-22	3	
8	정소희	종합검진	001015-4******	2023-02-19	17	
9	김은정	기본검진	891025-2******	2023-10-14	10	
10	박미옥	추가검진	011002-4******	2023-07-21	5	

07 다음 중 2023년 하반기에 검진 받은 사람의 수를 확인할 때 사용해야 할 함수는?

① COUNT ② COUNTA
③ SUMIF ④ MATCH
⑤ COUNTIF

08 다음 중 주민등록번호를 통해 성별을 구분하려고 할 때, 각 셀에 필요한 함수식으로 옳은 것은?

① F3 : =IF(AND(MID(C3,8,1)="2",MID(C3,8,1)="4"),"여자","남자")

② F4 : =IF(AND(MID(C4,8,1)="2",MID(C4,8,1)="4"),"여자","남자")

③ F7 : =IF(OR(MID(C7,8,1)="2",MID(C7,8,1)="4"),"여자","남자")

④ F9 : =IF(OR(MID(C9,8,1)="1",MID(C9,8,1)="3"),"여자","남자")

⑤ F6 : =IF(OR(MID(C6,8,1)="2",MID(C6,8,1)="3"),"남자","여자")

CHAPTER 05

자원관리능력(행정직)

합격 Cheat Key

자원관리능력은 현재 NCS 기반 채용을 진행하는 많은 공사·공단에서 핵심영역으로 자리 잡아, 일부를 제외한 대부분의 시험에서 출제되고 있다.

세부 유형은 비용 계산, 해외파견 지원금 계산, 주문 제작 단가 계산, 일정 조율, 일정 선정, 행사 대여 장소 선정, 최단거리 구하기, 시차 계산, 소요시간 구하기, 해외파견 근무 기준에 부합하는 또는 부합하지 않는 직원 고르기 등으로 나눌 수 있다.

1 시차를 먼저 계산하라!

시간 자원 관리의 대표유형 중 시차를 계산하여 일정에 맞는 항공권을 구입하거나 회의시간을 구하는 문제에서는 각각의 나라 시간을 한국 시간으로 전부 바꾸어 계산하는 것이 편리하다. 조건에 맞는 나라들의 시간을 전부 한국 시간으로 바꾸고 한국 시간과의 시차만 더하거나 빼면 시간을 단축하여 풀 수 있다.

2 선택지를 잘 활용하라!

계산을 해서 값을 요구하는 문제 유형에서는 선택지를 먼저 본 후 자리 수가 몇 단위로 끝나는지 확인해야 한다. 예를 들어 412,300원, 426,700원, 434,100원인 선택지가 있다고 할 때, 제시된 조건에서 100원 단위로 나올 수 있는 항목을 찾아 그 항목만 계산하는 방법이 있다. 또한, 일일이 계산하는 문제가 많다. 예를 들어 640,000원, 720,000원, 810,000원 등의 수를 이용해 푸는 문제가 있다고 할 때, 만 원 단위를 절사하고 계산하여 64, 72, 81처럼 요약하는 방법이 있다.

3 최적의 값을 구하는 문제인지 파악하라!

물적 자원 관리의 대표유형에서는 제한된 자원 내에서 최대의 만족 또는 이익을 얻을 수 있는 방법을 강구하는 문제가 출제된다. 이때, 구하고자 하는 값을 x, y로 정하고 연립방정식을 이용해 x, y 값을 구한다. 최소 비용으로 목표생산량을 달성하기 위한 업무 및 인력 할당, 정해진 시간 내에 최대 이윤을 낼 수 있는 업체 선정, 정해진 인력으로 효율적 업무 배치 등을 구하는 문제에서 사용되는 방법이다.

4 각 평가항목을 비교하라!

인적 자원 관리의 대표유형에서는 각 평가항목을 비교하여 기준에 적합한 인물을 고르거나, 저렴한 업체를 선정하거나, 총점이 높은 업체를 선정하는 문제가 출제된다. 이런 유형은 평가항목에서 가격이나 점수 차이에 영향을 많이 미치는 항목을 찾아 1 ~ 2개의 선택지를 삭제하고, 남은 3 ~ 4개의 선택지만 계산하여 시간을 단축할 수 있다.

| 유형분석 |

- 시간 자원과 관련된 다양한 정보를 활용하여 풀어 가는 유형이다.
- 대체로 교통편 정보나 국가별 시차 정보가 제공되며, 이를 근거로 '현지 도착시간 또는 약속된 시간 내에 도착하기 위한 방안'을 고르는 문제가 출제된다.

해외영업부 A대리는 B부장과 함께 샌프란시스코에 출장을 가게 되었다. 샌프란시스코의 시각은 한국보다 16시간 느리고, 비행시간은 10시간 25분일 때 샌프란시스코 현지 시각으로 11월 17일 오전 10시 35분에 도착하는 비행기를 타려면 한국 시각으로 인천공항에 몇 시까지 도착해야 하는가?

구분	날짜	출발 시각	비행 시간	날짜	도착 시각
인천 → 샌프란시스코	11월 17일		10시간 25분	11월 17일	10:35
샌프란시스코 → 인천	11월 21일	17:30	12시간 55분	11월 22일	22:25

※ 단, 비행기 출발 한 시간 전에 공항에 도착해 티켓팅을 해야 한다.

① 12:10
② 13:10
③ 14:10
④ 15:10
⑤ 16:10

정답 ④

인천에서 샌프란시스코까지 비행 시간은 10시간 25분이므로, 샌프란시스코 도착 시각에서 거슬러 올라가면 샌프란시스코 시각으로 00시 10분에 출발한 것이 된다. 이때 한국은 샌프란시스코보다 16시간 빠르기 때문에 한국 시각으로는 16시 10분에 출발한 것이다. 하지만 비행기 티켓팅을 위해 출발 한 시간 전에 인천공항에 도착해야 하므로 15시 10분까지 공항에 가야 한다.

풀이 전략!

문제에서 묻는 것을 정확히 파악한다. 특히 제한사항에 대해서는 빠짐없이 확인해 두어야 한다. 이후 제시된 정보(시차 등)에서 필요한 것을 선별하여 문제를 풀어 간다.

01 다음은 K공사의 4월 일정이다. K공사 직원들은 본사에서 주관하는 윤리교육 8시간을 이번 달 안에 모두 이수해야 한다. 이 윤리교육은 일주일에 2회씩 같은 요일 오전에 1시간 동안 진행되고, 각 지사의 일정에 맞춰 요일을 지정할 수 있다. K공사 직원들은 어떤 요일에 윤리교육을 수강해야 하는가?

<표>

			〈4월 일정표〉			
월	**화**	**수**	**목**	**금**	**토**	**일**
	1	2	3	4	5	6
7	8	9	10	11	12	13
14 최과장 연차	15	16	17	18	19	20
21	22	23	24	25 오후 김대리 반차	26	27
28	29 오전 성대리 외근	30				

〈K공사 행사일정〉

• 4월 3일 오전 : 본사 회장 방문
• 4월 7 ~ 8일 오전 : 1박 2일 전사 워크숍
• 4월 30일 오전 : 임원진 간담회 개최

① 월, 수 ② 화, 목
③ 수, 목 ④ 수, 금
⑤ 목, 금

※ K공사 신성장기술본부에서 근무하는 K부장은 적도기니로 출장을 다녀와 보고서를 작성하려고 한다. 다음 자료를 참고하여 이어지는 질문에 답하시오. **[2~3]**

〈경유지, 도착지 현지 시각〉

국가(도시)	현지 시각
한국(인천)	2024. 03. 05 AM 08:40
중국(광저우)	2024. 03. 05 AM 07:40
에티오피아(아디스아바바)	2024. 03. 05 AM 02:40
적도기니(말라보)	2024. 03. 05 AM 00:40

〈경로별 비행 시간〉

비행경로	비행 시간
인천 → 광저우	3시간 50분
광저우 → 아디스아바바	11시간 10분
아디스아바바 → 말라보	5시간 55분

〈경유지별 경유 시간〉

경유지	경유 시간
광저우	4시간 55분
아디스아바바	6시간 10분

02 K부장은 2024년 3월 5일 오전 8시 40분 인천에서 비행기를 타고 적도기니로 출장을 다녀왔다. K부장이 두 번째 경유지인 아디스아바바에 도착한 현지 날짜 및 시각으로 옳은 것은?

① 2024. 03. 05 PM 10:35   ② 2024. 03. 05 PM 11:35
③ 2024. 03. 06 AM 00:35   ④ 2024. 03. 06 AM 01:35
⑤ 2024. 03. 06 AM 02:40

03 기상악화로 인하여 광저우에서 출발하는 아디스아바바행 비행기가 2시간 지연 출발하였다고 한다. 이때, 총소요시간과 적도기니에 도착하는 현지 날짜 및 시각으로 옳은 것은?

	총소요시간	현지 날짜 및 시각
①	31시간	2024. 03. 06 AM 07:40
②	32시간	2024. 03. 06 AM 08:40
③	33시간	2024. 03. 06 AM 09:40
④	34시간	2024. 03. 06 AM 10:40
⑤	36시간	2024. 03. 06 AM 10:50

04 해외로 출장을 가는 김대리는 다음 〈조건〉과 같이 이동하려고 계획하고 있다. 연착 없이 계획대로 출장지에 도착했다면, 도착했을 때의 현지 시각은?

> **조건**
> • 서울 시각으로 5일 오후 1시 35분에 출발하는 비행기를 타고, 경유지 한 곳을 거쳐 출장지에 도착한다.
> • 경유지는 서울보다 1시간 빠르고, 출장지는 경유지보다 2시간 느리다.
> • 첫 번째 비행은 3시간 45분이 소요된다.
> • 경유지에서 3시간 50분을 대기한 후 출발한다.
> • 두 번째 비행은 9시간 25분이 소요된다.

① 오전 5시 35분 ② 오전 6시

③ 오후 5시 35분 ④ 오후 6시

⑤ 오전 7시

05 모스크바 지사에서 일하고 있는 A대리는 밴쿠버 지사와의 업무협조를 위해 4월 22일 오전 10시 15분에 밴쿠버 지사로 업무협조 메일을 보냈다. 〈조건〉에 따라 밴쿠버 지사에서 가장 빨리 메일을 읽었을 때, 모스크바의 시각은?

> **조건**
> • 밴쿠버는 모스크바보다 10시간이 늦다.
> • 밴쿠버 지사의 업무시간은 오전 10시부터 오후 6시까지다.
> • 밴쿠버 지사에서는 4월 22일 오전 10시부터 15분간 전력 점검이 있었다.

① 4월 22일 오전 10시 15분

② 4월 23일 오전 10시 15분

③ 4월 22일 오후 8시 15분

④ 4월 23일 오후 8시 15분

⑤ 4월 23일 오후 10시 15분

02 비용 계산

| 유형분석 |

- 예산 자원과 관련된 다양한 정보를 활용하여 문제를 풀어간다.
- 대체로 한정된 예산 내에서 수행할 수 있는 업무 및 예산 가격을 묻는 문제가 출제된다.

연봉 실수령액을 구하는 식이 〈보기〉와 같을 때, 연봉이 3,480만 원인 A씨의 연간 실수령액은?(단, 원 단위는 절사한다)

보기
- (연봉 실수령액)=(월 실수령액)×12
- (월 실수령액)=(월 급여)−[(국민연금)+(건강보험료)+(고용보험료)+(장기요양보험료)+(소득세)+(지방세)]
- (국민연금)=(월 급여)×4.5%
- (건강보험료)=(월 급여)×3.12%
- (고용보험료)=(월 급여)×0.65%
- (장기요양보험료)=(건강보험료)×7.38%
- (소득세)=68,000원
- (지방세)=(소득세)×10%

① 30,944,400원
② 31,078,000원
③ 31,203,200원
④ 32,150,800원
⑤ 32,497,600원

정답 ①
A씨의 월 급여는 3,480만÷12=290만 원이다.
국민연금, 건강보험료, 고용보험료를 제외한 금액을 계산하면
290만−[290만×(0.045+0.0312+0.0065)]
→ 290만−(290만×0.0827)
→ 290만−239,830=2,660,170원
- 장기요양보험료 : (290만×0.0312)×0.0738≒6,670원(∵ 원 단위 이하 절사)
- 지방세 : 68,000×0.1=6,800원
따라서 A씨의 월 실수령액은 2,660,170−(6,670+68,000+6,800)=2,578,700원이고,
연 실수령액은 2,578,700×12=30,944,400원이다.

풀이 전략!

제한사항인 예산을 고려하여 문제에서 묻는 것을 정확히 파악한 후, 제시된 정보에서 필요한 것을 선별하여 문제를 풀어 간다.

01 K공사는 직원들에게 매월 25일 월급을 지급하고 있다. A대리는 이번 달 급여명세서를 보고 자신의 월급이 잘못 나왔음을 알았다. 다음 〈조건〉을 참고하여, 다음 달 A대리가 상여금과 다른 수당들이 없다고 할 때, 소급된 금액과 함께 받을 월급은 총 얼마인가?(단, 4대 보험은 국민연금, 건강보험, 장기요양, 고용보험이며 금액의 10원 미만은 절사한다)

〈급여명세서〉

(단위 : 원)

성명 : A	직책 : 대리		지급일 : 2024-3-25
지급항목	지급액	공제항목	공제액
기본급	2,000,000	소득세	17,000
야근수당(2일)	80,000	주민세	1,950
휴일수당	–	고용보험	13,000
상여금	50,000	국민연금	90,000
기타	–	장기요양	4,360
식대	100,000	건강보험	67,400
교통비	–	연말정산	–
복지후생	–		
		공제합계	193,710
지급총액	2,230,000	차감수령액	2,036,290

조건
- 국민연금은 9만 원이고, 건강보험은 기본급의 6.24%이며 회사와 50%씩 부담한다.
- 장기요양은 건강보험 총 금액의 7.0% 중 50%만 내고 고용보험은 13,000원이다.
- 잘못 계산된 금액은 다음 달에 소급한다.
- 야근수당은 하루당 기본급의 2%이며, 상여금은 5%이다.
- 다른 항목들의 금액은 급여명세서에 명시된 것과 같으며 매달 같은 조건이다.

① 1,865,290원
② 1,866,290원
③ 1,924,290원
④ 1,966,290원
⑤ 1,986,290원

02 서울에 사는 A씨는 결혼기념일을 맞이하여 가족과 함께 KTX를 타고 부산으로 여행을 다녀왔다. A씨의 가족이 이번 여행에서 지불한 총 교통비는 얼마인가?

- A씨 부부에게는 만 6세인 아들, 만 3세인 딸이 있다.
- 갈 때는 딸을 무릎에 앉혀 갔고, 돌아올 때는 좌석을 구입했다.
- A씨의 가족은 일반석을 이용하였다.

〈KTX 좌석별 요금〉

구분	일반석	특실
가격	59,800원	87,500원

※ 만 4세 이상 13세 미만 어린이는 운임의 50%를 할인합니다.
※ 만 4세 미만의 유아는 보호자 1명당 2명까지 운임의 75%를 할인합니다.
　(단, 유아의 좌석을 지정하지 않을 시 보호자 1명당 유아 1명의 운임을 받지 않습니다)

① 299,000원　　　　　　　② 301,050원
③ 307,000원　　　　　　　④ 313,850원
⑤ 313,950원

03 다음은 개발부에서 근무하는 K사원의 4월 근태기록이다. 규정을 참고했을 때 K사원이 받을 시간외근무수당은 얼마인가?(단, 정규근로시간은 09:00 ~ 18:00이다)

〈시간외근무규정〉

- 시간외근무(조기출근 포함)는 1일 4시간, 월 57시간을 초과할 수 없다.
- 시간외근무수당은 1일 1시간 이상 시간외근무를 한 경우에 발생하며, 1시간을 공제한 후 매분 단위까지 합산하여 계산한다(단, 월 단위 계산 시 1시간 미만은 절사한다).
- 시간외근무수당 지급단가 : 사원(7,000원), 대리(8,000원), 과장(10,000원)

〈K사원의 4월 근태기록(출근시각 / 퇴근시각)〉

- 4월 1일부터 4월 15일까지의 시간외근무시간은 12시간 50분(1일 1시간 공제 적용)이다.

18일(월)	19일(화)	20일(수)	21일(목)	22일(금)
09:00 / 19:10	09:00 / 18:00	08:00 / 18:20	08:30 / 19:10	09:00 / 18:00

25일(월)	26일(화)	27일(수)	28일(목)	29일(금)
08:00 / 19:30	08:30 / 20:40	08:30 / 19:40	09:00 / 18:00	09:00 / 18:00

※ 주말 특근은 고려하지 않는다.

① 112,000원　　　　　　　② 119,000원
③ 126,000원　　　　　　　④ 133,000원
⑤ 140,000원

※ 다음은 재료비 상승에 따른 분기별 국내 철강사 수익 변동을 조사하기 위해 수집한 자료이다. 이를 참고하여 이어지는 질문에 답하시오. [4~5]

<제품가격과 재료비에 따른 분기별 수익>

(단위 : 천 원/톤)

구분	2022년	2023년			
	4분기	1분기	2분기	3분기	4분기
제품가격	627	597	687	578	559
재료비	178	177	191	190	268
수익	449	420	496	388	291

※ 제품가격은 재료비와 수익의 합으로 책정된다.

<제품 1톤당 소요되는 재료>

(단위 : 톤)

철광석	원료탄	철 스크랩
1.6	0.5	0.15

04 다음 중 자료에 대한 설명으로 옳은 것은?

① 수익은 지속적으로 증가하고 있다.

② 모든 금액에서 2023년 4분기가 2022년 4분기보다 높다.

③ 재료비의 변화량과 수익의 변화량은 밀접한 관계가 있다.

④ 조사 기간에 수익이 가장 높을 때는 재료비가 가장 낮을 때이다.

⑤ 2023년 3분기에 이전 분기 대비 수익 변화량이 가장 큰 것으로 나타난다.

05 2024년 1분기에 재료당 단위가격이 철광석 70,000원, 원료탄 250,000원, 철 스크랩 200,000원으로 예상된다는 보고를 받았다. 2024년 1분기의 수익을 2023년 4분기와 같게 유지하기 위해 책정해야 할 제품가격은 얼마인가?

① 558,000원

② 559,000원

③ 560,000원

④ 578,000원

⑤ 597,000원

03 품목 확정

| 유형분석 |

- 물적 자원과 관련된 다양한 정보를 활용하여 풀어 가는 문제이다.
- 주로 공정도·제품·시설 등에 대한 가격·특징·시간 정보가 제시되며, 이를 종합적으로 고려하는 문제가 출제된다.

K공사에 근무하는 김대리는 시내시험에서 2점짜리 문제를 8개, 3점짜리 문제를 10개, 5점짜리 문제를 6개를 맞혀 총 76점을 맞았다. 다음을 통해 최대리가 맞힌 문제의 총개수는 몇 개인가?

〈사내시험 규정〉

문제 수 : 43문제
만점 : 141점

- 2점짜리 문제 수는 3점짜리 문제 수보다 12문제 적다.
- 5점짜리 문제 수는 3점짜리 문제 수의 절반이다.

- 최대리가 맞힌 2점짜리 문제의 개수는 김대리와 동일하다.
- 최대리의 점수는 총 38점이다.

---

① 14개   ② 15개
③ 16개   ④ 17개
⑤ 18개

정답 ①

최대리는 2점짜리 문제를 김대리가 맞힌 개수만큼 맞혔으므로 8개, 즉 16점을 획득했다. 최대리가 맞힌 3점짜리와 5점짜리 문제를 합하면 38−16=22점이 나와야 한다. 3점과 5점의 합으로 22가 나오기 위해서는 3점짜리는 4문제, 5점짜리는 2문제를 맞혀야 한다.
따라서 최대리가 맞힌 문제의 총개수는 8개(2점짜리)+4개(3점짜리)+2개(5점짜리)=14개이다.

풀이 전략!

문제에서 묻고자 하는 바를 정확히 파악하는 것이 중요하다. 문제에서 제시한 물적 자원의 정보를 문제의 의도에 맞게 선별하면서 풀어 간다.

01 K공사 인재개발원에 근무하고 있는 A대리는 〈조건〉에 따라 신입사원 교육을 위한 스크린을 구매하려고 한다. 다음 중 가장 적절한 제품은 무엇인가?

> **조건**
> • 조명도는 5,000lx 이상이어야 한다.
> • 예산은 150만 원이다.
> • 제품에 이상이 생겼을 때 A/S가 신속해야 한다.
> • 위 조건을 모두 충족할 시 가격이 저렴한 제품을 가장 우선으로 선정한다.
> ※ lux(럭스) : 조명이 밝은 정도를 말하는 조명도에 대한 실용단위로 기호는 lx이다.

	제품	가격(만 원)	조명도(lx)	특이사항
①	A	180	8,000	2년 무상 A/S 가능
②	B	120	6,000	해외직구(해외 A/S)
③	C	100	3,500	미사용 전시 제품
④	D	150	5,000	미사용 전시 제품
⑤	E	130	7,000	2년 무상 A/S 가능

02 K공사에서 근무하는 A사원은 새로 도입되는 농어촌관련 정책 홍보자료를 만들어서 배포하려고 한다. 다음 중 가장 저렴한 비용으로 인쇄할 수 있는 업체는?

〈인쇄업체별 비용 견적〉

(단위 : 원)

업체명	페이지당 비용	표지 가격		권당 제본 비용	할인
		유광	무광		
A인쇄소	50	500	400	1,500	-
B인쇄소	70	300	250	1,300	-
C인쇄소	70	500	450	1,000	100부 초과 시 초과 부수만 총비용에서 5% 할인
D인쇄소	60	300	200	1,000	-
E인쇄소	100	200	150	1,000	총 인쇄 페이지 5,000페이지 초과 시 총비용에서 20% 할인

※ 홍보자료는 관내 20개 지점에 배포하고, 지점마다 10부씩 배포한다.
※ 홍보자료는 30페이지 분량으로 제본하며, 표지는 유광표지로 한다.

① A인쇄소 　　　　　　　　　　② B인쇄소
③ C인쇄소 　　　　　　　　　　④ D인쇄소
⑤ E인쇄소

03 K공사는 직원들의 교양증진을 위해 사내 도서관에 도서를 추가로 구비하고자 한다. 새로 구매할 도서는 직원들을 대상으로 한 사전조사 결과를 바탕으로 선정점수를 결정한다. 〈조건〉에 따라 추가로 구매할 도서를 선정할 때, 다음 중 최종 선정될 도서는?

〈후보 도서 사전조사 결과〉

도서명	저자	흥미도 점수	유익성 점수
재테크, 답은 있다	정우택	6	8
여행학개론	W. George	7	6
부장님의 서랍	김수권	6	7
IT혁명의 시작	정인성, 유오진	5	8
경제정의론	S. Collins	4	5
건강제일주의	임시학	8	5

조건
• K공사는 전 직원들을 대상으로 후보 도서들에 대한 사전조사를 하였다. 후보 도서들에 대한 흥미도 점수와 유익성 점수는 전 직원들이 10점 만점으로 부여한 점수의 평균값이다.
• 흥미도 점수와 유익성 점수를 3 : 2의 가중치로 합산하여 1차 점수를 산정하고, 1차 점수가 높은 후보 도서 3개를 1차 선정한다.
• 1차 선정된 후보 도서 중 해외저자의 도서는 가점 1점을 부여하여 2차 점수를 산정한다.
• 2차 점수가 가장 높은 2개의 도서를 최종 선정한다. 만일 선정된 후보 도서들의 2차 점수가 모두 동일한 경우, 유익성 점수가 가장 낮은 후보 도서는 탈락시킨다.

① 재테크, 답은 있다 / 여행학개론
② 재테크, 답은 있다 / 건강제일주의
③ 여행학개론 / 부장님의 서랍
④ 여행학개론 / 건강제일주의
⑤ IT혁명의 시작 / 건강제일주의

04 K공사는 구내식당 기자재의 납품업체를 선정하고자 한다. 다음 선정 조건과 입찰업체 정보를 참고하여 업체를 선정할 때, 가장 적절한 업체는?

〈선정 조건〉

- 선정 방식
  선정점수가 가장 높은 업체를 선정한다. 선정점수는 납품품질 점수, 가격 경쟁력 점수, 직원규모 점수에 가중치를 반영해 합산한 값을 의미한다. 선정점수가 가장 높은 업체가 2개 이상일 경우, 가격 경쟁력 점수가 더 높은 업체를 선정한다.
- 납품품질 점수
  업체별 납품품질 등급에 따라 다음 표와 같이 점수를 부여한다.

구분	최상	상	중	하	최하
점수	100점	90점	80점	70점	60점

- 가격 경쟁력 점수
  업체별 납품가격 총액 수준에 따라 다음 표와 같이 점수를 부여한다.

구분	2억 원 미만	2억 원 이상 2억 5천만 원 미만	2억 5천만 원 이상 3억 원 미만	3억 원 이상
점수	100점	90점	80점	70점

- 직원규모 점수
  업체별 직원규모에 따라 다음 표와 같이 점수를 부여한다.

구분	50명 미만	50명 이상 100명 미만	100명 이상 200명 미만	200명 이상
점수	70점	80점	90점	100점

- 가중치
  납품품질 점수, 가격 경쟁력 점수, 직원규모 점수는 다음 표에 따라 각각 가중치를 부여한다.

구분	납품품질 점수	가격 경쟁력 점수	직원규모 점수	합계
가중치	40	30	30	100

〈입찰업체 정보〉

구분	납품품질	납품가격 총액(원)	직원규모(명)
A업체	상	2억	125
B업체	중	1억 7,000만	141
C업체	하	1억 9,500만	91
D업체	최상	3억 2,000만	98
E업체	상	2억 6,000만	210

① A업체   ② B업체
③ C업체   ④ D업체
⑤ E업체

04 인원 선발

| 유형분석 |

- 인적 자원과 관련된 다양한 정보를 활용하여 풀어 가는 문제이다.
- 주로 근무명단, 휴무일, 업무할당 등의 주제로 다양한 정보를 활용하여 종합적으로 풀어 가는 문제가 출제된다.

어느 버스회사에서 (가)시에서 (나)시를 연결하는 버스 노선을 개통하기 위해 새로운 버스를 구매하려고 한다. 다음 〈조건〉과 같이 노선을 운행하려고 할 때, 최소 몇 대의 버스를 구매해야 하며 이때 필요한 운전사는 최소 몇 명인가?

조건

1) 새 노선의 왕복 시간 평균은 2시간이다(승하차 시간을 포함).
2) 배차시간은 15분 간격이다.
3) 운전사의 휴식시간은 매 왕복 후 30분씩이다.
4) 첫차는 05시 정각에, 막차는 23시에 (가)시를 출발한다.
5) 모든 차는 (가)시에 도착하자마자 (나)시로 곧바로 출발하는 것을 원칙으로 한다.
   즉, (가)시에 도착하는 시간이 바로 (나)시로 출발하는 시간이다.
6) 모든 차는 (가)시에서 출발해서 (가)시로 복귀한다.

	버스	운전사			버스	운전사
①	6대	8명		②	8대	10명
③	10대	12명		④	12대	14명
⑤	14대	16명				

정답 ②

왕복 시간이 2시간, 배차 간격이 15분이라면 첫차가 재투입되는 데 필요한 앞차의 수는 첫차를 포함해서 8대이다(∵ 15분×8대=2시간이므로 8대 버스가 운행된 이후 9번째에 첫차 재투입 가능).
운전사는 왕복 후 30분의 휴식을 취해야 하므로 첫차를 운전했던 운전사는 2시간 30분 뒤에 운전을 시작할 수 있다. 따라서 8대의 버스로 운행하더라도 운전자는 150분 동안 운행되는 버스 150÷15=10대를 운전하기 위해서는 10명의 운전사가 필요하다.

풀이 전략!

문제에서 신입사원 채용이나 인력배치 등의 주제가 출제될 경우에는 주어진 규정 혹은 규칙을 꼼꼼히 확인하여야 한다. 이를 근거로 각 선택지가 어긋나지 않는지 검토하며 문제를 풀어 간다.

01 K공사에서 승진 대상자 후보 중 2명을 승진시키려고 한다. 승진의 조건은 동료평가에서 '하'를 받지 않고 합산점수가 높은 순이다. 합산점수는 100점 만점의 점수로 환산한 승진시험 성적, 영어 성적, 성과 평가의 수치를 합산한다. 승진시험의 만점은 100점, 영어 성적의 만점은 500점, 성과 평가의 만점은 200점이라고 할 때, 승진 대상자 2명은 누구인가?

<K공사 승진 대상자 후보 평가 현황>

구분	승진시험 성적	영어 성적	동료 평가	성과 평가
A	80	400	중	120
B	80	350	상	150
C	65	500	상	120
D	70	400	중	100
E	95	450	하	185
F	75	400	중	160
G	80	350	중	190
H	70	300	상	180
I	100	400	하	160
J	75	400	상	140
K	90	250	중	180

① B, K

② A, C

③ E, I

④ F, G

⑤ H, D

02 K공사 인사부의 P사원은 직원들의 근무평정 업무를 수행하고 있다. 다음 가점평정 기준표를 참고했을 때, P사원이 Q과장에게 부여해야 할 가점은?

〈가점평정 기준표〉

구분		내용	가점	인정 범위	비고
근무경력		본부 근무 1개월(본부, 연구원, 인재개발원 또는 정부부처 파견근무기간 포함)	0.03점 (최대 1.8점)	1.8점	동일 근무기간 중 다른 근무경력 가점과 원거리, 장거리 및 특수지
		지역본부 근무 1개월(지역본부 파견근무기간 포함)	0.015점 (최대 0.9점)	1.8점	가점이 중복될 경우, 원거리, 장거리 및 특수지 근무 가점은 1/2만 인정
		원거리 근무 1개월	0.035점 (최대 0.84점)		
		장거리 근무 1개월	0.025점 (최대 0.6점)		
		특수지 근무 1개월	0.02점 (최대 0.48점)		
내부평가		내부평가결과 최상위 10%	월 0.012점	0.5점	현 직위에 누적됨 (승진 후 소멸)
		내부평가결과 차상위 10%	월 0.01점		
제안	제안상 결정 시	금상	0.25점	0.5점	수상 당시 직위에 한정함
		은상	0.15점		
		동상	0.1점		
	시행결과 평가	탁월	0.25점	0.5점	제안상 수상 당시 직위에 한정함
		우수	0.15점		

〈Q과장 가점평정 사항〉

• 입사 후 36개월 동안 본부에서 연구원으로 근무
• 지역본부에서 24개월 동안 근무
 − 지역본부에서 24개월 동안 근무 중 특수지에서 12개월 동안 파견근무
• 본부로 복귀 후 현재까지 총 23개월 근무
• 팀장(직위 : 과장)으로 승진 후 현재까지 업무 수행 중
 − 내부평가결과 최상위 10% 총 12회
 − 내부평가결과 차상위 10% 총 6회
 − 금상 2회, 은상 1회, 동상 1회 수상
 − 시행결과평가 탁월 2회, 우수 1회

① 3.284점
② 3.454점
③ 3.604점
④ 3.854점
⑤ 3.974점

03 다음은 부서별로 핵심역량가치 중요도를 정리한 자료와 신입사원들의 핵심역량평가 결과표이다. 이를 바탕으로 한 C사원과 E사원의 부서배치로 옳은 것은?(단, '−'는 중요도가 상관없다는 표시이다)

〈핵심역량가치 중요도〉

구분	창의성	혁신성	친화력	책임감	윤리성
영업팀	−	중	상	중	−
개발팀	상	상	하	중	상
지원팀	−	중	−	상	하

〈핵심역량평가 결과표〉

구분	창의성	혁신성	친화력	책임감	윤리성
A사원	상	하	중	상	상
B사원	중	중	하	중	상
C사원	하	상	상	중	하
D사원	하	하	상	하	중
E사원	상	중	중	상	하

	C사원	E사원
①	개발팀	지원팀
②	영업팀	지원팀
③	개발팀	영업팀
④	지원팀	개발팀
⑤	지원팀	영업팀

기술능력(토목직)

합격 Cheat Key

기술능력은 업무를 수행함에 있어 도구, 장치 등을 포함하여 필요한 기술에 어떠한 것들이 있는지 이해하고, 실제 업무를 수행함에 있어 적절한 기술을 선택하여 적용하는 능력이다.

세부 유형은 기술 이해·기술 선택·기술 적용으로 나눌 수 있다. 제품설명서나 상황별 매뉴얼을 제시하는 문제 또는 명령어를 제시하고 규칙을 대입할 수 있는지 묻는 문제가 출제되기 때문에 이런 유형들을 공략할 수 있는 전략을 세워야 한다.

1 긴 지문이 출제될 때는 보기의 내용을 미리 보라!

기술능력에서 자주 출제되는 제품설명서나 상황별 매뉴얼을 제시하는 문제에서는 기술을 이해하고, 상황에 알맞은 원인 및 해결방안을 고르는 문제가 출제된다. 실제 시험장에서 문제를 풀 때는 시간적 여유가 없기 때문에 보기를 먼저 읽고, 그 다음 긴 지문을 보면서 동시에 보기와 일치하는 내용이 나오면 확인해 가면서 푸는 것이 좋다.

2 모듈형에도 대비하라!

모듈형 문제의 비중이 늘어나는 추세이므로 공기업을 준비하는 취업준비생이라면 모듈형 문제에 대비해야 한다. 기술능력의 모듈형 이론 부분을 학습하고 모듈형 문제를 풀어보고 여러 번 읽으며 이론을 확실히 익혀두면 실제 시험장에서 이론을 묻는 문제가 나왔을 때 단번에 답을 고를 수 있다.

3 | 전공 이론도 익혀 두어라!

지원하는 직련이 전공 이론이 기술능력으로 출제되는 경우가 많기 때문에 전공 이론을
익혀두는 것이 좋다. 깊이 있는 지식을 묻는 문제가 아니더라도 출제되는 문제의 소재가
전공과 관련된 내용일 가능성이 크기 때문에 최소한 지원하는 직렬의 전공 용어는 확실히
익혀 두어야 한다.

4 | 쉽게 포기하지 말라!

직업기초능력에서 주요 영역이 아니면 소홀한 경우가 많다. 시험장에서 기술능력을 읽어
보지도 않고 포기하는 경우가 많은데 차근차근 읽어보면 지문만 잘 읽어도 풀 수 있는
문제들이 출제되는 경우가 있다. 이론을 모르더라도 풀 수 있는 문제인지 파악해보자.

| 유형분석 |

- 업무수행에 필요한 기술의 개념 및 원리, 관련 용어에 대한 문제가 자주 출제된다.
- 기술 시스템의 개념과 발전 단계에 대한 문제가 출제되므로 각 단계의 순서와 그에 따른 특징을 숙지하여야 하며, 단계별로 요구되는 핵심 역할이 다름에 유의한다.

다음 중 기술선택에 대한 설명으로 옳지 않은 것을 〈보기〉에서 모두 고르면?

> **보기**
>
> ㄱ. 상향식 기술선택은 기술경영진과 기술기획자들의 분석을 통해 기업이 필요한 기술 및 기술수준을 결정하는 방식이다.
> ㄴ. 하향식 기술선택은 전적으로 기술자들의 흥미 위주로 기술을 선택하여 고객의 요구사항과는 거리가 먼 제품이 개발될 수 있다.
> ㄷ. 수요자 및 경쟁자의 변화와 기술 변화 등을 분석해야 한다.
> ㄹ. 기술능력과 생산능력, 재무능력 등의 내부 역량을 고려하여 기술을 선택한다.
> ㅁ. 기술선택 시 최신 기술로 진부화될 가능성이 적은 기술을 최우선순위로 결정한다.

① ㄱ, ㄴ, ㄹ   ② ㄱ, ㄴ, ㅁ
③ ㄴ, ㄷ, ㄹ   ④ ㄴ, ㄹ, ㅁ
⑤ ㄷ, ㄹ, ㅁ

정답 ②

ㄱ. 하향식 기술선택에 대한 설명이다.
ㄴ. 상향식 기술선택에 대한 설명이다.
ㅁ. 기술선택을 위한 우선순위는 다음과 같다.
    ① 제품의 성능이나 원가에 미치는 영향력이 큰 기술
    ② 기술을 활용한 제품의 매출과 이익 창출 잠재력이 큰 기술
    ③ 쉽게 구할 수 없는 기술
    ④ 기업 간 모방이 어려운 기술
    ⑤ 기업이 생산하는 제품 및 서비스에 보다 광범위하게 활용할 수 있는 기술
    ⑥ 최신 기술로 진부화될 가능성이 적은 기술

풀이 전략!

문제에 제시된 내용만으로는 풀이가 어려울 수 있으므로, 사전에 관련 기술 이론을 숙지하고 있어야 한다. 자주 출제되는 개념을 확실하게 암기하여 빠르게 문제를 풀 수 있도록 하는 것이 좋다.

01 다음 글을 읽고 기술경영자의 역할로 옳지 않은 것은?

> 기술경영자에게는 리더십, 기술적인 능력, 행정능력 외에도 다양한 도전을 해결하기 위한 여러 능력들이 요구된다. 기술개발이 결과 지향적으로 수행되도록 유도하는 능력, 기술개발 과제의 세부 사항까지도 파악할 수 있는 능력, 기술개발 과제의 전 과정을 전체적으로 조망할 수 있는 능력이 그것이다. 또한 기술개발은 기계적인 관리보다는 조직 및 인간 행동상의 요인들이 더 중요하게 작용되는 사람 중심의 진행이기 때문에 이 밖에도, 기술의 성격 및 이와 관련된 동향·사업 환경 등을 이해할 수 있는 능력과 기술적인 전문성을 갖춰 팀원들의 대화를 효과적으로 이끌어낼 수 있는 능력 등 다양한 능력을 필요로 하고 있다. 이와는 달리 중간급 매니저라 할 수 있는 기술관리자에게는 기술경영자와는 조금 다른 능력이 필요한데, 이에는 기술적 능력에 대한 것과 계획서 작성, 인력관리, 예산 관리, 일정 관리 등 행정능력에 대한 것이다.

① 시스템적인 관점에서 인식하는 능력
② 기술을 효과적으로 평가할 수 있는 능력
③ 조직 내의 기술 이용을 수행할 수 있는 능력
④ 새로운 제품개발 시간을 단축할 수 있는 능력
⑤ 기술을 기업의 전반적인 전략 목표에 통합시키는 능력

02 다음 중 기술 시스템의 발전 단계에 따라 빈칸에 들어갈 내용을 바르게 나열한 것은?

발전 단계	특징	Key Man
발명·개발·혁신의 단계	기술 시스템이 탄생하고 성장	기술자
↓		
㉠	성공적인 기술이 다른 지역으로 이동	기술자
↓		
㉡	기술 시스템 사이의 경쟁	㉢
↓		
기술 공고화 단계	경쟁에서 승리한 기술 시스템의 관성화	㉣

	㉠	㉡	㉢	㉣
①	기술 이전의 단계	기술 경쟁의 단계	기업가	자문 엔지니어
②	기술 경쟁의 단계	기술 이전의 단계	금융전문가	자문 엔지니어
③	기술 이전의 단계	기술 경쟁의 단계	기업가	기술자
④	기술 경쟁의 단계	기술 이전의 단계	금융전문가	기업가
⑤	기술 이전의 단계	기술 경쟁의 단계	금융전문가	기술자

03 다음 중 D씨가 하고 있는 것을 무엇이라 하는가?

> D씨는 하이베드 딸기 재배 기법을 배우기 위해 네덜란드 PTC+에서 교육을 받았다. 한국에 돌아온 D씨는 네덜란드 PTC+에서 배워온 딸기 재배 기법을 단순 적용한 것이 아니라 우리나라 실정에 맞게 변형한 재배 기법을 실시함으로써 고수익을 올릴 수 있었다. D씨는 수개월간의 시행착오 끝에 네덜란드의 기후, 토양의 질 등과는 다른 우리나라 환경에 적합한 딸기를 재배하기 위해 배양액의 농도, 토질, 조도시간, 생육기간과 당도까지 최적의 기술을 연구함으로써 국내 최고의 질을 자랑하는 딸기를 출하할 수 있게 되었다.

① 벤치마크   ② 벤치마킹

③ 표절   ④ 모방

⑤ 차용

04 다음은 벤치마킹을 수행 방식에 따라 분류한 자료이다. (A) ~ (E)에 들어갈 내용으로 적절하지 않은 것은?

〈벤치마킹의 수행 방식에 따른 분류〉

구분	직접적 벤치마킹	간접적 벤치마킹
정의	• 벤치마킹 대상을 직접 방문하여 조사·분석하는 방법	• 벤치마킹 대상을 인터넷 및 문서형태의 자료 등을 통해서 간접적으로 조사·분석하는 방법
장점	• 필요로 하는 정확한 자료의 입수 및 조사가 가능하다. • _____(A)_____	• 벤치마킹 대상의 수에 제한이 없고 다양하다. • _____(C)_____
단점	• 벤치마킹 수행과 관련된 비용 및 시간이 많이 소요된다. • _____(B)_____	• _____(D)_____ • _____(E)_____

① (A) : 벤치마킹의 이후에도 계속적으로 자료의 입수 및 조사가 가능하다.

② (B) : 벤치마킹 결과가 피상적일 수 있다.

③ (C) : 비용과 시간을 상대적으로 많이 절감할 수 있다.

④ (D) : 핵심자료의 수집이 상대적으로 어렵다.

⑤ (E) : 정확한 자료 확보가 어렵다.

05 다음은 기술선택을 위한 절차를 나타낸 자료이다. 밑줄 친 (A) ~ (E)에 대한 행동으로 옳은 것은?

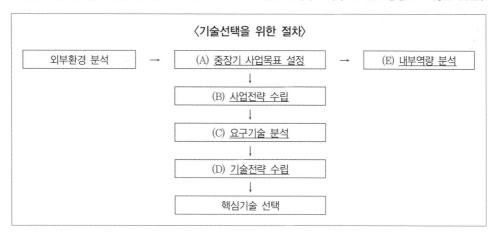

① (A) : 기술획득 방법 결정
② (B) : 사업 영역 결정, 경쟁 우위 확보 방안 수립
③ (C) : 기업의 장기비전, 매출목표 및 이익목표 설정
④ (D) : 기술능력, 생산능력, 마케팅 / 영업능력, 재무능력 등 분석
⑤ (E) : 제품 설계 / 디자인 기술, 제품 생산 공정, 원재료 / 부품 제조기술 분석

| 유형분석 |

- 주어진 자료를 해석하고 기술을 적용하여 풀어가는 문제이다.
- 자료 등을 읽고 제시된 문제 상황에 적절한 해결방법을 찾는 문제가 자주 출제된다.
- 지문의 길이가 길고 복잡하므로, 문제에서 요구하는 정보를 놓치지 않도록 주의해야 한다.

K사는 생산팀 직원들을 위해 작업장에 의료 건조기를 설치했다. 이에 비품 렘팅지인 D사원은 다음 제품 설명서의 내용을 토대로 직원들을 위해 '건조기 사용 전 필독 유의사항'을 작성하려고 한다. 이때, 유의사항에 들어갈 내용으로 적절하지 않은 것은?

[사용 전 알아두어야 할 사항]

1. 물통 또는 제품 내부에 절대 의류 외에 다른 물건을 넣지 마십시오.
2. 제품을 작동시키기 전 문이 제대로 닫혔는지 확인하십시오.
3. 필터는 제품 사용 전후로 반드시 청소해 주십시오.
4. 제품의 성능유지를 위해서 물통을 자주 비워 주십시오.
5. 겨울철이거나 건조기가 설치된 곳의 기온이 낮을 경우 건조시간이 길어질 수 있습니다.
6. 과도한 건조물을 넣고 기계를 작동시키면 완벽하게 건조되지 않거나 의류에 구김이 생길 수 있습니다. 최대용량 5kg 이내로 의류를 넣어 주십시오.
7. 가죽, 슬립, 전기담요, 마이크로 화이바 소재 의류, 이불, 동·식물성 충전재 사용 제품은 사용을 피해 주십시오.

[동결 시 조치방법]

1. 온도가 낮아지게 되면 물통이나 호스가 얼 수 있습니다.
2. 동결 시 작동 화면에 'ER' 표시가 나타납니다. 이 경우 일시정지 버튼을 눌러 작동을 멈춰 주세요.
3. 물통이 얼었다면, 물통을 꺼내 따뜻한 물에 20분 이상 담가 주세요.
4. 호스가 얼었다면, 호스 안의 이물질을 모두 꺼내고, 호스를 따뜻한 물 또는 따뜻한 수건으로 20분 이상 녹여 주세요.

---

① 사용 전후로 필터는 꼭 청소해 주세요.
② 건조기에 넣은 의류는 5kg 이내로 해 주세요.
③ 사용이 불가한 의류 제품 목록을 꼭 확인해 주세요.
④ 화면에 ER 표시가 떴을 때는 전원을 끄고 작동을 멈춰 주세요.
⑤ 호스가 얼었다면, 호스를 따뜻한 물 또는 따뜻한 수건으로 20분 이상 녹여 주세요.

④

제시문의 동결 시 조치방법에서는 화면에 'ER' 표시가 나타나면 전원 버튼이 아닌 일시정지 버튼을 눌러 작동을 멈추라고 설명하고 있다.

① 필터는 제품 사용 전후로 반드시 청소해 주라고 설명하고 있다.
② 과도한 건조물을 넣고 기계를 작동시키면 완벽하게 건조되지 않거나 의류에 구김이 생길 수 있으니 최대용량 5kg 이내로 의류를 넣어 주라고 설명하고 있다.
③ 건조기 사용이 불가한 제품 목록이 설명되어 있다.
⑤ 호스가 얼었다면, 호스 안의 이물질을 모두 꺼내고, 호스를 따뜻한 물 또는 따뜻한 수건으로 20분 이상 녹여 주라고 설명하고 있다.

풀이 전략!

문제에 제시된 자료 중 필요한 정보를 빠르게 파악하는 것이 중요하다. 질문을 먼저 읽고 문제 상황을 파악한 뒤 제시된 선택지를 하나씩 소거하며 문제를 푸는 것이 좋다.

※ 다음은 제습기 사용과 보증기간에 대한 사용 설명서이다. 이어지는 질문에 답하시오. [1~2]

〈사용 전 알아두기〉

- 제습기의 적정 사용온도는 18 ~ 35℃입니다.
  - 18℃ 미만에서는 냉각기에 결빙이 시작되어 제습량이 줄어들 수 있습니다.
- 제습 운전 중에는 컴프레서 작동으로 실내 온도가 올라갈 수 있습니다.
- 설정한 희망 습도에 도달하면 운전을 멈추고 실내 습도가 높아지면 자동 운전을 다시 시작합니다.
- 물통이 가득 찰 경우 제습기 작동이 멈춥니다.
- 안전을 위하여 제습기 물통에 다른 물건을 넣지 마십시오.
- 제습기가 작동하지 않거나 아무 이유 없이 작동을 멈추는 경우 다음 사항을 확인하세요.
  - 전원플러그가 제대로 끼워져 있는지 확인하십시오.
  - 위의 사항이 정상인 경우, 전원을 끄고 10분 정도 경과 후 다시 전원을 켜세요.
  - 여전히 작동이 안 되는 경우, 판매점 또는 서비스 센터에 연락하시기 바랍니다.
- 현재 온도 / 습도는 설치장소 및 주위 환경에 따라 실제와 차이가 있을 수 있습니다.

〈보증기간 안내〉

- 품목별 소비자 피해 보상규정에 의거 아래와 같이 제품에 대한 보증을 실시합니다.
- 보증기간 산정 기준
  - 제품 보증기간은 제조사 또는 제품 판매자가 소비자에게 정상적인 상태에서 자연 발생한 품질 성능 기능 하자에 대하여 무료 수리해 주겠다고 약속한 기간을 말합니다.
  - 제품 보증기간은 구입일자를 기준으로 산정하며 구입일자의 확인은 제품보증서를 기준으로 합니다. 단, 보증서가 없는 경우는 제조일(제조번호, 검사필증)로부터 3개월이 경과한 날부터 보증기간을 계산합니다.
  - 중고품(전파상 구입, 모조품) 구입 시 보증기간은 적용되지 않으며 수리 불가의 경우 피해보상을 책임지지 않습니다.
- 당사와의 계약을 통해 납품되는 제품의 보증은 그 계약내용을 기준으로 합니다.
- 제습기 보증기간은 일반제품으로 1년으로 합니다.
  - 2017년 1월 이전 구입분은 2년 적용합니다.

〈제습기 부품 보증기간〉

- 인버터 컴프레서(2016년 1월 이후 생산 제품)는 10년입니다.
- 컴프레서(2018년 1월 이후 생산 제품)는 4년입니다.
- 인버터 컴프레서에 한해서 5년 차부터 부품대만 무상 적용합니다.

01 제습기 구매자가 사용 전 알아두기에 대한 설명서를 읽고 나서 제습기를 사용했다. 다음 중 구매자가 서비스센터에 연락해야 할 작동 이상으로 가장 적절한 것은?

① 실내 온도가 17℃일 때 제습량이 줄어들었다.

② 제습기 사용 후 실내 온도가 올라갔다.

③ 물통에 물이 $\frac{1}{2}$ 정도 들어있을 때 작동이 멈췄다.

④ 제습기가 갑자기 작동되지 않아 잠시 10분 꺼두었다가 다시 켰더니 작동하였다.

⑤ 희망 습도에 도달하니 운전을 멈추었다.

02 보증기간 안내 및 제습기 부품 보증기간을 참고할 때, 제습기 사용자가 잘못 이해한 내용은?

① 제품 보증서가 없는 경우, 영수증에 찍힌 구입한 날짜부터 보증기간을 계산한다.

② 보증기간 무료 수리는 정상적인 상태에서 자연 발생한 품질 성능 기능 하자가 있을 때이다.

③ 제습기 보증기간은 일반제품을 기준으로 구입일로부터 1년이다.

④ 2017년도 이전에 구입한 제습기는 보증기간이 2년 적용된다.

⑤ 2016년도에 생산된 인버터 컴프레서는 10년이 보증기간이다.

※ K유치원에서는 유아 교육자료 제작을 위해 코팅기를 구입하였다. 다음 설명서를 참고하여 이어지는
  질문에 답하시오. [3~5]

- **사용방법**
  1) 앞면에 있는 스위치를 'ON'으로 돌리면 파란불이 들어오며 예열을 시작합니다.
  2) 3 ~ 5분 정도의 예열이 끝나면 예열표시등이 빨간불로 바뀌고 코팅을 할 수 있습니다.
  3) 코팅할 서류를 코팅지에 넣어 주시고, 봉합된 변까지 밀어 넣습니다.
     - 각 변에 최소 3 ~ 5mm 여유 공간을 남겨 주십시오.
     - 두께가 160micron 이상이거나 100micron 이하인 코팅지를 사용하지 마십시오.
  4) 서류를 넣은 코팅지는 봉합된 부분부터 평행으로 코팅 투입구에 넣어 주십시오.
  5) 코팅지는 코팅기를 통과하며 기기 뒷면 코팅 배출구에서 나옵니다.
     - 임의로 코팅지를 잡아당기면 안 됩니다.
  6) 코팅지가 전부 나온 후 기기에서 분리해 주십시오.
  7) 사용 완료 후 스위치를 'OFF'로 돌려 주십시오.
     - 사용 후 1 ~ 2시간 정도 열을 식혀 주십시오.

- **코팅지 걸림 발생 시**
  1) 코팅지가 기기에 걸렸을 경우 앞면의 스위치를 'OFF'로 돌린 다음 기기 전원을 차단시킵니다.
  2) 기기 뒷면에 있는 'REMOVE' 스위치를 화살표 방향으로 밀면서 코팅 서류를 조심스럽게 당겨 뽑아
     주십시오.

- **주의사항**
  - 기기가 작동 중일 때 표면이 매우 뜨거우므로 손으로 만지지 마십시오.
  - 기기를 사용한 후, 기계 플러그를 뽑고 열이 충분히 식은 후에 이동 및 보관을 합니다.
  - 기기 위에 무겁거나 날카로운 물건을 두지 마십시오.
  - 기기의 내부에 물을 떨어뜨리지 마십시오.
  - 기기에 다른 물질을 넣지 마십시오.
  - 전문가의 도움 없이 절대 분해하거나 재조립 또는 수리하지 마십시오.
  - 기기를 장시간 사용하지 않을 경우 전원 코드를 뽑아 주십시오.
  - 사용 중 기기가 과열되거나 이상한 냄새가 나거나 종이 걸림이 있을 경우 신속히 전원을 끕니다.

- **문제해결**

고장	원인	해결
코팅 중에 코팅물이 나오지 않을 때	• 필름을 잘라서 사용했을 경우 • 두께를 초과하는 용지로 코팅했을 경우 • 과도하게 용지를 투입했을 경우 • 코팅지가 롤러에 말린 경우	• 전원을 끄고 'REMOVE' 스위치를 화살표 방향으로 밀면서 말린 필름 을 제거합니다.
필름을 투입했지만, 필름이 들어가지 않고 멈춰있을 때	• 투입 불량으로 접착액이 다량으로 붙어 있는 경우	• 전원을 끄고 냉각시킨 다음 다시 시 도해 봅니다.
전원 지시등이 켜지지 않을 때	• 기기 전원 스위치가 접속되어 있지 않은 경우	• 전원코드 및 기기 스위치가 'ON'으 로 되어 있는지 확인합니다.

03 A교사는 연구수업에 쓰일 교육자료 제작을 위해 코팅기를 사용하였다. 다음 중 A교사의 행동으로 가장 적절한 것은?

① 코팅기 앞면의 스위치를 'ON'으로 놓자마자 코팅지를 투입하였다.

② 코팅지를 평행으로 놓고, 봉합된 부분의 반대 방향부터 투입구에 넣었다.

③ 120micron 코팅지에 코팅할 서류를 넣었다.

④ 코팅기를 통과하면서 나오는 코팅지를 뒷면에서 잡아당겼다.

⑤ 사용 완료 후 기기 전원을 끄고 바로 보관함 상자에 넣었다.

04 B원장은 기기 관리를 위해 교사들에게 코팅기 사용 시 주의사항에 대해 안내하고자 한다. 다음 중 코팅기 사용 시 주의해야 할 사항으로 적절하지 않은 것은?

① 기기 사용 중에는 표면이 많이 뜨거우므로 아이들의 손이 닿지 않도록 주의하세요.

② 기기 위에 무거운 물건이나 날카로운 물건을 올리지 마세요.

③ 사용 후에는 스위치를 'OFF'로 돌려놓고, 퇴근 시에는 전원코드를 뽑아 주세요.

④ 사용 중 이상한 냄새가 날 경우 신속히 전원을 끄도록 합니다.

⑤ 사용 중 기기에 코팅지가 걸릴 경우 기기 앞면에서 코팅 서류를 조심스럽게 꺼냅니다.

05 C교사가 코팅기를 사용하는데 코팅물이 나오지 않았다. 다음 중 문제의 원인으로 적절하지 않은 것은?

① 코팅 필름을 잘라서 코팅기에 넣었다.

② 두꺼운 코팅 필름을 사용해 코팅기에 넣었다.

③ 코팅물이 빠져나오지 않은 상태에서 새로운 코팅물을 넣었다.

④ 코팅지가 롤러 사이에 말려 있었다.

⑤ 코팅지 주변에 접착액이 다량으로 붙어 있었다.

06 농한기인 1 ~ 2월에 자주 발생하는 영농기자재 고장을 방지하고자 영농기자재 관리 방법에 대한 매뉴얼을 작성하여 농가에 배포하였다. 매뉴얼에 따라 영농기자재를 바르게 관리한 것은?

월	기계종류	내용
		〈매뉴얼〉
1월	트랙터	(보관 중 점검) • 유압실린더는 완전상승 상태로 함 • 엔진 계통의 누유점검(연료탱크, 필터, 파이프) • 축전지 보충충전
	이앙기	(장기보관 중 점검) • 본체의 누유, 누수 점검 • 축전지 보관 상태 점검, 보충충전 • 페인트가 벗겨진 부분에는 방청유를 발라 녹 발생 방지 • 커버를 씌워 먼지, 이물질에 의한 부식 방지
	콤바인	(장기보관 중 점검) • 회전부, 작동부, 와이어류에 부식방지를 위해 오일 주입 • 각부의 누유 여부 점검 • 스프링 및 레버류에 부식방지를 위해 그리스를 바름
2월	트랙터	(사용 전 점검) • 팬벨트 유격 10mm 이상 시 발전기 고정 볼트를 풀어 유격 조정 • 냉각수량 – 외기온도에 알맞은 비중의 부동액 확인(40% 확인) • 축전지액량 및 접속상태, 배선 및 각종 라이트 경고등 점검, 충전상태 점검 • 좌우 브레이크 페달 유격 및 작동 상태 점검
	이앙기	(장기보관 중 점검) • 누유 · 누수 점검 • 축전지 보충충전 • 녹이 발생된 부분은 녹을 제거하고 방청유를 바름
	콤바인	(장기보관 중 점검) • 엔진을 회전시켜 윤활시킨 후, 피스톤을 압축상사점에 보관 • 각 회전부, 작동부, 와이어류에 부식방지를 위해 오일 주입 • 스프링 및 레버류에 부식방지를 위해 그리스를 바름

① 1월에 트랙터의 브레이크 페달 작동 상태를 점검하였다.

② 2월에 장기보관 중이던 이앙기에 커버를 씌워 먼지 및 이물질에 의한 부식을 방지하였다.

③ 1 ~ 2월 모두 이앙기에 부식방지를 위해 방청유를 발랐다.

④ 트랙터 사용 전에 유압실린더와 엔진 누유 상태를 중점적으로 점검하였다.

⑤ 장기보관 중인 콤바인을 꺼낸 후, 타이어 압력을 기종별 취급설명서에 따라 점검하였다.

PART 2

직무수행능력

정답 및 해설 p.056

01 다음 사례에 나타난 마케팅 기법은?

> 신발 브랜드 '탐스(Toms)'는 소비자가 신발을 구매할 때마다 신발이 필요한 아이들에게 신발을 기부하는 방식의 'One for One' 이벤트를 통해 약 200만 켤레 이상의 신발을 기부하였다.

① 뉴로 마케팅(Neuro Marketing)
② 노이즈 마케팅(Noise Marketing)
③ 앰부시 마케팅(Ambush Marketing)
④ 코즈 마케팅(Cause Marketing)
⑤ 감성 마케팅(Emotional Marketing)

02 다음 글의 빈칸에 들어갈 용어로 옳은 것은?

> _____을 마케팅에 이용한 레트로 마케팅(Retrospective Marketing)은 과거의 제품이나 서비스를 현재 소비자들의 기호에 맞게 재수정하여 다시 유행시키는 마케팅 기법이다. 1990년대 음악과 1세대 아이돌을 추억하게 하는 '토토가', 과거의 좋은 시절과 아름다운 첫사랑을 떠올리게 하는 '응답하라' 시리즈 등이 대표적이다. 이를 본 중장년층은 과거를 아름답게 회상하고, 젊은 세대는 새로움을 느끼게 된다.

① 스톡홀름 증후군(Stockholm Syndrome)
② 므두셀라 증후군(Methuselah Syndrome)
③ 순교자 증후군(Martyr Syndrome)
④ 스마일 마스크 증후군(Smile Mask Syndrome)
⑤ 리마 증후군(Lima Syndrome)

03 다음 중 마케팅 믹스에 대한 설명으로 옳지 않은 것은?

① 제품믹스란 유사용도나 특성을 갖는 제품군을 말한다.

② 마케팅리더는 비공식 마케팅경로에서 중요한 역할을 한다.

③ 수명주기는 도입기, 성장기, 성숙기, 쇠퇴기의 과정을 거치게 되는데 성장·성숙기는 특히 매출액이 증가하는 시기이다.

④ 전문품은 상점에 나가기 전에 그 제품이나 내용 등에 대하여 잘 알고 있으며, 구매과정에서 상당한 노력을 한다.

⑤ 마케팅활동에 관련된 여러 수단이나 마케팅 요소 및 제도를 더욱 효과적인 형태로 짜 맞추는 일이다.

04 다음 설명에 해당하는 우리나라 상법상의 회사는?

- 유한책임사원으로만 구성된다.
- 청년 벤처 창업에 유리하다.
- 사적 영역을 폭넓게 인정한다.

① 합명회사   ② 합자회사

③ 유한책임회사   ④ 유한회사

⑤ 주식회사

05 주식회사의 설립방법에는 발기설립과 모집설립이 있다. 두 방법의 차이를 비교한 내용으로 옳지 않은 것은?

	구분	발기설립	모집설립
①	기능	소규모 회사 설립에 용이	대규모 자본 조달에 유리
②	주식의 인수	주식의 총수를 발기인이 인수	발기인 우선인수 후 나머지 주주모집
③	인수 방식	단순한 서면주의	법정기재사항이 있는 주식청약서에 의함
④	납입의 해태	일반원칙(채무불이행)에 속함	실권절차가 있음
⑤	설립경과조사	이사와 감사가 조사하여 창립총회에 보고	이사와 감사가 조사하여 발기인에 보고

06 다음 중 K사가 프린터를 저렴하게 판매한 후, 그 프린터의 토너를 비싼 가격으로 결정하는 방법은?

① 종속제품 가격결정(Captive Product Pricing)

② 묶음 가격결정(Bundle Pricing)

③ 단수 가격결정(Odd Pricing)

④ 침투 가격결정(Penetration Pricing)

⑤ 스키밍 가격결정(Skimming Pricing)

07 다음 중 대중을 제품이나 창작물 생산 과정에 참여시키는 방식은 무엇인가?

① 아웃소싱   ② 인소싱

③ 오픈소싱   ④ 크라우드소싱

⑤ 스마트소싱

08 다음 중 통합적 마케팅 커뮤니케이션에 대한 설명으로 옳지 않은 것은?

① 강화광고는 기존 사용자에게 브랜드에 대한 확신과 만족도를 높여 준다.

② 가족 브랜딩(Family Branding)은 개별 브랜딩과는 달리 한 제품을 촉진하면 나머지 제품도 촉진된다는 이점이 있다.

③ 촉진에서 풀(Pull) 정책은 제품에 대한 강한 수요를 유발할 목적으로 광고나 판매촉진 등을 활용하는 정책이다.

④ PR은 조직의 이해관계자들에게 호의적인 인상을 심어주기 위하여 홍보, 후원, 이벤트, 웹사이트 등을 사용하는 커뮤니케이션 방법이다.

⑤ 버즈(Buzz) 마케팅은 소비자에게 메시지를 빨리 전파할 수 있게 이메일이나 모바일을 통하여 메시지를 공유한다.

09 다음 중 실적이나 자산에 비해 기업이 상대적으로 저평가됨으로써 현재 발생하는 주당 순이익에 비해 상대적으로 낮은 가격에 거래되는 주식은 무엇인가?

① 성장주   ② 황금주

③ 황제주   ④ 가치주

⑤ 경기순환주

10 다음 중 해외시장으로의 진출 전략에 대한 설명으로 옳지 않은 것은?

① 국제합작투자의 장점은 기술의 공유, 위험의 분산, 마케팅 및 경영 노하우의 공유 등이다.

② 해외자회사의 장점은 해외시장에서 많은 자금과 기술을 운영하면서 기업의 자산들을 해외 정부로부터 안전하게 지킬 수 있다는 것이다.

③ 라이선싱(Licensing)은 자신의 제품을 생산할 수 있는 권리를 일정한 대가를 받고 외국 기업에게 일정 기간 동안 부여하는 것을 말한다.

④ 전략적 제휴는 다른 기업들과 특정 사업 및 업무 분야에 걸쳐 협력관계를 맺어 공동으로 해외사업에 진출하는 전략이다.

⑤ 해외직접투자는 기술·자본·상표·경영능력 등 여러 생산요소가 하나의 시스템으로 해외에 이전되는 것을 말한다.

11 다음 중 가격관리에 대한 설명으로 옳지 않은 것은?

① 명성가격결정법은 가격이 높으면 품질이 좋을 것이라고 느끼는 효과를 이용하여 수요가 많은 수준에서 고급상품의 가격결정에 이용된다.

② 침투가격정책은 신제품을 도입하는 초기에 저가격을 설정하여 신속하게 시장에 침투하는 전략으로 수요가 가격에 민감하지 않은 제품에 많이 사용된다.

③ 상층흡수가격정책은 신제품을 시장에 도입하는 초기에는 고소득층을 대상으로 높은 가격을 받고 그 뒤 차차 가격을 인하하여 저소득층에 침투하는 것이다.

④ 탄력가격정책은 한 기업의 제품이 여러 제품계열을 포함하는 경우 품질, 성능, 스타일에 따라 서로 다른 가격을 결정하는 것이다.

⑤ 고가격정책은 신제품을 개발한 기업들이 초기에 그 시장의 소득층으로부터 많은 이익을 얻기 위해 높은 가격을 설정하는 전략이다.

12 다음 중 손익계산서에 대한 설명으로 옳지 않은 것은?

① 손익계산서는 해당 회계기간에 속하는 모든 수익과 비용을 기재한다.

② 특별손익 등은 가감하고, 법인세 등은 차감한 당기순손익을 표시한다.

③ 손익계산서를 통해 순이익, 매출액, 매출원가 등의 정보를 확인할 수 있다.

④ 손익계산서상 비용은 매출원가, 판매비, 관리비, 영업외비용 등이 있다.

⑤ 손익계산서를 통해 회사에 누적된 사내유보 이익을 확인할 수 있다.

13 다음 중 규모 · 생산량 · 경험 등의 증대로 인한 단위원가의 하락을 나타내는 효과를 의미하며, 포터의 원가우위 전략을 현실적으로 실행하기 위한 규모의 경제를 누릴 수 있도록 원가의 최소화를 가능하게 하는 효과는?

① 승수효과   ② 가격효과

③ 시너지효과   ④ 톱니효과

⑤ 경험곡선효과

14 총투자금액 10억 원을 A ~ D 네 개의 증권에 각각 10%, 20%, 30%, 40% 비중으로 분산 투자하려고 한다. A ~ D 증권의 기대수익률은 차례대로 20%, 15%, 10%, 5%이다. 이 포트폴리오의 기대수익률은 얼마인가?

① 6%   ② 8%

③ 10%   ④ 12%

⑤ 14%

15 다음 자료를 이용하여 당기순이익을 구하면?(단, 회계기간은 1월 1일부터 12월 31일까지이다)

• 영업이익	300,000원
• 이자비용	10,000원
• 영업외 수익	50,000원
• 법인세비용	15,000원

① 275,000원   ② 290,000원

③ 325,000원   ④ 335,000원

⑤ 340,000원

16 다음의 원가함수 형태를 보유한 기업의 손익분기점 매출수량은?

- 원가함수 : $y = 10,000,000 + 5,000x$
- 단위당 판매가격 : 10,000원

① 3,000개   ② 2,500개
③ 2,000개   ④ 1,500개
⑤ 1,000개

17 다음 K사의 8월 재고자산 관련 자료를 참고하여 실지재고조사법하의 선입선출법과 후입선출법 적용 시 각각의 8월 말 재고자산 금액을 계산하면 얼마인가?

일자	구분	수량	단가
8월 1일	전기이월	300개	₩70
8월 8일	매출	250개	₩120
8월 11일	매입	550개	₩85
8월 20일	매입	400개	₩90
8월 25일	매출	500개	₩140
8월 31일	기말재고	500개	

	선입선출법	후입선출법
①	₩44,500	₩38,000
②	₩42,750	₩38,000
③	₩44,500	₩41,750
④	₩41,500	₩41,750
⑤	₩41,500	₩43,120

18 다음은 2023년 초 설립한 K회사의 법인세에 대한 자료이다. 이를 참고하여 K회사의 2023년 법인세비용을 구하면?

- 2023년 세무조정사항
  - 감가상각비한도초과액 : ₩125,000
  - 접대비한도초과액 : ₩60,000
  - 정기예금 미수이자 : ₩25,000
- 2023년 법인세비용차감전순이익 : ₩490,000
- 연도별 법인세율은 20%로 일정하다.
- 이연법인세자산(부채)의 실현가능성은 거의 확실하다.

① ₩85,000   ② ₩98,000
③ ₩105,000   ④ ₩110,000
⑤ ₩122,000

19 다음 중 결합레버지도에 대한 설명으로 옳지 않은 것은?

① 결합레버리지도는 주당이익변화율을 매출액변화율로 나누어 계산한다.
② 영업레버리지 효과와 재무레버리지 효과를 결합하여 나타낸다.
③ 영업고정비의 비중이 작을수록 매출액 변동에 따른 영업이익의 변동은 더 증가한다.
④ 영업레버리지와 재무레버리지가 모두 큰 사업군이라면 매출액이 조금만 변동해도 주주에게 귀속되는 주당이익의 변동은 크다.
⑤ 매출액의 변화가 주당이익의 변화에 미치는 효과를 직접 측정하는 척도로써 결합레버리지도 (DCL; Degree of Combined Leverage)가 사용된다.

20 다음 중 자기자본비용에 대한 설명으로 옳은 것은?

① 위험프리미엄을 포함한 자기자본비용 계산 시 보통 자본자산가격결정모형(CAPM)을 이용한다.
② 새로운 투자안의 선택에 있어서도 투자수익률이 자기자본비용을 넘어서는 안 된다.
③ 기업이 주식발생을 통해 자금조달을 할 경우 자본이용의 대가로 얼마의 이용 지급료를 산정해야 하는지는 명확하다.
④ 자기자본비용은 기업이 조달한 자기자본의 가치를 유지하기 위해 최대한 벌어들여야 하는 수익률이다.
⑤ CAPM을 사용하는 경우 베타와 증권시장선을 계산해서 미래의 증권시장선으로 사용하는데, 이는 과거와는 다른 현상들이 미래에 발생하더라도 타당한 방법이다.

01 다음 중 고전학파와 케인스에 대한 설명으로 옳지 않은 것은?

① 케인스는 경기가 침체할 경우, 정부의 적극적 개입이 바람직하지 않다고 주장하였다.

② 고전학파는 임금이 매우 신축적이어서 노동시장이 항상 균형상태에 이르게 된다고 주장하였다.

③ 케인스는 저축과 투자가 국민총생산의 변화를 통해 같아지게 된다고 주장하였다.

④ 고전학파는 실물경제와 화폐를 분리하여 설명한다.

⑤ 케인스는 단기적으로 화폐의 중립성이 성립하지 않는다고 주장하였다.

02 다음 중 파레토효율성에 대한 설명으로 옳지 않은 것은?

① 파레토효율적인 자원배분은 일반적으로 무수히 많이 존재한다.

② 파레토효율적인 자원배분하에서는 항상 사회후생이 극대화된다.

③ 파레토효율적인 자원배분이 평등한 소득분배를 보장해주는 것은 아니다.

④ 일정한 조건이 충족될 때 완전경쟁시장에서의 일반균형은 파레토효율적이다.

⑤ 어느 한 사람의 효용을 감소시키지 않고서는 다른 사람의 효용을 증가시킬 수 없는 상태를 파레토 효율적이라고 한다.

03 다음 중 매일 마시는 물보다 다이아몬드의 가격이 비싸다는 사실을 통해 내릴 수 있는 결론으로 옳은 것은?

① 유용한 재화일수록 희소하다.

② 희소하지 않은 자원도 존재한다.

③ 희소하지 않지만 유용한 재화도 있다.

④ 재화의 사용가치가 높을수록 가격도 높아진다.

⑤ 재화의 가격은 희소성의 영향을 많이 받는다.

04 다음 중 수요의 가격탄력성에 대하여 바르게 말하는 사람을 〈보기〉에서 모두 고르면?

> **보기**
>
> 보검 : 대학교 학생식당 음식에 대한 수요가 가격탄력적인 경우에는 가격을 올리면 매출이 증가할 거야.
>
> 지철 : 캐나다행 비행기표의 수요곡선이 직선이라면, 가격에 상관없이 비행기표 수요의 가격탄력성은 일정할 거야.
>
> 지현 : 명품 찻잔의 가격이 올라도 수요가 별로 줄지 않는 것은 사치재의 가격탄력성이 작기 때문이라고도 설명할 수 있어.
>
> 진솔 : 나처럼 용돈에서 아메리카노 사 먹는 데 쓰는 돈이 차지하는 비중이 큰 사람의 커피 수요는 아메리카노 값에 탄력적으로 반응할 거야.

① 보검, 지현   ② 지철, 진솔

③ 지철, 지현   ④ 보검, 진솔

⑤ 지현, 진솔

05 시장에서 어떤 상품의 가격이 상승하면서 동시에 거래량이 증가하였다. 다음 중 이러한 변화를 가져올 수 있는 요인은?(단, 이 재화는 정상재이다)

① 이 상품의 생산과 관련된 기술의 진보
② 이 상품과 보완관계에 있는 상품의 가격 하락
③ 이 상품과 대체관계에 있는 상품의 가격 하락
④ 이 상품을 주로 구매하는 소비자들의 소득 감소
⑤ 이 상품의 생산에 투입되는 노동자들의 임금 하락

06 두 개의 지역 A와 B로 나누어진 K시는 도심공원을 건설할 계획이다. 두 지역에 거주하는 지역주민의 공원에 대한 수요곡선과 공원 건설의 한계비용곡선이 다음과 같을 때, 사회적으로 최적인(Socially Optimal) 도심공원의 면적은?(단, P_A는 A지역 주민이 지불하고자 하는 가격, P_B는 B지역 주민이 지불하고자 하는 가격, Q는 공원면적, MC는 한계비용이다)

> • A지역 주민의 수요곡선 : $P_A = 10 - Q$
>
> • B지역 주민의 수요곡선 : $P_B = 10 - \dfrac{1}{2} Q$
>
> • 한계비용곡선 : $MC = 5$

① 4   ② 5

③ 6   ④ 10

⑤ 15

07 밀턴 프리드만은 '공짜 점심은 없다(There is no such thing as a free lunch).'라는 말을 즐겨했다고 한다. 다음 중 이 말을 설명할 수 있는 경제 원리는?

① 규모의 경제
② 긍정적 외부성
③ 기회비용
④ 수요공급의 원리
⑤ 한계효용 체감의 법칙

08 다음은 A, B 두 국가의 생산 1단위당 노동투입량을 나타낸 것이다. 비교우위론에 입각한다면 무역의 흐름은 어떻게 진행되는가?

구분	C상품	D상품
A국가	6	10
B국가	6	2

① A국가는 B국가로 C, D상품을 모두 수출한다.
② B국가는 A국가로 C, D상품을 모두 수출한다.
③ A국가는 B국가로 D상품을, B국가는 A국가로 C상품을 수출한다.
④ A국가는 B국가로 C상품을, B국가는 A국가로 D상품을 수출한다.
⑤ 무역이 발생하지 않는다.

09 다음 중 효율적 자원배분 및 후생에 대한 설명으로 옳은 것은?

① 후생경제학 제1정리는 효율적 자원배분이 독점시장인 경우에도 달성될 수 있음을 보여준다.
② 후생경제학 제2정리는 소비와 생산에 있어 규모의 경제가 있으면 완전경쟁을 통해 효율적 자원배분을 달성할 수 있음을 보여준다.
③ 차선의 이론에 따르면 효율적 자원배분을 위해 필요한 조건을 모두 충족하지 못한 경우, 더 많은 조건을 충족하면 할수록 더 효율적인 자원배분이다.
④ 롤스의 주장에 따르면 사회가 2인(A와 B)으로 구성되고 각각의 효용을 U_A, U_B라 할 경우 사회후생함수(SW)는 $SW = min[U_A, U_B]$로 표현된다.
⑤ 공리주의 주장에 따르면 사회가 2인(A와 B)으로 구성되고 각각의 효용을 U_A, U_B라 할 경우 사회후생함수(SW)는 $SW = U_A \cdot U_B$로 표현된다.

10 다음 그래프는 X재의 국내 수요곡선(D)과 공급곡선(S)을 나타내고 있다. 폐쇄경제하의 국내균형은 E, 무관세 자유무역하에서의 소비자가격은 P_1, X재 수입에 대하여 한 개당 t원의 관세가 부과되는 경우의 소비자가격은 P_2이다. 이에 대한 설명으로 옳지 않은 것은?

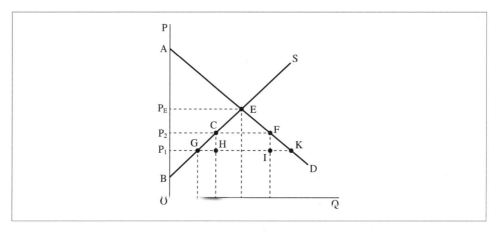

① 관세부과 후 X재의 수입량은 CF이다.
② 폐쇄경제와 비교하면 관세부과 무역으로 인한 소비자잉여 증가분은 $P_E EFP_2$이다.
③ 폐쇄경제와 비교하면 무관세 자유무역으로 인한 총 잉여 증가분은 EGK이다.
④ 무관세 자유무역과 비교하면 관세부과로 인한 경제적 순손실은 CFKG이다.
⑤ 무관세 자유무역과 비교하면 관세부과로 인한 생산자잉여 증가분은 $P_2 CGP_1$이다.

11 비용을 최소화하는 기업 A의 생산함수는 $Q=min(2L, K)$이다. 노동시장과 자본시장은 모두 완전경쟁시장이고 W는 임금율, R은 자본의 임대가격을 나타낸다. $W=2$, $R=5$일 때, 기업 A의 한계비용(MC) 곡선은?[단, Q는 생산량, L은 노동투입량, K는 자본투입량, Q, L, K는 모두 양(+)의 실수이다]

① $MC=3Q$ ② $MC=7Q$

③ $MC=3$ ④ $MC=6$

⑤ $MC=7$

12 노동(L)과 자본(K)을 생산요소로 투입하여 비용을 최소화하는 기업의 생산함수는 $Q = L^{0.5}K$ 이다. 다음 중 이에 대한 설명으로 옳지 않은 것은?(단, Q는 생산량이다)

① 규모에 대한 수익이 체증한다.
② 노동투입량이 증가할수록 노동의 한계생산은 감소한다.
③ 노동투입량이 증가할수록 자본의 한계생산은 증가한다.
④ 노동과 자본의 단위당 가격이 동일할 때 자본투입량은 노동투입량의 2배이다.
⑤ 자본투입량이 증가할수록 자본의 한계생산은 증가한다.

13 다음 중 일반적인 필립스곡선에 나타나는 실업률과 인플레이션의 관계에 대한 설명으로 옳지 않은 것은?

① 장기적으로 인플레이션과 실업률 사이에 특별한 관계가 없다.
② 실업률을 낮추기 위하여 확장적인 통화정책을 사용하는 경우 인플레이션이 일어난다.
③ 단기적으로는 인플레이션율과 실업률이 반대방향으로 움직이는 경우가 대부분이다.
④ 인플레이션에 대한 높은 기대 때문에 인플레이션이 나타난 경우에도 실업률은 하락한다.
⑤ 원자재 가격이 상승하는 경우 실업률이 감소하지 않더라도 인플레이션이 심화된다.

14 다음 중 두 상품의 선택 모형에서 소비자 A의 무차별곡선에 대한 설명으로 옳지 않은 것은?

① 두 상품이 각각 재화(Goods)와 비재화(Bads)인 경우 무차별곡선은 우상향한다.
② 두 상품이 완전대체재인 경우 무차별곡선의 형태는 L자형이다.
③ 서로 다른 두 무차별곡선은 교차하지 않는다.
④ 두 상품이 모두 재화(Goods)인 경우 한계대체율체감의 법칙이 성립하면, 무차별곡선은 원전에 대하여 볼록하다.
⑤ 두 상품이 모두 재화(Goods)인 경우 무차별곡선이 원점으로부터 멀어질수록 무차별곡선이 나타내는 효용수준이 높아진다.

15 다음 〈보기〉 중 펀더멘털(Fundamental)에 해당하는 것을 모두 고르면?

> **보기**
> ㄱ. 금융기관 매출액
> ㄴ. 경제성장률
> ㄷ. 물가상승률
> ㄹ. 경상수지

① ㄱ, ㄴ   ② ㄴ, ㄷ
③ ㄷ, ㄹ   ④ ㄱ, ㄴ, ㄷ
⑤ ㄴ, ㄷ, ㄹ

16 다른 조건이 일정할 때, 통화승수의 증가를 가져오는 요인으로 옳은 것을 〈보기〉에서 모두 고르면?

> **보기**
> ㄱ. 법정지급준비율 증가
> ㄴ. 초과지급준비율 증가
> ㄷ. 현금통화비율 하락

① ㄱ   ② ㄴ
③ ㄷ   ④ ㄱ, ㄴ
⑤ ㄴ, ㄷ

17 다음 중 한국은행의 기준금리 인상이 경제에 미치는 영향으로 옳지 않은 것은?

① 경기가 과열되거나 인플레이션 압력이 높을 때 금리 인상을 단행한다.
② 투자, 소비 활동이 상대적으로 줄어들면서 물가가 하락한다.
③ 장기시장금리보다 단기시장금리가 먼저 상승한다.
④ 예금금리, 대출금리 모두 상승한다.
⑤ 수출증가 및 수입감소 현상이 나타난다.

18 원자재가격 상승으로 물가수준이 상승하여 중앙은행이 기준금리를 인상하기로 결정하였다. 다음 〈보기〉 중 원자재가격 상승과 기준금리 인상의 경제적 효과를 단기 총수요 – 총공급 모형을 이용하여 분석한 내용으로 옳은 것을 모두 고르면?

> **보기**
>
> 가. 총수요곡선은 왼쪽으로 이동한다.
> 나. 총공급곡선은 왼쪽으로 이동한다.
> 다. 실질 GDP는 크게 감소한다.
> 라. 물가는 크게 감소한다.

① 가, 나   ② 나, 다
③ 가, 나, 다   ④ 나, 다, 라
⑤ 가, 나, 다, 라

19 다음 중 실업 및 우리나라의 실업조사에 대한 설명으로 옳은 것은?

① 경제가 완전고용 상태일 때 실업률은 0이다.
② 경기적 실업이나 구조적 실업은 자발적 실업이다.
③ 실업률은 실업자 수를 생산가능인구로 나누고 100을 곱한 수치이다.
④ 지난 4주간 구직활동을 하지 않았더라도 취업의사가 있는 한 경제활동인구로 분류된다.
⑤ 실업률 조사 대상 주간에 수입을 목적으로 1시간 이상 일한 경우 취업자로 분류된다.

20 다음 중 리카도 대등정리(Ricardian Equivalence Theorem)에 대한 설명으로 옳은 것은?

① 국채 발행이 증가하면 이자율이 하락한다.
② 소비이론 중 절대소득가설에 기초를 두고 있다.
③ 국채 발행을 통해 재원이 조달된 조세삭감은 소비에 영향을 미치지 않는다.
④ 소비자들이 유동성제약에 직면해 있는 경우 이 이론의 설명력이 더 커진다.
⑤ 경기침체 시에는 조세 대신 국채 발행을 통한 확대재정정책이 더 효과적이다.

01 다음 중 용어에 대한 설명으로 옳은 것은?

① 권능이란 권리의 내용을 이루는 각개의 법률상의 작용을 말한다.

② 권원이란 일정한 법률상 또는 사실상 행위의 결과로 나타나는 효과를 말한다.

③ 법인의 대표이사가 정관 규정에 의하여 일정한 행위를 할 수 있는 힘을 반사적 이익이라 한다.

④ 반사저 이익이란 특정인이 법률규정에 따라 일정한 행위를 하였을 때 그 법률상 이익을 직접 누릴 수 있는 권리를 말한다.

⑤ 권한이란 법이 일정한 사실을 금지하거나 명하고 있는 결과, 어떤 사람이 저절로 받게 되는 이익을 말한다.

02 다음 중 권력분립론에 대한 설명으로 옳지 않은 것은?

① 권력분립론은 모든 제도를 정당화시키는 최고의 헌법원리이다.

② 몽테스키외(Montesquieu)의 권력분립론은 자의적인 권력 혹은 권력의 남용으로부터 개인의 자유와 권리를 보장하는 데 그 목적이 있다.

③ 로크(Locke)는 최고 권력은 국민에게 있고, 그 아래에 입법권, 입법권 아래에 집행권과 동맹권이 있어야 한다고 주장하였다.

④ 뢰벤슈타인(Lowenstein)은 권력분립에 대한 비판에서 국가작용을 정책결정, 정책집행, 정책통제로 구분하였다.

⑤ 적극적으로 능률을 증진시키기 위한 원리가 아니라, 권력의 남용 또는 권력의 자의적인 행사를 방지하려는 소극적인 권리이다.

03 다음에서 법의 적용 순위를 순서대로 바르게 나열한 것은?

① 상법 → 민법 → 상관습법 → 민사특별법

② 민법 → 상법 → 민사특별법 → 상관습법

③ 민사특별법 → 상법 → 민법 → 상관습법

④ 상법 → 상관습법 → 민사특별법 → 민법

⑤ 민사특별법 → 민법 → 상관습법 → 상법

04 다음 중 국제사회에서 법의 대인적 효력에 대한 입장으로 옳은 것은?

① 속지주의를 원칙적으로 채택하고 속인주의를 보충적으로 적용한다.

② 속인주의를 원칙적으로 채택하고 속지주의를 보충적으로 적용한다.

③ 보호주의를 원칙적으로 채택하고 피해자주의를 보충적으로 적용한다.

④ 피해자주의를 원칙적으로 채택하고 보호주의를 보충적으로 적용한다.

⑤ 보호주의를 원칙적으로 채택하고 기국주의를 보충적으로 적용한다.

PART 2

05 다음 글의 ㉠과 ㉡이 의미하는 행정구제제도의 명칭이 바르게 연결된 것은?

> ㉠ 지방자치단체가 건설한 교량이 시공자의 흠으로 붕괴되어 지역주민들에게 상해를 입혔을 때, 지방자치단체가 상해를 입은 주민들의 피해를 구제해 주었다.
> ㉡ 도로확장사업으로 인하여 토지를 수용당한 주민들의 피해를 국가가 변상하여 주었다.

	㉠	㉡
①	손실보상	행정소송
②	손해배상	행정심판
③	행정소송	손실보상
④	손해배상	손실보상
⑤	행정소송	손해배상

06 다음 중 행정처분에 대한 설명으로 옳지 않은 것은?

① 행정처분은 행정청이 행하는 공권력 작용이다.

② 행정처분에는 조건을 부가할 수 없다.

③ 경미한 하자있는 행정처분에는 공정력이 인정된다.

④ 행정처분에 대해서만 항고소송을 제기할 수 있다.

⑤ 법규에 위반하면 위법처분으로서 행정심판·행정소송의 대상이 된다.

07 다음 중 과태료부과처분에 대한 설명으로 옳지 않은 것은?

① 과태료부과에 대해서는 일반적으로 질서위반행위규제법이 적용되므로 그 부과처분에 대해 불복이 있을 때에는 법원에서 비송사건절차법을 준용하여 이에 대해 재판하고 과태료 부과처분에 대해 항고소송은 원칙적으로 허용되지 않는다.

② 질서위반행위규제법상의 과태료를 부과하기 위해서는 위반행위자에게 반드시 고의나 과실이 있어야 한다.

③ 지방자치법 제34조 조례위반에 대한 과태료의 경우에는 질서위반행위규제법이 적용되지 않으므로 그에 대한 불복이 있으면 항고소송을 제기할 수 있다.

④ 지방자치법 제156조 제2항 및 제3항에 따라 사기나 그 밖의 부정한 방법으로 사용료·수수료 또는 분담금의 징수를 면한 자, 그리고 공공시설을 부정사용한 자에 대한 과태료 부과에는 질서위반행위규제법이 적용된다.

⑤ '수도조례' 및 '하수도사용조례'에 기한 과태료의 부과여부 및 그 밍부는 최종적으로 질서위반행위규제법에 의한 절차에 의하여 판단되어야 하므로 그 과태료부과처분은 행정청을 피고로 하는 행정소송의 대상이 되는 처분이라고 할 수 없다.

08 다음 중 전세권에 대한 설명으로 옳은 것을 〈보기〉에서 모두 고르면?(단, 다툼이 있는 경우 판례에 따른다)

> **보기**
> ㄱ. 전세권은 전세권의 양도나 상속에 의해서도 취득할 수 있다.
> ㄴ. 전세권자와 인지소유자 사이에는 상린관계에 관한 민법 규정이 준용된다.
> ㄷ. 동일한 건물에 저당권이 전세권보다 먼저 설정된 경우, 전세권자가 경매를 신청하여 매각되면 전세권과 저당권은 모두 소멸한다.
> ㄹ. 임대인과 임차인이 임대차계약을 체결하면서 임차보증금을 전세금으로 하는 전세권설정계약을 체결하고 전세권설정등기를 경료한 경우, 다른 약정이 없는 한 임차보증금 반환의무와 전세권 설정등기 말소의무는 동시이행관계에 있다.

① ㄱ, ㄴ　　　　　　　　　② ㄷ, ㄹ
③ ㄱ, ㄴ, ㄷ　　　　　　　④ ㄴ, ㄷ, ㄹ
⑤ ㄱ, ㄴ, ㄷ, ㄹ

09 다음 중 지명채권의 양도에 대한 설명으로 옳지 않은 것은?(단, 다툼이 있는 경우 판례에 따른다)

① 임차인은 임차보증금반환채권을 임차권과 분리하여 제3자에게 양도할 수 있다.

② 채권매매에 따른 지명채권의 양도는 준물권행위로서의 성질을 가진다.

③ 당사자 사이에 양도금지의 특약이 있는 채권이더라도 전부명령에 의하여 전부될 수 있다.

④ 채권이 확정일자 있는 증서에 의해 이중으로 양도된 경우, 양수인 상호 간의 우열은 통지에 붙여진 확정일자의 선후를 기준으로 정한다.

⑤ 소유권이전등기청구권을 양도받은 양수인은 특별한 사정이 없는 한 채무자의 동의나 승낙을 받아야 대항력이 생긴다.

10 다음 중 민법상 주소에 대한 설명으로 옳은 것을 〈보기〉에서 모두 고르면?

> **보기**
> ㉠ 주소는 정주의 의사를 요건으로 한다.
> ㉡ 주소는 부재와 실종의 표준이 된다.
> ㉢ 법인의 주소는 그 주된 사무소의 소재지에 있는 것으로 한다.
> ㉣ 거래안전을 위해 주소는 동시에 두 곳 이상 둘 수 없다.

① ㉠, ㉡   ② ㉠, ㉢

③ ㉡, ㉢   ④ ㉡, ㉣

⑤ ㉢, ㉣

11 다음 중 법률행위의 무효와 취소에 대한 설명으로 옳지 않은 것은?(단, 다툼이 있는 경우 판례에 따른다)

① 매매계약은 취소되면 소급하여 무효가 된다.

② 불공정한 법률행위로서 무효인 경우, 추인에 의하여 무효인 법률행위가 유효로 될 수 없다.

③ 취소된 법률행위에 기하여 이미 이행된 급부는 부당이득으로 반환되어야 한다.

④ 취소할 수 있는 법률행위는 취소권자의 추인이 있으면 취소하지 못한다.

⑤ 취소할 수 있는 법률행위에서 법정대리인은 취소의 원인이 소멸한 후에만 추인할 수 있다.

12 다음 중 채권자대위권에 대한 설명으로 옳은 것은?(단, 다툼이 있는 경우 판례에 따른다)

① 조합원의 조합탈퇴권은 일신전속적 권리이므로 채권자대위권의 대상이 되지 못한다.

② 채무자의 채권자대위권은 대위할 수 있지만, 채무자의 채권자취소권은 대위할 수 없다.

③ 채권자대위권 행사는 채무자의 무자력을 요하므로, 소유권이전등기청구권은 피보전채권이 될 수 없다.

④ 피보전채권이 금전채권인 경우, 대위채권자는 채무자의 금전채권을 자신에게 직접 이행하도록 청구할 수 없다.

⑤ 토지거래규제구역 내의 토지 매매의 경우, 매수인이 매도인에 대하여 가지는 토지거래허가신청 절차 협력의무의 이행청구권도 채권자대위권 행사의 대상이 될 수 있다.

13 甲은 2010년 5월 1일 친구 乙에게 아파트 전세자금에 사용하도록 1억 원을 변제기 2010년 12월 31일로 정하여 빌려 주었다. 그런데 2020년 5월 1일이 되도록 乙은 甲에게 변제를 하지 않고 있다. 다음 중 이에 대한 설명으로 옳은 것은?(단, 다툼이 있는 경우 판례에 따른다)

① 甲의 대여금채권은 이미 시효로 소멸하였다.

② 甲이 2020년 5월 31일 乙에게 내용증명우편으로 이행을 청구하였다면 2030년 5월 31일까지 시효중단의 효력이 발생한다.

③ 乙이 2020년 5월 31일 채무를 승인하였다면 甲의 대여금채권은 2020년 12월 31일에 시효로 소멸한다.

④ 甲이 2020년 5월 31일 乙을 상대로 대여금채권 1억 원의 지급을 구하는 소를 제기하여 2020년 12월 1일 승소판결이 확정된다면 그 확정된 때로부터 새로 10년의 시효가 진행된다.

⑤ 甲이 대여금채권의 보전을 위해 乙의 재산에 대해 가압류결정을 받아 2020년 5월 31일 가압류집행을 하였더라도 시효중단의 효력은 없다.

14 다음 중 행정주체와 국민과의 관계를 가장 잘 나타낸 것은?

① 권력관계이다.

② 공법관계뿐이다.

③ 사법관계뿐이다.

④ 근로관계이다.

⑤ 사법관계일 때도 있고 공법관계일 때도 있다.

15 다음 중 보증채무에 대한 설명으로 옳지 않은 것은?

① 주채무가 소멸하면 보증채무도 소멸한다.

② 보증채무는 주채무가 이행되지 않을 때 비로소 이행하게 된다.

③ 채무를 변제한 보증인은 선의의 주채무자에 대해서는 구상권을 행사하지 못한다.

④ 채권자가 보증인에 대하여 이행을 청구하였을 때, 보증인은 주채무자에게 먼저 청구할 것을 요구할 수 있다.

⑤ 보증인이 당초에 주채무자가 무능력자라는 것을 알고 있었을 때에는 보증채무는 소멸하지 않는다.

16 다음 중 채권자가 그의 채권을 담보하기 위하여 채무의 변제기까지 채무자로부터 인도받은 동산을 점유·유치하기로 채무자와 약정하고, 채무의 변제가 없는 경우에 그 동산의 매각대금으로부터 우선변제 받을 수 있는 담보물권은?

① 질권
② 유치권
③ 저당권
④ 양도담보권
⑤ 임차권

17 다음 중 지방자치제도에 대한 설명으로 옳지 않은 것을 〈보기〉에서 모두 고르면?(단, 다툼이 있는 경우 판례에 따른다)

> **보기**
> ㄱ. 자치권이 미치는 관할구역의 범위에는 육지는 물론 바다도 포함되는바 지방자치단체의 영토고권이 인정된다.
> ㄴ. 법률에 의한 지방자치단체의 폐치와 분합은 헌법 소원의 대상이 되지만, 반드시 주민투표에 의한 주민의사 확인절차를 거쳐야 하는 것은 아니다.
> ㄷ. 지방자치단체의 장의 계속 재임을 3기로 제한함에 있어 폐지나 통합되는 지방자치단체의 장으로 재임한 것까지 포함시키는 것은 해당 기본권 주체의 공무담임권과 평등권을 침해한 것이다.
> ㄹ. 조례에 대한 법률의 위임은 법규명령에 대한 법률의 위임과 같이 반드시 구체적으로 범위를 정하여 할 필요가 없으며 포괄적인 것으로 족하지만, 벌칙 규정은 법률의 위임이 필요하다.
> ㅁ. 감사원은 지방자치단체의 자치사무에 대해 합법성과 합목적성 감사를 할 수 있으므로 특정한 위법행위가 확인되었거나 위법행위가 있었다는 합리적 의심이 가능한 경우에는 사전적·포괄적 감사가 예외적으로 허용된다.

① ㄱ, ㄴ, ㄷ
② ㄱ, ㄷ, ㅁ
③ ㄱ, ㄹ, ㅁ
④ ㄴ, ㄷ, ㄹ
⑤ ㄴ, ㄹ, ㅁ

18 다음 중 자연인의 권리능력에 대한 설명으로 옳지 않은 것은?

① 자연인의 권리능력은 사망에 의해서만 소멸된다.

② 피성년후견인의 권리능력은 제한능력자에게도 차등이 없다.

③ 실종선고를 받으면 권리능력을 잃는다.

④ 우리 민법은 태아에 대해 개별적 보호주의를 취하고 있다.

⑤ 자연인은 출생과 동시에 권리능력을 가진다.

19 다음 중 추정과 간주에 대한 설명으로 옳은 것은?

① 사실의 확정에 있어서 '추정'보다는 '간주'의 효력이 더 강하다.

② 우리 민법에서 "~한 것으로 본다."라고 규정하고 있으면 이는 추정규정이다.

③ 우리 민법 제28조에서는 "실종선고를 받은 자는 전조의 규정이 만료된 때에 사망한 것으로 추정한다."라고 규정하고 있다.

④ '간주'는 편의상 잠정적으로 사실의 존부를 인정하는 것이므로, 간주된 사실과 다른 사실을 주장하는 자가 반증을 들면 간주의 효과는 발생하지 않는다.

⑤ '추정'은 일종의 법의 의제로서 그 사실이 진실이냐 아니냐를 불문하고 권위적으로 그렇다고 단정해 버리고, 거기에 일정한 법적 효과를 부여하는 것을 의미한다.

20 다음 중 민법상 소멸시효기간이 3년인 것은?

① 의복의 사용료 채권

② 여관의 숙박료 채권

③ 연예인의 임금 채권

④ 도급받은 자의 공사에 관한 채권

⑤ 의식 및 유숙에 관한 교사의 채권

01 다음 중 행정지도에 대한 설명으로 옳은 것은?

① 분쟁의 가능성이 낮다는 장점이 있다.

② 행정환경 변화에 대해 신속한 적용이 어렵다.

③ 행정지도는 강제력을 갖는 행위이다.

④ 행정지도를 통한 상대방의 행위에 대해 행정주체는 감독권한을 갖는다.

⑤ 행정지도는 상대방의 임의적 협력 또는 동의하에 일정 행정질서의 형성을 달성하기 위한 권력적 사실행위이다.

02 다음 중 포스트모더니즘 행정이론에 대한 설명으로 옳은 것을 〈보기〉에서 모두 고르면?

> **보기**
>
> ㄱ. 파머는 전통적 관료제의 탈피를 통한 유기적인 조직구조를 강조하였다.
> ㄴ. 파머는 시민의 요구를 충족시키기 위해 정부의 권위 강화가 불가피함을 주장하였다.
> ㄷ. 담론이론에서는 소수의 이해관계에 따른 의사결정보다 심의 민주주의를 강조한다.

① ㄱ   ② ㄴ

③ ㄱ, ㄷ   ④ ㄴ, ㄷ

⑤ ㄱ, ㄴ, ㄷ

03 다음 중 예산총계주의에 대한 설명으로 옳은 것을 〈보기〉에서 모두 고르면?

> **보기**
>
> ㄱ. 예산총계주의는 수입과 지출 내역, 용도를 명확히 하고 예산을 합리적으로 분류하여 명료하게 관리해야 한다는 원칙이다.
> ㄴ. 한 회계연도의 모든 수입을 세입으로 하고, 모든 지출은 세출로 한다.
> ㄷ. 지방자치단체가 현물로 출자하는 경우는 예외사항에 해당된다.

① ㄱ   ② ㄴ
③ ㄱ, ㄷ   ④ ㄴ, ㄷ
⑤ ㄱ, ㄴ, ㄷ

04 다음 중 신공공관리론에 대한 설명으로 옳은 것을 〈보기〉에서 모두 고르면?

> **보기**
>
> ㄱ. 기업경영의 논리와 기법을 정부에 도입·접목하려는 노력이다.
> ㄴ. 정부 내의 관리적 효율성에 초점을 맞추고, 규칙중심의 관리를 강조한다.
> ㄷ. 거래비용이론, 공공선택론, 주인 – 대리인이론 등을 이론적 기반으로 한다.
> ㄹ. 중앙정부의 감독과 통제의 강화를 통해 일선공무원의 책임성을 강화시킨다.
> ㅁ. 효율성을 지나치게 강조하는 과정에서 민주주의의 책임성이 결여될 수 있는 한계가 있다.

① ㄱ, ㄴ, ㄷ   ② ㄱ, ㄷ, ㄹ
③ ㄱ, ㄷ, ㅁ   ④ ㄴ, ㄷ, ㅁ
⑤ ㄴ, ㄹ, ㅁ

05 다음 글의 ㉠에 해당하는 것은?

> ㉠은/는 정부업무, 업무수행에 필요한 데이터, 업무를 지원하는 응용서비스 요소, 데이터와 응용시스템의 실행에 필요한 정보기술, 보안 등의 관계를 구조적으로 연계한 체계로서 정보자원관리의 핵심수단이다.
> ㉠은/는 정부의 정보시스템 간의 상호운용성 강화, 정보자원 중복투자 방지, 정보화 예산의 투자효율성 제고 등에 기여한다.

① 블록체인 네트워크   ② 정보기술아키텍처
③ 제3의 플랫폼   ④ 클라우드 – 클라이언트 아키텍처
⑤ 스마트워크센터

06 다음 행정이론들을 시기 순서대로 바르게 나열한 것은?

> (가) 최소의 노동과 비용으로 최대의 능률을 올릴 수 있는 표준적 작업절차를 정하고 이에 따라 예정된 작업량을 달성하기 위한 가장 좋은 방법을 발견하려는 이론이다.
> (나) 기존의 거시적인 제도나 구조가 아닌 개인의 표출된 행태를 객관적·실증적으로 분석하는 이론이다.
> (다) 조직구성원들의 사회적·심리적 욕구와 조직 내 비공식집단 등을 중시하며, 조직의 목표와 조직구성원들의 목표 간의 균형 유지를 지향하는 민주적·참여적 관리 방식을 처방하는 이론이다.
> (라) 시민적 담론과 공익에 기반을 두고 시민에게 봉사하는 정부의 역할을 강조하는 이론이다.

① (가) – (나) – (다) – (라)
② (가) – (다) – (나) – (라)
③ (가) – (다) – (라) – (나)
④ (나) – (다) – (가) – (라)
⑤ (나) – (라) – (다) – (가)

07 다음 중 우리나라의 지방재정조정제도에 대한 설명으로 옳지 않은 것은?

① 지방교부세의 재원은 내국세의 19.24%에 해당하는 금액과 종합부동산세 전액으로 구성된다.
② 중앙정부가 지방자치단체별로 지방교부세를 교부할 때 사용하는 기준지표는 지방재정자립도이다.
③ 지방교부세는 용도가 정해져 있지 않다는 점에서 국고보조금과 다르다.
④ 재정자립도를 산정할 때 지방교부세는 지방자치단체의 의존재원에 속한다.
⑤ 국고보조금은 행정서비스의 구역외 확산에 대처할 수 있지만 지역 간 재정력 격차 및 불균형을 심화시키기도 한다.

08 다음 중 개방형 인사관리에 대한 설명으로 옳지 않은 것은?

① 충원된 전문가들이 관료집단에서 중요한 역할을 수행하게 한다.
② 개방형은 승진기회의 제약으로, 직무의 폐지는 대개 퇴직으로 이어진다.
③ 정치적 리더십의 요구에 따른 고위층의 조직 장악력 약화를 초래한다.
④ 공직의 침체, 무사안일주의 등 관료제의 병리를 억제한다.
⑤ 민간부문과의 인사교류로 적극적 인사행정이 가능하다.

09 다음 중 롤스(J. Rawls)의 사회 정의의 원리와 거리가 먼 것은?

① 원초상태(Original Position)하에서 합의되는 일련의 법칙이 곧 사회정의의 원칙으로서 계약 당사자들의 사회협동체를 규제하게 된다.

② 정의의 제1원리는 기본적 자유의 평등원리로서, 모든 사람은 다른 사람의 유사한 자유와 상충되지 않는 한도 내에서 최대한의 기본적 자유에의 평등한 권리를 인정하는 것이다.

③ 정의의 제2원리의 하나인 '차등원리(Difference Principle)'는 가장 불우한 사람들의 편익을 최대화해야 한다는 원리이다.

④ 정의의 제2원리의 하나인 '기회균등의 원리'는 사회·경제적 불평등은 그 모체가 되는 모든 직무와 지위에 대한 기회 균등이 공정하게 이루어진 조건하에서 직무나 지위에 부수해 존재해야 한다는 원리이다.

⑤ 정의의 제1원리가 제2원리에 우선하고, 제2원리 중에서는 '차등원리'가 '기회균등의 원리'에 우선되어야 한다.

10 다음 중 정책의제의 설정에 영향을 미치는 요인에 대한 설명으로 옳지 않은 것은?

① 일상화된 정책문제보다는 새로운 문제가 더 쉽게 정책의제화된다.

② 정책 이해관계자가 넓게 분포하고 조직화 정도가 낮은 경우에는 정책의제화가 상당히 어렵다.

③ 정책문제가 상대적으로 쉽게 해결될 것으로 인지되는 경우에는 쉽게 정책의제화된다.

④ 국민의 관심 집결도가 높거나 특정 사회 이슈에 대해 정치인의 관심이 큰 경우에는 정책의제화가 쉽게 진행된다.

⑤ 사회 이슈와 관련된 행위자가 많고, 이 문제를 해결하기 위한 정책의 영향이 많은 집단에 영향을 미치거나 정책으로 인한 영향이 중요한 것일 경우 상대적으로 쉽게 정책의제화된다.

11 다음 중 지방자치법상 지방의회의 의결사항에 해당하지 않는 것은?

① 조례의 제정·개정 및 폐지

② 재의요구권

③ 기금의 설치·운용

④ 대통령령으로 정하는 중요 재산의 취득·처분

⑤ 청원의 수리와 처리

12 다음 가상 사례에 대한 설명으로 옳은 것은?

> 요즘 한 지방자치단체 공무원들 사이에는 민원 관련 허가를 미루려는 A국장의 기이한 행동이 입방아에 오르내리고 있다. A국장은 자기 손으로 승인여부에 대한 결정을 해야 하는 상황을 피하기 위해 자치단체장에 대한 업무보고도 과장을 시켜서 하는 등 단체장과 마주치지 않기 위해 피나는 노력을 하고 있다고 한다.
> 최근에는 해외일정을 핑계로 아예 장기간 자리를 뜨기도 했다. A국장이 승인여부에 대한 실무진의 의견을 제대로 올리지 않자 안달이 난 쪽은 다름 아닌 바로 단체장이다. 단체장이 모든 책임을 뒤집어써야 하는 상황이 될 수도 있기 때문이다. A국장과 단체장이 책임을 떠넘기려는 웃지 못할 해프닝이 일어나고 있는 것이다. 한 공무원은 "임기 말에 논란이 될 사안을 결정할 공무원이 누가 있겠느냐."고 말했다.
> 이런 현상은 중앙부처의 정책결정 과정이나 자치단체의 일선행정 현장에서 모두 나타나고 있다. 그 사이에 정부 정책의 신뢰는 저하되고, 신뢰를 잃은 정책은 표류할 수밖에 없다.

① 관료들이 위험회피적이고 변화저항적이며 책임회피적인 보신주의로 빠지는 행태를 말한다.
② 관료제의 구조적 특성인 권위의 계층적 구조에서 상사의 명령까지 절대적으로 추종하는 행태를 말한다.
③ 임무수행지침을 규정한 공식적인 법규정만을 너무 고집하고 상황에 따른 유연한 대응을 하지 않는 행태를 말한다.
④ 관료제에서 공식적인 규칙이나 절차가 본래의 목적을 상실하여 조직과 대상 국민에게 순응의 불편이나 비용을 초래하는 것을 말한다.
⑤ 기관에 대한 정서적 집착과 같은 귀속주의나 기관과 자신을 하나로 보는 심리적 동일시 현상을 말한다.

13 다음 중 행정의 가치에 대한 설명으로 옳지 않은 것은?

① 능률성(Efficiency)은 일반적으로 '투입에 대한 산출의 비율'로 정의된다.
② 대응성(Responsiveness)은 행정이 시민의 이익을 반영하고, 그에 반응하는 행정을 수행해야 한다는 것을 뜻한다.
③ 가외성의 특성 중 중첩성(Overlapping)은 동일한 기능을 여러 기관들이 독자적인 상태에서 수행하는 것을 뜻한다.
④ 사이먼(Simon)은 합리성을 목표와 행위를 연결하는 기술적·과정적 개념으로 이해하고, 내용적 합리성(Substantive Rationality)과 절차적 합리성(Procedural Rationality)으로 구분하였다.
⑤ 공익에 대한 과정설은 절차적 합리성을 강조하여 적법절차의 준수에 의해서 공익이 보장된다는 입장이다.

14 다음 중 예산성과금에 대한 설명으로 옳지 않은 것은?

① 각 중앙관서의 장은 예산낭비신고센터를 설치·운영하여야 한다.

② 예산낭비를 신고하거나 예산낭비 방지 방안을 제안한 일반 국민도 성과금을 받을 수 있다.

③ 각 중앙관서의 장은 직권으로 성과금을 지급하거나 절약된 예산을 다른 사업에 사용할 수 있다.

④ 예산낭비신고, 예산절감과 관련된 제안을 받은 중앙관서의 장 또는 기금관리주체는 그 처리결과를 신고 또는 제안을 한 자에게 통지하여야 한다.

⑤ 각 중앙관서의 장은 예산의 집행방법 또는 제도의 개선 등으로 인하여 수입이 증대되거나 지출이 절약된 때에는 이에 기여한 자에게 성과금을 지급할 수 있다.

15 다음 중 예산제도에 대한 설명으로 옳은 것을 〈보기〉에서 모두 고르면?

> **보기**
>
> ㄱ. 품목별 예산제도(LIBS) : 지출의 세부적인 사항에만 중점을 두므로 정부활동의 전체적인 상황을 알 수 없다.
> ㄴ. 성과주의 예산제도(PBS) : 예산배정 과정에서 필요사업량이 제시되지 않아서 사업계획과 예산을 연계할 수 없다.
> ㄷ. 기획예산제도(PPBS) : 모든 사업이 목표달성을 위해 유기적으로 연계되어 있어 부처 간의 경계를 뛰어넘는 자원배분의 합리화를 가져올 수 있다.
> ㄹ. 영기준예산제도(ZBB) : 모든 사업이나 대안을 총체적으로 분석하므로 시간이 많이 걸리고 노력이 과중할 뿐만 아니라 과도한 문서자료가 요구된다.
> ㅁ. 목표관리제도(MBO) : 예산결정 과정에 관리자의 참여가 어렵다는 점에서 집권적인 경향이 있다.

① ㄱ, ㄷ, ㄹ   ② ㄱ, ㄷ, ㅁ

③ ㄴ, ㄷ, ㄹ   ④ ㄱ, ㄴ, ㄹ, ㅁ

⑤ ㄴ, ㄷ, ㄹ, ㅁ

16 다음 글의 ⊙과 ⓒ에 해당하는 것은?

> ⊙은/는 지출이 직접 수입을 수반하는 경비로서 기획재정부장관이 지정하는 것을 의미하며 전통적 예산원칙 중 ⓒ의 예외에 해당한다.

	⊙	ⓒ
①	수입금마련경비	통일성의 원칙
②	수입대체경비	통일성의 원칙
③	수입금마련지출	한정성의 원칙
④	수입대체경비	한정성의 원칙
⑤	수입금마련지출	통일성의 원칙

17 다음 글의 ⊙에 해당하는 것은?

> • ⊙은 밀러(Gerald J. Miller)가 비합리적 의사결정 모형을 예산에 적용하여 1991년에 개발한 예산 이론(모형)이다.
> • ⊙은 독립적인 조직들이나 조직의 하위단위들이 서로 느슨하게 연결되어 독립성과 자율성을 누릴 수 있는 조직의 예산결정에 적합한 예산이론(모형)이다.

① 모호성 모형　　　　　　　　② 단절적 균형 이론
③ 다중합리성 모형　　　　　　④ 쓰레기통 모형
⑤ 무의사결정론

18 다음 중 현재 행정각부와 그 소속 행정기관으로 옳은 것을 〈보기〉에서 모두 고르면?

> **보기**
> ㄱ. 산업통상자원부 – 관세청　　　　ㄴ. 행정안전부 – 경찰청
> ㄷ. 중소벤처기업부 – 특허청　　　　ㄹ. 환경부 – 산림청
> ㅁ. 기획재정부 – 조달청　　　　　　ㅂ. 해양수산부 – 해양경찰청

① ㄱ, ㄴ, ㅁ　　　　　　　　　② ㄱ, ㄷ, ㄹ
③ ㄱ, ㄹ, ㅁ　　　　　　　　　④ ㄴ, ㄷ, ㅁ
⑤ ㄴ, ㅁ, ㅂ

19 다음 중 예산제도에 대한 설명으로 옳지 않은 것은?

① 기획예산제도(PPBS)는 기획, 사업구조화, 그리고 예산을 연계시킨 시스템적 예산제도이다.

② 기획예산제도(PPBS)의 단점으로는 의사결정이 지나치게 집권화되고 전문화되어 외부통제가 어렵다는 점과 대중적인 이해가 쉽지 않아 정치적 실현가능성이 낮다는 점이 있다.

③ 품목별 예산제도(LIBS)는 정부의 지출을 체계적으로 구조화한 최초의 예산제도로서 지출대상별 통제를 용이하게 할 뿐 아니라 지출에 대한 근거를 요구하고 확인할 수 있다.

④ 성과주의 예산제도(PBS)는 사업별, 활동별로 예산을 편성하고, 성과평가를 통하여 행정통제를 합리화할 수 있다.

⑤ 품목별 예산제도(LIBS)는 왜 돈을 지출해야 하는지, 무슨 일을 하는지에 대하여 구체적인 정보를 제공하는 장점이 있다.

20 다음 중 공무원의 신분보장의 배제에 대한 설명으로 옳은 것은?

① 직위해제 : 해당 공무원에 대해 직위를 부여하지 않음으로써 공무원의 신분을 박탈하는 임용행위이다.

② 직권면직 : 직제·정원의 변경으로 직위의 폐지나 초과정원이 발생한 경우에 임용권자가 직권으로 직무 수행의 의무를 면해 주되 공무원의 신분은 보유하게 하는 임용행위이다.

③ 해임 : 공무원의 신분을 박탈하는 중징계 처분의 하나이며 퇴직급여액의 2분의 1이 삭감되는 임용행위이다.

④ 파면 : 공무원의 신분을 박탈하는 중징계 처분의 하나이며 원칙적으로 퇴직금 감액이 없는 임용행위이다.

⑤ 정직 : 공무원의 신분은 보유하지만, 직무 수행을 일시적으로 정지시키며 보수를 전액 감하는 임용행위이다.

01 다음 그림과 같은 단면의 보가 휨모멘트 $M = 270KN \cdot m$를 받을 때, 하연에서 50mm 떨어진 지점에서의 휨응력은 얼마인가?

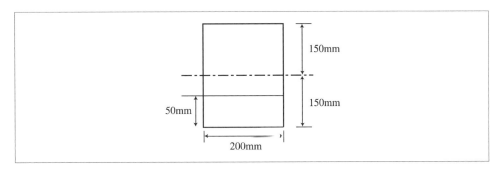

① 30MPa

② 45MPa

③ 60MPa

④ 90MPa

⑤ 100MPa

02 단면이 원형인 보에 휨모멘트 M이 작용할 때, 이 보에 작용하는 최대 휨응력은?(단, 원형의 반지름은 r이다)

① $\dfrac{2M}{\pi r^3}$

② $\dfrac{4M}{\pi r^3}$

③ $\dfrac{8M}{\pi r^3}$

④ $\dfrac{16M}{\pi r^3}$

⑤ $\dfrac{32M}{\pi r^3}$

03 다음 중 폭 $b=20$cm, 높이 $h=30$cm인 직사각형 단면보의 적당한 저항 휨모멘트는?(단, 허용 휨응력도는 80kg/cm^{2}이다)

① 0.6t・m

② 1.2t・m

③ 2.4t・m

④ 3.6t・m

⑤ 4.8t・m

04 어떤 재료의 탄성계수를 E, 전단탄성계수를 G라 할 때 G와 E의 관계식으로 옳은 것은?(단, 이 재료의 푸아송비는 ν이다)

① $G=\dfrac{E}{2(1-\nu)}$

② $G=\dfrac{E}{2(1+\nu)}$

③ $G=\dfrac{E}{2(1-2\nu)}$

④ $G=\dfrac{E}{2(1+2\nu)}$

⑤ $G=\dfrac{E}{2(1-3\nu)}$

05 탄성계수 $E=2.1\times10^6$kg/cm^{2}이고 푸아송비 $v=0.25$일 때, 전단 탄성계수의 값은 얼마인가?

① 8.4×10^5kg/cm^2

② 10.5×10^5kg/cm^2

③ 16.8×10^5kg/cm^2

④ 21.0×10^5kg/cm^2

⑤ 23.6×10^5kg/cm^2

06 정사각형 단면에 인장하중 P가 작용할 때, 가로 단면과 $45°$의 각을 이루는 경사면에 생기는 수직 응력 σ_n과 전단응력 τ 사이에는 다음 중 어느 관계가 성립되는가?

① $\sigma_n = \dfrac{\tau}{2}$

② $\sigma_n = \dfrac{\tau}{4}$

③ $\sigma_n = \tau$

④ $\sigma_n = 2\tau$

⑤ $\sigma_n = 4\tau$

07 다음 그림과 같은 라멘에서 C점의 휨모멘트는?

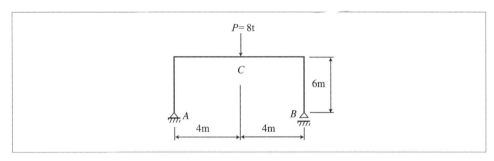

① $12\text{t} \cdot \text{m}$

② $16\text{t} \cdot \text{m}$

③ $24\text{t} \cdot \text{m}$

④ $32\text{t} \cdot \text{m}$

⑤ $40\text{t} \cdot \text{m}$

08 평균지름 $d=1,200\text{mm}$, 벽두께 $t=6\text{mm}$를 갖는 긴 강제 수도관이 $P=10\text{kg/cm}^2$의 내압을 받고 있다. 이 관벽 속에 발생하는 원환응력 σ의 크기는?

① 16.6kg/cm^2

② 450kg/cm^2

③ 900kg/cm^2

④ $1,000\text{kg/cm}^2$

⑤ $1,200\text{kg/cm}^2$

09 빙산의 부피가 V, 비중이 0.92이고, 바닷물의 비중은 1.025라 할 때, 바닷물 속에 잠겨있는 빙산의 부피는?

① $1.0\,V$ ② $0.9\,V$

③ $0.8\,V$ ④ $0.7\,V$

⑤ $0.6\,V$

10 다음과 같은 집중호우가 자기기록지에 기록되었다. 지속기간 20분 동안의 최대강우강도는?

시간	5분	10분	15분	20분	25분	30분	35분	40분
누가우량	2mm	5mm	10mm	20mm	35mm	40mm	43mm	45mm

① 95mm/h   ② 105mm/h

③ 115mm/h   ④ 125mm/h

⑤ 135mm/h

11 다음 중 압력수두를 P, 속도수두를 V, 위치수두를 Z라고 할 때, 정체압력수두 P_s는?

① $P_s = P - V - Z$ ② $P_s = P + V + Z$

③ $P_s = P - V$ ④ $P_s = P + V$

⑤ $P_s = P \times V$

12 유역면적이 $4km^2$이고, 유출계수가 0.8인 산지하천에서의 강우강도가 $80mm/h$이다. 다음 중 합리식을 사용한 유역출구에서의 첨두홍수량은?(단, 소수점 둘째 자리에서 반올림한다)

① $35.5m^3/s$ ② $71.1m^3/s$

③ $128m^3/s$ ④ $256m^3/s$

⑤ $382m^3/s$

13 어느 소유역의 면적이 $20ha$이고, 유수의 도달시간이 5분이다. 강수자료의 해석으로부터 얻어진 이 지역이 강우강도식이 아래와 같을 때, 다음 중 합리식에 의한 홍수량은?(단, 유역의 평균유출계수는 0.6이다)

$$\text{강우강도식} : I = \frac{6,000}{(t+35)} (\text{단}, \ t\text{는 강우지속시간이다})$$

① $18.0m^3/s$ ② $5.0m^3/s$

③ $1.8m^3/s$ ④ $0.5m^3/s$

⑤ $0.2m^3/s$

14 면적 $10km^2$인 저수지의 수면으로부터 $2m$ 위에서 측정된 대기의 평균온도가 $25°C$이고, 상대습도가 65%, 풍속이 $4m/s$일 때, 증발률은 $1.44mm/$일이었다. 다음 중 저수지 수면에서의 일 증발량은?

① $3,600m^3/$일   ② $7,200m^3/$일

③ $9,360m^3/$일   ④ $14,400m^3/$일

⑤ $18,600m^3/$일

15 Thiessen 다각형에서 각각의 면적이 20km^2, 30km^2, 50km^2 이고, 이에 대응하는 강우량은 각각 40mm, 30mm, 20mm이다. 다음 중 이 지역의 면적 평균강우량 P는?

① 25mm

② 27mm

③ 28mm

④ 30mm

⑤ 32mm

16 단면2차모멘트가 I, 길이 L인 균일한 단면의 직선상의 기둥이 있다. 지지상태가 1단 고정, 1단 자유인 경우 오일러(Euler) 좌굴하중(P_{cr})은?[단, 기둥의 영(Young)계수는 E이다]

① $\dfrac{\pi^2 EI}{4L^2}$

② $\dfrac{\pi^2 EI}{L^2}$

③ $\dfrac{2\pi^2 EI}{L^2}$

④ $\dfrac{3\pi^2 EI}{L^2}$

⑤ $\dfrac{4\pi^2 EI}{L^2}$

17 수심 h, 단면적 A, 유량 Q로 흐르고 있는 개수로에서 에너지 보정계수를 α라고 할 때, 비에너지 H_e를 구하는 식은?(단, h = 수심, g = 중력가속도이다)

① $H_e = h + \alpha\left(\dfrac{Q}{A}\right)$

② $H_e = h + \alpha\left(\dfrac{Q}{A}\right)^2$

③ $H_e = h + \alpha\left(\dfrac{Q^2}{2g}\right)$

④ $H_e = h + \dfrac{\alpha}{2g}\left(\dfrac{Q}{A}\right)^2$

⑤ $H_e = h + \dfrac{\alpha}{2g}\left(\dfrac{Q}{A}\right)$

18 그림과 같은 막대를 평형이 되도록 할 때, 다음 중 A점에 필요한 무게는?

$$A \quad 10\text{cm} \quad 30\text{cm} \quad 20\text{cm} \quad B$$

C점 왼쪽 10cm에 A, P 하향, C는 지점, D에 20kg, B에 10kg

① 80kg

② 90kg

③ 100kg

④ 110kg

⑤ 130kg

19 직사각형 난년의 수로에서 최소비에너지가 1.5m라면 단위폭당 최대유량은?(단, 에너지보정계수 $\alpha = 1.0$이다)

① 약 $2.86\text{m}^3/\text{s}$

② 약 $2.98\text{m}^3/\text{s}$

③ 약 $3.13\text{m}^3/\text{s}$

④ 약 $3.32\text{m}^3/\text{s}$

⑤ 약 $3.48\text{m}^3/\text{s}$

20 단순보의 A단에 작용하는 모멘트를 M_A라고 할 때, 다음 중 처짐각 θ_B는?(단, EI는 일정하다)

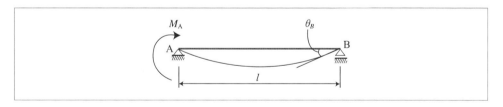

① $\dfrac{M_A l}{3EI}$

② $\dfrac{M_A l}{4EI}$

③ $\dfrac{M_A l}{5EI}$

④ $\dfrac{M_A l}{6EI}$

⑤ $\dfrac{M_A l}{7EI}$

교육은 우리 자신의 무지를 점차 발견해 가는 과정이다.

- 윌 듀란트 -

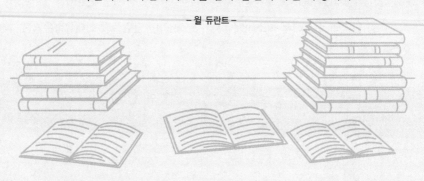

PART 3

최종점검 모의고사

최종점검 모의고사

※ 한국농어촌공사 5 · 6급 최종점검 모의고사는 2023년 채용공고 및 후기를 기준으로 구성한 것으로 실제 시험과 다를 수 있습니다.

※ 모바일 OMR 답안채점 / 성적분석 서비스

경영(행정직)

경제(행정직)

법(행정직)

행정(행정직)

토목(토목직)

■ 취약영역 분석

| 01 | 직업기초능력

번호	O/×	영역	번호	O/×	영역	번호	O/×	영역
01			21			41		
02			22			42		
03			23			43		
04			24			44		
05		의사소통능력	25		수리능력	45		자원관리능력 / 기술능력
06			26			46		
07			27			47		
08			28			48		
09			29			49		
10			30			50		
11			31					
12			32					
13			33					
14			34					
15		문제해결능력	35		정보능력			
16			36					
17			37					
18			38					
19			39					
20			40					

| 02 | 직무수행능력

번호	01	02	03	04	05	06	07	08	09	10	11	12	13	14	15	16	17	18	19	20
O/×									경영 / 경제 / 법 / 행정 / 토목											
번호	21	22	23	24	25	26	27	28	29	30	31	32	33	34	35	36	37	38	39	40
O/×									경영 / 경제 / 법 / 행정 / 토목											

평가문항	90문항	평가시간	90분
시작시간	:	종료시간	:
취약영역			

최종점검 모의고사

⏱ 응시시간 : 90분   📋 문항 수 : 90문항

정답 및 해설 p.080

| 01 | 직업기초능력 |

| 01 | 공통

01 다음 글의 내용으로 적절하지 않은 것은?

> 사람의 눈이 원래 하나였다면 세계를 입체적으로 지각할 수 있었을까? 입체 지각은 대상까지의 거리를 인식하여 세계를 3차원으로 파악하는 과정을 말한다. 입체 지각은 눈으로 들어오는 시각 정보로부터 다양한 단서를 얻어 이루어지는데 이를 양안 단서와 단안 단서로 구분할 수 있다.
>
> 양안 단서는 양쪽 눈이 함께 작용하여 얻어지는 것으로, 양쪽 눈에서 보내오는 시차(視差)가 있는 유사한 상이 대표적이다. 단안 단서는 한쪽 눈으로 얻을 수 있는 것인데, 사람은 단안 단서만으로도 이전의 경험으로부터 추론에 의하여 세계를 3차원으로 인식할 수 있다. 망막에 맺히는 상은 2차원이지만 그 상들 사이의 깊이의 차이를 인식하게 해 주는 다양한 실마리들을 통해 입체 지각이 이루어진다.
>
> 동일한 물체가 크기가 다르게 시야에 들어오면 우리는 더 큰 시각(視角)을 가진 쪽이 더 가까이 있다고 인식한다. 이렇게 물체의 상대적 크기는 대표적인 단안 단서이다. 또 다른 단안 단서로는 '직선 원근'이 있다. 우리는 앞으로 뻗은 길이나 레일이 만들어 내는 평행선의 폭이 좁은 쪽이 넓은 쪽보다 멀리 있다고 인식한다. 또 하나의 단안 단서인 '결 기울기'는 같은 대상이 집단적으로 어떤 면에 분포할 때, 시야에 동시에 나타나는 대상들의 연속적인 크기 변화로 얻어진다. 예를 들면 들판에 만발한 꽃을 보면 앞쪽은 꽃이 크고 뒤로 가면서 서서히 꽃이 작아지는 것으로 보이는데 이러한 시각적 단서가 쉽게 원근감을 일으킨다.
>
> 어떤 경우에는 운동으로부터 단안 단서를 얻을 수 있다. '운동 시차'는 관찰자가 운동할 때 정지한 물체들이 얼마나 빠르게 움직이는 것처럼 보이는지가 물체들까지의 상대적 거리에 대한 실마리를 제공하는 것이다. 예를 들어 기차를 타고 가다 창밖을 보면 가까이에 있는 나무는 빨리 지나가고 멀리 있는 산은 거의 정지해 있는 것처럼 보인다.

① 세계를 입체적으로 지각하기 위해서는 단서가 되는 다양한 시각 정보가 필요하다.

② 단안 단서에는 물체의 상대적 크기, 직선 원근, 결 기울기, 운동 시차 등이 있다.

③ 사고로 한쪽 눈의 시력을 잃은 사람은 입체 지각이 불가능하다.

④ 대상까지의 거리를 인식할 수 있어야 세계를 입체적으로 지각할 수 있다.

⑤ 이동하는 차 안에서 창밖을 보면 가까이에 있는 건물이 멀리 있는 건물보다 더 빨리 지나간다.

02 다음 문단을 논리적 순서대로 바르게 나열한 것은?

> (가) 근대에 접어들어 모든 사물이 생명력을 갖지 않는 일종의 기계라는 견해가 강조되면서, 아리스토텔레스의 목적론은 비과학적이라는 이유로 많은 비판에 직면한다.
>
> (나) 대표적인 근대 사상가인 갈릴레이는 목적론적 설명이 과학적 설명으로 사용될 수 없다고 주장했고, 베이컨은 목적에 대한 탐구가 과학에 무익하다고 평가했으며, 스피노자는 목적론이 자연에 대한 이해를 왜곡한다고 비판했다.
>
> (다) 일부 현대 학자들은 근대 사상가들이 당시 과학에 기초한 기계론적 모형이 더 설득력을 갖는다는 일종의 교조적 믿음에 의존했을 뿐, 아리스토텔레스의 목적론을 거부할 충분한 근거를 제시하지 못했다고 비판한다.
>
> (라) 이들의 비판은 목적론이 인간 이외의 자연물도 이성을 갖는 것으로 의인화한다는 것이다. 그러나 이런 비판과는 달리 아리스토텔레스는 자연물을 생물과 무생물로, 생물을 식물·동물·인간으로 나누고, 인간만이 이성을 지닌다고 생각했다.

① (가) - (나) - (라) - (다)
② (가) - (다) - (나) - (라)
③ (가) - (라) - (나) - (다)
④ (나) - (다) - (라) - (가)
⑤ (나) - (라) - (다) - (가)

PART 3

03 다음 중 빈칸에 들어갈 단어로 가장 적절한 것은?

> 정부는 선거와 관련하여 신고자에 대한 _____을/를 대폭 강화하기로 하였다.

① 보훈(報勳)   ② 공훈(功勳)
③ 공로(功勞)   ④ 포상(褒賞)
⑤ 공적(功績)

04 다음 글을 통해 알 수 있는 내용으로 적절하지 않은 것은?

한국 고유의 전통 무술인 택견은 유연하고 율동적인 춤과 같은 동작으로 다리를 걸어 넘어뜨리거나 상대를 공격한다. 택견 전수자는 우아한 몸놀림으로 움직이며 부드러운 곡선을 만들어 내지만, 이를 통해 유연성뿐만 아니라 힘도 보여준다. 택견에서는 발동작이 손만큼이나 중요한 역할을 한다. 택견은 부드러워 보이지만, 가능한 모든 전투 방법을 이용하여 다양한 공격과 방어 기술을 강조하는 효과적인 무술이다.

택견은 또한 배려의 무술이다. 숙련된 택견 전수자는 짧은 시간 내에 상대를 제압할 수 있지만, 진정한 고수는 상대를 다치게 하지 않으면서도 물러나게 하는 법을 안다. 우리 민족의 역사 속에서 택견은 계절에 따른 농업과 관련된 전통의 한 부분으로서 공동체의 통합을 이루어 왔고, 대중적인 스포츠로서 공중 보건을 증진하는 역할까지 맡아왔다. 택견의 동작은 유연하고 율동적인 춤과 같으며, 이러한 동작으로 상대를 공격하거나 다리를 걸어 넘어뜨린다. 천천히 꿈틀거리고 비트는 유연하고 곡선적인 동작은 때로 웃음을 자아내기도 하지만, 전수자에게 내재된 에너지는 엄청난 유연성과 힘으로 나타난다. 수천 년의 역사를 지닌 이 한국의 토착 무술은 보기에는 정적이고 품위 있으나 근본적으로는 활력이 있으며 심지어 치명적이다.

택견은 주도권을 장악하는 바로 그 순간까지도 상대를 배려해야 한다고 가르친다. 또한 공격보다는 수비 기술을 더 많이 가르치는데 바로 이러한 점에서 여타의 무술과는 다르다. 이는 전투 스포츠에서는 상상도 할 수 없는 개념이나 택견에서는 이 모든 것이 가능하다.

택견은 자신보다 상대를, 개인보다 집단을 배려하도록 가르친다. 택견의 동작은 유연하고 부드럽지만 전수자를 강력하게 유도하는 힘이 있다. 한 마리의 학과 같이 우아하기만 한 숙련된 택견 전수자의 몸놀림도 공격할 때만은 매와 같이 빠르고 강력하다.

택견에는 몇 가지 독특한 특징이 있다. 첫째, 곡선을 그리는 듯한 움직임 때문에 외적으로는 부드러우나 내적으로는 강한 무술이다. 둘째, 우아함과 품위를 강조하는 자연스럽고 자발적인 무술이다. 셋째, 걸고 차는 다양한 기술을 통해 공격과 방어가 조화를 이루는 실질적이고 통합된 무술이다. 부드러운 인상을 풍기지만, 택견은 모든 가능한 전투 방법을 이용하며 다양한 공격과 방어 기술을 강조하는 효과적인 무술이다. 한국의 전통 무술의 뿌리라 할 수 있는 택견은 한국 문화의 특징인 합일과 온전함을 대표한다.

① 택견은 상대방을 다치지 않게 하기 위해 수비의 기술을 더 많이 가르친다.
② 택견은 공격과 수비가 조화를 이루는 무술이다.
③ 택견은 부드러운 동작 때문에 유연성만 강조된 무술 같으나 실은 강력한 힘이 내제되어 있다.
④ 택견은 자연스러움의 무술이다.
⑤ 택견은 내면의 아름다움을 중시하는 스포츠이다.

05 다음 글을 읽고 필자의 생각으로 가장 적절한 것은?

> 우리는 우리가 생각한 것을 말로 나타낸다. 또 다른 사람의 말을 듣고, 그 사람이 무슨 생각을 가지고 있는지를 짐작한다. 그러므로 생각과 말은 서로 떨어질 수 없는 깊은 관계를 가지고 있다.
>
> 그러면 말과 생각이 얼마만큼 깊은 관계를 가지고 있을까? 이 문제를 놓고 사람들은 오랫동안 여러 가지 생각을 하였다. 그 가운데 가장 두드러진 것이 두 가지 있다. 하나는 말과 생각이 서로 꼭 달라붙은 쌍둥이인데 한 놈은 생각이 되어 속에 감추어져 있고 다른 한 놈은 말이 되어 사람 귀에 들리는 것이라는 생각이다. 다른 하나는 생각이 큰 그릇이고 말은 생각 속에 들어가는 작은 그릇이어서 생각에는 말 이외에도 다른 것이 더 있다는 생각이다.
>
> 두 가지 생각 가운데서 앞의 것은 조금만 깊이 생각해 보면 틀렸다는 것을 즉시 깨달을 수 있다. 우리가 생각한 것은 거의 대부분 말로 나타낼 수 있지만, 누구든지 가슴 속에 응어리진 어떤 생각이 분명히 있기는 한데 그것을 어떻게 말로 표현해야 할지 애태운 경험을 가지고 있을 것이다. 이것 한 가지만 보더라도 말과 생각이 서로 안팎을 이루는 쌍둥이가 아님은 쉽게 판명된다.
>
> 인간의 생각이라는 것은 매우 넓고 큰 것이며 말이란 결국 생각의 일부분을 주워 담는 작은 그릇에 지나지 않는다. 그러나 아무리 인간의 생각이 말보다 범위가 넓고 큰 것이라고 하여도 그것을 가능한 한 말로 바꾸어 놓지 않으면 그 생각의 위대함이나 오묘함이 다른 사람에게 전달되지 않기 때문에 말의 신세를 지지 않을 수가 없게 되어 있다. 그러니까 말은 통하지 않고는 생각을 전달할 수가 없는 것이다.

① 말은 생각의 폭을 확장시킨다.

② 말은 생각을 전달하기 위한 수단이다.

③ 생각은 말이 내면화된 쌍둥이와 같은 존재이다.

④ 말은 생각의 하위요소이다.

⑤ 말은 생각을 제한하는 틀이다.

06 다음 중 '뉴로리더십'에 대한 설명으로 적절하지 않은 것은?

미래학자인 다니엘 핑크(Daniel Pink)는 앞으로의 세상은 하이콘셉트(High – Concept), 하이터치(High – Touch)의 시대가 될 것이라고 했다. 하이콘셉트는 예술적, 감성적 아름다움을 창조하는 능력을 말하며, 하이터치는 공감을 이끌어내는 능력을 말한다. 즉, 미래에는 뇌를 쓰는 방식이 달라져야 함을 의미한다.

지금까지의 세계는 체계화된 정보를 바탕으로 품질 좋은 제품을 대량생산하여 규모의 경제를 이루고, 시장을 개척해 부지런히 노력하면 어느 정도는 성공할 수 있는 경쟁체제였다. 경쟁사보다 논리적이고 체계적으로 정보를 분석해 소비자의 니즈를 만족시킬 수 있도록 하는 좌뇌형 사회였다고 할 수 있다.

하지만 세상은 빠르게 변하고 있다. 정보를 많이 가지고 있는 것보다는 그 정보를 이용해 어떤 새로운 아이디어를 도출해 내느냐가 더욱 중요한 시대가 된 것이다. 동일한 정보를 가지고 남들이 미처 생각하지 못했던 아이디어를 떠올리고 숨겨진 고객의 니즈를 이끌어냄으로써 시장을 주도할 수 있는 통찰력과 창의력이 중요한 성공 포인트가 되고 있다.

하지만 4차 산업혁명이 강조되고 있는 오늘날, 우리나라에서는 안타깝게도 창의적인 아이디어를 바탕으로 혁신적인 비즈니스 모델을 만들어낸 기업은 거의 보이지 않는 것 같다. 최근 미국의 기술분석 잡지인 『MIT Technology Review』의 발표에 따르면 세계 50대 혁신기업 중에 우리나라 기업은 단 하나도 들지 못했다.

창의적인 아이디어가 중요한 4차 산업혁명 시대에는 경영의 패러다임도 그에 맞춰 변화해야 한다. 무엇보다 큰 틀에서 세상의 변화를 바라보고 그것을 선도할 수 있는 통찰력이 필요하다. 그러나 아쉽게도 우리나라 기업은 여전히 '일' 중심의 관리문화가 굳건하게 자리잡고 있어 '나무는 보되 숲은 보지 못하는' 근시안적 자세에서 벗어나지 못하고 있다. 아무리 시스템이 잘 갖춰져 있고 관리체계가 뛰어나도 사람이라는 자원이 투입되지 않고서는 좋은 아이디어가 도출될 수 없다. 창의적인 아이디어란 결국 사람의 머리를 거치지 않고서는 나올 수 없기 때문이다.

결국 관리의 중심축이 '일'에서 '사람'으로 바뀌지 않으면 안 된다. '일' 중심의 관리문화에서는 초점이 '효율'과 '생산성'에 맞춰져 있으며 사람은 그것을 보조하는 일개 수단에 지나지 않는다. 반면, '사람' 중심의 관리문화에서는 '창조성'과 '가치'에 초점이 맞춰져 있다. 효율과 생산성을 높이기 위한 수단에 불과했던 사람 그 자체가 관리의 중심이 된다. 사람이 관리의 중심이 되기 위해서는 인간이 가진 두뇌의 특성을 이해해야 한다. 두뇌의 작동 메커니즘과 생물학적인 특성이 이해되어야만 그것이 가진 잠재력과 가치를 최대한으로 활용할 수 있다. 이러한 관점에서 인간의 두뇌 특성을 이해하고 모든 조직 구성원이 최대한 창의적으로 뇌를 활용할 수 있게 함으로써 미래의 경영 환경에서 살아남을 수 있도록 만들어주는 혁신적인 툴이 뉴로리더십이라고 할 수 있다.

① 구성원들이 최대한 창의적으로 뇌를 활용할 수 있게 하는 것이다.
② 창조성과 가치가 관리의 중심축이라고 말할 수 있다.
③ 일보다 사람을 우선시하는 관리문화를 말한다.
④ 인간이 가진 두뇌의 특성을 이해하는 것을 바탕으로 한다.
⑤ 근시안적인 자세를 가지고 행동하는 리더십을 말한다.

07 다음 글의 주제로 가장 적절한 것은?

마스크를 낀 사람들이 더는 낯설지 않다. "알프스나 남극 공기를 포장해 파는 시대가 오는 게 아니냐."는 농담을 가볍게 웃어넘기기 힘든 상황이 됐다. 황사·미세먼지·초미세먼지·오존·자외선 등 한 번 외출할 때마다 꼼꼼히 챙겨야 할 것들이 한둘이 아니다. 중국과 인접한 우리나라의 환경오염 피해는 더욱 심각한 상황이다. 지난 4월 3일 서울의 공기품질은 최악을 기록한 인도 델리에 이어 2위라는 불명예를 차지했다.

또렷한 환경오염은 급격한 기후변화의 촉매제가 되고 있다. 지난 1912년 이후 지구의 연평균 온도는 꾸준히 상승해 평균 0.75℃가 올랐다. 우리나라는 세계적으로 유래를 찾아보기 어려울 만큼 연평균 온도가 100여 년간 1.8℃나 상승했으며, 이는 지구 평균치의 2배를 웃도는 수치이다. 기온 상승은 다양한 부작용을 낳고 있다. 1991년부터 2010년까지 20여 년간 폭염일수는 8.2일에서 10.5일로 늘어났고, 열대야지수는 5.4일에서 12.5일로 증가했다. 1920년대에 비해 1990년대 겨울은 한 달이 짧아졌다. 이러한 이상 기온은 우리 농어촌에 악영향을 끼칠 수밖에 없다.

기후변화와 더불어, 세계 인구의 폭발적 증가는 식량난 사태로 이어지고 있다. 일부 저개발 국가에서는 굶주림이 일반화되고 있다. 올해를 기준으로 전 세계 인구수는 81억 1,800만 명을 넘어섰다. 인류 역사상 가장 많은 인류가 지구에 살고 있는 셈이다. 이 추세대로라면 오는 2050년에는 97억 2,500만 명을 넘어설 것으로 전망된다. 한정된 식량 자원과 급증하는 지구촌 인구수의 격차는 불을 보듯 뻔하다. 곧 글로벌 식량위기가 가시화될 전망이다.

우리나라는 식량의 75% 이상을 해외에서 조달하고 있다. 이는 국제 식량가격의 급등이 식량안보의 위협으로 이어질 수도 있음을 뜻한다. 미 국방성은 '수백만 명이 사망하는 전쟁이나 자연재해보다 기후변화가 가까운 미래에 더 심각한 재앙을 초래할 수 있다.'는 내용의 보고서를 발표하였다.

이뿐만 아니라 식량이 부족한 상황에서 식량의 질적 문제도 해결해야 할 과제이다. 삶의 질을 중시하면서 친환경적인 안전 먹거리에 대한 관심과 수요는 증가하고 있지만, 급변하는 기후변화와 부족한 식량 자원은 식량의 저질화로 이어질 가능성을 높이고 있다. 일손 부족 등으로 인해 친환경 먹거리 생산의 대량화 역시 쉽지 않은 상황이다.

① 지구온난화에 의한 기후변화의 징조
② 환경오염에 따른 기후변화가 우리 삶에 미치는 영향
③ 기후변화에 대처하는 자세
④ 환경오염을 예방하는 방법
⑤ 환경오염과 인구증가의 원인

08 다음 글을 읽고 추론한 내용으로 가장 적절한 것은?

> 충전과 방전을 통해 반복적으로 사용할 수 있는 충전지는 양극에 사용되는 금속 산화 물질에 따라 납 충전지, 니켈 충전지, 리튬 충전지로 나눌 수 있다. 충전지가 방전될 때 양극 단자와 음극 단자 간에 전압이 발생하는데, 방전이 진행되면서 전압이 감소한다. 이렇게 변화하는 단자 전압의 평균을 공칭 전압이라 한다. 충전지를 크게 만들면 충전 용량과 방전 전류 세기를 증가시킬 수 있으나, 전극의 물질을 바꾸지 않는 한 공칭 전압은 변하지 않는다. 납 충전지의 공칭 전압은 2V, 니켈 충전지는 1.2V, 리튬 충전지는 3.6V이다.
>
> 충전지는 최대 용량까지 충전하는 것이 효율적이며 이러한 상태를 만충전이라 한다. 충전지를 최대 용량을 넘어서 충전하거나 방전 하한 전압 이하까지 방전시키면 충전지의 수명이 줄어들기 때문에 충전 양을 측정·관리하는 것이 중요하다. 특히 과충전 시에는 발열로 인해 누액이나 폭발의 위험이 있다. 니켈 충전지의 일종인 니켈카드뮴 충전지는 다른 충전지와 달리 메모리 효과가 있어서 일부만 방전한 후 충전하는 것을 반복하면 충·방전할 수 있는 용량이 줄어든다.
>
> 충전에 사용하는 충전기의 전원 전압은 충전지의 공칭 전압보다 높은 전압을 사용하고, 충전지로 유입되는 전류를 저항으로 제한한다. 그러나 충전이 이루어지면서 충전지의 단자 전압이 상승하여 유입되는 전류의 세기가 점점 줄어들게 된다. 그러므로 이를 막기 위해 충전기에는 충전 전류의 세기가 일정하도록 하는 정전류 회로가 사용된다. 또한 정전압 회로를 사용하기도 하는데, 이는 회로에 입력되는 전압이 변해도 출력되는 전압이 일정하도록 해 준다. 리튬 충전지를 충전할 경우, 정전류 회로를 사용하여 충전하다가 만충전 전압에 이르면 정전압 회로로 전환하여 정해진 시간 동안 충전지에 공급하는 전압을 일정하게 유지함으로써 충전지 내부에 리튬 이온이 고르게 분포될 수 있게 한다.

① 사용하는 리튬 충전지의 용량이 1,000mAh라면 전원 전압이 2V보다 높은 충전기를 사용해야 한다.

② 니켈 충전지는 납 충전지보다 공칭 전압이 낮으므로 전압을 높이려면 크기를 더 크게 만들면 된다.

③ 니켈카드뮴 충전지를 오래 사용하려면 방전 하한 전압 이하까지 방전시킨 후에 충전하는 것이 좋다.

④ 충전지를 충전하는 과정에서 충전지의 온도가 과도하게 상승한다면 폭발의 위험이 있을 수 있으므로 중지하는 것이 좋다.

⑤ 리튬 충전지의 공칭 전압은 3.6V이므로 충전 시 3.6V에 이르면 충전기의 정전압 회로가 전압을 일정하게 유지해야 한다.

09 다음 빈칸에 들어갈 내용으로 가장 적절한 것은?

> 최근 경제·시사 분야에서 빈번하게 등장하고 있는 단어인 탄소배출권(CER; Certified Emission Reduction)에 대한 개념을 이해하기 위해서는 먼저 교토메커니즘(Kyoto Mechanism)과 탄소배출권거래제(Emission Trading)를 알아둘 필요가 있다.
>
> 교토메커니즘은 지구 온난화의 규제 및 방지를 위한 국제 협약인 기후변화협약의 수정안인 교토 의정서에서, 온실가스를 보다 효과적이고 경제적으로 줄이기 위해 도입한 세 유연성체제인 '공동이행제도', '청정개발체제', '탄소배출권거래제'를 묶어 부르는 것이다.
>
> 이 중 탄소배출권거래제는 교토의정서 6대 온실가스인 이산화탄소, 메테인, 아산화질소, 과불화탄소, 수소불화탄소, 육불화황의 배출량을 줄여야 하는 감축의무국가가 의무감축량을 초과 달성하였을 경우에 그 초과분을 다른 국가와 거래할 수 있는 제도로, _____
> 결국 탄소배출권이란 현금화가 가능한 일종의 자산이자 가시적인 자연보호성과인 셈이며, 이에 따라 많은 국가 및 기업에서 탄소배출을 줄임과 동시에 탄소감축활동을 통해 탄소배출권을 획득하기 위해 동분서주하고 있다. 특히 기업들은 탄소배출권을 확보하는 주요 수단인 청정개발체제 사업을 확대하는 추세인데, 청정개발체제 사업은 개발도상국에 기술과 자본을 투자해 탄소배출량을 줄였을 경우에 이를 탄소배출량 감축목표달성에 활용할 수 있도록 한 제도이다.

① 다른 국가를 도왔을 때 그로 인해 줄어든 탄소배출량을 감축목표량에 더할 수 있는 것이 특징이다.

② 교토메커니즘의 세 유연성체제 중에서도 가장 핵심이 되는 제도라고 할 수 있다.

③ 6대 온실가스 중에서도 특히 이산화탄소를 줄이기 위해 만들어진 제도이다.

④ 의무감축량을 준수하지 못한 경우에도 다른 국가로부터 감축량을 구입할 수 있는 것이 특징이다.

⑤ 다른 감축의무국가를 도움으로써 획득한 탄소배출권이 사용되는 배경이 되는 제도이다.

10 다음 중 〈보기〉가 들어갈 위치로 가장 적절한 곳은?

사물인터넷(IoT; Internet of Things)은 각종 사물에 센서와 통신 기능을 내장하여 인터넷에 연결하는 기술, 즉 무선 통신을 통해 각종 사물을 연결하는 기술을 의미한다. __(가)__ 우리들은 이 같은 사물인터넷의 발전을 상상할 때 더 똑똑해진 가전제품들을 구비한 가정집, 혹은 더 똑똑해진 자동차들을 타고 도시로 향하는 모습 등, 유선형의 인공미 넘치는 근미래 도시를 떠올리곤 한다. 하지만 발달한 과학의 혜택은 인간의 근본적인 삶의 조건인 의식주 또한 풍요롭고 아름답게 만든다. 아쿠아포닉스(Aquaponics)는 이러한 첨단기술이 1차 산업에 적용된 대표적인 사례이다. __(나)__ 아쿠아포닉스는 물고기양식(Aquaculture)과 수경재배(Hydro – ponics)가 결합된 합성어로 양어장에 물고기를 키우며 발생한 유기물을 이용하여 식물을 수경 재배하는 순환형 친환경 농법이다. __(다)__ 물고기를 키우는 양어조, 물고기 배설물로 오염된 물을 정화시켜 주는 여과시스템, 정화된 물로 채소를 키워 생산할 수 있는 수경재배 시스템으로 구성되어 있다. 또한, 농약이나 화학비료 없이 물고기와 채소를 동시에 키울 수 있어 환경과 신용 모두를 아우르는 농법으로 주목받고 있다. __(라)__ 이러한 수고로움을 덜어주는 것이 바로 사물인터넷이다. 사물인터넷은 적절한 시기에 물고기 배설물을 미생물로 분해하여 농작물의 영양분으로 활용하고, 최적의 온도를 알아서 맞추는 등 실수 없이 매일매일 세심한 관리가 가능하다. 전기로 가동하여 별도의 환경오염 또한 발생하지 않으므로 가히 농업과 찰떡궁합이라고 할 수 있을 것이다. __(마)__

보기

물론 단점도 있다. 물고기와 식물이 사는 최적의 조건을 만족시켜야 하며 실수나 사고로 시스템에 큰 문제가 발생할 수도 있다. 물이 지나치게 오염되지 않도록 매일매일 철저한 관리는 필수이다. 아쿠아포닉스는 그만큼 신경 써야 할 부분이 많고 사람의 손이 많이 가기에 자칫 배보다 배꼽이 더 큰 상황이 발생할 수도 있다.

① (가)   ② (나)

③ (다)   ④ (라)

⑤ (마)

11 K공사 홍보실에 근무하는 A사원은 12일부터 15일까지 워크숍을 가게 되어, 스마트폰 날씨예보 어플을 통해 워크숍 장소인 춘천의 날씨를 확인해 보았다. 다음 중 A사원이 확인한 날씨예보의 내용으로 옳은 것은?

① 워크숍 기간 중 오늘이 일교차가 가장 크므로 감기에 유의해야 한다.
② 내일 춘천지역의 미세먼지가 심하므로 주의해야 한다.
③ 워크숍 기간 중 비를 동반한 낙뢰가 예보된 날이 있다.
④ 내일모레 춘천지역의 최고·최저기온이 모두 영하이므로 야외활동 시 옷을 잘 챙겨 입어야 한다.
⑤ 글피엔 비는 내리지 않지만 최저기온이 영하이다.

건물	연회장	대여료	수용 가능 인원	회사로부터 거리	비고
A호텔	연꽃실	140만 원	200명	6km	2시간 이상 대여 시 추가비용 40만 원
B호텔	백합실	150만 원	300명	2.5km	1시간 초과 대여 불가능
C호텔	매화실	150만 원	200명	4km	이동수단 제공
	튤립실	180만 원	300명	4km	이동수단 제공
D호텔	장미실	150만 원	250명	4km	–

〈호텔별 연회장 대여 현황〉

12 총무팀에 근무하고 있는 이대리는 김부장에게 다음과 같은 지시를 받았다. 이대리가 연회장 예약을 위해 지불해야 하는 예약금은 얼마인가?

> 다음 주에 있을 회사창립 20주년 기념행사를 위해 준비해야 할 것들 알려줄게요. 먼저 다음 주 금요일 오후 6시부터 8시까지 사용 가능한 연회장 리스트를 뽑아서 행사에 적합한 연회장을 예약해주세요. 연회장 대여를 위한 예산은 160만 원이고, 회사에서의 거리가 가까워야 임직원들이 이동하기에 좋을 것 같아요. 행사 참석 인원은 240명이고, 이동수단을 제공해준다면 우선적으로 고려하도록 하세요. 예약금은 대여료의 10%라고 하니 예약 완료하고 지불하도록 하세요.

① 14만 원　　　　　　　　② 15만 원
③ 16만 원　　　　　　　　④ 17만 원
⑤ 18만 원

13 회사창립 20주년 기념행사의 연회장 대여 예산이 200만 원으로 증액된다면, 이대리는 어떤 연회장을 예약하겠는가?

① A호텔 연꽃실　　　　　　② B호텔 백합실
③ C호텔 매화실　　　　　　④ C호텔 튤립실
⑤ D호텔 장미실

14 K회사는 창립 10주년을 맞이하여 전 직원 단합대회를 준비하고 있다. 이를 위해 사장인 B씨는 여행상품 중 한 가지를 선정하려 하는데, 직원 투표 결과를 통해 결정하려고 한다. 직원 투표 결과와 여행상품별 1인당 경비는 다음과 같고, 추가로 행사를 위한 부서별 고려사항을 참고하여 선택할 경우 〈보기〉 중 옳은 것을 모두 고르면?

〈직원 투표 결과〉

상품내용		투표 결과(표)					
여행상품	1인당 비용(원)	총무팀	영업팀	개발팀	홍보팀	공장1	공장2
A	500,000	2	1	2	0	15	6
B	750,000	1	2	1	1	20	5
C	600,000	3	1	0	1	10	4
D	1,000,000	3	4	2	1	30	10
E	850,000	1	2	0	2	5	5

〈여행상품별 혜택 정리〉

상품명	날짜	장소	식사제공	차량지원	편의시설	체험시설
A	5/10 ~ 5/11	해변	○	○	×	×
B	5/10 ~ 5/11	해변	○	○	○	×
C	6/7 ~ 6/8	호수	○	○	○	×
D	6/15 ~ 6/17	도심	○	×	○	○
E	7/10 ~ 7/13	해변	○	○	○	×

〈부서별 고려사항〉

• 총무팀 : 행사 시 차량 지원이 가능함
• 영업팀 : 6월 초순에 해외 바이어와 가격 협상 회의 일정이 있음
• 공장1 : 3일 연속 공장 비가동 시 제품의 품질 저하가 예상됨
• 공장2 : 7월 중순 공장 이전 계획이 있음

보기

㉠ 여행상품 비용으로 총 1억 500만 원이 필요하다.
㉡ 투표 결과, 가장 인기가 많은 여행상품은 B이다.
㉢ 공장1의 A, B 투표 결과가 바뀐다면 여행상품 선택은 변경된다.

① ㉠
② ㉠, ㉡
③ ㉠, ㉢
④ ㉡, ㉢
⑤ ㉠, ㉡, ㉢

15 시위에 가담한 A ~ G 7명이 연행되었는데, 이 중에 시위주동자가 2명이 있다. 누가 시위주동자인지에 대해서 증인 5명이 아래와 같이 진술하였다. 증인들의 진술을 고려해 볼 때, 시위주동자 중 1명은 누구인가?

> 증인 1 : A, B, G는 모두 아니다.
> 증인 2 : E, F, G는 모두 아니다.
> 증인 3 : C와 G 중에서 최소 1명은 시위주동자이다.
> 증인 4 : A, B, C, D 중에서 최소 1명은 시위주동자이다.
> 증인 5 : B, C, D 중에서 최소 1명이 시위주동자이고, D, E, F 중에서 최소 1명이 시위주동자이다.

① A
② B
③ C
④ F
⑤ G

16 K공사는 2024년 신입사원 채용을 진행하고 있다. 최종 관문인 면접평가는 다대다 면접으로 A ~ E면접자를 포함하여 총 8명이 입장하여 다음 〈조건〉과 같이 의자에 앉았다. D면접자가 2번 의자에 앉았을 때, 항상 옳은 것은?(단, 면접실 의자는 순서대로 1번부터 8번까지 번호가 매겨져 있다)

> **조건**
> • C면접자와 D면접자는 이웃해 앉지 않고, D면접자와 E면접자는 이웃해 앉지 않는다.
> • A면접자와 C면접자 사이에는 2명이 앉는다.
> • A면접자는 양 끝(1번, 8번)에 앉지 않는다.
> • B면접자는 6번 또는 7번 의자에 앉고, E면접자는 3번 의자에 앉는다.

① A면접자는 4번에 앉는다.
② C면접자는 1번에 앉는다.
③ A면접자와 B면접자가 서로 이웃해 앉는다면 C면접자는 4번 또는 8번에 앉는다.
④ B면접자가 7번에 앉으면, A면접자와 B면접자 사이에 2명이 앉는다.
⑤ C면접자가 8번에 앉으면, B면접자는 6번에 앉는다.

17 H대리는 P과장의 업무 지시에 따라 각 지역본부에 회의 일정을 공유하려고 한다. 주어진 자료를 보고 다음 〈조건〉에 따라 시간외근무수당이 가장 적게 드는 방법으로 다녀오고자 할 때, 그 금액으로 옳은 것은?

> P과장 : H대리, 이번 주 수요일에 각 지역본부에서 정기회의가 잡혀 있어요. 이번에는 중요한 업무가 있어 직접 가기 어려우니 대신 참여해주길 바랍니다. 아직 지역본부별 회의시간이 정해지지 않았다고 하는데, 본사에서 제안하는 시간에 맞춰 정한다고 하더군요. 구체적인 일정은 H대리가 공유해주세요. 참! 이번에 새로 들어온 K사원도 함께 다녀와요. 본사 앞에 있는 버스 정류장에서 버스를 타면, 서울역까지는 15분이면 도착해요. 우선 본사에 들러서 준비한 다음, 근무시작 시간인 오전 09:00에 출발하면 됩니다. 그리고 서울에 도착하면 회사에 올 필요 없이 바로 퇴근하세요. 시간외근무수당은 서울역에 도착하는 시간까지 계산됩니다. 영수증은 반드시 챙겨야 해요.

〈KTX 소요시간〉

구분	서울역 ↔ 대전역	대전역 ↔ 울산역	울산역 ↔ 부산역
소요시간	1시간	1시간 20분	30분

※ KTX는 각 역에서 매시 정각부터 20분 간격으로 출발한다(정각, 20분, 40분 출발).
※ 여러 역을 거칠 경우 총 소요시간은 해당 구간별 소요시간을 합산한 시간으로 한다.

〈직급별 시간외 근무수당〉

구분	사원	주임	대리	과장
수당	15,000원/시간		20,000원/시간	30,000원/시간

※ 시간외근무수당 : 정규 근무시간을 초과하여 근로한 사람에게 지급하는 수당이다(정규 근무시간 : 주 40시간, 일 8시간, 점심시간 제외).
※ 수당은 시간기준으로 정산하고, 잔여 근로시간이 30분을 초과할 경우 근무수당의 50%를 지급한다.

조건
- 지역본부는 대전본부, 울산본부, 부산본부가 있으며, 회의는 모든 지역본부에서 진행된다.
- 각 역에서 각 지역본부까지는 모두 10분 거리이다.
- 회의는 매시 정각이나 30분에 시작하며, 회의에 걸리는 시간은 90분이다.
- 지역별 회의는 정규 근무시간 내에 이뤄진다.
- 점심 및 저녁에 대한 시간은 고려하지 않는다.

① 105,000원 ② 120,000원
③ 145,000원 ④ 150,000원
⑤ 215,000원

※ 다음은 K마트의 배송이용약관이다. 이어지는 질문에 답하시오. [18~19]

<보기>

〈배송이용약관〉

▲ 배송기간
① 당일배송상품은 오전 주문 시 상품 당일 오후 배송(단, 당일 배송 주문마감 시간은 지점마다 상이함)
② 일반배송상품은 전국 택배점 상품은 상품 결제 완료 후 평균 2 ~ 4일 이내 배송완료
③ 일반배송상품은 택배사를 이용해 배송되므로 주말, 공휴일, 연휴에는 배송되지 않음
④ 당일배송의 경우 각 지점에 따라 배송정책이 상이하므로 이용매장에 직접 확인해야 함
⑤ 꽃 배송은 전국 어디서나 3시간 내에 배달 가능(단, 도서 산간지역 등 일부 지역 제외, 근무시간 내 주문접수
되어야 함)

▲ 배송비
① A클럽(K마트 점포배송)을 제외한 상품은 무료배송이 원칙(단, 일부 상품의 경우 상품가격에 배송비
가 포함될 수 있으며, 도서지역의 경우 도선료, 항공료 등이 추가될 수 있음)
② A클럽 상품은 지점별로 배송비 적용 정책이 상이함(해당점 이용안내 확인 필요)
③ 도서상품은 배송비 무료
④ CD / DVD 상품은 39,000원 미만 주문 시 배송비 3,000원 부과
⑤ 화장품 상품은 30,000원 미만 주문 시 배송비 3,000원 부과
⑥ 기타 별도의 배송비 또는 설치비가 부과되는 경우에는 해당 상품의 구매페이지에 게재함

▲ 배송확인
① [나의 e쇼핑 → 나의 쇼핑정보 → 주문 / 배송현황]에서 배송현황의 배송조회 버튼을 클릭하여 확인할
수 있음
② 주문은 [주문완료] → [결제완료] → [상품준비 중] → [배송 중] → [배송완료] 순으로 진행
• [주문완료] : 상품대금의 입금 미확인 또는 결제가 미완료된 접수 상태
• [결제완료] : 대금결제가 완료되어 주문을 확정한 상태
• [상품준비 중] : 공급처가 주문내역을 확인 후 상품을 준비하여 택배사에 발송을 의뢰한 상태
• [배송 중] : 공급처에 배송지시를 내린 상태(공급처가 상품을 발송한 상태)
• [배송완료] : 배송이 완료되어 고객님이 상품을 인수한 상태
※ 배송주소가 2곳 이상인 경우 주문할 상품의 상세페이지에서 [대량주문하기] 버튼을 클릭하면 여러 배송지로
상품 보내기 가능(배송주소를 여러 곳 설정할 때는 직접 입력 또는 엑셀파일로 작성 후 파일업로드 2가지 방식
이용)

18 서울 B대학의 기숙사 룸메이트인 갑과 을은 K마트에서 각각 물건을 구매했다. 두 명 모두 일반배송 상품을 이용하였으며, 갑은 화장품 세트를, 을은 책 3권을 구매하였다. 이 경우 각각 물건을 구매하는 데 배송비를 포함하여 얼마가 들었는가?(단, 갑이 구매한 화장품 세트는 29,900원이며, 을이 구매한 책은 각각 10,000원이다)

	갑	을
①	29,900원	30,000원
②	29,900원	33,000원
③	30,900원	33,000원
④	32,900원	33,000원
⑤	32,900원	30,000원

19 서울에 사는 병은 K마트에서 해운대에 사시는 부모님께 보내드릴 사과 한 박스를 주문했다. 사과는 K마트 일반배송상품으로 가격은 32,000원인데 현재 25% 할인을 하고 있다. 배송비를 포함하여 상품을 구매하는 데 총 얼마가 들었으며, 상품은 부모님 댁에 늦어도 언제까지 배송될 예정인가?

일	월	화	수	목	금	토
1	2	3	4	5	6 상품 결제완료	7
8	9	10	11	12	13	14

	총가격	배송 완료일
①	24,000원	9일 월요일
②	24,000원	12일 목요일
③	27,000원	10일 화요일
④	32,000원	12일 목요일
⑤	32,000원	13일 금요일

20 다음은 정보공개 대상별 정보공개수수료에 대한 자료이다. 이를 참고할 때, 〈보기〉의 정보열람인 중 정보공개수수료를 가장 많이 지급하는 사람부터 순서대로 나열한 것은?(단, 정보열람인들이 열람한 정보는 모두 공개 대상인 정보이다)

〈정보공개 대상별 정보공개 방법 및 수수료〉

공개 대상	열람·시청	사본(종이출력물)·인화물·복제물
문서·도면·사진 등	• 열람 - 1일 1시간 이내 : 무료 - 1시간 초과 시 30분마다 1,000원	• 사본(종이출력물) - A3 이상 : 300원(1장 초과 시 100원/장) - B4 이하 : 250원(1장 초과 시 50원/장)
필름·테이프 등	• 녹음테이프(오디오자료)의 청취 - 1건이 1개 이상으로 이루어진 경우 : 1개(60분 기준)마다 1,500원 - 여러 건이 1개로 이루어진 경우 : 1건(30분 기준)마다 700원 • 영화필름의 시청 - 1편이 1캔 이상으로 이루어진 경우 : 1캔(60분 기준)마다 3,500원 - 여러 편이 1캔으로 이루어진 경우 : 1편(30분 기준)마다 2,000원 • 사진필름의 열람 - 1장 : 200원 - 1장 초과 시 50원/장	• 녹음테이프(오디오자료)의 복제 - 1건이 1개 이상으로 이루어진 경우 : 1개마다 5,000원 - 여러 건이 1개로 이루어진 경우 : 1건마다 3,000원 • 사진필름의 복제 - 1컷마다 6,000원 • 사진필름의 인화 - 1컷마다 500원
마이크로필름·슬라이드 등	• 마이크로필름의 열람 - 1건(10컷 기준)1회 : 500원 - 10컷 초과 시 1컷마다 100원 • 슬라이드의 시청 - 1컷마다 200원	• 사본(종이출력물) - A3 이상 : 300원(1장 초과 시 200원/장) - B4 이하 : 250원(1장 초과 시 150원/장) • 마이크로필름의 복제 - 1롤마다 1,000원 • 슬라이드의 복제 - 1컷마다 3,000원

보기

• A : 공시지가에 관련된 문서와 지가비공개 대상에 대한 문서를 하루 동안 각각 3시간 30분씩 열람하고, 공시지가 관련 문서를 A3용지로 총 25장에 걸쳐 출력하였다.
• B : 한 캔에 포함된 두 편의 영화필름 중 20분짜리 독립유공자 업적 관련 한 편의 영화를 시청하고, 13컷으로 구성된 관련 슬라이드를 시청하였으며, 해당 슬라이드의 1컷부터 6컷까지를 복제하였다.
• C : 공단 사업연혁과 관련된 마이크로필름 2롤과 3건(1건이 1개)으로 이루어진 녹음테이프 자료를 복제하였고, 최근 해외협력사업과 관련된 사진필름 8장을 열람하였다.
• D : 하반기 공사 입찰계약과 관련된 문서의 사본을 B4용지로 35장을 출력하고, 작년 공사 관련 사진필름을 22장 열람하였다.

① A - B - C - D
② A - B - D - C
③ B - A - C - D
④ B - C - A - D
⑤ D - C - A - B

21 농도 10% 설탕물 480g에 20% 설탕물 120g을 섞었다. 이 설탕물에서 한 컵의 설탕물을 퍼내고, 퍼낸 설탕물의 양만큼 다시 물을 부었더니 11%의 설탕물 600g이 되었다. 이때 컵으로 퍼낸 설탕물의 양은?

① 30g ② 50g

③ 60g ④ 90g

⑤ 100g

22 어느 문구점에서 연필 2자루의 가격과 지우개 1개의 가격을 더하면 공책 1권의 가격과 같고, 지우개 1개의 가격과 공책 1권의 가격을 더하면 연필 5자루의 가격과 같다. 이 문구점에서 연필 10자루의 가격과 공책 4권의 가격을 더하면 지우개 몇 개의 가격과 같은가?(단, 이 문구점에서 동일한 종류의 문구 가격은 같은 것으로 한다)

① 15개 ② 16개

③ 17개 ④ 18개

⑤ 19개

※ 다음은 외국인 직접투자의 투자건수 비율과 투자금액 비율을 투자규모별로 나타낸 자료이다. 이어지는 질문에 답하시오. [23~24]

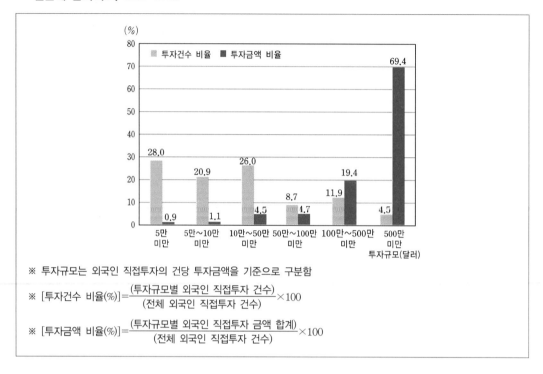

※ 투자규모는 외국인 직접투자의 건당 투자금액을 기준으로 구분함

※ [투자건수 비율(%)]=$\dfrac{(투자규모별\ 외국인\ 직접투자\ 건수)}{(전체\ 외국인\ 직접투자\ 건수)} \times 100$

※ [투자금액 비율(%)]=$\dfrac{(투자규모별\ 외국인\ 직접투자\ 금액\ 합계)}{(전체\ 외국인\ 직접투자\ 건수)} \times 100$

23 다음 중 투자규모가 50만 달러 미만인 투자건수 비율은?

① 55.3% ② 62.8%
③ 68.6% ④ 74.9%
⑤ 83.3%

24 다음 중 100만 달러 이상의 투자건수 비율은?

① 16.4% ② 19.6%
③ 23.5% ④ 26.1%
⑤ 30.7%

25 나영이와 현지가 집에서 공원을 향해 분당 150m의 속력으로 걸어가고 있다. 30분 정도 걸었을 때, 나영이가 지갑을 집에 두고 온 것을 기억하여 분당 300m의 속력으로 집에 갔다가 같은 속력으로 다시 공원을 향해 걸어간다고 한다. 현지는 그 속력 그대로 20분 뒤에 공원에 도착했을 때, 나영이는 현지가 공원에 도착하고 몇 분 후에 공원에 도착할 수 있는가?(단, 집에서 공원까지의 거리는 직선이고, 이동시간 외 다른 소요시간은 무시한다)

① 20분 　　　　　　　　　　② 25분

③ 30분 　　　　　　　　　　④ 35분

⑤ 40분

26 다음은 수송부문 대기 중 온실가스 배출량에 대한 자료이다. 이에 대한 설명으로 옳지 않은 것은?

〈수송부문 대기 중 온실가스 배출량〉

(단위 : ppm)

연도	구분	합계	이산화탄소	아산화질소	메탄
2019년	합계	83,617.9	82,917.7	197.6	502.6
	산업 부문	58,168.8	57,702.5	138	328.3
	가계 부문	25,449.1	25,215.2	59.6	174.3
2020년	합계	85,343.1	84,626.3	202.8	513.9
	산업 부문	59,160.2	58,686.7	141.4	332.1
	가계 부문	26,182.8	25,939.6	61.4	181.8
2021년	합계	85,014.3	84,306.8	203.1	504.4
	산업 부문	60,030	59,553.9	144.4	331.7
	가계 부문	24,984.3	24,752.9	58.7	172.7
2022년	합계	86,338.3	85,632.1	205.1	501.1
	산업 부문	64,462.4	63,936.9	151.5	374
	가계 부문	21,875.9	21,695.2	53.6	127.1
2023년	합계	88,261.37	87,547.49	210.98	502.9
	산업 부문	65,491.52	64,973.29	155.87	362.36
	가계 부문	22,769.85	22,574.2	55.11	140.54

① 이산화탄소의 비중은 어느 시기든 상관없이 가장 크다.

② 연도별 가계와 산업 부문의 배출량 차이 값은 2023년에 가장 크다.

③ 연도별 가계와 산업 부문의 배출량 차이 값은 해가 지날수록 지속적으로 증가한다.

④ 해당기간 동안 온실가스 총량은 지속적으로 증가하고 있다.

⑤ 모든 시기에서 아산화질소보다 메탄은 항상 많은 양이 배출되고 있다.

27 귀하는 미디어 매체별 이용자 분포 자료를 토대로 보고서에 추가할 그래프를 제작하였다. 완성된 보고서를 상사에게 제출하였는데, 그래프 중에서 잘못된 것이 있다고 피드백을 받았다. 귀하가 다음의 자료를 토대로 그래프를 검토할 때 수정이 필요한 것은 무엇인가?

〈미디어 매체별 이용자 분포〉

(단위 : %)

구분		TV	스마트폰	PC / 노트북
사례 수		7,000명	6,000명	4,000명
성별	남	49.4	51.7	51.9
	여	50.6	48.3	48.1
연령	10대	9.4	11.2	13.0
	20대	14.1	18.7	20.6
	30대	17.1	21.1	23.0
	40대	19.1	22.2	22.6
	50대	18.6	18.6	15.0
	60세 이상	21.7	8.2	5.8
직업	사무직	20.1	25.6	28.2
	서비스직	14.8	16.6	14.9
	생산직	20.3	17.0	13.4
	학생	13.2	16.8	19.4
	주부	20.4	17.8	18.4
	기타	0.6	0.6	0.6
	무직	10.6	5.6	5.1
소득	상	31.4	35.5	38.2
	중	45.1	49.7	48.8
	하	23.5	14.8	13.0
도시 규모	대도시	45.3	47.5	49.5
	중소도시	37.5	39.6	39.3
	군지역	17.2	12.9	11.2

① 연령대별 스마트폰 이용자 수(단위 : 명)

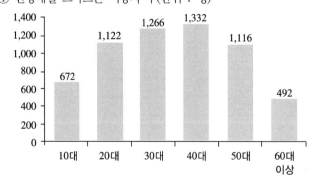

② 성별 매체이용자 수(단위 : 명)

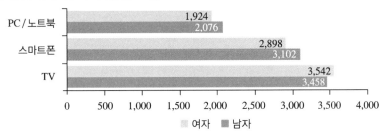

③ 매체별 소득수준 구성비

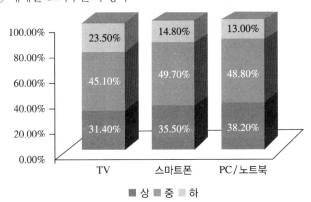

④ TV+스마트폰 이용자의 도시규모별 구성비

⑤ 사무직 이용자의 매체별 구성비

28 다음은 국가별 자동차 보유 대수를 나타낸 자료이다. 이에 대한 설명으로 옳은 것은?(단, 모든 비율은 소수점 둘째 자리에서 반올림한다)

〈국가별 자동차 보유 대수〉

(단위 : 천 대)

구분		전체	승용차	트럭·버스
유럽	네덜란드	3,585	3,230	355
	독일	18,481	17,356	1,125
	프랑스	17,434	15,100	2,334
	영국	15,864	13,948	1,916
	이탈리아	15,400	14,259	1,414
캐나다		10,029	7,823	2,206
호주		5,577	4,506	1,071
미국		129,943	104,898	25,045

① 자동차 보유 대수에서 승용차가 차지하는 비율이 가장 높은 나라는 프랑스이다.

② 자동차 보유 대수에서 트럭·버스가 차지하는 비율이 가장 높은 나라는 미국이다.

③ 캐나다와 프랑스는 승용차와 트럭·버스의 비율이 3 : 1로 거의 비슷하다.

④ 자동차 보유 대수에서 승용차가 차지하는 비율이 가장 낮은 나라는 호주지만, 그래도 90%를 넘는다.

⑤ 유럽 국가는 미국, 캐나다, 호주와 비교했을 때, 자동차 보유 대수에서 승용차가 차지하는 비율이 높다.

29 다음은 K공사의 최근 4년간 청렴도 측정결과 추세를 나타낸 그래프이다. 이를 이해한 내용으로 옳지 않은 것은?(단, 소수점 둘째 자리에서 반올림한다)

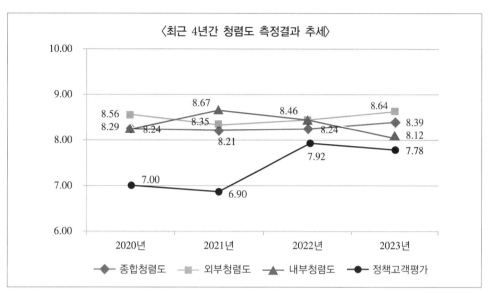

① 최근 4년간 내부청렴도의 평균은 외부청렴도 평균보다 낮다.

② 2021 ~ 2023년 외부청렴도와 종합청렴도의 증감추이는 같다.

③ 정책고객평가가 전년 대비 가장 높은 비율의 변화가 있던 것은 2022년이다.

④ 전년 대비 가장 크게 하락한 항목은 2022년의 내부청렴도이다.

⑤ 내부청렴도와 정책고객평가는 2023년에 하락하였다.

30 다음은 지역별 전력 최종에너지 소비량 변화에 대한 자료이다. 〈보기〉 중 이에 대한 설명으로 옳지 않은 것은?

〈지역별 전력 최종에너지 소비량〉

구분	2013년		2023년		연평균 증가율(%)
	소비량(천 TOE)	비중(%)	소비량(천 TOE)	비중(%)	
전국	28,588	100.0	41,594	100.0	3.8
서울	3,485	12.2	3,903	9.4	1.1
부산	1,427	5.0	1,720	4.1	1.9
대구	1,063	3.7	1,286	3.1	1.9
인천	1,562	5.5	1,996	4.8	2.5
광주	534	1.9	717	1.7	3.0
대전	624	2.2	790	1.9	2.4
울산	1,793	6.3	2,605	6.3	3.8
세종	–	–	227	0.5	–
경기	5,913	20.7	9,034	21.7	4.3
강원	1,065	3.7	1,394	3.4	2.7
충북	1,244	4.4	1,974	4.7	4.7
충남	1,931	6.8	4,067	9.8	7.7
전북	1,169	4.1	1,899	4.6	5.0
전남	1,617	5.7	2,807	6.7	5.7
경북	2,852	10.0	3,866	9.3	3.1
경남	2,072	7.2	2,913	7.0	3.5
제주	238	0.8	381	0.9	4.8

보기

전력은 모든 지역에서 소비가 증가하였다. 특히 ㉠ 충청남도가 7.7%로 가장 높은 상승세를 나타냈으며, 이어서 ㉡ 전라도가 5%대의 연평균 증가율을 보이며 뒤를 이었다. 반면에 ㉢ 서울과 달리 부산 및 인천 지역은 증가율이 상대적으로 낮은 편인 것으로 나타났다.

인구가 가장 많은 경기도는 20%대의 비중을 유지하면서 지속해서 가장 높은 수준의 전력을 소비하는 지역으로 나타났으며, ㉣ 2013년 두 번째로 많은 전력을 소비했던 서울은 충청남도에 밀려 2023년에는 세 번째가 되었다. 한편, ㉤ 전국 에너지 소비량은 10년 사이 천만 TOE 이상의 증가를 나타냈다.

① ㉠

② ㉡

③ ㉢

④ ㉣

⑤ ㉤

31 다음 중 정보화 사회에 대한 설명으로 옳은 것은?

① 정보화 사회에서는 정보의 다양한 특성 중 기술적 실효성이 가장 강조된다.

② 정보화 사회의 심화는 새로운 분야에서 국가 간 갈등을 야기해 세계화를 저해한다.

③ 정보화 사회가 진전됨에 따라 지식과 정보의 증가량 및 변화 속도는 더욱 증가할 것이다.

④ 정보화 사회에서는 체계화된 정보관리주체들이 존재하므로 개인들의 정보관리 필요성이 낮아진다.

⑤ 지식정보 관련 산업이 핵심 산업이 되면서, 물질이나 에너지 산업의 부가가치 생산성은 저하되고 있다.

32 K물산에 근무하는 B사원은 제품 판매 결과보고서를 작성할 때, 자주 사용하는 여러 개의 명령어를 묶어 하나의 키 입력 동작으로 만들어서 빠르게 완성하였다. 그리고 판매 결과를 여러 유통업자에게 알리기 위해 같은 내용의 안내문을 미리 수집해 두었던 주소록을 활용하여 쉽게 작성하였다. 이러한 사례에서 사용한 워드프로세서(한글 2010)의 기능으로 옳은 것을 〈보기〉에서 모두 고르면?

보기	
ㄱ. 매크로	ㄴ. 글맵시
ㄷ. 메일 머지	ㄹ. 하이퍼링크

① ㄱ, ㄴ   ② ㄱ, ㄷ

③ ㄴ, ㄷ   ④ ㄴ, ㄹ

⑤ ㄷ, ㄹ

33 다음 대화에서 K사원이 안내할 엑셀 함수로 가장 적절한 것은?

> P과장 : K씨, 제품 일련번호가 짝수인 것과 홀수인 것을 구분하고 싶은데, 일일이 찾아 분류하자니
> 데이터가 너무 많아 번거로울 것 같아. 엑셀로 분류할 수 있는 방법이 없을까?
>
> K사원 : 네, 과장님. _____ 함수를 사용하면 편하게 분류할 수 있습니다. 이 함수는 지정한 숫
> 자를 특정 숫자로 나눈 나머지를 알려줍니다. 만약 제품 일련번호를 2로 나누면 나머지가
> 0 또는 1이 나오는데, 여기서 나머지가 0이 나오는 것은 짝수이고 나머지가 1이 나오는
> 것은 홀수이기 때문에 분류가 빠르고 쉽게 됩니다. 분류하실 때는 필터기능을 함께 사용하
> 면 더욱 간단해집니다.
>
> P과장 : 그렇게 하면 간단히 처리할 수 있겠어. 정말 큰 도움이 되었네.

① SUMIF
② MOD
③ INT
④ NOW
⑤ VLOOKUP

34 다음 워크시트와 같이 평점이 3.0 미만인 행 전체에 셀 배경색을 지정하고자 한다. 이를 위해 조건
부 서식 설정에서 사용할 수식으로 옳은 것은?

	A	B	C	D
1	학번	학년	이름	평점
2	20959446	2	강혜민	3.38
3	21159458	1	김경식	2.60
4	21059466	2	김병찬	3.67
5	21159514	1	장현정	1.29
6	20959476	2	박동현	3.50
7	21159467	1	이승현	3.75
8	20859447	4	이병훈	2.93
9	20859461	3	강수빈	3.84

① =$D2<3
② =$D&2<3
③ =D2<3
④ =D$2<3
⑤ =D2>3

35 다음 시트에서 [A7] 셀에 수식 「=$A$1+$A2」를 입력한 후 [A7] 셀을 복사하여 [C8] 셀에 붙여넣기 했을 때, [C8] 셀에 표시되는 결과로 옳은 것은?

	A	B	C
1	1	2	3
2	2	4	6
3	3	6	9
4	4	8	12
5	5	10	15
6			
7			
8			

① 3

② 4

③ 7

④ 10

⑤ 15

36 다음 워크시트를 참조하여 작성한 수식 「=VLOOKUP(SMALL(A2:A10,3),A2:E10,4,0)」의 결괏값으로 옳은 것은?

	A	B	C	D	E
1	번호	억양	발표	시간	자료준비
2	1	80	84	91	90
3	2	89	92	86	74
4	3	72	88	82	100
5	4	81	74	89	93
6	5	84	95	90	88
7	6	83	87	72	85
8	7	76	86	83	87
9	8	87	85	97	94
10	9	98	78	96	81

① 82

② 83

③ 86

④ 87

⑤ 88

37 다음과 같이 왼쪽의 날짜가 입력된 [A2:A5] 영역에 대해 [셀 서식] − [사용자 지정 형식] 기능을 이용하여 오른쪽의 [A2:A5] 영역처럼 표현하였을 때, [A2] ~ [A5] 셀에 입력된 표시 형식의 내용으로 옳은 것은?

◢	A
1	날짜
2	2024-02-17
3	2024-02-18
4	2024-02-19
5	2024-02-20

→

◢	A
1	날짜
2	2024년 02월 17일
3	18-Feb-24
4	2024-02-19-월요일
5	February-20-Tuesday

	[A2]	[A3]	[A4]	[A5]
①	yyyy"년" mm"월" dd"일"	dd-mm-yy	yyyy-mm-ddd aaaa	mmmm dd dddd
②	yy"년" mm"월" dd"일"	dd-mmm-yy	yyyy-mm-dd-aaa	mm-dd-dddd
③	yyyy"년" mm"월" dd"일"	dd-mmm-yy	yyyy-mm-dd-aaaa	mmmm-dd-dddd
④	yy"년" mm"월" dd"일"	dd-mmm-yy	yyyy-mm-dd-aaa	mmm-dd-dddd
⑤	yyyy"년" mm"월" dd"일"	dd-mmmm-yy	yyyy-mm-dd-aaaa	mmmm-dd-dddd

38 다음 중 Windows 환경에서의 키 조합과 해당 조합의 기능이 잘못 연결된 것은?

① ⟨Ctrl⟩ + ⟨X⟩ : 선택한 항목을 잘라낸다.

② ⟨Ctrl⟩ + ⟨insert⟩ : 선택한 항목을 복사한다.

③ ⟨Shift⟩ + ⟨Insert⟩ : 작업을 실행 취소한다.

④ ⟨Alt⟩ + ⟨Page Up⟩ : 한 화면 위로 이동한다.

⑤ ⟨Alt⟩ + ⟨F8⟩ : 로그인 화면에서 암호를 표시한다.

39 K공사에서 근무하고 있는 N사원은 2024년 3월 발전소별 생산실적을 엑셀을 이용해 정리하려고 한다. 다음 (A) ~ (E) 셀에 N사원이 입력해야 할 함수로 옳지 않은 것은?

	A	B	C	D	E	F	G
1							
2				2024년 3월 발전소별 생산실적			
3							
4		구분	열용량(Gcal)	전기용량(MW)	열생산량(Gcal)	발전량(MWH)	발전량의 순위
5		파주	404	516	144,600	288,111	(B)
6		판교	172	146	94,657	86,382	
7		광교	138	145	27,551	17	
8		수원	71	43	42,353	321,519	
9		화성	407	512	141,139	6,496	
10		청주	105	61	32,510	4,598	
11		대구	71	44	46,477	753	
12		삼송	103	99	2,792	4,321	
13		평균		(A)	(E)		
14							
15					열용량의 최댓값(Gcal)	열생산량 중 세 번째로 높은 값(Gcal)	
16					(C)	(D)	

① (A) ： =AVERAGE(D5:D12)

② (B) ： =RANK(F5,$F$5:$F$12,1)

③ (C) ： =MAX(C5:C12)

④ (D) ： =LARGE(E5:E12,3)

⑤ (E) ： =AVERAGE(E5:E12)

40 다음 워크시트의 [A1:E9] 영역에서 고급 필터를 실행하여 영어점수가 평균을 초과하거나 성명의 두 번째 문자가 '영'인 데이터를 추출하고자 한다. 다음 중 ㉠과 ㉡에 입력할 내용으로 옳은 것은?

	A	B	C	D	E	F	G	H
1	성명	반	국어	영어	수학		영어	성명
2	강동식	1	81	89	99		㉠	
3	남궁영	2	88	75	85			㉡
4	강영주	2	90	88	92			
5	이동수	1	86	93	90			
6	박영민	2	75	91	84			
7	윤영미래	1	88	80	73			
8	이순영	1	100	84	96			
9	명지오	2	95	75	88			

	㉠	㉡
①	=D2>AVERAGE(D2:D9)	="=?영*"
②	=D2>AVERAGE(D2:D9)	="=*영?"
③	=D2>AVERAGE($D$2:$D9)	="=?영*"
④	=D2>AVERAGE($D$2:$D9)	="=*영?"
⑤	=D2>AVERAGE($A$2:$E$9)	="=*영*"

41 청원경찰은 6층 회사건물을 층마다 모두 순찰한 후에 퇴근한다. 다음 〈조건〉에 따라 1층에서 출발하여 순찰을 완료하고 다시 1층으로 돌아오기까지 소요되는 최소 시간은?(단, 다른 요인은 고려하지 않는다)

> 조건
> • 층간 이동은 엘리베이터로만 해야 하며 엘리베이터가 한 개 층을 이동하는 데는 1분이 소요된다.
> • 엘리베이터는 한 번에 최대 세 개 층(예 1층 → 4층)을 이동할 수 있다.
> • 엘리베이터는 한 번 위로 올라갔으면, 그 다음에는 아래 방향으로 내려오고, 그 다음에는 다시 위 방향으로 올라가야 한다.
> • 하나의 층을 순찰하는 데는 10분이 소요된다.

① 1시간   ② 1시간 10분
③ 1시간 16분   ④ 1시간 22분
⑤ 1시간 30분

42 신입사원 J씨는 A ~ E과제 중 어떤 과제를 먼저 수행하여야 하는지를 결정하기 위해 평가표를 작성하였다. 다음 자료를 근거로 할 때 가장 먼저 수행할 과제는?(단, 평가 항목 최종 합산 점수가 가장 높은 과제부터 수행한다)

〈과제별 평가표〉

(단위 : 점)

구분	A	B	C	D	E
중요도	84	82	95	90	94
긴급도	92	90	85	83	92
적용도	96	90	91	95	83

※ 과제당 다음과 같은 가중치를 별도 부여하여 계산한다.
   [(중요도)×0.3]+[(긴급도)×0.2]+[(적용도)×0.1]
※ 항목당 최하위 점수에 해당하는 과제는 선정하지 않는다.

① A   ② B
③ C   ④ D
⑤ E

43 K의류회사는 제품의 판매촉진을 위해 TV광고를 기획하고 있다. 다음의 광고모델 후보 5명에 대한 자료를 토대로 향후 1년 동안 광고효과가 가장 클 것으로 예상되는 모델은 누구인가?

〈광고모델별 1년 계약금 및 광고 1회당 광고효과〉

(단위 : 천 원)

모델	1년 계약금	1회당 광고비	1회당 광고효과(예상)	
			수익 증대 효과	브랜드 가치 증대 효과
A	120,000		140,000	130,000
B	80,000		80,000	110,000
C	100,000	2,500	100,000	120,000
D	90,000		80,000	90,000
E	70,000		60,000	80,000
비고	• (총 광고효과)＝(1회당 광고효과)×(1년 광고횟수) • (1회당 광고효과)＝(1회당 수익 증대 효과)+(1회당 브랜드 가치 증대 효과) • (1년 광고횟수)＝(1년 광고비)÷(1회당 광고비) • (1년 광고비)＝1억 8천만 원-(1년 계약금)			

① A
② B
③ C
④ D
⑤ E

44 다음은 K공사 인사팀의 하계 휴가 스케줄이다. G사원은 휴가를 신청하기 위해 하계 휴가 스케줄을 확인하였다. 인사팀 팀장인 A부장은 25 ~ 28일은 하계 워크숍 기간이므로 휴가 신청이 불가능하며, 하루에 6명 이상은 사무실에 반드시 있어야 한다고 팀원들에게 공지했다. G사원이 휴가를 쓸 수 있는 기간으로 옳은 것은?

구분	8월 휴가																			
	3	4	5	6	7	10	11	12	13	14	17	18	19	20	21	24	25	26	27	28
	월	화	수	목	금	월	화	수	목	금	월	화	수	목	금	월	화	수	목	금
A부장	■	■	■																	
B차장								■	■	■										
C과장		■	■	■	■															
D대리									■	■	■	■								
E주임														■	■	■				
F주임											■	■	■	■						
G사원																				
H사원						■	■	■												

※ 스케줄에 색칠된 부분은 해당 직원의 휴가 예정일이다.

※ G사원은 4일 이상 휴가를 사용해야 한다(토, 일 제외).

① 8월 5 ~ 7일
② 8월 6 ~ 11일
③ 8월 11 ~ 16일
④ 8월 13 ~ 18일
⑤ 8월 19 ~ 24일

※ A대리는 사내 워크숍 진행을 담당하고 있다. 다음 자료를 보고 이어지는 질문에 답하시오. **[45~46]**

〈K연수원 예약 안내〉

■ 예약절차 : 견적 요청 ⇨ 견적서 발송 ⇨ 계약금 입금 ⇨ 예약 확정

   ※ 계약금 : 견적금액의 10%

■ 이용요금 안내

• 교육시설사용료

위치	품목	1일 시설사용료	최대 수용인원	기본요금
신관	대강당		150명	1,500,000원
	1강의실		80명	800,000원
본관	2강의실	15,000원/이당	70명	700,000원
	3강의실		50명	500,000원
	1세미나		30명	300,000원
	2세미나		20명	200,000원
	3세미나		10명	100,000원

   ※ 숙박 시 시설사용료는 기본요금으로 책정한다.

• 숙박시설

위치	품목	타입	기본인원	최대인원	기본금액	1인 추가요금
본관	13평형	온돌	4인	5인	100,000원	10,000원/인 공통
	25평형	온돌	7인	8인	150,000원	
신관	30평형	침대	10인	12인	240,000원	

• 식사

품목	제공메뉴	기본금액	장소
자율식	오늘의 메뉴	8,000원	실내식당
차림식	오늘의 메뉴	15,000원	

■ 예약취소 안내

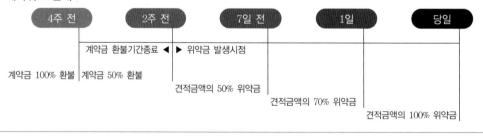

170 • 한국농어촌공사 5·6급

45 A대리는 다음과 같은 부서장의 지시에 따라 워크숍 장소를 예약하였다. 그리고 사전예약 이벤트로 10%의 할인을 받았다. 이때 K연수원에 내야 할 계약금은 얼마인가?

> 부서장 : A대리, 올해 워크숍은 하루 동안 진행하기로 결정이 되었어요. 매년 진행하던 K연수원에
> 서 진행할 것이니 미리 예약해 주세요. 그리고 참석인원은 총 50명이고, 식사는 점심, 저
> 녁 2회 실시할 예정입니다. 숙박인원은 없으니까 별도로 예약할 필요는 없어요. 이번 워크
> 숍에 배정된 예산이 2백만 원인데, 여유가 된다면 저녁은 차림식으로 하죠. 참, 교육은 두
> 가지 프로그램으로 진행할 예정이에요. 두 곳에서 인원을 대략 절반으로 나눠 로테이션
> 방식으로 진행할 겁니다. 강의실 예약 시 참고해 주세요.

① 139,500원   ② 148,500원
③ 171,000원   ④ 190,000원
⑤ 220,500원

46 회사의 부득이한 사정으로 워크숍을 진행하기로 했던 날의 10일 전에 취소를 하였다. 이때 예약취소로 인해 입은 손해는 얼마인가?

① 0원   ② 85,500원
③ 95,000원   ④ 855,000원
⑤ 1,197,000원

47 K공사는 사원들의 복지 증진을 위해 안마의자를 구매할 계획이다. K공사의 평가기준이 아래와 같을 때, 〈보기〉 중 어떤 안마의자를 구매하겠는가?

〈K공사의 안마의자 구입 시 평가기준〉

• 사원들이 자주 사용할 것으로 생각되니 A/S 기간이 2년 이상이어야 한다.
• 사무실 인테리어를 고려하여 안마의자의 컬러는 레드보다는 블랙이 적절한 것으로 보인다.
• 겨울철에도 이용할 경우를 위해 안마의자에 온열기능이 있어야 한다.
• 안마의자의 구입 예산은 최대 2,500만 원까지며, 가격이 예산 안에만 해당하면 모두 구매 가능하다.
• 안마의자의 프로그램 개수는 최소 10개 이상은 되어야 하며, 많으면 많을수록 좋다.

보기

구분	가격	컬러	A/S 기간	프로그램	옵션
A안마의자	2,200만 원	블랙	2년	12개	온열기능
B안마의자	2,100만 원	레드	2년	13개	온열기능
C안마의자	2,600만 원	블랙	3년	15개	온열기능
D안마의자	2,400만 원	블랙	2년	13개	온열기능
E안마의자	2,500만 원	블랙	2년	14개	－

① A안마의자 ② B안마의자
③ C안마의자 ④ D안마의자
⑤ E안마의자

48 K유통에서 근무하는 강사원은 급여명세서를 받은 후 책상 위에 두었다가 실수로 일부분을 찢게 되었다. 강사원은 소실된 부분을 계산한 후 실 수령액과 입금된 수령액이 일치하는지 확인하려고 한다. 공제액은 다음의 자료와 같이 계산한다고 할 때, 강사원이 받을 실수령액은?

K유통 2024년 5월 급여명세서			
성 명	강★★	지급일	2024.06.05
지급내역	지급액(원)	공제내역	공제액(원)
기본급	1,800,000	소득세	15,110
잔업수당	70,000	건강보험	
복리후생비	100,000	고용보험	
		국민연금	
		장기요양보험	
		주민세	1,510
		조합비	20,000
		공제총액	
급여지급계		실수령액	

〈공제내역별 계산방법〉

구분	계산방법	비고
건강보험	(기본급)×6.12%	가입자 부담 : 50%
고용보험	(기본급)×1.3%	사업자 부담 : 50%
국민연금	(기본급)×9%	
장기요양보험	(건강보험료)×6.5%	

※ 장기요양보험료의 경우 십의 자리에서 반올림한다.

① 1,756,030원
② 1,776,090원
③ 1,782,000원
④ 1,826,340원
⑤ 1,865,900원

49 K은행 대전의 A지점에 근무하는 C계장은 내일 오전 10시에 목포로 출장을 갈 예정이다. 출장 당일 오후 1시에 미팅이 예정되어 있어 늦지 않게 도착하고자 한다. 주어진 교통편을 고려하였을 때, 다음 중 C계장이 선택할 가장 적절한 경로는?(단, 1인당 출장지원 교통비 한도는 5만 원이며, 도보이동에 따른 소요시간은 고려하지 않는다)

<A지점에서 대전역까지 비용>

구분	소요시간	비용	비고
버스	30분	2,000원	–
택시	15분	6,000원	–

<대전역에서 목포역까지 교통수단별 이용정보>

구분	열차	출발시각	소요시간	비용	비고
직통	새마을호	10:00 / 10:50	2시간 10분	28,000원	–
직통	무궁화	10:20 / 10:40 10:50 / 11:00	2시간 40분	16,000원	–
환승	KTX	10:10 / 10:50	20분	6,000원	환승 10분 소요
	KTX	–	1시간 20분	34,000원	
환승	KTX	10:00 / 10:30	1시간	20,000원	환승 10분 소요
	새마을호	–	1시간	14,000원	

<목포역에서 미팅장소까지 비용>

구분	소요시간	비용	비고
버스	40분	2,000원	–
택시	20분	9,000원	–

① 버스 – 새마을호(직통) – 버스
② 택시 – 무궁화(직통) – 택시
③ 버스 – KTX / KTX(환승) – 택시
④ 택시 – KTX / 새마을호(환승) – 택시
⑤ 택시 – KTX/KTX(환승) – 택시

50 다음 글을 근거로 판단할 때, 〈보기〉에서 옳은 것을 모두 고르면?

- K국의 1일 통관 물량은 1,000건이며, 모조품은 1일 통관 물량 중 1%의 확률로 존재한다.
- 검수율은 전체 통관 물량 중 검수대상을 무작위로 선정해 실제로 조사하는 비율을 뜻하는데, 현재 검수율은 10%로 전문 조사인력은 매일 10명을 투입한다.
- 검수율을 추가로 10% 상승시킬 때마다 전문 조사인력은 1일당 20명이 추가로 필요하다.
- 인건비는 1인당 1일 기준 30만 원이다.
- 모조품 적발 시 부과되는 벌금은 건당 1,000만 원이며, 이 중 인건비를 차감한 나머지를 세관의 '수입'으로 한다.

※ 검수대상에 포함된 모조품은 모두 적발되고, 부과된 벌금은 모두 징수된다.

> **보기**
>
> ㄱ. 1일 평균 수입은 700만 원이다.
> ㄴ. 모든 통관 물량을 전수조사한다면 수입보다 인건비가 더 클 것이다.
> ㄷ. 검수율이 40%면 1일 평균 수입은 현재의 4배 이상일 것이다.
> ㄹ. 검수율을 30%로 하는 방안과 검수율을 10%로 유지한 채 벌금을 2배로 인상하는 방안을 비교하면 벌금을 인상하는 방안의 1일 평균 수입이 더 많을 것이다.

① ㄱ, ㄴ
② ㄴ, ㄷ
③ ㄱ, ㄴ, ㄹ
④ ㄱ, ㄷ, ㄹ
⑤ ㄴ, ㄷ, ㄹ

41 다음은 벤치마킹의 절차를 나타낸 자료이다. 이에 대한 설명으로 옳지 않은 것은?

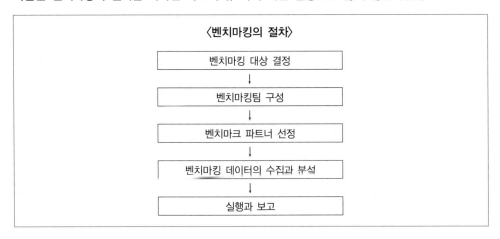

① 벤치마킹 데이터를 수집·분석할 경우 문서 편집 시스템보다는 수기로 작업하는 것이 좋다.

② 벤치마킹 대상이 결정되면 대상을 조사하기 위해 필요한 정보와 자원이 무엇인지 파악해야 한다.

③ 벤치마크 파트너 선정은 벤치마크 정보를 수집하는 데 이용될 정보의 원천을 확인하는 단계이다.

④ 벤치마킹팀 구성 시 구성원들 간의 의사소통이 원활하기 위한 네트워크 환경이 요구된다.

⑤ 벤치마킹팀의 경우 관계자 모두에게 벤치마킹이 명확하게 할당되고 중심 프로젝트가 정해지는 것을 돕기 위한 프로젝트 관리 기구가 필요하다.

42 다음은 기술시스템의 발전단계이다. 각 단계에 대한 사례로 적절하지 않은 것은?

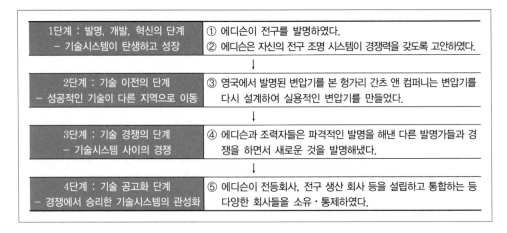

43 K공사에는 직원들의 편의를 위해 휴게실에 전자레인지가 구비되어 있다. E사원은 K공사의 기기를 관리하는 업무를 맡고 있는데 어느 날, 동료 사원들로부터 전자레인지를 사용할 때 가끔씩 불꽃이 튀고 음식이 잘 데워지지 않는다는 이야기를 들었다. 다음 설명서를 토대로 서비스를 접수하기 전에 점검할 사항이 아닌 것은?

〈전자레인지 사용 설명서〉

증상	원인	조치 방법
전자레인지가 작동하지 않는다.	• 전원 플러그가 콘센트에 바르게 꽂혀 있습니까? • 문이 확실히 닫혀 있습니까? • 배전판 퓨즈나 차단기가 끊어지지 않았습니까? • 조리방법을 제대로 선택하셨습니까? • 혹시 정전은 아닙니까?	• 전원 플러그를 바로 꽂아 주십시오. • 문을 다시 닫아 주십시오. • 끊어졌으면 교체하고 연결시켜 주십시오. • 취소를 누르고 다시 시작하십시오.
동작 시 불꽃이 튄다.	• 조리실 내벽에 금속 제품 등이 닿지 않았습니까? • 금선이나 은선으로 장식된 그릇을 사용하고 계십니까? • 조리실 내에 찌꺼기가 있습니까?	• 벽에 닿지 않도록 하십시오. • 금선이나 은선으로 장식된 그릇은 사용하지 마십시오. • 깨끗이 청소해 주십시오.
조리 상태기 나쁘다.	• 조리 순서, 시간 등 사용 방법을 잘 선택하셨습니까?	• 요리책을 다시 확인하고 사용해 주십시오.
회전 접시가 불균일하게 돌거나 돌지 않는다.	• 회전 접시와 회전 링이 바르게 놓여 있습니까?	• 각각을 정확한 위치에 놓아 주십시오.
불의 밝기나 동작 소리가 불균일하다.	• 출력의 변화에 따라 일어난 현상이니 안심하고 사용하셔도 됩니다.	

① 조리실 내 위생 상태 점검   ② 사용 가능 용기 확인
③ 사무실, 전자레인지 전압 확인   ④ 조리실 내벽 확인
⑤ 조리 순서, 시간 확인

※ K공사는 6월 농번기를 앞두고 5월 한 달 동안 ◇◇군 농민들을 대상으로 트랙터 안전 사용법 및 주의사항에 대한 교육을 실시할 예정이다. 이어지는 질문에 답하시오. [44~45]

〈5월 트랙터 안전 사용법 및 주의사항 교육〉

◆ **사용방법**

① 시동 전에 윤활유, 연료, 냉각수량을 필히 점검하고 트랙터에 승차한다.
② 주차브레이크와 변속레버의 중립을 먼저 확인한다. 그 후 클러치 페달을 완전히 밟은 채로 시동키를 돌린다(클러치 페달을 완전히 밟지 않은 경우 시동모터 작동이 되지 않음).
③ 추운 날씨에는 시동키를 왼쪽으로 돌려 30 ~ 40초 정도 예열시킨 후 시동한다.
④ 작업기 연결에 앞서 작업기와 상부링크, 링크볼의 일치 여부, 체크체인을 점검한다.
⑤ 트랙터 후진 후 하부링크를 내리고 작업기와 트랙터가 수직이 되도록 트랙터를 정지하고 시동을 끈다(주차 브레이크는 이때 풀어둔다).
⑥ 뒷바퀴를 움직여가며 하부링크를 들어올려 왼쪽 – 오른쪽 순서로 작업기의 마운팅 핀에 끼운다.
⑦ 유니버설조인트를 연결하고 반드시 커버를 씌운다.
⑧ 상부링크 연결 후 작업기의 전후, 좌우 수평을 조절한다.

◆ **주의사항**

① 운전자 외에는 절대 탑승하지 않는다(별도의 좌석이 있는 경우는 제외).
② 시동이 걸린 상태에서는 절대 하차해서는 안 된다.
③ 경사지에 주차할 때는 반드시 시동을 끄고 주차브레이크를 채운 후 받침목을 한다.
④ 포장에 드나들 때는 트랙터를 똑바로 진입시킨다.

◆ **오작동 시 확인 사항 및 조치방법**

현상	원인	조치방법
트랙터 엔진이 시동 되지 않음	① 연료가 없음 ② 연료계통에 공기가 들어있음 ③ 연료필터 막힘 ④ 에어클리너 엘리먼트 막힘 ⑤ 예열플러그의 단선	① 경유를 보충함 ② 연료탱크에서 분사펌프까지 연료파이프 점검 ③ 연료필터 세척 및 교환 ④ 에어클리너 엘리먼트 청소 및 교환 ⑤ 예열플러그 교환
트랙터 시동모터가 회전하지 않음	① 배터리 방전 ② 안전스위치 조정 불량 ③ 시동모터 불량 ④ 키 스위치 불량	① 배터리 충전 ② 안전스위치 조정 ③ 시동모터 수리 또는 교환 ④ 배선점검, 수리 후 새로운 퓨즈링 교환
트랙터 소음기에서 흰 연기가 나옴	① 엔진 오일량의 과다 ② 엔진 오일 점도가 낮음	① 엔진 오일을 규정량까지 뺌 ② 점도가 높은 오일로 교환
충전경고등이 소등되지 않음	① 퓨즈가 끊어짐 ② 팬벨트의 늘어남 ③ 팬벨트 끊어짐	① 배선점검, 수리 후 새 퓨즈로 교환 ② 장력을 조정 ③ 교환
소음기에서 검은 연기가 나옴	① 에어클리너 엘리먼트 막힘 ② 과부하 운전을 함 ③ 경유 이외의 연료를 사용	① 세척 또는 교환 ② 부하를 가볍게 함 ③ 경유로 교환

※ 안내한 조치방법으로 해결되지 않을 경우 담당자에게 연락바랍니다.

44 교육을 받고 돌아온 농업인 P씨는 트랙터 엔진이 시동 되지 않는 원인을 파악한 후 조치를 취하고 자 한다. 다음 중 문제의 원인을 파악하기 위해 반드시 확인해야 할 사항과 그에 따른 조치방법으로 옳지 않은 것은?

① 연료의 유무를 확인한 후, 연료가 없다면 경유를 보충한다.

② 예열플러그의 단선일 경우 예열플러그를 교환한다.

③ 배터리의 방전 유무를 확인한 후, 배터리를 충전한다.

④ 연료필터가 막혔는지 확인한 후, 연료필터를 세척하거나 교환한다.

⑤ 연료계통에 공기가 들어있는지 확인하고, 만일 공기가 들어있다면 연료탱크에서 분사펌프까지 연료파이프를 점검한다.

45 귀하는 트랙터 안전 사용법 및 주의사항 교육의 담당자이다. 교육을 마친 후 질문 및 답변 시간에 답변한 내용 중 옳지 않은 것은?

① Q : 추운 날씨에는 트랙터 시동을 어떻게 해야 하나요?

A : 추운 날씨에는 시동키를 왼쪽으로 돌려 30 ~ 40초 정도 예열시킨 후, 시동하면 됩니다.

② Q : 저번에 주차 브레이크와 변속레버의 중립을 확인한 후 클러치 페달을 밟은 채로 시동키를 돌렸는데도 시동이 켜지지 않던데 그건 왜 그런가요?

A : 클러치 페달을 완전히 밟지 않았기 때문입니다. 반드시 클러치 페달을 완전히 밟아야지 시동 이 켜집니다.

③ Q : 트랙터 후진 후 하부링크를 내릴 때, 트랙터가 수직이 되도록 트랙터를 정지하고 시동을 끌 때 특별히 주의해야 할 사항들이 있나요?

A : 주차 브레이크는 반드시 풀어주셔야 합니다.

④ Q : 트랙터에 승차하기 전 확인해야 할 사항들은 무엇이 있나요?

A : 반드시 상부링크, 체크체인 확인, 그리고 링크볼의 일치 여부를 점검한 후 승차해야 합니다.

⑤ Q : 이번 주에 손주들이 놀러 와서 제 옆에 앉힌 후 트랙터를 운전하게 하고 싶은데 특별한 주의사 항이 있을까요?

A : 트랙터는 별도의 좌석이 있는 경우를 제외하고는 운전자 외에는 절대 탑승해서는 안 됩니다.

※ K씨는 이번 달 내로 모든 사무실의 복합기를 ★★복합기로 교체하라는 지시를 받았다. 모든 사무실의 복합기를 교체하였지만, 추후 문제가 생길 것을 대비해 신형 복합기의 문제 해결법을 인트라넷에 게시하였다. 이어지는 질문에 답하시오. [46~47]

〈문제 해결법〉

Q. 복합기가 비정상적으로 종료됩니다.

A. 제품의 전원 어댑터가 전원 콘센트에 정상적으로 연결되었는지 확인하십시오.

Q. 제품에서 예기치 못한 소음이 발생합니다.

A. 복합기의 자동 서비스 기능으로 프린트 헤드의 수명을 관리할 때에 제품에서 예기치 못한 소음이 발생할 수 있습니다.
- ▲ 참고
  - 프린트 헤드의 손상을 방지하려면, 복합기에서 인쇄하는 동안에는 복합기를 끄지 마십시오.
  - 복합기의 전원을 끌 때에는 반드시 전원 버튼을 사용하고, 복합기가 정지할 때까지 기다린 후 전원을 끄십시오.
  - 잉크 카트리지를 모두 바르게 장착했는지 확인합니다.
  - 잉크 카트리지가 하나라도 없을 경우, 복합기는 프린트 헤드를 보호하기 위해 자동으로 서비스 기능을 수행할 수 있습니다.

Q. 복합기가 응답하지 않습니다(인쇄되지 않음).

A. 1. 인쇄 대기열에 걸려 있는 인쇄 작업이 있는지 확인하십시오.
    - 인쇄 대기열을 열어 모든 문서 작업을 취소한 다음 PC를 재부팅합니다.
    - PC를 재부팅한 후 인쇄를 다시 시작합니다.
   2. ★★소프트웨어 설치를 확인하십시오.
    - 인쇄 도중 복합기가 꺼지면 PC 화면에 경고 메시지가 나타납니다.
    - 메시지가 나타나지 않을 경우 ★★소프트웨어가 제대로 설치되지 않았을 수 있습니다.
    - ★★소프트웨어를 완전히 제거한 다음 다시 설치합니다. 자세한 내용은 [프린터 소프트웨어 삭제하기]를 참고하십시오.
   3. 케이블 및 연결 상태를 확인하십시오.
    - USB 케이블이 복합기와 PC에 제대로 연결되었는지 확인합니다.
    - 복합기가 무선 네트워크에 연결되어 있을 경우 복합기와 PC의 네트워크 연결 상태를 확인합니다.
    - PC에 개인 방화벽 소프트웨어가 설치되어 있는지 확인합니다.
      - 개인 방화벽 소프트웨어는 외부 침입으로부터 PC를 보호하는 보안 프로그램입니다.
      - 방화벽으로 인해 PC와 복합기의 통신이 차단될 수 있습니다.
      - 복합기와 통신이 문제가 될 경우에는 방화벽을 일시적으로 해제하십시오. 해제 후에도 문제가 발생하면 방화벽에 의한 문제가 아니므로 방화벽을 다시 실행하십시오.

> Q. 인쇄 속도가 느립니다.
>
> A. 1. 인쇄 품질 설정을 확인하십시오.
>   • 인쇄 품질(해상도)이 최상 및 최대 DPI로 설정되었을 경우 인쇄 품질이 향상되나 인쇄 속도가 느려질 수 있습니다.
>   2. 잉크 카트리지의 잉크 잔량을 확인하십시오.
>   • 잉크 카트리지에 남아 있는 예상 잉크량을 확인합니다.
>   • 잉크 카트리지가 소모된 상태에서 인쇄를 할 경우 인쇄 속도가 느려질 수 있습니다.
>   • 위와 같은 방법으로 해결되지 않을 경우 복합기에 문제가 있을 수 있으므로, ★★서비스 센터에 서비스를 요청하십시오.

46 A사원은 ★★복합기에서 소음이 발생하자 문제 해결법을 통해 복합기의 자동 서비스 기능으로 프린트 헤드의 수명을 관리할 때 소음이 발생할 수 있다는 것을 알았다. 다음 중 A사원이 숙지할 수 있는 참고 사항으로 옳지 않은 것은?

① 프린트 헤드의 손상을 방지하려면, 복합기에서 인쇄하는 동안에는 복합기를 끄지 않는다.

② 프린트 헤드 정렬 및 청소를 불필요하게 실시하면 많은 양의 잉크가 소모된다.

③ 잉크 카트리지를 모두 바르게 장착했는지 확인한다.

④ 복합기의 전원을 끌 때에는 반드시 전원 버튼을 사용하고, 복합기가 정지할 때까지 기다린 후 전원을 끈다.

⑤ 잉크 카트리지가 하나라도 없을 경우, 복합기는 프린트 헤드를 보호하기 위해 자동으로 서비스 기능을 수행하게 된다.

47 팀장에게 보고서를 제출하기 위해 인쇄를 하려던 Z사원은 보고서가 인쇄되지 않는다는 것을 알았다. 다음 중 Z사원이 복합기 문제를 해결할 수 있는 방안으로 옳지 않은 것은?

① 인쇄 작업이 대기 중인 문서가 있는지 확인한다.

② 복합기 소프트웨어를 완전히 제거한 다음 다시 설치한다.

③ USB 케이블이 복합기와 PC에 제대로 연결되었는지 확인한다.

④ 잉크 카트리지에 남아 있는 예상 잉크량을 확인한다.

⑤ 대기 문서를 취소한 후 PC를 재부팅한다.

※ 다음은 음식물건조처리기 '에밀리'의 사용설명서이다. 이를 보고 이어지는 질문에 답하시오. [48~50]

〈음식물건조처리기 '에밀리' 사용설명서〉

■ 설치방법

1. 제품을 올려놓을 자리에 수평을 맞춥니다.
- 에밀리는 프리스탠딩타입으로 어느 곳이든 공간과 전원코드만 있다면 설치가 가능합니다.
- 콘센트를 연결하시고, 수평만 잘 맞추어 주시면 누구나 손쉽게 설치할 수 있습니다.
- 냄새나 소음이 감지되었을 경우에 환기가 잘 되는 베란다 등에 설치할 수도 있습니다.
- 수평이 맞지 않으면 제품의 진동에 의해 소음이 발생됩니다.

2. 콘센트에 전원플러그를 꽂아 주시고 전원램프를 확인합니다.
- 전원플러그를 꽂고 전원버튼을 누른 후 램프가 켜지는지를 확인합니다.
- 전원램프가 켜지면 '3HOURS', '6HOURS', '8HOURS' 중 하나를 선택하여 누른 후 버튼의 램프도 켜지는지를 확인합니다.
- 두 버튼의 램프 중 하나라도 켜지시 않으면 소비자 상담실에 문의하십시오.

3. 원활한 공기 흐름을 위하여 뒷면을 벽면에서 10cm 이상 틈을 주십시오.
- 에밀리의 건조처리 시스템은 외부공기를 안으로 유입시켜 열풍으로 변환하여 건조시키는 방식으로 공기의 흐름이 원활하게 이루어져야 건조율이 좋습니다. 공기의 원활한 공급을 위하여 벽면에서 최소 10cm 이상 떨어지게 하여 주십시오.

■ 사용방법

1. 건조바스켓에 남은 음식들을 담아 제품 안에 넣습니다.
- 제품 안의 물받이와 건조바스켓을 꺼내 싱크대거름망에 걸러진 남은 음식물을 넣습니다.
- 건조바스켓에 표시된 용량에 의한 시간에 맞추어 '3HOURS', '6HOURS', '8HOURS' 중 하나를 눌러줍니다.
- 상단의 'MAX'라고 표기된 선을 넘기면 작동되지 않으니 반드시 그 아래까지만 채우고 작동하십시오.

2. 전원버튼을 누르고 시간버튼을 누르면 작동이 됩니다.
- 전원버튼을 누르고 남은 음식물 양에 맞춰 시간버튼을 누르면 작동이 됩니다.
- 문이 닫혀야 작동이 되며, 작동 중에 문을 열면 작동이 멈추게 됩니다.
- 최초 작동 시 히터부분만 작동을 하며, 5분 정도 후에 열풍팬이 작동이 되는 시스템입니다.
- 처리가 끝난 이후에도 냉각팬이 30분 정도 더 작동됩니다. 전원버튼이 꺼졌을 때 바스켓을 꺼내십시오.

3. 고기, 전분류 등 건조가 잘 되지 않는 남은 음식물의 처리
- 남은 음식물의 양이 적다 하더라도 기름기 많은 고기류, 전분이 함유된 중국 음식물 등은 다른 음식물에 비해 건조가 잘 되지 않으니 '6~8HOURS' 버튼을 눌러 작동시켜 주시고, 기름기가 너무 많아 8시간에도 건조처리가 잘 안 되었을 경우에는 3시간만 더 건조시키면 완전히 해결됩니다.

4. 건조처리가 끝나면 전용용기에 따로 보관하십시오.
- 처리된 건조물은 별도의 보관용기에 모아 두었다가 한 번에 버리시면 됩니다. 가급적 처리가 끝나고 바로 보관용기에 비워 주십시오.
- 처리된 건조물은 비닐봉지에 넣어 두 손으로 가볍게 비벼주시면 부피가 더 줄어들어 많은 양을 보관할 수 있습니다.
- 에밀리는 타제품에 비해 건조상태가 월등하여 한 번 건조된 건조물은 일정기간 동안 다시 부패되지 않습니다.

5. 건조처리 전에 굳이 이물질을 골라낼 필요가 없습니다.
- 건조처리 전에 지저분하게 음식물 속에서 굳이 먼저 골라낼 필요가 없습니다. 완전 건조 후 이물질을 편하게 골라내면 됩니다.
- 밥이나 전분류가 뭉쳐있으면 건조가 잘 안 될 수가 있으니 가급적 틀을 이용하여 흩뜨려서 바스켓에 넣어주세요.

6. 건조바스켓의 청소
- 건조바스켓을 비우고 바스켓에 붙은 이물질은 물을 담은 용기에 30분 정도 담가 놓은 후 꺼내서 수세미로 가볍게 문지르면 깨끗하게 처리됩니다.

7. 일반쓰레기로 분류되는 물질

- 조개껍데기, 계란껍데기, 과일껍질, 조리하지 않은 채소류(마늘껍질, 파 뿌리, 양파 등의 껍질이나 다발) 등은 일반쓰 레기로 분류됩니다.
- 수박이나 과일, 채소 등 부피가 큰 것들은 최대한 잘게 잘라서 넣어야 더 많은 양을 건조시킬 수 있으며 더욱 빨리 처리할 수 있습니다.

48 에밀리를 설치하여 사용하던 중에 진동에 의한 소음이 발생하였다. 다음 중 해결 방법으로 가장 적절한 것은?

① 전원램프가 켜졌는지 확인한다.

② 벽면에서 10cm 이상 떨어지게 한다.

③ 음식물의 양을 줄인다.

④ 에밀리의 수평을 맞춘다.

⑤ 이물질을 골라낸다.

49 다음 중 에밀리를 사용하여 음식물을 건조하는 과정으로 적절하지 않은 것은?

① 마늘껍질은 일반쓰레기로 처리한다.

② 기름이 많은 고기류는 '6~8HOURS' 버튼을 눌러 작동시킨다.

③ 음식물 건조처리 전에 이물질을 골라낸다.

④ 수박은 최대한 잘게 잘라 넣는다.

⑤ 건조처리가 잘 안 되었을 경우 3시간 더 건조시킨다.

50 에밀리에 남은 음식물을 넣어 전원램프를 확인한 후 시간버튼을 눌렀는데 작동되지 않았다. 다음 중 해결 방법으로 가장 적절한 것은?

① 전원코드가 꽂혀있는지 확인한다.

② 음식물의 양을 줄인다.

③ 바스켓을 청소한다.

④ 틀을 이용하여 음식물을 흩뜨린다.

⑤ 소비자 상담실에 문의한다.

| 01 | 경영(행정직)

01 다음 중 일정시점의 기업의 재무상태를 나타내는 재무제표는 무엇인가?

① 재무상태표

② 포괄손익계산서

③ 자본변동표

④ 현금흐름표

⑤ 자금순환표

02 다음 〈보기〉 중 적대적 인수합병(M&A) 시도에 대한 방어수단을 모두 고르면?

> **보기**
>
> ㄱ. 그린메일 ㄴ. 황금낙하산
> ㄷ. 곰의 포옹 ㄹ. 팩맨
> ㅁ. 독약조항

① ㄱ, ㄴ, ㄷ ② ㄱ, ㄷ, ㅁ

③ ㄴ, ㄹ, ㅁ ④ ㄱ, ㄴ, ㄷ, ㅁ

⑤ ㄴ, ㄷ, ㄹ, ㅁ

03 다음 중 내용이론에 해당하는 동기부여 이론으로 옳지 않은 것은?

① 매슬로(Maslow) 욕구단계 이론

② 허츠버그(Herzberg) 2요인 이론

③ 앨더퍼(Alderfer)의 ERG 이론

④ 애덤스(Adams)의 공정성 이론

⑤ 맥클리랜드(Meclelland)의 성취동기 이론

04 K제약회사가 신약개발 R&D에 투자하려고 하고, 이에 담당 임원은 200만 달러를 특정 연구에 쏟아부어야 하는지를 결정해야 한다. 상황이 다음과 같을 때, 당신이 의사결정자라면 어떻게 할 것인가?(단, 기대수익으로 가장 적절한 것을 결정한다)

〈상황〉

이 연구개발프로젝트의 성공 여부는 확실하지 않으며, 의사의 결정자는 특허를 받는 기회를 70%로 보고 있다. 만일 특허를 받는다면 이 회사는 2,500만 달러의 기술료를 받아 다른 회사에 넘기거나, 1,000만 달러를 더 투자해 개발품을 직접 판매할 수 있다. 만일 직접 판매할 경우 수요가 몰릴 확률은 25%, 수요가 중간인 경우는 55%, 수요가 낮을 경우는 20%이다. 수요가 높으면 5,500만 달러를 판매 수입으로 벌 것으로 보이며, 수요가 중간인 경우는 3,300만 달러, 수요가 없는 경우에도 1,500만 달러를 벌 것으로 예상된다.

① 개발을 그만둔다.
② 개발한 다음 기술료를 받고, 특허를 외부에 판다.
③ 개발한 다음 직접 판매한다.
④ 개발이 된나 하더라도 특허를 받지 않는다.
⑤ 시장의 변화를 좀 더 지켜보고 결정한다.

05 다음 상황을 참고하여 브룸(Vroom)의 기대이론에 따른 A대리의 동기유발력의 값을 구하면?(단, 유인성은 ±10점으로 구성된다)

〈상황〉

K주식회사는 분기마다 인재개발 프로그램을 실시하고 있다. A대리는 프로그램 참여를 고민하고 있는 상태이다. A대리가 생각하기에 자신이 프로그램에 참여하면 성과를 거둘 수 있을 것이라는 주관적 확률이 70%, 그렇지 않을 확률은 30%, 만약 훈련성과가 좋을 경우 승진에 대한 가능성은 80%, 그 반대의 가능성은 20%라고 생각한다. 그리고 A대리는 승진에 대해 극히 좋게 평가하며 10점을 부여하였다.

• 기대치(E) : 인재개발 프로그램에 참여하여 성과를 거둘 수 있는가?
• 수단성(I) : 훈련성과가 좋으면 승진할 수 있을 것인가?
• 유인성(V) : 승진에 대한 선호도는 어느 정도인가?

① 1.0   ② 2.3
③ 3.4   ④ 4.8
⑤ 5.6

06 다음 중 3C 분석에 대한 설명으로 옳지 않은 것은?

① 3C는 Company, Cooperation, Competitor로 구성되어 있다.
② 3C는 자사, 고객, 경쟁사로 기준을 나누어 현 상황을 파악하는 분석방법이다.
③ 3C는 기업들이 마케팅이나 서비스를 진행할 때 가장 먼저 실행하는 분석 중 하나이다.
④ 3C의 Company 영역은 외부요인이 아닌 내부 자원에 관한 역량 파악이다.
⑤ 3C는 SWOT 분석과 PEST 분석에 밀접한 관련이 있다.

07 다음은 마이클포터(Michael E. Porter)의 산업구조분석모델(5F; Five Force Model)이다. 빈칸 (A)에 들어갈 용어로 옳은 것은?

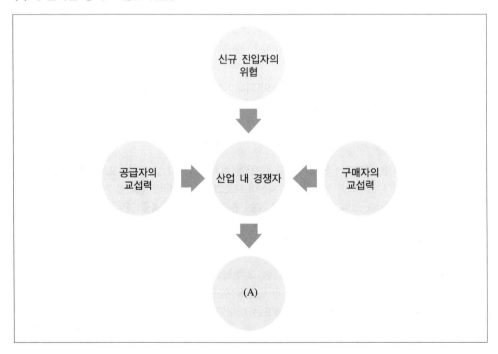

① 정부의 규제 완화
② 고객 충성도
③ 공급 업체 규모
④ 가격의 탄력성
⑤ 대체재의 위협

08 다음 중 수요예측기법(Demand Forecasting Technique)에 대한 설명으로 옳은 것은?

① 지수평활법은 평활상수가 클수록 최근 자료에 더 높은 가중치를 부여한다.

② 시계열 분석법으로는 이동평균법과 회귀분석법이 있다.

③ 수요예측과정에서 발생하는 예측오차들의 합은 영(Zero)에 수렴하는 것은 옳지 않다.

④ 이동평균법은 이동평균의 계산에 사용되는 과거자료의 개수가 많을수록 수요예측의 정확도가 높아진다.

⑤ 회귀분석법은 실제치와 예측치의 오차를 자승한 값의 총 합계가 최대가 되도록 회귀계수를 추정한다.

09 다음은 K공사의 상반기 매출액 실적치이다. 지수 평활 계수 a가 0.1일 때, 단순 지수평활법으로 6월 매출액 예측치를 바르게 구한 것은?(단, 1월의 예측치는 220만 원이며, 모든 예측치는 소수점 둘째 자리에서 반올림한다)

(단위 : 만 원)

1월	2월	3월	4월	5월
240	250	230	220	210

① 222.4만 원

② 223.3만 원

③ 224.7만 원

④ 224.8만 원

⑤ 225.3만 원

10 다음 중 직무평가에 있어서 미리 규정된 등급 또는 어떠한 부류에 대해 평가하려는 직무를 배정함으로써 직무를 평가하는 방법은?

① 서열법

② 분류법

③ 점수법

④ 요소비교법

⑤ 순위법

11 경영 전략의 수준에 따라 전략을 구분할 때, 다음 중 해당 전략과 그에 해당하는 예시가 옳지 않은 것은?

	전략 수준	예시
①	기업 전략(Corporate Strategy)	성장 전략
②	기업 전략(Corporate Strategy)	방어 전략
③	기능별 전략(Functional Strategy)	차별화 전략
④	사업 전략(Business Strategy)	집중화 전략
⑤	사업 전략(Business Strategy)	원가우위 전략

12 다음 〈조건〉을 참고하여 K국가의 부가가치 노동생산성을 바르게 구한 것은?(단, 단위는 시간당이며, USD를 기준으로 한다)

> **조건**
> • K국가의 2023년도 1분기 GDP는 USD 기준 약 3,200억 원이다(분기 공시이며, 연산 환산값 4이다).
> • K국가의 2023년도 1분기 노동인구수는 5천만 명이다.
> • K국가의 2023년도 1분기 평균노동시간은 40시간이다.

① 100달러   ② 120달러
③ 130달러   ④ 140달러
⑤ 160달러

13 다음 중 마일즈 & 스노우 전략(Miles & Snow Strategy)에서 방어형에 대한 설명으로 옳은 것은?

① 기존 제품을 활용하여 기존 시장을 공략하는 전략이다.
② Fast Follower 전략으로 리스크가 낮다는 장점이 있다.
③ 시장상황에 맞추어 반응하는 아무런 전략을 취하지 않는 무전략 상태이다.
④ 새로운 기술에 관심도가 높으며 열린 마인드 그리고 혁신적 마인드가 중요하다.
⑤ 새로운 시도에 적극적이며 업계의 기술·제품·시장 트렌드를 선도하는 업체들이 주로 사용하는 전략이다.

14 다음 〈보기〉에서 맥그리거(McGregor)의 XY 이론 중 X이론적 인간관과 동기부여 전략에 해당하는 것을 모두 고르면?

> **보기**
>
> ㄱ. 천성적 나태 ㄴ. 변화지향적
> ㄷ. 자율적 활동 ㄹ. 민주적 관리
> ㅁ. 어리석은 존재 ㅂ. 타율적 관리
> ㅅ. 변화에 저항적 ㅇ. 높은 책임감

① ㄱ, ㄴ, ㄷ, ㄹ ② ㄱ, ㄴ, ㄹ, ㅁ
③ ㄱ, ㅁ, ㅂ, ㅅ ④ ㄴ, ㄷ, ㄹ, ㅇ
⑤ ㄴ, ㅁ, ㅂ, ㅅ

15 다음 중 피들러(Fiedler)의 리더십 상황이론에 대한 설명으로 옳지 않은 것을 〈보기〉에서 모두 고르면?

> **보기**
>
> ㉠ 과업지향적 리더십과 관계지향적 리더십을 모두 갖춘 리더가 가장 높은 성과를 달성한다.
> ㉡ 리더의 특성을 LPC 설문에 의해 측정하였다.
> ㉢ 상황변수로서 리더 – 구성원 관계, 과업구조, 부하의 성숙도를 고려하였다.
> ㉣ 리더가 처한 상황이 호의적인 경우, 관계지향적 리더십이 적합하다.
> ㉤ 리더가 처한 상황이 비호의적인 경우, 과업지향적 리더십이 적합하다.

① ㉠, ㉡ ② ㉠, ㉣
③ ㉡, ㉣ ④ ㉠, ㉢, ㉣
⑤ ㉢, ㉣, ㉤

16 다음은 커크패트릭(Kirkpatrick)의 4단계 평가모형이다. 빈칸에 들어갈 단계별 평가로 바르게 연결된 것은?

<커크패트릭의 4단계 평가모형>

평가단계		4 Levels	정보가치	중점대상	사용빈도	분석 난이도
1단계	( )	Reaction	적음 ↕ 많음	참여자 ↕ 관리자	높음 ↕ 낮음	쉬움 ↕ 어려움
2단계	( )	Learning
3단계	( )	Behavior
4단계	( )	Results

	1단계	2단계	3단계	4단계
①	반응도 평가	적용도 평가	기여도 평가	성취도 평가
②	성취도 평가	기여도 평가	적용도 평가	반응도 평가
③	기여도 평가	적용도 평가	성취도 평가	반응도 평가
④	반응도 평가	성취도 평가	적용도 평가	기여도 평가
⑤	적용도 평가	반응도 평가	기여도 평가	성취도 평가

17 다음 중 인간의 감각이 느끼지 못할 정도의 자극을 주어 잠재의식에 호소하는 광고는?

① 애드버커시 광고　　　　　　② 서브리미널 광고
③ 리스폰스 광고　　　　　　　④ 키치 광고
⑤ 티저 광고

18 다음 중 마케팅의 푸시(Push) 전략에 대한 설명으로 옳지 않은 것은?

① 푸시 전략은 채널 파트너에게 마케팅 노력의 방향을 포함하는 전략이다.
② 고객에게 제품이나 브랜드에 대해 알릴 수 있다.
③ 영업 인력이나 중간상 판촉 등을 활용하여 수행한다.
④ 최종 소비자에게 마케팅 노력을 홍보하는 전략이다.
⑤ 브랜드 충성도가 낮은 경우에 적합한 전략이다.

19 다음 중 확률 표본추출법에 해당하는 것을 〈보기〉에서 모두 고르면?

> **보기**
>
> ㄱ. 단순무작위표본추출법　　　　　ㄴ. 체계적 표본추출법
> ㄷ. 편의 표본추출법　　　　　　　ㄹ. 판단 표본추출법
> ㅁ. 할당 표본추출법　　　　　　　ㅂ. 층화 표본추출법
> ㅅ. 군집 표본추출법　　　　　　　ㅇ. 눈덩이 표본추출법

① ㄱ, ㄴ, ㅂ, ㅅ　　　　　　　② ㄱ, ㄴ, ㅅ, ㅇ
③ ㄷ, ㄹ, ㅁ, ㅂ　　　　　　　④ ㄷ, ㄹ, ㅁ, ㅇ
⑤ ㅁ, ㅂ, ㅅ, ㅇ

PART 3

20 다음 중 테일러(Taylor)의 과학적 관리법(Scientific Management)에 대한 설명으로 옳지 않은 것은?

① 이론의 핵심 목표는 경제적 효율성, 특히 노동생산성 증진에 있다.
② 테일러리즘(Taylorism)이라고도 불리며, 20세기 초부터 주목받은 과업수행의 분석과 혼합에 대한 관리 이론이다.
③ 이론의 목적은 모든 관계자에게 과학적인 경영 활동의 조직적 협력에 의한 생산성을 높여 높은 임금을 실현할 수 있다는 인식을 갖게 하는 데 있다.
④ 과학적 관리와 공평한 이익 배분을 통해 생산성과 효율성을 향상하는 것이 기업과 노동자 모두가 성장할 수 있는 길이라는 테일러의 사상은 현대 경영학의 기초가 되었다.
⑤ 테일러의 과학적 관리법은 전문적인 지식과 역량이 요구되는 일에 적합하며, 노동자들의 자율성과 창의성을 고려하며 생산성을 높인다는 장점이 있다.

21 K회사는 철물과 관련한 사업을 하는 중소기업이다. 이 회사는 수요가 어느 정도 안정된 소모품을 다양한 거래처에 납품하고 있으며, 내부적으로는 부서별 효율성을 추구하고 있다. 이러한 회사의 조직구조로 적합한 유형은?

① 기능별 조직　　　　　　　　　② 사업부제 조직
③ 프로젝트 조직　　　　　　　　④ 매트릭스 조직
⑤ 다국적 조직

22 다음 수요예측기법의 종류 중 시스템을 활용한 수요예측기법으로 옳은 것을 〈보기〉에서 모두 고르면?

> **보기**
>
> ㄱ. 컨조인트 분석 　　　　　　ㄴ. 정보 예측 시장
> ㄷ. 시스템 다이나믹스　　　　ㄹ. 시계열 분석
> ㅁ. 회귀 분석　　　　　　　　ㅂ. 확산 모형
> ㅅ. 인덱스 분석　　　　　　　ㅇ. 인공 신경망

① ㄱ, ㄴ, ㄷ　　　　　　　　② ㄴ, ㄷ, ㅁ
③ ㄴ, ㄷ, ㅇ　　　　　　　　④ ㄹ, ㅁ, ㅅ
⑤ ㅁ, ㅂ, ㅅ

23 인사평가제도는 평가목적을 어디에 두느냐에 따라 상대평가와 절대평가로 구분된다. 다음 중 상대평가에 해당하는 기법은?

① 평정척도법　　　　　　　　② 체크리스트법
③ 중요사건기술법　　　　　　④ 연공형 승진제도
⑤ 강제할당법

24 다음 중 앤소프의 의사결정에 대한 내용으로 옳지 않은 것은?

① 앤소프의 의사결정은 전략적, 운영적, 관리적 의사결정으로 분류된다.
② 단계별 접근법을 따라 체계적으로 분석가능하다.
③ 단계별로 피드백이 이루어진다.
④ 분석결과에 따라 초기 기업 목적, 시작 단계에서의 평가수정이 불가능하다.
⑤ 단계별 의사결정과정은 기업의 위상과 목표 간의 차이를 줄이는 과정이다.

25 다음 중 작업성과의 고저에 따라 임금을 적용하는 단순 복률 성과급 방식과 달리 예정된 성과를 올리지 못하여도 미숙련 근로자들에게 최저 생활을 보장하는 방식은?

① 테일러식 복률성과급
② 맨체스터 플랜
③ 메릭크식 복률성과급
④ 할증성과급
⑤ 표준시간급

26 K주식회사는 지난 분기 매출액 2,000억 원을 달성하였고, 그 중 매입액은 700억 원을 차지하였다. K주식회사의 지난 분기 부가가치율은?

① 50%
② 55%
③ 60%
④ 65%
⑤ 70%

27 K주식회사의 2023년도 매입액이 ₩150,000이었고, 부가가치율이 25%였다면 해당 연도의 매출액은 얼마인가?

① ₩180,000
② ₩200,000
③ ₩220,000
④ ₩240,000
⑤ ₩260,000

28 K사는 자사 제품을 시대신문에 광고하려고 한다. 시대신문의 구독자 수가 10만 명이고, CPM 기준으로 5천 원을 요구하고 있을 경우에 시대신문의 요구대로 광고계약이 진행된다면 광고비용은 얼마인가?

① 1,200,000원   ② 750,000원

③ 600,000원   ④ 500,000원

⑤ 350,000원

29 다음 중 가격책정 방법에 대한 설명으로 옳은 것을 〈보기〉에서 모두 고르면?

> **보기**
>
> ㉠ 준거가격이란 구매자가 어떤 상품에 대해 지불할 용의가 있는 최고가격을 의미한다.
> ㉡ 명성가격이란 가격 – 품질 연상관계를 이용한 가격책정 방법이다.
> ㉢ 단수가격이란 판매 가격을 단수로 표시하여 가격이 저렴한 인상을 소비자에게 심어주어 판매를 증대시키는 방법이다.
> ㉣ 최저수용가격이란 심리적으로 적당하다고 생각하는 가격 수준을 의미한다.

① ㉠, ㉡   ② ㉠, ㉢

③ ㉡, ㉢   ④ ㉡, ㉣

⑤ ㉢, ㉣

30 다음 〈보기〉 중 비유동부채에 해당하는 것은 모두 몇 개인가?

> **보기**
>
> ㄱ. 매입채무   ㄴ. 예수금
> ㄷ. 미지급금   ㄹ. 장기차입금
> ㅁ. 임대보증금   ㅂ. 선수수익
> ㅅ. 단기차입금   ㅇ. 선수금
> ㅈ. 장기미지급금   ㅊ. 유동성장기부채

① 1개   ② 3개

③ 5개   ④ 7개

⑤ 9개

31 다음 기사를 읽고 해당 기업이 제시하는 전략으로 옳은 것은?

> 라면산업은 신제품을 꾸준히 출시하고 있다. 이는 소비자의 눈길을 잡기 위해서, 그리고 정통 라면에 대적할 만한 새로운 제품을 만들어 내기 위해서이다. 각 라면브랜드에서는 까르보불닭, 양념치킨라면, 미역국라면 등 소비자의 호기심을 불러일으킬 수 있는 이색 라면을 지속적으로 출시하고 있다. 당연 성공했다고 말할 수 있는 제품은 가장 많은 소비자의 마음을 사로잡은 불닭시리즈이다. 이는 다른 라면과 차별화하여, 볶음면 그리고 극강의 매운맛으로 매운맛을 좋아하는 마니아 층을 타깃팅으로 잡은 것이다. 그 후로도 기존에 불닭 소스(컨셉)를 기준으로 까르보, 짜장, 핵불닭 등을 지속적으로 신제품으로 출시하고 있으며, '영국남자'를 통해 전 세계적으로 불닭볶음면의 존재를 알리게 되어 중국, 태국 등으로 해외수출에 박차를 가하고 있다고 한다.

① 대의명분 마케팅(Cause Related Marketing)
② 카테고리 확장(Category Extension)
③ 구전 마케팅(Word of Mouth Marketing)
④ 귀족 마케팅(Noblesse Marketing)
⑤ 라인 확장(Line Extension)

32 다음 중 피쉬바인(Fishbein)의 다속성태도모형에 대한 설명으로 옳지 않은 것은?

① 속성에 대한 신념이란 소비자가 제품 속성에 대하여 가지고 있는 정보와 의견 등을 의미한다.
② 다속성태도모형은 소비자의 태도와 행동을 동일시한다.
③ 다속성태도모형은 신념의 강도와 제품속성에 대한 평가로 표현된다.
④ 다속성태도모형은 구매대안 평가방식 중 비보완적방식에 해당한다.
⑤ 속성에 대한 평가란 각 속성이 소비자들의 욕구 충족에 얼마나 기여하는가를 나타내는 것으로, 전체 태도 형성에 있어서 속성의 중요도(가중치)의 역할을 한다.

33 복식부기는 하나의 거래를 대차평균의 원리에 따라 차변과 대변에 이중 기록하는 방식이다. 다음 중 차변에 기입되는 항목으로 옳지 않은 것은?

① 자산의 증가　　　　　　　　　② 자본의 감소

③ 부채의 감소　　　　　　　　　④ 비용의 발생

⑤ 수익의 발생

34 다음 중 기업의 안정성 측정을 위하여 사용되는 지표로, 고정자산(비유동자산)을 자기자본으로 나눈 값의 백분율로 계산하여 자본의 유동성을 나타내는 것은?

① 고정자산비율(Fixed Assets Ratio)

② 활동성비율(Activity Ratio)

③ 자본회전율(Turnover Ratio of Capital)

④ 유동비율(Current Ratio)

⑤ 부채비율(Debt Ratio)

35 다음 〈보기〉 중 재무제표의 표시와 작성에 대한 설명으로 옳은 것을 모두 고르면?

> **보기**
>
> 가. 재무상태표에 표시되는 자산과 부채는 반드시 유동자산과 비유동자산, 유동부채와 비유동부채로 구분하여 표시한다.
> 나. 영업활동을 위한 자산의 취득시점부터 그 자산이 현금이나 현금성자산으로 실현되는 시점까지 소요되는 기간이 영업주기이다.
> 다. 비용의 기능에 대한 정보가 미래현금흐름을 예측하는 데 유용하기 때문에 비용을 성격별로 분류하는 경우에는 비용의 기능에 대한 추가 정보를 공시하는 것이 필요하다.
> 라. 자본의 구성요소인 기타포괄손익누계액과 자본잉여금은 포괄손익계산서와 재무상태표를 연결시키는 역할을 한다.
> 마. 현금흐름표는 기업의 활동을 영업활동, 투자활동, 재무활동으로 구분한다.

① 가, 나　　　　　　　　　　　② 가, 라

③ 나, 다　　　　　　　　　　　④ 나, 마

⑤ 다, 마

36 다음 중 토빈의 Q – 비율에 대한 설명으로 옳지 않은 것은?(단, 다른 조건이 일정하다고 가정한다)

① 특정 기업이 주식 시장에서 어떤 평가를 받고 있는지 판단할 때 종종 토빈의 Q – 비율을 활용한다.

② 한 기업의 Q – 비율이 1보다 높을 경우 투자를 증가하는 것이 바람직하다.

③ 한 기업의 Q – 비율이 1보다 낮을 경우 투자를 감소하는 것이 바람직하다.

④ 이자율이 상승하면 Q – 비율은 하락한다.

⑤ 토빈의 Q – 비율은 실물자본의 대체비용을 주식시장에서 평가된 기업의 시장가치로 나눠서 구한다.

37 K주식회사의 2023년도 총매출액과 이에 대한 총변동원가는 각각 ₩200,000과 ₩150,000이다. K주식회사의 손익분기점 매출액이 ₩120,000일 때, 총고정원가는 얼마인가?

① ₩15,000
② ₩20,000
③ ₩25,000
④ ₩30,000
⑤ ₩35,000

38 K주식회사의 당기 말 타인자본은 2,000억 원이고 자기자본은 1,000억 원이다. 전년도 말 기준 부채비율은 300%를 기록하였다고 한다면, 당기 말 기준 전년도 대비 부채비율의 변동률로 옳은 것은?(단, 소수점은 생략한다)

① 25% 상승
② 25% 하락
③ 33% 상승
④ 33% 하락
⑤ 55% 하락

39 부채비율(B/S)이 100%인 K기업의 세전타인자본비용은 8%이고, 가중평균자본비용은 10%이다. K기업의 자기자본비용은 얼마인가?(단, 법인세율은 25%이다)

① 6%
② 8%
③ 10%
④ 12%
⑤ 14%

40 다음 중 대리비용 이론에 대한 설명으로 옳지 않은 것은?

① 위임자와 대리인 간의 정보비대칭 상황을 전제한다.
② 대리비용의 발생원천에 따라 자기자본 대리비용과 부채 대리비용으로 구분된다.
③ 자기자본 대리비용은 외부주주의 지분율이 높을수록 커진다.
④ 부채 대리비용은 부채비율이 낮을수록 커진다.
⑤ 대리비용이 최소화되는 지점에서 최적 자본구조가 결정된다.

| 02 | 경제(행정직)

01 다음 〈보기〉 중 도덕적 해이(Moral Hazard)를 해결하는 방안에 해당하는 것을 모두 고르면?

> **보기**
>
> 가. 스톡옵션(Stock Option)
> 나. 은행담보대출
> 다. 자격증 취득
> 라. 전자제품 다년간 무상수리
> 마. 사고 건수에 따른 보험료 할증

① 가, 나   ② 가, 라
③ 다, 마   ④ 가, 나, 마
⑤ 나, 라, 마

PART 3

02 다음 글은 비합리적 소비에 대한 설명이다. 빈칸 ㉠과 ㉡에 들어갈 효과를 바르게 연결한 것은?

> -   ㉠   효과는 유행에 따라 상품을 구입하는 소비현상으로 특정 상품에 대한 어떤 사람의 수요가 다른 사람들의 수요에 의해 영향을 받는다.
> -   ㉡   효과는 다른 보통사람과 자신을 차별하고 싶은 욕망으로 나타나는데, 가격이 아닌 다른 사람의 소비에 직접 영향을 받는다.

	㉠	㉡
①	외부불경제	베블런(Veblen)
②	외부불경제	밴드왜건(Bandwagon)
③	베블런(Veblen)	외부불경제
④	밴드왜건(Bandwagon)	외부불경제
⑤	밴드왜건(Bandwagon)	베블런(Veblen)

03 X재와 Y재에 대한 효용함수가 $U = min(X, Y)$인 소비자가 있다. 소득이 100이고 Y재의 가격(P_Y)이 10일 때, 이 소비자가 효용극대화를 추구한다면 X재의 수요함수는?(단, P_X는 X재의 가격이다)

① $X = \dfrac{10 + 100}{P_X}$

② $X = \dfrac{100}{P_X + 10}$

③ $X = \dfrac{100}{P_X}$

④ $X = \dfrac{50}{P_X + 10}$

⑤ $X = \dfrac{10}{P_X}$

04 다음 중 수요의 탄력성에 대한 내용으로 옳은 것은?

① 수요곡선의 기울기가 -1인 직선일 경우 수요곡선상의 어느 점에서나 가격탄력성은 동일하다.

② 수요의 가격탄력성이 탄력적이라면 가격인하는 총수입을 증가시키는 좋은 전략이다.

③ 수요의 소득탄력성이 비탄력적인 재화는 열등재이다.

④ 가격이 올랐을 때 시간이 경과될수록 적응이 되기 때문에 수요의 가격탄력성은 작아진다.

⑤ X재의 가격이 5% 인상되자 Y재 수요가 10% 상승했다면, 수요의 교차탄력성은 $\dfrac{1}{2}$이고 두 재화는 보완재이다.

05 다음 사례를 볼 때, 각 기업의 총수익 변화로 옳은 것은?(단, 다른 조건을 일정하다)

> • 사례1 : 수요의 가격탄력성이 0.5인 X재를 생산하고 있는 A기업은 최근 X재의 가격을 1,000원에서 2,000원으로 인상하였다.
> • 사례2 : 수요의 가격탄력성이 2인 Y재를 생산하고 있는 B기업은 최근 Y재의 가격을 3,000원에서 5,500원으로 인상하였다.

	A기업	B기업
①	증가	감소
②	증가	일정
③	일정	일정
④	감소	증가
⑤	감소	감소

06 K기업의 생산함수는 $Q = L^2 K^2$이다. 단위당 임금과 단위당 자본비용은 각각 4원 및 6원으로 주어져 있다. 이 기업의 총 사업자금이 120원으로 주어져 있을 때, 노동의 최적 투입량은?(단, Q는 생산량, L은 노동투입량, K는 자본투입량이며, 두 투입요소 모두 가변투입요소이다)

① 13 　　　　　　　　② 14

③ 15 　　　　　　　　④ 16

⑤ 17

07 K국 자동차시장의 독점기업인 B기업의 한계수입(MR)이 225, 수요의 가격탄력성이 4일 때, B기업이 판매하는 자동차의 1단위당 가격(P)은 얼마인가?

① 400 　　　　　　　　② 350

③ 300 　　　　　　　　④ 250

⑤ 200

08 K국의 이동통신 시장이 하나의 기업만이 존재하는 완전독점시장일 경우, 이 기업의 총비용함수와 시장수요가 다음과 같을 때, 이 기업이 이부가격(Two – part Tariff) 설정을 통해 이윤을 극대화하고자 한다면, 고정요금(가입비)은 얼마인가?

- $TC = 40 + 4Q$(총비용함수)
- $P = 20 - Q$(시장수요)

① 16 　　　　　　　　　　　　② 32
③ 48 　　　　　　　　　　　　④ 64
⑤ 128

09 다음은 리카도의 대등정리(Ricardian Equivalence Theorem)에 따라 어느 경제가 조세를 감면하고, 국채발행을 통해 지출재원을 조달하려고 할 때의 제1기와 제2기의 개인의 소비점과 부존점을 나타낸 그래프이다. 현재 제1기에 T_1만큼의 조세를 징수하여 재원을 조달할 때, 어떤 개인의 부존점이 A, 소비점은 E일 때, 제1기에 조세 T_1을 감면하고 국채발행을 통해 재원을 조달한 다음 제2기에 조세를 징수하여 충당하는 경우의 최적소비점으로 옳은 것은?(단, C는 소비, Y는 소득, T는 조세를 나타내며, 등가정리가 성립한다고 가정한다)

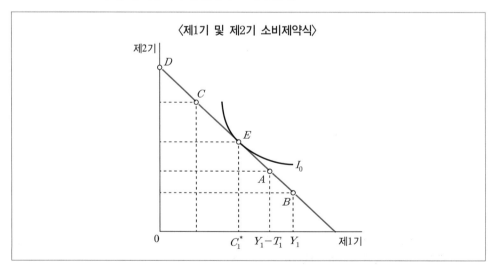

① A 　　　　　　　　　　　　② B
③ C 　　　　　　　　　　　　④ D
⑤ E

10 다음은 K국가의 국내총생산(GDP), 소비지출, 투자, 정부지출, 수입에 대한 자료이다. 아래 자료와 균형국민소득식을 통해 계산한 K국의 수출은 얼마인가?

- 국내총생산 : 900조 원
- 소비지출 : 200조 원
- 투자 : 50조 원
- 정부지출 : 300조 원
- 수입 : 100조 원

① 100조 원 ② 250조 원
③ 300조 원 ④ 450조 원
⑤ 550조 원

11 다음 중 환율이론에 대한 설명으로 옳지 않은 것은?

① 구매력평가설은 환율이 양국통화의 구매력에 의하여 결정된다는 이론이다.
② 구매력평가설이 성립되기 위해서는 일물일가의 법칙이 전제되어야 한다.
③ 구매력평가설에 따르면 양국의 물가상승률 차이만큼 환율변화가 이루어진다.
④ 이자율평가설은 양국 간의 명목이자율 차이와 환율의 기대변동률과의 관계를 설명하는 이론이다.
⑤ 이자율평가설이 성립하기 위해서는 국가 간 자본이동이 제한되어야 하며, 거래비용과 조세가 존재하지 않아야 한다.

12 어느 폐쇄경제의 국가가 있다. 한계소비성향(MPC)이 0.5일 때 투자가 1조 원 증가하고, 조세가 0.5조 원 증가할 경우, 균형국민소득의 변화분은 얼마인가?

① -0.5조 원 ② 0원
③ 0.5조 원 ④ 1조 원
⑤ 1.5조 원

13 다음 중 소비성향과 저축성향에 대한 설명으로 옳은 것은?

① 평균소비성향(APC)는 항상 음($-$)의 값을 가진다.

② 한계소비성향(MPC)는 항상 $MPC > 1$의 값을 가진다.

③ $APC + MPC = 1$

④ $1 + MPC = MPS$

⑤ $1 - APS = APC$

14 다음 〈보기〉 중 케인스의 유동성 선호설에 대한 설명으로 옳은 것을 모두 고르면?

> **보기**
> ㉠ 케인스의 유동성 선호설에 따르면 자산은 화폐와 채권 두 가지만 존재한다.
> ㉡ 케인스에 따르면 화폐공급곡선이 수평인 구간을 유동성함정이라고 한다.
> ㉢ 유동성함정구간에서는 화폐수요의 이자율탄력성은 무한대(∞)이다.
> ㉣ 케인스의 유동성 선호설에 따른 투기적 동기의 화폐수요(hr)는 화폐수요함수$\left(\dfrac{M^d}{P}\right)$와 비례관계에 있다.

① ㉠, ㉡   ② ㉠, ㉢

③ ㉡, ㉢   ④ ㉡, ㉣

⑤ ㉢, ㉣

15 다음은 K은행의 재무상태표를 나타낸 것이다. 법정지급준비율이 20%일 때, K은행이 보유하고 있는 초과지급준비금을 신규로 대출하는 경우 신용창조를 통한 최대 총예금창조액은 얼마인가?

〈K은행 재무상태표〉

자산		부채	
대출	80	예금	400
지급준비금	120		
국채	200		

① 100   ② 120

③ 150   ④ 180

⑤ 200

16 K국의 통화량은 현금통화 150, 예금통화 450이며, 지급준비금은 90이라고 할 때, 통화승수는? (단, 현금통화비율과 지급준비율은 일정하다)

① 2.5

② 3

③ 4.5

④ 5

⑤ 5.7

17 다음은 통화지표와 유동성지표의 범위를 나타낸 식이다. 빈칸 ㉠ ~ ㉢에 들어갈 단어로 옳은 것은?

- $M1$(협의통화)=현금통화+___㉠___+수시입출식 저축성 예금
- $M2$(광의통화)=$M1$+시장형 상품+실배당형 상품+금융채+기타
- Lf(금융기관 유동성)=$M2$+___㉡___+생명보험계약준비금
- L(광의유동성)=Lf+기타금융기관상품+___㉢___

	㉠	㉡	㉢
①	은행보유 시재금	국채·회사채·지방채	요구불예금
②	국채·회사채·지방채	은행보유 시재금	2년 이상 장기금융상품
③	요구불예금	2년 이상 장기금융상품	국채·회사채·지방채
④	2년 이상 장기금융상품	은행보유 시재금	요구불예금
⑤	요구불예금	국채·회사채·지방채	은행보유 시재금

18 다음 중 고정환율제도에 대한 설명으로 옳지 않은 것은?(단, 자본의 이동은 완전히 자유롭다)

① 환율이 안정적이므로 국제무역과 투자가 활발히 일어나는 장점이 있다.

② 고정환율제도하에서 확대금융정책을 실시할 경우, 최종적으로 이자율은 변하지 않는다.

③ 고정환율제도하에서 확대금융정책의 경우 중앙은행의 외환매입으로 통화량이 증가한다.

④ 고정환율제도하에서 확대재정정책을 실시할 경우 통화량이 증가하여, 국민소득이 증가한다.

⑤ 정부가 환율을 일정수준으로 정하여 지속적인 외환시장 개입을 통해 정해진 환율을 유지하는 제도이다.

19 다음의 정보를 통하여 K국의 실업률과 고용률의 차이를 구하면 얼마인가?

〈K국의 경제인구 정보〉

- 취업자 수 : 1,200만 명
- 15세 이상 인구 : 4,800만 명
- 경제활동인구 : 2,000만 명

① 10% ② 15%

③ 20% ④ 25%

⑤ 30%

20 다음 중 거시경제의 총수요와 총공급에 대한 설명으로 옳은 것은?

① 명목임금 경직성하에서 물가수준이 하락하면 기업이윤이 줄어들어서 기업들의 재화와 서비스 공급이 감소하므로 단기총공급곡선은 왼쪽으로 이동한다.

② 폐쇄경제에서 확장적 재정정책의 구축효과는 변동환율제도에서 동일한 정책의 구축효과보다 더 크게 나타날 수 있다.

③ 케인스(Keynes)의 유동성선호이론에 의하면 경제가 유동성함정에 빠지는 경우 추가적 화폐공급이 투자적 화폐 수요로 모두 흡수된다.

④ 장기균형 상태에 있던 경제에 원유가격이 일시적으로 상승하면 장기적으로 물가는 상승하고 국민소득은 감소한다.

⑤ 단기 경기변동에서 소비와 투자가 모두 경기순응적이며, 소비의 변동성은 투자의 변동성보다 크다.

21 다음 빈칸에 들어갈 용어를 순서대로 바르게 나열한 것은?

기업들에 대한 투자세액공제가 확대되면, 대부자금에 대한 수요가 _____한다. 이렇게 되면 실질이자율이 _____하고 저축이 늘어난다. 그 결과, 대부자금의 균형거래량은 _____한다(단, 실질이자율에 대하여 대부자금 수요곡선은 우하향하고, 대부자금 공급곡선은 우상향한다).

① 증가, 상승, 증가 ② 증가, 하락, 증가

③ 증가, 상승, 감소 ④ 감소, 하락, 증가

⑤ 감소, 하락, 감소

22 다음 중 정부지출 증가의 효과가 가장 크게 나타나게 되는 상황은 언제인가?

① 한계저축성향이 낮은 경우
② 한계소비성향이 낮은 경우
③ 정부지출의 증가로 물가가 상승한 경우
④ 정부지출의 증가로 이자율이 상승한 경우
⑤ 정부지출의 증가로 인해 구축효과가 나타난 경우

23 다음은 K국의 중앙은행이 준수하는 테일러 법칙(Taylor's Rule)이다. 실제 인플레이션율은 4%이고 실제 GDP와 잠재 GDP의 차이가 1%일 때, K국의 통화정책에 대한 설명으로 옳지 않은 것은?

$$r = 0.03 + \frac{1}{4}(\pi - 0.02) - \frac{1}{4} \times \frac{Y^* - Y}{Y^*}$$

※ r은 중앙은행의 목표 이자율, π는 실제 인플레이션율, Y^*는 잠재 GDP, Y는 실제 GDP이다.

① 목표 이자율은 균형 이자율보다 낮다.
② 목표 인플레이션율은 2%이다.
③ 균형 이자율은 3%이다.
④ 다른 조건이 일정할 때, 인플레이션 갭 1%p 증가에 대해 목표 이자율은 0.25%p 증가한다.
⑤ 다른 조건이 일정할 때, GDP 갭 1%p 증가에 대해 목표 이자율은 0.25%p 감소한다.

24 미국의 이자율이 사실상 0%이고 우리나라 이자율은 연 10%이다. 현재 원화의 달러당 환율이 1,000원일 때, 양국 사이에 자본 이동이 일어나지 않을 것으로 예상되는 1년 후의 환율은?

① 1,025원/달러
② 1,050원/달러
③ 1,075원/달러
④ 1,100원/달러
⑤ 1,125원/달러

25 개방경제하의 소국 K에서 수입관세를 부과하였다. 이때 나타나는 효과로 옳지 않은 것은?

① 국내가격이 상승한다.

② 소비량이 감소한다.

③ 생산량이 감소한다.

④ 사회적 후생손실이 발생한다.

⑤ 교역조건은 변하지 않는다.

26 다음은 (가)국과 (나)국의 지니계수 추이를 나타낸 자료이다. 이에 대한 추론으로 옳지 않은 것은?

구분	2021년	2022년	2023년
(가)	0.310	0.302	0.295
(나)	0.405	0.412	0.464

① (가)국과 (나)국의 지니계수는 0과 1 사이의 값을 가진다.

② (가)국은 소득불평등도가 줄어드는 반면 (나)국은 소득불평등도가 심화되고 있다.

③ (나)국은 소득불평등도를 줄이기 위해 교육과 건강에 대한 보조금 정책을 도입할 필요가 있다.

④ (나)국의 로렌츠곡선은 45도 대각선에 점차 가까워질 것이다.

⑤ 소득재분배를 위해 과도하게 누진세를 도입할 경우 저축과 근로 의욕을 저해할 수 있다.

27 갑, 을 두 사람은 좁은 사무실에서 함께 일하고 있는데, 갑은 애연가지만 을은 담배연기를 무척 싫어한다. 갑의 한계편익과 한계비용, 을의 한계피해가 그림과 같을 때, 다음 중 옳은 것은?

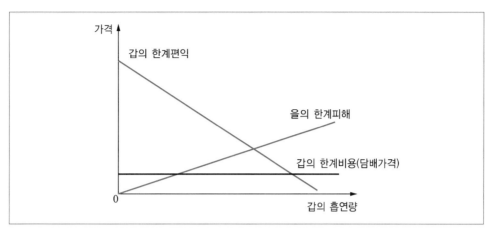

① 갑과 을에게 담배연기는 사적재이다.
② 갑이 담배를 피울 때 사회적 한계비용은 갑의 개인적 한계비용보다 크다.
③ 사무실 내에서는 담배를 절대 피우지 못하도록 규제할 때 갑의 총편익은 가장 커진다.
④ 갑은 한계편익과 한계비용의 차이가 가장 큰 수준에서 흡연량을 결정한다.
⑤ 갑과 을이 협상을 통하여 효율적인 수준에 도달할 가능성은 없다.

28 기업의 총비용곡선과 총가변비용곡선은 아래와 같다. 이에 대한 설명으로 옳지 않은 것은?

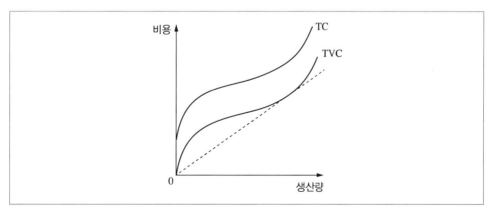

① 평균비용곡선은 평균가변비용곡선의 위에 위치한다.
② 평균비용곡선이 상승할 때 한계비용곡선은 평균비용곡선 아래에 있다.
③ 원점을 지나는 직선이 총비용곡선과 접하는 점에서 평균비용은 최소이다.
④ 원점을 지나는 직선이 총가변비용곡선과 접하는 점에서 평균가변비용은 최소이다.
⑤ 총비용곡선의 임의의 한 점에서 그은 접선의 기울기는 그 점에서의 한계비용을 나타낸다.

29 다음 〈보기〉 중 변동환율제도하에서 국내 원화의 가치가 상승하는 요인을 모두 고르면?

> **보기**
> ㉠ 외국인의 국내 부동산 구입 증가
> ㉡ 국내 기준금리 인상
> ㉢ 미국의 확대적 재정정책 시행
> ㉣ 미국의 국채이자율의 상승

① ㉠, ㉡   ② ㉠, ㉢
③ ㉡, ㉢   ④ ㉡, ㉣
⑤ ㉢, ㉣

30 다음 〈보기〉 중 정부실패(Government Failure)의 원인이 되는 것을 모두 고르면?

> **보기**
> 가. 이익집단의 개입   나. 정책당국의 제한된 정보
> 다. 정책당국의 인지시차 존재   라. 민간부문의 통제 불가능성
> 마. 정책 실행 시차의 부재

① 가, 나, 라
② 나, 다, 마
③ 가, 나, 다, 라
④ 가, 나, 라, 마
⑤ 가, 나, 다, 라, 마

31 다음 〈보기〉 중 GDP가 증가하는 경우는 모두 몇 개인가?

> **보기**
>
> ㄱ. 대한민국 공무원 연봉이 전반적으로 인상되었다.
> ㄴ. 중국인 관광객들 사이에서 한국의 명동에서 쇼핑하는 것이 유행하고 있다.
> ㄷ. 대한민국 수도권 신도시에 거주하는 A씨의 주택가격이 전년도 대비 20% 상승하였다.
> ㄹ. 한국에서 생산된 중간재가 미국에 수출되었다.

① 1개   ② 2개
③ 3개   ④ 4개
⑤ 없음

32 다음 중 실업에 대한 주장으로 옳은 것은?

① 정부는 경기적 실업을 줄이기 위하여 기업의 설비투자를 억제시켜야 한다.
② 취업자가 존재하는 상황에서 구직포기자의 증가는 실업률을 감소시킨다.
③ 전업주부가 직장을 가지면 경제활동참가율과 실업률은 모두 낮아진다.
④ 실업급여의 확대는 탐색적 실업을 감소시킨다.
⑤ 정부는 구조적 실업을 줄이기 위하여 취업정보의 제공을 축소해야 한다.

33 다음 중 칼도어(N.Kaldor)의 정형화된 사실(Stylized Facts)에 대한 내용으로 옳지 않은 것은?

① 자본수익률은 지속적으로 증가한다.
② 1인당 산출량(Y/L)이 지속적으로 증가한다.
③ 산출량 – 자본비율(Y/K)은 대체로 일정한 지속성(Steady)을 보인다.
④ 총소득에서 자본에 대한 분배와 노동에 대한 분배 간의 비율은 일정하다.
⑤ 생산성 증가율은 국가 간의 상당한 차이가 있다.

34 다음 〈보기〉는 우리나라의 경기종합지수를 나타낸 것이다. 각각의 지수를 바르게 구분한 것은?

보기

㉠ 비농림어업취업자수   ㉡ 재고순환지표
㉢ 건설수주액   ㉣ 코스피
㉤ 광공업생산지수   ㉥ 소매판매액지수
㉦ 취업자수

	선행종합지수	동행종합지수	후행종합지수
①	㉠, ㉡	㉢, ㉣, ㉤	㉥, ㉦
②	㉥, ㉦	㉠, ㉡, ㉢	㉣, ㉤
③	㉢, ㉣, ㉤	㉥, ㉦	㉠, ㉡
④	㉡, ㉢, ㉣	㉠, ㉤, ㉥	㉦
⑤	㉢, ㉣, ㉤	㉥, ㉦	㉠, ㉡

35 다음 〈보기〉 중 인플레이션에 대한 설명으로 옳지 않은 것을 모두 고르면?

보기

가. 인플레이션이 예상되지 못한 경우, 채무자에게서 채권자에게로 부가 재분배된다.
나. 인플레이션이 예상된 경우, 메뉴비용이 발생하지 않는다.
다. 인플레이션이 발생하면 현금 보유의 기회비용이 증가한다.
라. 인플레이션이 발생하면 수출이 감소하고 경상수지가 악화된다.

① 가, 나   ② 가, 다
③ 나, 다   ④ 나, 라
⑤ 다, 라

36 다음 그래프를 참고하여 빈칸 A ~ C에 들어갈 말로 옳은 것은?

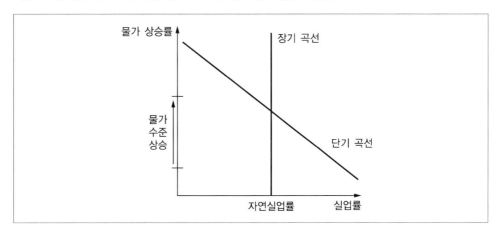

실업과 인플레이션 사이에는 ___A___ 상충 관계가 존재하지 않는다. 그래서 해당 그래프는 ___B___ 수준에서 수직선이 된다. 실업과 인플레이션 사이의 상충 관계는 ___C___에만 존재해 총수요가 증가하면 실업률이 하락한다.

	A	B	C
①	단기적으로	물가상승률	장기
②	단기적으로	자연실업률	장기
③	단기적으로	통화증가율	장기
④	장기적으로	자연실업률	단기
⑤	장기적으로	물가상승률	단기

37 다음의 그림은 K국의 자동차 생산과 노동투입량을 나타낸 그래프이다. 동일한 자동차 부품을 생산하는 5개 기업의 노동투입량과 자동차 부품 생산량 간의 관계가 다음과 같을 때, 평균노동생산성(AP_L)이 가장 낮은 기업은?

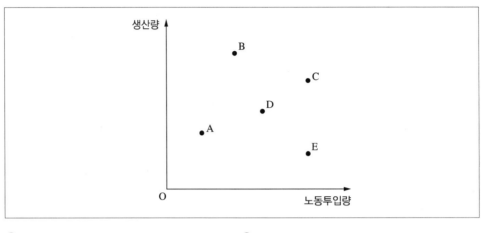

① A
② B
③ C
④ D
⑤ E

38 다음은 완전경쟁시장에서 어느 기업의 단기비용곡선이다. 제품의 시장 가격이 90원으로 주어졌을 때, 이 기업의 생산 결정에 대한 설명으로 옳은 것은?

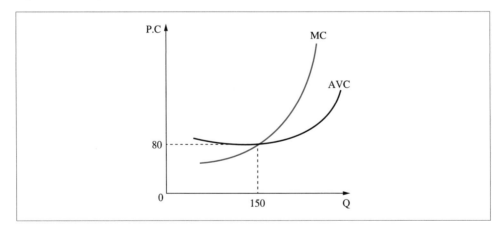

① 이 기업은 생산을 중단한다.
② 이 기업은 생산을 함으로써 초과 이윤을 얻을 수 있다.
③ 균형점에서 이 기업의 한계비용은 90원보다 작다.
④ 균형점에서 이 기업의 한계수입은 90원보다 크다.
⑤ 이 기업은 150개보다 많은 양을 생산한다.

※ 다음 기사를 읽고 이어지는 질문에 답하시오. [39~40]

기획재정부 차관이 공적 마스크 80%를 제외한 민간 공급 물량 20%에 대해 시장 교란 행위가 발생하면 지체 없이 최고 가격을 지정하겠다고 밝혔다. 정부서울청사에서 '제3차 혁신성장 전략 점검회의 및 정책 점검회의'를 주재한 김차관은 "마스크 전체 생산량 중 80%를 공적 배분하고, 나머지 20%는 업무상 마스크 사용이 필수인 수요자들을 위해 최소한의 시장 기능을 열어뒀다."며 이같이 말했다. 차관은 "축소된 시장 기능을 악용해 사익을 추구하려는 부류도 있을 수 있고, 가격이 폭등할 것을 예상하고 사재기와 매점매석으로 의도적인 재고를 쌓아 둘 수도 있다."며 "정부는 이런 시장 교란 행위를 절대 좌시하지 않겠다."고 경고했다.

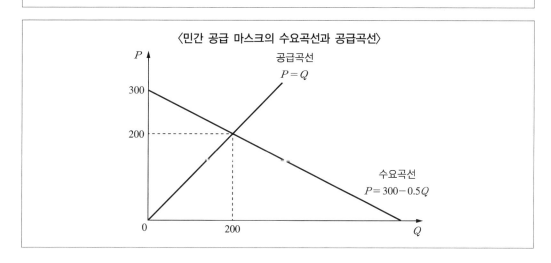

〈민간 공급 마스크의 수요곡선과 공급곡선〉

39 정부가 민간 공급 마스크의 최고가격을 170으로 지정하였다. 최고가격제 도입 후 소비자잉여는 어떻게 변하는가?

① 2,775 감소

② 675 증가

③ 4,875 증가

④ 6,900 증가

⑤ 불변

40 다음 중 최고가격제의 특징에 대한 설명으로 옳지 않은 것은?

① 최고가격제 실시 후 암시장에서 형성되는 가격은 설정된 최고가격보다 높다.

② 공급곡선의 기울기가 가파를수록 최고가격제의 소비자 보호 효과는 크다.

③ 최고가격은 반드시 시장의 균형가격보다 낮게 설정해야 한다.

④ 최고가격제를 실시하면 초과수요가 발생한다.

⑤ 최고가격제를 실시해도 사회후생은 발생하지 않는다.

| 03 | 법(행정직)

01 다음 중 법률행위의 부관에 대한 설명으로 옳은 것은?(단, 다툼이 있는 경우 판례에 따른다)

① 기성조건이 해제조건이면 조건 없는 법률행위로 한다.

② 불능조건이 정지조건이면 조건 없는 법률행위로 한다.

③ 불법조건이 붙어 있는 법률행위는 불법조건만 무효이며, 법률행위 자체는 무효로 되지 않는다.

④ 기한의 효력은 기한 도래시부터 생기며 당사자가 특약을 하더라도 소급효가 없다.

⑤ 어느 법률행위에 어떤 조건이 붙어 있었는지 여부는 법률행위 해석의 문제로서 당사자가 주장하지 않더라도 법원이 직권으로 판단한다.

02 다음 중 현행 헌법상의 신체의 자유에 대한 설명으로 옳은 것은?

① 법률과 적법한 절차에 의하지 아니하고는 강제노역을 당하지 아니한다.

② 누구든지 체포·구금을 받을 때에는 그 적부의 심사를 법원에 청구할 수 없다.

③ 체포, 구속, 수색, 압수, 심문에는 검사의 신청에 의하여 법관이 발부한 영장이 제시되어야 한다.

④ 법관에 대한 영장신청은 검사 또는 사법경찰관이 한다.

⑤ 특별한 경우, 형사상 자기에게 불리한 진술을 강요받을 수 있다.

03 다음 중 자유민주적 기본질서의 원리로 옳지 않은 것은?

① 법치주의

② 권력분립주의

③ 의회민주주의

④ 포괄위임입법주의

⑤ 국민주권주의

04 다음 중 헌법 제37조 제2항인 기본권의 제한에 대한 설명으로 옳지 않은 것은?

① 국회의 형식적 법률에 의해서만 제한할 수 있다.
② 처분적 법률에 의한 제한은 원칙적으로 금지된다.
③ 국가의 안전보장과 질서유지를 위해서만 제한할 수 있다.
④ 기본권의 본질적 내용은 침해할 수 없다.
⑤ 노동기본권의 제한에 대한 법적 근거를 밝히고 있다.

05 다음 중 자유권적 기본권으로 옳지 않은 것은?

① 신체의 자유
② 종교의 자유
③ 직업선택의 자유
④ 청원권의 보장
⑤ 재산권의 보장

06 다음 중 헌법을 결단주의에 입각하여 국가의 근본상황에 대하여 헌법제정권자가 내린 근본적 결단이라고 한 사람은?

① 오펜하이머(Oppenheimer)
② 칼 슈미트(C. Schmitt)
③ 안슈츠(Anschut)
④ 시에예스(Sieyes)
⑤ 바르톨루스(Bartolus)

07 다음 중 군주 단독의 의사에 의하여 제정되는 헌법으로 옳은 것은?

① 국약헌법
② 민정헌법
③ 흠정헌법
④ 명목적 헌법
⑤ 연성헌법

08 다음 중 헌법재판에 대한 설명으로 옳은 것은?

① 헌법은 헌법재판소장의 임기를 5년으로 규정한다.
② 헌법재판의 전심절차로서 행정심판을 거쳐야 한다.
③ 헌법재판소는 지방자치단체 상호 간의 권한쟁의심판을 관장한다.
④ 탄핵 인용결정을 할 때에는 재판관 5인 이상의 찬성이 있어야 한다.
⑤ 헌법재판소 재판관은 연임할 수 없다.

09 다음 중 회사의 권리능력에 대한 설명으로 옳지 않은 것은?

① 회사는 유증(遺贈)을 받을 수 있다.
② 회사는 상표권을 취득할 수 있다.
③ 회사는 다른 회사의 무한책임사원이 될 수 있다.
④ 회사는 명예권과 같은 인격권의 주체가 될 수 있다.
⑤ 회사는 합병을 할 수 있다.

10 다음 중 회사의 해산사유에 해당하지 않는 것은?

① 사장단의 동의 또는 결의
② 존립기간의 만료
③ 정관으로 정한 사유의 발생
④ 법원의 해산명령·해산판결
⑤ 회사의 합병·파산

11 다음 중 무권대리행위의 추인에 대한 설명으로 옳지 않은 것은?(단, 다툼이 있는 경우 판례에 따른다)

① 본인이 무권대리인에게 추인한 경우, 상대방은 추인이 있었음을 주장할 수 있다.

② 무권대리행위의 일부에 대한 추인은 상대방의 동의를 얻지 못하는 한 무효이다.

③ 추인은 무권대리행위로 인한 권리 또는 법률관계의 승계인에게도 할 수 있다.

④ 추인은 제3자의 권리를 해하지 않는 한, 다른 의사표시가 없으면 계약 시에 소급하여 그 효력이 생긴다.

⑤ 무권대리행위가 범죄가 되는 경우에 본인이 그 사실을 알고도 장기간 형사고소를 하지 않은 것만으로 묵시적 추인이 된다.

12 다음 중 지명채권의 양도에 대한 설명으로 옳은 것은?(단, 다툼이 있는 경우 판례에 따른다)

① 채권양도의 대항요건인 채무자의 승낙에는 조건을 붙일 수 있다.

② 채권양도에 대한 채무자의 승낙은 양도인에게 하여야 하며, 양수인에게 한 경우에는 효력이 없다.

③ 근로자가 그 임금채권을 양도한 경우, 양수인은 사용자에 대하여 임금의 지급을 청구할 수 있다.

④ 채무자는 채권양도를 승낙한 후에도 양도인에 대한 채권을 새로 취득한 경우에 이를 가지고 양수인에 대하여 상계할 수 있다.

⑤ 채권양도행위가 사해행위에 해당하지 않는 경우에도 양도통지가 별도로 채권자취소권 행사의 대상이 된다.

13 다음 중 부동산 매매계약의 합의해제(해제계약)에 대한 설명으로 옳은 것은?(단, 다툼이 있는 경우 판례에 따른다)

① 합의해제는 당사자 쌍방의 묵시적 합의로 성립할 수 없다.

② 합의해제의 소급효는 해제 전에 매매목적물에 대하여 저당권을 취득한 제3자에게 영향을 미친다.

③ 합의해제 시에 손해배상에 관한 특약 등을 하지 않았더라도 매도인은 채무불이행으로 인한 손해배상을 청구할 수 있다.

④ 합의해제에 따른 매도인의 원상회복청구권은 소유권에 기한 물권적 청구권으로서 소멸시효의 대상이 되지 않는다.

⑤ 다른 약정이 없으면 합의해제로 인하여 반환할 금전에 그 받은 날로부터 이자를 가산하여야 할 의무가 있다.

14 다음 중 임대차에 대한 설명으로 옳은 것은?(단, 다툼이 있는 경우 판례에 따른다)

① 토지임차인이 지상물만을 타인에게 양도하더라도 임대차가 종료하면 그 임차인이 매수청구권을 행사할 수 있다.

② 건물임차인이 임대인의 동의 없이 건물의 소부분을 전대한 경우, 임대인은 임대차계약을 해지할 수 있다.

③ 임차인의 채무불이행으로 임대차계약이 해지된 경우, 임차인은 부속물매수청구권을 행사할 수 있다.

④ 임대인은 보증금반환채권에 대한 전부명령이 송달된 후에 발생한 연체차임을 보증금에서 공제할 수 없다.

⑤ 건물소유를 위한 토지임대차의 경우, 임차인의 차임연체액이 2기의 차임액에 이른 때에는 임대인은 계약을 해지할 수 있다.

15 다음 중 민법에 대한 설명으로 옳지 않은 것은?

① 민법은 실체법이다.

② 민법은 재산·신분에 관한 법이다.

③ 민법은 민간 상호 간에 관한 법이다.

④ 민법은 특별사법이다.

⑤ 민법은 재산관계와 가족관계를 규율하는 법이다.

16 다음 중 미성년자가 단독으로 유효하게 할 수 없는 행위는?

① 부담 없는 증여를 받는 것   ② 채무의 변제를 받는 것

③ 근로계약과 임금청구   ④ 허락된 재산의 처분행위

⑤ 허락된 영업에 관한 행위

17 다음 중 민법상의 제한능력자로 옳지 않은 것은?

① 상습도박자

② 19세 미만인 자

③ 의사능력이 없는 자

④ 정신병자로서 성년후견이 개시된 자

⑤ 장애 및 노령으로 한정후견이 개시된 자

18 다음 중 근로3권에 대한 설명으로 옳지 않은 것은?(단, 다툼이 있는 경우 대법원 및 헌법재판소 판례에 따른다)

① 노동조합으로 하여금 행정관청이 요구하는 경우 결산결과와 운영상황을 보고하도록 하고 그 위반 시 과태료에 처하도록 하는 것은 노동조합의 단결권을 침해하는 것이 아니다.

② 근로자에게 보장된 단결권의 내용에는 단결할 자유뿐만 아니라 노동조합을 결성하지 아니할 자유나 노동조합에 가입을 강제당하지 아니할 자유, 그리고 가입한 노동조합을 탈퇴할 자유도 포함된다.

③ 국가비상사태하에서라도 단체교섭권·단체행동권이 제한되는 근로자의 범위를 구체적으로 제한함이 없이 그 허용 여부를 주무관청의 조정결정에 포괄적으로 위임하고 이에 위반할 경우 형사처벌하도록 규정하는 것은 근로3권의 본질적인 내용을 침해하는 것이다.

④ 노동조합 및 노동관계조정법상의 근로자성이 인정되는 한, 출입국관리 법령에 의하여 취업활동을 할 수 있는 체류자격을 얻지 아니한 외국인 근로자도 노동조합의 결성 및 가입이 허용되는 근로자에 해당된다.

⑤ 하나의 사업 또는 사업장에 두 개 이상의 노동조합이 있는 경우 단체교섭에 있어 그 창구를 단일화하도록 하고 교섭대표가 된 노동조합에게만 단체교섭권을 부여한 교섭창구단일화제도는 교섭대표노동조합이 되지 못한 노동조합의 단체교섭권을 침해하는 것이 아니다.

19 甲은 자신의 토지에 X건물을 신축하기로 하는 계약을 수급인 乙과 체결하면서 甲명의로 건축허가를 받아 소유권보존등기를 하기로 하는 등 완공된 X건물의 소유권을 甲에게 귀속시키기로 합의하였다. 乙은 X건물을 신축하여 완공하였지만 공사대금을 받지 못하고 있다. 다음 중 이에 대한 설명으로 옳은 것은?(단, 다툼이 있는 경우 판례에 따른다)

① X건물의 소유권은 乙에게 원시적으로 귀속된다.

② X건물에 대한 乙의 하자담보책임은 무과실책임이다.

③ 乙의 甲에 대한 공사대금채권의 소멸시효는 10년이다.

④ 乙은 甲에 대한 공사대금채권을 담보하기 위하여 X건물을 목적으로 한 저당권 설정을 청구할 수 없다.

⑤ X건물의 하자로 인하여 계약의 목적을 달성할 수 없는 경우, 甲은 특별한 사정이 없는 한 계약을 해제할 수 있다.

20 다음 중 불법행위에 대한 설명으로 옳은 것은?(단, 다툼이 있는 경우 판례에 따른다)

① 민법 제758조의 공작물의 소유자책임은 과실책임이다.
② 불법행위에서 고의 또는 과실의 증명책임은 원칙적으로 가해자가 부담한다.
③ 여럿이 공동의 불법행위로 타인에게 손해를 가한 때에는 분할하여 그 손해를 배상할 책임이 있다.
④ 중과실의 불법행위자는 피해자에 대한 채권을 가지고 피해자의 손해배상채권을 상계할 수 있다.
⑤ 명예훼손의 경우, 법원은 피해자의 청구가 없더라도 직권으로 명예회복에 적합한 처분을 명할 수 있다.

21 다음 중 반사회질서 또는 불공정한 법률행위에 대한 설명으로 옳은 것은?(단, 다툼이 있는 경우 판례에 따른다)

① 소송사건에 증인으로서 증언에 대한 대가를 약정했다면 그 자체로 반사회질서행위로 무효이다.
② 민사사건에 관한 변호사의 성공보수약정은 선량한 풍속 기타 사회질서에 위배되어 무효이다.
③ 급부 간 현저한 불균형이 있더라도 폭리자가 피해 당사자 측의 사정을 알면서 이를 이용하려는 의사가 없다면 불공정한 법률행위가 아니다.
④ 경매 목적물이 시가에 비해 현저하게 낮은 가격으로 매각된 경우 불공정한 법률행위로 무효가 될 수 있다.
⑤ 반사회질서 법률행위에 해당되는 매매계약을 원인으로 한 소유권이전등기명의자의 물권적 청구권 행사에 대하여 상대방은 법률행위의 무효를 주장할 수 없다.

22 다음 중 민법상 법인에 대한 설명으로 옳지 않은 것은?(단, 다툼이 있는 경우 판례에 따른다)

① 정관에 다른 규정이 없는 경우, 법인은 정당한 이유 없이도 이사를 언제든지 해임할 수 있다.
② 대표권이 없는 이사는 법인의 대표기관이 아니기 때문에 그의 행위로 인하여 법인의 불법행위가 성립하지 않는다.
③ 법인의 대표이사가 그 대표권의 범위 내에서 한 행위는 자기의 이익을 도모할 목적으로 그 권한을 남용한 것이라 할지라도, 특별한 사정이 없는 한 법인의 행위로서 유효하다.
④ 비법인사단의 대표자가 직무에 관하여 타인에게 손해를 가한 경우, 그 비법인사단은 그 손해를 배상하여야 한다.
⑤ 후임이사가 유효하게 선임되었다고 하더라도 그 선임의 효력을 둘러싼 다툼이 있다면, 그 다툼이 해결되기 전까지는 구(舊) 이사만이 직무수행권한을 가진다.

23 다음 중 법인에 대한 설명으로 옳지 않은 것은?

① 사원총회는 법인사무 전반에 관하여 결의권을 가진다.

② 법인의 이사가 수인인 경우에 사무집행은 정관의 규정에 따른다.

③ 재단법인은 법률, 정관, 목적, 성질, 그 외에 주무관청의 감독, 허가조건 등에 의하여 권리능력이 제한된다.

④ 사단법인의 정관의 필요적 기재사항으로는 목적, 명칭, 사무소 소재지, 자산에 관한 규정, 이사의 임면, 사원의 자격, 존립시기나 해산사유를 정할 때의 그 시기 또는 사유 등이 있다.

⑤ 법인의 해산이유로는 존립기간의 만료, 정관에 정한 해산사유의 발생, 목적인 사업의 성취나 불능 등을 볼 수 있다.

24 甲은 乙로부터 금전을 빌렸고, 丙은 甲의 채무를 위해 보증인이 되었다. 다음 중 이에 대한 설명으로 옳은 것은?(단, 다툼이 있는 경우 판례에 따른다)

① 甲의 乙에 대한 채무가 시효로 소멸되더라도 丙의 보증채무는 원칙적으로 소멸하지 않는다.

② 丙의 보증계약은 구두계약에 의하여도 그 효력이 발생한다.

③ 丙은 甲이 가지는 항변으로 乙에게 대항할 수 있으나, 甲이 이를 포기하였다면 丙은 그 항변으로 乙에게 대항할 수 없다.

④ 丙이 모르는 사이에 주채무의 목적이나 형태가 변경되어 주채무의 실질적 동일성이 상실된 경우에도 丙의 보증채무는 소멸되지 않는다.

⑤ 甲의 의사에 반하여 보증인이 된 丙이 자기의 출재로 甲의 채무를 소멸하게 한 때에는 甲은 丙에게 현존이익의 한도에서 배상하여야 한다.

25 다음 중 우리 민법이 의사표시의 효력발생시기에 대하여 채택하고 있는 원칙적인 입장은?

① 발신주의(發信主義) ② 도달주의(到達主義)

③ 요지주의(了知主義) ④ 공시주의(公示主義)

⑤ 속지주의(屬地主義)

26 다음 중 법률효과가 처음부터 발생하지 않는 것은 어느 것인가?

① 착오   ② 취소

③ 무효   ④ 사기

⑤ 강박

27 다음 중 신의칙과 거리가 먼 것은?

① 사적자치의 원칙   ② 권리남용금지의 원칙

③ 실효의 원리   ④ 금반언의 원칙(외형주의)

⑤ 사정변경의 원칙

28 권리와 의무는 서로 대응하는 것이 보통이나, 권리만 있고 그에 대응하는 의무가 없는 경우도 있다. 이와 같은 권리에는 무엇이 있는가?

① 친권   ② 특허권

③ 채권   ④ 취소권

⑤ 재산권

29 다음 중 민법상 물건에 대한 설명으로 옳지 않은 것은?

① 건물 임대료는 천연과실이다.

② 관리할 수 있는 자연력은 동산이다.

③ 건물은 토지로부터 독립한 부동산으로 다루어질 수 있다.

④ 토지 및 그 정착물은 부동산이다.

⑤ 물건의 사용대가로 받는 금전 기타의 물건은 법정과실이다.

30 행정행위에 취소사유가 있다고 하더라도 당연무효가 아닌 한 권한 있는 기관에 의해 취소되기 전에는 유효한 것으로 통용되는 것은 행정행위의 어떠한 효력 때문인가?

① 강제력　　　　　　　　　　　② 공정력
③ 불가변력　　　　　　　　　　④ 형식적 확정력
⑤ 불가쟁력

31 다음 중 행정심판에 의해 구제받지 못한 자가 위법한 행정행위에 대하여 최종적으로 법원에 구제를 청구하는 절차는?

① 헌법소원　　　　　　　　　　② 손해배상청구
③ 손실보상청구　　　　　　　　④ 행정소송
⑤ 경정청구

32 다음 중 국가공무원법에 명시된 공무원의 복무의무로 옳지 않은 것은?

① 범죄 고발의 의무　　　　　　② 친절·공정의 의무
③ 비밀엄수의 의무　　　　　　④ 정치운동의 금지
⑤ 복종의 의무

33 다음 중 행정청이 건물의 철거 등 대체적 작위의무의 이행과 관련하여 의무자가 행할 작위를 스스로 행하거나 또는 제3자로 하여금 이를 행하게 하고 그 비용을 의무자로부터 징수하는 행정상의 강제집행수단은?

① 행정대집행　　　　　　　　　② 행정벌
③ 직접강제　　　　　　　　　　④ 행정상 즉시강제
⑤ 행정조사

34 다음 중 행정기관에 대한 설명으로 옳은 것은?

① 행정청의 자문기관은 합의제이며, 그 구성원은 공무원으로 한정된다.

② 의결기관은 의사기관에 대하여 그 의결 또는 의사결정을 집행하는 기관이다.

③ 국무조정실, 각 부의 차관보·실장·국장 등은 행정조직의 보조기관이다.

④ 행정청은 행정주체의 의사를 결정하여 외부에 표시하는 권한을 가진 기관이다.

⑤ 보좌기관은 행정조직의 내부기관으로서 행정청의 권한 행사를 보조하는 것을 임무로 하는 행정기관이다.

35 다음 중 행정행위에 대한 설명으로 옳지 않은 것은?

① 내용이 명확하고 실현가능하여야 한다.

② 법률상 절차와 형식을 갖출 필요는 없다.

③ 법률의 규정에 위배되지 않아야 한다.

④ 정당한 권한을 가진 자의 행위이어야 한다.

⑤ 법률에 근거를 두어야 한다.

36 다음 중 조례에 대한 설명으로 옳지 않은 것은?(단, 다툼이 있는 경우 판례에 따른다)

① 조례가 법률 등 상위법령에 위배되면 비록 그 조례를 무효라고 선언한 대법원의 판결이 선고되지 않았더라도 그 조례에 근거한 행정처분은 당연무효가 된다.

② 시(市)세의 과세 또는 면제에 관한 조례가 납세의무자에게 불리하게 개정된 경우에 있어서 개정 조례 부칙에서 종전의 규정을 개정 조례 시행 후에도 계속 적용한다는 경과규정을 두지 아니한 이상, 다른 특별한 사정이 없는 한 법률불소급의 원칙상 개정 전후의 조례 중에서 납세의무가 성립한 당시에 시행되는 조례를 적용하여야 할 것이다.

③ 시·도의회에 의하여 재의결된 사항이 법령에 위반된다고 판단되면 주무부장관은 시·도지사에게 대법원에 제소를 지시하거나 직접 제소할 수 있다. 다만 재의결된 사항이 둘 이상의 부처와 관련되거나 주무부장관이 불분명하면 행정안전부장관이 제소를 지시하거나 직접 제소할 수 있다.

④ 법률이 주민의 권리의무에 관한 사항에 관하여 구체적으로 범위를 정하지 않은 채 조례로 정하도록 포괄적으로 위임한 경우에도 지방자치단체는 법령에 위반되지 않는 범위 내에서 주민의 권리의무에 관한 사항을 조례로 제정할 수 있다.

⑤ 조례안 재의결 내용 전부가 아니라 일부가 법령에 위반되어 위법한 경우에도 대법원은 재의결 전부의 효력을 부인하여야 한다.

37 다음 중 재산권에 대한 설명으로 옳지 않은 것은?(단, 다툼이 있는 경우 판례에 따른다)

① 보유기간이 1년 이상 2년 미만인 자산이 공용 수용으로 양도된 경우에도 중과세하는 구 소득세법 조항은 재산권을 침해하지 않는다.

② 법인이 과밀억제권역 내에 본점의 사업용 부동산으로 건축물을 신축하여 이를 취득하는 경우 취득세를 중과세하는 구 지방세법 조항은, 인구유입이나 경제력집중의 유발 효과가 없는 신축 또는 증축으로 인한 부동산의 취득의 경우에도 모두 취득세 중과세 대상에 포함시키는 것이므로 재산권을 침해한다.

③ 계약의 이행으로 받은 금전을 계약 해제에 따른 원상회복으로서 반환하는 경우 그 받은 날로부터 이자를 지급하도록 한 민법 조항은, 계약 해제의 경위·계약 당사자의 귀책사유 등 제반 사정을 계약 해제로 인한 손해배상의 범위를 정할 때 고려하게 되므로, 원상회복의 무자의 재산권을 침해하지 않는다.

④ 가축전염병의 확산을 막기 위한 방역조치로서 도축장 사용정지·제한명령은 공익목적을 위하여 이미 형성된 구체적 재산권을 박탈하거나 제한하는 헌법 제23조 제3항의 수용·사용 또는 제한에 해당하는 것이 아니라, 도축장 소유자들이 수인하여야 할 사회적 제약으로서 헌법 제23조 제1항의 재산권의 내용과 한계에 해당한다.

⑤ 친일반민족행위자 재산의 국가귀속에 관한 특별법(이하 '친일재산귀속법'이라 한다)에 따라 그 소유권이 국가에 귀속되는 '친일재산'의 범위를 '친일반민족행위자가 국권침탈이 시작된 러·일전쟁 개전시부터 1945년 8월 15일까지 일본제국주의에 협력한 대가로 취득하거나 이를 상속받은 재산 또는 친일재산임을 알면서 유증 증여를 받은 재산'으로 규정하고 있는 친일재산귀속법 조항은 재산권을 침해하지 않는다.

38 다음 중 취소소송의 판결의 효력에 대한 설명으로 옳지 않은 것은?

① 거부처분의 취소판결이 확정되었더라도 그 거부처분 후에 법령이 개정·시행되었다면 처분청은 그 개정된 법령 및 허가기준을 새로운 사유로 들어 다시 이전 신청에 대하여 거부처분을 할 수 있다.

② 거부처분의 취소판결이 확정된 경우 그 판결의 당사자인 처분청은 그 소송의 사실심 변론 종결 이후 발생한 사유를 들어 다시 이전의 신청에 대하여 거부처분을 할 수 있다.

③ 취소판결의 기속력은 그 사건의 당사자인 행정청과 그 밖의 관계행정청에게 확정판결의 취지에 따라 행동하여야 할 의무를 지우는 것으로 이는 인용판결에 한하여 인정된다.

④ 취소판결의 기판력은 판결의 대상이 된 처분에 한하여 미치고 새로운 처분에 대해서는 미치지 아니한다.

⑤ 취소판결의 기판력은 소송의 대상이 된 처분의 위법성존부에 관한 판단 그 자체에만 미치기 때문에 기각판결의 원고는 당해 소송에서 주장하지 아니한 다른 위법사유를 들어 다시 처분의 효력을 다툴 수 있다.

39 다음 중 공공의 영조물의 설치·관리의 하자로 인한 국가배상법상 배상책임에 대한 설명으로 옳지 않은 것은?(단, 다툼이 있는 경우 판례에 따른다)

① 영조물의 설치·관리의 하자란 '영조물이 그 용도에 따라 통상 갖추어야 할 안정성을 갖추지 못한 상태에 있음'을 말한다.

② 영조물의 설치·관리상의 하자로 인한 배상책임은 무과실책임이고, 국가는 영조물의 설치·관리상의 하자로 인하여 타인에게 손해를 가한 경우에 그 손해방지에 필요한 주의를 해태하지 아니하였다 하여 면책을 주장할 수 없다.

③ 객관적으로 보아 시간적·장소적으로 영조물의 기능상 결함으로 인한 손해발생의 예견가능성과 회피가능성이 없는 경우에는 영조물의 설치관리상의 하자를 인정할 수 없다.

④ 영조물의 설치·관리의 하자에는 영조물이 공공의 목적에 이용됨에 있어 그 이용상태 및 정도가 일정한 한도를 초과하여 제3자에게 사회 통념상 참을 수 없는 피해를 입히는 경우도 포함된다.

⑤ 광역시와 국가 모두가 도로의 점유자 및 관리자, 비용부담자로서의 책임을 중첩적으로 지는 경우 국가만이 국가배상법에 따라 궁극적으로 손해를 배상할 책임이 있는 자가 된다.

40 다음 중 관할행정청 甲이 乙의 경비업 허가신청에 대해 거부처분을 한 경우, 이에 불복하는 乙이 제기할 수 있는 행정심판은 무엇인가?

① 당사자심판　　　　　　　　② 부작위위법확인심판

③ 거부처분부당확인심판　　　④ 의무이행심판

⑤ 특허심판

| 04 | 행정(행정직)

01 다음 근무성적평정의 오류 중 강제배분법으로 방지할 수 있는 것을 〈보기〉에서 모두 고르면?

> **보기**
>
> ㄱ. 첫머리 효과　　　　　　　　　　ㄴ. 집중화 경향
> ㄷ. 엄격화 경향　　　　　　　　　　ㄹ. 선입견에 의한 오류

① ㄱ, ㄴ　　　　　　　　　　② ㄱ, ㄷ
③ ㄴ, ㄷ　　　　　　　　　　④ ㄴ, ㄹ
⑤ ㄷ, ㄹ

02 다음 중 지방공기업에 대한 설명으로 옳지 않은 것은?

① 자동차운송사업은 지방직영기업 대상에 해당된다.
② 지방공사의 자본금은 지방자치단체가 전액 출자한다.
③ 지방공사는 법인으로 한다.
④ 행정안전부장관은 지방공기업에 대한 평가를 실시하고 그 결과에 따라 필요한 조치를 하여야한다.
⑤ 지방공사는 지방자치단체 외의 자(법인 등)가 출자를 할 수 있지만 지방공사 자본금의 3분의 1을넘지 못한다.

03 다음 중 정부의 결산 순서를 바르게 나열한 것은?

> ㉠ 감사원의 결산 확인
> ㉡ 중앙예산기관의 결산서 작성・보고
> ㉢ 국회의 결산심의
> ㉣ 국무회의 심의와 대통령의 승인
> ㉤ 해당 행정기관의 출납 정리・보고

① ㉤ - ㉠ - ㉣ - ㉢ - ㉡　　　　② ㉤ - ㉡ - ㉣ - ㉢ - ㉠
③ ㉤ - ㉡ - ㉠ - ㉣ - ㉢　　　　④ ㉡ - ㉠ - ㉣ - ㉢ - ㉤
⑤ ㉡ - ㉤ - ㉠ - ㉢ - ㉣

04 다음 중 빈칸 ㉠에 해당하는 내용으로 옳은 것은?

> 각 중앙관서의 장은 중기사업계획서를 매년 1월 31일까지 기획재정부 장관에게 제출하여야 하며, 기획재정부 장관은 국무회의 심의를 거쳐 대통령 승인을 얻은 다음 연도의 ___㉠___을/를 매년 3월 31일까지 각 중앙관서의 장에게 통보하여야 한다.

① 국가재정 운용계획　　　　　　　② 예산 및 기금운용계획 집행지침
③ 예산안편성지침　　　　　　　　④ 총사업비 관리지침
⑤ 예산요구서

05 다음 글에서 설명하는 이론으로 옳은 것은?

> 경제학적인 분석도구를 관료 행태, 투표자 행태, 정당정치, 이익집단 등의 비시장적 분석에 적용함으로써 공공서비스의 효율적 공급을 위한 제도적 장치를 탐색한다.

① 과학적 관리론　　　　　　　　　② 공공선택론
③ 행태주의　　　　　　　　　　　④ 발전행정론
⑤ 현상학

06 다음 중 매트릭스 조직에 대한 설명으로 옳지 않은 것은?

① 명령통일의 원리가 배제되고 이중의 명령 및 보고체제가 허용되어야 한다.
② 부서장들 간의 갈등해소를 위해 공개적이고 빈번한 대면기회가 필요하다.
③ 기능부서의 장들과 사업부서의 장들이 자원배분에 관한 권력을 공유할 수 있어야 한다.
④ 조직의 환경 영역이 단순하고 확실한 경우 효과적이다.
⑤ 조직의 성과를 저해하는 권력투쟁을 유발하기 쉽다.

07 다음 중 대표관료제에 대한 설명으로 옳지 않은 것은?

① 대표관료제는 정부관료제가 그 사회의 인적 구성을 반영하도록 구성함으로써 관료제 내에 민주적 가치를 반영시키려는 의도에서 발달하였다.

② 크란츠(Kranz)는 대표관료제의 개념을 비례대표로까지 확대하여 관료제 내의 출신 집단별 구성 비율이 총인구 구성 비율과 일치해야 할 뿐만 아니라 나아가 관료제 내의 모든 직무 분야와 계급의 구성 비율까지도 총인구 비율에 상응하게 분포되어 있어야 한다고 주장한다.

③ 대표관료제의 장점은 사회의 인구 구성적 특징을 반영하는 소극적 측면의 확보를 통해서 관료들이 출신 집단의 이익을 위해 적극적으로 행동하는 적극적인 측면을 자동적으로 확보하는 데 있다.

④ 대표관료제는 할당제를 강요하는 결과를 초래해 현대 인사행정의 기본 원칙인 실적주의를 훼손하고 행정능률을 저해할 수 있다는 비판을 받는다.

⑤ 우리나라의 양성평등채용목표제나 지역인재추천채용제는 관료제의 대표성을 제고하기 위해 도입된 제도로 볼 수 있다.

08 다음 중 공공서비스에 대한 설명으로 옳지 않은 것은?

① 의료나 교육과 같은 가치재(Worthy Goods)는 경합적이므로 시장을 통한 배급도 가능하지만 정부가 개입할 수도 있다.

② 공유재(Common Goods)는 정당한 대가를 지불하지 않는 사람들을 이용에서 배제하기 어렵다는 문제가 있다.

③ 노벨상을 수상한 오스트롬(E. Ostrom)은 정부의 규제에 의해 공유자원의 고갈을 방지할 수 있다는 보편적 이론을 제시하였다.

④ 공공재(Public Goods) 성격을 가진 재화와 서비스는 시장에 맡겼을 때 바람직한 수준 이하로 공급될 가능성이 높다.

⑤ 어획자 수나 어획량에 대해서 아무런 제한이 없는 개방어장의 경우 공유의 딜레마 또는 공유재의 비극이라는 문제가 발생한다.

09 다음 중 갈등에 대한 설명으로 옳지 않은 것은?

① 집단 간 갈등의 해결은 구조적 분화와 전문화를 통해서 찾을 필요가 있다.

② 지위부조화는 행동주체 간의 교호작용을 예측 불가능하게 하여 갈등을 야기한다.

③ 갈등을 해결하기 위해서는 목표수준을 차별화할 필요가 있다.

④ 업무의 상호의존성이 갈등상황을 발생시키는 원인이 될 수 있다.

⑤ 행태주의적 관점은 조직 내 갈등은 필연적이고 완전한 제거가 불가능하기 때문에 갈등을 인정하고 받아들여야 한다는 입장이다.

10 다음 중 성과평가시스템으로서의 균형성과표(BSC; Balanced Score Card)에 대한 설명으로 옳지 않은 것은?

① BSC는 추상성이 높은 비전에서부터 구체적인 성과지표로 이어지는 위계적인 체제를 가진다.

② BSC를 공공부문에 적용할 때는 고객, 즉 국민의 관점을 가장 중시한다.

③ 내부 프로세스 관점의 대표적인 지표들로는 의사결정과정에 시민참여, 적법절차, 조직 내 커뮤니케이션 구조 등이 있다.

④ BSC를 공공부분에 적용할 때 재무적 관점이라 함은 국민이 요구하는 수준의 공공서비스를 제공할 수 있는 재정자원을 확보하여야 한다는 측면을 포함하며 지원시스템의 예산부분이 여기에 해당한다.

⑤ 잘 개발된 BSC라 할지라도 조직구성원들에게 조직의 전략과 목적 달성에 필요한 성과가 무엇인지 알려주는 데 한계가 있기 때문에 조직전략의 해석지침으로는 적질하지 않다.

11 다음 중 정부운영에서 예산이 가지는 특성에 대한 설명으로 옳지 않은 것은?

① 예산 과정을 통해 정부정책의 산출을 평가하고 측정할 수 있다.

② 예산은 정부정책 중 보수적인 영역에 속한다.

③ 예산이 결정되는 과정에는 다양한 주체들의 상호작용이 끊임없이 발생한다.

④ 희소한 공공재원의 배분에서 기회비용이 우선 고려된다.

⑤ 정보를 제공하는 양식에 따라 예산제도는 품목별 예산 – 프로그램 예산 – 기획 예산 – 성과주의 예산 – 영기준 예산 등의 순으로 발전해 왔다.

12 다음 중 조직구조에 대한 설명으로 옳지 않은 것은?

① 공식화(Formalization)의 수준이 높을수록 조직구성원들의 재량이 증가한다.

② 통솔범위(Span of Control)가 넓은 조직은 일반적으로 저층구조의 형태를 보인다.

③ 집권화(Centralization)의 수준이 높은 조직의 의사결정권한은 조직의 상층부에 집중된다.

④ 복잡성은 조직 내 분화의 정도로, 수평적·수직적·공간적 분산에 의해 나타난다.

⑤ 명령체계(Chain of Command)는 조직 내 구성원을 연결하는 연속된 권한의 흐름으로, 누가 누구에게 보고하는지를 결정한다.

13 다음 중 규제에 대한 설명으로 옳지 않은 것은?

① 규제의 역설은 기업의 상품정보공개가 의무화될수록 소비자의 실질적 정보량은 줄어든다고 본다.

② 관리규제란 정부가 특정한 사회문제 해결에 대한 목표 달성 수준을 정하고 피규제자에게 이를 달성할 것을 요구하는 것이다.

③ 포획이론은 정부가 규제의 편익자에게 포획됨으로써 일반시민이 아닌 특정집단의 사익을 옹호하는 것을 지적한다.

④ 지대추구이론은 정부규제가 지대를 만들어내고 이해관계자집단으로 하여금 그 지대를 추구하도록 한다는 점을 설명한다.

⑤ 윌슨(J. Wilson)에 따르면 규제로부터 감지되는 비용과 편익의 분포에 따라 각기 다른 정치 경제적 상황이 발생된다.

14 다음 중 동기부여이론에 대한 설명으로 옳지 않은 것은?

① 매슬로(Maslow)의 욕구계층론에 의하면 인간의 욕구는 생리적 욕구, 안전 욕구, 사회적 욕구, 존중 욕구, 자기실현 욕구의 5개로 나누어져 있으며, 하위계층의 욕구가 충족되어야 상위계층의 욕구가 나타난다.

② 허즈버그(Herzberg)의 동기 – 위생이론에 따르면 욕구가 충족되었다고 해서 모두 동기부여로 이어지는 것이 아니고, 어떤 욕구는 충족되어도 단순히 불만을 예방하는 효과 밖에 없다. 이러한 불만 예방효과만 가져오는 요인을 위생요인이라고 설명한다.

③ 애덤스(Adams)의 형평성이론에 의하면 인간은 자신의 투입에 대한 산출의 비율이 비교 대상의 투입에 대한 산출의 비율보다 크거나 작다고 지각하면 불형평성을 느끼게 되고, 이에 따른 심리적 불균형을 해소하기 위하여 형평성 추구의 행동을 작동시키는 동기가 유발된다고 본다.

④ 앨더퍼(Alderfer)는 매슬로(Maslow)의 욕구계층론을 받아들여 한 계층의 욕구가 만족되어야 다음 계층의 욕구를 중요시한다고 본다. 그리고 이에 더하여 한 계층의 욕구가 충분히 채워지지 않는 상태에서는 바로 하위 욕구의 중요성이 훨씬 커진다고 주장한다.

⑤ 브룸(Vroom)의 기대이론에 의하면 동기의 정도는 노력을 통해 얻게 될 중요한 산출물인 목표달성, 보상, 만족에 대한 주관적 믿음에 의하여 결정되는데, 특히 성과와 보상 간의 관계에 대한 인식인 기대치의 정도가 동기부여의 주요한 요인이다.

15 다음 중 조직이론에 대한 설명으로 옳지 않은 것은?

① 고전적 조직이론에서는 조직 내부의 효율성과 합리성이 중요한 논의 대상이었다.

② 신고전적 조직이론은 인간에 대한 관심을 불러 일으켰고 조직행태론 연구의 출발점이 되었다.

③ 고전적 조직이론은 수직적인 계층제와 수평적인 분업체제, 명확한 절차와 권한이 중시되었다.

④ 현대적 조직이론은 동태적이고 유기체적인 조직을 상정하며 조직발전(OD)을 중시해 왔다.

⑤ 신고전적 조직이론은 인간의 조직 내 개방적인 사회적 관계와 더불어 조직과 환경의 관계를 중점적으로 다루었다.

16 다음 중 정부 각 기관에 배정될 예산의 지출한도액은 중앙예산기관과 행정수반이 결정하고 각 기관의 장에게는 그러한 지출한도액의 범위 내에서 자율적으로 목표달성 방법을 결정하는 자율권을 부여하는 예산관리모형은 무엇인가?

① 총액배분 자율편성예산제도   ② 목표관리 예산제도

③ 성과주의 예산제도   ④ 결과기준 예산제도

⑤ 기획예산제도

17 다음 근무성적평정 오차 중 사람에 대한 경직적 편견이나 고정 관념 때문에 발생하는 오차는?

① 상동적 오차(Error of Stereotyping)

② 연속화의 오차(Error of Hallo Effect)

③ 관대화의 오차(Error of Leniency)

④ 규칙적 오차(Systematic of Error)

⑤ 시간적 오차(Recency of Error)

18 다음 설명에 해당하는 리더십의 유형으로 옳은 것은?

> • 추종자의 성숙단계에 따라 효율적인 리더십 스타일이 달라진다.
> • 리더십은 개인의 속성이나 행태뿐만 아니라 환경의 영향을 받는다.
> • 가장 유리하거나 가장 불리한 조건에서는 과업 중심적 리더십이 효과적이다.

① 변혁적 리더십   ② 거래적 리더십
③ 카리스마적 리더십   ④ 상황론적 리더십
⑤ 서번트 리더십

19 다음 중 성과주의 예산제도에 대한 설명으로 옳지 않은 것은?

① 정부가 무슨 일을 하느냐에 중점을 두는 제도이다.
② 기능별 예산제도 또는 활동별 예산제도라고 부르기도 한다.
③ 관리지향성을 지니며 예산관리를 포함하는 행정관리작용의 능률화를 지향한다.
④ 예산관리기능의 집권화를 추구한다.
⑤ 정부사업에 대한 회계책임을 묻는 데 유용하다.

20 다음 중 특별회계에 대한 설명으로 옳지 않은 것은?

① 특별회계는 일반회계와 기금의 혼용 방식으로 운용할 수 있다.
② 특별회계는 예산 단일성 및 통일성의 원칙에 대한 예외가 된다.
③ 국가재정법에 따르면 기획재정부장관은 특별회계 신설에 대한 타당성을 심사한다.
④ 국가재정법에 따르면 특별회계는 국가에서 특정한 사업을 운영하고자 할 때나 특정한 자금을 보유하여 운용하고자 할 때 대통령령으로 설치할 수 있다.
⑤ 일반회계는 특정 수입과 지출의 연계를 배제하지만, 특별회계는 특정 수입과 지출을 연계하는 것이 원칙이다.

21 다음 중 근무성적평정에 대한 설명으로 옳지 않은 것은?

① 정부의 근무성적평정방법은 다원화되어 있으며, 상황에 따라 신축적인 운영이 가능하다.

② 원칙적으로 5급 이상 공무원을 대상으로 하며 평가대상 공무원과 평가자가 체결한 성과계약에 따른 성과목표 달성도 등을 평가한다.

③ 행태기준척도법은 평정의 임의성과 주관성을 배제하기 위하여 도표식평정척도법에 중요사건기록법을 가미한 방식이다.

④ 다면평가는 더 공정하고 객관적인 평정이 가능하게 하며, 평정결과에 대한 당사자들의 승복을 받아내기 쉽다.

⑤ 어느 하나의 평정요소에 대한 평정자의 판단이 다른 평정요소의 평정에 영향을 미치는 현상을 연쇄적 착오라 한다.

22 다음 중 보너스 산정방식에서 스캔론 플랜(Scanlon Plan)에 대한 설명으로 옳은 것은?

① 보너스 산정 비율은 생산액에 있어서 재료 및 에너지 등을 포함하여 계산한다.

② 노동비용을 판매액에서 재료 및 에너지, 간접비용을 제외한 부가가치로 나누어 계산한다.

③ 종업원의 참여는 거의 고려되지 않고 산업공학기법을 이용한 공식을 활용하여 계산한다.

④ 성과측정의 기준으로서 노동비용이나 생산비용, 생산 이외에도 품질 향상, 소비자 만족 등 각 기업이 중요성을 부여하는 부분에 초점을 둔 새로운 지표를 사용하여 계산한다.

⑤ 생산단위당 표준노동시간을 기준으로 노동생산성 및 비용 등 산정 조직의 효율성을 더 직접적으로 측정하여 계산한다.

23 다음 중 비계량적 성격의 직무평가 방법을 〈보기〉에서 모두 고르면?

> **보기**
> ㄱ. 점수법   ㄴ. 서열법
> ㄷ. 요소비교법   ㄹ. 분류법

① ㄱ, ㄴ   ② ㄱ, ㄷ
③ ㄴ, ㄷ   ④ ㄴ, ㄹ
⑤ ㄷ, ㄹ

24 다음 중 행정학의 접근방법에 대한 설명으로 옳은 것은?

① 법률적·제도론적 접근방법은 공식적 제도나 법률에 기반을 두고 있기 때문에 제도 이면에 존재하는 행정의 동태적 측면을 체계적으로 파악할 수 있다.

② 행태론적 접근방법은 후진국의 행정현상을 설명하는 데 크게 기여했으며, 행정의 보편적 이론보다는 중범위이론의 구축에 자극을 주어 행정학의 과학화에 기여했다.

③ 신공공관리론은 기업경영의 원리와 기법을 그대로 정부에 이식하려고 한다는 비판을 받는다.

④ 합리적 선택 신제도주의는 방법론적 전체주의(Holism)에, 사회학적 신제도주의는 방법론적 개체주의(Individualism)에 기반을 두고 있다.

⑤ 신공공서비스론은 정부와 민간부문의 협력적 활동을 강조하며, 민영화와 민간위탁을 주장하였다.

PART 3

25 다음 중 신공공관리론과 신공공서비스론의 특성에 대한 설명으로 옳지 않은 것은?

① 신공공관리론은 경제적 합리성에 기반하는 반면에 신공공서비스론은 전략적 합리성에 기반한다.

② 신공공관리론은 기업가 정신을 강조하는 반면에 신공공서비스론은 사회적 기여와 봉사를 강조한다.

③ 신공공관리론의 대상이 고객이라면 신공공서비스론의 대상은 시민이다.

④ 신공공서비스론이 신공공관리론보다 지역공동체 활성화에 더 적합한 이론이다.

⑤ 신공공관리론이 신공공서비스론보다 행정책임의 복잡성을 중시하며 행정재량권을 강조한다.

26 다음 근무성적평정상의 오류 중 '어떤 평정자가 다른 평정자들보다 언제나 좋은 점수 또는 나쁜 점수를 주게됨'으로써 나타나는 것은?

① 집중화 경향   ② 관대화 경향
③ 시간적 오류   ④ 총계적 오류
⑤ 규칙적 오류

27 다음 중 예산분류 방식의 특징에 대한 설명으로 옳은 것은?

① 기능별 분류는 시민을 위한 분류라고도 하며 행정수반의 사업계획 수립에 도움이 되지 않는다.

② 조직별 분류는 부처 예산의 전모를 파악할 수 있어 지출의 목적이나 예산의 성과 파악이 용이하다.

③ 품목별 분류는 사업의 지출 성과와 결과에 대한 측정이 어렵다.

④ 경제 성질별 분류는 국민소득, 자본형성 등에 관한 정부활동의 효과를 파악하는 데 한계가 있다.

⑤ 품목별 분류는 예산집행기관의 재량을 확대하는 데 유용하다.

28 다음 중 시장실패 또는 정부실패를 야기하는 원인과 그에 대한 정부의 대응으로 옳은 것은?

① 공공재 – 정부보조 삭감

② 정보의 비대칭성 – 정부규제

③ 자연독점 – 규제완화

④ 관료의 사적 목표의 설정 – 공적유도

⑤ 정부개입에 의한 파생적 외부효과 – 공적공급

29 다음 중 신공공관리론에 대한 설명으로 옳은 것은?

① 과정보다는 결과에 초점을 맞추고 있으며, 조직 내 관계보다 조직 간 관계를 주로 다루고 있다.

② 행정가가 책임져야 하는 것은 행정업무 수행에서 효율성이 아니라 모든 사람에게 더 나은 생활을 보장하는 것이다.

③ 정부의 정체성을 무시하고 정부와 기업을 동일시함으로써 기업경영 원리와 기법을 그대로 정부에 이식하려 한다는 비판이 있다.

④ 정부 주도의 공공서비스 전달 또는 공공문제 해결을 넘어 협력적 네트워크 구축 및 관리라는 대안을 제시한다.

⑤ 경제적 생산활동의 결과는 경제활동과 사회를 지배하는 정치적·사회적 제도인 일단의 규칙에 달려 있다.

30 다음 중 엽관주의와 실적주의에 대한 설명으로 옳은 것을 〈보기〉에서 모두 고르면?

> **보기**
> ㄱ. 엽관주의는 실적 이외의 요인을 고려하여 임용하는 방식으로 정치적 요인, 혈연, 지연 등이 포함된다.
> ㄴ. 엽관주의는 정실임용에 기초하고 있기 때문에 초기부터 민주주의의 실천원리와는 거리가 멀다.
> ㄷ. 엽관주의는 정치지도자의 국정지도력을 강화함으로써 공공정책의 실현을 용이하게 한다.
> ㄹ. 실적주의는 정치적 중립에 집착하여 인사행정을 소극화·형식화시킨다.
> ㅁ. 실적주의는 국민에 대한 관료의 대응성을 높일 수 있다는 장점이 있다.

① ㄱ, ㄷ
② ㄴ, ㄹ
③ ㄴ, ㅁ
④ ㄷ, ㄹ
⑤ ㄱ, ㄴ

31 다음 중 정부의 역할에 대한 입장으로 옳은 것을 〈보기〉에서 모두 고르면?

> **보기**
> ㄱ. 진보주의 정부관에 따르면 정부에 대한 불신이 강하고 정부실패를 우려한다.
> ㄴ. 공공선택론의 입장은 정부를 공공재의 생산자로 규정하고 대규모 관료제에 의한 행정의 효율성을 높이는 것이 중요하다고 본다.
> ㄷ. 보수주의 정부관은 자유방임적 자본주의를 옹호한다.
> ㄹ. 신공공서비스론 입장에 따르면 정부의 역할은 시민들로 하여금 공유된 가치를 창출하고 충족시킬 수 있도록 봉사하는 데 있다.
> ㅁ. 행정국가 시대에는 '최대의 봉사가 최선의 정부'로 받아들여졌다.

① ㄱ, ㄴ, ㄷ
② ㄴ, ㄷ, ㄹ
③ ㄷ, ㄹ, ㅁ
④ ㄱ, ㄴ, ㄹ, ㅁ
⑤ ㄱ, ㄴ, ㄷ, ㄹ, ㅁ

32 정부는 공공서비스를 효율적으로 공급하기 위한 방법의 하나로서 민간위탁 방법을 사용하기도 하는데, 다음 중 민간위탁 방식에 해당하지 않는 것은?

① 면허방식
② 바우처 방식
③ 보조금 방식
④ 책임경영 방식
⑤ 자조활동 방식

33 다음 중 조직구성원들의 동기이론에 대한 설명으로 옳은 것을 〈보기〉에서 모두 고르면?

> **보기**
>
> ㄱ. ERG 이론 : 앨더퍼(C. Alderfer)는 욕구를 존재욕구, 관계욕구, 성장욕구로 구분한 후 상위욕구와 하위욕구 간에 '좌절 – 퇴행'관계를 주장하였다.
> ㄴ. X·Y이론 : 맥그리거(D. McGregor)의 X이론은 매슬로우(A. Maslow)가 주장했던 욕구계층 중에서 주로 상위욕구를, Y이론은 주로 하위욕구를 중요시하였다.
> ㄷ. 형평이론 : 애덤스(J. Adams)는 자기의 노력과 그 결과로 얻어지는 보상을 준거인물과 비교하여 공정하다고 인식할 때 동기가 유발된다고 주장하였다.
> ㄹ. 기대이론 : 브룸(V. Vroom)은 보상에 대한 매력성, 결과에 따른 보상, 그리고 결과발생에 대한 기대감에 의해 동기유발의 강도가 좌우된다고 보았다.

① ㄱ, ㄷ ② ㄱ, ㄹ
③ ㄴ, ㄷ ④ ㄷ, ㄹ
⑤ ㄱ, ㄴ, ㄷ

34 다음 중 예산원칙에 대한 설명으로 옳지 않은 것을 〈보기〉에서 모두 고르면?

> **보기**
>
> ㄱ. 예산총계주의 원칙이란 회계연도의 모든 수입은 세입으로 하고, 모든 지출은 세출로 하며, 세입과 세출은 예외 없이 모두 예산에 편입되어야 한다는 것을 의미한다.
> ㄴ. 예산사전결의 원칙이란 예산은 예정적 계획이기 때문에 회계연도가 개시되기 전에 지방의회의 의결을 거쳐야 한다는 것을 의미한다.
> ㄷ. 회계연도 독립의 원칙은 지방재정법에서 규정하고 있으며, 예외사항으로 계속비만을 규정한다.
> ㄹ. 예산의 목적 외 사용금지 원칙의 예외사항으로는 예산의 이용·전용·이체 등이 있다.

① ㄱ, ㄴ ② ㄱ, ㄷ
③ ㄴ, ㄷ ④ ㄴ, ㄹ
⑤ ㄷ, ㄹ

35 다음 중 중앙행정기관의 장과 지방자치단체의 장이 사무를 처리할 때 의견을 달리하는 경우 이를 협의·조정하기 위하여 설치하는 기구는?

① 행정협의조정위원회 ② 중앙분쟁조정위원회
③ 지방분쟁조정위원회 ④ 행정협의회
⑤ 갈등조정협의회

36 다음 중 공무원 징계에 대한 설명으로 옳지 않은 것을 〈보기〉에서 모두 고르면?

> **보기**
>
> ㄱ. 강임은 1계급 아래로 직급을 내리고, 공무원 신분은 보유하나 3개월간 직무에 종사하지 못하며 그 기간 중 보수의 2/3를 감하는 것이다.
> ㄴ. 전직시험에서 3회 이상 불합격한 자로서 직무능력이 부족한 자는 직위해제 대상이다.
> ㄷ. 금품수수나 공금횡령 및 유용 등으로 인한 징계의결요구의 소멸시효는 3년이다.
> ㄹ. 징계에 대한 불복 시 소청심사위원회에 소청제기가 가능하나 근무성적평정결과나 승진탈락 등은 소청대상이 아니다.

① ㄱ, ㄴ 　　　　　　　　　　　② ㄴ, ㄷ
③ ㄷ, ㄹ 　　　　　　　　　　　④ ㄱ, ㄴ, ㄷ
⑤ ㄱ, ㄴ, ㄷ, ㄹ

37 다음 〈보기〉의 통계적 결론의 타당성 확보에 있어서 발생할 수 있는 오류를 바르게 구분한 것은?

> **보기**
>
> ㄱ. 정책이나 프로그램의 효과가 실제로 발생하였음에도 불구하고 통계적으로 효과가 나타나지 않은 것으로 결론을 내리는 경우
> ㄴ. 정책의 대상이 되는 문제 자체에 대한 정의를 잘못 내리는 경우
> ㄷ. 정책이나 프로그램의 효과가 실제로 발생하지 않았음에도 불구하고 통계적으로 효과가 나타난 것으로 결론을 내리는 경우

	제1종 오류	제2종 오류	제3종 오류
①	ㄱ	ㄴ	ㄷ
②	ㄱ	ㄷ	ㄴ
③	ㄴ	ㄱ	ㄷ
④	ㄴ	ㄷ	ㄱ
⑤	ㄷ	ㄱ	ㄴ

38 다음 중 조직구성원의 인간관에 따른 조직관리와 동기부여에 대한 이론에 대한 설명으로 옳은 것을 〈보기〉에서 모두 고르면?

> **보기**
>
> ㄱ. 허즈버그의 욕구충족요인 이원론에 의하면, 불만요인을 제거해야 조직원의 만족감을 높이고 동기가 유발된다는 것이다.
> ㄴ. 로크의 목표설정이론에 의하면, 동기 유발을 위해서는 구체성이 높고 난이도가 높은 목표가 채택되어야 한다는 것이다.
> ㄷ. 합리적·경제적 인간관은 테일러의 과학적 관리론, 맥그리거의 X이론, 아지리스의 미성숙인 이론의 기반을 이룬다.
> ㄹ. 자아실현적 인간관은 호손실험을 바탕으로 해서 비공식적 집단의 중요성을 강조하며, 자율적으로 문제를 해결하도록 한다.

① ㄱ, ㄴ
② ㄱ, ㄷ
③ ㄱ, ㄹ
④ ㄴ, ㄷ
⑤ ㄷ, ㄹ

39 다음 중 신제도주의에 대한 설명으로 옳지 않은 것은?

① 제도는 공식적·비공식적 제도를 모두 포괄한다.
② 합리적 선택 제도주의는 개인의 합리적 선택과 전략적 의도가 제도변화를 발생시킨다고 본다.
③ 역사적 제도주의는 경로의존성에 의한 정책선택의 제약을 인정한다.
④ 사회학적 제도주의에서 제도는 개인들 간의 선택적 균형에 기반한 제도적 동형화과정의 결과물로 본다.
⑤ 개인의 선호는 제도에 의해서 제약이 되지만 제도가 개인들 간의 상호작용의 결과에 의해서 변화할 수도 있다고 본다.

40 다음 중 식스 시그마(6 – Sigma)에 대한 설명으로 옳지 않은 것은?

① 제조프로세스에서 기원하여 판매, 인적자원, 고객서비스, 재무서비스 부문까지 확대되고 있다.
② 프로그램의 최고 단계 훈련을 마치고, 프로젝트 팀 지도를 전담하는 직원은 마스터블랙벨트이다.
③ 통계적 프로세스 관리에 크게 의존하며, '정의 – 측정 – 분석 – 개선 – 통제(DMAIC)'의 단계를 걸쳐 추진된다.
④ 프로세스에서 불량과 변동성을 최소화하면서 기업의 성과를 최대화하려는 종합적이고 유연한 시스템이다.
⑤ 사무부분을 포함한 모든 프로세스의 질을 높이고 업무 비용을 획기적으로 절감하여 경쟁력 향상을 목표로 한다.

| 05 | 토목(토목직)

01 다음 중 강우계의 관측분포가 균일한 평야지역의 작은 유역에 발생한 강우에 적합한 유역 평균 강우량 산정법은?

① Thiessen의 가중법 ② Talbot의 강도법

③ 산술평균법 ④ 등우선법

⑤ 연쇄지수법

02 다음 중 폭이 b이고 높이가 h인 직사각형의 도심에 대한 단면 2차 모멘트는?

① $\dfrac{bh}{3}(b^2+h^2)$ ② $\dfrac{\sqrt{bh}}{3}(b^3+h^3)$

③ $\dfrac{\sqrt{bh}}{12}(b^3+h^3)$ ④ $\dfrac{bh}{12}(b^2+h^2)$

⑤ $\dfrac{bh}{6}(b^2+h^2)$

03 대수층에서 지하수가 2.4m의 투과거리를 통과하면서 0.4m의 수두손실이 발생할 때, 지하수의 유속은?(단, 투수계수＝0.3m/s이다)

① 0.01m/s ② 0.05m/s

③ 0.1m/s ④ 0.5m/s

⑤ 1.5m/s

04 금속의 탄성계수 $E=230,000$MPa이고, 전단탄성계수 $G=60,000$MPa일 때, 이 금속의 푸아송비 (ν)는?

① 약 0.917　　　　　　　　　② 약 0.824

③ 약 0.766　　　　　　　　　④ 약 0.621

⑤ 약 0.486

05 두 개의 수평한 판이 5mm 간격으로 놓여 있고, 점성계수 $0.01\text{N} \cdot \text{s/cm}^2$인 유체로 채워져 있다. 하나의 판을 고정시키고 다른 하나의 판을 2m/s로 움직일 때, 유체 내에서 발생되는 전단응력은?

① 1N/cm^2　　　　　　　② 2N/cm^2

③ 3N/cm^2　　　　　　　④ 4N/cm^2

⑤ 5N/cm^2

06 유역의 평균 폭 B, 유역면적 A, 본류의 유로연장 L인 유역의 형상을 양적으로 표시하기 위한 유역형상계수는?

① $\dfrac{A}{L}$　　　　　　　　② $\dfrac{A}{L^2}$

③ $\dfrac{B}{L}$　　　　　　　　④ $\dfrac{B}{L^2}$

⑤ $\dfrac{L}{A}$

07 다음 중 층류영역에서 사용 가능한 마찰손실계수의 산정식은?(단, Re는 Reynolds수이다)

① $\dfrac{1}{Re}$

② $\dfrac{4}{Re}$

③ $\dfrac{24}{Re}$

④ $\dfrac{48}{Re}$

⑤ $\dfrac{64}{Re}$

08 단면적 20cm²인 원형 오리피스(Orifice)가 수면에서 3m의 깊이에 있을 때, 유출수의 유량은?(단, 유량계수는 0.6이라 한다)

① $0.0014\text{m}^3/\text{s}$

② $0.0092\text{m}^3/\text{s}$

③ $0.0119\text{m}^3/\text{s}$

④ $0.1524\text{m}^3/\text{s}$

⑤ $0.1736\text{m}^3/\text{s}$

09 다음 중 기계적 에너지와 마찰손실을 고려하는 베르누이 정리에 대한 표현식은?(단, E_P 및 E_T는 각각 펌프 및 터빈에 의한 수두를 의미하며, 유체는 점1에서 점2로 흐른다)

① $\dfrac{v_1^2}{2g} + \dfrac{p_1}{\gamma} + z_1 = \dfrac{v_2^2}{2g} + \dfrac{p_2}{\gamma} + z_2 + E_P + E_T + h_L$

② $\dfrac{v_1^2}{2g} + \dfrac{p_1}{\gamma} + z_1 = \dfrac{v_2^2}{2g} + \dfrac{p_2}{\gamma} + z_2 - E_P - E_T - h_L$

③ $\dfrac{v_1^2}{2g} + \dfrac{p_1}{\gamma} + z_1 = \dfrac{v_2^2}{2g} + \dfrac{p_2}{\gamma} + z_2 - E_P + E_T + h_L$

④ $\dfrac{v_1^2}{2g} + \dfrac{p_1}{\gamma} + z_1 = \dfrac{v_2^2}{2g} + \dfrac{p_2}{\gamma} + z_2 + E_P - E_T + h_L$

⑤ $\dfrac{v_1^2}{2g} + \dfrac{p_1}{\gamma} + z_1 = \dfrac{v_2^2}{2g} + \dfrac{p_2}{\gamma} + z_2 - E_P - E_T + h_L$

10 수심 2m, 폭 4m, 경사 0.0004인 직사각형 단면수로에서 유량 14.56m^3/s가 흐르고 있다. 이 흐름에서 수로표면 조도계수(n)는?(단, Manning 공식을 사용한다)

① 약 0.0096　　　　　　　　　　② 약 0.01099

③ 약 0.02096　　　　　　　　　　④ 약 0.03099

⑤ 약 0.04092

11 폭이 b인 직사각형 위어에서 접근유속이 작은 경우 월류수심이 h일 때, 양단수축 조건에서 월류수맥에 대한 단수축 폭(b_o)은?(단, Francis 공식을 적용한다)

① $b_o = b - \dfrac{h}{5}$ 　　　　　　　② $b_o = 2b - \dfrac{h}{5}$

③ $b_o = b - \dfrac{h}{10}$ 　　　　　　④ $b_o = 2b - \dfrac{h}{10}$

⑤ $b_o = 3b - \dfrac{h}{10}$

12 두께가 10m인 피압대수층에서 우물을 통해 양수한 결과, 50m 및 100m 떨어진 두 지점에서 수면강하가 각각 20m 및 10m로 관측되었다. 정상상태를 가정할 때 우물의 양수량은?(단, 투수계수는 0.3m/hr이다)

① 약 $7.5 \times 10^{-2} \mathrm{m}^3$/s 　　　　② 약 $6.0 \times 10^{-3} \mathrm{m}^3$/s

③ 약 9.4m^3/s 　　　　　　　　④ 약 21.6m^3/s

⑤ 약 36.5m^3/s

13 다음 중 이중누가우량곡선법에 대한 설명으로 옳은 것은?

① 평균강수량을 산정하기 위하여 사용한다.

② 강수의 지속기간을 구하기 위하여 사용한다.

③ 결측자료를 보완하기 위하여 사용한다.

④ 강수량 자료의 일관성을 검증하기 위하여 사용한다.

⑤ 관측점들의 동질성이 작을수록 정확하다.

PART 3

14 A저수지에서 200m 떨어진 B저수지로 지름 20cm, 마찰손실계수 0.035인 원형관으로 $0.0628\text{m}^3/\text{s}$ 의 물을 송수하려고 한다. A저수지와 B저수지 사이의 수위차는?(단, 마찰, 단면급확대 및 급축소 손실을 고려한다)

① 5.75m

② 6.94m

③ 7.14m

④ 7.44m

⑤ 7.75m

15 다음 중 폭 2.5m, 월류수심 0.4m인 사각형 위어(Weir)의 유량은?(단, Francis 공식 : $Q=1.84B_o h^{3/2}$ 에 의하며, B_o : 유효폭, h : 월류수심, 접근유속은 무시하며 양단수축이다)

① 약 $1.117\text{m}^3/\text{s}$

② 약 $1.126\text{m}^3/\text{s}$

③ 약 $1.145\text{m}^3/\text{s}$

④ 약 $1.164\text{m}^3/\text{s}$

⑤ 약 $1.182\text{m}^3/\text{s}$

16 다음 중 흐름의 단면적과 수로경사가 일정할 때, 최대유량이 흐르는 조건으로 옳은 것은?

① 윤변이 최소이거나 동수반경이 최대일 때
② 윤변이 최대이거나 동수반경이 최소일 때
③ 수심이 최소이거나 동수반경이 최대일 때
④ 수심이 최대이거나 수로 폭이 최소일 때
⑤ 수심이 최대이거나 동수반경이 최소일 때

17 Manning의 조도계수 $n=0.012$인 원관을 사용하여 $1\text{m}^3/\text{s}$의 물을 동수경사 $\dfrac{1}{100}$로 송수하려 할 때, 적당한 관의 지름은?

① 약 70cm ② 약 80cm
③ 약 90cm ④ 약 100cm
⑤ 약 110cm

18 유속이 3m/s인 유수 중에 유선형 물체가 흐름방향으로 향하여 $h=3\text{m}$ 깊이에 놓여 있을 때, 정체 압력(Stagnation Pressure)은?

① 0.46kN/m^2 ② 12.21kN/m^2
③ 33.90kN/m^2 ④ 52.65kN/m^2
⑤ 102.35kN/m^2

19 무게 1kg의 물체를 두 끈으로 늘어뜨렸을 때, 한 끈이 받는 힘의 크기를 바르게 나열한 것은?

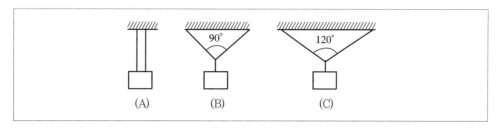

① (A) > (B) > (C)
② (A) > (C) > (B)
③ (B) > (A) > (C)
④ (C) > (A) > (B)
⑤ (C) > (B) > (A)

20 다음 중 관수로에 대한 설명으로 옳지 않은 것은?

① 단면 점확대로 인한 수두손실은 단면 급확대로 인한 수두손실보다 클 수 있다.
② 관수로 내의 마찰손실수두는 유속수두에 비례한다.
③ 아주 긴 관수로에서는 마찰 이외의 손실수두를 무시할 수 있다.
④ 관수로는 관로의 연결 상태에 따라 단일 관수로, 병렬 관수로, 다지 관수로로 분류한다.
⑤ 마찰손실수두는 모든 손실수두 가운데 가장 큰 것으로 마찰손실계수에 유속수두를 곱한 것과 같다.

21 다음 그림과 같은 단면을 가지는 기둥에 집중하중 200kN이 아래와 같은 편심으로 작용할 때, 최대 압축응력은 얼마인가?

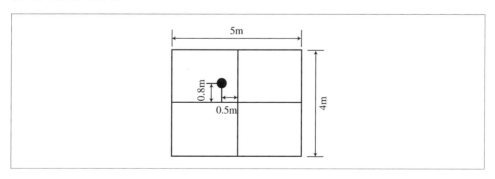

① 12kPa
② 16kPa
③ 20kPa
④ 28kPa
⑤ 32kPa

22 다음 그림과 같은 홈 형강을 양단 활절(Hinge)로 지지할 때, 좌굴 하중은 얼마인가?(단, $E=2.1 \times 10^{6} \text{kg/cm}^2$, $A=12\text{cm}^2$, $I_x=190\text{cm}^4$, $I_y=27\text{cm}^4$로 한다)

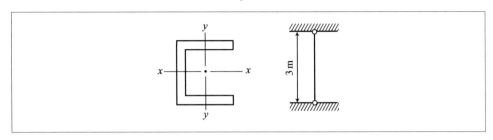

① 4.4t

② 6.2t

③ 37.2t

④ 43.7t

⑤ 62.2t

23 다음 그림과 같은 단면적 1cm^2, 길이 1m인 철근 AB부재가 있다. 이 철근이 최대 $\delta=1.0\text{cm}$ 늘어날 때 이 철근의 허용하중 P[kN]는?[단, 철근의 탄성계수(E)는 $2.1 \times 10^{4} \text{kN/cm}^2$로 한다]

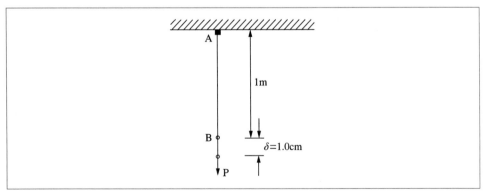

① 160KN

② 180KN

③ 210KN

④ 240KN

⑤ 270KN

24 다음 그림과 같은 보에서 A지점의 반력은?

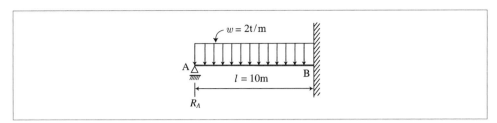

① 6.0t

② 7.5t

③ 8.0t

④ 9.5t

⑤ 10.0t

25 다음 그림과 같이 게르버보에 연행 하중이 이동할 때, 지점 B에서 최대 휨모멘트는?

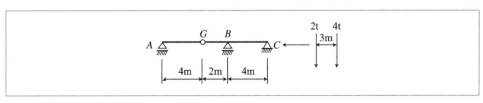

① $-8t \cdot m$

② $-9t \cdot m$

③ $-10t \cdot m$

④ $-11t \cdot m$

⑤ $-12t \cdot m$

26 다음 캔틸레버보 선단 B의 처짐각(Slope, 요각)은?(단, EI는 일정하다)

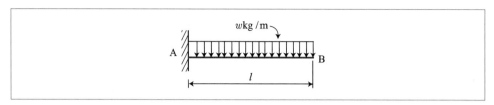

① $\dfrac{wl^3}{3EI}$

② $\dfrac{wl^3}{6EI}$

③ $\dfrac{wl^3}{8EI}$

④ $\dfrac{2wl^3}{3EI}$

⑤ $\dfrac{2wl^3}{6EI}$

27 다음 지지상태가 1단 고정, 1단 자유인 기둥 상단에 20t의 하중이 작용할 때, 기둥이 좌굴하는 높이 l은?(단, 기둥의 단면적은 폭 5cm, 높이 10cm인 직사각형이고 탄성계수 $E=2,100,000\text{kg/cm}^2$이며, 20t의 하중은 단면 중앙에 작용한다)

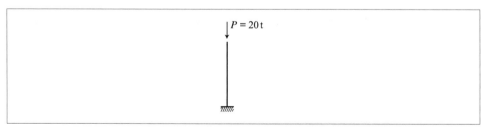

① 약 1.64m

② 약 2.56m

③ 약 3.29m

④ 약 3.50m

⑤ 약 3.78m

28 그림 (b)는 그림 (a)와 같은 단순보에 대한 전단력 선도(S.F.D; Shear Force Diagram)이다. 보 AB에는 어떠한 하중이 실려 있는가?

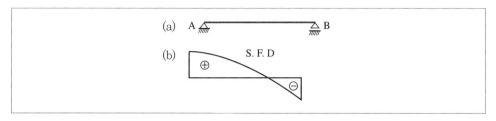

① 집중 하중 ② 1차 함수분포 하중
③ 등변분포 하중 ④ 모멘트 하중
⑤ 사다리꼴 하중

29 그림과 같은 일정한 단면적을 가진 보의 길이 l인 B지점에 집중 하중 P가 작용하여 B점의 처짐 δ가 4δ가 되려면 보의 길이는?

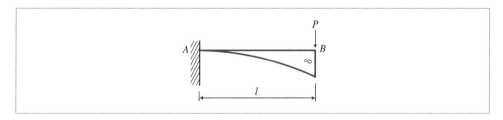

① l의 약 1.2배가 되어야 한다.
② l의 약 1.6배가 되어야 한다.
③ l의 약 2.0배가 되어야 한다.
④ l의 약 2.2배가 되어야 한다.
⑤ l의 약 2.4배가 되어야 한다.

30 수면 높이차가 항상 20m인 두 수조가 지름 30cm, 길이 500m, 마찰손실계수가 0.03인 수평관으로 연결되었다면 관 내의 유속은?(단, 마찰, 단면 급확대 및 급축소에 따른 손실을 고려한다)

① 2.75m/s
② 4.72m/s
③ 5.76m/s
④ 6.72m/s
⑤ 7.36m/s

31 다음 그림에서 y축에 대한 단면 2차 모멘트의 값은?

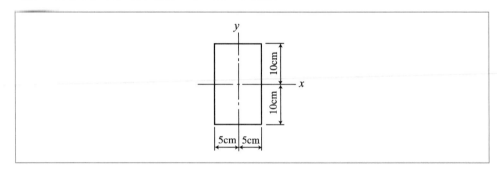

① 약 6,666cm^4
② 약 3,333cm^4
③ 약 1,667cm^4
④ 약 1,416cm^4
⑤ 약 1,102cm^4

32 다음 보에서 지점 A부터 최대 휨모멘트가 생기는 단면은?

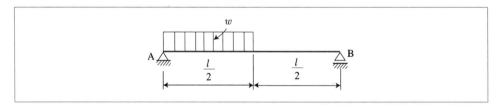

① $\dfrac{1}{3} l$
② $\dfrac{1}{4} l$
③ $\dfrac{2}{5} l$
④ $\dfrac{3}{7} l$
⑤ $\dfrac{3}{8} l$

33 다음 그림에서 작용하는 네 힘의 합력이 A점으로부터 오른쪽으로 4m 떨어진 곳에 하방향으로 300kg일 때, F와 P는 각각 얼마인가?

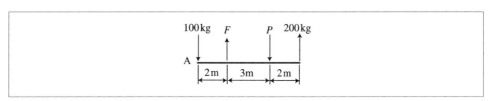

① $F=300\text{kg}, \ P=400\text{kg}$
② $F=400\text{kg}, \ P=200\text{kg}$
③ $F=200\text{kg}, \ P=400\text{kg}$
④ $F=400\text{kg}, \ P=300\text{kg}$
⑤ $F=200\text{kg}, \ P=300\text{kg}$

34 다음 구조물에서 CB 부재의 부재력은 얼마인가?

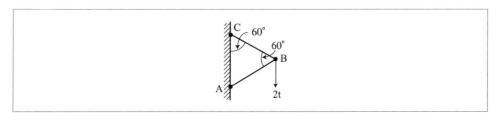

① $2\sqrt{3}\,\text{t}$
② 2t
③ 1t
④ $\sqrt{3}\,\text{t}$
⑤ $\dfrac{1}{2}\text{t}$

35 다음 중 밑변 b, 높이 h인 삼각형 단면의 밑변을 지나는 수평축에 대한 단면 2차 모멘트값은?

① $\dfrac{bh^3}{3}$
② $\dfrac{bh^3}{6}$
③ $\dfrac{bh^3}{12}$
④ $\dfrac{bh^3}{24}$
⑤ $\dfrac{bh^3}{36}$

36 다음 그림은 게르버(Gerber)보의 GB 구간에 등분포 하중이 작용할 때의 전단력도이다. 등분포 하중 w의 크기는?

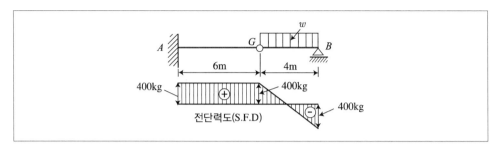

① 400kg/m
② 200kg/m
③ 150kg/m
④ 100kg/m
⑤ 50kg/m

37 $V = 6t$을 받는 그림과 같은 단면의 빔에서 $a - a'$ 단면의 최대 전단응력은?

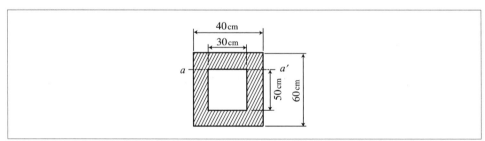

① 8.10kg/cm^2
② 6.06kg/cm^2
③ 5.10kg/cm^2
④ 4.04kg/cm^2
⑤ 2.02kg/cm^2

38 다음 보 구조물의 B지점에서의 모멘트는 얼마인가?

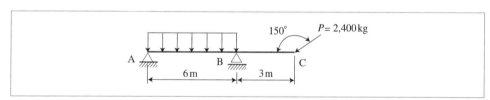

① $M_B = \dfrac{\omega L^2}{4}$

② $M_B = \dfrac{3\omega L^2}{4}$

③ $M_B = \dfrac{5\omega L^2}{12}$

④ $M_B = \dfrac{7\omega L^2}{12}$

⑤ $M_B = \dfrac{11\omega L^2}{12}$

39 다음과 같은 내민보에서 C단에 힘 $P = 2,400$kg의 하중이 $150°$의 경사로 작용하고 있다. A단의 연직 반력 R_A를 0으로 하려면 AB 구간에 작용될 등분포하중 w의 크기는?

① 300kg/m

② 224.42kg/m

③ 200kg/m

④ 186.41kg/m

⑤ 150kg/m

40 최대 휨모멘트 8,000kg/m를 받는 목재보의 직사각형 단면에서 폭 $b = 25$cm일 때, 높이 h는 얼마인가?(단, 자중은 무시하고, 허용 휨응력 $\sigma_a = 120$kg/cm^2 이다)

① 40cm

② 42cm

③ 46cm

④ 48cm

⑤ 50cm

배우기만 하고 생각하지 않으면 얻는 것이 없고,

생각만 하고 배우지 않으면 위태롭다.

-공자-

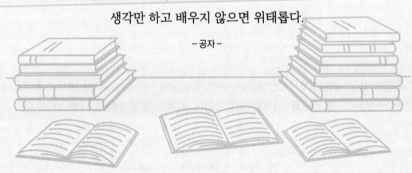

PART 4

채용 가이드

CHAPTER

01 블라인드 채용 소개

1. 블라인드 채용이란?

채용 과정에서 편견이 개입되어 불합리한 차별을 야기할 수 있는 출신지, 가족관계, 학력, 외모 등의 편견요인은 제외하고, 직무능력만을 평가하여 인재를 채용하는 방식입니다.

2. 블라인드 채용의 필요성

- 채용의 공정성에 대한 사회적 요구
  - 누구에게나 직무능력만으로 경쟁할 수 있는 균등한 고용기회를 제공해야 하나, 아직도 채용의 공정성에 대한 불신이 존재
  - 채용상 차별금지에 대한 법적 요건이 권고적 성격에서 처벌을 동반한 의무적 성격으로 강화되는 추세
  - 시민의식과 지원자의 권리의식 성숙으로 차별에 대한 법적 대응 가능성 증가
- 우수인재 채용을 통한 기업의 경쟁력 강화 필요
  - 직무능력과 무관한 학벌, 외모 위주의 선발로 우수인재 선발기회 상실 및 기업경쟁력 약화
  - 채용 과정에서 차별 없이 직무능력중심으로 선발한 우수인재 확보 필요
- 공정한 채용을 통한 사회적 비용 감소 필요
  - 편견에 의한 차별적 채용은 우수인재 선발을 저해하고 외모·학벌 지상주의 등의 심화로 불필요한 사회적 비용 증가
  - 채용에서의 공정성을 높여 사회의 신뢰수준 제고

3. 블라인드 채용의 특징

편견요인을 요구하지 않는 대신 직무능력을 평가합니다.

※ 직무능력중심 채용이란?
기업의 역량기반 채용, NCS기반 능력중심 채용과 같이 직무수행에 필요한 능력과 역량을 평가하여 선발하는 채용방식을 통칭합니다.

4. 블라인드 채용의 평가요소

직무수행에 필요한 지식, 기술, 태도 등을 과학적인 선발기법을 통해 평가합니다.

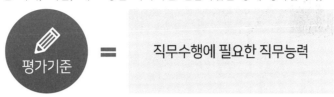

평가기준 = 직무수행에 필요한 직무능력

※ 과학적 선발기법이란?
직무분석을 통해 도출된 평가요소를 서류, 필기, 면접 등을 통해 체계적으로 평가하는 방법으로 입사지원서, 자기소개서, 직무수행능력평가, 구조화 면접 등이 해당됩니다.

5. 블라인드 채용 주요 도입 내용

- 입사지원서에 인적사항 요구 금지
  - 인적사항에는 출신지역, 가족관계, 결혼여부, 재산, 취미 및 특기, 종교, 생년월일(연령), 성별, 신장 및 체중, 사진, 전공, 학교명, 학점, 외국어 점수, 추천인 등이 해당
  - 채용 직무를 수행하는 데 있어 반드시 필요하다고 인정될 경우는 제외
    예 특수경비직 채용 시 : 시력, 건강한 신체 요구
      연구직 채용 시 : 논문, 학위 요구 등
- 블라인드 면접 실시
  - 면접관에게 응시자의 출신지역, 가족관계, 학교명 등 인적사항 정보 제공 금지
  - 면접관은 응시자의 인적사항에 대한 질문 금지

6. 블라인드 채용 도입의 효과성

- 구성원의 다양성과 창의성이 높아져 기업 경쟁력 강화
  - 편견을 없애고 직무능력 중심으로 선발하므로 다양한 직원 구성 가능
  - 다양한 생각과 의견을 통하여 기업의 창의성이 높아져 기업경쟁력 강화
- 직무에 적합한 인재선발을 통한 이직률 감소 및 만족도 제고
  - 사전에 지원자들에게 구체적이고 상세한 직무요건을 제시함으로써 허수 지원이 낮아지고, 직무에 적합한 지원자 모집 가능
  - 직무에 적합한 인재가 선발되어 직무이해도가 높아져 업무효율 증대 및 만족도 제고
- 채용의 공정성과 기업이미지 제고
  - 블라인드 채용은 사회적 편견을 줄인 선발 방법으로 기업에 대한 사회적 인식 제고
  - 채용과정에서 불합리한 차별을 받지 않고 실력에 의해 공정하게 평가를 받을 것이라는 믿음을 제공하고, 지원자들은 평등한 기회와 공정한 선발과정 경험

01 채용공고문

1. 채용공고문의 변화

기존 채용공고문	변화된 채용공고문
• 취업준비생에게 불충분하고 불친절한 측면 존재 • 모집분야에 대한 명확한 직무관련 정보 및 평가기준 부재 • 해당분야에 지원하기 위한 취업준비생의 무분별한 스펙 쌓기 현상 발생	• NCS 직무분석에 기반한 채용공고를 토대로 채용전형 진행 • 지원자가 입사 후 수행하게 될 업무에 대한 자세한 정보 공시 • 직무수행내용, 직무수행 시 필요한 능력, 관련된 자격, 직업기초능력 제시 • 지원자가 해당 직무에 필요한 스펙만을 준비할 수 있도록 안내
• 모집부문 및 응시자격 • 지원서 접수 • 전형절차 • 채용조건 및 처우 • 기타사항	• 채용절차 • 채용유형별 선발분야 및 예정인원 • 전형방법 • 선발분야별 직무기술서 • 우대사항

2. 지원 유의사항 및 지원요건 확인

채용 직무에 따른 세부사항을 공고문에 명시하여 지원자에게 적격한 지원 기회를 부여함과 동시에 채용과정에서의 공정성과 신뢰성을 확보합니다.

구성	내용	확인사항
모집분야 및 규모	고용형태(인턴 계약직 등), 모집분야, 인원, 근무지역 등	채용직무가 여러 개일 경우 본인이 해당되는 직무의 채용규모 확인
응시자격	기본 자격사항, 지원조건	지원을 위한 최소자격요건을 확인하여 불필요한 지원을 예방
우대조건	법정・특별・자격증 가점	본인의 가점 여부를 검토하여 가점 획득을 위한 사항을 사실대로 기재
근무조건 및 보수	고용형태 및 고용기간, 보수, 근무지	본인이 생각하는 기대수준에 부합하는지 확인하여 불필요한 지원을 예방
시험방법	서류・필기・면접전형 등의 활용방안	전형방법 및 세부 평가기법 등을 확인하여 지원전략 준비
전형일정	접수기간, 각 전형 단계별 심사 및 합격자 발표일 등	본인의 지원 스케줄을 검토하여 차질이 없도록 준비
제출서류	입사지원서(경력・경험기술서 등), 각종 증명서 및 자격증 사본 등	지원요건 부합 여부 및 자격 증빙서류 사전에 준비
유의사항	임용취소 등의 규정	임용취소 관련 법적 또는 기관 내부 규정을 검토하여 해당여부 확인

직무기술서란 직무수행의 내용과 필요한 능력, 관련 자격, 직업기초능력 등을 상세히 기재한 것으로 입사 후 수행하게 될 업무에 대한 정보가 수록되어 있는 자료입니다.

1. 채용분야

설명

NCS 직무분류 체계에 따라 직무에 대한 「대분류 – 중분류 – 소분류 – 세분류」 체계를 확인할 수 있습니다. 채용 직무에 대한 모든 직무기술서를 첨부하게 되며 실제 수행 업무를 기준으로 세부적인 분류정보를 제공합니다.

채용분야	분류체계			
사무행정	대분류	중분류	소분류	세분류
분류코드	02. 경영 · 회계 · 사무	03. 재무 · 회계	01. 재무	01. 예산
				02. 자금
			02. 회계	01. 회계감사
				02. 세무

2. 능력단위

설명

직무분류 체계의 세분류 하위능력단위 중 실질적으로 수행할 업무의 능력만 구체적으로 파악할 수 있습니다.

능력단위	(예산)	03. 연간종합예산수립 05. 확정예산 운영	04. 추정재무제표 작성 06. 예산실적 관리
	(자금)	04. 자금운용	
	(회계감사)	02. 자금관리 05. 회계정보시스템 운영 07. 회계감사	04. 결산관리 06. 재무분석
	(세무)	02. 결산관리 07. 법인세 신고	05. 부가가치세 신고

3. 직무수행내용

설명

세분류 영역의 기본정의를 통해 직무수행내용을 확인할 수 있습니다. 입사 후 수행할 직무내용을 구체적으로 확인할 수 있으며, 이를 통해 입사서류 작성부터 면접까지 직무에 대한 명확한 이해를 바탕으로 자신의 희망직무 인지 아닌지, 해당 직무가 자신이 알고 있던 직무가 맞는지 확인할 수 있습니다.

직무수행내용	(예산) 일정기간 예상되는 수익과 비용을 편성, 집행하며 통제하는 일
	(자금) 자금의 계획 수립, 조달, 운용을 하고 발생 가능한 위험 관리 및 성과평가
	(회계감사) 기업 및 조직 내 · 외부에 있는 의사결정자들이 효율적인 의사결정을 할 수 있도록 유용한 정보를 제공, 제공된 회계정보의 적정성을 파악하는 일
	(세무) 세무는 기업의 활동을 위하여 주어진 세법범위 내에서 조세부담을 최소화시키는 조세전략을 포함하고 정확한 과세소득과 과세표준 및 세액을 산출하여 과세당국에 신고 · 납부하는 일

PART 4

4. 직무기술서 예시

태도	(예산) 정확성, 분석적 태도, 논리적 태도, 타 부서와의 협조적 태도, 설득력
	(자금) 분석적 사고력
	(회계 감사) 합리적 태도, 전략적 사고, 정확성, 적극적 협업 태도, 법률준수 태도, 분석적 태도, 신속성, 책임감, 정확한 판단력
	(세무) 규정 준수 의지, 수리적 정확성, 주의 깊은 태도
우대 자격증	공인회계사, 세무사, 컴퓨터활용능력, 변호사, 워드프로세서, 전산회계운용사, 사회조사분석사, 재경관리사, 회계관리 등
직업기초능력	의사소통능력, 문제해결능력, 자원관리능력, 대인관계능력, 정보능력, 조직이해능력

5. 직무기술서 내용별 확인사항

항목	확인사항
모집부문	해당 채용에서 선발하는 부문(분야)명 확인 예 사무행정, 전산, 전기
분류체계	지원하려는 분야의 세부직무군 확인
주요기능 및 역할	지원하려는 기업의 전사적인 기능과 역할, 산업군 확인
능력단위	지원분야의 직무수행에 관련되는 세부업무사항 확인
직무수행내용	지원분야의 직무군에 대한 상세사항 확인
전형방법	지원하려는 기업의 신입사원 선발전형 절차 확인
일반요건	교육사항을 제외한 지원 요건 확인(자격요건, 특수한 경우 연령)
교육요건	교육사항에 대한 지원요건 확인(대졸 / 초대졸 / 고졸 / 전공 요건)
필요지식	지원분야의 업무수행을 위해 요구되는 지식 관련 세부항목 확인
필요기술	지원분야의 업무수행을 위해 요구되는 기술 관련 세부항목 확인
직무수행태도	지원분야의 업무수행을 위해 요구되는 태도 관련 세부항목 확인
직업기초능력	지원분야 또는 지원기업의 조직원으로서 근무하기 위해 필요한 일반적인 능력사항 확인

03 입사지원서

1. 입사지원서의 변화

기존지원서		능력중심 채용 입사지원서
직무와 관련 없는 학점, 개인신상, 어학점수, 자격, 수상경력 등을 나열하도록 구성	VS	해당 직무수행에 꼭 필요한 정보들을 제시할 수 있도록 구성

기존지원서		능력중심 채용 입사지원서	
직무기술서	➡	인적사항	성명, 연락처, 지원분야 등 작성 (평가 미반영)
직무수행내용		교육사항	직무지식과 관련된 학교교육 및 직업교육 작성
요구지식 / 기술		자격사항	직무관련 국가공인 또는 민간자격 작성
관련 자격증		경력 및 경험사항	조직에 소속되어 일정한 임금을 받거나(경력) 임금 없이(경험) 직무와 관련된 활동 내용 작성
사전직무경험			

2. 교육사항

- 지원분야 직무와 관련된 학교 교육이나 직업교육 혹은 기타교육 등 직무에 대한 지원자의 학습 여부를 평가하기 위한 항목입니다.
- 지원하고자 하는 직무의 학교 전공교육 이외에 직업교육, 기타교육 등을 기입할 수 있기 때문에 전공 제한 없이 직업교육과 기타교육을 이수하여 지원이 가능하도록 기회를 제공합니다.

  (기타교육 : 학교 이외의 기관에서 개인이 이수한 교육과정 중 지원직무와 관련이 있다고 생각되는 교육내용)

구분	교육과정(과목)명	교육내용	과업(능력단위)

3. 자격사항

- 채용공고 및 직무기술서에 제시되어 있는 자격 현황을 토대로 지원자가 해당 직무를 수행하는 데 필요한 능력을 가지고 있는지를 평가하기 위한 항목입니다.
- 채용공고 및 직무기술서에 기재된 직무관련 필수 또는 우대자격 항목을 확인하여 본인이 보유하고 있는 자격사항을 기재합니다.

자격유형	자격증명	발급기관	취득일자	자격증번호

4. 경력 및 경험사항

- 직무와 관련된 경력이나 경험 여부를 표현하도록 하여 직무와 관련한 능력을 갖추었는지를 평가하기 위한 항목입니다.
- 해당 기업에서 직무를 수행함에 있어 필요한 사항만을 기록하게 되어 있기 때문에 직무와 무관한 스펙을 갖추지 않아도 됩니다.
- 경력 : 금전적 보수를 받고 일정기간 동안 일했던 경우
- 경험 : 금전적 보수를 받지 않고 수행한 활동

※ 기업에 따라 경력 / 경험 관련 증빙자료 요구 가능

구분	조직명	직위 / 역할	활동기간(년 / 월)	주요과업 / 활동내용

> **Tip**
>
> 입사지원서 작성 방법
> ○ 경력 및 경험사항 작성
> - 직무기술서에 제시된 지식, 기술, 태도와 지원자의 교육사항, 경력(경험)사항, 자격사항과 연계하여 개인의 직무역량에 대해 스스로 판단 가능
> ○ 인적사항 최소화
> - 개인의 인적사항, 학교명, 가족관계 등을 노출하지 않도록 유의
>
> ┌───┐
> 부적절한 입사지원서 작성 사례
> - 학교 이메일을 기입하여 학교명 노출
> - 거주지 주소에 학교 기숙사 주소를 기입하여 학교명 노출
> - 자기소개서에 부모님이 재직 중인 기업명, 직위, 직업을 기입하여 가족관계 노출
> - 자기소개서에 석·박사 과정에 대한 이야기를 언급하여 학력 노출
> - 동아리 활동에 대한 내용을 학교명과 더불어 언급하여 학교명 노출
> └───┘

1. 자기소개서의 변화

- 기존의 자기소개서는 지원자의 일대기나 관심 분야, 성격의 장·단점 등 개괄적인 사항을 묻는 질문으로 구성되어 지원자가 자신의 직무능력을 제대로 표출하지 못합니다.
- 능력중심 채용의 자기소개서는 직무기술서에 제시된 직업기초능력(또는 직무수행능력)에 대한 지원자의 과거 경험을 기술하게 함으로써 평가 타당도의 확보가 가능합니다.

1. 우리 회사와 해당 지원 직무분야에 지원한 동기에 대해 기술해 주세요.
2. 자신이 경험한 다양한 사회활동에 대해 기술해 주세요.
3. 지원 직무에 대한 전문성을 키우기 위해 받은 교육과 경험 및 경력사항에 대해 기술해 주세요.
4. 인사업무 또는 팀 과제 수행 중 발생한 갈등을 원만하게 해결해 본 경험이 있습니까? 당시 상황에 대한 설명과 갈등의 대상이 되었던 상대방을 설득한 과정 및 방법을 기술해 주세요.
5. 과거에 있었던 일 중 가장 어려웠던(힘들었었던) 상황을 고르고, 어떤 방법으로 그 상황을 해결했는지를 기술해 주세요.

자기소개서 작성 방법

① 자기소개서 문항이 묻고 있는 평가 역량 추측하기

예시

• 팀 활동을 하면서 갈등 상황 시 상대방의 니즈나 의도를 명확히 파악하고 해결하여 목표 달성에 기여했던 경험에 대해서 작성해 주시기 바랍니다.
• 다른 사람이 생각해내지 못했던 문제점을 찾고 이를 해결한 경험에 대해 작성해 주시기 바랍니다.

② 해당 역량을 보여줄 수 있는 소재 찾기(시간×역량 매트릭스)

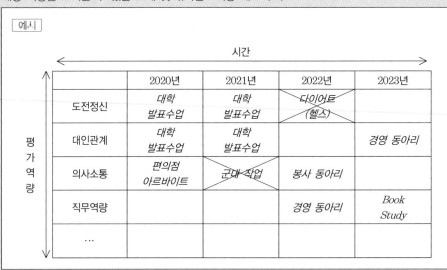

예시

시간

평가역량	2020년	2021년	2022년	2023년
도전정신	대학 발표수업	대학 발표수업	다이어트 (헬스)	
대인관계	대학 발표수업	대학 발표수업		경영 동아리
의사소통	편의점 아르바이트	군대 작업	봉사 동아리	
직무역량			경영 동아리	Book Study
…				

③ 자기소개서 작성 Skill 익히기
• 두괄식으로 작성하기
• 구체적 사례를 사용하기
• '나'를 중심으로 작성하기
• 직무역량 강조하기
• 경험 사례의 차별성 강조하기

CHAPTER 03 인성검사 소개 및 모의테스트

01 인성검사 유형

인성검사는 지원자의 성격특성을 객관적으로 파악하고 그것이 각 기업에서 필요로 하는 인재상과 가치에 부합하는가를 평가하기 위한 검사입니다. 인성검사는 KPDI(한국인재개발진흥원), K-SAD(한국사회적성개발원), KIRBS(한국행동과학연구소), SHR(에스에이치알) 등의 전문기관을 통해 각 기업의 특성에 맞는 검사를 선택하여 실시합니다. 대표적인 인성검사의 유형에는 크게 다음과 같은 세 가지가 있으며, 채용 대행업체에 따라 달라집니다.

1. KPDI 검사

조직적응성과 직무적합성을 알아보기 위한 검사로 인성검사, 인성역량검사, 인적성검사, 직종별 인적성검사 등의 다양한 검사 도구를 구현합니다. KPDI는 성격을 파악하고 정신건강 상태 등을 측정하고, 직무검사는 해당 직무를 수행하기 위해 기본적으로 갖추어야 할 인지적 능력을 측정합니다. 역량검사는 특정 직무 역할을 효과적으로 수행하는 데 직접적으로 관련 있는 개인의 행동, 지식, 스킬, 가치관 등을 측정합니다.

2. KAD(Korea Aptitude Development) 검사

K-SAD(한국사회적성개발원)에서 실시하는 적성검사 프로그램입니다. 개인의 성향, 지적 능력, 기호, 관심, 흥미도를 종합적으로 분석하여 적성에 맞는 업무가 무엇인가 파악하고, 직무수행에 있어서 요구되는 기초능력과 실무능력을 분석합니다.

3. SHR 직무적성검사

직무수행에 필요한 종합적인 사고 능력을 다양한 적성검사(Paper and Pencil Test)로 평가합니다. SHR의 모든 직무능력검사는 표준화 검사입니다. 표준화 검사는 표본집단의 점수를 기초로 규준이 만들어진 검사이므로 개인의 점수를 규준에 맞추어 해석·비교하는 것이 가능합니다. S(Standardized Tests), H(Hundreds of Version), R(Reliable Norm Data)을 특징으로 하며, 직군·직급별 특성과 선발 수준에 맞추어 검사를 적용할 수 있습니다.

02 인성검사와 면접

인성검사는 특히 면접질문과 관련성이 높습니다. 면접관은 지원자의 인성검사 결과를 토대로 질문을 하기 때문입니다. 일관적이고 이상적인 답변을 하는 것이 가장 좋지만, 실제 시험은 매우 복잡하여 전문가라 해도 일정 성격을 유지하면서 답변을 하는 것이 힘듭니다. 또한, 인성검사에는 라이 스케일(Lie Scale) 설문이 전체 설문 속에 교묘하게 섞여 들어가 있으므로 겉치레적인 답을 하게 되면 회답태도의 허위성이 그대로 드러나게 됩니다. 예를 들어 '거짓말을 한 적이 한 번도 없다.'에 '예'로 답하고, '때로는 거짓말을 하기도 한다.'에 '예'라고 답하여 라이 스케일의 득점이 올라가게 되면 모든 회답의 신빙성이 사라지고 '자신을 돋보이게 하려는 사람'이라는 평가를 받을 수 있으므로 주의해야 합니다. 따라서 모의테스트를 통해 인성검사의 유형과 실제 시험 시 어떻게 문제를 풀어야 하는지 연습해 보고 체크한 부분 중 자신의 단점과 연결되는 부분은 면접에서 질문이 들어왔을 때 어떻게 대처해야 하는지 생각해 보는 것이 좋습니다.

03 유의사항

1. 기업의 인재상을 파악하라!

인성검사를 통해 개인의 성격 특성을 파악하고 그것이 기업의 인재상과 가치에 부합하는지를 평가하는 시험이기 때문에 해당 기업의 인재상을 먼저 파악하고 시험에 임하는 것이 좋습니다. 모의테스트에서 인재상에 맞는 가상의 인물을 설정하고 문제에 답해 보는 것도 많은 도움이 됩니다.

2. 일관성 있는 대답을 하라!

짧은 시간 안에 다양한 질문에 답을 해야 하는데, 그 안에는 중복되는 질문이 여러 번 나옵니다. 이때 앞서 자신이 체크했던 대답을 잘 기억해뒀다가 일관성 있는 답을 하는 것이 중요합니다.

3. 모든 문항에 대답하라!

많은 문제를 짧은 시간 안에 풀려다 보니 다 못 푸는 경우도 종종 생깁니다. 하지만 대답을 누락하거나 끝까지 다 못했을 경우 좋지 않은 결과를 가져올 수도 있으니 최대한 주어진 시간 안에 모든 문항에 답할 수 있도록 해야 합니다.

※ 모의테스트는 질문 및 답변 유형 연습을 위한 것으로 실제 시험과 다를 수 있습니다.
※ 인성검사는 정답이 따로 없는 유형의 검사이므로 결과지를 제공하지 않습니다.

번호	내용	예	아니요
001	나는 솔직한 편이다.	☐	☐
002	나는 리드하는 것을 좋아한다.	☐	☐
003	법을 어겨서 말썽이 된 적이 한 번도 없다.	☐	☐
004	거짓말을 한 번도 한 적이 없다.	☐	☐
005	나는 눈치가 빠르다.	☐	☐
006	나는 일을 주도하기보다는 뒤에서 지원하는 것을 선호한다.	☐	☐
007	앞일은 알 수 없기 때문에 계획은 필요하지 않다.	☐	☐
008	거짓말도 때로는 방편이라고 생각한다.	☐	☐
009	사람이 많은 술자리를 좋아한다.	☐	☐
010	걱정이 지나치게 많다.	☐	☐
011	일을 시작하기 전 재고하는 경향이 있다.	☐	☐
012	불의를 참지 못한다.	☐	☐
013	처음 만나는 사람과도 이야기를 잘 한다.	☐	☐
014	때로는 변화가 두렵다.	☐	☐
015	나는 모든 사람에게 친절하다.	☐	☐
016	힘든 일이 있을 때 술은 위로가 되지 않는다.	☐	☐
017	결정을 빨리 내리지 못해 손해를 본 경험이 있다.	☐	☐
018	기회를 잡을 준비가 되어 있다.	☐	☐
019	때로는 내가 정말 쓸모없는 사람이라고 느낀다.	☐	☐
020	누군가 나를 챙겨주는 것이 좋다.	☐	☐
021	자주 가슴이 답답하다.	☐	☐
022	나는 내가 자랑스럽다.	☐	☐
023	경험이 중요하다고 생각한다.	☐	☐
024	전자기기를 분해하고 다시 조립하는 것을 좋아한다.	☐	☐

PART 4

025	감시받고 있다는 느낌이 든다.	☐	☐
026	난처한 상황에 놓이면 그 순간을 피하고 싶다.	☐	☐
027	세상엔 믿을 사람이 없다.	☐	☐
028	잘못을 빨리 인정하는 편이다.	☐	☐
029	지도를 보고 길을 잘 찾아간다.	☐	☐
030	귓속말을 하는 사람을 보면 날 비난하고 있는 것 같다.	☐	☐
031	막무가내라는 말을 들을 때가 있다.	☐	☐
032	장래의 일을 생각하면 불안하다.	☐	☐
033	결과보다 과정이 중요하다고 생각한다	☐	☐
034	운동은 그다지 할 필요가 없다고 생각한다.	☐	☐
035	새로운 일을 시작할 때 좀처럼 한 발을 떼지 못한다.	☐	☐
036	기분 상하는 일이 있더라도 참는 편이다.	☐	☐
037	업무능력은 성과로 평가받아야 한다고 생각한다.	☐	☐
038	머리가 맑지 못하고 무거운 느낌이 든다.	☐	☐
039	가끔 이상한 소리가 들린다.	☐	☐
040	타인이 내게 자주 고민상담을 하는 편이다.	☐	☐

※ 모의테스트는 질문 및 답변 유형 연습을 위한 것으로 실제 시험과 다를 수 있습니다.
※ 인성검사는 정답이 따로 없는 유형의 검사이므로 결과지를 제공하지 않습니다.

※ **이 성격검사의 각 문항에는 서로 다른 행동을 나타내는 네 개의 문장이 제시되어 있습니다. 이 문장들을 비교하여, 자신의 평소 행동과 가장 가까운 문장을 'ㄱ' 열에 표기하고, 가장 먼 문장을 'ㅁ' 열에 표기하십시오.**

01 나는 _____

	ㄱ	ㅁ
A. 실용적인 해결책을 찾는다.	☐	☐
B. 다른 사람을 돕는 것을 좋아한다.	☐	☐
C. 세부 사항을 잘 챙긴다.	☐	☐
D. 상대의 주장에서 허점을 잘 찾는다.	☐	☐

02 나는 _____

	ㄱ	ㅁ
A. 매사에 적극적으로 임한다.	☐	☐
B. 즉흥적인 편이다.	☐	☐
C. 관찰력이 있다.	☐	☐
D. 임기응변에 강하다.	☐	☐

03 나는 _____

	ㄱ	ㅁ
A. 무서운 영화를 잘 본다.	☐	☐
B. 조용한 곳이 좋다.	☐	☐
C. 가끔 울고 싶다.	☐	☐
D. 집중력이 좋다.	☐	☐

04 나는 _____

	ㄱ	ㅁ
A. 기계를 조립하는 것을 좋아한다.	☐	☐
B. 집단에서 리드하는 역할을 맡는다.	☐	☐
C. 호기심이 많다.	☐	☐
D. 음악을 듣는 것을 좋아한다.	☐	☐

05 나는 _____

	ㄱ	ㅁ
A. 타인을 늘 배려한다.	☐	☐
B. 감수성이 예민하다.	☐	☐
C. 즐겨하는 운동이 있다.	☐	☐
D. 일을 시작하기 전에 계획을 세운다.	☐	☐

06 나는 _____

	ㄱ	ㅁ
A. 타인에게 설명하는 것을 좋아한다.	☐	☐
B. 여행을 좋아한다.	☐	☐
C. 정적인 것이 좋다.	☐	☐
D. 남을 돕는 것에 보람을 느낀다.	☐	☐

07 나는 _____

	ㄱ	ㅁ
A. 기계를 능숙하게 다룬다.	☐	☐
B. 밤에 잠이 잘 오지 않는다.	☐	☐
C. 한 번 간 길을 잘 기억한다.	☐	☐
D. 불의를 보면 참을 수 없다.	☐	☐

08 나는 _____

	ㄱ	ㅁ
A. 종일 말을 하지 않을 때가 있다.	☐	☐
B. 사람이 많은 곳을 좋아한다.	☐	☐
C. 술을 좋아한다.	☐	☐
D. 휴양지에서 편하게 쉬고 싶다.	☐	☐

09　나는 _____

	ㄱ	ㅁ
A. 뉴스보다는 드라마를 좋아한다.	☐	☐
B. 길을 잘 찾는다.	☐	☐
C. 주말엔 집에서 쉬는 것이 좋다.	☐	☐
D. 아침에 일어나는 것이 힘들다.	☐	☐

10　나는 _____

	ㄱ	ㅁ
A. 이성적이다.	☐	☐
B. 할 일을 종종 미룬다.	☐	☐
C. 어른을 대하는 게 힘들다.	☐	☐
D. 불을 보면 매혹을 느낀다.	☐	☐

11　나는 _____

	ㄱ	ㅁ
A. 상상력이 풍부하다.	☐	☐
B. 예의 바르다는 소리를 자주 듣는다.	☐	☐
C. 사람들 앞에 서면 긴장한다.	☐	☐
D. 친구를 자주 만난다.	☐	☐

12　나는 _____

	ㄱ	ㅁ
A. 나만의 스트레스 해소 방법이 있다.	☐	☐
B. 친구가 많다.	☐	☐
C. 책을 자주 읽는다.	☐	☐
D. 활동적이다.	☐	☐

PART 4

---

01 면접유형 파악

1. 면접전형의 변화

기존 면접전형에서는 일상적이고 단편적인 대화나 지원자의 첫인상 및 면접관의 주관적인 판단 등에 의해서 입사 결정 여부를 판단하는 경우가 많았습니다. 이러한 면접전형은 면접 내용의 일관성이 결여되거나 직무 관련 타당성이 부족하였고, 면접에 대한 신뢰도에 영향을 주었습니다.

기존 면접(전통적 면접)		능력중심 채용 면접(구조화 면접)

• 일상적이고 단편적인 대화
• 인상, 외모 등 외부 요소의 영향
• 주관적인 판단에 의존한 총점 부여
 	
⇩
 	
• 면접 내용의 일관성 결여
• 직무관련 타당성 부족
• 주관적인 채점으로 신뢰도 저하
	VS	• 일관성
		  – 직무관련 역량에 초점을 둔 구체적 질문 목록
		  – 지원자별 동일 질문 적용
		• 구조화
		  – 면접 진행 및 평가 절차를 일정한 체계에 의해 구성
		• 표준화
		  – 평가 타당도 제고를 위한 평가 Matrix 구성
		  – 척도에 따라 항목별 채점, 개인 간 비교
		• 신뢰성
		  – 면접진행 매뉴얼에 따라 면접위원 교육 및 실습

2. 능력중심 채용의 면접 유형

① 경험 면접
- 목적 : 선발하고자 하는 직무 능력이 필요한 과거 경험을 질문합니다.
- 평가요소 : 직업기초능력과 인성 및 태도적 요소를 평가합니다.

② 상황 면접
- 목적 : 특정 상황을 제시하고 지원자의 행동을 관찰함으로써 실제 상황의 행동을 예상합니다.
- 평가요소 : 직업기초능력과 인성 및 태도적 요소를 평가합니다.

③ 발표 면접
- 목적 : 특정 주제와 관련된 지원자의 발표와 질의응답을 통해 지원자 역량을 평가합니다.
- 평가요소 : 직무수행능력과 인지적 역량(문제해결능력)을 평가합니다.

④ 토론 면접
- 목적 : 토의과제에 대한 의견수렴 과정에서 지원자의 역량과 상호작용능력을 평가합니다.
- 평가요소 : 직무수행능력과 팀워크를 평가합니다.

1. 경험 면접

① 경험 면접의 특징

- 주로 직업기초능력에 관련된 지원자의 과거 경험을 심층 질문하여 검증하는 면접입니다.
- 직무능력과 관련된 과거 경험을 평가하기 위해 심층 질문을 하며, 이 질문은 지원자의 답변에 대하여 '꼬리에 꼬리를 무는 형식'으로 진행됩니다.

- 능력요소, 정의, 심사 기준
  - 평가하고자 하는 능력요소, 정의, 심사기준을 확인하여 면접위원이 해당 능력요소 관련 질문을 제시합니다.
- Opening Question
  - 능력요소에 관련된 과거 경험을 유도하기 위한 시작 질문을 합니다.
- Follow-up Question
  - 지원자의 경험 수준을 구체적으로 검증하기 위한 질문입니다.
  - 경험 수준 검증을 위한 상황(Situation) 임무(Task), 역할 및 노력(Action), 결과(Result) 등으로 질문을 구분합니다.

경험 면접의 형태

[면접관 1] [면접관 2] [면접관 3]

[지원자]

〈일대다 면접〉

[면접관 1] [면접관 2] [면접관 3]

[지원자 1] [지원자 2] [지원자 3]

〈다대다 면접〉

② 경험 면접의 구조

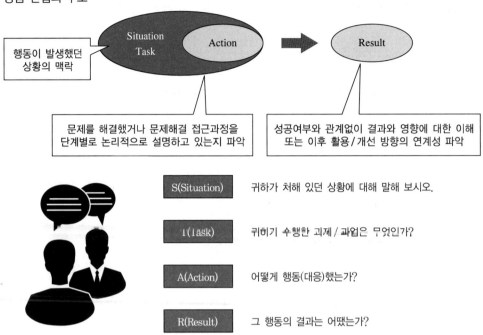

행동이 발생했던 상황의 맥락

문제를 해결했거나 문제해결 접근과정을 단계별로 논리적으로 설명하고 있는지 파악

성공여부와 관계없이 결과와 영향에 대한 이해 또는 이후 활용 / 개선 방향의 연계성 파악

S(Situation) — 귀하가 처해 있던 상황에 대해 말해 보시오.

T(Task) — 귀하가 수행한 과제 / 과업은 무엇인가?

A(Action) — 어떻게 행동(대응)했는가?

R(Result) — 그 행동의 결과는 어땠는가?

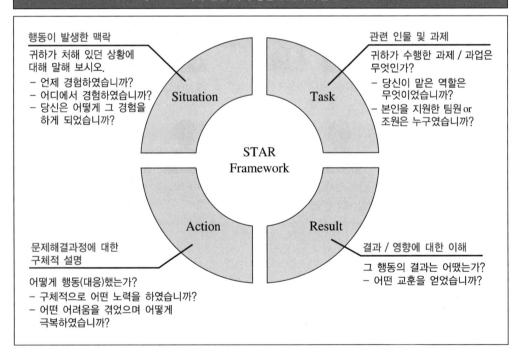

(   )에 관한 과거 경험에 대하여 말해 보시오.

행동이 발생한 맥락
귀하가 처해 있던 상황에 대해 말해 보시오.
– 언제 경험하였습니까?
– 어디에서 경험하였습니까?
– 당신은 어떻게 그 경험을 하게 되었습니까?

Situation

Task

관련 인물 및 과제
귀하가 수행한 과제 / 과업은 무엇인가?
– 당신이 맡은 역할은 무엇이었습니까?
– 본인을 지원한 팀원 or 조원은 누구였습니까?

STAR
Framework

Action

Result

문제해결과정에 대한 구체적 설명
어떻게 행동(대응)했는가?
– 구체적으로 어떤 노력을 하였습니까?
– 어떤 어려움을 겪었으며 어떻게 극복하였습니까?

결과 / 영향에 대한 이해
그 행동의 결과는 어땠는가?
– 어떤 교훈을 얻었습니까?

③ 경험 면접 질문 예시(직업윤리)

시작 질문	
1	남들이 신경 쓰지 않는 부분까지 고려하여 절차대로 업무(연구)를 수행하여 성과를 낸 경험을 구체적으로 말해 보시오.
2	조직의 원칙과 절차를 철저히 준수하며 업무(연구)를 수행한 것 중 성과를 향상시킨 경험에 대해 구체적으로 말해 보시오.
3	세부적인 절차와 규칙에 주의를 기울여 실수 없이 업무(연구)를 마무리한 경험을 구체적으로 말해 보시오.
4	조직의 규칙이나 원칙을 고려하여 성실하게 일했던 경험을 구체적으로 말해 보시오.
5	타인의 실수를 바로잡고 원칙과 절차대로 수행하여 성공적으로 업무를 마무리하였던 경험에 대해 말해 보시오.

후속 질문		
상황 (Situation)	상황	구체적으로 언제, 어디에서 경험한 일인가?
		어떤 상황이었는가?
	조직	어떤 조직에 속해 있었는가?
		그 조직의 특성은 무엇이었는가?
		몇 명으로 구성된 조직이었는가?
	기간	해당 조직에서 얼마나 일했는가?
		해당 업무는 몇 개월 동안 지속되었는가?
	조직규칙	조직의 원칙이나 규칙은 무엇이었는가?
임무 (Task)	과제	과제의 목표는 무엇이었는가?
		과제에 적용되는 조직의 원칙은 무엇이었는가?
		그 규칙을 지켜야 하는 이유는 무엇이었는가?
	역할	당신이 조직에서 맡은 역할은 무엇이었는가?
		과제에서 맡은 역할은 무엇이었는가?
	문제의식	규칙을 지키지 않을 경우 생기는 문제점 / 불편함은 무엇인가?
		해당 규칙이 왜 중요하다고 생각하였는가?
역할 및 노력 (Action)	행동	업무 과정의 어떤 장면에서 규칙을 철저히 준수하였는가?
		어떻게 규정을 적용시켜 업무를 수행하였는가?
		규정은 준수하는 데 어려움은 없었는가?
	노력	그 규칙을 지키기 위해 스스로 어떤 노력을 기울였는가?
		본인의 생각이나 태도에 어떤 변화가 있었는가?
		다른 사람들은 어떤 노력을 기울였는가?
	동료관계	동료들은 규칙을 철저히 준수하고 있었는가?
		팀원들은 해당 규칙에 대해 어떻게 반응하였는가?
		규칙에 대한 태도를 개선하기 위해 어떤 노력을 하였는가?
		팀원들의 태도는 당신에게 어떤 자극을 주었는가?
	업무추진	주어진 업무를 추진하는 데 규칙이 방해되진 않았는가?
		업무수행 과정에서 규정을 어떻게 적용하였는가?
		업무 시 규정을 준수해야 한다고 생각한 이유는 무엇인가?

결과 (Result)	평가	규칙을 어느 정도나 준수하였는가?
		그렇게 준수할 수 있었던 이유는 무엇이었는가?
		업무의 성과는 어느 정도였는가?
		성과에 만족하였는가?
		비슷한 상황이 온다면 어떻게 할 것인가?
	피드백	주변 사람들로부터 어떤 평가를 받는가?
		그러한 평가에 만족하는가?
		다른 사람에게 본인의 행동이 영향을 주었다고 생각하는가?
	교훈	업무수행 과정에서 중요한 점은 무엇이라고 생각하는가?
		이 경험을 통해 느낀 바는 무엇인가?

2. 상황 면접

① 상황 면접의 특징

직무 관련 상황을 가정하여 제시하고 이에 대한 대응능력을 직무관련성 측면에서 평가하는 면접입니다.

- 상황 면접 과제의 구성은 크게 2가지로 구분
  - 상황 제시(Description) / 문제 제시(Question or Problem)
- 현장의 실제 업무 상황을 반영하여 과제를 제시하므로 직무분석이나 직무전문가 워크숍 등을 거쳐 현장성을 높임
- 문제는 상황에 대한 기본적인 이해능력(이론적 지식)과 함께 실질적 대응이나 변수 고려능력(실천적 능력) 등을 고르게 질문해야 함

상황 면접의 형태

[면접관 1]　[면접관 2]

[연기자 1]　[연기자 2]　　　　　　　　[면접관 1]　[면접관 2]

[지원자]　　　　　[지원자 1]　[지원자 2]　[지원자 3]

〈시뮬레이션〉　　　　　　　　　〈문답형〉

② 상황 면접 예시

상황 제시	인천공항 여객터미널 내에는 다양한 용도의 시설(사무실, 통신실, 식당, 전산실, 창고 면세점 등)이 설치되어 있습니다.	실제 업무 상황에 기반함
	금년에 소방배관의 누수가 잦아 메인 배관을 교체하는 공사를 추진하고 있으며, 당신 은 이번 공사의 담당자입니다.	배경 정보
	주간에는 공항 운영이 이루어져 주로 야간에만 배관 교체 공사를 수행하던 중, 시공하 는 기능공의 실수로 배관 연결 부위를 잘못 건드려 고압배관의 소화수가 누출되는 사고가 발생하였으며, 이로 인해 인근 시설물에 누수에 의한 피해가 발생하였습니다.	구체적인 문제 상황
문제 제시	일반적인 소방배관의 배관연결(이음)방식과 배관의 이탈(누수)이 발생하는 원인 에 대해 설명해 보시오.	문제 상황 해결을 위한 기본 지식 문항
	담당자로서 본 사고를 현장에서 긴급히 처리하는 프로세스를 제시하고, 보수완료 후 사후적 조치가 필요한 부분 및 재발방지 방안에 대해 설명해 보시오.	문제 상황 해결을 위한 추가 대응 문항

3. 발표 면접

① 발표 면접의 특징
- 직무관련 주제에 대한 지원자의 생각을 정리하여 의견을 제시하고, 발표 및 질의응답을 통해 지원자의 직무능력을 평가하는 면접입니다.
- 발표 주제는 직무와 관련된 자료로 제공되며, 일정 시간 후 지원자가 보유한 지식 및 방안에 대한 발표 및 후속 질문을 통해 직무적합성을 평가합니다.

- 주요 평가요소
  - 설득적 말하기 / 발표능력 / 문제해결능력 / 직무관련 전문성
- 이미 언론을 통해 공론화된 시사 이슈보다는 해당 직무분야에 관련된 주제가 발표면접의 과제로 선정되는 경우가 최근 들어 늘어나고 있음
- 짧은 시간 동안 주어진 과제를 빠른 속도로 분석하여 발표문을 작성하고 제한된 시간 안에 면접관에게 효과적인 발표를 진행하는 것이 핵심

발표 면접의 형태

[면접관 1]　[면접관 2]　　　　　　　[면접관 1]　[면접관 2]

[지원자]　　　　　　　[지원자 1]　[지원자 2]　[지원자 3]

〈개별 과제 발표〉　　　　　　　〈팀 과제 발표〉

※ 면접관에게 시각적 효과를 사용하여 메시지를 전달하는 쌍방향 커뮤니케이션 방식
※ 심층면접을 보완하기 위한 방안으로 최근 많은 기업에서 적극 도입하는 추세

② 발표 면접 예시

1. 지시문

당신은 현재 A사에서 직원들의 성과평가를 담당하고 있는 팀원이다. 인사팀은 지난주부터 사내 조직문화관련 인터뷰를 하던 도중 성과평가제도에 관련된 개선 니즈가 제일 많다는 것을 알게 되었다. 이에 팀장님은 인터뷰 결과를 종합하려 성과평가제도 개선 아이디어를 A4용지에 정리하여 신속 보고할 것을 지시하셨다. 당신에게 남은 시간은 1시간이다. 자료를 준비하는 대로 당신은 팀원들이 모인 회의실에서 5분 간 발표할 것이며, 이후 질의응답을 진행할 것이다.

2. 배경자료

〈성과평가제도 개선에 대한 인터뷰〉

최근 A사는 회사 사세의 급성장으로 인해 작년보다 매출이 두 배 성장하였고, 직원 수 또한 두 배로 증가하였다. 회사의 성장은 임금, 복지에 대한 상승 등 긍정적인 영향을 주었으나 업무의 불균형 및 성과보상의 불평등 문제가 발생하였다. 또한 수시로 입사하는 신입직원과 경력직원, 퇴사하는 직원들까지 인원들의 잦은 변동으로 인해 평가해야 할 대상이 변경되어 현재의 성과평가제도로는 공정한 평가가 어려운 상황이다.

[생산부서 김상호]
우리 팀은 지난 1년 동안 생산량이 급증했기 때문에 수십 명의 신규인력이 급하게 채용되었습니다. 이 때문에 저희 팀장님은 신규 입사자들의 이름조차 기억 못할 때가 많이 있습니다. 성과평가를 제대로 하고 있는지 의문이 듭니다.

[마케팅 부서 김흥민]
개인의 성과평가의 취지는 충분히 이해합니다. 그러나 현재 평가는 실적기반이나 정성적인 평가가 많이 포함되어 있어 객관성과 공정성에는 의문이 드는 것이 사실입니다. 이러한 상황에서 평가제도를 재수립하지 않고, 인센티브에 계속 반영한다면, 평가제도에 대한 반감이 커질 것이 분명합니다.

[교육부서 홍경민]
현재 교육부서는 인사팀과 밀접하게 일하고 있습니다. 그럼에도 인사팀에서 실시하는 성과평가제도에 대한 이해가 부족한 것 같습니다.

[기획부서 김경호 차장]
저는 저의 평가자 중 하나가 연구부서의 팀장님인데, 일 년에 몇 번 같이 일하지 않는데 어떻게 저를 평가할 수 있을까요? 특히 연구팀은 저희가 예산을 배정하는데, 저에게는 좋지만….

4. 토론 면접

① 토론 면접의 특징
- 다수의 지원자가 조를 편성해 과제에 대한 토론(토의)을 통해 결론을 도출해가는 면접입니다.
- 의사소통능력, 팀워크, 종합인성 등의 평가에 용이합니다.

> - 주요 평가요소
>   - 설득적 말하기, 경청능력, 팀워크, 종합인성
> - 의견 대립이 명확한 주제 또는 채용분야의 직무 관련 주요 현안을 주제로 과제 구성
> - 제한된 시간 내 토론을 진행해야 하므로 적극적으로 자신 있게 토론에 임하고 본인의 의견을 개진할 수 있어야 함

토론 면접의 형태

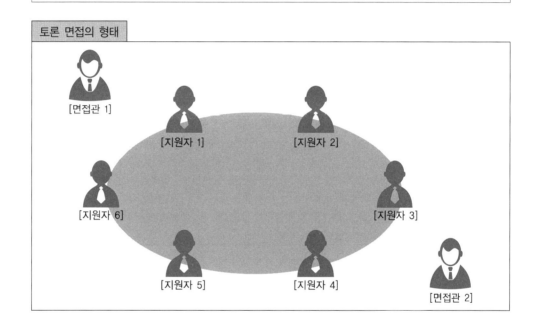

② 토론 면접 예시

고객 불만 고충처리

1. 들어가며

최근 우리 상품에 대한 고객 불만의 증가로 고객고충처리 TF가 만들어졌고 당신은 여기에 지원해 배치받았다. 당신의 업무는 불만을 가진 고객을 만나서 애로사항을 듣고 처리해 주는 일이다. 주된 업무로는 고객의 니즈를 파악해 방향성을 제시해 주고 그 해결책을 마련하는 일이다. 하지만 경우에 따라서 고객의 주관적인 의견으로 인해 제대로 된 방향으로 의사결정을 하지 못할 때가 있다. 이럴 경우 설득이나 논쟁을 해서라도 의견을 관철시키는 것이 좋을지 아니면 고객의 의견대로 진행하는 것이 좋을지 결정해야 할 때가 있다. 만약 당신이라면 이러한 상황에서 어떤 결정을 내릴 것인지 여부를 자유롭게 토론해 보시오.

2. 1분 자유 발언 시 준비사항

• 당신은 의견을 자유롭게 개진할 수 있으며 이에 따른 불이익은 없습니다.
• 토론의 방향성을 이해하고, 내용의 장점과 단점이 무엇인지 문제를 명확히 말해야 합니다.
• 합리적인 근거에 기초하여 개선방안을 명확히 제시해야 합니다.
• 제시한 방안을 실행 시 예상되는 긍정적·부정적 영향요인도 동시에 고려할 필요가 있습니다.

3. 토론 시 유의사항

• 토론 주제문과 제공해드린 메모지, 볼펜만 가지고 토론장에 입장할 수 있습니다.
• 사회자의 지정 또는 발표자가 손을 들어 발언권을 획득할 수 있으며, 사회자의 통제에 따릅니다.
• 토론회가 시작되면, 팀의 의견과 논거를 정리하여 1분간의 자유발언을 할 수 있습니다. 순서는 사회자가 지정합니다. 이후에는 자유롭게 상대방에게 질문하거나 답변을 하실 수 있습니다.
• 핸드폰, 서적 등 외부 매체는 사용하실 수 없습니다.
• 논제에 벗어나는 발언이나 지나치게 공격적인 발언을 할 경우, 위에서 제시한 유의사항을 지키지 않을 경우 불이익을 받을 수 있습니다.

1. 면접 Role Play 편성

- 교육생끼리 조를 편성하여 면접관과 지원자 역할을 교대로 진행합니다.
- 지원자 입장과 면접관 입장을 모두 경험해 보면서 면접에 대한 적응력을 높일 수 있습니다.

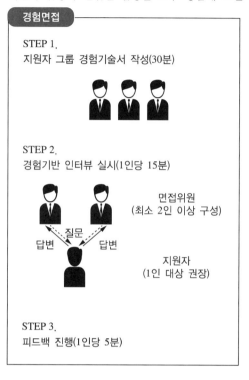

경험면접

STEP 1.
지원자 그룹 경험기술서 작성(30분)

STEP 2.
경험기반 인터뷰 실시(1인당 15분)

면접위원
(최소 2인 이상 구성)

질문

답변 답변

지원자
(1인 대상 권장)

STEP 3.
피드백 진행(1인당 5분)

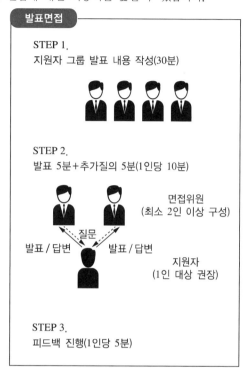

발표면접

STEP 1.
지원자 그룹 발표 내용 작성(30분)

STEP 2.
발표 5분+추가질의 5분(1인당 10분)

면접위원
(최소 2인 이상 구성)

질문

발표 / 답변 발표 / 답변

지원자
(1인 대상 권장)

STEP 3.
피드백 진행(1인당 5분)

Tip

면접 준비하기

1. 면접 유형 확인 필수
   - 기업마다 면접 유형이 상이하기 때문에 해당 기업의 면접 유형을 확인하는 것이 좋음
   - 일반적으로 실무진 면접, 임원면접 2차례에 거쳐 면접을 실시하는 기업이 많고 실무진 면접과 임원 면접에서 평가요소가 다르기 때문에 유형에 맞는 준비방법이 필요
2. 후속 질문에 대한 사전 점검
   - 블라인드 채용 면접에서는 주요 질문과 함께 후속 질문을 통해 지원자의 직무능력을 판단
     → STAR 기법을 통한 후속 질문에 미리 대비하는 것이 필요

CHAPTER 05

한국농어촌공사 면접 기출질문

한국농어촌공사의 면접전형은 구조화된 NCS 기반의 블라인드 면접으로, 직무수행능력 면접과 직업기초능력 면접으로 진행된다. 직무수행능력 면접은 토론 및 발표 면접으로, 과제에 대한 토론 또는 발표를 통해 실무지식, 직무역량 등을 평가한다. 직업기초능력 면접은 직업윤리, 조직이해능력, 대인관계능력 등을 평가한다.

1. 2023년 기출질문

- 통합물관리 사업의 활용방안에 대해 말해 보시오.
- 통합물관리 사업과 관련하여 타 기업과 한국농어촌공사의 차이점에 대해 말해 보시오.
- 토목 공사에서 안전사고를 예방을 위한 위험요소 제거 방안을 말해 보시오.
- 농어촌 지역에서의 신재생 에너지 활용방안을 말해 보시오.
- 현장에서 근무할 때 본인만의 프로세스에 대해 말해 보시오.
- 안전사고가 발생하는 이유에 대해 말해 보시오.
- 안전 관련 경험에 대해 말해 보시오.
- 회의 문화에 대해 말해 보시오.
- 한국농어촌공사 채용 과정에서 준비한 것을 말해 보시오.
- 한국농어촌공사 채용을 준비하면서 인상 깊었던 공사의 사업을 말해 보시오.
- 동료 또는 상사로부터 받은 긍정적인 피드백에 대해 말해 보시오.
- 동료 또는 상사로부터 받은 부정적인 피드백에 대해 말해 보시오.
- 갈등해결을 위해 중요하다고 생각하는 부분에 대해 말해 보시오.
- 한국농어촌공사에 입사하기 위해 가장 필요한 역량을 말해 보시오.
- 한국농어촌공사에 기여하기 위한 방안을 말해 보시오.

2. 2022년 기출질문

- 농어촌에 필요한 시설에 대해 말해 보시오.
- 타인과 소통하는데 어려움이 있으면 어떻게 해결할 것인지 말해 보시오.
- 갈등을 해결한 경험에 대해 말해 보시오.
- 한국농어촌공사의 미래먹거리 산업에 대해 말해 보시오.
- 조직원들에게 신뢰를 얻을 수 있는 방법에 대해 말해 보시오.
- 농지연금에 대해 말해 보시오.
- 직업을 선택할 때 가장 중요하게 생각하는 것을 말해 보시오.
- 코로나 시대에 한국농어촌공사의 역할은 무엇인가?
- 한국농어촌공사의 사업 중에서 관심이 있는 사업에 대해 말해 보시오.
- 입사 후 관심 사업과 관련해 가장 먼저 하고 싶은 것은 무엇인가?
- 청년 일손이 부족한 문제에 대해 해결방법을 말해 보시오.
- 도농 소득격차 문제를 해소할 수 있는 방안에 대해 말해 보시오.
- 스마트팜을 활성화 할 수 있는 방안에 대해 말해 보시오.
- 농지가 소멸하는 문제의 원인과 개선 방법에 대해 말해 보시오.
- 농지은행과 관련된 업무를 하게 되면 어떻게 수행할 것인지 말해 보시오.
- 본인은 주변 사람들로부터 어떤 사람으로 여겨지는지 말해 보시오.
- 공익과 사익 중에 무엇이 더 중요한가?
- 무임승차하는 직원이 있다면 어떻게 할 것인지 말해 보시오.
- 규칙을 어기거나 타인이 규칙을 어기는 것을 본 사례가 있었는가?
- 농어촌과 관련하여 최근 본 기사에 대해 말해 보시오.
- 본인이 타인보다 한국농어촌공사에 더 기여할 수 있는 부분이 있는가?
- 한국농어촌공사의 일자리 창출 방안에 대해 말해 보시오.
- 농어촌을 살리기 위해 본인이 할 수 있는 일이 무엇인지 말해 보시오.
- 한국농어촌공사가 나아가야 할 방향에 대해 말해 보시오.
- 한국농어촌공사의 ESG경영에 대해 말해 보시오.
- 민원인이 지속적으로 불합리한 요구를 하는 경우 어떻게 대처할 것인지 말해 보시오.
- 창의적으로 문제를 해결한 경험에 대해 말해 보시오.
- 농촌에서 봉사한 경험에 대해 말해 보시오.

3. 2021년 기출질문

- 자신을 희생하여 다른 사람에게 도움이 된 경험에 대해 말해 보시오.
- 신입사원으로 입사하게 된다면 어떤 상사와 같이 일하고 싶은지 말해 보시오.
- 한국농어촌공사의 사업에 대해 아는 대로 말해 보시오.
- 유체의 정의에 대해 말해 보시오.
- 다른 직원들이 관습상 규정을 지키지 않을 때 어떻게 행동할 것인지 말해 보시오.
- 악성 민원이 접수되면 어떻게 행동할 것인지 말해 보시오.
- 금속과 비금속의 차이점에 대해 말해 보시오.
- 용적형 펌프와 비용적형 펌프의 차이점에 대해 말해 보시오.
- 지원한 직무에서 어떻게 일할 것인지 말해 보시오.
- 자신이 실수한 경험과 이를 극복했던 방법에 대해 말해 보시오.
- 관수로와 개수로에 대해 설명해 보시오.
- 농지은행에 대해 설명해 보시오.
- 농촌 인구감소를 완화할 수 있는 대안을 말해 보시오.
- 저출산의 원인과 대책에 대해 말해 보시오.
- 청년실업에 대한 자신의 견해와 대책에 대해 말해 보시오.
- 스마트워크에 대해 설명해 보시오.
- 침체된 농어촌을 활성화하기 위한 방안을 말해 보시오.
- 농촌 고령화 현상의 대책을 말해 보시오.
- 공기업은 공익과 사익 중 어느 것을 우선하여 추구해야 하는지 말해 보시오.
- FTA가 농업에 미치는 영향에 대해 말해 보시오.
- 도농 교류 증진 방안에 대해 말해 보시오.
- 귀농인을 위한 정부 정책에 대해 말해 보시오.
- 수도권 규제에 대한 자신의 견해를 말해 보시오.
- 한국농어촌공사의 기업 이미지 홍보 방안에 대해 말해 보시오.
- 농촌 사회기반시설 확충 방안에 대해 말해 보시오.

4. 과년도 기출질문

- 스트레스를 어느 상황에서 주로 받는 편이며 어떻게 해결하고 있는지 말해 보시오.
- 현재 공사가 여러 분야의 사업을 하고 있는데 그중에서 가장 잘한 사업이 무엇이라고 생각하며 그 이유는?
- 비오는 날 근무를 서는 것에 대해 어떻게 생각하는가?
- 4차 산업에서 한국농어촌공사가 할 수 있는 역할과 사업은 무엇이 있는가?
- 우리 공사의 핵심가치를 본인의 가치관과 연관 지어 말해 보시오.
- 본인의 장점에 대해 말해 보시오.
- 순환근무를 할 수도 있는데 괜찮은가?
- 입사 후 맡고 싶은 직무는 무엇인가?
- 입사한다면 어떤 일을 가장 잘할 수 있는가?
- 내부고발자에 대해 어떻게 생각하는가?
- 타인에게 신뢰받았던 경험에 대해 말해 보시오.
- 사람 만나는 것을 좋아하는가?
- 희생했던 경험과 그것을 통해 주변 사람들로 어떤 평가를 받을 수 있었는지 말해 보시오.
- 어릴적부터 지금까지 농촌에 대한 경험에 대해 말해 보시오.
- 대인관계에서 갈등이 생겼을 때 어떻게 해결하는가?
- 한국농어촌공사에서 하고 있는 사업에 대해 아는 대로 말해 보시오.
- 지역과 연관 지어 한국농어촌공사에서 시행할 수 있는 사업에 대하여 제시해 보시오.
- 조직 생활에서 가장 필요한 것은 무엇이라고 생각하는가? 사례를 들어 말해 보시오.
- 고객을 대할 때 가장 중요한 것이 무엇이라고 생각하는가?
- 조직에 적응하기 위해 어떠한 노력을 했는지 말해 보시오.
- 저수지에서 악취발생 민원이 발생했다면 어떻게 조치할 것인가?
- 본인의 별명이 무엇인가?
- 한국농어촌공사가 본인을 뽑아야 하는 이유는 무엇인가?
- 본인의 좌우명은 무엇이고 왜 그것을 좌우명으로 삼게 되었는가?
- 역량과 성과가 우선인가, 협력과 관계가 우선인가?
- 본인이 면접관이라면 일을 잘하는 사람을 뽑겠는가, 최선을 다하는 사람을 뽑겠는가?
- 도전정신을 가지고 임했던 경험을 말해 보시오.
- 한국농어촌공사는 공무원으로 봐야 하는가, 민간인으로 봐야 하는가?
- 공익과 사익의 차이가 무엇이라고 생각하는가?
- 개발과 보전이 상충할 때, 어떻게 할 것인가?
- 조례와 규칙의 차이를 아는가?

우리가 해야 할 일은 끊임없이 호기심을 갖고

새로운 생각을 시험해 보고

새로운 인상을 받는 것이다.

– 월터 페이터 –

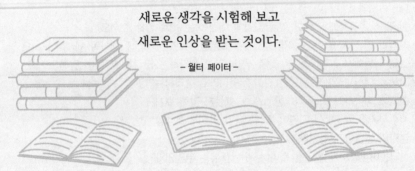

현재 나의 실력을 객관적으로 파악해 보자!

모바일 OMR
답안채점 / 성적분석 서비스

도서에 수록된 모의고사에 대한 객관적인 결과(정답률, 순위)를 종합적으로 분석하여 제공합니다.

OMR 입력

성적분석

채점결과

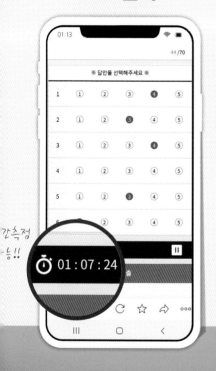

※OMR 답안채점 / 성적분석 서비스는 등록 후 30일간 사용 가능합니다.

도서 내 모의고사 우측 상단에 위치한 QR코드 찍기 → 로그인 하기 → '시작하기' 클릭 → '응시하기' 클릭 → 나의 답안을 모바일 OMR 카드에 입력 → '성적분석 & 채점결과' 클릭 → 현재 내 실력 확인하기

SD에듀

공기업 취업을 위한 NCS 직업기초능력평가 시리즈

NCS부터 전공까지 완벽 학습 "통합서" 시리즈

공기업 취업의 기초부터 차근차근! 취업의 문을 여는 Master Key!

NCS 영역 및 유형별 체계적 학습 "집중학습" 시리즈

영역별 이론부터 유형별 모의고사까지! 단계별 학습을 통한 Only Way!

2024
전면개정판

판매량 1위
YES24
한국농어촌공사
5·6급

유형분석 및 모의고사로
최종합격까지
한 권으로
마무리!

한국
농어촌공사
5·6급

정답 및 해설

NCS + 전공 + 모의고사 3회

편저 | SDC(Sidae Data Center)

SDC
SDC는 SD에듀 데이터 센터의 약자로
약 30만 개의 NCS·적성 문제 데이터를
바탕으로 최신 출제경향을 반영하여
문제를 출제합니다.

SD에듀
(주)시대고시기획

Add+

특별부록

끝까지 책임진다! SD에듀!

QR코드를 통해 도서 출간 이후 발견된 오류나 개정법령, 변경된 시험 정보, 최신기출문제, 도서 업데이트 자료 등이 있는지 확인해 보세요! **시대에듀 합격 스마트 앱**을 통해서도 알려 드리고 있으니 구글 플레이나 앱 스토어에서 다운받아 사용하세요. 또한, 파본 도서인 경우에는 구입하신 곳에서 교환해 드립니다.

01	02	03	04	05	06	07	08	09	10	11	12	13	14	15	16	17	18	19	20
⑤	⑤	④	④	②	⑤	④	①	②	④	④	①	④	③	③	③	②	②	①	④
21	22	23	24	25	26	27	28	29	30	31	32	33	34	35	36	37	38	39	40
①	③	②	③	④	①	④	⑤	②	④	④	①	⑤	④	②	④	⑤	③	①	③
41	42	43	44	45	46	47	48	49	50										
③	③	②	③	②	④	②	⑤	④	④										

01

정답 ⑤

제시문의 세 번째 문단에 따르면 스마트 글라스 내부 센서를 통해 충격과 기울기를 감지할 수 있어, 작업자에게 위험한 상황이 발생할 경우 통보 시스템을 통해 바로 파악할 수 있게 되었음을 알 수 있다.

오답분석

① 첫 번째 문단에 따르면 스마트 글라스를 통한 작업자의 음성인식만으로 철도시설물 점검이 가능해졌음을 알 수 있지만, 다섯 번째 문단에 따르면 아직 유지보수 작업은 가능하지 않음을 알 수 있다.
② 첫 번째 문단에 따르면 스마트 글라스의 도입 이후에도 사람의 작업이 필요함을 알 수 있다.
③ 세 번째 문단에 따르면 스마트 글라스의 도입으로 추락 사고나 그 밖의 위험한 상황을 미리 예측할 수 있어 이를 방지할 수 있게 되었음을 알 수 있지만, 실제로 안전사고 발생 횟수가 감소하였는지는 알 수 없다.
④ 두 번째 문단에 따르면 여러 단계를 거치던 기존 작업 방식에서 스마트 글라스의 도입으로 작업을 한 번에 처리할 수 있게 된 것을 통해 작업 시간이 단축되었음을 알 수 있지만, 필요한 작업 인력의 감소 여부는 알 수 없다.

02

정답 ⑤

제시문의 네 번째 문단에 따르면 인공지능 등의 스마트 기술 도입으로 까치집 검출 정확도는 95%까지 상승하였으므로 까치집 제거율 또한 상승할 것임을 예측할 수 있으나, 근본적인 문제인 까치집 생성의 감소를 기대할 수는 없다.

오답분석

① 세 번째 문단과 네 번째 문단에 따르면 정확도가 65%에 불과했던 인공지능의 까치집 식별 능력이 딥러닝 방식의 도입으로 95%까지 상승했음을 알 수 있다.
② 세 번째 문단에서 시속 150km로 빠르게 달리는 열차에서의 까치집 식별 정확도는 65%에 불과하다는 내용으로 보아, 빠른 속도에서는 인공지능의 사물 식별 정확도가 낮음을 알 수 있다.
③ 네 번째 문단에 따르면 작업자의 접근이 어려운 곳에는 드론을 띄워 까치집을 발견 및 제거하는 기술도 시범 운영하고 있다고 하였다.
④ 세 번째 문단에 따르면 실시간 까치집 자동 검출 시스템 개발로 실시간으로 위험 요인의 위치와 이미지를 작업자에게 전달할 수 있게 되었다.

03

정답 ④

제시문의 두 번째 문단에 따르면 CCTV는 열차 종류에 따라 운전실에서 실시간으로 상황을 파악할 수 있는 네트워크 방식과 각 객실에서의 영상을 저장하는 개별 독립 방식으로 설치된다고 하였다. 따라서 개별 독립 방식으로 설치된 일부 열차에서는 각 객실의 상황을 실시간으로 파악하지 못할 수 있다.

오답분석

① 첫 번째 문단에 따르면 2023년까지 현재 운행하고 있는 열차의 모든 객실에 CCTV를 설치하겠다는 내용으로 보아, 현재 모든 열차의 모든 객실에 CCTV가 설치되지 않았음을 유추할 수 있다.

② 첫 번째 문단에 따르면 2023년까지 모든 열차 승무원에게 바디캠을 지급하겠다고 하였다. 이에 따라 승객이 승무원을 폭행하는 등의 범죄 발생 시 해당 상황을 녹화한 바디캠 영상이 있어 수사의 증거자료로 사용할 수 있게 되었다.

③ 두 번째 문단에 따르면 CCTV는 사각지대 없이 설치되며 일부는 휴대 물품 보관대 주변에도 설치된다고 하였다. 따라서 인적 피해와 물적 피해 모두 예방할 수 있게 되었다.

⑤ 세 번째 문단에 따르면 CCTV 제품 품평회와 시험을 통해 제품의 형태와 색상, 재질, 진동과 충격 등에 대한 적합성을 고려한다고 하였다.

04

정답 ④

작년 K대학교의 재학생 수는 6,800명이고 남학생 수와 여학생 수의 비가 8 : 9이므로, 남학생 수는 $6,800 \times \dfrac{8}{8+9} = 3,200$명이고,

여학생 수는 $6,800 \times \dfrac{9}{8+9} = 3,600$명이다. 올해 줄어든 남학생 수와 여학생 수의 비가 12 : 13이므로 올해 K대학교에 재학 중인 남학생 수와 여학생 수의 비는 $(3,200-12k) : (3,600-13k) = 7 : 8$이다.

$7 \times (3,600-13k) = 8 \times (3,200-12k)$

$\rightarrow 25,200-91k = 25,600-96k$

$\rightarrow 5k = 400$

$\therefore k = 80$

따라서 올해 K대학교에 재학 중인 남학생 수는 $3,200-12 \times 80 = 2,240$명이고, 여학생 수는 $3,600-13 \times 80 = 2,560$명이므로 올해 K대학교의 전체 재학생 수는 $2,240+2,560 = 4,800$명이다.

05

정답 ②

마일리지 적립 규정에 회원 등급과 관련된 내용은 없으며, 마일리지 적립은 지불한 운임의 액수, 더블적립 열차 탑승 여부, 선불형 교통카드 Rail+ 사용 여부에 따라서만 결정된다.

오답분석

① KTX 마일리지는 KTX 열차 이용 시에만 적립된다.

③ 비즈니스 등급은 기업회원 여부와 관계없이 최근 1년간의 활동내역을 기준으로 부여된다.

④ 반기 동안 추석 및 설 명절 특별수송기간 탑승 건을 제외하고 4만 점을 적립하면 VIP 등급을 부여받는다.

⑤ VVIP 등급과 VIP 등급 고객은 한정된 횟수 내에서 무료 업그레이드 쿠폰으로 KTX 특실을 KTX 일반실 가격에 구매할 수 있다.

06

정답 ⑤

K공사를 통한 예약 접수는 온라인 쇼핑몰 홈페이지를 통해서만 가능하며, 오프라인(방문) 접수는 우리·농협은행의 창구를 통해서만 이루어진다.

오답분석

① 구매자를 대한민국 국적자로 제한한다는 내용은 없다.

② 단품으로 구매 시 1인당 화종별 최대 3장으로 총 9장, 세트로 구매할 때도 1인당 최대 3세트로 총 9장까지 신청이 가능하며, 세트와 단품은 중복신청이 가능하므로 1인당 구매 가능한 최대 개수는 18장이다.

③ 우리·농협은행의 계좌가 없다면, K공사 온라인 쇼핑몰을 이용하거나 우리·농협은행에 직접 방문하여 구입할 수 있다.

④ 총발행량은 예약 주문 이전부터 화종별 10,000장으로 미리 정해져 있다.

07

우리·농협은행 계좌 미보유자인 외국인 A씨가 예약 신청을 할 수 있는 방법은 두 가지이다. 하나는 신분증인 외국인등록증을 지참하고 우리·농협은행의 지점을 방문하여 신청하는 것이고, 다른 하나는 K공사 온라인 쇼핑몰에서 가상계좌 방식으로 신청하는 것이다.

오답분석
① A씨는 외국인이므로 창구 접수 시 지참해야 하는 신분증은 외국인등록증이다.
② K공사 온라인 쇼핑몰에서는 가상계좌 방식을 통해서만 예약 신청이 가능하다.
③ 홈페이지를 통한 신청이 가능한 은행은 우리은행과 농협은행뿐이다.
⑤ 우리·농협은행의 홈페이지를 통해 예약 접수를 하려면 해당 은행에 미리 계좌가 개설되어 있어야 한다.

08

3종 세트는 186,000원, 단품은 각각 63,000원이므로 5명의 구매 금액을 계산하면 다음과 같다.
• A : (186,000×2)+63,000=435,000원
• B : 63,000×8=504,000원
• C : (186,000×2)+(63,000×2)=498,000원
• D : 186,000×3=558,000원
• E : 186,000+(63,000×4)=438,000원
따라서 가장 많은 금액을 지불한 사람은 D이며, 구매 금액은 558,000원이다.

09

허리디스크는 디스크의 수핵이 탈출하여 생긴 질환이므로 허리를 굽히거나 앉아 있을 때 디스크에 가해지는 압력이 높아져 통증이 더 심해진다. 반면 척추관협착증의 경우 서 있을 때 척추관이 더욱 좁아지게 되어 통증이 더욱 심해진다.

오답분석
① 허리디스크는 디스크의 탄력 손실이나 갑작스런 충격으로 인해 균열이 생겨 발생하고, 척추관협착증은 오랜 기간 동안 황색 인대가 두꺼워져 척추관에 변형이 일어나 발생하므로 허리디스크가 더 급작스럽게 증상이 나타난다.
③ 허리디스크는 자연치유가 가능하지만, 척추관협착증은 불가능하다. 따라서 허리디스크는 주로 통증을 줄이고 안정을 취하는 보존치료를 하지만, 척추관협착증은 변형된 부분을 제거하는 외과적 수술을 한다.
④ 허리디스크와 척추관협착증 모두 척추 중앙의 신경 다발(척수)이 압박받을 수 있으며, 심할 경우 하반신 마비 증세를 보일 수 있으므로 빠른 치료를 받는 것이 중요하다.

10

고령인 사람이 서 있을 때 통증이 나타난다면 퇴행성 척추질환인 척추관협착증(요추관협착증)일 가능성이 높다. 반면 허리디스크(추간판탈출증)는 젊은 나이에도 디스크에 급격한 충격이 가해지면 발생할 수 있고, 앉아 있을 때 통증이 심해진다. 따라서 ㉠에는 척추관협착증, ㉡에는 허리디스크가 들어가야 한다.

11

제시문은 장애인 건강주치의 시범사업을 소개하며 3단계 시범사업에서 기존과 달라지는 내용을 위주로 설명하고 있다. 따라서 가장 처음에 와야 할 문단은 3단계 장애인 건강주치의 시범사업을 소개하는 (마) 문단이다. 이어서 장애인 건강주치의 시범사업 세부 서비스를 소개하는 문단이 와야 하는데, 서비스 종류를 소개하는 문장이 있는 (다) 문단이 이어지는 것이 가장 적절하다. 그리고 2번째 서비스인 주장애관리를 소개하는 (가) 문단이 와야 하며, 그 다음으로 3번째 서비스인 통합관리 서비스와 추가적으로 방문 서비스를 소개하는 (라) 문단이 오는 것이 적절하다. 마지막으로 장애인 건강주치의 시범사업에 신청하는 방법을 소개하며 글을 끝내는 것이 적절하므로 (나) 문단이 이어져야 한다. 따라서 글의 순서를 바르게 나열하면 (마) – (다) – (가) – (라) – (나)이다.

12

- 2019년 직장가입자 및 지역가입자 건강보험금 징수율
  - 직장가입자 : $\frac{6,698,187}{6,706,712} \times 100 ≒ 99.87\%$
  - 지역가입자 : $\frac{886,396}{923,663} \times 100 ≒ 95.97\%$
- 2020년 직장가입자 및 지역가입자 건강보험금 징수율
  - 직장가입자 : $\frac{4,898,775}{5,087,163} \times 100 ≒ 96.3\%$
  - 지역가입자 : $\frac{973,681}{1,003,637} \times 100 ≒ 97.02\%$
- 2021년 직장가입자 및 지역가입자 건강보험금 징수율
  - 직장가입자 : $\frac{7,536,187}{7,763,135} \times 100 ≒ 97.08\%$
  - 지역가입자 : $\frac{1,138,763}{1,256,137} \times 100 ≒ 90.66\%$
- 2022년 직장가입자 및 지역가입자 건강보험금 징수율
  - 직장가입자 : $\frac{8,368,972}{8,376,138} \times 100 ≒ 99.91\%$
  - 지역가입자 : $\frac{1,058,943}{1,178,572} \times 100 ≒ 89.85\%$

따라서 직장가입자 건강보험금 징수율이 가장 높은 해는 2022년이고, 지역가입자 건강보험금 징수율이 가장 높은 해는 2020년이다.

13

이뇨제의 1인 투여량은 60mL/일이고 진통제의 1인 투여량은 60mg/일이므로 이뇨제를 투여한 환자 수와 진통제를 투여한 환자 수의 비는 이뇨제 사용량과 진통제 사용량의 비와 같다.
- 2018년 : $3,000 \times 2 < 6,720$
- 2019년 : $3,480 \times 2 = 6,960$
- 2020년 : $3,360 \times 2 < 6,840$
- 2021년 : $4,200 \times 2 > 7,200$
- 2022년 : $3,720 \times 2 > 7,080$

따라서 2018년과 2020년에 진통제를 투여한 환자 수는 이뇨제를 투여한 환자 수의 2배보다 많다.

오답분석

① 2022년에 전년 대비 사용량이 감소한 의약품은 이뇨제와 진통제로, 이뇨제의 사용량 감소율은 $\frac{3,720-4,200}{4,200} \times 100 ≒ -11.43\%$이고, 진통제의 사용량 감소율은 $\frac{7,080-7,200}{7,200} \times 100 ≒ -1.67\%$이다. 따라서 전년 대비 2022년 사용량 감소율이 가장 큰 의약품은 이뇨제이다.

② 5년 동안 지사제 사용량의 평균은 $\frac{30+42+48+40+44}{5}=40.8$정이고, 지사제의 1인 1일 투여량은 2정이다. 따라서 지사제를 투여한 환자 수의 평균은 $\frac{40.8}{2}=20.4$이므로 18명 이상이다.

③ 이뇨제 사용량은 매년 '증가 – 감소 – 증가 – 감소' 추세이다.

14

분기별 사회복지사 인력의 합은 다음과 같다.
- 2022년 3분기 : 391+670+1,887=2,948명
- 2022년 4분기 : 385+695+1,902=2,982명
- 2023년 1분기 : 370+700+1,864=2,934명
- 2023년 2분기 : 375+720+1,862=2,957명

분기별 전체 보건인력 중 사회복지사 인력의 비율은 다음과 같다.

- 2022년 3분기 : $\frac{2,948}{80,828} \times 100 ≒ 3.65\%$

- 2022년 4분기 : $\frac{2,982}{82,582} \times 100 ≒ 3.61\%$

- 2023년 1분기 : $\frac{2,934}{86,236} \times 100 ≒ 3.40\%$

- 2023년 2분기 : $\frac{2,957}{86,707} \times 100 ≒ 3.41\%$

따라서 옳지 않은 것은 ③이다.

15

정답 ③

건강생활실천지원금제 신청자 목록에 따라 신청자별로 확인하면 다음과 같다.
- A : 주민등록상 주소지가 시범지역에 속하지 않는다.
- B : 주민등록상 주소지는 관리형에 속하지만, 고혈압 또는 당뇨병 진단을 받지 않았다.
- C : 주민등록상 주소지는 예방형에 속하고, 체질량지수와 혈압이 건강관리가 필요한 사람이므로 예방형이다.
- D : 주민등록상 주소지는 관리형에 속하고, 고혈압 진단을 받았으므로 관리형이다.
- E : 주민등록상 주소지는 예방형에 속하고, 체질량지수와 공복혈당 건강관리가 필요한 사람이므로 예방형이다.
- F : 주민등록상 주소지가 시범지역에 속하지 않는다.
- G : 주민등록상 주소지는 관리형에 속하고, 당뇨병 진단을 받았으므로 관리형이다.
- H : 주민등록상 주소지가 시범지역에 속하지 않는다.
- I : 주민등록상 주소지는 예방형에 속하지만, 필수조건인 체질량지수가 정상이므로 건강관리가 필요한 사람에 해당하지 않는다.

따라서 예방형 신청이 가능한 사람은 C, E이고, 관리형 신청이 가능한 사람은 D, G이다.

16

정답 ③

출산장려금 지급 시기의 가장 우선순위인 임신일이 가장 긴 임산부는 B, D, E임산부이다. 이 중에서 만 19세 미만인 자녀 수가 많은 임산부는 D, E임산부이고, 소득 수준이 더 낮은 임산부는 D임산부이다. 따라서 D임산부가 가장 먼저 출산장려금을 받을 수 있다.

17

정답 ②

제시문은 행위별수가제에 대한 것으로 환자, 의사, 건강보험 재정 등 많은 곳에서 한계점이 있다고 설명하면서 건강보험 고갈을 막기 위해 다양한 지불방식을 도입하는 등 구조적인 개편이 필요함을 설명하고 있다. 따라서 글의 주제로 '행위별수가제의 한계점'이 가장 적절하다.

18

정답 ②

- 구상(求償) : 무역 거래에서 수량·품질·포장 따위에 계약 위반 사항이 있는 경우, 매주(賣主)에게 손해 배상을 청구하거나 이의를 제기하는 일
- 구제(救濟) : 자연적인 재해나 사회적인 피해를 당하여 어려운 처지에 있는 사람을 도와줌

19

정답 ①

- (운동에너지)$=\dfrac{1}{2}\times$(질량)$\times$(속력)$^2=\dfrac{1}{2}\times2\times4^2=16\text{J}$
- (위치에너지)$=$(질량)$\times$(중력가속도)$\times$(높이)$=2\times10\times0.5=10\text{J}$
- (역학적 에너지)$=$(운동에너지)$+$(위치에너지)$=16+10=26\text{J}$

공의 역학적 에너지는 26J이고, 튀어 오를 때 가장 높은 지점에서 운동에너지가 0이므로 역학적 에너지는 위치에너지와 같다. 따라서 공이 튀어 오를 때 가장 높은 지점에서의 위치에너지는 26J이다.

20

정답 ④

출장지까지 거리는 $200\times1.5=300\text{km}$이므로 시속 60km의 속력으로 달릴 때 걸리는 시간은 5시간이고, 약속시간보다 1시간 늦게 도착하므로 약속시간은 4시간 남았다. 300km를 시속 60km의 속력으로 달리다 도중에 시속 90km의 속력으로 달릴 때 약속시간보다 30분 일찍 도착했으므로, 이때 걸린 시간은 $4-\dfrac{1}{2}=\dfrac{7}{2}$시간이다.

시속 90km의 속력으로 달린 거리를 $x\,\text{km}$라 하면

$\dfrac{300-x}{60}+\dfrac{x}{90}=\dfrac{7}{2}$

$\rightarrow 900-3x+2x=630$

$\therefore x=270$

따라서 A부장이 시속 90km의 속력으로 달린 거리는 270km이다.

21

정답 ①

상품의 원가를 x원이라 하면 처음 판매가격은 $1.23x$원이다.

여기서 1,300원을 할인하여 판매했을 때 얻은 이익은 원가의 10%이므로

$(1.23x-1,300)-x=0.1x$

$\rightarrow 0.13x=1,300$

$\therefore x=10,000$

따라서 상품의 원가는 10,000원이다.

22

정답 ③

G와 B의 자리를 먼저 고정하고, 양 끝에 앉을 수 없는 A의 위치를 토대로 경우의 수를 계산하면 다음과 같다.

- G가 가운데에 앉고, B가 G의 바로 왼쪽에 앉는 경우의 수

		A	B	G		
			B	G	A	
			B	G		A

$3\times4!=72$가지

- G가 가운데에 앉고, B가 G의 바로 오른쪽에 앉는 경우의 수

		A		G	B	
			A	G	B	
				G	B	A

$3\times4!=72$가지

따라서 조건과 같이 앉을 때 가능한 경우의 수는 $72+72=144$가지이다.

23

정답 ②

유치원생이 11명일 때 평균 키는 113cm이므로 유치원생 11명의 키의 합은 113×11=1,243cm이다. 키가 107cm인 유치원생이 나갔으므로 남은 유치원생 10명의 키의 합은 1,243-107=1,136cm이다. 따라서 남은 유치원생 10명의 평균 키는 $\frac{1,136}{10}$= 113.6cm이다.

24

정답 ③

'우회수송'은 사고 등의 이유로 직통이 아닌 다른 경로로 우회하여 수송한다는 뜻이기 때문에 '우측 선로로 변경'은 순화로 적절하지 않다.

오답분석

① '열차시격'에서 '시격'이란 '사이에 뜬 시간'이라는 뜻의 한자어로, 열차와 열차 사이의 간격, 즉 '배차간격'으로 순화할 수 있다.
② '전차선'이란 선로를 의미하고, '단전'은 전기의 공급이 중단됨을 말한다. 따라서 바르게 순화되었다.
④ '핸드레일(Handrail)'은 난간을 뜻하는 영어 단어로, 우리말로는 '안전손잡이'로 순화할 수 있다.
⑤ '키스 앤 라이드(Kiss and Ride)'는 헤어질 때 키스를 하는 영미권 문화에서 비롯된 용어로, '환승정차구역'을 지칭한다.

25

정답 ④

세 번째 문단을 통해 정부가 철도 중심 교통체계 구축을 위해 노력하고 있음을 알 수는 있으나, 구체적으로 시행된 조치는 언급되지 않았다.

오답분석

① 첫 번째 문단을 통해 전 세계적으로 탄소중립이 주목받자 이에 대한 방안으로 등장한 것이 철도 수송임을 알 수 있다.
② 첫 번째 문단과 두 번째 문단을 통해 철도 수송의 확대가 온실가스 배출량의 획기적인 감축을 가져올 것임을 알 수 있다.
③ 네 번째 문단을 통해 '중앙선 안동 ~ 영천 간 궤도' 설계 시 탄소 감축 방안으로 저탄소 자재인 유리섬유 보강근이 철근 대신 사용되었음을 알 수 있다.
⑤ 네 번째 문단을 통해 S철도공단은 철도 중심 교통체계 구축을 위해 건설 단계에서부터 친환경·저탄소 자재를 적용하였고, 탄소 감축을 위해 2025년부터는 모든 철도건물을 일정한 등급 이상으로 설계하기로 결정하였음을 알 수 있다.

26

정답 ①

제시문을 살펴보면 먼저 첫 번째 문단에서는 이산화탄소로 메탄올을 만드는 곳이 있다며 관심을 유도하고, 두 번째 문단에서 메탄올을 어떻게 만들고 어디에서 사용하는지 구체적으로 설명함으로써 탄소 재활용의 긍정적인 측면을 부각하고 있다. 하지만 세 번째 문단에서는 앞선 내용과 달리 이렇게 만들어진 메탄올의 부정적인 측면을 설명하고, 네 번째 문단에서는 이와 같은 이유로 탄소 재활용에 대한 결론이 나지 않았다며 글이 마무리되고 있다. 따라서 글의 주제로 적절한 것은 탄소 재활용의 이면을 모두 포함하는 내용인 ①이다.

오답분석

② 두 번째 문단에 한정된 내용이므로 제시문 전체를 다루는 주제로 보기에는 적절하지 않다.
③ 지열발전소의 부산물을 통해 메탄올이 만들어진 것은 맞지만, 새롭게 탄생된 연료로 보기는 어려우며, 글의 전체를 다루는 주제로 보기에도 적절하지 않다.
④·⑤ 제시문의 첫 번째 문단과 두 번째 문단에서는 버려진 이산화탄소 및 부산물의 재활용을 통해 '메탄올'을 제조함으로써 미래 원료를 해결할 수 있을 것처럼 보이지만, 이어지는 세 번째 문단과 네 번째 문단에서는 이렇게 만들어진 '메탄올'이 과연 미래 원료로 적합한지 의문점이 제시되고 있다. 따라서 글의 주제로 보기에는 적절하지 않다.

27

정답 ④

A ~ C철도사의 차량 1량당 연간 승차인원 수는 다음과 같다.

- 2020년
  - A철도사 : $\dfrac{775,386}{2,751} \fallingdotseq 281.86$천 명/년/1량
  - B철도사 : $\dfrac{26,350}{103} \fallingdotseq 255.83$천 명/년/1량
  - C철도사 : $\dfrac{35,650}{185} \fallingdotseq 192.7$천 명/년/1량
- 2021년
  - A철도사 : $\dfrac{768,776}{2,731} \fallingdotseq 281.5$천 명/년/1량
  - B철도사 : $\dfrac{24,746}{111} \fallingdotseq 222.94$천 명/년/1량
  - C철도사 : $\dfrac{33,130}{185} \fallingdotseq 179.08$천 명/년/1량
- 2022년
  - A철도사 : $\dfrac{755,376}{2,710} \fallingdotseq 278.74$천 명/년/1량
  - B철도사 : $\dfrac{23,686}{113} \fallingdotseq 209.61$천 명/녀/1량
  - C철도사 : $\dfrac{34,179}{185} \fallingdotseq 184.75$천 명/년/1량

따라서 3년간 차량 1량당 연간 평균 승차인원 수는 C철도사가 가장 적다.

[오답분석]

① 2020 ~ 2022년의 C철도사 차량 수는 185량으로 변동이 없다.
② 2020 ~ 2022년의 연간 승차인원 비율은 모두 A철도사가 가장 높다.
③ A ~ C철도사의 2020년의 전체 연간 승차인원 수는 775,386+26,350+35,650=837,386천 명, 2021년의 전체 연간 승차 인원 수는 768,776+24,746+33,130=826,652천 명, 2022년의 전체 연간 승차인원 수는 755,376+23,686+34,179= 813,241천 명으로 매년 감소하였다.
⑤ 2020 ~ 2022년의 C철도사 차량 1량당 연간 승차인원 수는 각각 192.7천 명, 179.08천 명, 184.75천 명이므로 모두 200천 명 미만이다.

28

정답 ⑤

2018년 대비 2022년에 석유 생산량이 감소한 국가는 C, F이며, 석유 생산량 감소율은 다음과 같다.

- C : $\dfrac{4,025,936-4,102,396}{4,102,396} \times 100 \fallingdotseq -1.9\%$
- F : $\dfrac{2,480,221-2,874,632}{2,874,632} \times 100 \fallingdotseq -13.7\%$

따라서 석유 생산량 감소율이 가장 큰 국가는 F이다.

[오답분석]

① 석유 생산량이 매년 증가한 국가는 A, B, E, H로 총 4곳이다.
② 2018년 대비 2022년에 석유 생산량이 증가한 국가의 석유 생산량 증가량은 다음과 같다.
  - A : 10,556,259−10,356,185=200,074bbl/day
  - B : 8,567,173−8,251,052=316,121bbl/day
  - D : 5,422,103−5,321,753=100,350bbl/day

- E : $335,371-258,963=76,408$bbl/day
- G : $1,336,597-1,312,561=24,036$bbl/day
- H : $104,902-100,731=4,171$bbl/day

따라서 석유 생산량 증가량이 가장 많은 국가는 B이다.

③ E국가의 연도별 석유 생산량을 H국가의 연도별 석유 생산량과 비교하면 다음과 같다.
- 2018년 : $\dfrac{258,963}{100,731}≒2.6$
- 2019년 : $\dfrac{273,819}{101,586}≒2.7$
- 2020년 : $\dfrac{298,351}{102,856}≒2.9$
- 2021년 : $\dfrac{303,875}{103,756}≒2.9$
- 2022년 : $\dfrac{335,371}{104,902}≒3.2$

따라서 2022년 E국가의 석유 생산량은 H국가의 석유 생산량의 약 3.2배이므로 옳지 않다.

④ 석유 생산량 상위 2개국은 매년 A, B이며, 매년 석유 생산량의 차이는 다음과 같다.
- 2018년 : $10,356,185-8,251,052=2,105,133$bbl/day
- 2019년 : $10,387,665-8,297,702=2,089,963$bbl/day
- 2020년 : $10,430,233-8,310,050=2,110,070$bbl/day
- 2021년 : $10,487,336-8,356,337=2,130,999$bbl/day
- 2022년 : $10,556,259-8,567,173=1,989,086$bbl/day

따라서 A와 B국가의 석유 생산량의 차이는 '감소 – 증가 – 증가 – 감소' 추세를 보이므로 옳지 않다.

29 정답 ②

제시된 법률에 따라 공무원인 친구가 받을 수 있는 선물의 최대 금액은 1회에 100만 원이다.

$12x<100 \to x<\dfrac{100}{12}=\dfrac{25}{3}≒8.33$

따라서 A씨는 수석을 최대 8개 보낼 수 있다.

30 정답 ④

거래처로 가기 위해 C와 G를 거쳐야 하므로, C를 먼저 거치는 최소 이동거리와 G를 먼저 거치는 최소 이동거리를 비교해 본다.
- 본사 – C – D – G – 거래처
  $6+3+3+4=16$km
- 본사 – E – G – D – C – F – 거래처
  $4+1+3+3+3+4=18$km

따라서 최소 이동거리는 16km이다.

31 정답 ④

- 볼펜을 30자루 구매하면 개당 200원씩 할인되므로 $800×30=24,000$원이다.
- 수정테이프를 8개 구매하면 $2,500×8=20,000$원이지만, 10개를 구매하면 개당 1,000원이 할인되어 $1,500×10=15,000$원이므로 10개를 구매하는 것이 더 저렴하다.
- 연필을 20자루 구매하면 연필 가격의 25%가 할인되므로 $400×20×0.75=6,000$원이다.
- 지우개를 5개 구매하면 $300×5=1,500$원이며 지우개에 대한 할인은 적용되지 않는다.

따라서 총금액은 $24,000+15,000+6,000+1,500=46,500$원이고 3만 원을 초과했으므로 10% 할인이 적용되어 $46,500×0.9=41,850$원이다. 또한 할인 적용 전 금액이 5만 원 이하이므로 배송료 5,000원이 추가로 부과되어 $41,850+5,000=46,850$원이 된다. 그런데 만약 비품을 3,600원어치 추가로 주문하면 $46,500+3,600=50,100$원이므로 할인 적용 전 금액이 5만 원을 초과하여 배송료가 무료가 되고, 총금액이 3만 원을 초과했으므로 지불할 금액은 10% 할인이 적용된 $50,100×0.9=45,090$원이 된다. 따라서 지불 가능한 가장 저렴한 금액은 45,090원이다.

32

정답 ①

A ~ E가 받는 성과급을 구하면 다음과 같다.

직원	직책	매출 순이익	기여도	성과급 비율	성과급
A	팀장	4,000만 원	25%	매출 순이익의 5%	$1.2 \times 4,000 \times 0.05 = 240$만 원
B	팀장	2,500만 원	12%	매출 순이익의 2%	$1.2 \times 2,500 \times 0.02 = 60$만 원
C	팀원	1억 2,500만 원	3%	매출 순이익의 1%	$12,500 \times 0.01 = 125$만 원
D	팀원	7,500만 원	7%	매출 순이익의 3%	$7,500 \times 0.03 = 225$만 원
E	팀원	800만 원	6%	–	0원

따라서 가장 많은 성과급을 받는 사람은 A이다.

33

정답 ⑤

2023년 6월의 학교폭력 신고 누계 건수는 $7,530+1,183+557+601=9,871$건으로, 10,000건 미만이다.

오답분석

① • 2023년 1월의 학교폭력 상담 건수 : $9,652-9,195=457$건
   • 2023년 2월의 학교폭력 상담 건수 : $10,109-9,652=457$건
   따라서 2023년 1월과 2023년 2월의 학교폭력 상담 건수는 같다.
② 학교폭력 상담 건수와 신고 건수 모두 2023년 3월에 가장 낮다.
③ 전월 대비 학교폭력 상담 건수가 가장 크게 감소한 때는 2023년 5월이지만, 학교폭력 신고 건수가 가장 크게 감소한 때는 2023년 4월이다.
④ 전월 대비 학교폭력 상담 건수가 증가한 월은 2022년 9월과 2023년 3월이고, 이때 학교폭력 신고 건수 또한 전월 대비 증가하였다.

34

정답 ④

연도별 전체 발전량 대비 유류·양수 자원 발전량은 다음과 같다.

• 2018년 : $\dfrac{6,605}{553,256} \times 100 ≒ 1.2\%$

• 2019년 : $\dfrac{6,371}{537,300} \times 100 ≒ 1.2\%$

• 2020년 : $\dfrac{5,872}{550,826} \times 100 ≒ 1.1\%$

• 2021년 : $\dfrac{5,568}{553,900} \times 100 ≒ 1\%$

• 2022년 : $\dfrac{5,232}{593,958} \times 100 ≒ 0.9\%$

따라서 2022년의 유류·양수 자원 발전량은 전체 발전량의 1% 미만이다.

오답분석

① 원자력 자원 발전량과 신재생 자원 발전량은 매년 증가하였다.
② 연도별 석탄 자원 발전량의 전년 대비 감소폭은 다음과 같다.
   • 2019년 : $226,571-247,670=-21,099$GWh
   • 2020년 : $221,730-226,571=-4,841$GWh
   • 2021년 : $200,165-221,730=-21,565$GWh
   • 2022년 : $198,367-200,165=-1,798$GWh
   따라서 석탄 자원 발전량의 전년 대비 감소폭이 가장 큰 해는 2021년이다.

③ 연도별 신재생 자원 발전량 대비 가스 자원 발전량은 다음과 같다.

- 2018년 : $\frac{135,072}{36,905} \times 100 \fallingdotseq 366\%$

- 2019년 : $\frac{126,789}{38,774} \times 100 \fallingdotseq 327\%$

- 2020년 : $\frac{138,387}{44,031} \times 100 \fallingdotseq 314\%$

- 2021년 : $\frac{144,976}{47,831} \times 100 \fallingdotseq 303\%$

- 2022년 : $\frac{160,787}{50,356} \times 100 \fallingdotseq 319\%$

따라서 연도별 신재생 자원 발전량 대비 가스 자원 발전량이 가장 큰 해는 2018년이다.

⑤ 전체 발전량이 증가한 해는 2020 ~ 2022년이며, 그 증가폭은 다음과 같다.
- 2020년 : $550,826 - 537,300 = 13,526$GWh
- 2021년 : $553,900 - 550,826 = 3,074$GWh
- 2022년 : $599,958 - 553,900 = 40,058$GWh

따라서 전체 발전량의 전년 대비 증가폭이 가장 큰 해는 2022년이다.

35

㉠ 퍼실리테이션(Facilitation)이란 '촉진'을 의미하며, 어떤 그룹이나 집단이 의사결정을 잘하도록 도와주는 일을 가리킨다. 최근 많은 조직에서는 보다 생산적인 결과를 가져올 수 있도록 그룹이 나아갈 방향을 알려 주고, 주제에 대한 공감을 이룰 수 있도록 능숙하게 도와주는 퍼실리테이터를 활용하고 있다. 퍼실리테이션에 의한 문제해결 방법은 깊이 있는 커뮤니케이션을 통해 서로의 문제점을 이해하고 공감함으로써 창조적인 문제해결을 도모한다. 소프트 어프로치나 하드 어프로치 방법은 타협점의 단순 조정에 그치지만, 퍼실리테이션에 의한 방법은 초기에 생각하지 못했던 창조적인 해결 방법을 도출한다. 동시에 구성원의 동기가 강화되고 팀워크도 한층 강화된다는 특징을 보인다. 이 방법을 이용한 문제해결은 구성원이 자율적으로 실행하는 것이며, 제3자가 합의점이나 줄거리를 준비해 놓고 예정대로 결론이 도출되어 가도록 해서는 안 된다.

㉡ 하드 어프로치에 의한 문제해결방법은 상이한 문화적 토양을 가지고 있는 구성원을 가정하여 서로의 생각을 직설적으로 주장하고 논쟁이나 협상을 통해 의견을 조정해 가는 방법이다. 이때 중심적 역할을 하는 것이 논리, 즉 사실과 원칙에 근거한 토론이다. 제3자는 이것을 기반으로 구성원에게 지도와 설득을 하고 전원이 합의하는 일치점을 찾아내려고 한다. 이러한 방법은 합리적이긴 하지만 잘못하면 단순한 이해관계의 조정에 그치고 말아서 그것만으로는 창조적인 아이디어나 높은 만족감을 이끌어내기 어렵다.

㉢ 소프트 어프로치에 의한 문제해결방법은 대부분의 기업에서 볼 수 있는 전형적인 스타일로 조직구성원들은 같은 문화적 토양을 가지고 이심전심으로 서로를 이해하는 상황을 가정한다. 코디네이터 역할을 하는 제3자는 결론으로 끌고 갈 지점을 미리 머릿속에 그려가면서 권위나 공감에 의지하여 의견을 중재하고, 타협과 조정을 통하여 해결을 도모한다. 결론이 애매하게 끝나는 경우가 적지 않으나, 그것은 그것대로 이심전심을 유도하여 파악하면 된다. 소프트 어프로치에서는 문제해결을 위해서 직접 표현하는 것이 바람직하지 않다고 여기며, 무언가를 시사하거나 암시를 통하여 의사를 전달하고 기분을 서로 통하게 함으로써 문제해결을 도모하려고 한다.

36

네 번째 조건을 제외한 모든 조건과 그 대우를 논리식으로 표현하면 다음과 같다.
- $\sim(D \lor G) \to F$ / $\sim F \to (D \land G)$
- $F \to \sim E$ / $E \to \sim F$
- $\sim(B \lor E) \to \sim A$ / $A \to (B \land E)$

네 번째 조건에 따라 A가 투표를 하였으므로, 세 번째 조건의 대우에 의해 B와 E 모두 투표를 하였다. 또한 E가 투표를 하였으므로, 두 번째 조건의 대우에 따라 F는 투표하지 않았으며, F가 투표하지 않았으므로 첫 번째 조건의 대우에 따라 D와 G는 모두 투표하였다. A, B, D, E, G 5명이 모두 투표하였으므로 네 번째 조건에 따라 C는 투표하지 않았다. 따라서 투표를 하지 않은 사람은 C와 F이다.

37

VLOOKUP 함수는 열의 첫 열에서 수직으로 검색하여 원하는 값을 출력하는 함수이다. 함수의 형식은 「=VLOOKUP(찾을 값, 범위, 열 번호, 찾기 옵션)」이며 이 중 근삿값을 찾기 위해서는 찾기 옵션에 1을 입력해야 하고, 정확히 일치하는 값을 찾기 위해서는 0을 입력해야 한다. 상품코드 S3310897의 값을 일정한 범위에서 찾아야 하는 것이므로 범위는 절대참조로 지정해야 하며, 크기 '중'은 범위 중 3번째 열에 위치하고, 정확히 일치하는 값을 찾아야 하므로 입력해야 하는 함수식은 「=VLOOKUP("S3310897", $B$2:$E$8, 3, 0)」이다.

오답분석

①·② HLOOKUP 함수를 사용하려면 찾고자 하는 값은 '중'이고, [B2:E8] 범위에서 찾고자 하는 행 'S3310897'은 6번째 행이므로 「=HLOOKUP("중", $B$2:$E$8, 6, 0)」를 입력해야 한다.
③·④ '중'은 테이블 범위에서 3번째 열이다.

38

Windows Game Bar로 녹화한 영상의 저장 위치는 파일 탐색기를 사용하여 [내 PC] - [동영상] - [캡처] 폴더를 원하는 위치로 옮겨 변경할 수 있다.

39

RPS 제도 이행을 위해 공급의무자는 일정 비율 이상(의무공급비율)을 신재생에너지로 발전해야 한다. 하지만 의무공급비율은 매년 확대되고 있고, 여기에 맞춰 신재생에너지 발전설비를 계속 추가하는 것은 시간적, 물리적으로 어려우므로 공급의무자는 신재생에너지 공급자로부터 REC를 구매하여 의무공급비율을 달성한다.

오답분석

② 신재생에너지 공급자가 공급의무자에게 REC를 판매하기 위해서는 에너지관리공단 신재생에너지센터, 한국전력거래소 등 공급인증기관으로부터 공급 사실을 증명하는 공급인증서를 신청해 발급받아야 한다.
③ 2021년 8월 이후 에너지관리공단에서 운영하는 REC 거래시장을 통해 일반기업도 REC를 구매하여 온실가스 감축실적으로 인정받을 수 있게 되었다.
④ REC에 명시된 공급량은 발전방식에 따라 가중치를 곱해 표기하므로 실제 공급량과 다를 수 있다.

40

빈칸 ㉠의 앞 문장은 공급의무자가 신재생에너지 발전설비 확대를 통한 RPS 달성에는 한계점이 있음을 설명하고, 뒷 문장은 이에 대한 대안으로서 REC 거래를 설명하고 있다. 따라서 빈칸에 들어갈 접속부사는 '그러므로'가 가장 적절하다.

41

오답분석

① 인증서의 유효기간은 발급일로부터 3년이다. 2020년 10월 6일에 발급받은 REC의 만료일은 2023년 10월 6일이므로 이미 만료되어 거래할 수 없다.
② 천연가스는 화석연료이므로 REC를 발급받을 수 없다.
④ 기업에 판매하는 REC는 에너지관리공단에서 거래시장을 운영한다.

42

정답 ③

수소는 연소 시 탄소를 배출하지 않는 친환경에너지이지만, 수소혼소 발전은 수소와 함께 액화천연가스(LNG)를 혼합하여 발전하므로 기존 LNG 발전에 비해 탄소 배출량은 줄어들지만, 여전히 탄소를 배출한다.

[오답분석]
① 수소혼소 발전은 기존의 LNG 발전설비를 활용할 수 있기 때문에 화석연료 발전에서 친환경에너지 발전으로 전환하는 데 발생하는 사회적·경제적 충격을 완화할 수 있다.
② 높은 온도로 연소되는 수소는 공기 중의 질소와 반응하여 질소산화물(NOx)을 발생시키며, 이는 미세먼지와 함께 대기오염의 주요 원인으로 작용한다.
④ 수소혼소 발전에서 수소를 혼입하는 양이 많아질수록 발전에 사용하는 LNG를 많이 대체하므로 탄소 배출량은 줄어든다.

43

정답 ②

보기에 주어진 문장은 접속부사 '따라서'로 시작하므로 수소가 2050 탄소중립 실현을 위한 최적의 에너지원이 되는 이유 뒤에 와야 한다. 따라서 보기는 수소 에너지의 장점과 이어지는 (나)에 들어가는 것이 가장 적절하다.

44

정답 ③

- 총무팀 : 연필, 지우개, 볼펜, 수정액의 수량이 기준 수량보다 적다.
  - 최소 주문 수량 : 연필 15자루, 지우개 15개, 볼펜 40자루, 수정액 15개
  - 최대 주문 수량 : 연필 60자루, 지우개 90개, 볼펜 120자루, 수정액 60개
- 연구개발팀 : 볼펜, 수정액의 수량이 기준 수량보다 적다.
  - 최소 주문 수량 : 볼펜 10자루, 수정액 10개
  - 최대 주문 수량 : 볼펜 120자루, 수정액 60개
- 마케팅홍보팀 : 지우개, 볼펜, 수정액, 테이프의 수량이 기준 수량보다 적다.
  - 최소 주문 수량 : 지우개 5개, 볼펜 45자루, 수정액 25개, 테이프 10개
  - 최대 주문 수량 : 지우개 90개, 볼펜 120자루, 수정액 60개, 테이프 40개
- 인사팀 : 연필, 테이프의 수량이 기준 수량보다 적다.
  - 최소 주문 수량 : 연필 5자루, 테이프 15개
  - 최대 주문 수량 : 연필 60자루, 테이프 40개

따라서 비품 신청 수량이 바르지 않은 팀은 마케팅홍보팀이다.

45

정답 ②

N사에서 A지점으로 가려면 1호선으로 역 2개를 지난 후 2호선으로 환승하여 역 5개를 더 가야 한다.
따라서 편도로 이동하는 데 걸리는 시간은 $(2 \times 2) + 3 + (2 \times 5) = 17$분이므로 왕복하는 데 걸리는 시간은 $17 \times 2 = 34$분이다.

46

정답 ④

- A지점 : $(900 \times 2) + (950 \times 5) = 6,550$m
- B지점 : $900 \times 8 = 7,200$m
- C지점 : $(900 \times 2) + (1,300 \times 4) = 7,000$m 또는 $(900 \times 5) + 1,000 + 1,300 = 6,800$m
- D지점 : $(900 \times 5) + (1,000 \times 2) = 6,500$m 또는 $(900 \times 2) + (1,300 \times 3) + 1,000 = 6,700$m

따라서 이동거리가 가장 짧은 지점은 D지점이다.

47

 정답 ②

- A지점 : 이동거리는 6,550m이고 기본요금 및 거리비례 추가비용은 2호선 기준이 적용되므로 1,500+100=1,600원이다.
- B지점 : 이동거리는 7,200m이고 기본요금 및 거리비례 추가비용은 1호선 기준이 적용되므로 1,200+50×4=1,400원이다.
- C지점 : 이동거리는 7,000m이고 기본요금 및 거리비례 추가비용은 4호선 기준이 적용되므로 2,000+150=2,150원이다.
  또는 이동거리가 6,800m일 때, 기본요금 및 거리비례 추가비용은 4호선 기준이 적용되므로 2,000+150=2,150원이다.
- D지점 : 이동거리는 6,500m이고 기본요금 및 거리비례 추가비용은 3호선 기준이 적용되므로 1,800+100×3=2,100원이다.
  또는 이동거리가 6,700m일 때, 기본요금 및 거리비례 추가비용은 4호선 기준이 적용되므로 2,000+150=2,150원이다.

따라서 이동하는 데 드는 비용이 가장 적은 지점은 B지점이다.

48

 정답 ⑤

미국 컬럼비아 대학교에서 만들어낸 치즈케이크는 7겹으로, 7가지의 반죽형 식용 카트리지로 만들어졌다. 따라서 페이스트를 층층이 쌓아서 만드는 FDM 방식을 사용하여 제작하였음을 알 수 있다.

[오답분석]
① PBF / SLS 방식 3D 푸드 프린터는 설탕 같은 분말 형태의 재료를 접착제나 레이저로 굳혀 제작하는 것이므로 설탕케이크 장식을 제작하기에 적절한 방식이다.
② 3D 푸드 프린터는 질감을 조정하거나, 맛을 조정하여 음식을 제작할 수 있으므로 식감 등으로 발생하는 편식을 줄일 수 있다.
③ 3D 푸드 프린터는 음식을 제작할 때 개인별로 필요한 영양소를 첨가하는 등 사용자 맞춤 식단을 제공할 수 있다는 장점이 있다.
④ 네 번째 문단에서 현재 3D 푸드 프린터의 한계점을 보면 디자인적·심리적 요소로 인해 3D 푸드 프린터로 제작된 음식에 거부감이 들 수 있다고 하였다.

49

 정답 ④

(라) 문장이 포함된 문단은 3D 푸드 프린터의 장점에 대해 설명하는 문단이며, 특히 대체육 프린팅의 장점에 대해 소개하고 있다. 그러나 (라) 문장은 대체육의 단점에 대해 서술하고 있으므로 네 번째 문단에 추가로 서술하거나 삭제하는 것이 적절하다.

[오답분석]
① (가) 문장은 컬럼비아 대학교에서 3D 푸드 프린터로 만들어 낸 치즈케이크의 특징을 설명하는 문장이므로 적절하다.
② (나) 문장은 현재 주로 사용되는 3D 푸드 프린터의 작동 방식을 설명하는 문장이므로 적절하다.
③ (다) 문장은 3D 푸드 프린터의 장점을 소개하는 세 번째 문단의 중심내용이므로 적절하다.
⑤ (마) 문장은 3D 푸드 프린터의 한계점인 '디자인으로 인한 심리적 거부감'을 서술하고 있으므로 적절하다.

50

 정답 ④

네 번째 문단은 3D 푸드 프린터의 한계 및 개선점을 설명한 문단으로, 3D 푸드 프린터의 장점을 설명한 세 번째 문단과 역접관계에 있다. 따라서 '그러나'가 적절한 접속부사이다.

[오답분석]
① ㉠ 앞에서 서술된 치즈케이크의 특징이 대체육과 같은 다른 관련 산업에서 주목하게 된 이유가 되므로 '그래서'는 적절한 접속부사이다.
② ㉡ 앞의 문장은 3D 푸드 프린터의 장점을 소개하는 세 번째 문단의 중심내용이고 뒤의 문장은 이에 대한 예시를 설명하고 있으므로 '예를 들어'는 적절한 접속부사이다.
③ ㉢의 앞과 뒤는 다른 내용이지만 모두 3D 푸드 프린터의 장점을 나열한 것이므로 '또한'은 적절한 접속부사이다.
⑤ ㉤의 앞과 뒤는 다른 내용이지만 모두 3D 푸드 프린터의 단점을 나열한 것이므로 '게다가'는 적절한 접속부사이다.

01   경영

01	02	03	04	05	06	07	08	09	10	11	12	13	14	15					
⑤	②	①	④	④	①	②	①	③	④	④	③	④	④	②					

01
정답 ⑤

페이욜은 기업활동을 크게 6가지인 기술활동, 영업활동, 재무활동, 회계활동, 관리활동, 보전활동으로 구분하였다.

오답분석

② 차별 성과급제, 기능식 직장제도, 과업관리, 계획부 제도, 작업지도표 제도 등은 테일러의 과학적 관리법을 기본이론으로 한다.

③ 포드의 컨베이어 벨트 시스템은 생산원가를 절감하기 위해 표준 제품을 정하고 대량생산하는 방식을 정립한 것이다.

④ 베버의 관료제 조직은 계층에 의한 관리, 분업화, 문서화, 능력주의, 사람과 직위의 분리, 비개인성의 6가지 특징을 가지며, 이를 통해 조직을 가장 합리적이고 효율적으로 운영할 수 있다고 주장한다.

02
정답 ②

논리적인 자료 제시를 통해 높은 이해도를 이끌어 내는 것은 이성적 소구에 해당된다.

오답분석

① 감성적 소구는 감정전이형 광고라고도 하며, 브랜드 이미지 제고, 호의적 태도 등을 목표로 한다.

③ 감성적 소구 방법으로 유머 소구, 공포 소구, 성적 소구 등이 해당된다.

④ 이성적 소구는 자사 제품이 선택되어야만 하는 이유 또는 객관적 근거를 제시하고자 하는 방법이다.

⑤ 이성적 소구는 위험성이 있거나 새로운 기술이 적용된 제품 등의 지식과 정보를 제공함으로써 표적소비자들이 제품을 선택할 수 있게 한다.

03
정답 ①

가치사슬은 미시경제학 또는 산업조직론을 기반으로 하는 분석 도구이다.

오답분석

② 가치사슬은 기업의 경쟁우위를 강화하기 위한 기본적 분석 도구로, 기업이 수행하는 활동을 개별적으로 나누어 분석한다.

③ 구매, 제조, 물류, 판매, 서비스 등을 기업의 본원적 활동으로 정의한다.

④ 인적자원 관리, 인프라, 기술개발, 조달활동 등을 기업의 지원적 활동으로 정의한다.

⑤ 각 가치사슬의 이윤은 전체 수입에서 가치창출을 위해 발생한 모든 비용을 제외한 값이다.

04
정답 ④

ⓒ 자동화 기계 도입에 따른 다기능공 활용이 늘어나면, 작업자는 여러 기능을 숙달해야 하는 부담이 증가한다.

ⓔ 혼류 생산을 통해 공간 및 설비 이용률을 향상시킨다.

㉠ 현장 낭비 제거를 통해 원가를 낮추고 생산성을 향상시킬 수 있다.
㉢ 소 LOT 생산을 통해 재고율을 감소시켜 재고비용, 공간 등을 줄일 수 있다.

05

정답 ④

주식회사 발기인의 인원 수는 별도의 제한이 없다.

① 주식회사의 법인격에 대한 설명이다.
② 출자자의 유한책임에 대한 설명이다(상법 제331조).
③ 주식은 자유롭게 양도할 수 있는 것이 원칙이다.
⑤ 주식회사는 사원(주주)의 수가 다수인 경우가 많기 때문에 사원이 직접 경영에 참여하기보다는 이사회로 경영권을 위임한다.

06

정답 ①

ELS는 주가연계증권으로, 사전에 정해진 조건에 따라 수익률이 결정되며 만기가 있다.

② 주가연계파생결합사채(ELB)에 대한 설명이다.
③ 주가지수연동예금(ELD)에 대한 설명이다.
④ 주가연계신탁(ELT)에 대한 설명이다.
⑤ 주가연계펀드(ELF)에 대한 설명이다.

07

정답 ②

브룸의 기대이론에 대한 설명으로, 기대감, 수단성, 유의성을 통해 구성원의 직무에 대한 동기 부여를 결정한다고 주장하였다.

① 허즈버그의 2요인이론에 대한 설명이다.
③ 매슬로의 욕구 5단계이론에 대한 설명이다.
④ 맥그리거의 XY이론에 대한 설명이다.
⑤ 로크의 목표설정이론에 대한 설명이다.

08

정답 ①

시장세분화 단계에서는 시장을 기준에 따라 세분화하고, 각 세분시장의 고객 프로필을 개발하여 차별화된 마케팅을 실행한다.

②·③ 표적시장 선정 단계에서는 각 세분시장의 매력도를 평가하여 표적시장을 선정한다.
④ 포지셔닝 단계에서는 각각의 시장에 대응하는 포지셔닝을 개발하고 전달한다.
⑤ 재포지셔닝 단계에서는 자사와 경쟁사의 경쟁위치를 분석하여 포지셔닝을 조정한다.

09

정답 ③

• (당기순이익)＝(총수익)－(총비용)＝35억－20억＝15억 원
• (기초자본)＝(기말자본)－(당기순이익)＝65억－15억＝50억 원
• (기초부채)＝(기초자산)－(기초자본)＝100억－50억＝50억 원

10

상위에 있는 욕구를 충족시키지 못하면 하위에 있는 욕구는 더욱 크게 증가하여, 하위욕구를 충족시키기 위해 훨씬 더 많은 노력이 필요하게 된다.

오답분석
① 심리학자 앨더퍼가 인간의 욕구에 대해 매슬로의 욕구 5단계설을 발전시켜 주장한 이론이다.
②·③ 존재욕구를 기본적 욕구로 정의하며, 관계욕구, 성장욕구로 계층화하였다.

11

사업 다각화는 무리하게 추진할 경우 수익성에 악영향을 줄 수 있다는 단점이 있다.

오답분석
① 지속적인 성장을 추구하여 미래 유망산업에 참여하고, 구성원에게 더 많은 기회를 줄 수 있다.
② 기업이 한 가지 사업만 영위하는 데 따르는 위험에 대비할 수 있다.
③ 보유자원 중 남는 자원을 활용하여 범위의 경제를 실현할 수 있다.

12

종단분석은 시간과 비용의 제약으로 인해 표본 규모가 작을수록 좋으며, 횡단분석은 집단의 특성 또는 차이를 분석해야 하므로 표본이 일정 규모 이상일수록 정확하다.

13

채권이자율이 시장이자율보다 높아지면 채권가격은 액면가보다 높은 가격에 거래된다. 단, 만기에 가까워질수록 채권가격이 하락하여 가격위험에 노출된다.

오답분석
①·②·③ 채권이자율이 시장이자율보다 낮은 할인채에 대한 설명이다.

14

물음표(Question Mark) 사업은 신규 사업 또는 현재 시장점유율은 낮으나, 향후 성장 가능성이 높은 사업이다. 기업 경영 결과에 따라 개(Dog) 사업 또는 스타(Star) 사업으로 바뀔 수 있다.

오답분석
① 스타(Star) 사업 : 성장률과 시장점유율이 모두 높아서 계속 투자가 필요한 유망 사업이다.
② 현금젖소(Cash Cow) 사업 : 높은 시장점유율로 현금창출은 양호하나, 성장 가능성은 낮은 사업이다.
③ 개(Dog) 사업 : 성장률과 시장점유율이 모두 낮아 철수가 필요한 사업이다.

15

테일러의 과학적 관리법에서는 작업에 사용하는 도구 등을 표준화하여 관리 비용을 낮추고 효율성을 높이는 것을 추구한다.

오답분석
① 과학적 관리법의 특징 중 표준화에 대한 설명이다.
③ 과학적 관리법의 특징 중 동기부여에 대한 설명이다.
④ 과학적 관리법의 특징 중 통제에 대한 설명이다.

02 경제

01	02	03	04	05	06	07	08	09	10	11	12	13	14	15					
⑤	②	①	④	⑤	①	④	③	③	④	④	③	①	③	④					

01

정답 ⑤

가격탄력성이 1보다 크면 탄력적이라고 할 수 있다.

오답분석

①·② 수요의 가격탄력성은 가격의 변화에 따른 수요의 변화를 의미하는 것으로, 분모는 상품 가격의 변화량을 상품 가격으로 나눈 값이고, 분자는 수요량의 변화량을 수요량으로 나눈 값이다.

③ 대체재가 많을수록 해당 상품 가격 변동에 따른 수요의 변화는 더 크게 반응하게 된다.

02

정답 ②

GDP 디플레이터는 명목 GDP를 실질 GDP로 나누어 물가상승 수준을 예측할 수 있는 물가지수로, 국내에서 생산된 모든 재화와 서비스 가격을 반영한다. 따라서 GDP 디플레이터를 구하는 계산식은 (명목 GDP)÷(실질 GDP)×100이다.

03

정답 ①

한계소비성향은 소비의 증가분을 소득의 증가분으로 나눈 값으로, 소득이 1,000만 원 늘었을 때 현재 소비자들의 한계소비성향이 0.7이므로 소비는 700만 원이 늘었다고 할 수 있다. 따라서 소비의 변화폭은 700이다.

04

정답 ④

㉠ 환율이 상승하면 제품을 수입하기 위해 더 많은 원화를 필요로 하고, 이에 따라 수입이 감소하게 되므로 순수출이 증가한다.

㉡ 국내이자율이 높아지면 국내자산 투자수익률이 좋아져 해외로부터 자본유입이 확대되고, 이에 따라 환율은 하락한다.

㉢ 국내물가가 상승하면 상대적으로 가격이 저렴한 수입품에 대한 수요가 늘어나 환율은 상승한다.

05

정답 ⑤

독점적 경쟁시장은 광고, 서비스 등 비가격경쟁이 가격경쟁보다 더 활발히 진행된다.

06

정답 ①

케인스학파는 경기침체 시 정부가 적극적으로 개입하여 총수요의 증대를 이끌어야 한다고 주장하였다.

오답분석

② 고전학파의 거시경제론에 대한 설명이다.

③ 케인스학파의 거시경제론에 대한 설명이다.

④ 고전학파의 이분법에 대한 설명이다.

⑤ 케인스학파의 화폐중립성에 대한 설명이다.

07

정답 ④

오답분석
① 매몰비용의 오류 : 이미 투입한 비용과 노력 때문에 경제성이 없는 사업을 지속하여 손실을 키우는 것을 의미한다.
② 감각적 소비 : 제품을 구입할 때, 품질, 가격, 기능보다 디자인, 색상, 패션 등을 중시하는 소비 패턴을 의미힌다.
③ 보이지 않는 손 : 개인의 사적 영리활동이 사회 전체의 공적 이익을 증진시키는 것을 의미한다.
⑤ 희소성 : 사람들의 욕망에 비해 그 욕망을 충족시켜 주는 재화나 서비스가 부족한 현상을 의미한다.

08

정답 ③

- (실업률)=(실업자)÷(경제활동인구)×100
- (경제활동인구)=(취업자)+(실업자)
∴ 5,000÷(20,000+5,000)×100=20%

09

정답 ③

(한계비용)=(총비용 변화분)÷(생산량 변화분)
- 생산량이 50일 때 총비용 : 16(평균비용)×50(생산량)=800
- 생산량이 100일 때 총비용 : 15(평균비용)×100(생산량)=1,500
따라서 한계비용은 700÷50=14이다.

10

정답 ④

A국은 노트북을 생산할 때 기회비용이 더 크기 때문에 TV 생산에 비교우위가 있고, B국은 TV를 생산할 때 기회비용이 더 크기 때문에 노트북 생산에 비교우위가 있다.

구분	노트북 1대	TV 1대
A국	TV 0.75	노트북 1.33
B국	TV 1.25	노트북 0.8

11

정답 ④

다이내믹 프라이싱의 단점은 소비자 후생이 감소해 소비자의 만족도가 낮아진다는 것이다. 이로 인해 기업이 소비자의 불만에 직면할 수 있다는 리스크가 발생한다.

12

정답 ③

ⓒ 빅맥 지수는 동질적으로 판매되는 상품의 가치는 동일하다는 가정하에 나라별 화폐로 해당 제품의 가격을 평가하여 구매력을 비교하는 것이다.
ⓒ 맥도날드의 대표적 햄버거인 빅맥 가격을 기준으로 한 이유는 전 세계에서 가장 동질적으로 판매되고 있기 때문이며, 이처럼 품질, 크기, 재료가 같은 물건이 세계 여러 나라에서 팔릴 때 나라별 물가를 비교하기 수월하다.

오답분석
㉠ 빅맥 지수는 영국 경제지인 이코노미스트에서 최초로 고안하였다.
㉣ 빅맥 지수에 사용하는 빅맥 가격은 제품 가격만 반영하고 서비스 가격은 포함하지 않기 때문에 나라별 환율에 대한 상대적 구매력 평가 외에 다른 목적으로 사용하기에는 측정값이 정확하지 않다.

13

정답 ①

확장적 통화정책은 국민소득을 증가시켜 이에 따른 보험료 인상 등 세수확대 요인으로 작용한다.

[오답분석]
② 이자율이 하락하고, 소비 및 투자가 증가한다.
③·④ 긴축적 통화정책이 미치는 영향이다.

14

정답 ③

토지, 설비 등이 부족하면 한계 생산가치가 떨어지기 때문에 노동자를 많이 고용하는 게 오히려 손해이다. 따라서 노동 수요곡선은 왼쪽으로 이동한다.

[오답분석]
① 노동 수요는 재화에 대한 수요가 아닌 재화를 생산하기 위해 파생되는 수요이다.
② 상품 가격이 상승하면 기업은 더 많은 제품을 생산하기 위해 노동자를 더 많이 고용한다.
④ 노동에 대한 인식이 긍정적으로 변화하면 노동시장에 더 많은 노동력이 공급된다.

15

정답 ④

S씨가 밀티기글 신택힐 킹우 (기외비용)=1(순편익)+8(임묵적 기회비용)=9로 기회비용이 기장 적디.

[오답분석]
① 헬스를 선택할 경우
   (기회비용)=2(순편익)+8(암묵적 기회비용)=10
② 수영을 선택할 경우
   (기회비용)=5(순편익)+8(암묵적 기회비용)=13
③ 자전거를 선택할 경우
   (기회비용)=3(순편익)+7(암묵적 기회비용)=10

01	02	03	04	05	06	07	08	09											
④	①	③	⑤	②	④	④	①	③											

01

정답 ④

근로자참여 및 협력증진에 관한 법은 집단적 노사관계법으로, 노동조합과 사용자단체 간의 노사관계를 규율한 법이다. 노동조합 및 노동관계조정법, 근로자참여 및 협력증진에 관한 법, 노동위원회법, 교원의 노동조합설립 및 운영 등에 관한 법률, 공무원직장협의회법 등이 이에 해당한다.

나머지는 근로자와 사용자의 근로계약을 체결하는 관계에 대해 규율한 법으로, 개별적 근로관계법이라고 한다. 근로기준법, 최저임금법, 산업안전보건법, 직업안정법, 남녀고용평등법, 선원법, 산업재해보상보험법, 고용보험법 등이 이에 해당한다.

02

정답 ①

용익물권은 타인의 토지나 건물 등 부동산의 사용가치를 지배하는 제한물권으로, 민법상 지상권, 지역권, 전세권이 이에 속한다.

용익물권의 종류
- 지상권 : 타인의 토지에 건물이나 수목 등을 설치하여 사용하는 물권
- 지역권 : 타인의 토지를 자기 토지의 편익을 위하여 이용하는 물권
- 전세권 : 전세금을 지급하고 타인의 토지 또는 건물을 사용·수익하는 물권

03

정답 ③

- 선고유예 : 형의 선고유예를 받은 날로부터 2년이 경과한 때에는 면소된 것으로 간주한다(형법 제60조).
- 집행유예 : 양형의 조건을 참작하여 그 정상에 참작할 만한 사유가 있는 때에는 1년 이상 5년 이하의 기간 형의 집행을 유예할 수 있다(형법 제62조 제1항).

04

정답 ⑤

몰수의 대상(형법 제48조 제1항)
1. 범죄행위에 제공하였거나 제공하려고 한 물건
2. 범죄행위로 인하여 생겼거나 취득한 물건
3. 제1호 또는 제2호의 대가로 취득한 물건

05

정답 ②

상법상 법원에는 상사제정법(상법전, 상사특별법령, 상사조약), 상관습법, 판례, 상사자치법(회사의 정관, 이사회 규칙), 보통거래약관, 조리 등이 있다. 조례는 해당되지 않는다.

06

정답 ④

촉법소년의 적용 연령은 10세 이상 14세 미만이고, 우범소년의 적용 연령은 10세 이상의 소년(19세 미만)이다.

> **보호의 대상과 송치 및 통고(소년법 제4조 제1항)**
> 다음 각 호의 어느 하나에 해당하는 소년은 소년부의 보호사건으로 심리한다.
> 1. 죄를 범한 소년(범죄소년)
> 2. 형벌 법령에 저촉되는 행위를 한 10세 이상 14세 미만인 소년(촉법소년)
> 3. 다음 각 목에 해당하는 사유가 있고 그의 성격이나 환경에 비추어 앞으로 형벌 법령에 저촉되는 행위를 할 우려가 있는 10세 이상인 소년(우범소년)
>   가. 집단으로 몰려다니며 주위 사람들에게 불안감을 조성하는 성벽이 있는 것
>   나. 정당한 이유 없이 가출하는 것
>   다. 술을 마시고 소란을 피우거나 유해환경에 접하는 성벽이 있는 것

07

정답 ④

환경보전의 의무는 국민뿐만 아니라 국가에도 적용되는 기본 의무이다.

> **헌법에 명시된 기본 의무**
> * 교육의 의무 : 모든 국민은 그 보호하는 자녀에게 적어도 초등교육과 법률이 정하는 교육을 받게 할 의무를 진다(헌법 제01조 제2항).
> * 근로의 의무 : 모든 국민은 근로의 의무를 진다. 국가는 근로의 의무의 내용과 조건을 민주주의 원칙에 따라 법률로 정한다(헌법 제32조 제2항).
> * 환경보전의 의무 : 모든 국민은 건강하고 쾌적한 환경에서 생활할 권리를 가지며, 국가와 국민은 환경보전을 위하여 노력하여야 한다(헌법 제35조 제1항).
> * 납세의 의무 : 모든 국민은 법률이 정하는 바에 의하여 납세의 의무를 진다(헌법 제38조).
> * 국방의 의무 : 모든 국민은 법률이 정하는 바에 의하여 국방의 의무를 진다(헌법 제39조 제1항).

08

정답 ①

행정청의 처분의 효력 유무 또는 존재 여부를 확인하는 심판은 행정심판의 종류 중 무효등확인심판에 해당한다(행정심판법 제5조 제2호).

> **헌법 제111조 제1항**
> 헌법재판소는 다음 사항을 관장한다.
> 1. 법원의 제청에 의한 법률의 위헌여부 심판
> 2. 탄핵의 심판
> 3. 정당의 해산 심판
> 4. 국가기관 상호 간, 국가기관과 지방자치단체 간 및 지방자치단체 상호 간의 권한쟁의에 관한 심판
> 5. 법률이 정하는 헌법소원에 관한 심판

09

정답 ③

채권 · 재산권의 소멸시효(민법 제162조)
① 채권은 10년간 행사하지 아니하면 소멸시효가 완성한다.
② 채권 및 소유권 이외의 재산권은 20년간 행사하지 아니하면 소멸시효가 완성한다.

01	02	03	04	05	06	07	08	09	10	11	12	13	14	15					
③	④	③	②	④	②	②	④	④	②	②	③	②	①	②					

01

정답 ③

현대에는 민주주의의 심화 및 분야별 전문 민간기관의 성장에 따라 정부 등 공식적 참여자보다 비공식적 참여자의 중요도가 높아지고 있다.

[오답분석]

① 의회와 지방자치단체는 정부, 사법부 등과 함께 대표적인 공식적 참여자에 해당된다.
② 정당과 NGO, 언론 등은 비공식적 참여자에 해당된다.
④ 사회적 의사결정에서 정부의 역할이 줄어들면 비공식적 참여자가 해당 역할을 대체하므로 중요도가 높아진다.

02

정답 ④

효율 증대에 따른 이윤 추구라는 경제적 결정이 중심인 기업경영의 의사결정에 비해, 정책문제는 사회효율 등 수단적 가치뿐만 아니라 형평성, 공정성 등 목적적 가치들도 고려가 필요하므로 고려사항이 더 많고 복잡하다는 특성을 갖는다.

03

정답 ③

회사모형은 사이어트와 마치가 주장한 의사결정 모형으로, 준독립적이고 느슨하게 연결되어 있는 조직들의 상호 타협을 통해 의사결정이 이루어진다고 설명한다.

[오답분석]

① 드로어는 최적모형에 따른 의사결정 모형을 제시했다.
② 합리적 결정과 점증적 결정이 누적 및 혼합되어 의사결정이 이루어진다고 본 것은 혼합탐사모형이다.
④ 정책결정 단계를 초정책결정 단계, 정책결정 단계, 후정책결정 단계로 구분하여 설명한 것은 최적모형이다.

04

정답 ②

ㄱ. 호혜조직의 1차적 수혜자는 조직구성원이 맞으나, 은행, 유통업체는 사업조직에 해당되며, 노동조합, 전문가단체, 정당, 사교 클럽, 종교단체 등이 호혜조직에 해당된다.
ㄷ. 봉사조직의 1차적 수혜자는 이들과 접촉하는 일반적인 대중이다.

05

정답 ④

특수한 경우를 제외하고 일반적으로 해당 구성원 간 동일한 인사 및 보수 체계를 적용받는 구분은 직급이다.

06

정답 ②

실적주의에서는 개인의 역량, 자격에 따라 인사행정이 이루어지기 때문에 정치적 중립성 확보가 강조되지만, 엽관주의에서는 정치적 충성심 및 기여도에 따라 인사행정이 이루어지기 때문에 조직 수반에 대한 정치적 정합성이 더 강조된다.

[오답분석]

① 공공조직에서 엽관주의적 인사가 이루어지는 경우 정치적 충성심에 따라 구성원이 변경되므로, 정치적 사건마다 조직구성원들의 신분유지 여부에 변동성이 생겨 불안정해진다.

07

정답 ②

발생주의 회계는 거래가 발생한 기간에 기록하는 원칙으로, 영업활동 관련 기록과 현금 유출입이 일치하지 않지만, 수익 및 비용을 합리적으로 일치시킬 수 있다는 장점이 있다.

오답분석

①・③・④・⑤ 현금흐름 회계에 대한 설명이다.

08

정답 ④

ㄴ. X이론에서는 부정적인 인간관을 토대로 보상과 처벌, 권위적이고 강압적인 지도성을 경영전략으로 강조한다.
ㄹ. Y이론의 적용을 위한 대안으로 권한의 위임 및 분권화, 직무 확대, 업무수행능력의 자율적 평가, 목표 관리전략 활용, 참여적 관리 등을 제시하였다.

오답분석

ㄷ. Y이론에 따르면 인간은 긍정적이고 적극적인 존재이므로, 직접적 통제보다는 자율적 통제가 더 바람직한 경영전략이라고 보았다.

09

정답 ④

독립합의형 중앙인사기관의 위원들은 임기를 보장받으며, 각 징딩의 추천인사나 초당적 인사로 구성되는 등 중립성을 유지하기 유리하다는 장점을 지닌다. 이로 인해 행정부 수반에 의하여 임명된 기관장 중심의 비독립단독형 인사기관에 비해 엽관주의 영향을 최소화하고, 실적 중심의 인사행정을 실현하기에 유리하다.

오답분석

① 독립합의형 인사기관의 개념에 대한 옳은 설명이다.
② 비독립단독형 인사기관은 합의에 따른 의사결정 과정을 거치지 않으므로, 의견 불일치 시 조율을 하는 시간이 불필요하여 상대적으로 의사결정이 신속히 이루어진다.
③ 비독립단독형 인사기관은 기관장의 의사가 강하게 반영되는 만큼 책임소재가 분명한 데 비해, 독립합의형 인사기관은 다수의 합의에 따라 의사결정이 이루어지므로 책임소재가 불분명하다.

10

정답 ②

㉠ 정부가 시장에 대해 충분한 정보를 확보하는 데 실패함으로써 정보 비대칭에 따른 정부실패가 발생한다.
㉢ 정부행정은 단기적 이익을 중시하는 정치적 이해관계의 영향을 받아 사회에서 필요로 하는 바보다 단기적인 경향을 보인다. 이처럼 정치적 할인율이 사회적 할인율보다 높기 때문에 정부실패가 발생한다.

오답분석

㉡ 정부는 독점적인 역할을 수행하기 때문에 경쟁에 따른 개선효과가 미비하여 정부실패가 발생한다.
㉣ 정부의 공공재 공급은 사회적 무임승차를 유발하여 지속가능성을 저해하기 때문에 정부실패가 발생한다.

11

정답 ②

공익, 자유, 복지는 행정의 본질적 가치에 해당한다.

행정의 가치
• 본질적 가치(행정을 통해 실현하려는 궁극적인 가치) : 정의, 공익, 형평, 복지, 자유, 평등
• 수단적 가치(본질적 가치 달성을 위한 수단적인 가치) : 합법성, 능률성, 민주성, 합리성, 효과성, 가외성, 생산성, 신뢰성, 투명성

12

정답 ③

영국의 대처주의와 미국의 레이거노믹스는 경쟁과 개방, 위임의 원칙을 강조하는 신공공관리론에 입각한 정치기조이다.

오답분석

① 신공공관리론은 정부실패의 대안으로 등장하였으며, 작고 효율적인 시장지향적 정부를 추구한다.
② 뉴거버넌스는 정부가 사회의 문제해결을 주도하는 것이 아니라, 민간 주체들이 논의를 주도할 수 있도록 조력자의 역할을 하는 것을 추구한다.
④ 뉴거버넌스는 시민 및 기업의 참여를 통한 공동생산을 지향하며, 민영화와 민간위탁을 통한 서비스의 공급은 뉴거버넌스가 제시되기 이전 거버넌스의 내용이다.

13

정답 ②

네트워크를 통한 기기 간의 연결을 활용하지 않으므로 사물인터넷을 사용한 것이 아니다.

오답분석

① 스마트 씸을 통해 식생 센서를 기반으로 온노와 습노, 토양 능에 대한 정보를 정확하게 확인하고 필요한 영양분(물, 비료, 농약 등)을 시스템이 알아서 제공해 주는 것은 사물인터넷을 활용한 경우에 해당된다.
③ 커넥티드 카는 사물인터넷 기술을 통해 통신망에 연결된 차량으로, 가속기, 브레이크, 속도계, 주행 거리계, 바퀴 등에서 운행 데이터를 수집하여 운전자 행동과 차량 상태를 모두 모니터링할 수 있다.

14

정답 ①

ㄱ. 강임은 현재보다 낮은 직급으로 임명하는 것으로, 수직적 인사이동에 해당한다.
ㄴ. 승진은 직위가 높아지는 것으로, 수직적 인사이동에 해당한다.

오답분석

ㄷ. 전보는 동일 직급 내에서 다른 관직으로 이동하는 것으로, 수평적 인사이동에 해당한다.
ㄹ. 전직은 직렬을 변경하는 것으로, 수평적 인사이동에 해당한다.

15

정답 ②

국립공원 입장료는 2007년에 폐지되었다.

오답분석

ㄱ. 2023년 5월에 문화재보호법이 개정되면서 국가지정문화재 보유자 및 기관에 대해 정부 및 지방자치단체가 해당 비용을 지원할 수 있게 되어, 많은 문화재에 대한 관람료가 면제되었다. 그러나 이는 요금제가 폐지된 것이 아니라 법규상 유인책에 따라 감면된 것에 해당된다. 원론적으로 국가지정문화재의 소유자가 관람자로부터 관람료를 징수할 수 있음은 유효하기도 했다. 2023년 8월 새로운 개정을 통해 해당 법에서 칭하던 '국가지정문화재'가 '국가지정문화유산'으로 확대되었다.

05 토목

01	02	03	04	05	06	07	08	09	10	11	12	13	14	15	16	17	18	19	20
②	④	④	①	⑤	②	②	①	④	②	①	③	③	④	④	②	④	④	④	④

21	22	23	24	25															
③	②	③	①	④															

01

정답 ②

삼변측량은 삼각형의 세 변의 길이를 직접 측정하는 편리한 방법이지만 관측한 값의 수에 비하여 조건식이 적어 정확도가 낮은 단점이 있다.

02

정답 ④

오답분석

① 레이크 도저 : 블레이드가 포크 형식으로 구성되어 있어 작업 시 나무뿌리 등 불순물들을 골라낼 수 있도록 한 도저이다.
② 스트레이트 도저 : 블레이드가 지표면과 수평으로 되어 있는 도저이다.
③ 앵글 도저 : 블레이드의 좌우를 20 ~ 30도 기울일 수 있어 토사를 한쪽으로 밀어낼 수 있는 도저이다.
⑤ 습지 도저 : 지반이 약한 지역에서 작업할 수 있는 도저이다.

03

정답 ④

오답분석

① 콘크리트의 건조수축 발생 시 표면에는 인장응력이 발생하고 내부에는 압축응력이 발생한다.
② 건조수축의 진행속도는 외부 환경의 상대습도와 밀접한 관련이 있다.
③ 물과 시멘트의 비율이 높을수록 크리프는 크게 발생한다.
⑤ 흡수율이 낮은 골재를 사용해야 건조수축을 억제할 수 있다.

04

정답 ①

$\tau_{\max} = \dfrac{T}{Z_P}$ 이고 $Z_P = \dfrac{I_P}{e}$ 이다.

[정삼각형의 도심에 대한 최외각거리(e)]$= \dfrac{2}{3} h = \dfrac{2}{3} \times \dfrac{\sqrt{3}}{2} b = \dfrac{\sqrt{3}}{3} b$이고

[정삼각형의 도심에 대한 단면 2차 모멘트(I_P)]$= \dfrac{bh}{36}(b^2 + h^2) = \dfrac{\sqrt{3} b^2}{72} \left(b^2 + \dfrac{3}{4} b^2 \right) = \dfrac{7\sqrt{3} b^4}{288}$ 이므로, $Z_P = \dfrac{21b^3}{288}$ 이다.

따라서 전단응력의 크기는 $\tau = \dfrac{288\,T}{21b^3}$ 이다.

05
정답 ⑤

A지점에 작용하는 모멘트의 크기가 0이므로

$\sum M_A = (-4 \times 15) + (10 \times R_B) = 0 \rightarrow R_B = 6t$

C지점에서 작용하는 모멘트의 크기가 0이므로

$\sum M_C = (1 \times 15) + (5 \times 6) + 5 \times H_B = 0 \rightarrow H_B = 15t$

따라서 C지점에서의 수평반력의 크기는 15t이다.

06
정답 ②

10m 길이의 자를 36번 사용해야 360m를 측정할 수 있으므로,

누적오차는 $36 \times 0.01 = 0.36$m이고, 우연오차는 $0.075 \times \sqrt{36} = 0.45$m이다.

따라서 측정한 도로의 정확한 길이의 범위는 $360 + 0.36 \pm 0.45 = 360.36 \pm 0.45$m이다.

07
정답 ②

오답분석

ㄴ. GIS는 2차원 지도를 넘어 3차원 이상의 동적인 지리정보를 알 수 있다.

ㄷ. GPS에서 사용자의 위치를 정확하게 파악하기 위해서는 적어도 3개의 GPS 위성이 필요하다.

ㄹ. GPS 위성은 많을수록 거리오차가 줄어들어 더욱 정확한 위치파악이 가능하다.

08
정답 ①

온도가 높고 습도가 낮으면 경화가 빠르므로 측압이 작아진다.

09
정답 ④

DAD(Depth – Area – Duration) 해석에는 강우깊이, 유역면적, 지속기간이 관련되어 있다.

10
정답 ②

(정사각형의 면적)$= h^2$, (원의 면적)$= \dfrac{\pi D^2}{4}$

정사각형과 원의 단면적이 같으므로

$h^2 = \dfrac{\pi D^2}{4} \rightarrow h = \dfrac{\sqrt{\pi}\,D}{2}$

$Z_1 = \dfrac{bh^2}{6} = \dfrac{h^3}{6} = \dfrac{\left(\dfrac{\sqrt{\pi}\,D}{2}\right)^3}{6} = \dfrac{\pi\sqrt{\pi}\,D^3}{48}$, $Z_2 = \dfrac{\pi D^3}{32}$

$\therefore Z_1 : Z_2 = \dfrac{\pi\sqrt{\pi}\,D^3}{48} : \dfrac{\pi D^3}{32} = \dfrac{\sqrt{\pi}}{48} : \dfrac{1}{32} = 1 : 0.85$

11

펌프의 비교회전도

터빈펌프	$100 \sim 250$
원심력펌프	$100 \sim 750$
사류펌프	$700 \sim 1,200$
축류펌프	$1,100 \sim 2,000$

12

정답 ③

비교회전도란 임펠러가 유량 $1\text{m}^3/\text{min}$을 1m 양수하는 데 필요한 회전수를 말한다.

$$\therefore \ N_s = N \cdot \frac{Q^{\frac{1}{2}}}{H^{\frac{3}{4}}} = 1,100 \times \frac{10^{\frac{1}{2}}}{50^{\frac{3}{4}}} \fallingdotseq 185$$

13

정답 ③

엘리데이드를 이용한 간접 수준측량은 엘리데이드의 구조에 따라 $100 : n = D : h$의 비례식에 의해 높이차를 구한 후 기계고와 타깃의 높이를 고려하는 것이다.

$$\therefore \ H = i + \frac{n \cdot D}{100} - z = 1.2 + \frac{8.4 \times 34}{100} - 2 = 2.056\text{m}$$

14

정답 ④

사진측량의 특징

- 장점
  - 넓은 지역을 대상으로 하므로 대상지를 동일한 정확도로 해석이 가능하다.
  - 동체 측정이 가능하다.
  - 접근이 곤란한 대상물의 측량이 가능하다.
  - 축적 변경이 용이하다.
  - 작업이 분업화되어 있어 작업효율이 높다.
  - 종래의 측량 방법에 비해 경제적이다.
- 단점
  - 비용이 많이 든다.
  - 식별이 곤란한 경우에는 현지 측량이 요구된다.
  - 기상 조건, 태양 고도 등의 영향을 받는다.

15

정답 ④

$$Q = A_1 V_1 = A_2 V_2$$

$$\frac{\pi D_1^2}{4} \times V_1 = \frac{\pi \times D_2^2}{4} \times V_2$$

$$V_2 = \left(\frac{D_1}{D_2}\right)^2 V_1 = \left(\frac{0.2}{0.1}\right)^2 \times 0.5 = 2\text{m/s}$$

$$\therefore \ h_c = f_c \cdot \frac{V^2}{2g} = 0.36 \times \frac{2^2}{2 \times 9.8} \fallingdotseq 0.073\text{m} = 7.3\text{cm}$$

16

[직사각형의 비틀림전단응력(τ)]$=\dfrac{T}{2t_1 A_m}$

$T=550\text{kN}\cdot\text{m}=550\text{N}\cdot\text{mm}$

$t_1=1.5\text{cm}=15\text{mm}$

$A_m=\left(800-15\times\dfrac{2}{2}\right)\times\left(600-20\times\dfrac{2}{2}\right)=455,300\text{mm}^2$ (두께가 얇은 관에 대한 비틀림전단 고려 시 A는 폐단면 두께의 중앙선 내부면적)

$\therefore \tau=\dfrac{550\times10^6}{2\times15\times455,300}\fallingdotseq40.27\text{N/mm}^2=40.27\text{MPa}$

17

강우로 인한 표면유출은 수문곡선을 상승시키게 된다.

18

$\tau=\gamma\cdot\dfrac{D}{4}\dfrac{h_L}{l}=10\times\dfrac{0.3}{4}\times\dfrac{0.3}{1}=0.225\text{kN/m}^2=225\text{N/m}^2$

19

에너지 보정계수(α)와 운동량 보정계수(β)는 각각 운동 에너지(속도수두)와 운동량을 보정하기 위한 무차원 상수이다.

관수로 내에서 실제유체의 흐름이 층류일 때 $\alpha=2$, $\beta=\dfrac{4}{3}$이고, 난류일 때 $\alpha=1.01\sim1.05$, $\beta=1\sim1.05$의 값을 가지며,

이상유체일 때 $\alpha=\beta=1$이다.

20

콘크리트용 골재의 조립율은 잔골재에서 $2.3\sim3.1$, 굵은골재에서 $6.0\sim8.0$ 정도가 적당하다.

21

[현장의 건조단위중량(γ_d)]$=\dfrac{(\text{다짐도})}{100}\times\gamma_{dmax}=\dfrac{95}{100}\times1.76\fallingdotseq1.67\text{t/m}^3$

[상대밀도(D_r)]$=\dfrac{\gamma_{dmax}}{\gamma_d}\cdot\dfrac{\gamma_d-\gamma_{dmin}}{\gamma_{dmax}-\gamma_{dmin}}\times100=\dfrac{1.76}{1.67}\cdot\dfrac{1.67-1.5}{1.76-1.5}\times100\fallingdotseq69\%$

상대밀도(D_r) 구하는 식

• 간극비 이용

$D_r=\dfrac{e_{\max}-e}{e_{\max}-e_{\min}}\times100$

• 건조단위중량 이용

$D_r=\dfrac{\gamma_{dmax}}{\gamma_d}\cdot\dfrac{\gamma_d-\gamma_{dmin}}{\gamma_{dmax}-\gamma_{dmin}}\times100$

22

보강토 공법은 지진피해가 적으며, 지반이 연약해도 시공이 가능하다.

23

BOD(Biochemical Oxygen Demand)란 물속에 있는 오염물질을 분해하기 위해 필요한 산소의 양이다. BOD 수치가 높다는 것은 필요한 산소량이 많다는 뜻이고, 이는 물속에 미생물이 많은 오염된 물이라는 의미이다.

24

$$Q = \frac{\pi K(H^2 - h_0^2)}{\ln(R/r_o)} \fallingdotseq \frac{3.14 \times 0.038 \times (7^2 - 5^2)}{\ln\frac{1,000}{1}} = \frac{3.14 \times 0.038 \times (7^2 - 5^2)}{3\ln10} = \frac{3.14 \times 0.038 \times (7^2 - 5^2)}{3 \times 2.3}$$

$$\fallingdotseq 0.0415\text{m}^3/\text{s}$$

25

관정접합은 평탄한 지형에서는 낙차가 많이 발생하여 관거의 매설 깊이가 증가한다. 하수의 흐름은 원활하지만, 굴착 깊이가 깊어 시공비가 비싸고 펌프 배수 시 펌프양정이 증가하는 단점이 있다.

행운이란 100%의 노력 뒤에 남는 것이다.

− 랭스턴 콜만 −

PART 1

직업기초능력

출제유형분석 01 실전예제

01
정답 ③

두 번째 문단에서 보면 농업경제의 역사에서 정원이 갖는 의미는 시대와 지역에 따라 매우 달랐으나, 여성들의 입장은 지역적인 편치가 없었으므로 ③을 적절하지 않다.

02
정답 ③

할랄식품 시장의 확대로 많은 유통업계들이 할랄식품을 위한 생산라인을 설치 중이다.

오답분석

①·② 할랄식품은 엄격하게 생산·유통되기 때문에 일반 소비자들에게도 평이 좋다.
④ 세계 할랄 인증 기준은 200종에 달하고 수출하는 국가마다 별도의 인증을 받아야 한다.
⑤ 표준화되지 않은 할랄 인증 기준은 무슬림 국가들의 '수입장벽'이 될 수 있다.

03
정답 ④

아이들이 따뜻한 구들에 누워 자는 것이 습관이 되어 사지의 활동량이 적어 발육이 늦어진 것이지, 체온을 높였기 때문에 발육이 늦어진 것은 아니다.

오답분석

①·②·③·⑤ 두 번째 문단을 통해 알 수 있다.

04
정답 ②

'에너지 하베스팅은 열, 빛, 운동, 바람, 진동, 전자기 등 주변에서 버려지는 에너지를 모아 전기를 얻는 기술을 의미한다.'라는 내용을 통해서 버려진 에너지를 전기라는 에너지로 다시 만든다는 것을 알 수 있다.

오답분석

① 무체물인 에너지도 재활용이 가능하다고 했으므로 적절하지 않은 내용이다.
③ 에너지 하베스팅은 열, 빛, 운동, 바람, 진동, 전자기 등 주변에서 버려지는 에너지를 모아 전기를 얻는 기술이라고 하였고, 다른 에너지에 대한 언급은 없으므로 적절하지 않은 내용이다.
④ 태양광을 이용하는 광 에너지 하베스팅, 폐열을 이용하는 열에너지 하베스팅이라고 구분하여 언급한 것을 통해 다른 에너지원에 속한다는 것을 알 수 있다.
⑤ '사람이 많이 다니는 인도 위에 버튼식 패드를 설치하여 사람이 밟을 때마다 전기가 생산되도록 하는 것이다.'라고 했으므로 사람의 체온을 이용한 신체 에너지 하베스팅 기술이라기보다 진동이나 압력을 가해 이용하는 진동 에너지 하베스팅이 적절하다.

01

정답 ⑤

제시문에서는 현대 사회의 소비 패턴이 '보이지 않는 손' 아래의 합리적 소비에서 벗어나 과시 소비가 중심이 되었으며, 그 이면에는 소비를 통해 자신의 물질적 부를 표현함으로써 신분을 과시하려는 욕구가 있다고 설명하고 있다.

02

정답 ①

제시문의 첫 번째 문단에서는 사회적 자본이 늘어나면 정치 참여도가 높아진다는 주장을 하였고, 두 번째 문단에서는 사회적 자본의 개념을 사이버공동체에 도입하였으나 현실과 잘 맞지 않는다고 하면서 사회적 자본의 한계를 서술했다. 그리고 마지막 문단에서는 사회적 자본만으로는 정치 참여가 늘어나기 어렵고 정치적 자본의 매개를 통해서 정치 참여가 활성화된다는 주장을 하고 있다. 따라서 ①이 제시문의 주제로 가장 적절하다.

03

정답 ④

제시문은 중세 유럽에서 유래된 로열티 제도가 산업 혁명부터 현재까지 지적 재산권에 대한 보호와 가치 확보를 위해 발전되었음을 설명하고 있다. 따라서 가장 적절한 제목은 '로열티 제도의 유래와 발전'이다.

01

정답 ①

제시문은 친환경 농업이 주목받는 이유에 대해 설명하면서 농약이 줄 수 있는 피해에 대해 다루고 있다. 따라서 (가) '친환경 농업은 건강과 직결되어 있기 때문에 각광받고 있다.' → (나) '병충해를 막기 위해 사용된 농약은 완전히 제거하기 어려우며 신체에 각종 손상을 입힌다.' → (다) '생산량 증가를 위해 사용한 농약과 제초제가 오히려 인체에 해를 입힐 수 있다.'의 순서로 나열해야 한다.

02

정답 ②

제시문은 일본의 라멘과 한국 라면의 차이점에 대해 설명하는 글이다. '한국의 라면은 그렇지 않다.'라고 서술하는 (가) 뒤에는 한국의 라면에 대한 설명이 나와야 하므로, (라)가 와야 한다. 또한 '일본의 라멘이 어떠한 맛을 추구하고 있는지에 대해서 생각해 보면 알 수 있다.'라고 서술하는 (라) 뒤에는 일본의 라멘 맛에 관해서 서술하는 (나)가 와야 하고, 그 뒤를 이어 라면의 독자성에 대해 서술하는 (다)가 제일 마지막에 와야 한다.

03

정답 ②

제시문은 나무를 가꾸기 위해 고려해야 하는 사항에 대해 설명하는 글이다. 따라서 (가) 나무를 가꾸기 위해 고려해야 할 사항과 가장 중요한 생육조건 → (라) 나무를 양육할 때 주로 저지르는 실수인 나무 간격을 촘촘하게 심는 것 → (다) 그러한 실수를 저지르는 이유 → (나) 또 다른 식재계획 시 고려해야 하는 주의점 순으로 나열해야 한다.

04

제시문은 '시간의 비용'이라는 개념을 소개하는 글이다. 따라서 (라) 1965년 노벨상 수상자인 게리 베커가 주장한 '시간의 비용' 개념에 대한 소개 → (가) 베커의 '시간의 비용이 가변적'이라는 개념 → (다) 베커와 같이 시간의 비용이 가변적이라고 주장한 경제학자 린더의 주장 → (나) 베커와 린더의 공통적 전제인 사람들에게 주어진 시간이 고정된 양이라는 사실과 기대수명이 늘어남으로써 달라지는 시간의 가치 순으로 나열해야 한다.

출제유형분석 04 | 실전예제

01

현존하는 가장 오래된 실록은 전주에 전주 사고에 보관되어 있던 것으로, 강화도 마니산에 봉안되었다가 1936년 병자호란에 의해 훼손된 것을 현종 때 보수하여 숙종 때 강화도 정족산에 다시 봉안했다가 현재 서울대학교에서 보관하고 있다.

[오답분석]
① 원본을 포함해 모두 5벌의 실록을 갖게 되었으므로 재인쇄하였던 실록은 모두 4벌이다.
② 강원도 태백산에 보관하였던 실록은 서울대학교에 있다.
③ 현재 한반도에 남아 있는 실록은 강원도 태백산, 강화도 정족산, 장서각의 것으로 모두 3벌이다.
④ 적상산에 보관하였던 실록은 구황국 장서각으로 옮겨졌으며, 이는 6·25 전쟁 때 북한으로 옮겨져 현재 김일성종합대학에서 소장하고 있다.

02

화폐 통용을 위해서는 화폐가 유통될 수 있는 시장이 성장해야 하고, 농업생산력이 발전해야 한다. 그러나 서민들은 물품화폐를 더 선호하였고, 일부 계층에서만 화폐가 유통되었다. 따라서 광범위한 동전 유통이 실패한 것이다. 화폐수요량에 따른 공급은 화폐가 유통된 이후의 조선 후기에 해당하는 내용이다.

03

핵융합발전은 원자력발전에 비해 같은 양의 원료로 3~4배의 전기를 생산할 수 있다고 하였으나, 핵융합발전은 수소의 동위원소를 원료로 사용하는 반면 원자력발전은 우라늄을 원료로 사용한다. 즉, 전력 생산에 서로 다른 원료를 사용하므로 생산된 전력량으로 연료비를 서로 비교할 수 없다.

[오답분석]
① 핵융합 에너지는 화력발전을 통해 생산되는 전력 공급량을 대체하기 어려운 태양광에 대한 대안이 될 수 있으므로 핵융합발전이 태양열발전보다 더 많은 양의 전기를 생산할 수 있음을 추론할 수 있다.
② 원자력발전은 원자핵이 분열하면서 방출되는 에너지를 이용하며, 핵융합발전은 수소 원자핵이 융합해 헬륨 원자핵으로 바뀌는 과정에서 방출되는 에너지를 이용해 전기를 생산한다. 따라서 원자의 핵을 다르게 이용한다는 것을 알 수 있다.
④ 미세먼지와 대기오염을 일으키는 오염물질은 전혀 나오지 않고 헬륨만 배출된다는 내용을 통해 헬륨은 대기오염을 일으키는 오염물질에 해당하지 않음을 알 수 있다.
⑤ 발전장치가 꺼지지 않도록 정밀하게 제어하는 것이 중요하다는 내용을 통해 알 수 있다.

01

정답 ③

두 번째 문단에서 전통의 유지와 변화에 대한 견해 차이는 보수주의와 진보주의의 차이로 이해될 성질의 것이 아니며, 한국 사회의 근대화는 앞으로도 계속되어야 할 광범하고 심대한 '사회 구조적 변동'이라고 하였다. 또한, 마지막 문단에서 '근대화라고 하는 사회 구조적 변동이 문화 변화를 결정지을 것이기 때문'이라고 하였으므로 전통문화의 변화 문제를 사회 변동의 시각에서 다루는 것이 적절하다.

02

정답 ④

제시문을 통해 4세대 신냉매는 온실가스를 많이 배출하는 기존 3세대 냉매의 대체 물질로 사용되어 지구 온난화 문제를 해결하는 열쇠가 될 것임을 알 수 있다.

03

정답 ①

'갑돌'의 성품이 탁월하다고 볼 수 있는 것은 그의 성품이 곧고 자신감이 충만하며, 다수의 옳지 않은 행동에 대하여 비판의 목소리를 낼 것이며 그렇게 하는 데에 별 어려움을 느끼지 않을 것이기 때문이다. 또한, 세 번째 문단에 따르면 탁월한 성품은 올바른 훈련을 통해 올바른 일을 바르고 즐겁게 그리고 어려워하지 않으며 처리할 수 있는 능력을 뜻한다. 따라서 아리스토텔레스의 입장에서는 '엄청난 의지를 발휘'하고 자신과의 '힘든 싸움'을 해야 했던 '병식'보다는 잘못된 일에 '별 어려움' 없이 '비판의 목소리'를 내는 '갑돌'의 성품을 탁월하다고 여길 것이다.

01

정답 ①

• 떠올리다 : 기억을 되살려 내거나 잘 구상되지 않던 생각을 나게 하다.
• 회상하다 : 지난 일을 돌이켜 생각하다.

오답분석
② 연상하다 : 하나의 관념이 다른 관념을 불러일으키다.
③ 상상하다 : 실제로 경험하지 않은 현상이나 사물에 대하여 마음속으로 그려 보다.
④ 남고하다 : 고적(古跡)을 찾아보고 당시의 일을 회상하다.
⑤ 예상하다 : 어떤 일을 직접 당하기 전에 미리 생각하여 두다.

02

정답 ②

②의 '고치다'는 '고장이 나거나 못 쓰게 된 물건을 손질하여 제대로 되게 하다.'라는 의미이다. 나머지 ① · ③ · ④ · ⑤는 '잘못되거나 틀린 것을 바로 잡다.'라는 의미이다.

03

정답 ①

과녁에 화살을 맞추다. → 과녁에 화살을 맞히다.
• 맞히다 : 문제에 대한 답을 틀리지 않게 하다. 쏘거나 던지거나 하여 한 물체가 어떤 물체에 닿게 하다.
• 맞추다 : 서로 떨어져 있는 부분을 제자리에 맞게 대어 붙이거나 서로 어긋남이 없이 조화를 이루다.

01

정답 ③

홍차를 주문한 사람은 2명이었으나, 주문 결과 홍차가 1잔이 나왔으므로 홍차의 주문이 잘못된 것임을 알 수 있다. 즉, E는 본래 홍차를 주문하였으나, 직원이 실수로 딸기주스를 받았다. 또한 커피는 총 2잔이 나왔으므로 D는 녹차가 아닌 커피를 주문한 것임을 알 수 있다. A, B, C, D, E의 주문 내용을 표로 정리하면 다음과 같다.

A	B	C	D	E
홍차	커피	녹차	커피	홍차 (딸기로 주문됨)

• 갑 : 홍차를 주문했지만 직원의 실수로 딸기주스를 받은 사람은 E이다.
• 을 : 녹차를 주문한 사람은 C이다.
따라서 갑과 을 모두 옳은 판단을 했다.

02

정답 ⑤

E는 교양 수업을 신청한 A보다 나중에 수강한다고 하였으므로 목요일 또는 금요일에 강의를 들을 수 있다. 이때, 목요일과 금요일에는 교양 수업이 진행되므로 'E는 반드시 교양 수업을 듣는다.'의 ⑤는 항상 참이 된다.

오답분석

① A가 수요일에 강의를 듣는다면 E는 교양2 또는 교양3 강의를 들을 수 있다.
② B가 수강하는 전공 수업의 정확한 요일을 알 수 없으므로 C는 전공1 또는 전공2 강의를 들을 수 있다.
③ C가 화요일에 강의를 듣는다면 D는 교양 강의를 듣는다. 이때, 교양 수업을 듣는 A는 E보다 앞선 요일에 수강하므로 E는 교양2 또는 교양3 강의를 들을 수 있다.

구분	월 (전공1)	화 (전공2)	수 (교양1)	목 (교양2)	금 (교양3)
경우1	B	C	D	A	E
경우2	B	C	A	D	E
경우3	B	C	A	E	D

④ D는 전공 수업을 신청한 C보다 나중에 수강하므로 전공 또는 교양 수업을 들을 수 있다.

03

정답 ④

주어진 조건을 정리해 보면 다음과 같다.

구분	미국	영국	중국	프랑스
올해	D	C	B	A
작년	C	A	D	B

따라서 항상 참인 것은 ④이다.

04

정답 ①

'물을 녹색으로 만든다.'를 p, '냄새 물질을 배출한다.'를 q, '독소 물질을 배출한다.'를 r, '물을 황색으로 만든다.'를 s라고 하면 $p \rightarrow q$, $r \rightarrow \sim q$, $s \rightarrow \sim p$가 성립한다. 첫 번째 명제의 대우인 $\sim q \rightarrow \sim p$가 성립함에 따라 $r \rightarrow \sim q \rightarrow \sim p$가 성립한다. 따라서 '독소 물질을 배출하는 조류는 물을 녹색으로 만들지 않는다.'는 반드시 참이 된다.

05

정답 ②

조건에 따라 갑, 을, 병, 정의 사무실 위치를 정리하면 다음과 같다.

구분	2층	3층	4층	5층
경우1	부장	을과장	대리	갑부장
경우2	을과장	대리	부장	갑부장
경우3	을과장	부장	대리	갑부장

따라서 을이 과장이므로 대리가 아닌 갑은 부장의 직위를 가진다.

[오답분석]
① 갑부장 외의 또 다른 부장은 2층, 3층 또는 4층에 근무한다.
③ 대리는 3층 또는 4층에 근무한다.
④ 을은 2층 또는 3층에 근무한다.
⑤ 병의 직위는 알 수 없다.

06

정답 ④

C, D, F지점의 사례만 고려하면, F지점에서 마카롱과 쿠키를 함께 먹었을 때 알레르기가 발생하지 않았으므로 마카롱은 알레르기 발생 원인이 될 수 없으며, 빵 또는 케이크가 알레르기 발생 원인이 될 수 있다. 따라서 ④는 반드시 거짓이 된다.

[오답분석]
① A, B, D지점의 사례만 고려한 경우 : 빵과 마카롱을 함께 먹은 경우에는 알레르기가 발생하지 않았으므로, 케이크가 알레르기 발생 원인이 된다.
② A, C, E지점의 사례만 고려한 경우 : 케이크와 쿠키를 함께 먹은 경우에는 알레르기가 발생하지 않았으므로, 빵이 알레르기 발생 원인이 된다.
③ B, D, F지점의 사례만 고려한 경우 : 빵과 마카롱 또는 마카롱과 쿠키를 함께 먹은 경우에 알레르기가 발생하지 않았으므로, 케이크가 알레르기 발생 원인이 된다.
⑤ D, E, F지점의 사례만 고려한 경우 : 케이크와 마카롱을 함께 먹은 경우에 알레르기가 발생하였으므로, 쿠키는 알레르기 발생 원인이 될 수 없다.

01

모든 암호는 각 자릿수의 합이 21이 되도록 구성되어 있다.
- K팀 : $9+0+2+3+x=21 \rightarrow x=7$
- L팀 : $7+y+3+5+2=21 \rightarrow y=4$

$\therefore x+y=7+4=11$

02

- 1단계 : 주민등록번호 앞 12자리 숫자에 가중치를 곱하면 다음과 같다.

숫자	2	4	0	2	0	2	8	0	3	7	0	1
가중치	2	3	4	5	6	7	8	9	2	3	4	5
결과	4	12	0	10	0	14	64	0	6	21	0	5

- 2단계 : 1단계에서 구한 값의 합을 계산한다.
  $4+12+0+10+0+14+64+0+6+21+0+5=136$
- 3단계 : 2단계에서 구한 값을 11로 나누어 나머지를 구한다.
  $136 \div 11=12 \cdots 4$
- 4단계 : 11에서 3단계의 나머지를 뺀 수를 10으로 나누어 나머지를 구한다.
  $(11-4) \div 10=0 \cdots 7$

따라서 빈칸에 들어갈 수는 7이다.

03

- 형태 : HX(육각)
- 허용압력 : L(18kg/cm^2)
- 직경 : 014(14mm)
- 재질 : SS(스테인리스)
- 용도 : M110(자동차)

04

파일 이름에 주어진 규칙을 적용하여 암호를 구하면 다음과 같다.
1. 비밀번호 중 첫 번째 자리에는 파일 이름의 첫 문자가 한글일 경우 @, 영어일 경우 #, 숫자일 경우 *로 특수문자를 입력한다.
   - 2022매운전골Cset3인기준recipe8 → *
2. 두 번째 자리에는 파일 이름의 총 자리 개수를 입력한다.
   - 2022매운전골Cset3인기준recipe8 → *23
3. 세 번째 자리부터는 파일 이름 내에 숫자를 순서대로 입력한다. 숫자가 없을 경우 0을 두 번 입력한다.
   - 2022매운전골Cset3인기준recipe8 → *23202238
4. 그 다음 자리에는 파일 이름 중 한글이 있을 경우 초성만 순서대로 입력한다. 없다면 입력하지 않는다.
   - 2022매운전골Cset3인기준recipe8 → *23202238ㅁㅇㅈㄱㅇㄱㅈ
5. 그 다음 자리에는 파일 이름 중 영어가 있다면 뒤에 덧붙여 순서대로 입력하되, a, e, i, o, u만 'a=1, e=2, i=3, o=4, u=5'로 변형하여 입력한다(대문자·소문자 구분 없이 모두 소문자로 입력한다).
   - 2022매운전골Cset3인기준recipe8 → *23202238ㅁㅇㅈㄱㅇㄱㅈcs2tr2c3p2

따라서 주어진 파일 이름의 암호는 '*23202238ㅁㅇㅈㄱㅇㄱㅈcs2tr2c3p2'이다.

01

정답 ④

확정기여형 퇴직연금 유형은 근로자가 선택하는 운용 상품의 운용 수익률에 따라 퇴직 급여가 달라진다.

오답분석

① 확정급여형과 확정기여형은 운영방법의 차이로 인해 퇴직연금 수준이 달라질 수 있다.
② 확정급여형에서는 기업부담금이 산출기초율로 정해지며, 이는 자산운용 수익률과 퇴직률 변경 시 변동되는 사항이다.
③ 확정급여형은 직장이동 시 합산이 어렵기 때문에 직장이동이 잦은 근로자들은 확정기여형을 선호할 것이라고 유추할 수 있다.
⑤ 확정급여형은 IRA / IRP를 활용할 수 있으므로 이에 대한 설명을 추가하는 것은 적절하다.

02

정답 ②

운용 현황에 관심이 많은 근로자인 (나) 유형은 확정기여형 퇴직연금 유형에 적합하다.

03

정답 ③

제시된 문제는 각각의 조건에서 해당되지 않는 쇼핑몰을 체크하여 선지에서 하나씩 제거하는 방법으로 푸는 것이 좋다.
• 철수 : C, D, F는 포인트 적립이 안 되므로 해당 사항이 없다(② · ④ 제외).
• 영희 : A는 배송비가 없으므로 해당 사항이 없다.
• 민수 : A, B, C는 주문 취소가 가능하므로 해당 사항이 없다(① · ⑤ 제외).
• 철호 : 환불 및 송금수수료, 배송비가 포함되었으므로 A, D, E, F에는 해당 사항이 없다.

04

정답 ③

제시된 조건을 항목별로 정리하면 다음과 같다.
• 부서배치
 − 성과급 평균은 48만 원이므로, A는 영업부 또는 인사부에서 일한다.
 − B와 D는 비서실, 총무부, 홍보부 중에서 일한다.
 − C는 인사부에서 일한다.
 − D는 비서실에서 일한다.
 따라서 A − 영업부, B − 총무부, C − 인사부, D − 비서실, E − 홍보부에서 일한다.
• 휴가
 − A는 D보다 휴가를 늦게 간다. 따라서 C − D − B − A 또는 D − A − B − C 순으로 휴가를 간다.
• 성과급
 − D사원 : 60만 원
 − C사원 : 40만 원

오답분석

① A : 20만×3=60만 원, C : 40만×2=80만 원
② C가 제일 먼저 휴가를 갈 경우, A가 제일 마지막으로 휴가를 가게 된다.
④ 휴가를 가지 않은 E는 두 배의 성과급을 받기 때문에 총 120만 원의 성과급을 받게 되고, D의 성과급은 60만 원이기 때문에 두 사람의 성과급 차이는 두 배이다.
⑤ C가 제일 마지막에 휴가를 갈 경우, B는 A보다 휴가를 늦게 출발한다.

CHAPTER 03 수리능력

출제유형분석 01 실전예제

01

정답 ①

소금물 A의 농도를 $x\%$, 소금물 B의 농도를 $y\%$라고 하면 다음 두 식이 성립한다.

$\dfrac{r}{100}\times200+\dfrac{y}{100}\times300=\dfrac{9}{100}\times500 \rightarrow 2x+3y=45 \cdots \bigcirc$

$\dfrac{x}{100}\times300+\dfrac{y}{100}\times200=\dfrac{10}{100}\times500 \rightarrow 3x+2y=50 \cdots \bigcirc$

$\bigcirc$, $\bigcirc$을 연립하면 $x=12$, $y=7$이 나오므로 소금물 A의 농도는 12%이고, 소금물 B의 농도는 7%이다.

02

정답 ③

희경이가 본사에서 나온 시각을 구하려면 오후 3시에서 본사에서 지점까지 걸린 시간만큼을 제하면 된다. 본사에서 지점까지 가는 데 걸린 시간은 $\dfrac{20}{60}+\dfrac{30}{90}=\dfrac{2}{3}$시간, 즉 40분이므로 오후 2시 20분에 본사에서 나왔다는 것을 알 수 있다.

03

정답 ④

수인이가 베트남 현금 1,670만 동을 환전하기 위해 수수료를 제외하고 필요한 한국 돈은 1,670만 동×483원/만 동=806,610원이다. 우대사항에서 50만 원 이상 환전 시 70만 원까지 수수료가 0.4%로 낮아진다고 하였으므로, 70만 원의 수수료는 0.4%가 적용되고 나머지는 0.5%가 적용되어 총수수료는 $700,000\times0.004+(806,610-700,000)\times0.005=2,800+533.05\fallingdotseq3,330$원이다.

따라서 수인이가 원하는 금액을 환전하는 데 필요한 총금액은 수수료를 포함하여 806,610+3,330=809,940원임을 알 수 있다.

출제유형분석 02 실전예제

01

정답 ②

- 공연음악 시장 규모 : 2024년 후원 규모는 6,305+118=6,423백만 달러이고, 2024년 티켓 판매 규모는 22,324+740=23,064백만 달러이다. 따라서 2024년 공연음악 시장 규모는 6,423+23,064=29,487백만 달러이다.
- 스트리밍 시장 규모 : 2019년 스트리밍 시장의 규모가 1,530백만 달러이므로, 2024년의 스트리밍 시장 규모는 1,530×2.5=3,825백만 달러이다.
- 오프라인 음반 시장 규모 : 2024년 오프라인 음반 시장 규모를 x백만 달러라 하면, $\dfrac{x-8,551}{8,551}\times100=-6\%$이므로

$x=-\dfrac{6}{100}\times8,551+8,551\fallingdotseq8,037.9$이다. 따라서 8,037.9백만 달러이다.

02

정답 ③

참여율이 4번째로 높은 해는 2020년이다.

(전년 대비 참여율의 증가율)=$\dfrac{(해당연도\ 참여율)-(전년도\ 참여율)}{(전년도\ 참여율)}\times100$이므로 2020년 참여율의 증가율은 $\dfrac{6.9-5.7}{5.7}\times100$≒

21%이다.

03

정답 ①

업체별로 구매가격을 정리하면 다음과 같다.

• S전자 : 8대 구매 시 2대를 무료로 증정하기 때문에 32대를 사면 8개를 무료로 증정 받아 32대 가격으로 총 40대를 살 수 있다. 32대의 가격은 $80,000\times32=2,560,000$원이고, 구매금액 100만 원당 2만 원이 할인되므로 구매가격은 $2,560,000-40,000=$ $2,520,000$원이다.

• B마트 : 40대 구매금액인 $90,000\times40=3,600,000$원에서 40대 이상 구매 시 7% 할인 혜택을 적용하면 $3,600,000\times0.93=$ $3,348,000$원이다. 1,000원 단위 이하는 절사하므로 구매가격은 $3,340,000$원이다.

따라서 S전자가 B마트에 비해 $3,340,000-2,520,000=82$만 원 저렴하다.

04

정답 ①

• 스포츠용품 소비 증가율 : $\dfrac{17,002-14,426}{14,426}\times100$≒17.86%

• 시설이용료·강습비 증가율 : $\dfrac{29,195-28,680}{28,680}\times100$≒1.80%

• 스포츠 관람료 증가율 : $\dfrac{342-171}{171}\times100=100\%$

따라서 2022년 대비 2023년 증가율이 가장 큰 품목은 스포츠 관람료이고, 비용 차이는 $342-171=171$억 원이다.

05

정답 ③

• 2021년 스포츠용품 소비 : 23,090억 원
• 2021년 스포츠 관람료 : 1,230억 원

따라서 2021년 스포츠용품 소비 대비 스포츠 관람료 비율은 $\dfrac{1,230}{23,090}\times100$≒5.33%이다.

출제유형분석 03 　실전예제

01

정답 ②

$\dfrac{(대학졸업자\ 취업률)}{(전체\ 대학졸업자)}\times100=(대학졸업자\ 취업률)\times(대학졸업자의\ 경제활동인구\ 비중)\times\dfrac{1}{100}$이다.

따라서 OECD 평균은 $40\times50\times\dfrac{1}{100}=20\%$이고, 이보다 높은 국가는 B, C, E, F, G, H이다.

02

정답 ④

같은 물질에 대한 각 기관의 실험오차율의 크기 비교는 실험오차의 크기 비교로 할 수 있다.
물질 2에 대한 각 기관의 실험오차를 구하면 다음과 같다.
- A기관 : $|26-11.5|=14.5$
- B기관 : $|7-11.5|=4.5$
- C기관 : $|7-11.5|=4.5$
- D기관 : $|6-11.5|=5.5$

B, C, D기관의 실험오차의 합은 $4.5+4.5+5.5=14.5$이다.
따라서 물질 2에 대한 A기관의 실험오차율은 물질 2에 대한 나머지 기관의 실험오차율의 합과 같다.

오답분석
① • 물질 1에 대한 B기관의 실험오차 : $|7-4.5|=2.5$
  • 물질 1에 대한 D기관의 실험오차 : $|2-4.5|=2.5$
  즉, 두 기관의 실험오차와 유효농도가 동일하므로 실험오차율도 동일하다.
② 실험오차율이 크려면 실험오차가 커야 한다. 물질 3에 대한 각 기관의 실험오차를 구하면 다음과 같다.
  • A기관 : $|109-39.5|=69.5$
  • B기관 : $|15-39.5|=24.5$
  • C기관 : $|16-39.5|=23.5$
  • D기관 : $|18-39.5|=21.5$
  따라서 물질 3에 대한 실험오차율은 A기관이 가장 크다.
③ • 물질 1에 대한 B기관의 실험오차 : $|7-4.5|=2.5$
  • 물질 1에 대한 B기관의 실험오차율 : $\frac{2.5}{4.5}\times100\fallingdotseq55.56\%$
  • 물질 2에 대한 A기관의 실험오차 : $|26-11.5|=14.5$
  • 물질 2에 대한 A기관의 실험오차율 : $\frac{14.5}{11.5}\times100\fallingdotseq126.09\%$
  따라서 물질 1에 대한 B기관의 실험오차율은 물질 2에 대한 A기관의 실험오차율보다 작다.
⑤ 자료를 보면 A기관의 실험 결과는 모든 물질에 대해서 평균보다 높다. 따라서 A기관의 실험 결과를 제외한다면 유효농도 값(평균)은 제외하기 전보다 작아진다.

03

정답 ⑤

ⓛ B국의 대미무역수지와 GDP 대비 경상수지 비중은 각각 742억 달러, 8.5%로 X요건과 Y요건을 충족한다.
ⓒ 세 가지 요건 중 두 가지 요건만 충족하면 관찰대상국으로 지정된다.
  • X요건과 Y요건을 충족하는 국가 : A, B, C, E
  • X요건과 Z요건을 충족하는 국가 : C
  • Y요건과 Z요건을 충족하는 국가 : C, J
  C국가는 X, Y, Z요건을 모두 충족한다.
  따라서 관찰대상국으로 지정되는 국가는 A, B, E, J로 4곳이다.
ⓔ X요건의 판단기준을 '대미무역수지 150억 달러 초과'로 변경할 때, 새로 X요건을 충족하는 국가는 H국이다. 그러나 H국은 Y요건과 Z요건을 모두 충족하지 않으므로 환율조작국이나 관찰대상국으로 지정될 수 없다. 따라서 옳은 설명이다.

오답분석
ⓐ X, Y, Z요건을 모두 충족하면 환율조작국으로 지정된다. 각 요건을 충족하는 국가를 나열하면 다음과 같다.
  • X요건을 충족하는 국가 : A, B, C, D, E, F, G
  • Y요건을 충족하는 국가 : A, B, C, E, J
  • Z요건을 충족하는 국가 : C, J
  따라서 환율조작국으로 지정되는 국가는 C국가이다.

04

2020년과 2023년 처리 건수 중 인용 건수 비율은 2020년은 $\frac{3,667}{32,737} \times 100 \fallingdotseq 11.20\%$, 2023년은 $\frac{3,031}{21,080} \times 100 \fallingdotseq 14.38\%$로, 2023년과 2020년 처리 건수 중 인용 건수 비율의 차이는 $14.38-11.20=3.18\%$p이다. 따라서 처리 건수 중 인용 건수 비율은 2023년이 2020년에 비해 3%p 이상 높다.

[오답분석]

ㄱ. 기타처리 건수의 전년 대비 감소율은 다음과 같다.

• 2021년 : $\frac{12,871-16,674}{16,674} \times 100 \fallingdotseq -22.81\%$

• 2022년 : $\frac{10,166-12,871}{12,871} \times 100 \fallingdotseq -21.02\%$

• 2023년 : $\frac{8,204-10,166}{10,166} \times 100 \fallingdotseq -19.30\%$

따라서 기타처리 건수의 전년 대비 감소율은 매년 감소하였다.

ㄷ. 처리 건수 대비 조정합의 건수의 비율은 2021년은 $\frac{2,764}{28,744} \times 100 \fallingdotseq 9.62\%$로, 2022년의 $\frac{2,644}{23,573} \times 100 \fallingdotseq 11.22\%$보다 낮다.

ㄹ. 조정합의 건수 대비 의견표명 건수 비율은 2020년에는 $\frac{467}{2,923} \times 100 \fallingdotseq 15.98\%$, 2021년에는 $\frac{474}{2,764} \times 100 \fallingdotseq 17.15\%$, 2022년에는 $\frac{346}{2,644} \times 100 \fallingdotseq 13.09\%$, 2023년에는 $\frac{252}{2,567} \times 100 \fallingdotseq 9.82\%$이다. 조정합의 건수 대비 의견표명 건수 비율이 높은 순서로 나열하면 2021년 → 2020년 → 2022년 → 2023년이다. 또한, 평균처리일이 짧은 순서로 나열하면 2021년 → 2023년 → 2020년 → 2022년이다. 따라서 평균처리일 기간과 조정합의 건수 대비 의견표명 건수 비율의 순서는 일치하지 않는다.

CHAPTER

04 정보능력

01

정답 ④

World Wide Web(WWW)에 대한 설명으로, 웹은 3차 산업혁명에 큰 영향을 미쳤다.

오답분석

① 스마트 팜에 대한 설명이다.
② 3D프린팅에 대한 설명이다.
③ 클라우드 컴퓨팅에 대한 설명이다.
⑤ 사물인터넷에 대한 설명이다.

02

정답 ③

세탁기 신상품의 컨셉이 중년층을 대상으로 하기 때문에 성별이 아닌 연령에 따라 자료를 분류하여 중년층의 세탁기 선호 디자인에 대한 정보가 필요함을 알 수 있다.

01

정답 ①

엑셀 고급 필터 조건 범위의 해석법은 다음과 같다. 우선 같은 행의 값은 '이고'로 해석한다(AND 연산 처리). 다음으로 다른 행의 값은 '거나'로 해석한다(OR 연산 처리). 그리고 엑셀에서는 AND 연산이 OR 연산에 우선한다(행우선).
그리고 [G3] 셀의 「=C2>=AVERAGE($C$2:$C$8)」는 [C2] ~ [C8]의 실적이 [C2:C8]의 실적 평균과 비교되어 그 이상이 되면 TRUE(참)를 반환하고, 미만이라면 FALSE(거짓)를 반환하게 된다.
따라서 부서가 '영업1팀'이고 이름이 '수'로 끝나거나, 부서가 '영업2팀'이고 실적이 실적의 평균 이상인 데이터가 나타난다.

02

정답 ④

윈도우에서 현재 사용하고 있는 창을 닫을 때는 '〈Ctrl〉+〈W〉'를 눌러야 한다.

03

정답 ②

「=SMALL(B3:B9,2)」은 [B3:B9] 범위에서 2번째로 작은 값을 구하는 함수이므로 7이 출력된다. 「=MATCH(7,B3:B9,0)」는 [B3:B9] 범위에서 7의 위치 값을 나타내므로 값은 4가 나온다. 따라서 「=INDEX(A3:E9,4,5)」의 결괏값은 [A3:E9]의 범위에서 4행, 5열에 위치한 대전이다.

04

정답 ②

ISNONTEXT 함수는 값이 텍스트가 아닐 경우 논리값 'TRUE'를 반환한다. [A2] 셀의 값은 텍스트이므로 함수의 결괏값으로 'FALSE'가 산출된다.

[오답분석]

① ISNUMBER 함수 : 값이 숫자일 경우 논리값 'TRUE'를 반환한다.
③ ISTEXT 함수 : 값이 텍스트일 경우 논리값 'TRUE'를 반환한다.
④ ISEVEN 함수 : 값이 짝수이면 논리값 'TRUE'를 반환한다.
⑤ ISODD 함수 : 값이 홀수이면 논리값 'TRUE'를 반환한다.

05

정답 ②

VLOOKUP은 목록 범위의 첫 번째 열에서 세로 방향으로 검색하면서 원하는 값을 추출하는 함수이고, HLOOKUP은 목록 범위의 첫 번째 행에서 가로방향으로 검색하면서 원하는 값을 추출하는 함수이다. 즉, 첫 번째 열에 있는 '박지성'의 결석값을 찾아야 하므로 VLOOKUP 함수를 이용해야 한다. VLOOKUP 함수의 형식은 「=VLOOKUP(찾을 값, 범위, 열 번호, 찾기 옵션)」이다. 범위는 절대참조로 지정해줘야 하며, 근사값을 찾고자 할 경우 찾기 옵션에 1 또는 TRUE를 입력하고 정확히 일치하는 값을 찾고자 할 경우 0 또는 FALSE를 입력해야 한다. 따라서 '박지성'의 결석 값을 찾기 위한 함수식은 「=VLOOKUP("박지성",$A$3:$D$5,4,0)」이다.

06

정답 ②

• [D11] 셀에 입력된 COUNTA 함수는 범위에서 비어있지 않은 셀의 개수를 구하는 함수이다. [B3:D9] 범위에서 비어있지 않은 셀의 개수는 숫자 '1' 10개와 '재제출 요망'으로 입력된 텍스트 2개로, 「=COUNTA(B3:D9)」의 결괏값은 12이다.
• [D12] 셀에 입력된 COUNT 함수는 범위에서 숫자가 포함된 셀의 개수를 구하는 함수이다. [B3:D9] 범위에서 숫자가 포함된 셀의 개수는 숫자 '1' 10개로, 「=COUNT(B3:D9)」의 결괏값은 10이다.
• [D13] 셀에 입력된 COUNTBLANK 함수는 범위에서 비어있는 셀의 개수를 구하는 함수이다. [B3:D9] 범위에서 비어있는 셀의 개수는 9개로, 「=COUNTBLANK(B3:D9)」의 결괏값은 9이다.

07

정답 ⑤

• COUNTIF 함수 : 지정한 범위 내에서 조건에 맞는 셀의 개수를 구한다.
• 함수식 : =COUNTIF(D3:D10,">=2023-07-01")

[오답분석]

① COUNT 함수 : 범위에서 숫자가 포함된 셀의 개수를 구한다.
② COUNTA 함수 : 범위가 비어있지 않은 셀의 개수를 구한다.
③ SUMIF 함수 : 주어진 조건에 의해 지정된 셀들의 합을 구한다.
④ MATCH 함수 : 배열에서 지정된 순서상의 지정된 값에 일치하는 항목의 상대 위치 값을 찾는다.

08

정답 ③

[오답분석]

①·② AND 함수는 인수의 모든 조건이 참(TRUE)일 경우에 성별을 구분하여 표시할 수 있으므로 적절하지 않다.
④ 함수식에서 "남자"와 "여자"가 바뀌었다.
⑤ 함수식에서 "2"와 "3"이 아니라, "1"과 "3"이 들어가야 한다.

CHAPTER

05 자원관리능력(행정직)

출제유형분석 01   실전예제

01

정답 ④

선택지에서 요일은 두 요일씩 짝지어져 있으므로 8시간의 윤리교육을 같은 요일에 이수하기 위해서는 해당 요일의 오전 일정이 4일간 비워져 있어야 한다. 월요일에는 14일 최고장 연치로 가능한 날이 3일뿐이고, 화요일에는 8일 오전 워크숍, 22일 노선 성대리 외근으로 가능한 날이 3일뿐이라 수강할 수 없다. 또한 목요일도 3일 오전 본사 회장 방문으로 가능한 날이 3일뿐이다. 수요일에는 30일 오전 임원진 간담회가 있지만, 이 날을 제외하고도 4일 동안 윤리교육 수강이 가능하며, 금요일에는 25일에 김대리 반차가 있지만 오후이므로 4일 동안 윤리교육 수강이 가능하다. 따라서 윤리교육이 가능한 요일은 수요일과 금요일이다.

02

정답 ①

- 인천에서 아디스아바바까지 소요 시간

(인천 → 광저우)	3시간 50분
(광저우 경유시간)	+4시간 55분
(광저우 → 아디스아바바)	+11시간 10분
	=19시간 55분

- 아디스아바바에 도착한 현지 날짜 및 시각

한국 시각	3월 5일 오전 8시 40분
소요 시간	+19시간 55분
시차	−6시간
	=3월 5일 오후 10시 35분

03

정답 ④

- 인천에서 말라보까지 소요 시간

(인천 → 광저우)	3시간 50분
(광저우 경유 시간)	+4시간 55분
(지연출발)	+2시간
(광저우 → 아디스아바바)	+11시간 10분
(아디스아바바 경유 시간)	+6시간 10분
(아디스아바바 → 말라보)	+5시간 55분
	=34시간

- 말라보에 도착한 현지 날짜 및 시각

한국 시각	3월 5일 오전 8시 40분
소요 시간	+34시간
시차	−8시간
	=3월 6일 오전 10시 40분

04

두 번째 조건에서 경유지는 서울보다 +1시간, 출장지는 경유지보다 −2시간이므로 출장지는 서울과 −1시간 차이다.

김대리가 서울에서 경유지를 거쳐 출장지까지 가는 과정을 서울 시각 기준으로 정리하면 다음과 같다.

• 서울 5일 오후 1시 35분 출발 → 오후 1시 35분+3시간 45분=오후 5시 20분 경유지 도착 → 오후 5시 20분+3시간 50분(대기시간)=오후 9시 10분 경유지에서 출발 → 오후 9시 10분+9시간 25분=6일 오전 6시 35분 출장지 도착

따라서 출장지에 도착했을 때 현지 시각은 서울보다 1시간 느리므로 오전 5시 35분이다.

05

밴쿠버 지사에 메일이 도착한 밴쿠버 현지 시각은 4월 22일 오전 12시 15분이지만, 업무 시간이 아니므로 메일을 읽을 수 없다. 따라서 밴쿠버 지사에서 가장 빠르게 읽을 수 있는 시각은 전력 점검이 끝난 4월 22일 오전 10시 15분이다. 모스크바는 밴쿠버와 10시간의 시차가 있으므로 이때의 모스크바 현지 시각은 4월 22일 오후 8시 15분이다.

출제유형분석 02 **실전예제**

01

먼저 조건과 급여명세서가 알맞게 표시되어 있는지 확인해보면, 국민연금과 고용보험은 조건의 금액과 일치한다. 4대 보험 중 건강보험과 장기요양을 계산하면 건강보험은 기본급의 6.24%로 회사와 50%씩 부담한다고 하여 2,000,000×0.0624×0.5=62,400원이지만 급여명세서에는 67,400−62,400=5,000원이 더 공제되었으므로 다음 달에 5,000원을 돌려받게 된다. 또한 장기요양은 건강보험료의 7.0% 중 50%로 2,000,000×0.0624×0.07×0.5=4,368원이며, 약 4,360원이므로 맞게 지급되었다.

네 번째 조건에서 야근수당은 기본급의 2%로 2,000,000×0.02=40,000원이며, 이틀 동안 야근하여 8만 원을 받고, 상여금은 5%로 2,000,000×0.05=100,000원을 받아야 하지만 급여명세서에는 5만 원으로 명시되어 있다.

A대리가 다음 달에 받게 될 소급액은 덜 받은 상여금과 더 공제된 건강보험료로 50,000+5,000=55,000원이다.

소급액을 반영한 다음 달 급여명세서는 다음과 같다.

⟨급여명세서⟩

(단위 : 원)

성명 : A		직책 : 대리	지급일 : 2024-4-25	
지급항목	지급액	공제항목		공제액
기본급	2,000,000	소득세		17,000
상여금	−	주민세		1,950
기타	−	고용보험		13,000
식대	100,000	국민연금		90,000
교통비	−	장기요양		4,360
복지후생	−	건강보험		62,400
소급액	55,000	연말정산		−
		공제합계		188,710
지급총액	2,155,000	차감수령액		1,966,290

따라서 A대리가 받게 될 다음 달 수령액은 1,966,290원이다.

02

- A씨 부부의 왕복 비용 : $(59,800 \times 2) \times 2 = 239,200$원
- 만 6세 아들의 왕복 비용 : $(59,800 \times 0.5) \times 2 = 59,800$원
- 만 3세 딸의 왕복 비용 : $59,800 \times 0.25 = 14,950$원

따라서 A씨 가족이 지불한 교통비는 $239,200 + 59,800 + 14,950 = 313,950$원이다.

03

정답 ③

정규시간 외에 초과근무가 있는 날의 시간외근무시간을 구하면 다음과 같다.

근무 요일	초과근무시간			1시간 공제
	출근	야근	합계	
1 ~ 15일	–	–	–	770분
18(월)	–	70분	70분	10분
20(수)	60분	20분	80분	20분
21(목)	30분	70분	100분	40분
25(월)	60분	90분	150분	90분
26(화)	30분	160분	190분	130분
27(수)	30분	100분	130분	70분
합계	–	–	–	1,130분

따라서 1,130분은 18시간 50분이고, 1시간 미만은 절사하므로 $7,000$원$\times 18$시간$=126,000$원이다.

04

정답 ⑤

2023년 3분기의 이전 분기 대비 수익 변화량(-108)이 가장 크다.

[오답분석]

① 수익은 2023년 2분기에 유일하게 증가하였다.
② 재료비를 제외한 금액은 2023년 4분기가 2022년 4분기보다 낮다.
③ 주어진 자료의 증감 추이를 통해 수익의 변화량은 제품가격의 변화량과 밀접한 관계가 있음을 알 수 있다.
④ 조사 기간에 수익이 가장 높을 때는 2023년 2분기이고, 재료비가 가장 낮을 때는 2023년 1분기이다.

05

정답 ①

2024년 1분기의 재료비는 $(1.6 \times 70,000) + (0.5 \times 250,000) + (0.15 \times 200,000) = 267,000$원이다. 2024년 1분기의 제품가격은 (2024년 1분기의 수익)+(2024년 1분기의 재료비)이며, 2024년 1분기의 수익은 2023년 4분기와 같게 유지된다고 하였으므로 291,000원이다. 따라서 $291,000 + 267,000 = 558,000$원이므로 책정해야 할 제품가격은 558,000원이다.

01

정답 ⑤

가격, 조명도, A/S 등의 요건이 주어진 조건에 모두 부합한다.

오답분석

① 예산이 150만 원이므로 예산을 초과하여 적절하지 않다.
② 신속한 A/S가 조건이므로 해외 A/S만 가능하여 적절하지 않다.
③ 조명도가 5,000lx 미만이므로 적절하지 않다.
④ 가격과 조명도도 적절하고 특이사항도 문제없지만 가격이 저렴한 제품을 우선으로 한다고 하였으므로 E가 적절하다.

02

정답 ④

제작하려는 홍보자료는 $20 \times 10 = 200$부이며, $200 \times 30 = 6,000$페이지이다. 이를 활용하여 업체당 인쇄 비용을 구하면 다음과 같다.

구분	페이지 인쇄 비용	유광표지 비용	제본 비용	할인을 적용한 총비용
A	$6,000 \times 50 = 30$만 원	$200 \times 500 = 10$만 원	$200 \times 1,500 = 30$만 원	$30 + 10 + 30 = 70$만 원
B	$6,000 \times 70 = 42$만 원	$200 \times 300 = 6$만 원	$200 \times 1,300 = 26$만 원	$42 + 6 + 26 = 74$만 원
C	$6,000 \times 70 = 42$만 원	$200 \times 500 = 10$만 원	$200 \times 1,000 = 20$만 원	$42 + 10 + 20 = 72$만 원 → 200부 중 100부 5% 할인 → (할인 안 한 100부 비용) + (할인한 100부 비용) $= 36 + (36 \times 0.95)$ $= 70$만 2천 원
D	$6,000 \times 60 = 36$만 원	$200 \times 300 = 6$만 원	$200 \times 1,000 = 20$만 원	$36 + 6 + 20 = 62$만 원
E	$6,000 \times 100 = 60$만 원	$200 \times 200 = 4$만 원	$200 \times 1,000 = 20$만 원	$60 + 4 + 20 = 84$만 원 → 총비용 20% 할인 $84 \times 0.8 = 67$만 2천 원

따라서 가장 저렴한 비용으로 인쇄할 수 있는 업체는 D인쇄소이다.

03

정답 ①

조건에 따라 가중치를 적용한 후보 도서들의 점수를 나타내면 다음과 같다.

(단위 : 점)

도서명	흥미도 점수	유익성 점수	1차 점수	2차 점수
재테크, 답은 있다	$6 \times 3 = 18$	$8 \times 2 = 16$	34	34
여행학개론	$7 \times 3 = 21$	$6 \times 2 = 12$	33	$33 + 1 = 34$
부장님의 서랍	$6 \times 3 = 18$	$7 \times 2 = 14$	32	-
IT혁명의 시작	$5 \times 3 = 15$	$8 \times 2 = 16$	31	-
경제정의론	$4 \times 3 = 12$	$5 \times 2 = 10$	22	-
건강제일주의	$8 \times 3 = 24$	$5 \times 2 = 10$	34	34

따라서 최종 선정될 도서는 '재테크, 답은 있다'와 '여행학개론'이다.

PART 1

04

업체들의 항목별 가중치 미반영 점수를 도출한 후, 가중치를 적용하여 선정점수를 도출하면 다음과 같다.

(단위 : 점)

구분	납품품질 점수	가격 경쟁력 점수	직원규모 점수	가중치 반영한 선정점수
A업체	90	90	90	$(90 \times 0.4) + (90 \times 0.3) + (90 \times 0.3) = 90$
B업체	80	100	90	$(80 \times 0.4) + (100 \times 0.3) + (90 \times 0.3) = 89$
C업체	70	100	80	$(70 \times 0.4) + (100 \times 0.3) + (80 \times 0.3) = 82$
D업체	100	70	80	$(100 \times 0.4) + (70 \times 0.3) + (80 \times 0.3) = 85$
E업체	90	80	100	$(90 \times 0.4) + (80 \times 0.3) + (100 \times 0.3) = 90$

따라서 선정점수가 가장 높은 업체는 90점을 받은 A업체와 E업체이며, 이 중 가격 경쟁력 점수가 더 높은 A업체가 선정된다.

출제유형분석 04 | 실전예제

01

승진시험 성적은 100점 만점이므로 제시된 점수를 그대로 반영하고 영어 성적은 5를 나누어서 반영한다. 성과 평가의 경우는 2를 나누어서 합산해, 그 합산점수가 가장 큰 사람을 선발한다. 합산점수는 다음과 같이 나온다.

(단위 : 점)

구분	A	B	C	D	E	F	G	H	I	J	K
합산점수	220	225	225	200	277.5	235	245	220	260	225	230

이때, 합산점수가 높은 E와 I는 동료평가에서 하를 받았으므로 승진 대상에서 제외된다. 따라서 다음 순위자인 F, G가 승진 대상자가 된다.

02

• 본부에서 36개월 동안 연구원으로 근무 → $0.03 \times 36 = 1.08$점
• 지역본부에서 24개월 근무 → $0.015 \times 24 = 0.36$점
• 특수지에서 12개월 동안 파견근무(지역본부 근무경력과 중복되어 절반만 인정) → $0.02 \times 12 \div 2 = 0.12$점
• 본부로 복귀 후 현재까지 총 23개월 근무 → $0.03 \times 23 = 0.69$점
• 현재 팀장(과장) 업무 수행 중
  – 내부평가결과 최상위 10% 총 12회 → $0.012 \times 12 = 0.144$점
  – 내부평가결과 차상위 10% 총 6회 → $0.01 \times 6 = 0.06$점
  – 금상 2회, 은상 1회, 동상 1회 수상 → $(0.25 \times 2) + (0.15 \times 1) + (0.1 \times 1) = 0.75$점 → 0.5점($\because$ 인정 범위 조건)
  – 시행결과평가 탁월 2회, 우수 1회 → $(0.25 \times 2) + (0.15 \times 1) = 0.65$점 → 0.5점($\because$ 인정 범위 조건)
따라서 Q과장에게 부여해야 할 가점은 3.454점이다.

03

• C사원은 혁신성, 친화력, 책임감이 '상 – 상 – 중'으로 영업팀의 핵심역량가치에 부합하며, 창의성과 윤리성은 '하'이지만 영업팀에서 중요하게 생각하지 않는 역량이기에 영업팀으로의 부서배치가 적절하다.
• E사원은 혁신성, 책임감, 윤리성이 '중 – 상 – 하'로 지원팀의 핵심역량가치에 부합하므로 지원팀으로의 부서배치가 적절하다.

출제유형분석 01 　실전예제

01

정답 ①

시스템적인 관점에서 인식하는 능력은 기술적 능력에 대한 것으로, 기술경영자의 역할보다는 기술관리자의 역할에 해당하는 내용이다.

02

정답 ①

기술 시스템은 '발명ㆍ개발ㆍ혁신의 단계 → ㉠ 기술 이전의 단계 → ㉡ 기술 경쟁의 단계 → 기술 공고화 단계'를 거쳐 발전한다. 또한, 기술 시스템의 발전 단계에는 단계별로 핵심적인 역할을 하는 사람들이 있다. 기술 경쟁의 단계에서는 ㉢ 기업가들의 역할이 더 중요해지고, 기술 공고화 단계에서는 이를 활성ㆍ유지ㆍ보수 등을 하기 위한 ㉣ 자문 엔지니어와 금융전문가 등의 역할이 중요해진다.

03

정답 ②

벤치마킹은 경쟁력을 제고하기 위한 방법의 일환으로 타사에서 배워오는 혁신 기법이다. 그러나 복제나 모방과는 다른 개념이다. 벤치마킹은 단순히 경쟁 기업이나 선도 기업의 제품을 복제하는 수준이 아니라 장ㆍ단점을 분석해 자사의 제품을 한층 더 업그레이드해 시장 경쟁력을 높이고자 하는 개념이다.

오답분석

① 벤치마크 : 기준이 되는 점, 측정기준으로 비교평가 대상으로 볼 수 있다.
③ 표절 : 다른 사람의 저작물의 일부 또는 전부를 몰래 따다 쓰는 행위를 의미한다.
④ 모방 : 다른 것을 본떠서 흉내 내는 행위를 말한다.
⑤ 차용 : 돈이나 물건 따위를 빌려서 쓰는 행위를 말한다.

04

정답 ②

②는 간접적 벤치마킹의 단점이다. 간접적 벤치마킹은 인터넷, 문서자료 등 간접적인 형태로 조사ㆍ분석하게 됨으로써 대상의 본질보다는 겉으로 드러나 보이는 현상에 가까운 결과를 얻을 수 있는 단점을 가진다.

05

정답 ②

기술선택을 위한 절차
• 외부환경 분석 : 수요 변화 및 경쟁자 변화, 기술 변화 등 분석
• 중장기 사업목표 설정 : 기업의 장기비전, 중장기 매출목표 및 이익목표 설정
• 내부역량 분석 : 기술능력, 생산능력, 마케팅 / 영업능력, 재무능력 등 분석
• 사업전략 수립 : 사업 영역 결정, 경쟁 우위 확보 방안 수립
• 요구기술 분석 : 제품 설계 / 디자인 기술, 제품 생산 공정, 원재료 / 부품 제조기술 분석
• 기술전략 수립 : 기술획득 방법 결정

01

사용 전 알아두기 네 번째에 제습기의 물통이 가득 찰 경우 작동이 멈춘다고 하였으므로 서비스센터에 연락해야 한다.

오답분석

① 실내 온도가 18℃ 미만일 때 냉각기에 결빙이 시작되어 제습량이 줄어들 수 있다.
② 컴프레서 작동으로 실내 온도가 올라갈 수 있다.
④ 여섯 번째 사항에서 10분 꺼두었다가 다시 켜서 작동하면 정상이라고 하였다.
⑤ 희망 습도에 도달하면 운전이 멈추고, 습도가 높아지면 다시 자동 운전으로 작동한다.

02

보증서가 없으면 영수증이 대신하는 것이 아니라, 제조일로부터 3개월이 지난 날이 보증기간 시작일이 된다.

오답분석

② 보증기간 안내에 따르면 제품 보증기간은 제조사 또는 제품 판매자가 소비자에게 정상적인 상태에서 자연 발생한 품질 성능
   기능 하자에 대하여 무료 수리해 주겠다고 약속한 기간이므로 옳은 내용이다.
③・④ 2017년 이전 제품은 2년이고, 나머지는 보증기간이 1년이다.
⑤ 제습기 부품 보증기간에 따르면 2016년 1월 이후 생산된 인버터 컴프레서의 보증기간은 10년이다.

03

두께 100 ~ 160micron 사이의 코팅지를 사용할 수 있으므로 120micron 코팅지는 사용할 수 있다.

오답분석

① 스위치를 'ON'으로 놓고 3 ~ 5분 정도 예열을 해야 하며, 예열표시등이 파란불에서 빨간불로 바뀌고 코팅을 할 수 있다.
② 코팅지는 봉합된 부분부터 코팅 투입구에 넣어야 한다.
④ 코팅지는 코팅기를 통과하며 기기 뒷면 코팅 배출구에서 나오고, 임의로 코팅지를 잡아당기면 안 된다.
⑤ 사용 완료 후 1 ~ 2시간 정도 열을 충분히 식힌 후에 이동 및 보관해야 한다.

04

코팅지가 기기에 걸렸을 경우 앞면의 스위치를 'OFF'로 돌려 전원을 차단시킨 다음 기기 뒷면에 있는 'REMOVE' 스위치를 화살표
방향으로 밀면서 코팅 서류를 조심스럽게 당겨 뽑아야 한다.

05

접착액이 다량으로 붙어 있는 경우는 기기에 코팅 필름이 들어가지 않을 때의 원인에 해당한다.

06

1 ~ 2월 이앙기 관리방법에 모두 방청유를 발라 녹 발생을 방지하는 내용이 있다.

오답분석

① 트랙터의 브레이크 페달 작동 상태는 2월의 점검 목록이다.
② 이앙기에 커버를 씌워 먼지 및 이물질에 의한 부식을 방지하는 것은 1월의 점검 목록이다.
④ 트랙터의 유압실린더와 엔진 누유 상태의 점검은 트랙터 사용 전 점검이 아니라 보관 중 점검 목록이다.
⑤ 매뉴얼에 없는 내용이다.

PART 2

직무수행능력

01	02	03	04	05	06	07	08	09	10	11	12	13	14	15	16	17	18	19	20
④	②	①	③	⑤	①	④	⑤	④	②	②	⑤	⑤	③	③	③	①	④	③	①

01
정답 ④

코즈 마케팅은 기업의 경영 활동과 사회적 이슈를 연계시키는 마케팅으로, 기업과 소비자의 관계를 통해 기업이 추구하는 사익(私益)과 사회가 추구하는 공익(公益)을 동시에 얻는 것을 목표로 한다.

오답분석

① 뉴로 마케팅(Neuro Marketing) : 뇌 속에서 정보를 전달하는 신경인 뉴런(Neuron)과 마케팅을 결합한 용어로, 소비자의 무의식에서 나오는 상품에 대한 감정, 구매 행위를 분석해 기업의 마케팅 전략에 효과적으로 적용하는 기법이다.
② 노이즈 마케팅(Noise Marketing) : 자신들의 상품을 각종 구설수에 휘말리도록 함으로써 소비자들의 이목을 집중시켜 판매를 늘리려는 마케팅 기법이다.
③ 앰부시 마케팅(Ambush Marketing) : 게릴라 작전처럼 기습적으로 행해지며 교묘히 규제를 피해 가는 마케팅 기법이다.
⑤ 감성 마케팅(Emotional Marketing) : 고객의 기분과 정서에 영향을 미치는 감성적인 것을 통해 브랜드와 고객 간의 유대 관계를 강화하는 마케팅 기법이다.

02
정답 ②

므두셀라 증후군은 추억을 아름답게 포장하거나 나쁜 기억은 지우고 좋은 기억만 남겨두려는 심리로, 기억 왜곡을 동반한 일종의 도피심리를 의미한다.

오답분석

① 스톡홀름 증후군(Stockholm Syndrome) : 인질이 인질범들에게 동화되어 그들에게 동조하는 비이성적 현상이다.
③ 순교자 증후군(Martyr Syndrome) : 과거의 일에 대해 부정적으로 기억하고 나쁜 감정만 떠올리는 심리이다.
④ 스마일 마스크 증후군(Smile Mask Syndrome) : 밝은 모습을 유지해야 한다는 강박에 슬픔과 분노 같은 감정을 제대로 발산하지 못해 심리적으로 불안정한 상태이다.
⑤ 리마 증후군(Lima Syndrome) : 인질범이 포로나 인질에게 강자로서 약자에게 갖는 동정심을 말한다.

03
정답 ①

제품믹스란 특정 판매업자가 구매자들에게 제공하는 제품계열과 품목들의 집합을 의미하는데, 어떤 제품믹스이든 폭과 깊이 및 다양성·일관성의 면에서 분석될 수 있다.

04
정답 ③

유한책임회사는 2012년 개정된 상법에 도입된 회사의 형태이다. 내부관계에 관하여는 정관이나 상법에 다른 규정이 없으면 합명회사에 관한 규정을 준용한다. 신속하고 유연하며 탄력적인 지배구조를 가지고 있고, 출자자가 직접 경영에 참여할 수 있다. 또한 각 사원이 출자금액만을 한도로 책임지므로 초기 상용화에 어려움을 겪는 청년 벤처 창업에 적합하다.

05

정답 ⑤

발기설립이란 설립 시 주식의 전부를 발기인만이 인수하여 설립하는 것을 말하고, 모집설립이란 설립 시 주식의 일부를 발기인이 우선 인수하고 주주를 모집하여 그 나머지를 인수하게 하는 설립방법을 의미한다. 이사와 감사는 취임 후 지체 없이 회사의 설립에 관한 모든 사항이 법령 또는 정관의 규정에 위반되지 않는지의 여부를 조사하여야 하는데 발기설립의 경우 이를 발기인에게 보고하고, 모집설립의 경우 창립총회에 보고한다.

06

정답 ①

주제품과 함께 사용되어야 하는 종속제품을 높은 가격으로 책정하여 마진을 보장하는 전략을 종속제품 가격결정이라고 한다.

[오답분석]
② 묶음 가격결정 : 몇 개의 제품들을 하나로 묶어서 할인된 가격으로 판매하는 전략이다.
③ 단수 가격결정 : 제품 가격의 끝자리를 단수로 표시하여 소비자들이 제품의 가격이 저렴하다고 느껴 구매하도록 하는 가격전략이다.
④ 침투 가격결정 : 빠른 시일 내에 시장에 깊숙이 침투하기 위해, 신제품의 최초가격을 낮게 설정하는 전략이다.
⑤ 스키밍 가격결정 : 신제품이 시장에 진출할 때 가격을 높게 책정한 후 점차적으로 그 가격을 내리는 전략이다.

07

정답 ④

[오답분석]
① 아웃소싱 : 경영 효과 및 효율의 극대화를 위한 방안으로 기업 업무의 일부 프로세스를 제3자에게 위탁해 처리하는 것이다.
② 인소싱 : 기업이나 조직의 서비스와 기능을 조직 안에서 총괄적으로 제공, 조달하는 방식이다.
③ 오픈소싱 : 원청업체와 납품업체의 개방적인 납품 – 하청 관계를 만드는 경영전략이다.
⑤ 스마트소싱 : 기업이 핵심 역량에만 집중하기 위해 비핵심 부문을 과감히 아웃소싱하는 경영전략이다.

08

정답 ⑤

버즈 마케팅은 소비자들이 자발적으로 상품 및 서비스에 대한 긍정적인 소문을 내도록 하는 마케팅 기법이다.

09

정답 ④

기업의 현재 가치가 실제 가치보다 상대적으로 저평가되어 주당 순이익에 비해 주가가 낮은 주식을 가치주라고 한다. 가치주는 현재의 가치보다 낮은 가격에서 거래된다는 점에서, 미래의 성장에 대한 기대로 인하여 현재의 가치보다 높은 가격에 거래되는 성장주와는 다르다. 또한 성장주에 비하여 주가의 변동이 완만하여 안정적 성향의 투자자들이 선호한다.

[오답분석]
② 황금주는 보유한 주식의 수량이나 비율에 관계없이, 극단적으로는 단 1주만 가지고 있더라도 적대적 M&A 등 기업의 주요한 경영 사안에 대하여 거부권을 행사할 수 있는 권리를 가진 주식을 말한다.

10

정답 ②

해외자회사의 경우 해외시장에서 많은 자금과 기술을 운영하기보다는 해외시장에 많은 자금과 인력을 투자해야 하므로 위험이 높은 편이다.

11

정답 ②

침투가격정책은 수요가 가격에 대하여 민감한 제품(수요의 가격탄력성이 높은 제품)에 많이 사용하는 방법이다.

12

정답 ⑤

사내유보 이익은 대차대조표를 통해 확인할 수 있다.

[오답분석]

① · ② · ③ 손익계산서는 일정기간 동안 기업의 경영활동 성과를 나타내는 회계보고서이다.

④ 손익계산서는 비용과 수익으로 나뉘며, 비용에는 매출원가, 판매비, 관리비, 영업외비용, 특별손실, 법인세비용 등이 있다.

13

정답 ⑤

경험곡선효과는 학습효과라고도 하며, 동일한 제품이나 서비스를 생산하는 두 기업을 비교할 때 일정기간 내에 상대적으로 많은 제품이나 서비스를 생산한 기업의 비용이 낮아지는 것을 의미한다. 이는 경험이 축적되면서 노동자들의 숙달로 인한 능률의 향상, 규모의 경제 확대, 기술혁신으로 인한 비용의 감축, 지속적인 업무 개선과 작업의 표준화 등으로 인해 원가를 최소화할 수 있는 것이다.

14

정답 ③

$(0.1 \times 0.2) + (0.2 \times 0.15) + (0.3 \times 0.1) + (0.4 \times 0.05) = 0.02 + 0.03 + 0.03 + 0.02 = 0.1$

따라서 기대수익률은 10%이다.

15

정답 ③

당기순이익은 영업이익에서 판매 물건을 생산하기 위해 발생한 비용 외 기타비용(예 관리비, 이자비용)이나 기타수익(예 이자수익, 잡이익 등), 법인세비용을 가감한 금액을 의미한다. 주어진 자료를 이용하여 계산해 보면 다음과 같다.

영업이익	+300,000
영업외 수익	+50,000
이자비용	-10,000
법인세비용	-15,000
합계	325,000

16

정답 ③

고정비는 10,000,000원이고, 단위당 판매가격은 10,000원이며 단위당 변동비가 5,000원이므로 변동비율은 0.5이다.

- (손익분기점의 매출액) $= \dfrac{(고정비)}{(공헌이익률)} = \dfrac{(고정비)}{1-(변동비율)} = \dfrac{10,000,000}{1-0.5} = 20,000,000$원

- (손익분기점 매출수량) $= \dfrac{(고정비)}{(단위당 공헌이익)} = \dfrac{(고정비)}{(단위당 판매가격)-(단위당 변동비)} = \dfrac{10,000,000}{10,000-5,000} = 2,000$개

17

정답 ①

- 선입선출법 : (8월 20일 분) $400 \times 90 +$ (8월 11일 분) $100 \times 85 = ₩44,500$
- 후입선출법 : (전기이월) $300 \times 70 +$ (8월 11일 분) $200 \times 85 = ₩38,000$

18

정답 ④

- 당기법인세 : {490,000(회계이익)+125,000(감가상각비한도초과액)+60,000(접대비한도초과액)−25,000(미수이자)}×20%
  =₩130,000
- 이연법인세자산 : 125,000(감가상각비한도초과액)×20%=₩25,000
- 이연법인세부채 : 25,000(미수이자)×20%=₩5,000
- 법인세비용 : 130,000+5,000−25,000=₩110,000

19

정답 ③

영업고정비의 비중이 클수록(영업레버리지가 클수록) 매출액 변동에 따른 영업이익의 변동은 더 증가한다.

20

정답 ①

[오답분석]
② 새로운 투자안의 선택에 있어서도 투자수익률이 자기자본비용을 넘어야만 한다.
③ 기업이 주식발생을 통해 자금조달을 할 경우 자본이용의 대가로 얼마의 이용 지급료를 산정해야 하는지는 명확하지 않다.
④ 기업이 조달한 자기자본의 가치를 유지하기 위해 최소한 벌어들여야 하는 수익률이다.
⑤ 베타와 증권시장선을 계산해서 미래의 증권시싱신으로 사용이겠는데, 이는 과거와 비슷한 혀상이 미래에도 발생할 수 있다는
  가정하에서만 타당한 방법이다.

01	02	03	04	05	06	07	08	09	10	11	12	13	14	15	16	17	18	19	20
①	②	⑤	⑤	②	④	③	④	④	④	④	⑤	④	②	⑤	③	⑤	③	⑤	③

01

정답 ①

케인스는 경기침체 시 정부가 적극적으로 개입하여 총수요 증대를 이끌어야 한다고 주장하였다.

[오답분석]

② 고전학파의 거시경제론에 대한 설명이다.

③ 케인스의 거시경제론에 대한 설명이다.

④ 고전학파의 이분법에 대한 설명이다.

⑤ 케인스의 화폐중립성에 대한 설명이다.

02

정답 ②

사회후생의 극대화는 자원배분의 파레토효율성이 달성되는 효용가능경계와 사회무차별곡선이 접하는 점에서 이루어진다. 그러므로 파레토효율적인 자원배분하에서 항상 사회후생이 극대화되는 것은 아니며, 사회후생 극대화는 무수히 많은 파레토효율적인 점들 중의 한 점에서 달성된다.

03

정답 ⑤

물은 우리 삶에 필수적으로 필요한 유용하고 사용가치가 높은 재화이지만 다이아몬드의 가격이 더 비싸다. 이는 다이아몬드가 물보다 희소성이 크기 때문이다. 여기서 희소성이란 인간의 욕망에 비해 그것을 충족시키는 수단이 질적으로나 양적으로 한정되어 있거나 부족한 상태를 의미한다.

04

정답 ⑤

지현ㆍ진솔 : 필수재일수록, 소득에서 차지하는 비중이 큰 지출일수록 가격에 대한 수요의 가격탄력성이 크다.

[오답분석]

• 보검 : 가격에 대한 수요가 탄력적인 경우에 가격이 인상되면, 가격 인상률보다 수요 하락률이 더 커지기 때문에 매출은 감소하게 된다.

• 지철 : 우하향하는 직선의 수요곡선상에서 가격탄력성은 무한대로 시작하여 가격이 낮아질수록 작아지다가 가격이 '0'일 때는 '0'의 값을 갖는다.

05

정답 ②

어떤 상품이 정상재인 경우 이 재화의 수요가 증가하면 수요곡선 자체를 오른쪽으로 이동시켜 재화의 가격이 상승하면서 동시에 거래량이 증가한다. 소비자의 소득 증가, 대체재의 가격 상승, 보완재의 가격 하락, 미래 재화가격 상승 예상, 소비자의 선호 증가 등이 수요를 증가시키는 요인이 될 수 있다. 한편, 생산기술의 진보, 생산요소의 가격 하락, 생산자의 수 증가, 조세 감소 등은 공급의 증가요인으로 공급곡선을 오른쪽으로 이동시킨다.

06

정답 ④

공공재의 시장수요곡선은 각각의 수요곡선의 합이다. 그러므로 K시 공공재의 시장수요곡선 $P=(10-Q)+(10-0.5Q)=20-1.5Q$이고, 한계비용 $MC=5$이므로 $20-1.5Q=5$이다. 따라서 $Q=10$이다.

07

정답 ③

'공짜 점심은 없다.'라는 의미는 무엇을 얻고자 하면 보통 그 대가로 무엇인가를 포기해야 한다는 뜻으로 해석할 수 있다. 즉, 어떠한 선택에는 반드시 포기하게 되는 다른 가치가 존재한다는 의미이다. 시간이나 자금의 사용은 다른 활동에의 시간 사용, 다른 서비스나 재화의 구매를 불가능하게 만들어 기회비용을 유발한다. 정부의 예산배정, 여러 투자상품 중 특정 상품의 선택, 경기활성화와 물가안정 사이의 상충관계 등이 기회비용의 사례가 될 수 있다.

08

정답 ④

비교우위를 계산하기 위해서는 각 상품을 생산할 때의 기회비용을 계산해야 한다. 두 국가의 기회비용을 표로 나타내면 다음과 같다.

구분	C상품	D상품
A국가	$\dfrac{6}{10}$	$\dfrac{10}{6}$
B국가	$\dfrac{6}{2}$	$\dfrac{2}{6}$

따라서 A국가는 B국가에 C상품을, B국가는 A국가에 D상품을 수출하면 두 국가 모두에게 이득이다.

09

정답 ④

[오답분석]
① 후생경제학 제1정리는 효율적 자원배분은 시장구조가 완전경쟁적인 경우에 달성될 수 있음을 보여준다.
② 후생경제학 제2정리는 효율적 자원배분은 정부가 초기부존자원을 적절히 재분배할 때 시장기구에 의해 달성될 수 있음을 보여준다.
③ 차선의 이론에 따르면 모든 효율성이 충족되지 못하는 상태에서 더 많은 효율성 조건이 충족된다고 해서 효율적인 자원배분을 보장할 수 없다.
⑤ 공리주의 주장에 따르면 사회후생함수(SW)는 각 개인의 효용의 합으로 나타난다. 즉, 사회가 2인(A와 B)으로 구성되고 각각의 효용을 U_A, U_B라 할 경우 사회후생함수(SW)는 $SW=U_A+U_B$로 표현된다.

10

정답 ④

무관세 자유무역과 비교하면 관세부과 때문에 CGH+FIK라는 총 잉여가 감소했으며, 관세에 의한 경제적 순손실이 발생하였다. CGH는 과잉생산으로 인한 경제적 순손실이며, FIK는 과소소비에 의한 경제적 순손실이다.

11

어떤 재화 1단위의 산출에 필요한 요소 i의 투입량이 $a_i=(i=1,\ 2,\ \cdots,\ n)$로 고정되어 있을 때, 투입$(x_1,\ \cdots,\ x_n)$으로부터 얻을 수 있는 산출량 y는 $y=\min\{x_1/a_1,\ \cdots,\ x_n/a_n\}$이고, 이러한 생산함수를 레온티에프 생산함수라 한다. 레온티에프 생산함수에서는 하나의 요소투입을 감소시키면 다른 요소를 아무리 증가시키더라도 결코 원래의 산출량을 생산할 수 없기 때문에 요소 간에 대체가 불가능함을 내포하고 있다. 한편 제시된 레온티에프형 생산함수로부터 $L=\dfrac{Q}{2}$, $K=Q$를 도출할 수 있다. $TC=wL+rK$이므로 $TC=2\left(\dfrac{Q}{2}\right)+5Q=6Q$이다. 따라서 $MC=6$이다.

12

[오답분석]

① 콥 – 더글라스 생산함수 $Q=AL^{\alpha}K^{\beta}$에서 $\alpha+\beta>1$인 경우 규모에 대한 수익은 체증한다. 문제의 경우 1.5이므로 규모에 대한 수익 체증이다.

② 노동의 한계생산 $MP_L=\dfrac{\partial Q}{\partial L}=0.5L^{-0.5}K$가 된다. 이때 노동을 늘릴수록 노동의 한계생산은 감소한다.

③ 자본의 한계생산 $MP_K=\dfrac{\partial Q}{\partial K}=L^{0.5}$가 된다. 이때, 노동을 늘릴수록 자본의 한계생산은 증가한다.

④ • 최적상태의 도출 : $\min C=wL+rK,\ s.t\ L^{0.5}K=Q$

　 • 비용극소화 조건 : $MRTS_{LK}=\dfrac{MP_L}{MP_K}=\dfrac{0.5L^{-0.5}K}{L^{0.5}}=\dfrac{K}{2L}=\dfrac{w}{r}\ \Rightarrow\ 2Lw=rK$

　 따라서 노동과 자본의 단위당 가격이 동일하다면 $2L=K$이므로 자본투입량은 노동투입량의 2배가 된다.

13

필립스곡선이란 인플레이션율과 실업률 간에 단기 상충관계가 존재함을 보여주는 곡선이다. 하지만 장기적으로 인플레이션율과 실업률 사이에는 특별한 관계가 성립하지 않는다. 대상기간이 길어지면 사람들의 인플레이션에 대한 기대가 바뀔 수 있고 오일쇼크와 같은 공급 충격도 주어질 수 있기 때문에 장기적으로는 필립스곡선이 성립하지 않는 것이다. 따라서 인플레이션 기대나 원자재 가격 상승 때문에 물가가 상승할 때는 실업률이 하락하지 않을 수 있다.

14

두 상품이 완전대체재인 경우의 효용함수는 $U(X,\ Y)=aX+bY$의 형태를 갖는다. 따라서 무차별곡선의 형태는 MRS가 일정한 직선의 형태를 갖는다.

15

펀더멘털(Fundamental)은 국가나 기업의 경제 상태를 가늠할 수 있는 기초경제여건이다. 대개 경제성장률, 물가상승률, 실업률, 경상수지 등 경제 상태를 표현하는 데 기초적인 자료가 되는 주요 거시경제지표가 이에 해당한다.

16

통화승수는 통화량을 본원통화로 나눈 값이다.

통화승수 $m = \dfrac{1}{c+z(1-c)}$ 이므로, 현금통화비율(c)이 하락하거나 지급준비율(z)이 낮아지면 통화승수가 증가한다.

17

원화가치 상승에 따라 수출감소 및 수입증대 현상이 나타난다.

[오답분석]
① 기준금리 인상은 경기 과열을 진정시킨다.
② 투자, 소비 활동이 줄어들면 경기둔화로 이어져 물가하락 효과를 기대할 수 있다.
③ 단기시장금리가 가장 먼저 움직이고, 점차 장기시장금리 상승으로 이어진다.
④ 예금금리, 대출금리 모두 단기시장금리의 영향을 받기 때문에 함께 상승한다.

18

원자재가격 상승으로 인한 기업 생산비의 증가는 총공급곡선을 왼쪽으로 이동시킨다. 한편, 기준금리 인상으로 이자율이 상승하면 투자와 소비가 위축되므로 총수요곡선도 왼쪽으로 이동한다. 이 경우 실질 GDP는 크게 감소하게 되는 반면, 물가는 증가하는지 감소하는지 알 수 없다.

19

[오답분석]
① 완전고용은 실업률이 0인 상태를 의미하지는 않는다. 일자리를 옮기는 과정에 있는 사람들이 실업자로 포함될 가능성이 있기 때문이다.
② 경기적 실업이나 구조적 실업은 비자발적 실업이다. 자발적 실업에는 마찰적 실업과 탐색적 실업이 있다.
③ 실업률은 실업자 수를 경제활동인구 수로 나누고 100을 곱한 수치이다.
④ 취업의사가 있더라도 지난 4주간 구직활동을 하지 않았다면 구직단념자로 보고, 이들은 비경제활동인구로 분류된다.

20

- 리카도 대등정리의 개념
  정부지출수준이 일정할 때, 정부지출의 재원조달 방법(조세 또는 채권)의 변화는 민간의 경제활동에 아무 영향도 주지 못한다는 것을 보여주는 이론이다.
- 리카도 대등정리의 가정
  - 저축과 차입이 자유롭고 저축이자율과 차입이자율이 동일해야 한다.
  - 경제활동인구 증가율이 0%이어야 한다.
  - 합리적이고 미래지향적인 소비자이어야 한다.
  - 정부지출수준이 일정해야 한다.

01	02	03	04	05	06	07	08	09	10	11	12	13	14	15	16	17	18	19	20
①	①	④	①	④	②	③	⑤	④	③	⑤	⑤	④	⑤	③	①	②	③	①	④

01

정답 ①

권능은 소유권에서 파생되는 사용권・수익권・처분권과 같이 권리에서 파생되는 개개의 법률상의 자격을 말한다.

권리와의 구별개념

구분	내용
권한(權限)	타인을 위하여 법률행위를 할 수 있는 법률상의 자격이다(예 이사의 대표권, 국무총리의 권한 등).
권능(權能)	권리에서 파생되는 개개의 법률상의 자격을 권능이라 한다(예 소유권자의 소유권에서 파생되는 사용권・수익권・처분권).
권원(權原)	어떤 법률적 또는 사실적 행위를 하는 것을 정당화시키는 법률상의 원인을 말한다(예 지상권, 대차권).
권리(權利)	일정한 이익을 누릴 수 있게 법이 인정한 힘을 말한다(예 지배권, 형성권, 항변권 등).
반사적 이익 (反射的 利益)	법이 일정한 사실을 금지하거나 명하고 있는 결과, 어떤 사람이 저절로 받게 되는 이익으로서 그 이익을 누리는 사람에게 법적인 힘이 부여된 것은 아니기 때문에 타인이 그 이익의 향유를 방해하더라도 그것의 보호를 청구하지 못한다(예 도로・공원 등 공물의 설치로 인한 공물이용자의 이익, 공중목욕탕 영업의 거래제한으로 인하여 이미 허가를 받은 업자의 사실상의 이익).

02

정답 ①

모든 제도를 정당화시키는 최고의 헌법원리는 국민주권의 원리이다.

03

정답 ④

상사에 관하여는 상법에 규정이 없으면 상관습법에 의하고 상관습법이 없으면 민법의 규정에 의한다(상법 제1조)는 점을 주의하여야 한다. 따라서 상법의 적용순서는 '상법 → 상관습법 → 민사특별법 → 민법 → 민사관습법 → 조리'의 순이다.

04

정답 ①

역사적으로 속인주의에서 속지주의로 변천해 왔으며 오늘날 국제사회에서 영토의 상호존중과 상호평등원칙이 적용되므로 속지주의가 원칙이며 예외적으로 속인주의가 적용된다.

05

정답 ④

㉠은 시공자의 흠이라는 위법한 행정행위에 대한 것이므로 손해배상이, ㉡은 정당한 법집행에 대한 것이므로 손실보상이 타당하다.

06

행정행위(처분)의 부관이란 행정행위의 일반적인 효과를 제한하기 위하여 주된 의사표시에 붙여진 종된 의사표시로 행정처분에 대하여 부가할 수 있다. 부관의 종류에는 조건, 기한, 부담 등이 있다.

- 조건 : 행정행위의 효력의 발생 또는 소멸을 발생이 불확실한 장래의 사실에 의존하게 하는 행정청의 의사표시로서, 조건성취에 의하여 당연히 효력을 발생하게 하는 정지조건과 당연히 그 효력을 상실하게 하는 해제조건이 있다.
- 기한 : 행정행위의 효력의 발생 또는 소멸을 발생이 장래에 도래할 것이 확실한 사실에 의존하게 하는 행정청의 의사표시로서, 기한의 도래로 행정행위가 당연히 효력을 발생하는 시기와 당연히 효력을 상실하는 종기가 있다.
- 부담 : 행정행위의 주된 의사표시에 부가하여 그 상대방에게 작위・부작위・급부・수인의무를 명하는 행정청의 의사표시로서, 특허・허가 등의 수익적 행정행위에 붙여지는 것이 보통이다.
- 철회권의 유보 : 행정행위의 주된 의사표시에 부수하여 장래 일정한 사유가 있는 경우에 그 행정행위를 철회할 수 있는 권리를 유보하는 행정청의 의사표시이다(숙박업 허가를 하면서 윤락행위를 하면 허가를 취소한다는 경우).

07

지방자치법 제34조 조례위반에 대한 과태료의 경우에는 과태료의 부과・징수에 관한 일반법인 질서위반행위규제법이 적용되므로 그에 대한 불복이 있으면 항고소송이 아니라 질서위반행위규제법에 따른 비송사건절차법의 절차에 의하여 과태료처분을 한다(질서위반행위규제법 제1조・제20조).

[오답분석]

① 질서위반행위규제법 제28조, 대판 1993.11.23, 93누16833
② 질서위반행위규제법 제7조
⑤ 대판 2012.10.11, 2011두19369

08

ㄱ. 전세권은 설정계약, 취득시효, 양도 또는 상속에 의하여 취득할 수 있다.
ㄴ. 민법 제319조
ㄷ. 후순위 전세권자가 경매를 신청하여 매각되면, 선순위 저당권과 후순위 전세권 모두 소멸한다.
ㄹ. 임대인과 임차인이 임대차계약을 체결하면서 임대차보증금을 전세금으로 하는 전세권설정등기를 경료한 경우 임대차보증금은 전세금의 성질을 겸하게 되므로, 당사자 사이에 다른 약정이 없는 한 임대차보증금 반환의무는 민법 제317조에 따라 전세권설정등기의 말소의무와도 동시이행관계에 있다(대판 2011.3.24., 2010다95062).

09

채권이 이중으로 양도된 경우의 양수인 상호 간의 우열은 통지 또는 승낙에 붙여진 확정일자의 선후에 의하여 결정할 것이 아니라, 채권양도에 대한 채무자의 인식, 즉 확정일자 있는 양도통지가 채무자에게 도달한 일시 또는 확정일자 있는 승낙의 일시의 선후에 의하여 결정하여야 한다(대판 1994.4.26, 93다24223).

[오답분석]

① 대판 1969.12.23., 69다1745
② 지명채권(이하 '채권')의 양도라 함은 채권의 귀속주체가 법률행위에 의하여 변경되는 것, 즉 법률행위에 의한 이전을 의미한다. 여기서 '법률행위'란 유언 외에는 통상 채권이 양도인에게서 양수인으로 이전하는 것 자체를 내용으로 하는 그들 사이의 합의(채권양도계약)를 가리키고, 이는 이른바 준물권행위 또는 처분행위로서의 성질을 가진다(대판 2011.3.24, 2010다100711).
③ 대판 2003.12.11, 2001다3771
⑤ 민법 제450조 제1항

10

㉠ 우리 민법은 정주의 사실을 요건으로 하여 주소를 결정하는 객관주의 태도를 취하고 있다.
㉣ 우리 민법은 주소가 두 곳 이상일 수 있는 복수주의 태도를 취하고 있다.

11

정답 ⑤

추인은 취소의 원인이 소멸된 후에 하여야만 효력이 있으나(민법 제144조 제1항), 법정대리인 또는 후견인이 추인하는 경우에는 취소원인이 소멸되지 않아도 추인할 수 있다(민법 제144조 제2항).

① 취소된 법률행위는 처음부터 무효인 것으로 본다(민법 제141조).
② 불공정한 법률행위로서 무효인 경우에는 추인에 의하여 무효인 법률행위가 유효로 될 수 없다(대판 1994.6.24., 94다10900).
③ 취소된 법률행위에 기하여 이미 이행된 급부는 법률상 원인이 없게 되므로 민법 제741조에 따라 부당이득으로 반환되어야 한다.
④ 취소할 수 있는 법률행위는 제140조에 규정한 자가 추인할 수 있고 추인 후에는 취소하지 못한다(민법 제143조 제1항).

12

정답 ⑤

① 민법상 조합원은 조합의 존속기간이 정해져 있는 경우 등을 제외하고는 원칙적으로 언제든지 조합에서 탈퇴할 수 있고(민법 제716조), 조합원이 탈퇴하면 그 당시의 조합재산상태에 따라 다른 조합원과 사이에 지분의 계산을 하여 지분환급청구권을 가지게 되는바(민법 제719조), 조합원이 조합을 탈퇴할 권리는 그 성질상 조합계약의 해지권으로서 그의 일반재산을 구성하는 재산권의 일종이라 할 것이고 채권자대위가 허용되지 않는 일신전속적 권리라고는 할 수 없다(대판 2007.11.30. 자, 2005마1130).
② 민법 제404조 소정의 채권자대위권은 채권자가 자신의 채권을 보전하기 위하여 채무자의 권리를 자신의 이름으로 행사할 수 있는 권리라 할 것이므로, 채권자가 채무자의 채권자취소권을 대위행사하는 경우, 제소기간은 대위의 목적으로 되는 권리의 채권자인 채무자를 기준으로 하여 그 준수 여부를 가려야 할 것이고, 따라서 채권자취소권을 대위행사하는 채권자가 취소원인을 안 지 1년이 지났다 하더라도 채무자가 취소원인을 안 날로부터 1년, 법률행위가 있은 날로부터 5년 내라면 채권자취소의 소를 제기할 수 있다(대판 2001.12.27. 선고 2000다73049).
③ 채권자는 자기의 채무자에 대한 부동산의 소유권이전등기청구권 등 특정채권을 보전하기 위하여 채무자가 방치하고 있는 그 부동산에 관한 특정권리를 대위하여 행사할 수 있고 그 경우에는 채무자의 무자력을 요건으로 하지 아니하는 것이다(대판 1992.10.27. 선고 91다483).
④ 채권자가 자기의 금전채권을 보전하기 위하여 채무자의 금전채권을 대위행사하는 경우 제3채무자로 하여금 채무자에게 지급의무를 이행하도록 청구할 수도 있지만, 직접 대위채권자 자신에게 이행하도록 청구할 수도 있다(대판 2016.8.29. 선고 2015다236547).

13

정답 ④

판결에 의하여 확정된 채권은 단기의 소멸시효에 해당한 것이라도 그 소멸시효는 10년으로 하므로 옳은 설명이다(민법 제165조 제1항).

① 甲의 대여금채권의 소멸시효 기산점은 2010. 5. 1.이 아니라 변제기인 2010. 12. 31.부터 진행된다.
②·⑤ 내용증명은 시효중단의 효력이 없다. 소멸시효의 중단 사유로는 청구, 압류 또는 가압류, 가처분, 승인이 있다(민법 제168조).
③ 승인에 의한 시효중단으로 소멸시효는 새로 진행한다.

14

정답 ⑤

행정주체와 국민과의 관계는 행정주체인 국가의 물품공급계약관계, 공사도급계약관계, 국가의 회사주식매입관계, 국채모집관계 등과 같이 상호 대등한 당사자로서 사법관계일 때도 있고, 행정주체와 국민은 법률상 지배자와 종속관계의 위치로 인·허가 및 그 취소, 토지의 수용 등과 같이 행정주체가 국민에게 일방적으로 명령·강제할 수 있는 공법관계일 때도 있다.

15

정답 ③

주채무자의 부탁으로 보증인이 된 자가 과실 없이 변제 기타의 출재로 주채무를 소멸하게 한 때에는 주채무자에 대하여 구상권이 있다(민법 제441조 제1항).

16

정답 ①

질권에 대한 내용이다(민법 제329조).

[오답분석]
② 유치권은 타인의 물건이나 유가증권을 점유한 자가 그 물건이나 유가증권에 관하여 생긴 채권이 변제기에 있는 경우에 그 채권을 변제받을 때까지 그 물건이나 유가증권을 유치할 수 있는 법정담보물권이다(민법 제320조).
③ 저당권은 채권자가 채무자 또는 제3자로부터 점유를 옮기지 않고 그 채권의 담보로 제공된 부동산에 대하여 일반 채권자에 우선하여 변제를 받을 수 있는 약정담보물권이다(민법 제356조).
④ 양도담보권은 채권담보의 목적으로 물건의 소유권을 채권자에게 이전하고 채무자가 이행하지 아니한 경우에는 채권자가 그 목적물로부터 우선변제를 받게 되지만, 채무자가 이행을 하는 경우에는 목적물을 다시 원소유자에게 반환하는 비전형담보물권이다.
⑤ 임차권은 임대차계약에 의하여 임차인이 임차물을 사용·수익하는 권리이다(민법 제618조).

17

 정답 ②

ㄱ. 헌법 제117조, 제118조가 제도적으로 보장하고 있는 지방자치의 본질적 내용은 '자치단체의 보장, 자치기능의 보장 및 자치사무의 보장'이라고 할 것이나, … 마치 국가가 영토고권을 가지는 것과 마찬가지로, 지방자치단체에게 자신의 관할구역 내에 속하는 영토, 영해, 영공을 자유로이 관리하고 관할구역 내의 사람과 물건을 독점적, 배타적으로 지배할 수 있는 권리가 부여되어 있다고 할 수는 없다(헌재결 2006.3.30., 2003헌라2).
ㄷ. 지방자치법은 지방자치단체장의 계속 재임을 3기로 제한하고 있는데, 지방자치단체의 폐지·통합 시 지방자치단체장의 계속 재임을 3기로 제한함에 있어 폐지되는 지방자치단체장으로 재임한 것까지 포함시킬지 여부는 입법자의 재량에 달려 있다. 이처럼 우리 헌법 어디에도 지방자치단체의 폐지·통합 시 새로 설치되는 지방자치단체의 장으로 선출된 자에 대하여 폐지되는 지방자치단체장으로 재임한 기간을 포함하여 계속 재임을 3기로 제한하도록 입법자에게 입법 위임을 하는 규정을 찾아볼 수 없으며, 달리 헌법 해석상 그러한 법령을 제정하여야 할 입법자의 의무가 발생하였다고 볼 여지 또한 없다. 따라서 이 사건 입법부작위에 대한 심판청구는 진정입법부작위에 대하여 헌법소원을 제기할 수 있는 경우에 해당하지 아니한다(헌재결 2010.6.24., 2010헌마167).
ㅁ. 감사원의 지방자치단체에 대한 감사는 합법성 감사에 한정되지 않고 자치사무에 대하여도 합목적성 감사가 가능하여, 국가감독권 행사로서 지방자치단체의 자치사무에 대한 감사원의 사전적·포괄적 감사가 인정된다(헌재결 2009.5.28., 2006헌라6).

[오답분석]
ㄴ. 지방자치단체의 폐지·분합은 지방자치단체의 자치권의 침해 문제와 더불어 그 주민의 헌법상 보장된 기본권의 침해 문제도 발생시킬 수 있다. 지방자치단체의 폐지·분합을 규정한 법률의 제정과정에서 주민 투표를 실시하지 아니하였다 하여 적법절차원칙을 위반하였다고 할 수 없다(헌재결 1995.3.23., 94헌마175).
ㄹ. 지방자치단체는 법령의 범위 안에서 그 사무에 관하여 조례를 제정할 수 있다. 다만, 주민의 권리 제한 또는 의무 부과에 관한 사항이나 벌칙을 정할 때에는 법률의 위임이 있어야 한다. 조례에 대한 법률의 위임은 법규명령에 대한 법률의 위임과 같이 반드시 구체적으로 범위를 정하여 할 필요가 없으며 포괄적인 것으로 족하다(헌재결 1995.4.20., 92헌마264).

18

정답 ③

실종선고를 받아도 당사자가 존속한다면 그의 권리능력은 소멸되지 않는다. 실종선고기간이 만료한 때 사망한 것으로 간주된다(민법 제28조).

19

정답 ①

간주(의제)는 추정과 달리 반증만으로 번복이 불가능하고 '취소절차'를 거쳐야만 그 효과를 전복시킬 수 있다. 따라서 사실의 확정에 있어서 간주는 효력이 추정보다 더 강하다고 할 수 있다.

오답분석

② "~한 것으로 본다."라고 규정하고 있으면 이는 간주규정이다.
③ 실종선고를 받은 자는 전조의 기간이 만료한 때에 사망한 것으로 본다(민법 제28조).
④ 추정에 대한 설명이다.
⑤ 간주에 대한 설명이다.

20

정답 ④

④는 단기소멸시효 3년에 해당하고, 나머지는 1년의 소멸시효에 해당한다.

단기소멸시효 1년과 3년의 비교

1년의 소멸시효 (민법 제164조)	1. 여관, 음식점, 대석, 오락장의 숙박료, 음식료, 대석료, 입장료, 소비물의 대가 및 체당금의 채권 2. 의복, 침구, 장구 기타 동산의 사용료의 채권 3. 노역인, 연예인의 임금 및 그에 공급한 물건의 대금채권 4. 학생 및 수업자의 교육, 의식 및 유숙에 관한 교주, 숙주, 교사의 채권
3년의 소멸시효 (민법 제163조)	1. 이자, 부양료, 급료, 사용료 기타 1년 이내의 기간으로 정한 금전 또는 물건의 지급을 목적으로 한 채권 2. 의사, 조산사, 간호사 및 약사의 치료, 근로 및 조제에 관한 채권 3. 도급받은 자, 기사 기타 공사의 설계 또는 감독에 종사하는 자의 공사에 관한 채권 4. 변호사, 변리사, 공증인, 공인회계사 및 법무사에 대한 직무상 보관한 서류의 반환을 청구하는 채권 5. 변호사, 변리사, 공증인, 공인회계사 및 법무사의 직무에 관한 채권 6. 생산자 및 상인이 판매한 생산물 및 상품의 대가 7. 수공업자 및 제조자의 업무에 관한 채권

PART 2

01	02	03	04	05	06	07	08	09	10	11	12	13	14	15	16	17	18	19	20
①	③	④	③	②	②	②	③	⑤	①	②	①	③	③	①	②	①	⑤	⑤	⑤

01

정답 ①

행정지도는 상대방의 임의적 협력을 구하는 비강제적 행위로서, 법적 분쟁을 사전에 회피할 수 있다는 장점이 있다.

오답분석
② 행정주체가 행정객체를 유도하는 행위이므로 행정환경의 변화에 대해 탄력적으로 적용이 가능하다는 것이 행정지도의 장점이다.
③ 행정지도는 비권력적 행위로서 강제력을 갖지 않는다.
④ 강제력 없이 단순 유도하는 행위로서, 이와 관련해 행정주체는 감독권한을 갖지 못한다.
⑤ 행정지도는 비권력적 사실행위에 해당된다.

02

정답 ③

ㄱ. 파머는 유기적 행정을 위해 행정조직의 구조가 유연해져야 한다고 주장하였다.
ㄷ. 담론이론에서 행정은 시민들이 민주적으로 참여하고 토론하는 공간이 되어야 한다고 주장하였다.

오답분석
ㄴ. 파머는 타인을 자신과 동등한 주체로 인식하는 것을 바탕으로 개방적이고 반권위적 시민참여 행정을 강조하였다.

03

정답 ④

ㄴ. 국가재정법 제17조에는 "한 회계연도의 모든 수입을 세입으로 하고, 모든 지출은 세출로 한다."는 내용이 명시되어 있다.
ㄷ. 지방재정법 제34조 제3항에 따르면 해당 경우는 적용 예외사항으로 규정되어 있다.

오답분석
ㄱ. 예산총계주의는 세입과 세출에 대해 누락 없이 예산에 계상해야 한다는 완전성에 대한 원칙이다. ㄱ은 명료성의 원칙에 대한 설명이다.

04

정답 ③

ㄱ. 신공공관리론은 기업경영의 논리와 기법을 정부에 도입·접목하려는 노력이다.
ㄷ. 신공공관리론은 거래비용이론, 공공선택론, 주인 – 대리인이론 등을 이론적 기반으로 한다.
ㅁ. 신공공관리론은 가격과 경쟁에 의한 행정서비스 공급으로 공공서비스의 생산성을 강조하기 때문에 형평의 저해 가능성이 있다.

오답분석
ㄴ. 신공공관리론은 법규나 규칙중심의 관리보다는 임무와 사명중심의 관리를 강조한다.
ㄹ. 중앙정부의 감독과 통제를 강화하는 것은 전통적인 관료제 정부의 특징이다. 신공공관리론은 분권을 강조한다.

05

정답 ②

건축물의 설계도처럼 조직의 정보화 환경을 정확히 묘사한 밑그림으로서 조직의 비전, 전략, 업무, 정보기술 간 관계에 대한 현재와 목표를 문서화 한 것은 정보기술아키텍처이다.

오답분석

① 블록체인 네트워크 : 가상화폐를 거래할 때 해킹을 막기 위한 기술망으로 출발한 개념이며, 블록에 데이터를 담아 체인 형태로 연결, 수많은 컴퓨터에 동시에 이를 복제해 저장하는 분산형 데이터 저장 기술을 말한다.
③ 제3의 플랫폼 : 전통적인 ICT 산업인 제2플랫폼(서버, 스토리지)과 대비되는 모바일, 빅데이터, 클라우드, 소셜네트워크 등으로 구성된 새로운 플랫폼을 말한다.
④ 클라우드 – 클라이언트 아키텍처 : 인터넷에 자료를 저장해 두고, 사용자가 필요한 자료 등을 자신의 컴퓨터에 설치하지 않고도 인터넷 접속을 통해 언제나 이용할 수 있는 서비스를 말한다.
⑤ 스마트워크센터 : 공무용 원격 근무 시설로 여러 정보통신기기를 갖추고 있어 사무실로 출근하지 않아도 되는 유연근무시스템 중 하나를 말한다.

06

정답 ②

(가) 1910년대 과학적 관리론 → (다) 1930년대 인간관계론 → (나) 1940년대 행정행태론 → (라) 1990년대 후반 신공공서비스론의 순서이다.

07

정답 ②

중앙정부가 지방자치단체별로 지방교부세를 교부할 때 사용하는 기준지표는 지방재정자립도가 아닌 재정력지수[=(기준재정수입액)÷(기준재정수요액)]이다. 중앙정부는 지방자치단체의 재정력지수가 1보다 클 경우 보통교부세를 교부하지 않는다.

08

정답 ③

개방형 인사관리는 인사권자에게 재량권을 주어 정치적 리더십을 강화하고 조직의 장악력을 높여준다.

개방형 인사관리의 장단점

장점	• 행정의 대응성 제고 • 조직의 신진대사 촉진 • 정치적 리더십 확립을 통한 개혁 추진 • 세력 형성 및 조직 장악력 강화 • 행정에 전문가주의적 요소 강화 • 권위주의적 행정문화 타파 • 우수인재의 유치 • 행정의 질적 수준 증대 • 공직침체 및 관료화의 방지 • 재직공무원의 자기개발 노력 촉진
단점	• 조직의 응집성 약화 • 직업공무원제와 충돌 • 정실임용의 가능성 • 구성원 간의 불신 • 공공성 저해 가능성 • 민·관 유착 가능성 • 승진기회 축소로 재직공무원의 사기 저하 • 빈번한 교체근무로 행정의 책임성 저하 • 복잡한 임용절차로 임용비용 증가

09

롤스(J. Rawls)는 정의의 제1원리(평등)가 제2원리(차등조정의 원리)에 우선하고, 제2원리 중에서는 기회균등의 원리가 차등의 원리에 우선되어야 한다고 보았다.

10

새로운 정책문제보다는 선례가 존재하는 일상화된 정책문제가 더 쉽게 정책의제화된다.

정책의제설정에 영향을 미치는 요인

문제의 중요성	중요하고 심각한 문제일수록 의제화 가능성이 크다.
집단의 영향력	집단의 규모·영향력이 클수록 의제화 가능성이 크다.
선례의 유무	선례가 존재하는 일상화된 문제일수록 의제화 가능성이 크다.
극적 사건	극적 사건일수록 의제화 가능성이 크다.
해결가능성	해결책이 있을수록 의제화 가능성이 크다.
쟁점화 정도	쟁점화된 것일수록 의제화 가능성이 크다.

11

재의요구권은 자치단체장의 권한에 속하는 사항으로 단체장이 위법·부당한 지방의회의 의결사항에 재의를 요구하는 것이다. 지방자치단체장의 재의요구 사유는 다음과 같다.
• 조례안에 이의가 있는 경우
• 지방의회의 의결이 월권 또는 법령에 위반되거나 공익을 현저히 해한다고 인정된 때
• 지방의회의 의결에 예산상 집행할 수 없는 경비가 포함되어 있는 경우, 의무적 경비나 비상재해복구비를 삭감한 경우
• 지방의회의 의결이 법령에 위반되거나 공익을 현저히 해한다고 판단되어 주무부장관 또는 시·도지사가 재의요구를 지시한 경우

[오답분석]
①·③·④·⑤ 지방의회 의결사항이다.

> **지방의회 의결사항(지방자치법 제47조)**
> 1. 조례의 제정·개정 및 폐지
> 2. 예산의 심의·확정
> 3. 결산의 승인
> 4. 법령에 규정된 것을 제외한 사용료·분담금·지방세 또는 가입금의 부과와 징수
> 5. 기금의 설치·운용
> 6. 대통령령으로 정하는 중요 재산의 취득·처분
> 7. 대통령령으로 정하는 공공시설의 설치·처분
> 8. 법령과 조례에 규정된 것을 제외한 예산 외의 의무부담이나 권리의 포기
> 9. 청원의 수리와 처리
> 10. 외국 지방자치단체와의 교류협력에 관한 사항
> 11. 그 밖에 법령에 따라 그 권한에 속하는 사항

12

해외일정을 핑계로 책임과 결정을 미루는 행위 등의 해당 사례는 관료들이 위험회피적이고 변화저항적이며 책임회피적인 보신주의로 빠지는 행태를 말한다.

13

정답 ③

중첩성은 동일한 기능을 여러 기관들이 혼합적인 상태에서 협력적으로 수행하는 것을 의미한다. 동일한 기능을 여러 기관들이 독자적인 상태에서 수행하는 것은 중복성(반복성)이다.

14

정답 ③

각 중앙관서의 장은 성과금을 지급하거나 절약된 예산을 다른 사업에 사용하고자 하는 때에는 '예산성과금 심사위원회'의 심사를 거쳐야 한다(국가재정법 제49조 제2항).

15

정답 ①

오답분석

ㄴ. 성과주의 예산제도(PBS)는 예산배정 과정에서 필요사업량이 제시되므로 사업계획과 예산을 연계할 수 있다. (세부사업별 예산액) ＝(사업량)×(단위원가)이다.

ㅁ. 목표관리제도(MBO)는 기획예산제도(PPBS)와 달리 예산결정 과정에 관리자의 참여가 이루어져 분권적·상향적인 예산편성이 이루어진다.

16

정답 ②

수입대체경비란 국가가 용역 또는 시설을 제공하여 발생하는 수입과 관련되는 경비를 의미한다. 여권발급 수수료나 공무원시험 응시료와 같이 공공 서비스 제공에 따라 직접적인 수입이 발생하는 경우 해당 용역과 시설의 생산·관리에 소요되는 비용을 수입대체경비로 지정하고, 그 수입의 범위 내에서 초과지출을 예산 외로 운용할 수 있다(통일성·완전성 원칙의 예외).

오답분석

수입금마련지출 제도는 정부기업예산법상의 제도로서 특정 사업을 합리적으로 운영하기 위해 예산초과수입이 발생하거나 예산초과 수입이 예상되는 경우 이 수입에 직접적으로 관련하여 발생하는 비용에 지출하도록 하는 제도로서 수입대체경비와는 구별된다.

17

정답 ①

밀러(Miller)의 모호성 모형은 대학조직(느슨하게 연결된 조직), 은유와 해석의 강조, 제도와 절차의 영향(강조) 등을 특징으로 한다. Miller는 목표의 모호성, 이해의 모호성, 역사의 모호성, 조직의 모호성 등을 전제로 하며, 예산결정이란 해결해야 할 문제, 그 문제에 대한 해결책, 결정에 참여해야 할 참여자, 결정의 기회 등 결정의 요소가 우연히 서로 잘 조화되어 합치될 때 이루어지며 그렇지 않은 경우 예산결정이 이루어지지 않는다고 주장한다.

18

정답 ⑤

오답분석

ㄱ. 관세청은 기획재정부 소속이다.
ㄷ. 특허청은 산업통상자원부 소속이다.
ㄹ. 산림청은 농림축산식품부 소속이다.

19

정답 ⑤

품목별 예산제도는 지출대상 중심으로 분류를 사용하기 때문에 지출의 대상은 확인할 수 있으나, 지출의 주체나 목적은 확인할 수 없다.

20

정직은 1개월 이상 3개월 이하의 기간으로 하고, 정직 처분을 받은 자는 그 기간 중 공무원의 신분은 보유하나 직무에 종사하지 못하며 보수는 전액을 감한다.

오답분석

① 직위해제는 신분을 박탈하는 처분은 아니고, 신분은 유지하되 직위만을 해제한다.
② 직권면직은 정원의 변경으로 직위의 폐지나 과원 등의 사유가 발생한 경우에 직권으로 신분을 박탈하는 면직처분을 말한다.
③ 해임은 공무원을 강제로 퇴직시키는 처분으로 3년간 재임용이 불가하다. 연금법에는 크게 영향을 주지 않으나, 금품 및 향응수수, 공금의 횡령·유용으로 징계 해임된 경우에는 퇴직급여의 1/8 내지는 1/4을 감한다.
④ 파면은 공무원을 강제로 퇴직시키는 처분으로 5년간 재임용 불가하고, 퇴직급여의 1/4 내지는 1/2을 지급 제한한다.

> **징계의 종류**
> • 견책(譴責) : 전과(前過)에 대하여 훈계하고 회개하게 한다.
> • 감봉 : 1개월 이상 3개월 이하의 기간 동안 보수의 3분의 1을 감한다.
> • 정직 : 1개월 이상 3개월 이하의 기간으로 하고, 정직 처분을 받은 자는 그 기간 중 공무원의 신분은 보유하나 직무에 종사하지 못하며 보수는 전액을 감한다.
> • 강등 : 1급급 아래로 직급을 내리고(고위공무원단에 속하는 공무원은 3급으로 임용하고, 연구관 및 지도관은 연구사 및 지도사로 한다) 공무원신분은 보유하나 3개월간 직무에 종사하지 못하며 그 기간 중 보수는 전액을 감한다.
> • 해임 : 공무원을 강제로 퇴직시키는 처분으로 3년간 재임용이 불가하다. 연금법에는 크게 영향을 주지 않으나, 금품 및 향응수수, 공금의 횡령·유용으로 징계 해임된 경우에는 퇴직급여의 1/8 내지는 1/4을 감한다.
> • 파면 : 공무원을 강제로 퇴직시키는 처분으로 5년간 재임용 불가하고, 퇴직급여의 1/4 내지는 1/2을 지급 제한한다.

01	02	03	04	05	06	07	08	09	10	11	12	13	14	15	16	17	18	19	20
③	②	③	②	①	③	②	④	②	②	④	②	②	④	②	①	④	④	③	④

01

정답 ⓪

$$\sigma = \frac{My}{I} = \frac{12 \times 270 \times 10^6}{200 \times 300^3} \times 100 = 60\text{MPa}$$

02

정답 ②

$$\sigma_{\max} = \frac{M}{Z} = \frac{M}{\dfrac{\pi D^3}{32}} = \frac{32M}{\pi D^3} = \frac{32M}{\pi (2r)^3} = \frac{4M}{\pi r^3}$$

03

정답 ③

$$\sigma = \frac{My}{I} = \frac{6M}{bh^2}$$

$$M = \frac{1}{6}\sigma bh^2 = \frac{1}{6} \times 80 \times 20 \times 30^2 = 240,000\text{kg} \cdot \text{cm} = 2.4\text{t} \cdot \text{m}$$

04

정답 ②

탄성계수 E와 체적탄성계수와의 관계의 경우는 $K = \dfrac{E}{3(1-2\nu)}$ 이고, 탄성계수와 전단탄성계수와의 관계는 $G = \dfrac{E}{2(1+\nu)}$ 임을 알 수 있다.

05

정답 ①

탄성계수 간의 관계식은 $E = 2G(1+v)$이다.

v : 푸아송비$\left(\dfrac{1}{m}\right)$

G : 전단 탄성계수

E = 탄성계수(Young계수)

문제에서 $2.1 \times 10^6 = 2G(1+0.25)$

∴ $G = 8.4 \times 10^5 \text{kg/cm}^2$

06

정답 ③

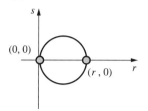

응력원 그림에서 90° 회전시키면, 전단응력은 $\tau=\tau_{\max}=\dfrac{\sigma}{2}$ 가 되고, $\sigma_n=\dfrac{\sigma}{2}$ 이다.

$\therefore \ \sigma_n=\tau$

07

정답 ②

$\sum M_B=0$

$R_A \times 10^{-8} \times 4=0, \ R_A=4\text{t}$

$\therefore \ M_C=16\text{t} \cdot \text{m}$

08

정답 ④

- $\sum \text{H}=0$

  $2t-PDl=0$

  $t=\dfrac{PDl}{2}$

- $t=\sigma\, tl$

  $\therefore \ \sigma=\dfrac{PD}{2t}=\dfrac{10\times 120}{2\times 0.6}=1,000\text{kg/cm}^2$

09

정답 ②

$wV+M=w'V'+M'$

$(0.92\times V+0)=(1.025\times V')+0$

$V'=\dfrac{0.92}{1.025}V=0.9V$

10

정답 ②

20분 동안의 최대강우강도는 다음과 같다.

- $I_{5 \sim 20}=20$
- $I_{10 \sim 25}=35-2=33$
- $I_{15 \sim 30}=40-5=35$
- $I_{20 \sim 35}=43-10=33$

$\therefore \ I_{\max}=\dfrac{35}{20}\times\dfrac{60}{1}=105\text{mm/h}$

11

정답 ④

(정체압력수두)=(압력수두)+(속도수두)이므로 $P_s = P + V$이다.

12

정답 ②

유출계수 $C=0.8$, 강우강도 $I=80$, 유역면적 $A=4$이므로

$Q = \dfrac{1}{3.6}CIA = \dfrac{1}{3.6} \times 0.8 \times 80 \times 4 ≒ 71.1\text{m}^3/\text{s}$이다.

13

정답 ②

홍수량 $Q = \dfrac{1}{360}CIA$에서 $I = \dfrac{6,000}{(5+35)} = 150$이므로

$Q = \dfrac{1}{360} \times 0.6 \times 150 \times 20 = 5\text{m}^3/\text{s}$이다.

14

정답 ④

(일 증발량)=(증발율)×(수면적)이므로

$1.44 \times 10^{-3} \times 10 \times 1,000^2 = 14,400\text{m}^3/$일이다.

15

정답 ②

$P = \dfrac{A_1 P_1 + A_2 P_2 + A_3 P_3}{A_1 + A_2 + A_3} = \dfrac{(20 \times 40) + (30 \times 30) + (50 \times 20)}{20 + 30 + 50} = 27\text{mm}$이다.

16

정답 ①

단부 지지조건을 보면 1단 고정, 1단 자유이므로 $K=2$이다.
따라서 Euler의 좌굴하중은

$P_{cr} = \dfrac{\pi EI}{(KL)^2} = \dfrac{\pi EI}{(2L)^2} = \dfrac{\pi^2 EI}{4L^2}$ 임을 알 수 있다.

17

정답 ④

비에너지 $H_e = h + \dfrac{\alpha V^2}{2g}$ 에서

$V = \dfrac{Q}{A}$ 이므로 비에너지 H_e를 구하는 식은

$H_e = h + \dfrac{\alpha}{2g}\left(\dfrac{Q}{A}\right)^2$ 임을 알 수 있다.

18

정답 ④

$M_c = 0$

$-10P + (30 \times 20) + (50 \times 10) = 0$

$\therefore \ P = 110 \text{kg}$

19

정답 ③

한계수심으로 흐를 때 최대유량이 되며, 한계수심(h_c)은 다음과 같다.

$$h_c = \left(\frac{\alpha Q^2}{gb^2} \right)^{\frac{1}{3}} = \left(\frac{1 \times Q^2}{9.8 \times 1^2} \right)^{\frac{1}{3}}$$

다음으로 한계수심과 비에너지(H_e) 관계는 $h_c = \dfrac{2}{3} H_e$ 이므로

$$\left(\frac{1 \times Q^2}{9.8 \times 1} \right)^{\frac{1}{3}} = \frac{2}{3} \times 1.5 \rightarrow \left(\frac{1 \times Q^2}{9.8 \times 1} \right) = \left(\frac{2}{3} \times 1.5 \right)^3$$

$\therefore \ Q \fallingdotseq 3.13 \text{m}^3/\text{s}$

따라서 최대유량은 약 $3.13 \text{m}^3/\text{s}$이다.

20

정답 ④

공액 보법에 의해 B점의 반력을 구하면 이것이 B점의 처짐각이다.

$$\sum M_A = 0$$

$$\frac{M_A}{EI} \times \frac{l}{2} \times \frac{l}{3} - R_B{}' l = 0$$

$$\therefore \ R_B{}' = \theta_B = \frac{M_A l}{6EI}$$

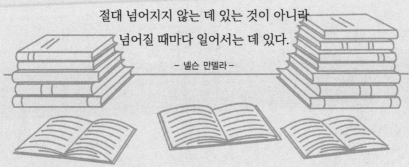

우리 인생의 가장 큰 영광은
절대 넘어지지 않는 데 있는 것이 아니라
넘어질 때마다 일어서는 데 있다.

– 넬슨 만델라 –

PART 3

최종점검 모의고사

|01| 공통

01	02	03	04	05	06	07	08	09	10	11	12	13	14	15	16	17	18	19	20
③	①	④	⑤	②	⑤	②	④	④	④	⑤	②	④	③	③	③	①	⑤	②	④
21	22	23	24	25	26	27	28	29	30	31	32	33	34	35	36	37	38	39	40
②	②	④	①	①	④	④	⑤	④	③	③	②	②	①	②	①	③	③	②	③

01

정답 ③

사람은 한쪽 눈으로 얻을 수 있는 단안 단서만으로도 이전의 경험으로부터 추론에 의하여 세계를 3차원으로 인식할 수 있다. 즉, 사고로 한쪽 눈의 시력을 잃어도 남은 한쪽 눈에 맺히는 2차원의 상들은 다양한 실마리를 통해 입체 지각이 가능하다.

02

정답 ①

제시문은 아리스토텔레스 목적론의 논쟁에 대해 설명하는 글이다. (가) 근대에 등장한 아리스토텔레스의 목적론에 대한 비판 → (나) 근대 사상가들의 구체적인 비판 → (라) 근대 사상가들의 비판에 대한 반박 → (다) 근대 사상가들의 비판에 대한 현대 학자들의 비판 순서로 나열되는 것이 적절하다.

03

정답 ④

포상(褒賞) : 1. 칭찬하고 장려하여 상을 줌
　　　　　　 2. 각 분야에서 나라 발전에 뚜렷한 공로가 있는 사람에게 정부가 칭찬하고 장려하여 상을 줌. 또는 그 상

오답분석

① 보훈(報勳) : 공훈에 보답함
② 공훈(功勳) : 나라나 회사를 위하여 두드러지게 세운 공로
③ 공로(功勞) : 일을 마치거나 목적을 이루는 데 들인 노력과 수고. 또는 일을 마치거나 그 목적을 이룬 결과로서의 공적
⑤ 공적(功績) : 노력과 수고를 들여 이루어 낸 일의 결과

04

정답 ⑤

택견이 내면의 아름다움을 중시한다는 내용은 제시문에 나와 있지 않다.

오답분석

① 두 번째 문단에서 '진정한 고수는 상대를 다치게 하지 않으면서도 물러나게 하는 법을 안다.'와 세 번째 문단에서 택견은 상대에 대한 배려와 수비 기술을 더 많이 가르친다고 언급한 부분을 통해 알 수 있다.

② 마지막 문단에서 '걸고 차는 다양한 기술을 통해 공격과 방어의 조화를 이루는 실질적이고 통합된 무술'이라고 설명하고 있다.
③ 첫 번째 문단에 '택견 전수자는 우아한 몸놀림으로 움직이며 부드러운 곡선을 만들어 내지만, 이를 통해 유연성뿐만 아니라 힘도 보여준다.'라고 언급된 부분을 통해 알 수 있다.
④ 마지막 문단에 택견의 특징 중 하나가 '자연스럽고 자발적인 무술'이라고 나와 있다.

05

정답 ②

제시문의 마지막 문단에서 '말이란 결국 생각의 일부분을 주워 담는 작은 그릇'이며, '말을 통하지 않고는 생각을 전달할 수가 없는 것'이라고 하며 말은 생각을 전달하기 위한 수단임을 주장하고 있다.

06

정답 ⑤

근시안적인 자세를 가지고 행동하는 것, 즉 '나무는 보되 숲은 보지 못하는' 관점의 관리문화는 현재 우리나라의 관리문화를 말하고 있는 것이다. 따라서 ⑤가 적절하지 않음을 알 수 있다.

07

정답 ②

제시문에서는 환경오염이 급격한 기후변화의 촉매제 역할을 하고 있으며, 이는 농어촌과 식량 자원에 악영향을 미치고 있다고 이야기하고 있으므로 ②가 글의 주제로 가장 적절하다.

08

정답 ④

충전지를 최대 용량을 넘어서 충전할 경우 발열로 인한 누액이나 폭발의 위험이 있다. 충전지를 충전하는 과정에서 충전지의 온도가 과도하게 상승한다면 최대 용량을 넘은 과충전을 의심할 수 있으므로 충전을 중지하는 것이 좋다.

오답분석
① 충전기의 전원 전압은 충전지의 공칭 전압보다 높아야 한다. 이때, 용량과 관계없이 리튬 충전지의 공칭 전압은 3.6V이므로 전원 전압이 3.6V보다 높은 충전기를 사용해야 한다.
② 충전지를 크게 만들면 충전 용량과 방전 전류 세기를 증가시킬 수 있으나, 전극의 물질을 바꾸지 않는 한 공칭 전압은 변하지 않는다.
③ 충전지를 방전 하한 전압 이하까지 방전시키면 충전지의 수명이 줄어들기 때문에 오래 사용하기 위해서는 방전 하한 전압 이하까지 방전시키지 않는 것이 좋으나, 니켈카드뮴 충전지의 경우 메모리 효과로 인해 완전히 방전되기 전 충전을 반복하면 충·방전 용량이 줄어든다.
⑤ 충전기로 리튬 충전지를 충전할 경우 만충전 전압에 이르면 정전압 회로로 전환하여 정해진 시간 동안 충전지에 공급하는 전압을 일정하게 유지한다. 그러나 공칭 전압은 변화하는 단자 전압의 평균일 뿐이므로 리튬 충전지의 만충전 전압이 3.6V인 것은 아니다.

09

정답 ④

탄소배출권거래제는 의무감축량을 초과 달성했을 경우 초과분을 거래할 수 있는 제도이다. 따라서 온실가스의 초과 달성분을 구입 혹은 매매할 수 있음을 추측할 수 있으며, 빈칸 이후 문단에서도 탄소배출권을 일종의 현금화가 가능한 자산으로 언급함으로써 이러한 추측을 돕고 있다. 따라서 ④가 빈칸에 들어갈 말로 가장 적절하다.

10

정답 ④

보기의 단락은 아쿠아포닉스의 단점에 대해 설명하고 있다. 따라서 보기의 단락 앞에는 아쿠아포닉스의 장점이 설명되고, 단락 뒤에는 단점을 해결하는 방법이나 추가적인 단점 등이 오는 것이 옳다. 또한, 세 번째 문단의 '이러한 수고로움'이 앞에 제시되어야 하므로, 보기가 들어갈 곳으로 가장 적절한 것은 (라)이다.

11

정답 ⑤

글피인 15일에는 흐리지만 비는 내리지 않고, 최저기온은 영하이다.

오답분석

① 12 ~ 15일의 일교차(최고기온과 최저기온의 차)를 구하면 다음과 같다.
- 12일 : 11-0=11℃
- 13일 : 12-3=9℃
- 14일 : 3-(-5)=8℃
- 15일 : 8-(-4)=12℃

따라서 일교차가 가장 큰 날은 15일이다.

② 주어진 자료에서 미세먼지에 관한 내용은 확인할 수 없다.

③ 14일의 경우 비가 예보되어 있지만 낙뢰에 관한 예보는 확인할 수 없다.

④ 14일의 최저기온은 영하이지만 최고기온은 영상이다.

12

정답 ②

A호텔 연꽃실은 2시가 이상 사용할 경우 추가비용이 발생하고, 수용 인원도 부족하다. B호텔 백합실은 1시간 초과 대여기 불가능하며, C호텔 매화실은 이동수단을 제공하지만 수용 인원이 적절하지 않다. 나머지 C호텔 튤립실과 D호텔 장미실을 비교했을 때, C호텔의 튤립실은 예산초과로 예약할 수 없으므로 이 대리는 대여료와 수용 인원의 조건이 맞는 D호텔 연회장을 예약하면 된다. 따라서 이대리가 지불해야 하는 예약금은 D호텔 대여료 150만 원의 10%인 15만 원이다.

13

정답 ④

예산이 200만 원으로 증액되었을 때, 조건에 해당하는 연회장은 C호텔 튤립실과 D호텔 장미실이다. 예산 내에서 더 저렴한 연회장을 선택해야 한다는 조건이 없고, 이동수단이 제공되는 연회장을 우선적으로 고려해야 하므로 이대리는 C호텔 튤립실을 예약할 것이다.

14

정답 ③

제시된 직원 투표 결과를 정리하면 다음과 같다.

(단위 : 표)

여행상품	1인당 비용(원)	총무팀	영업팀	개발팀	홍보팀	공장1	공장2	합계
A	500,000	2	1	2	0	15	6	26
B	750,000	1	2	1	1	20	5	30
C	600,000	3	1	0	1	10	4	19
D	1,000,000	3	4	2	1	30	10	50
E	850,000	1	2	0	2	5	5	15
합계		10	10	5	5	80	30	140

㉠ 가장 인기 높은 여행상품은 D이다. 그러나 공장1의 고려사항은 회사에 손해를 줄 수 있으므로, 2박 3일 여행상품이 아닌 1박 2일 여행상품 중 가장 인기 있는 B가 선택된다. 따라서 750,000×140=105,000,000원이 필요하므로 옳다.

㉢ 공장1의 A, B 투표 결과가 바뀐다면 여행상품 A, B의 투표 수가 각각 31, 25표가 되어 선택되는 여행상품이 A로 변경된다.

오답분석

㉡ 가장 인기 높은 여행상품은 D이므로 옳지 않다.

15

주어진 진술을 정리하면 다음과 같다.

증인	A	B	C	D	E	F	G
1	×	×					×
2					×	×	×
3			○				
4			○	○			
5			○	○			

따라서 시위주동자는 C, D이다.

16

주어진 조건에 의하면 D면접자와 E면접자는 2번과 3번 의자에 앉아 있고, A면접자는 1번과 8번 의자에 앉을 수 없다. B면접자는 6번 또는 7번 의자에 앉을 수 있다는 점과 A면접자와 C면접자 사이에는 2명이 앉는다는 조건까지 모두 고려하면 A면접자와 B면접자가 서로 이웃해 있을 때, 다음과 같은 두 가지 경우를 확인할 수 있다.

• B면접자가 6번에 앉을 경우

구분	1	2	3	4	5	6	7	8
경우 1		D	E		A	B		C
경우 2		D	E	C		B	A	
경우 3		D	E	A		B	C	
조건	A(×) C(×)							A(×)

• B면접자가 7번에 앉을 경우

구분	1	2	3	4	5	6	7	8
경우 1		D	E	C(×)		A	B	
경우 2		D	E			A	B	C(×)
경우 3		D	E		A		B	C
조건	A(×) C(×)							A(×)

→ B면접자가 7번에 앉는 경우 1과 경우 2에서는 A면접자와 C면접자 사이에 2명이 앉는다는 조건이 성립되지 않는다.
따라서 A면접자와 B면접자가 서로 이웃해 앉는다면 C면접자는 4번 또는 8번 의자에 앉을 수 있다.

[오답분석]

① 주어진 조건을 살펴보면 A면접자는 1번, 8번 의자에 앉지 않는다고 하였고 2번과 3번 의자는 D면접자와 E면접자로 확정되어 있다. 그리고 C면접자와의 조건 때문에 6번 의자에도 앉을 수 없다. 따라서 A면접자는 4번, 5번, 7번 의자에 앉을 수 있다. 따라서 A면접자가 4번에 앉는 것이 항상 옳다고 볼 수 없다.

② 주어진 조건에서 C면접자는 D면접자와 이웃해 앉지 않는다고 하였다. D면접자는 2번 의자로 확정되어 있으므로 C면접자는 1번 의자에 앉을 수 없다.

④ B면접자가 7번 의자에 앉고 A면접자와 B면접자 사이에 2명이 앉도록 하면, A면접자는 4번 의자에 앉아야 한다. 그런데 A면접자와 C면접자 사이에 2명이 앉는다는 조건이 성립되려면 C면접자는 1번 의자에 앉아야 하는데, C면접자는 D면접자와 이웃해 있지 않다고 하였으므로 옳지 않다.

⑤ C면접자가 8번에 앉는 것과는 상관없이 B면접자는 6번 또는 7번 의자에 앉을 수 있다. 따라서 B면접자가 6번에 앉는다는 것은 항상 옳다고 볼 수 없다.

17

정답 ①

우선 대전본부, 울산본부, 부산본부에 방문하기 위한 경우의 수는 여러 가지가 있지만, 시간외근무수당을 가장 적게 하기 위해서는 열차이용 시간을 최소화하는 것이 중요하다. 따라서 서울 – 대전 – 울산 – 부산 – 서울 또는 서울 – 부산 – 울산 – 대전 – 서울을 먼저 고려해야 한다.

경우1) 서울 – 대전 – 울산 – 부산 – 서울

시간	일정	시간	일정	시간	일정
09:00 ~ 09:15	회사 → 서울역	12:20 ~ 13:40	대전역 → 울산역	16:20	부산본부 도착
09:20 ~ 10:20	서울역 → 대전역	13:50	울산본부 도착	16:30 ~ 18:00	회의
10:30	대전본부 도착	14:00 ~ 15:30	회의	18:10	부산역 도착
10:30 ~ 12:00	회의	15:40	울산역 도착	18:20 ~ 21:10	부산역 → 서울역
12:10	대전역 도착	15:40 ~ 16:10	울산역 → 부산역	–	–

경우2) 서울 – 부산 – 울산 – 대전 – 서울

시간	일정	시간	일정	시간	일정
09:00 ~ 09:15	회사 → 서울역	14:20 ~ 14:50	부산역 → 울산역	18:10	대전본부 도착
09:20 ~ 12:10	서울역 → 부산역	15:00	울산본부 도착	18:30 ~ 20:00	회의
12:20	부산본부 도착	15:00 ~ 16:30	회의	20:10	대전역 도착
12:30 ~ 14:00	회의	16:40	울산역 도착	20:20 ~ 21:20	대전역 → 서울역
14:10	부산역 도착	16:40 ~ 18:00	울산역 → 대전역	–	–

지역별 회의는 정규 근무시간 내에 이뤄져야 하므로 경우2는 제외해야 한다. 따라서 경우1에 의하면 09:00에 출발하여 21:10에 서울역에 도착한다. 정규 근무시간 외 초과 근무한 시간은 총 (21:10)－(18:00)＝3시간 10분으로, 총 3시간에 대한 시간외근무수당은 [(H대리 수당)＋(K사원 수당)]×3＝(20,000＋15,000)×3＝105,000원이다.

18

정답 ⑤

• 갑이 화장품 세트를 구매하는 데 든 비용
  – 화장품 세트 : 29,900원
  – 배송비 : 3,000원(일반배송상품이지만 화장품 상품은 30,000원 미만 주문 시 배송비 3,000원 부과)
• 을이 책 3권을 구매하는 데 든 비용
  – 책 3권 : 30,000원(각각 10,000원)
  – 배송비 : 무료(일반배송상품＋도서상품은 배송비 무료)
따라서 각각 물건을 구매하는 데 드는 비용은 갑은 32,900원, 을은 30,000원이다.

19

정답 ②

• 사과 한 박스의 가격 : 32,000×0.75(25% 할인)＝24,000원
• 배송비 : 무료(일반배송상품, 도서지역에 해당되지 않음)
• 최대 배송 날짜 : 일반배송상품은 결제완료 후 평균 2 ~ 4일 이내 배송되므로(공휴일 및 연휴 제외) 금요일 결제 완료 후 토요일, 일요일을 제외하고 늦어도 12일 목요일까지 배송될 예정이다.

20

정답 ④

정보공개 대상별 정보공개 방법 및 수수료 자료를 바탕으로 각 보기의 정보열람인들이 지급할 금액을 정리하면 다음과 같다. 이때, A가 열람한 문서는 각 1일 1시간 이내는 무료이고 출력한 문서도 첫 장의 가격만 다르다는 점과, C가 열람한 사진필름은 첫 장은 200원, 두 번째 장부터 50원이라는 점, D가 출력한 문서는 첫 장의 가격만 다르며, 열람한 사진필름에 대해서도 첫 장만 가격이 다르다는 점에 주의한다.

구분	정보공개수수료
A	$(5 \times 1,000) \times 2 + \{300 + (25-1) \times 100\} = 12,700$원
B	$2,000 + (13 \times 200) + (6 \times 3,000) = 22,600$원
C	$(2 \times 1,000) + (3 \times 5,000) + \{200 + (8-1) \times 50\} = 17,550$원
D	$\{250 + (35-1) \times 50\} + \{200 + (22-1) \times 50\} = 3,200$원

따라서 지급할 정보공개수수료가 많은 사람부터 나열하면 'B - C - A - D' 순서이다.

21

정답 ②

- 10% 설탕물에 들어있는 설탕의 양 : $\dfrac{10}{100} \times 480 = 48$g

- 20% 설탕물에 들어있는 설탕의 양 : $\dfrac{20}{100} \times 120 = 24$g

- 두 설탕물을 섞었을 때의 농도 : $\dfrac{48+24}{480+120} \times 100 = 12\%$

- 컵으로 퍼낸 설탕의 양 : $\dfrac{12}{100} x$g(x : 컵으로 퍼낸 설탕물의 양)

컵으로 퍼낸 만큼 물을 부었을 때의 농도는 $\dfrac{(48+24) \dfrac{12}{100} x}{600 - x + x} \times 100 = 11\%$이므로

$\dfrac{\left(72 - \dfrac{12}{100} x\right) \times 100}{600} = 11$

$\rightarrow 7,200 - 12x = 600 \times 11$

$\rightarrow 12x = 600$

$\therefore x = 50$

22

정답 ②

문구점의 연필, 지우개, 공책 가격을 각각 x, y, z원이라고 하자.

$2x + y = z \cdots \bigcirc$

$y + z = 5x \cdots \bigcirc\bigcirc$

㉠을 ㉡에 대입하여 정리하면

$2x + 2y = 5x \rightarrow x = \dfrac{2}{3} y$, $z = \dfrac{7}{3} y$

$10x + 4z = \dfrac{20}{3} y + \dfrac{28}{3} y = 16y$

따라서 연필 10자루의 가격과 공책 4권의 가격을 더하면 지우개 16개의 가격과 같다.

23

정답 ④

5만 미만에서 10만 ~ 50만 미만까지의 투자건수 비율을 합하면 된다. 따라서 $28 + 20.9 + 26 = 74.9\%$이다.

24

정답 ①

100만 ~ 500만 미만에서 500만 미만까지의 투자건수 비율을 합하면 $11.9 + 4.5 = 16.4\%$이다.

25

정답 ①

나영이와 현지가 같이 간 거리는 150×30=4,500m이고, 집에서 공원까지의 거리는 150×50=7,500m이다. 나영이가 집에 가는 데 걸린 시간은 4,500÷300=15분이고, 다시 공원까지 가는 데 걸린 시간은 7,500÷300=25분이다.

따라서 둘이 헤어진 후 현지가 공원에 도착하기까지 걸린 시간은 20분이고, 나영이가 걸린 시간은 40분이므로 나영이는 현지가 도착하고 20분 후에 공원에 도착한다.

26

정답 ④

온실가스 총량은 2021년에 한 번 감소했다가 다시 증가한다.

[오답분석]
① 이산화탄소는 2019 ~ 2023년 동안 가장 큰 비중을 차지한다.
② 2023년 가계와 산업 부문의 배출량 차이는 42,721.67ppm으로 가장 큰 값을 가진다.
③ 제시된 자료를 보면 지속적으로 증가하고 있다.
⑤ 언제나 메탄을 아산화질소보다 기계, 산업 부문을 통틀어 더 많이 배출되고 있다.

27

정답 ④

그래프의 제목은 'TV+스마트폰 이용자의 도시규모별 구성비'인 것에 반해 그래프에 있는 수치들을 살펴보면, TV에 대한 도시규모별 구성비와 같은 것을 알 수 있다. 따라서 제목과 그래프의 내용이 서로 일치하지 않음을 알 수 있다.

TV+스마트폰 이용자의 도시규모별 구성비는 다음과 같이 구할 수 있다.

구분	TV	스마트폰
사례 수	7,000명	6,000명
대도시	45.3%	47.5%
중소도시	37.5%	39.6%
군지역	17.2%	12.9%

- 대도시 : $45.3 \times \frac{7,000}{13,000} + 47.5 \times \frac{6,000}{13,000} = 46.32\%$

- 중소도시 : $37.5 \times \frac{7,000}{13,000} + 39.6 \times \frac{6,000}{13,000} = 38.47\%$

- 군지역 : $17.2 \times \frac{7,000}{13,000} + 12.9 \times \frac{6,000}{13,000} = 15.22\%$

[오답분석]
① 연령대별 스마트폰 이용자 비율에 사례 수(조사인원)를 곱하면 이용자 수를 구할 수 있다.
② 매체별 성별 이용자 비율에 사례 수(조사인원)를 곱하면 구할 수 있다.
③ 주어진 표에서 쉽게 확인할 수 있다.
⑤ 각 사례 수(조사인원)에서 사무직에 종사하는 대상의 수를 도출한 뒤, 매체별 비율을 산출하여야 한다.

구분	TV	스마트폰	PC / 노트북
사례 수(a)	7,000명	6,000명	4,000명
사무직 비율(b)	20.1%	25.6%	28.2%
사무직 대상수 ($a \times b = c$)	1,407명	1,536명	1,128명
합계(d)		4,071명	
비율($c \div d$)	34.56%	37.73%	27.71%

28

각 국가의 승용차 보유 대수 비율은 다음과 같다.

- 네덜란드 : $\frac{3,230}{3,585} \times 100 = 90.1\%$
- 독일 : $\frac{17,356}{18,481} \times 100 = 93.9\%$
- 프랑스 : $\frac{15,100}{17,434} \times 100 = 86.6\%$
- 영국 : $\frac{13,948}{15,864} \times 100 = 87.9\%$
- 이탈리아 : $\frac{14,259}{15,400} \times 100 = 92.6\%$
- 캐나다 : $\frac{7,823}{10,029} \times 100 = 78.0\%$
- 호주 : $\frac{4,506}{5,577} \times 100 = 80.8\%$
- 미국 : $\frac{104,898}{129,943} \times 100 = 80.7\%$

따라서 유럽 국가는 미국, 캐나다, 호주보다 승용차가 차지하는 비율이 높다.

[오답분석]

① 위의 해설에 의해 승용차가 차지하는 비율이 가장 높은 나라는 독일이다.
② 트럭·버스가 차지하는 비율은 100%에서 승용차 보유 대수 비율을 뺀 것과 같다. 즉, 승용차 보유 대수 비율이 낮은 국가가 트럭·버스 보유 대수 비율이 가장 높다. 따라서 트럭·버스 보유 대수 비율이 가장 높은 국가는 캐나다이다.
③ 프랑스의 승용차와 트럭·버스의 비율은 $15,100 : 2,334 = 6.5 : 1$로 $3 : 1$이 아니다.
④ 승용차 보유 대수 비율이 가장 낮은 국가는 캐나다이고, 90%를 넘지 않는 78%이다.

29

전년 대비 하락한 항목은 2021년 종합청렴도, 2021년 외부청렴도, 2022년 내부청렴도, 2023년 내부청렴도, 2021년 정책고객평가, 2023년 정책고객평가이다. 항목별 하락률을 구하면 다음과 같다.

- 2021년
  - 종합청렴도 : $\frac{8.21 - 8.24}{8.24} \times 100 = -0.4\%$
  - 외부청렴도 : $\frac{8.35 - 8.56}{8.56} \times 100 = -2.5\%$
  - 정책고객평가 : $\frac{6.90 - 7.00}{7.00} \times 100 = -1.4\%$
- 2022년
  - 내부청렴도 : $\frac{8.46 - 8.67}{8.67} \times 100 = -2.4\%$
- 2023년
  - 내부청렴도 : $\frac{8.12 - 8.46}{8.46} \times 100 = -4.0\%$
  - 정책고객평가 : $\frac{7.78 - 7.92}{7.92} \times 100 = -1.8\%$

따라서 전년 대비 가장 크게 하락한 항목은 2023년 내부청렴도이다.

[오답분석]

① • 최근 4년간 내부청렴도 평균 : $\frac{8.29 + 8.67 + 8.46 + 8.12}{4} = 8.4$

  • 최근 4년간 외부청렴도 평균 : $\frac{8.56 + 8.35 + 8.46 + 8.64}{4} = 8.5$

  따라서 최근 4년간 내부청렴도의 평균이 외부청렴도의 평균보다 낮다.
② 2021 ~ 2023년 외부청렴도와 종합청렴도의 증감추이는 '감소 - 증가 - 증가'로 같다.
③·⑤ 그래프를 통해 알 수 있다.

30

정답 ③

부산(1.9%) 및 인천(2.5%) 지역에서는 증가율이 상대적으로 낮게 나와 있으나, 서울(1.1%) 또한 마찬가지이다.

오답분석

㉠·㉡ 자료를 통해 확인할 수 있다.
㉣ 2023년 에너지 소비량은 경기(9,034천 TOE), 충남(4,067천 TOE), 서울(3,903천 TOE)의 순서이다.
㉤ 전국 에너지 소비량은 2013년이 28,588천 TOE, 2023년이 41,594천 TOE로서 13,006천 TOE의 증가를 보이고 있다.

31

정답 ③

정보화 사회의 심화로 정보의 중요성이 높아지면, 그 필요성에 따라 정보에 대한 요구가 폭증한다. 또한 방대한 지식을 토대로 정보 생산 속도도 증가하므로 더 많은 정보가 생성된다. 따라서 이러한 정보들을 토대로 사회의 발전 속도는 더욱 증가하므로 정보의 변화 속도도 증가한다.

오답분석

① 개인 생활를 비롯하여 정치, 경제, 문화, 교육, 스포츠 등 거의 모든 분야의 사회생활에서 정보에 의존하는 경향이 점점 더 커지기 때문에 정보화 사회는 정보의 사회적 중요성이 가장 많이 요구된다.
② 정보화의 심화로 인해 정보 독점성이 더욱 중요한 이슈가 되어 국가 간 갈등이 발생할 수 있지만, 이보다는 실물 상품뿐만 아니라 노동, 자본, 기술 등의 생산 요소와 교육과 같은 서비스의 국제 교류가 활발해서 세계화가 진전된다.
④ 정보관리주체들이 존재하지만, 정보이동 경로가 다양화되는 만큼 개인들에게는 개인정보 보안, 효율적 정보 활용 등을 위해 정보관리의 필요성이 더욱 커진다.
⑤ 정보화 사회는 지식정보와 관련된 산업이 부가가치를 높일 수 있는 산업으로 각광받으나, 그렇다고 해서 물질이나 에너지 산업의 부가가치 생산성이 저하되지 않는다. 오히려 풍부한 정보와 지식을 토대로 다른 산업의 생산성이 증대될 수 있다.

32

정답 ②

반복적인 작업을 간단히 실행키에 기억시켜 두고 필요할 때 빠르게 바꾸어 사용하는 기능은 매크로이며, 같은 내용의 편지나 안내문 등을 여러 사람에게 보낼 때 쓰이는 기능은 메일 머지이다.

33

정답 ②

MOD 함수는 어떤 숫자를 특정 숫자로 나누었을 때 나오는 나머지를 알려주는 함수로, 짝수 혹은 홀수를 구분할 때에도 사용할 수 있는 함수이다.

오답분석

① SUMIF 함수 : 조건에 맞는 셀의 값들의 합을 알려주는 함수이다.
③ INT 함수 : 실수의 소숫점을 제거하고 정수로 변경할 때 사용하는 함수이다.
④ NOW 함수 : 현재의 날짜와 시간을 알려주는 함수이며, 인수는 필요로 하지 않는다.
⑤ VLOOKUP 함수 : 특정 범위의 첫 번째 열에 입력된 값을 이용하여 다른 열에 있는 값을 찾을 때 사용하는 함수이다.

34

정답 ①

원하는 행 전체에 서식을 넣고 싶다면 [열 고정] 형태로 조건부 서식을 넣어야 한다. [A2:D9]까지 영역을 잡고 조건부 서식 → 새 규칙 → 수식을 사용하여 서식을 지정할 셀 결정까지 들어간 다음 「=$D2<3」식을 넣고 서식을 넣으면 적용된다.

35

정답 ②

'$'가 붙으면 절대참조로 위치가 변하지 않고, 붙지 않으면 상대참조로 위치가 변한다. 「$A$1」는 무조건 [A1] 위치로 고정이며 「$A2」는 [A] 열은 고정이지만 행은 변한다는 것을 의미한다. [A7] 셀을 복사했을 때 열이 오른쪽으로 2칸 움직였지만 고정이기에 의미는 없고, 행이 7에서 8로 1행만큼 이동하였기 때문에 [A1]+[A3]의 값이 [C8] 셀이 된다. 따라서 1+3=4이다.

36

「=VLOOKUP(SMALL(A2:A10,3),A2:E10,4,0)」 함수를 해석해 보면, 우선 SMALL(A2:A10,3)의 함수는 [A2:A10]의 범위에서 3번째로 작은 숫자이므로 그 값은 '3'이 된다. VLOOKUP 함수는 VLOOKUP(첫 번째 열에서 찾으려는 값, 찾을 값과 결과로 추출할 값들이 포함된 데이터 범위, 값이 입력된 열의 열 번호, 일치 기준)으로 구성되므로 VLOOKUP(3,A2:E10,4,0) 함수는 A열에서 값이 3인 4번째 행, 그리고 4번째 열에 위치한 '82'가 적절하다.

37

사용자 지정 형식에서 엑셀 날짜 서식은 다음과 같다.

구분	표시 결과
yyyy	네 자리 연도 표현
yy	두 자리 연도 표현
mmmm	달을 긴 영문으로 표시([예] December)
mmm	달을 짧은 영문으로 표시([예] Dec)
mm	달을 두 자리 숫자로 표시([예] 1월은 '01', 12월은 '12')
m	달을 한 자리 또는 두 자리 숫자로 표시([예] 1월은 '1', 12월은 '12')
dddd	일을 긴 영문으로 표시([예] Monday)
ddd	일을 짧은 영문으로 표시([예] Mon)
dd	일을 두 자리 숫자로 표시([예] 1일은 '01', 12일은 '12')
d	일을 한 자리 또는 두 자리 숫자로 표시([예] 1일은 '1', 12일은 '12')
aaaa	요일을 길게 표시([예] 월요일)
aaa	요일을 짧게 표시([예] 월)

38

⟨Shift⟩+⟨Insert⟩는 선택한 항목을 붙여 넣는다.

39

RANK 함수는 범위에서 특정 데이터의 순위를 구할 때 사용하는 함수이다. RANK 함수의 형식은 「=RANK(인수, 범위, 논리값)」인데, 논리값의 경우 0이면 내림차순, 1이면 오름차순으로 나타나게 된다. 발전량이 가장 높은 곳부터 순위를 매기려면 내림차순으로 나타내야 하므로 (B) 셀에는 「=RANK(F5,$F$5:$F$12,0」를 입력해야 한다.

40

㉠ 영어점수가 평균을 초과하는 것을 뽑을 때는 AVERAGE 함수의 범위에 반드시 절대참조가 들어가야 한다.
㉡ 성명의 두 번째 문자가 '영'인 데이터를 추출해야 하므로 '?영*'이 되어야 한다.

| 02 | 자원관리능력(행정직)

41	42	43	44	45	46	47	48	49	50
③	③	②	②	③	④	④	③	④	③

41

엘리베이터는 한 번에 최대 세 개 층을 이동할 수 있으며, 올라간 다음에는 반드시 내려와야 한다는 조건에 따라 청원경찰이 최소 시간으로 6층을 순찰하고, 다시 1층으로 돌아올 수 있는 방법은 다음과 같다.

1층 → 3층 → 2층 → 5층 → 4층 → 6층 → 3층 → 4층 → 1층

이때, 이동에만 소요되는 시간은 총 $2+1+3+1+2+3+1+3=16$분이다.

따라서 청원경찰이 6층을 모두 순찰하고 1층으로 돌아오기까지 소요되는 시간은 총 $60(10$분$\times6$층$)+16=76$분$=1$시간 16분이다.

42

각 과제의 최종 점수를 구하기 전에 항목당 최하위 점수가 부여된 과제는 제외하므로, 중요도에서 최하위 점수가 부여된 B, 긴급도에서 최하위 점수가 부여된 D, 적용도에서 최하위 점수가 부여된 E를 제외한다. 나머지 두 과제에 대하여 주어진 조건에 의해 각 과제의 최종 평가 점수를 구해보면 다음과 같다. 가중치는 별도로 부여되므로 추가 계산한다.

- A : $(84+92+96)+(84\times0.3)+(92\times0.2)+(96\times0.1)=325.2$점
- C : $(95+85+91)+(95\times0.3)+(85\times0.2)+(91\times0.1)=325.6$점

따라서 점수가 더 높은 C를 가장 먼저 수행해야 한다.

43

주어진 자료를 토대로 모델별 향후 1년 동안의 광고효과를 계산하면 다음과 같다.

(단위 : 백만 원, 회)

모델	1년 광고비	1년 광고횟수	1회당 광고효과	총 광고효과
A	$180-120=60$	$60\div2.5=24$	$140+130=270$	$24\times270=6,480$
B	$180-80=100$	$100\div2.5=40$	$80+110=190$	$40\times190=7,600$
C	$180-100=80$	$80\div2.5=32$	$100+120=220$	$32\times220=7,040$
D	$180-90=90$	$90\div2.5=36$	$80+90=170$	$36\times170=6,120$
E	$180-70=110$	$110\div2.5=44$	$60+80=140$	$44\times140=6,160$

따라서 광고효과가 가장 높은 B가 TV광고 모델로 적합하다.

44

하루에 6명 이상 근무해야 하기 때문에 2명까지만 휴가를 중복으로 쓸 수 있다. G사원이 4일 동안 휴가를 쓰면서 최대 휴가 인원이 2명만 중복되게 하려면 6 ~ 11일만 가능하다.

[오답분석]

① G사원은 4일 이상 휴가를 사용해야 하기 때문에 3일인 5 ~ 7일은 불가능하다.

③·④·⑤ 4일 이상 휴가를 사용하지만 하루에 6명 미만의 인원이 근무하게 되어 불가능하다.

45

정답 ③

• K연수원 견적금액 산출
  − 교육은 두 곳에서 진행된다. 인원은 총 50명이므로 세미나 1, 2호실에서 진행하는 것이 적절하며, 숙박은 하지 않으므로 인당 15,000원의 이용료가 발생한다.
  15,000×50=750,000원(∵ 강의실 기본요금은 인당 1만 원 기준으로 계산되어 있으므로 별도로 고려할 필요가 없다)
  − 예산이 가능하다면 저녁은 차림식으로 한다는 점을 고려한다.
  경우 1) 두 끼 식사가 자율식일 경우 : 8,000×50×2=800,000원
  경우 2) 자율식 한 끼, 차림식 한 끼일 경우 : 8,000×50+15,000×50=1,150,000원
  → 예산이 2백만 원이므로 경우 2가 가능하다.
  ∴ K연수원 견적금액 : 750,000+1,150,000=1,900,000원
• 사전예약 10% 할인 적용
  1,900,000×(1−0.1)=1,710,000원
• 계약금 계산(견적금액의 10%)
  1,710,000×0.1=171,000원

46

정답 ④

워크숍을 진행하기 10일 전에 취소하였으므로 위약금이 발생되며, 견적금액의 50%가 위약금이 된다.
따라서 위약금은 1,710,000×0.5=855,000원이다.

47

정답 ④

먼저 B안마의자는 색상이 블랙이 아니고, C안마의자는 가격이 최대 예산을 초과하며, E안마의자는 온열기능이 없으므로 고려 대상에서 제외한다. 남은 A안마의자와 D안마의자 중 프로그램 개수가 많으면 많을수록 좋다고 하였으므로, K공사는 D안마의자를 구매할 것이다.

48

정답 ③

급여지급계는 지급내역의 총합이므로 1,800,000+70,000+100,000=1,970,000원이다.
공제내역별 계산방법을 참고하여 각 빈칸의 공제액을 계산하면 다음과 같다.
• 건강보험료
  − 전체 : 1,800,000×0.0612=110,160원
  − 명세서에 기입될 건강보험료 : 110,160×0.5=55,080원
• 고용보험료
  − 전체 : 1,800,000×0.013=23,400원
  − 명세서에 기입될 고용보험료 : 23,400×0.5=11,700원
• 국민연금액
  − 전체 : 1,800,000×0.09=162,000원
  − 명세서에 기입될 국민연금액 : 162,000×0.5=81,000원
• 장기요양보험료
  − 전체 : 110,160×0.065=7,160.4≒7,200원
  − 명세서에 기입될 장기요양보험료 : 7,200×0.5=3,600원
• 공제총액 : 15,110+55,080+11,700+81,000+3,600+1,510+20,000=188,000원
따라서 실수령액은 1,970,000−188,000=1,782,000원이다.

49

정답 ④

C계장은 목적지까지 3시간 내로 이동하여야 한다. 택시를 타고 대전역까지 15분, 열차대기 15분, KTX / 새마을호 이동시간 2시간, 환승 10분, 목포역에서 미팅장소까지 택시 20분이 소요된다. 따라서 총 3시간이 걸리므로 적절하다. 비용은 택시 6,000원, KTX 20,000원, 새마을호 14,000원, 택시 9,000원으로 총 49,000원이다. 출장지원 교통비 한도 이내이므로 적절하다.

오답분석
①・② 이동시간이 3시간이 넘어가므로 적절하지 않다.
③・⑤ 이동시간은 3시간 이내이지만, 출장지원 교통비 한도를 넘기 때문에 적절하지 않다.

50

정답 ③

ㄱ. • 검수대상 : $1,000 \times 0.1 = 100$건($\because$ 검수율 10%)
　• 모조품의 적발개수 : $100 \times 0.01 = 1$건
　• 평균 벌금 : $1,000 \times 1 = 1,000$만 원
　• 인선비 : $30 \times 10 = 300$만 원
　∴ (평균 수입)$= 1,000 - 300 = 700$만 원
ㄴ. • 전수조사 시 검수율 : 100%
　• 조사인력 : $10 + 20 \times 9 = 190$명
　• 인건비 : $30 \times 190 = 5,700$만 원
　• 모조품의 적발개수 : $1,000 \times 0.01 = 10$건
　• 벌금 : $1,000 \times 10 = 1$억 원
　• 수입 : $1 - 5,700 = 4,300$만 원
　따라서 전수조사를 할 때 수입보다 인건비가 더 크다.
ㄹ. • 검수율이 30%일 때
　　- 조사인력 : $10 + 20 \times 2 = 50$명　　　　　- 인건비 : $30 \times 50 = 1,500$만 원
　　- 검수대상 : $1,000 \times 0.3 = 300$건　　　- 모조품의 적발개수 : $300 \times 0.01 = 3$건
　　- 벌금 : $1,000 \times 3 = 3,000$만 원　　　　- 수입 : $3,000 - 1,500 = 1,500$만 원
　• 검수율을 10%로 유지한 채 벌금을 2배 이상하는 방안
　　- 검수대상 : $1,000 \times 0.1 = 100$건　　　- 모조품의 적발개수 : $100 \times 0.01 = 1$건
　　- 벌금(2배) : $1,000 \times 2 \times 1 = 2,000$만 원　　- 인건비 : $30 \times 10 = 300$만 원
　　- 수입 : $2,000 - 300 = 1,700$만 원
　따라서 벌금을 인상하는 방안의 1일 평균 수입이 더 많다.

오답분석
ㄷ. 검수율이 40%일 때
　• 조사인력 : $10 + 20 \times 3 = 70$명
　• 인건비 : $30 \times 70 = 2,100$만 원
　• 검수대상 : $1,000 \times 0.4 = 400$건
　• 모조품의 기대개수 : $400 \times 0.01 = 4$건
　• 벌금 : $1,000 \times 4 = 4,000$만 원
　• 수입 : $4,000 - 2,100 = 1,900$만 원
　따라서 현재 수입은 700만 원이므로 검수율이 40%일 때 1일 평균 수입은 현재의 $1,900 \div 700 \fallingdotseq 2.71$배이다.

41	42	43	44	45	46	47	48	49	50
①	⑤	③	③	④	②	④	④	③	②

41

정답 ①

벤치마킹 데이터를 수집하고 분석하는 과정에서는 여러 보고서를 동시에 보고 붙이고 자르는 작업을 용이하게 해주는 문서 편집 시스템을 이용하는 것이 매우 유용하다.

42

정답 ⑤

에디슨이 전등회사, 전구 생산 회사 등을 설립하고 통합하여 다양한 회사들을 소유·통제한 것은 기술시스템 발전단계 1단계 중 혁신의 단계에 속한다.

43

정답 ③

전자레인지를 사용하면서 불꽃이 튀는 경우와 조리 상태가 나쁠 때 확인해야 할 사항에 사무실, 전자레인지의 전압을 확인해야 한다는 내용은 명시되어 있지 않다.

44

정답 ③

배터리의 방전 유무를 확인한 후 충전하는 조치는 트랙터 시동모터가 회전하지 않을 경우 점검해야 하는 사항이다.

45

정답 ④

상부링크, 체크체인 확인, 링크볼의 일치 여부 점검은 작업기 연결 전에 확인해야 할 사항들이다. 시동 전에 점검해야 할 사항은 윤활유, 연료, 냉각수량이다.

46

정답 ②

②에 대한 내용은 문제 해결법에 나와 있지 않다.

47

정답 ④

인쇄 속도가 느릴 때 해결할 수 있는 방안이다.

48

정답 ④

에밀리의 수평이 맞지 않으면 제품의 진동에 의해 소음이 발생된다. 따라서 진동에 의한 소음이 발생하면 수평을 맞추어야 한다.

PART 3

49

건조처리 전에 지저분하게 음식물 속에서 이물질을 골라낼 필요가 없으며, 완전 건조 후 이물질을 편하게 골라내면 된다.

50

사용설명서를 통해 에밀리가 작동되지 않는 경우는 음식물이 건조기 상단의 'MAX'라고 표기된 선을 넘길 경우임을 알 수 있다. 따라서 음식물 양을 줄이는 것이 적절하다.

[오답분석]
① 전원램프를 확인했으므로 전원코드에는 이상이 없다.
⑤ 버튼의 램프가 켜지지 않는 경우의 해결 방법이다.

02 직무수행능력

|01| 경영(행정직)

01	02	03	04	05	06	07	08	09	10
①	③	④	②	⑤	①	⑤	①	②	②
11	12	13	14	15	16	17	18	19	20
③	⑤	①	③	④	④	②	④	①	⑤
21	22	23	24	25	26	27	28	29	30
①	③	⑤	②	④	②	④	④	③	②
31	32	33	34	35	36	37	38	39	40
⑤	④	⑤	①	④	⑤	④	④	⑤	④

01

정답 ①

재무상태표는 특정 시점에서 기업의 재무상태(자산, 자본, 부채의 구성상태)를 표시하는 재무제표이다.

오답분석

② 포괄손익계산서 : 일정한 회계기간 동안의 영업성과를 집약적으로 표시한 자료이다.

③ 자본변동표 : 회계기간 동안 소유주지분(자본)의 변동을 구성항목별로 구분하여 보고하는 회계보고서이다.

④ 현금흐름표 : 기업의 영업활동과 재무활동 그리고 투자활동에 의하여 발생하는 현금흐름의 특징이나 변동원인에 대한 정보를 제공하는 회계보고서이다.

⑤ 자금순환표 : 국가경제 내의 금융활동이 경제주체 간 어떤 관계를 가지고 있는지, 발생한 소득이 소비와 투자에 얼마나 사용되고 남은 자금은 어떻게 사용되는지 등을 나타내는 표이다.

02

정답 ③

ㄴ. 황금낙하산 : 적대적 M&A로 당해 기존 임원이 해임되는 경우 거액의 보상금을 지급하도록 미리 규정해 M&A를 저지하는 전략을 말한다.

ㄹ. 팩맨 : 적대적 M&A를 시도하는 공격 기업을 거꾸로 공격하는 방어 전략이다.

ㅁ. 독약조항 : M&A 공격을 당했을 때 기존 주주들이 회사 주식을 저가에 매입할 수 있는 권리를 행사할 수 있도록 콜옵션을 부여해 공격 측의 지분 확보를 어렵게 하는 방어법이다.

오답분석

ㄱ. 그린메일 : 투기성 자본이 경영권이 취약한 기업의 지분을 사들인 뒤에 대주주에게 M&A 포기 대가로 보유 지분을 되사줄 것을 요구하는 것으로 초록색인 미국 달러화를 요구하는 편지를 보낸다는 점에서 그린메일이란 이름이 붙여졌다.

ㄷ. 곰의 포옹 : 적대적 M&A 전략으로 예고를 하지 않고, 경영진에 매수를 제의하여 빠른 결정을 요구하는 방법이다.

03

정답 ④

내용이론은 무엇이 사람들을 동기부여시키는지, 과정이론은 사람들이 어떤 과정을 거쳐 동기부여가 되는지에 초점을 둔다. 애덤스(Adams)의 공정성 이론은 과정이론에 해당하며, 자신과 타인의 투입 대비 산출율을 비교하여 산출율이 일치하지 않는다고 느끼게 되면 불공정하게 대우받고 있다고 느끼며, 이를 해소하기 위해 동기부여가 이루어진다고 주장한다.

유형	이론
내용이론	• 욕구단계 이론 • XY 이론 • 2요인 이론 • ERG 이론 • 성취동기 이론
과정이론	• 기대이론 • 공정성 이론 • 목표설정 이론
내재적 동기이론	• 직무특성 이론 • 인지적 평가이론 • 자기결정 이론

04

정답 ②

• 연구개발에 착수해야 하는지의 결정

연구개발 후 예상되는 기대수익은 0.7×2,500만=1,750만 달러이므로 초기 연구개발비 200만 달러보다 훨씬 크므로 투자를 하는 것이 유리하다.

• 특허를 외부에 팔아야 할지의 결정

1,000만 달러를 추가 투자해 얻을 수 있는 기대수익은 (0.25×5,500만)+(0.55×3,300만)+(0.20×1,500만)=3,490만 달러이고, 추가 투자비용 1,000만 달러를 빼면 2,490만 달러를 얻을 수 있다. 이는 기술료를 받고 특허를 팔 경우에 얻을 수 있는 수익 2,500만 달러보다 적다(이미 투자한 연구개발비 200만 달러는 이 단계에서 매몰비용이므로 무시).

따라서 상품화하는 방안보다 기술료를 받고, 특허를 외부에 판매하는 것이 옳은 선택이다.

05

정답 ⑤

$[\text{동기유발력}(MF)] = \sum VIE$

상황별로 VIE의 값을 구하면 유인성(V)은 10점, 수단성(I)은 80%이며, 기대치(E)는 70%이다. 브룸의 기대이론에 따르면 동기유발력은 유인성과 기대치, 그리고 수단성을 서로 곱한 결과를 모두 합한 값이므로 동기유발력은 $VIE = 10 \times 0.8 \times 0.7 = 5.6$이다.

06

정답 ①

3C는 Company, Customer, Competitor로 구성되어 있다. 자사, 고객, 경쟁사로 기준을 나누어 현 상황을 파악하는 분석방법으로 PEST 분석 후, PEST 분석 내용을 기반으로 3C의 상황 및 행동을 분석, 예측한다.

- Customer : 고객이 원할 필요와 욕구를 파악하고, 시장 동향과 고객(표적 시장)을 파악한다.
- Company : 자사의 마케팅 전략, 강점, 약점, 경쟁우위, 기업 사명, 목표 등을 파악(SWOT 활용)한다.
- Competitor : 경쟁사의 미래 전략, 경쟁우위, 경쟁 열위(자사와의 비교 시 장점, 약점)를 파악하고, 경쟁사의 기업 사명과 목표를 파악한다.

07

정답 ⑤

마이클 포터의 산업구조분석모델은 산업에 참여하는 주체를 기존기업, 잠재적 진입자, 대체제, 공급자, 구매자로 나누고 이들 간의 경쟁 우위에 따라 기업 등의 수익률이 결정되는 것으로 본다.

[오답분석]

① 정부의 규제 완화 : 정부의 규제 완화는 시장 진입장벽이 낮아지게 만들며 신규 진입자의 위협으로 볼 수 있다.
② 고객 충성도 : 고객의 충성도의 정도에 따라 진입자의 위협도가 달라진다.
③ 공급 업체 규모 : 공급업체의 규모에 따라 공급자의 교섭력에 영향을 준다.
④ 가격의 탄력성 : 소비자들은 가격에 민감할 수도 둔감할 수도 있기에 구매자 교섭력에 영향을 준다.

08

정답 ①

지수평활법은 가장 최근 데이터에 가장 큰 가중치가 주어지고 시간이 지남에 따라 가중치가 기하학적으로 감소하는 가중치이동 평균 예측 기법으로, 평활상수가 클수록 최근 자료에 더 높은 가중치를 부여한다.

[오답분석]

② 회귀분석법은 인과관계 분석법에 해당한다.
③ 수요예측과정에서 발생하는 예측오차들의 합은 영(Zero)에 수렴하는 것이 바람직하다.
④ 이동평균법에서 과거자료 개수를 증가시키면 예측치를 평활하는 효과는 크지만, 예측의 민감도는 떨어뜨려서 수요예측의 정확도는 오히려 낮아진다.
⑤ 회귀분석법은 실제치와 예측치의 오차를 자승한 값의 총합계가 최소화되도록 회귀계수를 추정한다.

09

정답 ②

- 2월 예측치 : $220 + 0.1 \times (240 - 220) = 222$
- 3월 예측치 : $222 + 0.1 \times (250 - 222) = 224.8$
- 4월 예측치 : $224.8 + 0.1 \times (230 - 224.8)$
  $= 225.32 \fallingdotseq 225.3$
- 5월 예측치 : $225.3 + 0.1 \times (220 - 225.3)$
  $= 224.77 \fallingdotseq 224.8$
- 6월 예측치 : $224.8 + 0.1 \times (210 - 224.8)$
  $= 223.32 \fallingdotseq 223.3$

따라서 6월 매출액 예측치는 223.3만 원이다.

> **단순 지수평활법 공식**
> $F_t = F_t = F_t - 1 + a[(A_t - 1) - (F_t - 1)]$
> $\quad = a \times (A_t - 1) + (1 - a) \times (F_t - 1)$
> [F_t=차기 예측치, ($F_t - 1$)=당기 예측치, ($A_t - 1$)=당기 실적치]

10

정답 ②

분류법은 직무평가의 방법 중 정성적 방법으로 등급법이라고도 하며, 직무의 가치를 단계적으로 구분하는 등급표를 만들고 평가직무를 이에 맞는 등급으로 분류한다.

[오답분석]

① 서열법 : 직원들의 근무성적을 평정함에 있어서 평정 대상자들을 서로 비교해서 서열을 정하는 평정 방법이다.
③ 점수법 : 직무를 그 구성요소별로 나누고 각 요소에 점수를 매겨 평가하는 직무평가의 방법이다.
④ 요소비교법 : 직무를 몇 개의 중요 요소로 나누고 이들 요소를 기준직위의 평가 요소와 비교하여 평가하는 직무평가의 방법이다.
⑤ 순위법 : 피평정자의 근무성적을 서로 비교해서 그들 간의 서열을 정하여 평정하는 서열법과 동일한 방법이다.

11
정답 ③

- 기업 전략(Corporate Strategy) : 조직의 사명(Mission) 실현을 위한 전략으로, 기업의 기본적인 대외경쟁방법을 정의한 것

  예 안정 전략, 성장 전략, 방어 전략 등

- 사업 전략(Business Strategy) : 특정 산업이나 시장부문에서 기업이 제품이나 서비스의 경쟁력을 확보하고 개선하기 위한 전략

  예 원가우위 전략, 차별화 전략, 집중화 전략 등

- 기능별 전략 (Functional Strategy) : 기업의 주요 기능 영역인 생산 및 마케팅, 재무, 인사, 구매 등을 중심으로 상위 전략인 기업 전략 내지 사업 전략을 지원하고 보완하기 위해 수립되는 전략

  예 R&D 전략, 마케팅 전략, 생산 전략, 재무 전략, 구매 전략 등

12
정답 ⑤

부가가치 노동생산성은 국내에서 생산된 부가가치의 총합인 국내총생산(GDP)을 전체 고용자 수로 나눠 산출한다(단순화하면 노동자 한 명이 얼마를 버느냐를 확인하는 척도다). 이 때문에 노동자의 능력과 관계없이 해당 노동에 대한 대가가 낮게 책정돼 있다면 노동생산성은 떨어질 수밖에 없다.

- (노동생산성)$= \dfrac{\text{GDP}}{(\text{노동인구수}) \times (\text{평균노동시간})}$

- (K국가 노동생산성)$= \dfrac{3,200}{40 \times 0.5} \rightarrow \dfrac{3,200}{20} = 160$

따라서 K국가의 노동생산성은 시간당 160달러로 고임금 노동자가 많은 국가로 볼 수 있다.

13
정답 ①

마일즈 & 스노우 전략(Miles&Snow Strategy)의 전략 4유형

1. 방어형(Defender)
   - 기존 제품으로 기존 시장 공략
   - 현상 유지 전략
   - 비용 및 효용성 확보가 관건
2. 혁신형(Prospector)
   - 신제품 또는 신시장 진출
   - M/S 확보, 매출액 증대 등 성장 전략
   - Market Insight 및 혁신적 마인드가 필요
3. 분석형(Analyzer)
   - 방어형과 혁신형의 중간
   - Fast Follower가 이에 해당
   - Market Insight가 관건
4. 반응형(Reactor)
   - 무반응, 무전략 상태
   - 시장도태상태

14
정답 ③

맥그리거(Mcgregor)는 두 가지의 상반된 인간관 모형을 제시하고, 인간모형에 따라 조직관리 전략이 달라져야 한다고 주장하였다.

- X이론 : 소극적·부정적 인간관을 바탕으로 한 전략
  - 천성적 나태, 어리석은 존재, 타율적 관리, 변화에 저항적
- Y이론 : 적극적·긍정적 인간관을 특징으로 한 전략
  - 변화지향적, 자율적 활동, 민주적 관리, 높은 책임감

15
정답 ④

- ㉠ 피들러(Fiedler)의 리더십 상황이론에 따르면 리더십 스타일은 리더가 가진 고유한 특성으로 한 명의 리더가 과업지향적 리더십과 관계지향적 리더십을 모두 가질 수 없다. 그렇기 때문에 어떤 상황에 어떤 리더십이 어울리는가를 분석한 것이다.
- ㉢ 상황이 호의적인지, 비호의적인지를 판단하는 상황변수로서 리더 - 구성원 관계, 과업구조, 리더의 직위권력을 고려하였다.
- ㉣ 상황변수들을 고려하여 총 8가시 상황을 분류하였고, 이를 다시 호의적인 상황, 보통의 상황, 비호의적인 상황으로 구분하였다. 상황이 호의적이거나 비호의적인 경우, 과업지향적 리더십이 적합하다. 그리고 상황이 보통인 경우에는 관계지향적 리더십이 적합하다.

오답분석

- ㉡ LPC 설문을 통해 리더의 특성을 측정하였다. LPC 점수가 낮으면 과업지향적 리더십, 높으면 관계지향적 리더십으로 정의한다.
- ㉤ 리더가 처한 상황이 호의적이거나 비호의적인 경우, 과업지향적 리더십이 적합하다.

16
정답 ④

HRD에서 대표적으로 사용되는 평가모델인 커크패트릭의 4단계 평가모형이다.

1. 반응도 평가
   교육 후 만족도 평가이다. 인터뷰나 관찰을 통해서도 진행되지만, 보통 설문지로 진행된다.
2. 성취도 평가
   교육생이 교육내용을 잘 숙지하고 이해했는지, 학습목표의 달성여부를 평가한다.
3. 적용도 평가
   교육을 통해 배운 것들이 현업에서 얼마나 잘 적용되었는지 평가한다.
4. 기여도 평가
   현업에 대한 적용도까지 평가한 상태에서, 진행되었던 교육이 궁극적으로 기업과 조직에 어떤 공헌을 했는지를 평가한다.

17

서브리미널 광고는 자각하기 어려울 정도의 짧은 시간 동안 노출되는 자극을 통하여 잠재의식에 영향을 미치는 현상을 의미하는 서브리미널 효과를 이용한 광고이다.

[오답분석]

① 애드버커시 광고 : 기업과 소비자 사이에 신뢰관계를 회복하려는 광고이다.
③ 리스폰스 광고 : 광고 대상자에게 직접 반응을 얻고자 메일, 통신 판매용 광고전단을 신문·잡지에 끼워 넣는 광고이다.
④ 키치 광고 : 설명보다는 기호와 이미지를 중시하는 광고이다.
⑤ 티저 광고 : 소비자의 흥미를 유발시키기 위해 처음에는 상품명 등을 명기하지 않다가 점점 대상을 드러내어 소비자의 긴심을 유도하는 광고이다.

18

최종 소비자에게 마케팅 노력을 홍보하는 전략은 풀(Pull) 전략에 해당한다.

비교 기준	푸시 전략	풀 전략
의미	채널 파트너에게 마케팅 노력의 방향을 포함하는 전략	최종 소비자에게 마케팅 노력을 홍보하는 전략
목표	고객에게 제품이나 브랜드에 대해 알릴 수 있음	고객이 제품이나 브랜드를 찾도록 권장
용도	영업 인력, 중간상 판촉, 무역 진흥 등	광고, 소비자 판촉 및 기타 의사소통 수단
강조	자원 할당	민감도
적당	브랜드 충성도가 낮을 때	브랜드 충성도가 높을 때
리드타임	길다	짧다

19

모집단에 대한 관찰과 통계적 추론을 위해 관심 모집단의 부분집합(표본)을 선택하는 통계학적 과정을 표본추출(Sampling)이라고 한다. 표본추출방법은 크게 확률 표본추출과 비확률 표본추출로 나뉜다.

• 확률 표본추출(Probability Sampling)법
확률 표본추출법은 모집단에 속한 모든 단위가 표본으로 선택받을 확률을 동일하게 가지고 있는 경우이다. 그리고 이 과정에서 무작위(랜덤)로 추출되어야만 한다. 단순무작위 표본추출법, 체계적(계통) 표본추출법, 층화 표본추출법, 군집 표본추출법이 이에 해당한다.

• 비확률 표본추출(Non – Probability Sampling)법
비확률 표본추출법은 모집단에 속한 모든 단위가 표본으로 선택받을 확률이 정확하게 결정되지 않은 상황의 표집 기법이다. 따라서 이 방법은 표집 편향에 영향을 받을 수 있으며, 모집단을 일반화하기 어렵다는 단점이 있다. 편의 표본추출법, 판단 표본추출법, 할당 표본추출법, 눈덩이 표본추출법 등이 이에 해당한다.

20

테일러(Taylor)의 과학적 관리법은 전문적인 지식과 역량이 요구되는 일에는 부적합하며, 노동자들의 자율성과 창의성은 무시한 채 효율성의 논리만을 강조했다는 비판을 받았다. 이러한 테일러의 과학적 관리법은 단순노동과 공정식 노동에 적합하다.

21

기능별 조직은 전체 조직을 기능별 분류에 따라 형성시키는 조직의 형태이다. 해당 회사는 수요가 비교적 안정된 소모품을 납품하는 업체이기 때문에 환경적으로도 안정되어 있으며, 부서별 효율성을 추구하므로 기능별 조직이 이 회사의 조직구조로 적합하다.

22

수요예측기법
• 정성적
 - 전문가 의견 활용
 - 컨조인트 분석
 - 인덱스 분석
• 정량적
 - 시계열 분석
 - 회귀 분석
 - 확산 모형
• 시스템
 - 정보 예측 시장
 - 시스템 다이나믹스
 - 인공 신경망

23

1. 상대평가 : 선별형 인사평가
   - 상대평가의 개념
     상대평가는 피평가자들 간에 비교를 통하여 피평가자를 평가하는 방법으로, 피평가자들의 선별에 초점을 두는 인사평가이다.
   - 평가기법 : 서열법, 쌍대비교법, 강제할당법 등
     - 서열법 : 피평가자의 능력·업적 등을 통틀어 그 가치에 따라 서열을 매기는 기법
     - 쌍대비교법 : 두 사람씩 쌍을 지어 비교하면서 서열을 정하는 기법
     - 강제할당법 : 사전에 범위와 수를 결정해 놓고 피평가자를 일정한 비율에 맞추어 강제로 할당하는 기법
2. 절대평가 : 육성형 인사평가
   - 절대평가의 개념
     절대평가는 피평가자의 실제 업무수행 사실에 기초한 평가방법으로, 피평가자의 육성에 초점을 둔 평가방법이다.
   - 평가기법
     평정척도법, 체크리스트법, 중요사건기술법 등
     - 평정척도법 : 피평가자의 성과, 적성, 잠재능력, 작업행동 등을 평가하기 위하여 평가요소들을 제시하고, 이에 따라 단계별 차등을 두어 평가하는 기법
     - 체크리스트법 : 직무상 행동들을 구체적으로 제시하고 평가자가 해당 서술문을 체크하는 기법
     - 중요사건기술법 : 피평가자의 직무와 관련된 효과적이거나 비효과적인 행동을 관찰하여 기록에 남긴 후 평가하는 기법

24

분석결과에 따라 초기 기업 목적, 그리고 시작 단계에서의 평가수정이 가능하다는 것이 앤소프의 의사결정 장점이다.

앤소프의 의사결정 세 가지 유형
- 전략적 의사결정
  - 기업의 목표 목적을 설정하고 그에 따른 각 사업에 효율적인 자원배분을 전략화한다.
  - 비일상적이며, 일회적 의사결정이라는 특징이 있다.
- 운영적 의사결정
  - 기업 현장에서 일어나는 생산 판매 등 구체적인 행위와 관련된 의사결정이다.
  - 일상적이면서 반복적이다.
- 관리적 의사결정
  - 결정된 목표와 전략을 가장 효과적으로 달성하기 위한 활동들과 관련되어 있다.
  - 전략적 의사결정과 운영적 의사결정의 중간 지점이다.

25

성과를 이루지 못하여도 미숙련 근로자들에게도 최저 생활을 보장해 주는 급여 방식은 맨체스터 플랜이다.

오답분석
① 테일러식 복률성과급 : 테일러가 고안한 것으로, 과학적으로 결정된 표준작업량을 기준으로 하여 고 – 저 두 종류의 임금률로 임금을 계산하는 방식이다.
③ 메릭크식 복률성과급 : 메릭크가 고안한 것으로, 테일러식 복률성과급의 결함을 보완하여 고 – 중 – 저 세 종류의 임금률로 초보자도 비교적 목표를 쉽게 달성할 수 있도록 자극하는 방법이다.
④ 할증성과급 : 최저한의 임금을 보장하면서 일정한 표준을 넘는 성과에 대해서 일정한 비율의 할증 임금을 지급하는 방법이다.
⑤ 표준시간급 : 비반복적이고 많은 기술을 요하는 과업에 이용할 수 있는 제도이다.

26

$$(부가가치율) = \frac{(매출액) - (매입액)}{(매출액)} \times 100$$

$$= \frac{2,000 - 700}{2,000} \times 100 = 65$$

따라서 부가가치율은 65%이다.

27

$$(부가가치율) = \frac{(매출액) - (매입액)}{(매출액)} \times 100$$

$$25\% = \frac{r - 150,000}{r} \times 100$$

$$\therefore \ r = ₩200,000$$

28

CPM이란 천 명의 소비자들에게 도달하는 데 필요한 광고비로, 구하는 식은 다음과 같다.
CPM = (광고비용) × [1,000 ÷ (구독자 수)]
따라서 (광고비용) = (CPM ÷ 1,000) × (구독자 수)이다.
∴ (광고비용) = (5,000 ÷ 1,000) × 100,000 = 500,000원

29

ⓛ 명성가격은 가격이 높으면 품질이 좋다고 판단하는 경향
으로 인해 설정되는 가격이다.
ⓒ 단수가격은 가격을 단수(홀수)로 적어 소비자에게 싸다는
인식을 주는 가격이다(예 9,900원).

오답분석

ⓐ 구매자가 어떤 상품에 대해 지불할 용의가 있는 최고가격
은 유보가격이다.
ⓔ 심리적으로 적당하다고 생각하는 가격 수준은 준거가격이
라고 한다. 최저수용가격이란 소비자들이 품질에 대해 의
심 없이 구매할 수 있는 가장 낮은 가격을 의미한다.

30

부채는 유동부채와 비유동부채로 구분되며, 그중 비유동부채
는 장기차입금, 임대보증금, 퇴직급여충당부채, 장기미지급
금 등이 있다.

31

라인 확장은 기존 제품 카테고리에서 새로운 세분시장으로 진
입할 때, 새롭게 개발된 제품에 모 브랜드를 적용하여 확장하
는 것이다. 해당 기업은 불닭볶음면이라는 브랜드 라인을 적
용하여 확장한 대표적인 사례이다.

오답분석

① 대의명분 마케팅(Cause Related Marketing) : 기업이나
상표(브랜드)를 자선이나 대의명분과 연관지어 이익을 도
모한다는 전략적 위치설정의 도구이다.
② 카테고리 확장(Category Extension) : 모 브랜드의 제품
군과 전혀 다른 범주의 제품군으로 진입할 때, 모 브랜드
를 적용하여 확장하는 것이다. 라인 확장 전략과 함께 이
분법으로 구분된다.
③ 구전 마케팅(Word of Mouth Marketing) : 구전 마케팅
은 소비자 또는 그 관련인의 입에서 입으로 전달되는 제
품, 서비스, 기업 이미지 등에 대한 마케팅을 말한다.
④ 귀족 마케팅(Noblesse Marketing) : VIP 고객을 대상으
로 차별화된 서비스를 제공하는 것을 말한다.

32

소비자들은 자신이 탐색한 정보를 평가하여 최종적인 상표를
선택함에 있어 보완적 방식과 비보완적 방식에 따라 접근한
다. 피쉬바인(Fishbein)의 다속성태도모형은 보완적 방식에
해당한다.
비보완적 방식에는 사전적 모형, 순차적 제거 모형, 결합적
모형, 분리적 모형 등이 있다.

오답분석

② 다속성태도모형은 소비자의 태도와 행동을 동일시함으로
인해 소비자 행동의 설명력이 낮은 한계점이 있다. 이를
보완한 이론이 피쉬바인(Fishbein)의 확장모델인 이성적
행동이론이다. 이성적 행동이론을 통해 구매행동에 대한
동기와 주관적 규범으로 소비자 행동을 설명한다.

33

차변	대변
자산의 증가	자산의 감소
부채의 감소	부채의 증가
자본의 감소	자본의 증가
비용의 발생	수익의 발생

34

고정자산비율은 비유동비율이라고도 하며, 자기자본 중에 비
유동자산에 투입되어 있는 비율을 의미한다. 고정자산비율이
낮을수록 고정설비투자가 많지 않음을 의미한다.

오답분석

② 활동성비율(Activity Ratio) : 기업들이 보유한 자산을
얼마나 효율적으로 활용하고 있느냐를 판단할 수 있는 지
표다. 이 비율이 100%를 밑돌면 기업이 자산을 100% 활
용하지 않고 일부가 잠자고 있다는 의미다.
③ 자본회전율(Turnover Ratio of Capital) : 자기자본과
순매출액과의 관계를 표시하는 비율로, 자기자본의 회전
속도를 표시한다.
④ 유동비율(Current Ratio) : 회사가 1년 안에 현금으로 바
꿀 수 있는 '유동자산'을 1년 안에 갚아야 할 '유동부채'로
나눈 값이다. 통상 유동비율이 150%를 넘으면 기업의 재
무 상태가 안정적이라고 평가한다.
⑤ 부채비율(Debt Ratio) : 어떤 기업의 재정상태나 재무건
전성을 분석할 때 대표적으로 활용되는 지표 중 하나로,
기업이 가진 자산 중에 부채가 어느 정도의 비중을 차지하
는지를 나타내는 비율이다. 부채비율을 구하는 방법은 부
채총액을 자본총계(자기자본)로 나눈 뒤 100을 곱해 산출
한다.

35

오답분석

가. 재무상태표상에 자산과 부채를 표시할 때는 유동자산과
비유동자산, 유동부채와 비유동부채로 구분하지 않고 유
동성 순서에 따라 표시하는 방법도 있다.

다. 비용의 성격에 대한 정보가 미래현금흐름을 예측하는 데 유용하기 때문에 비용별 포괄손익계산서를 사용하는 경우에는 성격별 분류에 따른 정보를 추가로 공시하여야 한다.
라. 포괄손익계산서와 재무상태표를 연결시키는 역할을 하는 것은 총포괄이익이다.

36
정답 ⑤

토빈의 Q - 비율은 주식시장에서 평가된 기업의 시장가치(분자)를 기업의 실물자본의 대체비용(분모)으로 나눠서 도출할 수 있다.

오답분석
① 특정 기업이 주식 시장에서 받는 평가를 판단할 때 토빈의 Q - 비율을 활용한다.
② Q - 비율이 1보다 높은 것은 시장에서 평가되는 기업의 가치가 자본량을 늘리는 데 드는 비용보다 더 큼을 의미하므로 투자를 증가하는 것이 바람직하다.
③ Q - 비율이 1보다 낮은 것은 기업의 가치가 자본재의 대체비용에 미달함을 의미하므로 투자를 감소하는 것이 바람직하다.
④ 이자율이 상승하면 주가가 하락하여 Q - 비율 또한 하락한다. 이에 따라 투자를 감소시켜야 하는 것이 바람직하다.

37
정답 ④

손익분기점 매출액이 주어진 경우 총고정원가를 구하는 문제에서는 손익분기점 매출액 공식을 활용하여 문제를 해결한다.

$$(\text{고정원가}) = \frac{(\text{고정비})}{(\text{공헌이익률})}$$

• (공헌이익률) : $\frac{200,000 - 150,000}{200,000} = 25\%$

• (고정원가) : $\frac{[\text{고정원가}(x)]}{25\%} = ₩120,000(\text{매출액})$

∴ [고정원가(x)] = ₩30,000

38
정답 ④

$$(\text{부채비율}) = \frac{(\text{타인자본})}{(\text{자기자본})} \times 100$$

당기 말 (주)한국의 부채비율은 200%, 전년도 대비 부채비율은 100% 하락하였다.
따라서 전년도 대비 부채비율의 변동률은 33.33% 하락하였다.

39
정답 ⑤

자기자본비용(k_e)과 타인자본비용(k_d)이 주어졌을 때의 가중평균자본비용($WACC$) 공식을 이용한다. 제시된 부채비율이 100%이므로, 자기자본 대비 기업가치의 비율$\left(\dfrac{S}{V}\right)$과 타인자본 대비 기업가치의 비율$\left(\dfrac{B}{V}\right)$은 $\dfrac{1}{2}$임을 알 수 있다.

$$WACC = k_e \times \frac{S}{V} + k_d(1-t) \times \frac{B}{V}$$

$$\rightarrow 10\% = k_e \times \frac{1}{2} + 8\%(1-0.25) \times \frac{1}{2}$$

∴ $k_e = 14\%$

40
정답 ④

부채 대리비용은 채권자와 주주의 이해상충관계에서 발생하며, 부채비율이 높을수록 부채 대리비용은 커진다.

오답분석
① 위임자는 기업 은영은 위임할 투자자 들을 의미하고 대리인은 권한을 위임받아 기업을 경영하는 경영자를 의미한다. 대리인은 위임자에 비해 기업 운영에 대한 정보를 더 많이 얻게 되어 정보비대칭 상황이 발생한다.
② 기업의 자금조달의 원천인 자기자본과 부채 각각에서 대리비용이 발생할 수 있다.
③ 자기자본 대리비용은 외부주주와 소유경영자(내부주주)의 이해상충관계에서 발생한다. 지분이 분산되어 있어서 외부주주의 지분율이 높을수록 자기자본 대리비용은 커진다.
⑤ 대리비용 이론에 따르면 최적 자본구조가 존재하는데, 이는 전체 대리비용의 합이 최소화되는 지점을 의미한다.

01	02	03	04	05	06	07	08	09	10
④	⑤	②	②	①	③	③	⑤	⑤	④
11	12	13	14	15	16	17	18	19	20
⑤	⑤	⑤	②	⑤	①	③	③	②	③
21	22	23	24	25	26	27	28	29	30
①	①	①	④	④	②	②	②	①	③
31	32	33	34	35	36	37	38	39	40
③	②	①	④	①	④	⑤	⑤	③	⑤

01

정답 ④

도덕적 해이현상은 일단 보험에 가입한 사람들이 최선을 다해 나쁜 결과를 미연에 방지하려는 노력을 하지 않는 경향을 의미한다. 반면 역선택이란 실제로 보험금을 탈 가능성이 많은 사람들(위험발생률이 보통 이상인 사람들)이 보험에 가입하게 된 현상을 의미한다.

오답분석

다 · 라. 역선택의 해결방안에 해당한다.

02

정답 ⑤

• ㉠ 밴드왜건 효과(편승 효과) : 유행에 따라 상품을 구입하는 소비현상으로 특정 상품에 대한 어떤 사람의 수요가 다른 사람들의 수요에 의해 영향을 받는다.
• ㉡ 베블런 효과 : 다른 보통사람과 자신을 차별하고 싶은 욕망으로 나타나는데, 가격이 아닌 다른 사람의 소비에 직접 영향을 받는다.

오답분석

• 외부불경제 효과 : 시장실패와 관련된 효과로, 자원이 비효율적으로 배분되는 것을 의미하는 것으로 자가용 운전자가 주변 사람들에게 배출가스 피해를 입히는 것도 하나의 예이다.

03

정답 ②

주어진 효용함수는 두 재화가 완전보완재일 때이다. 효용함수가 $U=min(X,\ Y)$이므로 효용을 극대화하려면 X재와 Y재를 항상 1 : 1로 소비해야 한다.
소득이 100이고 Y재의 가격이 10일 때, X재와 Y재의 양은 항상 같으므로 두 재화를 같은 양 X라고 설정하고 예산선식 $(M=P_X X+P_Y Y)$에 대입해 보면, $100=P_X \times X+10 \times X$이다. 이를 정리하면, $X=\dfrac{100}{P_X+10}$임을 알 수 있다.

04

정답 ②

수요의 가격탄력성이 1보다 크다면 가격이 1% 하락할 때, 판매량은 1%보다 크게 증가하므로 판매자의 총수입은 증가한다. 그러므로 수요의 가격탄력성이 탄력적이라면 가격인하는 총수입을 증가시키는 좋은 전략이다.

오답분석

① 수요곡선이 우하향하는 직선이면 수요곡선상에서 우하방으로 이동할수록 수요의 가격탄력성이 점점 작아진다.
③ 열등재는 수요의 소득탄력성이 1보다 작은 재화가 아니라 수요의 소득탄력성이 음수(−)인 재화이다.
④ 시간이 경과될수록 대체재가 생겨날 가능성이 크기 때문에 수요의 가격탄력성이 커진다.

⑤ 두 재화 수요의 교차탄력성은 $e_{XY}=\dfrac{\dfrac{\triangle Q_Y}{Q_Y}}{\dfrac{\triangle P_X}{P_X}}=\dfrac{10\%}{5\%}$

$=2$이고, 두 재화는 대체재이다.

05

정답 ①

수요의 가격탄력성(ε)이란 가격이 변화할 때, 수요량의 변화 정도를 나타낸다.

가격탄력성(ε)의 크기	용어
$\varepsilon=0$	완전비탄력적
$0<\varepsilon<1$	비탄력적
$\varepsilon=1$	단위탄력적
$1<\varepsilon<\infty$	탄력적
$\varepsilon=\infty$	완전탄력적

사례1의 경우 비탄력적인 재화이다. 비탄력적인 재화의 경우 다른 조건이 일정할 때, 가격 상승 시 기업의 총수입은 증가한다.
사례2의 경우 탄력적인 재화이다. 탄력적인 재화의 경우 다른 조건이 일정할 때, 가격 상승 시 기업의 총수입은 감소한다.

가격탄력성의 크기	판매자의 총수입	
	가격 인상 시	가격 인하 시
$0<\varepsilon<1$	증가	감소
$\varepsilon=1$	불변	불변
$\varepsilon>1$	감소	증가

06
정답 ③

콥 – 더글라스 생산함수인 $Q = L^2 K^2$ 를 미분하여 계산한 한

계기술대체율($MRTS_{LK}$)은 $\dfrac{K}{L}$ 이다.

$MRTS_{LK} = \dfrac{K}{L}$ 에 등량곡선과 등비용선이 접하는 점에서 비용

극소화가 달성되므로 $MRTS_{LK} = \dfrac{w}{r} \rightarrow \dfrac{w}{r} = \dfrac{4}{6} = \dfrac{K}{L}$ 이다.

식을 정리하면 $K = \dfrac{4}{6} L$ 이며,

예산제약식인 $TC = wL + rK = 4L + 6K$ 에 대입하면,

$120 = 4L + 6K$

$\rightarrow 120 = 4L + 6 \times \dfrac{4}{6} L$

$\rightarrow 120 = 8L$

$\therefore 15 = L$

07
정답 ③

한계수입과 수요의 가격탄력성이 주어져 있으므로 아모로소 – 로빈슨(Amoroso – Robinson) 공식을 이용하여 자동차 가격을 구할 수 있다.

아모로소 – 로빈슨 공식 : $MR = P \left(1 - \dfrac{1}{\varepsilon} \right)$

$225 = P \left(1 - \dfrac{1}{4} \right)$

$\therefore P = 300$

08
정답 ⑤

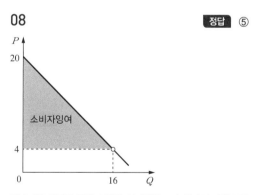

이부가격 설정을 통해 이윤을 극대화하고자 한다면 사용요금은 한계비용과 일치시키고, 소비자잉여에 해당하는 만큼 고정요금으로 설정한다. 따라서 총비용함수(TC)를 미분하면 한계비용(MC)은 4이므로, 사용요금(P)은 4가 된다. 이를 수요함수에 대입하면 $4 = 20 - Q$, 소비자의 구입량(Q)은 16으로 계산된다. 따라서 고정요금으로 받을 수 있는 최대금액은 소비자잉여에 해당하는 삼각형 면적인 $(20 - 4) \times 16 \times \dfrac{1}{2}$

$= 128$ 이다.

09
정답 ⑤

리카도의 대등정리란 정부지출이 고정된 상태에서 조세를 감면하고, 국채발행을 통해 지출재원을 조달하더라도 경제의 실질변수에는 아무런 영향을 미칠 수 없음을 의미한다. 따라서 제1기에 조세를 감면하고 국채발행을 통해 재원을 조달한다 하더라도, 합리적인 소비는 저축을 증가시켜 미래의 조세 증가에 대비하므로 국채발행은 민간저축에 영향을 미칠 뿐, 소비에는 영향을 주지 않기 때문에 제2기에 최적소비점은 E로 변하지 않는다.

〈제1기 및 제2기 소비제약식〉

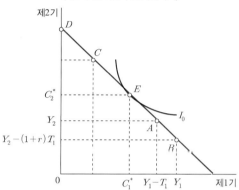

10
정답 ④

균형국민소득식은 $Y = C + I + G + X - M$ 이므로(Y : 국내총생산, C : 소비지출, I : 투자, G : 정부지출, X : 수출, M : 수입) 다음과 같이 계산할 수 있다.

$900 = 200 + 50 + 300 + X - 100$

$\therefore X = 450$

11
정답 ⑤

이자율평가설이 성립하기 위해서는 국가 간 자본이동이 완전히 자유로워야 하며, 거래비용과 조세가 존재하지 않아야 한다.

12
정답 ⑤

[한계소비성향(c)] $= 0.5$

투자승수는 $\dfrac{1}{1 - c(1 - t)}$ 이므로 $\dfrac{1}{1 - 0.5(1 - 0)} = 2$

(균형국민소득의 증가분) $=$ 1조 원 $\times 2 = 2$조 원

조세승수는 $\dfrac{-c}{1 - c(1 - t)}$ 이므로 $\dfrac{-0.5}{1 - 0.5(1 - 0)} = -1$

(균형국민소득의 감소분) $= 0.5$조 원 $\times -1 = -0.5$조 원

따라서 균형국민소득은 2조 원 $-$ 0.5조 원 $= 1.5$조 원 증가한다.

13　정답 ⑤

- [한계소비성향(MPC)]$=\dfrac{\Delta C}{\Delta Y_d}$, 처분가능소득이 1단위 증가할 때 소비가 증가하는 비율
- [한계저축성향(MPS)]$=\dfrac{\Delta S}{\Delta Y_d}$, 처분가능소득이 1단위 증가할 때 저축이 증가하는 비율
- [평균소비성향(APC)]$=\dfrac{C}{Y_d}$, 처분가능소득에서 소비가 차지하는 비중
- [평균저축성향(APS)]$=\dfrac{S}{Y_d}$, 처분가능소득에서 저축이 차지하는 비중

따라서 $APC+APS=1$이다.

오답분석

① 평균소비성향(APC)는 항성 정(+)의 값을 가진다.
② 한계소비성향(MPC)는 항상 $0<MPC<1$의 값을 가진다.
③ $APC+APS=1$
④ $MPC+MPS=1$

14　정답 ②

㉠ 케인스의 유동성 선호설에 따르면 자산은 화폐와 채권 두 가지만 존재한다고 가정하며, 화폐공급이 증가하더라도 증가된 통화량이 모두 화폐수요로 흡수되는 구간을 유동성함정이라고 한다.
㉢ 유동성함정에서의 화폐수요곡선은 수평형태를 가지고, 화폐수요의 이자율탄력성이 무한대인 상태이다.

오답분석

㉡ 유동성함정은 화폐수요곡선이 수평인 구간이다.
㉣ 케인스의 유동성 선호설에 따른 투기적 동기의 화폐수요는 화폐수요함수와 반비례관계에 있다. $\left[\dfrac{M^d}{P}=kY(\text{거래적 동기의 화폐수요})-hr(\text{투기적 동기의 화폐수요})\right]$

15　정답 ⑤

예금이 400, 법정지급준비율이 20%일 때 법정지급준비금은 80이다. K은행의 경우 실제지급준비금 120을 보유하고 있으므로 초과지급준비금은 40이다. 따라서 초과지급준비금 40을 신규로 대출할 때 증가할 수 있는 최대 총예금창조액은 $200\left(=\dfrac{1}{z_l}\times40=\dfrac{1}{0.2}\times40\right)$이다.

※ z_l＝법정지급준비율

16　정답 ①

통화승수는 총통화량을 본원통화로 나눈 값으로, 총통화량을 구하는 공식은 다음과 같다.

- (총통화량)＝(현금통화)＋(예금통화)
- (통화승수)$=\dfrac{(총통화량)}{(본원통화)}$
- [총통화량(M)]$=\dfrac{1}{c+\gamma(1-c)}B$

(c : 현금통화비율, γ : 지급준비율, B : 본원통화)

여기서 $c=\dfrac{150}{600}=0.25$, $\gamma=\dfrac{90}{450}=0.2$이므로 통화승수는 $\dfrac{1}{c+\gamma(1-c)}=\dfrac{1}{0.25+0.2(1-0.25)}=2.5$이다.

17　정답 ③

은행보유 시재금은 현금통화에 포함되지 않는다.

- $M1$(협의통화)
　＝현금통화＋요구불예금＋수시입출식 저축성 예금
- $M2$(광의통화)
　＝$M1$＋시장형 상품＋실배당형 상품＋금융채＋기타
- Lf(금융기관 유동성)
　＝$M2$＋2년 이상 장기금융상품＋생명보험계약준비금
- L(광의유동성)
　＝Lf＋기타금융기관상품＋국채・회사채・지방채

18　정답 ③

고정환율제도는 정부가 환율을 일정수준으로 정하고, 지속적인 외환시장 개입을 통해 정해진 환율을 유지하는 제도이다. 이 제도하에서 확대금융정책의 경우 중앙은행의 외환매각으로 통화량이 감소한다.

19　정답 ②

실업률과 고용률은 다음 공식에 의해서 구할 수 있다.

- (실업률)＝(실업자 수)÷[(취업자 수)＋(실업자 수)]×100
- (고용률)＝(취업자 수)÷(15세 이상인구)×100

경제활동인구는 취업자 수와 실업자 수를 더한 인구이다. 따라서 경제활동인구가 2,000만 명이고, 취업자 수가 1,200만 명이므로 실업자 수는 800만 명이다.

- 실업률 : 800만 명÷2,000만 명×100＝40%
- 고용률 : 1,200만 명÷4,800만 명×100＝25%

∴ $40-25=15\%$

20

정답 ③

케인스(Keynes)의 유동성선호이론은 실질화폐공급과 실질화폐수요로 이루어진 화폐시장을 설명하는 이론으로 경제가 유동성함정에 빠지면 통화량의 증가 등이 물가에 영향을 미치지 못하고, 늘어난 통화량은 투자적 화폐 수요로 흡수된다.

[오답분석]
① 총공급곡선이 우상향 형태일 때 물가수준이 하락하면 총공급곡선 자체가 이동하는 것이 아니라 총공급곡선상에서 좌하방으로 이동한다.
② 확장적 재정정책을 실시하면 이자율이 상승하여 민간투자가 감소하는 구축효과가 발생하게 되는데, 변동환율제도 하에서는 확장적 재정정책을 실시하면 환율하락으로 인해 추가적으로 총수요가 감소하는 효과가 발생한다. 즉, 확장적 재정정책으로 이자율이 상승하면 자본유입이 이루어지므로 외환의 공급이 증가하여 환율이 하락한다. 이렇듯 평가절상이 이루어지면 순수출이 감소하므로 폐쇄경제에서보다 총수요가 더 큰 폭으로 감소한다.
④ 장기균형 상태에 있던 경제에 원유가격이 일시적으로 상승하면 단기에는 물가가 상승하고 국민소득이 감소하지만, 장기적으로는 원유가격이 하락하여 총공급곡선이 다시 오른쪽으로 이동하므로 물가와 국민소득은 변하지 않는다.
⑤ 단기 경기변동에서 소비와 투자가 모두 경기순응적이며, 소비의 변동성은 투자의 변동성보다 작다.

21

정답 ①

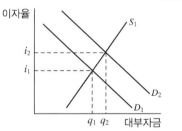

기업들에 대한 투자세액공제가 확대되면, 투자가 증가하므로 대부자금에 대한 수요가 증가($D_1 \rightarrow D_2$)한다. 이렇게 되면 실질이자율이 상승($i_1 \rightarrow i_2$)하고 저축이 늘어난다. 그 결과, 대부자금의 균형거래량은 증가($q_1 \rightarrow q_2$)한다.

22

정답 ①

정부지출의 효과가 크기 위해서는 승수효과가 커져야 한다. 승수효과란 확대 재정정책에 따른 소득의 증가로 인해 소비지출이 늘어나게 되어 총수요가 추가적으로 증가하는 현상을 말한다. 즉, 한계소비성향이 높을수록 승수효과는 커진다. 한계소비성향이 높다는 것은 한계저축성향이 낮다는 것과 동일한 의미이다.

23

정답 ①

(테일러 법칙)＝(균형 이자율)＋(인플레이션 갭)－(산출 갭)
[(인플레이션 갭)＝(실제 인플레이션율)－(목표 인플레이션율)]

(목표 이자율)＝$0.03 + \dfrac{1}{4} \times$[실제 인플레이션율(4%)$-0.02$]
$-\dfrac{1}{4} \times$[GDP 갭(1%)]$=0.03 + \dfrac{1}{4} \times (0.04-0.02) - \dfrac{1}{4} \times 0.01 = 0.0325$

따라서 목표 이자율(3.25%)은 균형 이자율(3%)보다 높다.

24

정답 ④

두 나라 간 화폐의 교환비율인 환율을 결정하는 요소는 물가와 이자율 차이다. 빅맥지수로 잘 알려진 구매력평가설이 물가에 따른 환율결정이론이라고 한다면 이자율평가는 이자율에 따른 환율결정이론이라고 할 수 있다.

자본은 투자의 수익과 위험을 고려하여 동일한 위험에 대해 최대의 수익을 얻기 위해 국가 간에 이동한다. 이자율평가는 자본의 국가 간 이동이 자유로운 경우 국제 자본거래에서 이자율과 환율 간 관계를 나타내며, (국내금리)＝(외국의 금리)＋$\dfrac{(미래환율)-(현재환율)}{(현재환율)}$ 로 표현된다.

따라서 $0.1 = \dfrac{(미래환율)-1,000}{1,000}$ 의 식에서 미래환율은 1,100원/달러임을 알 수 있다.

즉, 이자율이 높은 나라로 국제 자본이 유입하게 되는데, 이자율의 차이(10%)만큼 이자율이 높은 나라의 환율이 오르면(통화가치가 하락하면) 자본이 국가 간에 이동하지 않게 된다.

25

정답 ③

소국의 수입관세 부과 시 국내가격은 상승하고 생산량은 증가한다. 그에 따라 생산자잉여도 증가하게 된다.

[오답분석]
① 부과한 관세만큼 국내가격이 상승하게 된다.
② 국내가격이 상승하므로 소비량은 감소하게 된다.
④ 수입관세 부과 시 정부는 관세수입을 얻고, 관세 부과로 인한 가격 조정에 따른 사회적 후생손실이 발생한다.
⑤ 소국은 국제 시장에서의 가격설정능력이 없다. 따라서 관세를 부과해도 교역조건은 변화하지 않는다. → 대국의 경우 수입관세 부과 시 교역조건이 개선된다.

26
정답 ④

(나)국의 지니계수는 점차 커지므로 로렌츠 곡선이 대각선에서 점차 멀어진다고 할 수 있다. 지니계수란 소득분배의 불평등도를 나타내는 수치로 소득이 어느 정도 균등하게 분배되어 있는가를 평가하는 데 주로 이용된다. 지니계수는 로렌츠 곡선으로부터 도출된다. 로렌츠 곡선은 가로축에 저소득층부터 인원의 분포도를 표시하고 세로축에 저소득층부터 소득액 누적 백분율을 표시하면 그려지는 소득분배그래프이다. 여기에 가상적인 소득분배균등선(45도선)을 긋는다. 지니계수는 대각선과 로렌츠곡선 사이의 면적을 대각선과 종축, 횡축이 이루는 삼각형의 면적으로 나눈 비율이다. 따라서 지니계수는 0과 1 사이의 값을 갖고, 소득 불균형이 심할수록 1에 가깝게 된다.

27
정답 ②

담배연기는 부정적 외부성이 있는 재화로, 갑이 담배를 피우면 을이 악영향을 받으므로 담배연기의 사회적 한계비용은 갑의 개인적 한계비용보다 높다. 갑은 개인적 한계편익과 개인적 한계비용이 같아지도록 흡연량을 결정하며, 갑과 을이 협상을 하면 효율적인 수준에 도달할 수 있다(코즈의 정리).

28
정답 ②

누적된 비용인 총비용을 단위생산량으로 나눈 평균이 평균비용이다. 반면에 한계비용은 총비용의 변화분에 따라서 생산량이 하나씩 늘어날 때마다 바뀌는 비용을 말한다. 그래서 한계비용이 하락하는 구간에서는 평균비용도 하락하는 것이고, 반대로 한계비용이 증가하면서부터는 바로 평균비용이 증가하진 않지만, 평균비용의 최저점에서 한계비용이 만나고 이후부터는 평균비용도 증가하게 된다. 이러한 이유는 고정비용의 존재 때문이다. 그러므로 평균비용곡선이 상승하면 한계비용곡선은 상방에 위치한다.

29
정답 ①

㉠·㉡ 자본유입이 발생하므로 외환의 공급이 증가하여 환율이 하락한다(＝원화가치 상승).

오답분석

㉢·㉣ 미국의 이자율이 상승하면서 자본유출이 발생하므로 외환의 수요가 증가하여 환율이 상승한다(＝원화가치 하락).

30
정답 ③

오답분석

정책 실행 시차가 부재한다면 정부정책이 더 효과적으로 시행된다.

31
정답 ③

GDP는 한 나라에서 일정 기간에 생산된 모든 최종 재화와 서비스의 시장가치다. GDP는 총생산, 총소득, 총지출의 세 측면에서 파악할 수 있는데 총지출의 경우 소비(C), 투자(I), 정부지출(G), 순수출(NX, 수출 – 수입)로 구성된다.
ㄱ. 정부지출의 증가로 인해 GDP가 증가한다.
ㄴ. 해외유입 관광객의 소비 증가로 인해 GDP가 증가한다.
ㄹ. 한국에서 생산된 중간재의 수출로 인한 순수출증가로 GDP가 증가한다.

오답분석

ㄷ. 주택가격의 상승은 GDP 증가에 직접적인 영향을 미치지 않는다.

32
정답 ②

오답분석

① 경기적 실업은 경기가 침체함에 따라 발생하는 실업을 말하는 것으로, 기업의 설비투자와는 관련이 없다.
③ 전업주부가 직장을 가지는 경우 본래 비경제활동인구에서 경제활동인구가 되므로 경제활동참가율은 높아지게 된다. 실업률은 분모인 경제활동인구가 느는 것이므로 낮아지게 된다.
④ 실업급여가 확대되면 상대적으로 노동자들이 일자리를 탐색하는 데 여유가 생기므로 탐색적 실업을 증가시킬 수도 있다.
⑤ 구조적 실업은 경제구조의 변화에 따라 노동수요 구조가 변함에 따라 발생하는 실업을 말한다. 구조적 실업은 산업구조가 변화함에 따라 불가피한 면이 있으므로 노동자들에게 취업정보를 적극적으로 제공하고, 직업훈련을 받도록 함으로써 실업을 막을 수 있다.

33
정답 ①

칼도어(N.Kaldor)는 1958년 선진국을 대상으로 수행한 세계 경제성장과정의 연구를 통하여 다음과 같은 6가지 정형화된 사실(Stylized Facts)을 밝혔다.
- 1인당 산출량(Y/L)은 지속적으로 증가한다.
- 1인당 자본량(K/L)은 지속적으로 증가한다.
- 산출량 – 자본비율(Y/K)은 대체로 일정한 지속성(Steady)을 보인다.
- 자본수익율은 대체로 일정하다.
- 총소득에서 자본에 대한 분배와 노동에 대한 분배 간의 비율은 일정하다.
- 생산성 증가율은 국가 간 차이를 보인다.

34

제10차 경기종합지수

선행종합지수	• 재고순환지표 • 건설수주액(실질) • 코스피 • 경제심리지수 • 기계류내수출하지수 • 수출입물가비율 • 장단기금리차
동행종합지수	• 비농림어업취업자수 • 광공업생산지수 • 소매판매액지수 • 서비스업생산지수 • 내수출하지수 • 건설기성액(실질) • 수입액(실질)
후행종합지수	• 취업자수 • 생산자제품재고지수 • 소비자물가지수변화율(서비스) • 소비재수입액(실질) • CP유통수익률

따라서 ⓒ · ⓒ · ⓔ은 선행종합지수이고, ⓐ · ⓜ · ⓗ은 동행종합지수이며, ⓢ은 후행종합지수이다.

35

가. 인플레이션이 예상되지 못한 경우, 부와 소득의 재분배가 일어난다. 인플레이션으로 인해 화폐 가치가 하락하면 고정된 금액을 받아야 하는 채권자는 불리해지고, 반대로 채무자는 유리해진다. 즉, 채권자에게서 채무자에게로 부가 재분배된다. 이러한 부의 재분배는 인플레이션이 완전히 예상된 경우에는 발생하지 않는다.

나. 메뉴비용이란, 인플레이션 상황에서 생산자가 제품의 가격을 수정하면서 발생하는 비용을 의미한다. 메뉴비용은 예상된 인플레이션과 예상되지 못한 인플레이션 두 경우 모두에서 발생한다.

[오답분석]

다. 인플레이션으로 인해 현금의 가치가 하락하고, 현금 외의 실물자산의 가치가 상대적으로 상승한다. 즉, 현금 보유의 기회비용이 증가한다.

라. 인플레이션이 발생하면 국내에서 생산되는 재화의 상대가격이 상승하므로, 이는 세계 시장에서의 가격경쟁력을 약화시킨다. 따라서 수출이 감소하고, 경상수지가 악화된다.

36

제시된 그래프는 필립스곡선이다. 영국의 경제학자 필립스는 실업률과 인플레이션율 사이에 단기적으로 마이너스 상관관계가 있음을 밝혀냈으며, 그것이 필립스곡선이다. 필립스곡선은 단기적으로 실업률이 낮을 땐 인플레이션이 높고, 실업률이 높은 해에는 인플레이션이 낮음을 보여준다. 하지만 장기적으로는 인플레이션율과 실업률 사이에 상충관계는 존재하지 않는다. 장기 필립스곡선은 수직이 되며 인플레이션이 아무리 높아져도 실업률은 일정한 수준, 즉 자연실업률 이하로 하락하지 않는다.

37

$[$평균노동생산성$(AP_L)] = \dfrac{[\text{총 생산량}(TP)]}{[\text{노동투입량}(L)]}$ 은 원점에서의 기울기 크기와 같다. 따라서 문제에서 평균노동생산성이 가장 낮은 기업은 원점에서 기울기가 가장 낮은 E기업이다.

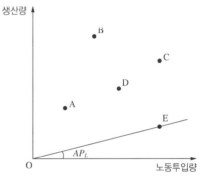

38

완전경쟁시장은 같은 상품을 취급하는 수많은 공급자 · 수요자가 존재하는 시장이다. 시장 참여자는 가격의 수용자일 뿐 가격 결정에 전혀 영향력을 행사하지 못한다. 기업들은 자유롭게 시장에 진입하거나 퇴출할 수 있다. 완전경쟁시장에서 기업의 이윤은 P(가격)=AR(평균수입)=MC(한계비용)인 균형점에서 극대화된다.

그래프에서 이 기업의 평균가변비용의 최소점은 80원이다. 시장가격이 90원으로 평균가변비용을 충당할 수 있어 이 기업은 계속해서 생산을 한다. 균형점(P=AR=MC=90원)에서 이윤을 얻을 수 있는지는 고정비용의 크기에 달려 있으므로 주어진 그래프만으로는 알 수 없다.

39

정답 ③

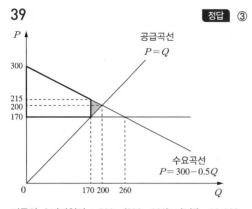

공급곡선
$P = Q$

300

215
200
170

수요곡선
$P = 300 - 0.5Q$

0   170 200 260 Q

기존의 소비자잉여 : $200 \times (300 - 200) \times (1/2) = 10,000$
최고가격제 도입 후 소비자잉여(굵은 선의 사다리꼴 면적)
· $170 \times [(300 - 170) + (215 - 170)] \times (1/2) = 14,875$
→ 소비자잉여는 $14,875 - 10,000 = 4,875$ 증가한다.

40

정답 ⑤

최고가격제를 실시하면 그림의 빗금 친 삼각형 면적만큼의 사회적 후생손실이 발생한다. 이렇게 후생손실이 발생함에도 최고가격제를 실시하는 이유는, 생산자잉여의 일부분을 소비자잉여로 전환시켜 소비자를 보호하기 위해서다.

오답분석

①·④ 정부가 최고가격을 설정하면 해당 재화에 대한 초과수요가 발생한다. 그림에서 기존의 균형거래량은 200이었으나, 가격이 170으로 설정되자 $260 - 170 = 90$만큼의 초과수요가 나타나는 것을 알 수 있다. 이렇게 시장의 거래량이 수요를 모두 충당하지 못하면 암시장이 출현하는데, 암시장에서의 가격은 최고가격보다 높은 수준, 그리고 기존의 균형가격보다도 높은 수준에서 형성된다.
② 공급곡선의 기울기가 가파를수록 기존의 생산자잉여가 소비자잉여로 전환되는 크기가 커지게 된다. 즉, 공급곡선의 기울기가 가파를수록 최고가격제의 소비자 보호 효과는 크다.
③ 시장 균형가격보다 높은 수준으로 최고가격을 설정하는 것은 경제에 아무런 영향을 주지 못한다.

|03| 법(행정직)

01	02	03	04	05	06	07	08	09	10
④	①	④	③	④	②	③	③	③	①
11	12	13	14	15	16	17	18	19	20
⑤	①	④	⑤	④	②	①	⑤	②	④
21	22	23	24	25	26	27	28	29	30
③	⑤	①	⑤	②	③	①	④	①	②
31	32	33	34	35	36	37	38	39	40
④	①	①	④	⑤	①	②	⑤	⑤	④

01

정답 ④

오답분석

① 조건이 법률행위의 당시 이미 성취한 것인 경우에는 그 조건이 정지조건이면 조건없는 법률행위로 하고 해제조건이면 그 법률행위는 무효로 한다(민법 제151조 제2항).
② 조건이 법률행위의 당시에 이미 성취할 수 없는 것인 경우에는 그 조건이 해제조건이면 조건없는 법률행위로 하고 정지조건이면 그 법률행위는 무효로 한다(동조 제3항).
③ 조건이 선량한 풍속 기타 사회질서에 위반한 것인 때에는 그 법률행위는 무효로 한다(동조 제1항).
⑤ 어떠한 법률행위가 조건의 성취시 법률행위의 효력이 발생하는 소위 정지조건부 법률행위에 해당한다는 사실은 그 법률행위로 인한 법률효과의 발생을 저지하는 사유로서 그 법률효과의 발생을 다투려는 자에게 주장, 입증책임이 있다고 할 것이다(대판 1993.9.28., 93다20832).

02

정답 ①

헌법 제12조 제1항에서 규정하고 있다.

오답분석

② 우리 헌법은 구속적부심사청구권을 인정하고 있다(헌법 제12조 제6항).
③ 심문은 영장주의 적용대상이 아니다(헌법 제12조 제3항).
④ 영장발부신청권자는 검사에 한한다(헌법 제12조 제3항).
⑤ 형사상 자기에게 불리한 진술을 강요당하지 않는다(헌법 제12조 제2항).

03

정답 ④

자유민주적 기본질서는 모든 폭력적 지배와 자의적 지배, 즉 반국가단체의 일인독재 내지 일당독재를 배제하고 다수의 의사에 의한 국민의 자치·자유·평등의 기본원칙에 의한 법치주의적 통치질서이다. 구체적으로는 기본적 인권의 존중, 권력분립, 의회제도, 복수정당제도, 선거제도, 사유재산과 시장

경제를 기본으로 한 경제질서 및 사법권의 독립 등이 있다. 그러므로 법치주의에 위배되는 포괄위임입법주의는 민주적 기본질서의 원리로 적절하지 않다.

04
정답 ③

기본권은 국가안전보장, 질서유지 또는 공공복리라고 하는 세 가지 목적을 위하여 필요한 경우에 한하여 그 제한이 가능하며 제한하는 경우에도 자유와 권리의 본질적인 내용은 침해할 수 없다(헌법 제37조 제2항).

05
정답 ④

청원권은 청구권적 기본권에 해당한다. 자유권적 기본권에는 인신의 자유권(생명권, 신체의 자유), 사생활의 자유권(거주·이전의 자유, 주거의 자유, 사생활의 비밀과 자유, 통신의 자유), 정신적 자유권(양심의 자유, 종교의 자유, 언론·출판의 자유, 집회·결사의 자유, 학문의 자유, 예술의 자유), 사회·경제적 자유권(직업선택의 자유, 재산권의 보장)이 있다.

06
정답 ②

칼 슈미트(C. Schmitt)는 헌법은 헌법제정권력의 행위에 의한 국가 정치생활의 종류와 형태에 관한 근본적 결단이라 하였다.

07
정답 ③

헌법의 제정 주체에 따른 분류 중 흠정헌법(군주헌법)에 관한 설명이다. 흠정헌법은 군주가 제정한다 하여 군주헌법이라고도 한다. 전제군주제를 취했던 나라에서 군주의 권력을 유보하고 국민에게 일정한 권리나 자유를 은혜적으로 인정하면서 제정한 헌법(입헌군주제로의 이행)을 말하는데, 일본의 명치헌법, 19세기 전반의 독일 각 연방헌법 등이 이에 해당한다.

오답분석
① 국약헌법 : 둘 이상의 국가 간의 합의의 결과로 국가연합을 구성하여 제정한 헌법이다(예 미합중국 헌법).
② 민정헌법 : 국민의 대표자로 구성된 제헌의회를 통하여 제정된 헌법이다(예 오늘날 자유민주주의 국가 대부분이 해당).
④ 명목적 헌법 : 헌법을 이상적으로 제정하였으나, 사회여건은 이에 불일치하는 헌법이다(예 남미 여러 나라의 헌법).
⑤ 연성헌법 : 법률과 같은 절차에 의하여 개정할 수 있는 헌법이다(예 영국 헌법).

08
정답 ③

헌법 제111조 제1항 제4호에 해당하는 내용이다.

오답분석
①·⑤ 헌법재판소 재판관의 임기는 6년으로 하며, 법률이 정하는 바에 의하여 연임할 수 있다(헌법 제112조 제1항).
② 헌법 중 제5장 법원에 관한 부분에서 '재판의 전심절차로서 행정심판을 할 수 있다(헌법 제107조 제3항).'라고 규정하고 있다.
④ 헌법재판소에서 법률의 위헌결정, 탄핵의 결정, 정당해산의 결정 또는 헌법소원에 관한 인용결정을 할 때에는 재판관 6인 이상의 찬성이 있어야 한다(헌법 제113조 제1항).

09
정답 ③

회사의 법인격은 법률이 부여한 것으로 그의 권리능력은 법률에 의하여 제한을 받는다. 즉, 상법은 '회사는 다른 회사의 무한책임 사원이 되지 못한다.'는 규정을 두어 정책적 제한을 하고 있다(상법 제173조).

10
정답 ①

사장단이 아닌 사원의 동의 또는 결의가 있어야 한다.

> **상법상 회사의 공통된 해산사유(상법 제227조, 제287조의 38, 제517조, 제609조 참조)**
> • 사원의 동의 또는 결의
> • 존립기간의 만료
> • 정관으로 정한 사유의 발생
> • 회사의 합병·파산
> • 법원의 해산명령·해산판결

11
정답 ⑤

무권대리행위에 대한 추인은 무권대리행위로 인한 효과를 자기에게 귀속시키려는 의사표시이니만큼 무권대리행위에 대한 추인이 있었다고 하려면 그러한 의사가 표시되었다고 볼 만한 사유가 있어야 하고, 무권대리행위가 범죄가 되는 경우에 대하여 그 사실을 알고도 장기간 형사고소를 하지 아니하였다 하더라도 그 사실만으로 묵시적인 추인이 있었다고 할 수는 없는바, 권한 없이 기명날인을 대행하는 방식에 의하여 약속어음을 위조한 경우에 피위조자가 이를 묵시적으로 추인하였다고 인정하려면 추인의 의사가 표시되었다고 볼 만한 사유가 있어야 한다(대판 1998.2.10., 97다31113).

12

오답분석

② 민법 제450조 소정의 채무자의 승낙은 채권양도의 사실을 채무자가 승인하는 뜻으로서 동조가 규정하는 채권양도의 대항요건을 구비하기 위하여서는 채무자가 양도의 사실을 양도인 또는 양수인에 대하여 승인함을 요한다(대판 1986.2.25., 85다카1529).

③ 근로자가 그 임금채권을 양도한 경우라 할지라도 그 임금의 지급에 관하여는 근로기준법 제36조 제1항에 정한 임금 직접지급의 원칙이 적용되어 사용자는 직접 근로자에게 임금을 지급하지 아니하면 안 되고, 그 결과 비록 적법 유효한 양수인이라도 스스로 사용자에 대하여 임금의 지급을 청구할 수 없으며, 그러한 법리는 근로자로부터 임금 채권을 양도받았거나 그의 추심을 위임받은 자가 사용자의 진행 재산에 대하여 배당을 요구하는 경우에도 그대로 적용된다(대판 1996.3.22., 95다2630).

④ 채무자는 채권양도를 승낙한 후에 취득한 양도인에 대한 채권으로써 양수인에 대하여 상계로써 대항하지 못한다(대판 1984.9.11., 83다카2288).

⑤ 채권양도의 경우 권리이전의 효과는 원칙적으로 당사자 사이의 양도계약 체결과 동시에 발생하며 채무자에 대한 통지 등은 채무자를 보호하기 위한 대항요건일 뿐이므로, 채권양도행위가 사해행위에 해당하지 않는 경우에 양도통지가 따로 채권자취소권 행사의 대상이 될 수는 없다(대판 2012.8.30., 2011다32785, 32792).

13

오답분석

① 계약의 합의해제는 명시적으로뿐만 아니라 당사자 쌍방의 묵시적인 합의에 의하여도 할 수 있으나, 묵시적인 합의해제를 한 것으로 인정되려면 계약이 체결되어 그 일부가 이행된 상태에서 당사자 쌍방이 장기간에 걸쳐 나머지 의무를 이행하지 아니함으로써 이를 방치한 것만으로는 부족하고, 당사자 쌍방에게 계약을 실현할 의사가 없거나 계약을 포기할 의사가 있다고 볼 수 있을 정도에 이르러야 한다(대판 2011.2.10., 2010다77385).

② 계약의 합의해제에 있어서도 민법 제548조의 계약해제의 경우와 같이 이로써 제3자의 권리를 해할 수 없다(대판 1991.4.12., 91다2601).

③ 계약이 합의해제된 경우에는 그 해제 시에 당사자 일방이 상대방에게 손해배상을 하기로 특약하거나 손해배상청구를 유보하는 의사표시를 하는 등 다른 사정이 없는 한 채무불이행으로 인한 손해배상을 청구할 수 없다(대판 1989.4.25., 86다카1147, 86다카1148).

⑤ 당사자 사이에 약정이 없는 이상 합의해제로 인하여 반환할 금전에 그 받은 날로부터의 이자를 가하여야 할 의무가 있는 것은 아니다(대판 1996.7.30., 95다16011).

14

오답분석

① 지상물이 양도되었으므로 임차인은 매수청구권을 행사할 수 없다.

② 전3조의 규정은 건물의 임차인이 그 건물의 소부분을 타인에게 사용하게 하는 경우에 적용하지 아니한다(민법 제632조).

③ 임대차계약이 임차인의 채무불이행으로 인하여 해지된 경우에는 임차인은 민법 제646조에 의한 부속물매수청구권이 없다(대판 1990.1.23., 88다카7245, 88다카7252).

④ 임차보증금을 피전부채권으로 하여 전부명령이 있을 경우에도 제3채무자인 임대인은 임차인에게 대항할 수 있는 사유로서 전부채권자에게 대항할 수 있는 것이어서 건물 임대차보증금의 반환채권에 대한 전부명령의 효력이 그 송달에 의하여 발생한다고 하여도 위 보증금반환채권은 임대인의 채권이 발생하는 것을 해제조건으로 하는 것이므로 임대인의 채권을 공제한 잔액에 관하여서만 전부명령이 유효하다(대판 1988.1.19., 87다카1315).

15

민법은 인간이 사회생활을 영위함에 있어 상호 간에 지켜야 할 법을 의미한다. 즉, 사법(私法) 중 일반적으로 적용되는 일반사법이다.

16

채무의 변제를 받는 것은 이로 인하여 권리를 상실하는 것이므로, 단순히 권리만 얻거나 의무만을 면하는 행위에 속하지 않는다. 따라서 미성년자 단독으로 유효하게 할 수 없고 법정대리인의 동의를 얻어서 해야 하는 행위에 속한다.

미성년자의 행위능력
- 원칙
  - 법정대리인의 동의를 요하고 이를 위반한 행위는 취소 가능
- 예외(단독으로 할 수 있는 행위)
  - 단순히 권리만을 얻거나 또는 의무만을 면하는 행위
  - 처분이 허락된 재산의 처분행위
  - 허락된 영업에 관한 미성년자의 행위
  - 혼인을 한 미성년자의 행위(성년의제)
  - 대리행위
  - 유언행위(만 17세에 달한 미성년자의 경우)
  - 법정대리인의 허락을 얻어 회사의 무한책임사원이 된 미성년자가 사원자격에 기해서 한 행위(상법 제7조)
  - 근로계약과 임금의 청구(근로기준법 제67조·제68조)

110 · 한국농어촌공사 5 · 6급

17

정답 ①

성년후견인과 피한정후견인의 요건으로 가장 중요한 것이 법원의 선고를 받아야 한다는 점이다. 상습도박이나 낭비벽으로 자기나 가족의 생활을 궁박하게 할 염려가 있는 자라 하더라도 법원의 피한정후견의 심판이 없다면 피한정후견인에 해당되지 않는다.

18

정답 ②

근로자가 노동조합을 결성하지 아니할 자유나 노동조합에 가입을 강제당하지 아니할 자유, 그리고 가입한 노동조합을 탈퇴할 자유는 근로자에게 보장된 단결권의 내용에 포섭되는 권리로서가 아니라 헌법 제10조의 행복추구권에서 파생되는 일반적 행동의 자유 또는 제21조 제1항의 결사의 자유에서 그 근거를 찾을 수 있다(헌재결2005.11.24., 2002헌바95).

오답분석

① 노동조합의 재정 집행과 운영에 있어서의 적법성, 민주성 등을 확보하기 위해서는 조합자치 또는 규약자치에만 의존할 수는 없고 행정관청의 감독이 보충적으로 요구되는 바, 이 사건 법률조항은 노동조합의 재정 집행과 운영의 적법성, 투명성, 공정성, 민주성 등을 보장하기 위한 것으로서 정당한 입법목적을 달성하기위한 적절한 수단이다 (헌재결 2013.7.25, 2012헌바116).

③ 헌재결 2015.3.26, 2014헌가5

④ 사용종속관계하에서 근로를 제공하고 그 대가로 임금 등을 받아 생활하는 사람은 노동조합법상 근로자에 해당하고, 노동조합법상의 근로자성이 인정되는 한, 그러한 근로자가 외국인인지 여부나 취업자격의 유무에 따라 노동조합법상 근로자의 범위에 포함되지 아니한다고 볼 수는 없다(대판 2015.6.25, 2007두4995).

⑤ 노동조합 및 노동관계조정법상의 교섭창구단일화제도는 근로조건의 결정권이 있는 사업 또는 사업장 단위에서 복수 노동조합과 사용자 사이의 교섭절차를 일원화하여 효율적이고 안정적인 교섭체계를 구축하고, 소속 노동조합과 관계없이 조합원들의 근로조건을 통일하기 위한 것으로, 교섭대표노동조합이 되지 못한 소수 노동조합의 단체교섭권을 제한하고 있지만, 소수 노동조합도 교섭대표노동조합을 정하는 절차에 참여하게 하여 교섭대표노동조합이 사용자와 대등한 입장에 설 수 있는 기반이 되도록 하고 있으며, 그러한 실질적 대등성의 토대 위에서 이뤄낸 결과를 함께 향유하는 주체가 될 수 있도록 하고 있으므로 노사대등의 원리 하에 적정한 근로조건의 구현이라는 단체교섭권의 실질적인 보장을 위한 불가피한 제도라고 볼 수 있다. … 따라서 위 '노동조합 및 노동관계조정법' 조항들이 과잉금지원칙을 위반하여 청구인들의 단체교섭권을 침해한다고 볼 수 없다(헌재결 2012.4.24., 2011헌마338).

19

정답 ②

오답분석

① 일반적으로 자기의 노력과 재료를 들여 건물을 건축한 사람이 그 건물의 소유권을 원시취득하는 것이지만, 도급계약에 있어서는 수급인이 자기의 노력과 재료를 들여 건물을 완성하더라도 도급인과 수급인 사이에 도급인 명의로 건축허가를 받아 소유권보존등기를 하기로 하는 등 완성된 건물의 소유권을 도급인에게 귀속시키기로 합의한 것으로 보일 경우에는 그 건물의 소유권은 도급인에게 원시적으로 귀속된다(대판 2003.12.18., 98다43601).

③ 공사에 관한 채권의 소멸시효는 3년이다.

④ 부동산공사의 수급인은 전조의 보수에 관한 채권을 담보하기 위하여 그 부동산을 목적으로 한 저당권의 설정을 청구할 수 있다(민법 제666조).

⑤ 도급인이 완성된 목적물의 하자로 인하여 계약의 목적을 달성할 수 없는 때에는 계약을 해제할 수 있다(민법 제668조 본문).

20

정답 ④

오답분석

① 민법 제158조 제1항은 일종의 무과실책임을 인정한 것이다(대판 1983.12.13., 82다카1038).

② 불법행위의 증명책임은 피해자가 부담한다.

③ 수인이 공동의 불법행위로 타인에게 손해를 가한 때에는 연대하여 그 손해를 배상할 책임이 있다(민법 제760조 제1항).

⑤ 타인의 명예를 훼손한 자에 대하여는 법원은 피해자의 청구에 의하여 손해배상에 갈음하거나 손해배상과 함께 명예회복에 적당한 처분을 명할 수 있다(민법 제764조).

21

정답 ③

오답분석

① 소송사건에서 일방 당사자를 위하여 증인으로 출석하여 증언하였거나 증언할 것을 조건으로 어떤 대가를 받을 것을 약정한 경우, 증인은 법률에 의하여 증언거부권이 인정되지 않은 한 진실을 진술할 의무가 있는 것이므로 그 대가의 내용이 통상적으로 용인될 수 있는 수준(예컨대 증인에게 일당과 여비가 지급되기는 하지만 증인이 법원에 출석함으로써 입게 되는 손해에는 미치지 못하는 경우 그러한 손해를 전보해 주는 정도)을 초과하는 경우에는 그와 같은 약정은 금전적 대가가 결부됨으로써 선량한 풍속 기타 사회질서에 반하는 법률행위가 되어 민법 제103조에 따라 효력이 없다고 할 것이다(대판 1999.4.13, 선고 98다52483).

② 종래 이루어진 보수약정의 경우에는 보수약정이 성공보수라는 명목으로 되어 있다는 이유만으로 민법 제103조에 의하여 무효라고 단정하기는 어렵다. 그러나 대법원이 이 판결을 통하여 형사사건에 관한 성공보수약정이 선량한 풍속 기타 사회질서에 위반되는 것으로 평가할 수 있음을 명확히 밝혔음에도 불구하고 향후에도 성공보수약정이 체결된다면 이는 민법 제103조에 의하여 무효로 보아야 한다(대판 2015.7.23, 선고 2015다200111).

④ 적법한 절차에 의하여 이루어진 경매에 있어서 경락가격이 경매부동산의 시가에 비하여 저렴하다는 사유는 경락허가결정에 대한 적법한 불복이유가 되지 못하는 것이고 경매에 있어서는 불공정한 법률행위 또는 채무자에게 불리한 약정에 관한 것으로서 효력이 없다는 민법 제104조, 제608조는 적용될 여지가 없다(대결 1980.3.21, 80마77).

⑤ 거래 상대방이 배임행위를 유인·교사하거나 배임행위의 전 과정에 관여하는 등 배임행위에 적극 가담하는 경우에는 실행행위자와 체결한 계약이 반사회적 법률행위에 해당하여 무효로 될 수 있고, 선량한 풍속 기타 사회질서에 위반한 사항을 내용으로 하는 법률행위의 무효는 이를 주장할 이익이 있는 자는 누구든지 무효를 주장할 수 있다. 따라서 반사회질서 법률행위를 원인으로 하여 부동산에 관한 소유권이전등기를 마쳤더라도 그 등기는 원인무효로서 말소될 운명에 있으므로 등기명의자가 소유권에 기한 물권적 청구권을 행사하는 경우에, 권리 행사의 상대방은 법률행위의 무효를 항변으로서 주장할 수 있다(대판 2016.3.24, 선고 2015다11281).

22

정답 ⑤

후임 이사가 유효히 선임되었는데도 그 선임의 효력을 둘러싼 다툼이 있다고 하여 그 다툼이 해결되기 전까지는 후임 이사에게는 직무수행권한이 없고 임기가 만료된 구 이사만이 직무수행권한을 가진다고 할 수는 없다(대판 2006.4.27., 2005도8875).

23

정답 ①

사원총회는 정관으로 이사 또는 기타 임원에게 위임한 사항 외의 법인사무 전반에 관하여 결의한다. 사단법인의 이사는 매년 1회 이상 통상총회를 소집하여야 하며, 임시총회는 총사원의 5분의 1 이상의 청구로 이사가 소집한다.

24

정답 ⑤

오답분석

① 보증 채무에 대한 소멸시효가 중단되는 등의 사유로 완성되지 아니하였다고 하더라도 주채무에 대한 소멸시효가 완성된 경우에는 시효완성 사실로써 주채무가 당연히 소멸되므로 보증채무의 부종성에 따라 보증채무 역시 당연히 소멸된다(대판 2012.7.12, 선고 2010다51192).

② 보증은 그 의사가 보증인의 기명날인 또는 서명이 있는 서면으로 표시되어야 효력이 발생한다. 다만, 보증의 의사가 전자적 형태로 표시된 경우에는 효력이 없다(민법 제428조의2 제1항).

③ 주채무자의 항변포기는 보증인에게 효력이 없다(민법 제433조 제2항).

④ 보증계약이 성립한 후에 보증인이 알지도 못하는 사이에 주채무의 목적이나 형태가 변경되었다면, 그 변경으로 인하여 주채무의 실질적 동일성이 상실된 경우에는 당초의 주채무는 경개로 인하여 소멸하였다고 보아야 할 것이므로 보증채무도 당연히 소멸하고, 그 변경으로 인하여 주채무의 실질적 동일성이 상실되지 아니하고 동시에 주채무의 부담 내용이 축소·감경된 경우에는 보증인은 그와 같이 축소·감경된 주채무의 내용에 따라 보증 책임을 질 것이지만, 그 변경으로 인하여 주채무의 실질적 동일성이 상실되지 아니하고 주채무의 부담내용이 확장·가중된 경우에는 보증인은 그와 같이 확장·가중된 주채무의 내용에 따른 보증 책임은 지지 아니하고, 다만 변경되기 전의 주채무의 내용에 따른 보증 책임만을 진다(대판 2000.1.21, 선고 97다1013).

25

정답 ②

의사표시의 효력발생시기에 관하여 우리 민법은 도달주의를 원칙으로 하고(민법 제111조 제1항), 격지자 간의 계약의 승낙 등 특별한 경우에 한하여 발신주의를 예외적으로 취하고 있다.

26

정답 ③

무효란 그 행위가 성립하던 당초부터 당연히 법률효과가 발생하지 못하는 것이며 비진의 표시(심리유보), 통정허위표시, 강행법규에 반하는 법률행위 등이 그 예이다.

27

정답 ①

사적자치의 원칙은 신분과 재산에 관한 법률관계를 개인의 의사에 따라 자유롭게 규율하는 것이다. 즉, 계약의 내용 및 형식에 있어서 국가 또는 타인의 간섭을 배제하는 원칙을 말한다.

28

정답 ④

취소권, 추인권, 해제권과 같은 형성권에 있어서는 권리만 있고 그에 대응하는 의무는 존재하지 않는다.

29

정답 ①

집세나 이자 등은 원물을 타인에게 사용시킨 대가로 얻는 과실로 법정과실이다(민법 제101조 제2항).

② 유체물 및 전기 기타 관리할 수 있는 자연력은 물건인데
(민법 제98조), 부동산(토지 및 그 정착물) 이외의 물건은
동산이므로(민법 제99조 제2항) 관리할 수 있는 자연력은
동산이다.
③·④ 토지 및 그 정착물은 부동산이므로 건물은 토지로부터
독립한 부동산으로 다루어질 수 있다(민법 제99조 제1항).
⑤ 물건의 사용대가로 받는 금전 기타의 물건은 법정과실로
한다(민법 제101조 제2항).

30 　　　　　　　　　정답 ②

비록 행정행위에 하자가 있는 경우라도 그 하자가 중대하고
명백하여 당연무효인 경우를 제외하고는 권한 있는 기관에 의
해 취소되기까지 유효한 것으로 보는 것은 행정행위의 효력
중 공정력 때문이다.

행정행위의 효력
- 구성요건적 효력 : 유효한 행정행위가 존재하는 이상
모든 국가기관은 그 존재를 존중하고 스스로의 판단에
대한 기초로 삼아야 한다는 효력을 말한다.
- 공정력 : 비록 행정행위에 하자가 있는 경우에도 그
하자가 중대하고 명백하여 당연무효인 경우를 제외하
고는, 권한 있는 기관에 의해 취소될 때까지는 일응
적법 또는 유효한 것으로 보아 누구든지(상대방은 물
론 제3의 국가기관도) 그 효력을 부인하지 못하는 효
력을 말한다.
- 구속력 : 행정행위가 그 내용에 따라 관계행정청, 상
대방 및 관계인에 대하여 일정한 법적 효과를 발생하
는 힘으로, 모든 행정행위에 당연히 인정되는 실체법
적 효력을 말한다.
- 형식적 존속력
  - 불가쟁력(형식적 확정력)
  행정행위에 대한 쟁송제기기간이 경과하거나 쟁송
  수단을 다 거친 경우에는 상대방 또는 이해관계인
  은 더 이상 그 행정행위의 효력을 다툴 수 없게 되
  는 효력을 말한다.
  - 불가변력(실질적 확정력)
  일정한 경우 행정행위를 발한 행정청 자신도 행정행
  위의 하자 등을 이유로 직권으로 취소·변경·철회
  할 수 없는 제한을 받게 되는 효력을 말한다.
- 강제력
  - 제재력 : 행정법상 의무위반자에게 처벌을 가할 수
  있는 힘을 말한다.
  - 자력집행력 : 행정법상 의무불이행자에게 의무의
  이행을 강제할 수 있는 힘을 말한다.

31 　　　　　　　　　정답 ④

행정쟁송제도 중 행정소송에 관한 설명이다. 행정심판은 행
정관청의 구제를 청구하는 절차를 말한다.

32 　　　　　　　　　정답 ①

국가공무원법에 명시된 공무원의 복무는 ②·③·④·⑤ 외
에 성실의무, 종교중립의 의무, 청렴의 의무 등이 있다(국가
공무원법 제7장).

33 　　　　　　　　　정답 ①

행정상 강제집행 수단 중 대체적 작위의무의 불이행에 대하여
행정청이 의무자가 행할 작위를 스스로 행하거나 제3자로 하
여금 이를 행하게 하고 그 비용을 의무자로부터 징수하는 것
은 행정대집행이다(행정대집행법 제2조).

34 　　　　　　　　　정답 ④

① 참여기관(의결기관)이 행정관청의 의사를 구속하는 의결을
하는 합의제 기관이다(경찰위원회, 소청심사위원회 등).
② 의결기관이 아닌 집행기관에 대한 설명이다.
③ 국무조정실, 각 부의 차관보·실장·국장 등은 행정조직
의 보좌기관이다.
⑤ 행정조직의 내부기관으로서 행정청의 권한 행사를 보조하
는 것을 임무로 하는 행정기관은 보조기관이다.

35 　　　　　　　　　정답 ②

행정행위는 법률에 근거를 두어야 하고(법률유보), 법령에 반
하지 않아야 한다(법률우위). 따라서 법률상의 절차와 형식을
갖추어야 한다.

36 　　　　　　　　　정답 ①

일반적으로 조례가 법률 등 상위법령에 위배된다는 사정은 그
조례의 규정을 위법하여 무효라고 선언한 대법원의 판결이 선
고되지 아니한 상태에서는 그 조례 규정의 위법 여부가 해석
상 다툼의 여지가 없을 정도로 명백하였다고 인정되지 아니하
는 이상 객관적으로 명백한 것이라 할 수 없으므로, 이러한
조례에 근거한 행정처분의 하자는 취소사유에 해당할 뿐 무효
사유가 된다고 볼 수는 없다(대판 2009.10.29., 2007두
26285).

② 대판 1999.9.3., 98두15788

③ 주무부장관이나 시·도지사는 재의결된 사항이 법령에 위반된다고 판단됨에도 불구하고 해당 지방자치단체의 장이 소를 제기하지 아니하면 그 지방자치단체의 장에게 제소를 지시하거나 직접 제소 및 집행정지결정을 신청할 수 있다(지방자치법 192조 제5항). 제1항에 또는 제2항에 따른 지방의회의 의결이나 제3항에 따라 재의결된 사항이 둘 이상의 부처와 관련되거나 주무부장관이 불분명하면 행정안전부장관이 재의요구 또는 제소를 지시하거나 직접 제소 및 집행정지결정을 신청할 수 있다(지방자치법 제192조 제9항).

④ 대판 1991.8.27., 90누6613

⑤ 조례안 재의결의 내용전부가 아니라 그 일부만이 위법한 경우에도 대법원은 의결전부의 효력을 부인할 수밖에 없나. 왜냐하면 의결의 일부에 대한 효력배제는 결과적으로 전체적인 의결의 내용을 변경하는 것에 다름 아니어서 의결기관인 지방의회의 고유권한을 침해하는 것이 될 뿐 아니라, 그 일부만의 효력배제는 자칫 전체적인 의결내용을 지방의회의 당초의 의도와는 다른 내용으로 변질시킬 우려도 있기 때문이다(대판 1992.7.28., 92추31).

37

구 지방세법은 구법과 달리 인구유입과 경제력 집중의 효과가 뚜렷한 건물의 신축, 증축 그리고 부속토지의 취득만을 그 적용대상으로 한정하여 부당하게 중과세할 소지를 제거하였다. 최근 대법원 판결도 구체적인 사건에서 인구유입이나 경제력 집중 효과에 관한 판단을 전적으로 배제한 것으로는 보기 어렵다. 따라서 이 사건 법률조항은 거주·이전의 자유와 영업의 자유를 침해하지 아니한다(헌재결 2014.7.24, 2012헌바408).

① 단기보유자산이 공용수용에 의하여 양도된 경우에도 높은 세율로 중과세하는 것은 부동산 투기를 억제하여 토지라는 한정된 자원을 효율적으로 이용하기 위한 것으로 입법목적의 정당성이 인정되고, … 단기보유자산의 양도에 대하여 일률적으로 중과세함으로써 실현되는 공익이 그로써 제한되는 사익보다 결코 작다고 할 수 없으므로 법익의 균형성도 준수하고 있어 심판대상조항은 청구인들의 재산권을 침해하지 아니한다(헌재결 2015.6.25, 2014헌바256).

③ 계약상 급부의 상환성과 등가성은 계약 당사자의 이익을 공평하게 조정하기 위하여 계약 해제에 따른 원상회복 관계에서도 유지되어야 하므로, 원상회복범위는 당사자의 구체적이고 주관적인 사정과 관계없이 규범적·객관적으로 정해져야 할 필요가 있다. 계약 해제의 경위·계약 당사자의 귀책사유 등 제반 사정은 계약 해제로 인한 손해배상의 범위를 정할 때 고려된다. 따라서 민법 제548조 제2

항은 원상회복의무자의 재산권을 침해하지 않는다(헌재결 2017.5.25, 2015헌바421).

④ 도축장 사용정지·제한명령은 구제역과 같은 가축전염병의 발생과 확산을 막기 위한 것이고, 도축장 사용정지·제한명령이 내려지면 국가가 도축장 영업권을 강제로 취득하여 공익 목적으로 사용하는 것이 아니라 소유자들이 일정기간 동안 도축장을 사용하지 못하게 되는 효과가 발생할 뿐이다. 이와 같은 재산권에 대한 제약의 목적과 형태에 비추어 볼 때, 도축장 사용정지·제한명령은 공익목적을 위하여 이미 형성된 구체적 재산권을 박탈하거나 제한하는 헌법 제23조 제3항의 수용·사용 또는 제한에 해당하는 것이 아니라, 도축장 소유자들이 수인하여야 할 사회적 제약으로서 헌법 제23조 제1항의 재산권의 내용과 한계에 해당한다(헌재결 2015.10.21, 2012헌바367).

⑤ 친일재산조항은 정의를 구현하고 민족의 정기를 바로 세우며 일제에 저항한 3·1운동의 헌법이념을 구현하기 위하여, 친일반민족행위로 축재한 재산을 친일재산으로 규정하여 국가에 귀속시킬 수 있도록 하기 위한 것으로서, 입법목적의 정당성 및 수단의 적합성이 인정된다. … 과거사 청산의 정당성과 진정한 사회통합의 가치를 고려할 때 이 사건 친일재산조항의 공익적 중대성은 막중하고, 이 사건 친일재산조항으로 인한 친일반민족행위자 등의 재산권에 대한 제한의 정도가 위 조항에 의하여 보장되는 공익에 비하여 결코 중하다고 볼 수 없으므로, 위 조항이 법익의 균형성에 반한다고 볼 수 없다. 따라서 친일재산조항이 과잉금지원칙을 위반하여 재산권을 침해한다고 할 수 없다(2018.4.26., 2016헌바454).

38

기판력은 사실심 변론 종결 시(표준시)를 기준으로 하여 발생한다. 기판력은 표준시에 있어서의 권리관계의 존부판단에 대하여 생기므로, 전소 변론 종결 시 이전에 제출(주장)할 수 있었으나 변론 종결 시까지 제출하지 않은 공격방어방법은 후소에서 제출하지 못한다(주장했던 공격방어방법은 당연히 차단된다).

① 행정처분의 적법 여부는 그 행정처분이 행하여 진 때의 법령과 사실을 기준으로 하여 판단하는 것이므로 거부처분 후에 법령이 개정·시행된 경우에는 개정된 법령 및 허가기준을 새로운 사유로 들어 다시 이전의 신청에 대한 거부처분을 할 수 있으며 그러한 처분도 행정소송법 제30조 제2항에 규정된 재처분에 해당된다(대판 1998.1.7., 97두22).

② 행정소송법 제30조 제2항의 규정에 의하면 행정청의 거부처분을 취소하는 판결이 확정된 경우에는 그 처분을 행한 행정청이 판결의 취지에 따라 이전의 신청에 대하여 재처분할 의무가 있으나, 이 때 확정판결의 당사자인 처분행정청은 그 행정소송의 사실심 변론 종결 이후 발생한 새로운 사유를 내세워 다시 이전의 신청에 대한 거부처분을

할 수 있고 그러한 처분도 위 조항에 규정된 재처분에 해당된다(대판 1997.2.4., 96두70).

③ 처분 등을 취소하는 확정판결은 그 사건에 관하여 당사자인 행정청과 그 밖의 관계행정청을 기속한다(행정소송법 제30조 제1항). 기속력은 인용판결에 인정되며 기판력은 인용판결과 기각판결 모두에 인정된다.

④ 취소판결의 기판력은 소송물로 된 행정처분의 위법성 존부에 관한 판단 그 자체에만 미치는 것이므로 전소와 후소가 그 소송물을 달리하는 경우에는 전소 확정판결의 기판력이 후소에 미치지 아니한다(대판 1996.4.26., 95누5820).

39 정답 ⑤

원래 광역시가 점유·관리하던 일반국도 중 일부 구간의 포장공사를 국가가 대행하여 광역시에 도로의 관리를 이관하기 전에 교통사고가 발생한 경우, 광역시는 그 도로의 점유자 및 관리자, 도로법 제56조, 제55조, 도로법시행령 제30조에 의한 도로관리비용 등의 부담자로서의 책임이 있고, 국가는 그 도로의 점유자 및 관리자, 관리사무귀속자, 도로공사비용 부담자로서의 책임이 있다고 할 것이며, 이와 같이 광역시와 국가 모두가 도로의 점유자 및 관리자, 비용부담자로서의 책임을 중첩적으로 지는 경우에는, 광역시와 국가 모두가 국가배상법 제6조 제2항 소정의 궁극적으로 손해를 배상할 책임이 있는 자라고 할 것이고, 결국 광역시와 국가의 내부적인 부담부분은, 그 도로의 인계·인수 경위, 사고의 발생 경위, 광역시와 국가의 그 도로에 관한 분담비용 등 제반 사정을 종합하여 결정함이 상당하다(대판 1998.7.10., 96다42819).

[오답분석]

① · ③ 국가배상법 제5조 제1항 소정의 영조물의 설치 또는 관리의 하자라 함은 영조물이 그 용도에 따라 통상 갖추어야 할 안전성을 갖추지 못한 상태에 있음을 말하는 것으로서, 안전성의 구비 여부를 판단함에 있어서는 당해 영조물의 용도, 그 설치장소의 현황 및 이용 상황 등 제반 사정을 종합적으로 고려하여 설치 관리자가 그 영조물의 위험성에 비례하여 사회통념상 일반적으로 요구되는 정도의 방호조치의무를 다하였는지 여부를 그 기준으로 삼아야 할 것이며, 객관적으로 보아 시간적·장소적으로 영조물의 기능상 결함으로 인한 손해발생의 예견가능성과 회피가능성이 없는 경우, 즉 그 영조물의 결함이 영조물의 설치관리자의 관리행위가 미칠 수 없는 상황 아래에 있는 경우에는 영조물의 설치·관리상의 하자를 인정할 수 없다(대판 2007.9.21., 2005다65678).

② 국가배상법 제5조 소정의 영조물의 설치·관리상의 하자로 인한 책임은 무과실책임이고 나아가 민법 제758조 소정의 공작물의 점유자의 책임과는 달리 면책사유도 규정되어 있지 않으므로, 국가 또는 지방자치단체는 영조물의 설치·관리상의 하자로 인하여 타인에게 손해를 가한 경우에 그 손해의 방지에 필요한 주의를 해태하지 아니하였

다 하여 면책을 주장할 수 없다(대판 1994.11.22., 94다32924).

④ 영조물이 그 용도에 따라 갖추어야 할 안전성을 갖추지 못한 상태, 즉 타인에게 위해를 끼칠 위험성이 있는 상태라 함은 당해 영조물을 구성하는 물적 시설 그 자체에 있는 물리적·외형적 흠결이나 불비로 인하여 그 이용자에게 위해를 끼칠 위험성이 있는 경우뿐만 아니라, 그 영조물이 공공의 목적에 이용됨에 있어 그 이용 상태 및 정도가 일정한 한도를 초과하여 제3자에게 사회통념상 수인할 것이 기대되는 한도를 넘는 피해를 입히는 경우까지 포함된다고 보아야 한다(대판 2005.1.27., 2003다49566).

40 정답 ④

乙은 의무이행심판 청구를 통하여 관할행정청의 거부처분에 대해 불복의사를 제기할 수 있다. 의무이행심판이란 당사자의 신청에 대한 행정청의 위법 또는 부당한 거부처분이나 부작위에 대하여 일정한 처분을 하도록 하는 행정심판을 말한다(행정심판법 제5조 제3호).

01	02	03	04	05	06	07	08	09	10
③	⑤	③	③	②	④	③	③	①	⑤
11	12	13	14	15	16	17	18	19	20
⑤	①	②	⑤	⑤	①	①	④	⑤	④
21	22	23	24	25	26	27	28	29	30
②	①	④	③	⑤	③	②	③	③	④
31	32	33	34	35	36	37	38	39	40
③	④	②	②	①	④	⑤	④	④	②

01
싱납 ③

ㄴ·ㄷ. 강제배분법은 점수의 분포비율을 정해놓고 평가하는 상대평가방법으로 집중화, 엄격화, 관대화 오차를 방지하기 위해 도입되었다.

[오답분석]
ㄱ. 첫머리 효과(시간적 오류) : 최근의 실적이나 능력을 중심으로 평가하려는 오류이다.
ㄹ. 선입견에 의한 오류(고정관념에 기인한 오류) : 평정자의 편견이 평가에 영향을 미치는 오류이다.

02
정답 ⑤

지방공사란 자본금을 주식으로 분할하여 그 2분의 1 이상을 자치단체가 출자한 법인체를 말한다. 다만, 필요한 경우에는 자본금의 2분의 1을 넘지 아니하는 범위에서 지방자치단체 외의 자로 하여금 공사에 출자하게 할 수 있다(지방공기업법 제53조 제2항).

> **지방공사에 대한 출자(지방공기업법 제53조)**
> ① 지방공사의 자본금은 그 전액을 지방자치단체가 현금 또는 현물로 출자한다.
> ② 제1항에도 불구하고 공사의 운영을 위하여 필요한 경우에는 자본금의 2분의 1을 넘지 아니하는 범위에서 지방자치단체 외의 자(외국인 및 외국법인을 포함한다)로 하여금 공사에 출자하게 할 수 있다. 증자의 경우에도 또한 같다.

03
정답 ③

정부의 결산 과정은 ⑩ 해당 행정기관의 출납 정리·보고 – ⓒ 중앙예산기관의 결산서 작성·보고 – ⓐ 감사원의 결산 확인 – ⓔ 국무회의 심의와 대통령의 승인 – ⓒ 국회의 결산 심의 순서로 진행된다.

04
정답 ③

기획재정부 장관은 국무회의의 심의를 거쳐 대통령 승인을 얻은 다음 연도의 예산안편성지침을 매년 3월 31일까지 각 중앙관서의 장에게 통보하여야 한다(국가재정법 제29조 제1항).

05
정답 ②

공공선택론은 유권자, 정치가, 그리고 관료를 포함하는 정치제도 내에서 자원배분과 소득분배에 대한 결정이 어떻게 이루어지는지를 분석하고, 그것을 기초로 하여 정치적 결정의 예측 및 평가를 목적으로 한다.

[오답분석]
① 과학적 관리론 : 최소의 비용으로 최대의 성과를 달성하고자 하는 민간기업이 경영합리화 운동으로써, 객관화된 표준과업을 설정하고 경제적 동기 부여를 통하여 절약과 능률을 달성하고자 하였던 고전적 관리연구이다.
③ 행태주의 : 면접이나, 설문조사 등을 통해 인간행태에 대한 규칙성과 유형성·체계성 등을 발견하여 이를 기준으로 종합적인 인간관리를 도모하려는 과학적·체계적인 연구를 말한다.
④ 발전행정론 : 환경을 의도적으로 개혁해 나가는 행정인의 창의적·쇄신적인 능력을 중요시한다. 또한 행정을 독립변수로 간주해 행정의 적극적 기능을 강조한 이론이다.
⑤ 현상학 : 사회적 행위의 해석에 있어서 이러한 현상 및 주관적 의미를 파악하여 이해하는 철학적·심리학적 접근법, 주관주의적 접근(의식적 지향성 중시)으로, 실증주의·행태주의·객관주의·합리주의를 비판하면서 등장하였다.

06
정답 ④

매트릭스 조직은 환경의 불확실성과 복잡성이 높은 경우 효과적이다.

[오답분석]
①·⑤ 매트릭스 조직은 이중적 명령체계를 가지고 있으므로 명령통일의 원리가 배제된다. 이로 인하여 기능 관리자와 프로젝트 관리자 간 권력투쟁 및 갈등이 발생할 가능성이 높다.
② 부서장들은 부하에 대한 통제력이 없으므로 부서장들 간에 대면·협력·갈등을 조절할 수 있는 관리능력이 요구된다.
③ 기능부서와 사업부서 간의 갈등을 해결할 수 있는 권력의 공유가 필요하다.

07
정답 ③

소극적 대표성은 관료의 출신성분이 태도를 결정하는 것이며, 적극적 대표성은 태도가 행동을 결정하는 것을 말한다. 그러나 대표관료제는 소극적 대표성이 반드시 적극적 대표성으로 이어져 행동하지 않을 수도 있는 한계성이 제기되는데, ③에서는 자동적으로 확보한다고 하였으므로 옳지 않다.

08
정답 ③

신제도론을 행정에 도입하여 노벨상을 수상한 오스트롬은 정부의 규제가 아닌 이해당사자들 간의 자발적인 합의를 통해 행위규칙(제도)을 형성하여 공유자원의 고갈을 방지할 수 있다고 하였다.

[오답분석]
① 정부가 저소득층을 대상으로 의료나 교육혜택을 주는 등의 방식으로 개입할 수 있다.
② 개인적 합리성을 추구하는 사용자들로 인해 공유재의 비극이 발생하기도 한다.
④ 공공재는 비배제성·비경합성을 띠므로 시장에 맡겼을 때 바람직한 수준 이하로 공급될 가능성이 높다.
⑤ 개인적 합리성에 기초한 개인의 행동이 사회적인 합리성을 달성하지 못하는 경우 발생하는 문제들이다.

09
정답 ①

구조적 분화와 전문화는 집단 간 갈등을 조성한다. 이는 분화된 조직을 통합하거나, 인사교류를 통해 갈등을 해소할 수 있다.

10
정답 ⑤

잘 개발된 균형성과표(BSC)는 조직구성원들에게 조직의 전략과 목적 달성에 필요한 성과가 무엇인지 알려주기 때문에 조직전략의 해석지침으로 적절하다.

11
정답 ⑤

예산제도는 품목별 예산(LIBS, 1920) → 성과주의 예산(PBS, 1950) → 기획 예산(PPBS, 1965) → 영기준 예산(ZBB, 1979) → 신성과주의 예산(프로그램 예산, 1990) 등의 순으로 발전해 왔다.

12
정답 ①

공식화의 수준이 높을수록 구성원들의 재량은 줄어들게 된다. 공식화의 수준이 높다는 것은 곧 하나의 직무를 수행할 때 지켜야 할 규칙이 늘어난다는 것을 의미한다. 지나친 표준화는 구성원들의 재량권을 감소시키고 창의력을 저해시키게 된다.

13
정답 ②

성과규제에 대한 설명이다. 관리규제는 수단과 성과가 아닌 과정을 규제하는 것이다.

규제의 유형

유형	내용
성과규제	정부가 사회 문제 해결을 위해서 피규제자에게 목표를 정해주고 이를 달성할 것을 요구하는 규제
수단규제	정부가 사전적으로 목표달성을 위한 기술 등의 수단을 규제
관리규제	수단이나 성과가 아닌 과정을 규제

14
정답 ⑤

성과와 보상 간의 관계에 대한 인식은 수단성에 해당되는 설명이다. 브룸(Vroom)의 기대이론에 의하면 기대치는 자신의 노력이 일정한 성과를 달성한다는 단계를 의미한다.

15
정답 ⑤

신고전적 조직이론의 대표적인 이론인 인간관계론은 인간의 조직 내 사회적 관계를 중시하였으나, 이를 지나치게 중시하여 환경과의 관계를 다루지 못한 한계가 있다. 즉 신고전적 조직이론은 고전적 조직이론과 마찬가지로 폐쇄적인 환경관을 가진다.

16
정답 ①

총액배분 자율편성예산제도는 중앙예산기관이 국가재정운용계획에 따라 각 부처의 지출한도를 하향식으로 설정해주면 각 부처가 배정받은 지출한도 내에서 자율적으로 편성하는 예산제도이다.

17
정답 ①

상동적 오차는 유형화의 착오로, 편견이나 선입견 또는 고정관념(Stereotyping)에 의한 오차를 말한다.

[오답분석]
② 연속화의 오차(연쇄효과) : 한 평정 요소에 대한 평정자의 판단이 다른 평정 요소에도 영향을 주는 현상이다.
③ 관대화의 오차 : 평정결과의 점수 분포가 우수한 쪽에 집중되는 현상이다.
④ 규칙적 오차 : 다른 평정자들보다 항상 후하거나 나쁜 점수를 주는 현상이다.
⑤ 시간적 오차 : 최근의 사건·실적이 평정에 영향을 주는 근접오류 현상이다.

18
정답 ④

상황론적 리더십
• 추종자(부하)의 성숙단계에 따라 리더십의 효율성이 달라진다는 주장은 Hersey & Blanchard의 삼차원이론(생애주기이론)이다.
• 리더의 행동이나 특성이 상황에 따라 달라진다는 것은 상황론적 리더십에 대한 설명이다.
• 상황이 유리하거나 불리한 조건에서는 과업을 중심으로 한 리더십이 효과적이라는 것은 Fiedler의 상황조건론이다.

19
정답 ⑤

정부사업에 대한 회계책임을 묻는 데 유용한 예산제도는 품목별 예산제도(LIBS)이다. 성과주의 예산제도는 기능별·활동별 예산제도이므로 의회의 예산통제가 곤란하고, 회계책임을 묻기가 어렵다.

20
정답 ④

국가재정법 제4조에 따르면 특별회계는 국가에서 특정한 사업을 운영하고자 할 때나 특정한 자금을 보유하여 운용하고자 할 때, 특정한 세입으로 특정한 세출에 충당함으로써 일반회계와 구분하여 회계처리할 필요가 있을 때에 '법률'로써 설치한다.

21
정답 ②

근무성적평정은 모든 공무원이 대상이다. 다만 5급 이하의 공무원은 원칙적으로 근무성적평가제에 의한다. 4급 이상 공무원은 평가대상 공무원과 평가자가 체결한 성과계약에 따라 성과목표 달성도 등을 평가하는 성과계약 등 평가제로 근무성적평정을 실시한다.

22
정답 ①

스캔론 플랜은 보너스 산정방식에 따라 3가지로 분류된다. 단일비율 스캔론 플랜은 노동비용과 제품생산액의 산출 과정에서 제품의 종류와 관계없이 전체 공장의 실적을 보너스 산출에 반영한다. 또한 분할비율 스캔론 플랜은 노동비용과 제품생산액을 산출할 때 제품별로 가중치를 둔다. 그리고 다중비율 스캔론 플랜은 노동비용뿐만 아니라 재료비와 간접비의 합을 제품생산액으로 나눈 수치를 기본비율로 사용한다. 이러한 모든 공식에는 재료 및 에너지 등을 포함하여 계산한다.

[오답분석]
② 러커 플랜(Rucker Plan) : 러커(Rucker)는 스캔론 플랜에서의 보너스 산정 비율은 생산액에 있어서 재료 및 에너지 등 경기 변동에 민감한 요소가 포함되어 있어, 종업원의 노동과 관계없는 경기 변동에 따라 비효율적인 수치 변화가 발생할 수 있는 문제점이 있다고 제시하였다. 이는 노동비용을 판매액에서 재료 및 에너지, 간접비용을 제외한 부가가치로 나누는 것을 공식으로 하였다.
③ 임프로쉐어 플랜(Improshare Plan) : 회계처리 방식이 아닌 산업공학의 기법을 사용하여 생산단위당 표준노동시간을 기준으로 노동생산성 및 비용 등을 산정하여 조직의 효율성을 보다 직접적으로 측정, 집단성과급제들 중 가장 효율성을 추구한다.
④·⑤ 커스토마이즈드 플랜(Customized Plan) : 집단성과배분제도를 각 기업의 환경과 상황에 맞게 수정하여 사용하는 방식이다. 커스토마이즈드 플랜은 성과측정의 기준으로서 노동비용이나 생산비용, 생산 이외에도 품질 향상, 소비자 만족도 등 각 기업이 중요성을 부여하는 부분에 초점을 둔 새로운 지표를 사용한다. 성과를 측정하는 항목으로 제품의 품질, 납기준수실적, 생산비용의 절감, 산업 안전 등 여러 요소를 정하고, 분기별로 각 사업부서의 성과를 측정하고 성과가 목표를 초과하는 경우에 그 부서의 모든 사원들이 보너스를 지급받는 제도이다.

23

정답 ④

직무평가란 직무의 각 분야가 기업 내에서 차지하는 상대적 가치의 결정으로, 크게 비계량적 평가 방법과 계량적 평가 방법으로 나눌 수 있다. 비계량적 평가 방법에는 서열법과 분류법이 있으며, 계량적 평가 방법에는 점수법과 요소비교법이 있다.

직무평가 방법

구분		설명
계량적	점수법	직무를 구성 요소별로 나누고, 각 요소에 점수를 매겨 평가하는 방법
	요소비교법	직무를 몇 개의 중요 요소로 나누고, 이들 요소를 기준직위의 평가 요소와 비교하여 평가하는 방법
비계량적	서열법	직원들의 근무 성적을 평정함에 있어 평정 대상자(직원)들을 서로 비교하여 서열을 정하는 방법
	분류법	미리 작성한 등급기준표에 따라 평가하고자 하는 직위의 직무를 어떤 등급에 배치할 것인가를 결정하는 방법

24

정답 ③

신공공관리론은 행정과 경영을 동일하게 보는 관점으로 기업경영의 원리와 기법을 공공부문에 그대로 이식하려 한다는 비판이 있다.

오답분석

① 동태적 측면을 파악할 수 없다.
② 생태론에 대한 설명이다.
④ 합리적 선택 신제도주의가 방법론적 개체주의에, 사회학적 신제도주의는 방법론적 전체주의에 기반을 두고 있다.

25

정답 ⑤

신공공관리론은 폭넓은 행정재량권을 중시하고, 신공공서비스론은 재량의 필요성은 인정하나 제약과 책임이 수반된다고 본다. 신공공관리론은 시장의 책임을 중시하고, 신공공서비스론은 행정책임의 복잡성과 다면성을 강조한다.

26

정답 ⑤

규칙적 오류는 어떤 평정자가 다른 평정자들보다 언제나 좋은 점수 혹은 나쁜 점수를 주는 것을 말한다.

대표적인 근무평정상의 착오
• 연쇄효과 : 피평정자의 특정 요소가 다른 평정요소의 평가에까지 영향을 미치는 것이다.
• 집중화의 오류 : 무난하게 중간치의 평정만 일어나는 것이다.
• 규칙적 오류 : 한 평정자가 지속적으로 낮은 혹은 높은 평정을 보이는 것이다.
• 시간적 오류 : 시간적으로 더 가까운 때에 일어난 사건이 평정에 더 큰 영향을 끼치는 것이다.
• 상동적 오류 : 피평정자에 대한 선입견이나 고정관념이 다른 요소의 평정에 영향을 끼치는 것이다.

27

정답 ③

품목별 분류는 지출대상별 분류이기 때문에 사업의 성과와 결과에 대한 측정이 어렵다.

오답분석

① 기능별 분류는 시민을 위한 분류라고도 하며, 행정수반의 재정정책을 수립하는 데 도움을 준다.
② 조직별 분류는 부처 예산의 전모를 파악할 수 있지만 사업의 우선순위 파악이나 예산의 성과 파악이 어렵다.
④ 경제 성질별 분류는 국민소득, 자본형성 등에 관한 정부활동의 효과를 파악하는 데 유리하다.
⑤ 품목별 분류는 예산집행기관의 신축성을 저해한다.

28

정답 ②

정보의 비대칭성에 의한 시장실패는 보조금이나 정부규제로 대응한다.

오답분석

① 공공재로 인한 시장실패는 공적공급으로 대응한다.
③ 자연독점은 공적공급 또는 정부규제로 대응한다.
④ 관료의 사적 목표의 설정은 정부실패의 원인으로 민영화가 필요하다.
⑤ 파생적 외부효과 역시 정부실패의 원인으로서 정부보조금 삭감 또는 규제완화가 필요하다.

29 　정답 ③

오답분석

① 신공관리론은 조직 간 관계보다 조직 내 관계를 주로 다루고 있다.
② 신공공서비스론(New Public Service)에 대한 설명이다. 신공공관리론은 행정의 효율성을 더 중시한다.
④ 정부 주도의 공공서비스 전달 또는 공공문제 해결을 넘어 협력적 네트워크 구축 및 관리라는 대안을 제시하는 것은 뉴거버넌스론(New Governance)에 대한 설명이다.
⑤ 경제적 생산활동의 결과가 일단의 규칙에 달려 있다는 것은 신제도주의에 대한 설명이다.

30 　정답 ④

오답분석

ㄱ. 엽관주의는 정당에 대한 충성도와 공헌도를 기준으로 관직에 임용하는 방식의 인사제도이다.
ㄴ. 엽관주의는 국민과의 동질성 및 일체감을 확보하고, 선거를 통해 집권정당과 관료제의 책임성을 확보하고자 하는 민주주의의 실천원리로써 대두되었다.
ㅁ. 엽관주의는 국민에 대한 관료의 대응성을 높일 수 있다는 장점이 있다.

31 　정답 ③

오답분석

ㄱ. 보수주의 정부관에 따르면 정부에 대한 불신이 강하고 정부실패를 우려한다.
ㄴ. 공공선택론은 정부를 공공재의 생산자로 규정하고 있다. 그러나 대규모 관료제에 의한 행정은 효율성을 극대화하지 못한다고 비판하므로 옳지 않다.

보수주의ㆍ진보주의 정부관

구분	보수주의	진보주의
추구하는 가치	• 자유 강조(국가로부터의 자유) • 형식적 평등, 기회의 평등 중시 • 교환적 정의 중시	• 자유를 열렬히 옹호(국가에로의 자유) • 실질적 평등, 결과의 평등 중시 • 배분적 정의 중시
인간관	• 합리적이고 이기적인 경제인	• 오류 가능성의 여지 인정
정부관	• 최소한의 정부 → 정부 불신	• 적극적인 정부 → 정부 개입 인정
경제 정책	• 규제완화, 세금감면, 사회복지정책의 폐지	• 규제옹호, 소득재분배 정책, 사회보장정책
비고	• 자유방임적 자본주의	• 복지국가, 사회민주주의, 수정자본주의

32 　정답 ④

책임경영 방식은 정부가 시장화된 방식을 이용하여 직접 공급하는 것을 말한다.

> **민간위탁 방식**
> • 계약 : 정부의 책임 하에 민간이 서비스를 생산하는 방식이다.
> • 면허 : 민간조직에게 일정한 구역 내에서 공공서비스를 제공하는 권리를 인정하는 협정을 체결하는 방식으로, 시민ㆍ이용자는 서비스 제공자에게 비용을 지불하며, 정부는 서비스 수준과 질을 규제한다.
> • 보조금 : 요건을 구체적으로 명시하기 곤란하거나, 기술적으로 복잡하고, 목표달성 방법이 불확실한 경우 사용한다.
> • 바우처 : 금전적 가치가 있는 쿠폰 또는 카드를 제공하는 방식이다.
> • 자원봉사 : 직접적인 보수를 받지 않으면서 정부를 위해 봉사하는 사람들을 활용하는 방식이다.
> • 자조활동 : 공공서비스의 수혜자와 제공자가 같은 집단에 소속되어 서로 돕는 형식으로 활동하는 방식이다.

33 　정답 ②

오답분석

ㄴ. X이론은 매슬로의 욕구계층 중 하위욕구를, Y이론은 상위욕구를 중요시한다.
ㄷ. 형평이론은 자신의 노력과 그에 따른 보상이 준거인물과 비교하였을 시 불공정할 때 동기가 유발된다고 보았다.

34 　정답 ②

ㄱ. 예산총계주의 원칙은 회계연도의 모든 수입은 세입으로, 모든 지출은 세출로 해야 하는 원칙이다. 하지만 자치단체의 행정목적 달성, 공익상 필요에 의하여 재산을 보유하거나 특정 자금의 운용을 위한 기금 운영, 기타 손실부담금 및 계약보증금 등의 사무관리상 필요에 의하여 자치단체가 일시 보관하는 경비 등의 예외사항이 있다.
ㄷ. 회계연도 독립의 원칙이란 각 회계연도의 경비는 당해의 세입으로 충당해야 하며, 매 회계연도의 세출예산은 다음 해에 사용할 수 없다는 원칙이다. 하지만 계속비 외에 예산의 이월, 세계잉여금의 세입이입, 과년도 수입 및 지출 등의 예외사항이 있다.

35　　　정답 ①

중앙행정기관의 장과 지방자치단체의 장이 사무를 처리할 때 의견을 달리하는 경우 이를 협의·조정하기 위하여 신청에 의해 국무총리 소속으로 행정협의조정위원회를 설치한다. 단, 실질적인 구속력은 없다.

36　　　정답 ④

ㄱ. 강임이 아닌 강등에 관한 설명이다. 강임은 징계가 아니라 직제·정원의 변경, 예산감소 등을 이유로 직위가 폐직되거나 하위의 직위로 변경되어 과원이 된 경우, 같은 직렬이나 다른 직렬의 하위 직급으로 임명하는 것이다.

ㄴ. 직위해제가 아닌 직권면직의 대상이다.

ㄷ. 징계의결요구의 소멸시효는 3년이지만, 금품 및 향응 수수, 공금의 횡령·유용의 경우에는 5년이다.

징계의 종류

- 경징계
  - 견책 : 전과에 대하여 훈계하고 회개하게 하고 6개월간 승급 정지
  - 감봉 : 1~3개월간 보수의 1/3을 삭감하고 1년 간 승급 정지
- 중징계
  - 정직 : 1~3개월간 신분은 보유, 직무수행 정지, 보수는 전액을 감하고 1년 6개월간 승급 정지
  - 강등 : 1계급 하향 조정, 신분은 보유, 3개월간 직무수행 정지, 보수는 전액을 삭감하고 1년 6개월간 승급 정지
  - 해임 : 강제 퇴직, 3년간 공무원 재임용 불가
  - 파면 : 강제 퇴직, 5년간 공무원 재임용 불가, 퇴직급여의 1/4~1/2 지급 제한

37　　　정답 ⑤

ㄱ. 정책오류 중 제2종 오류이다. 정책효과가 있는데 없다고 판단하여 옳은 대안을 선택하지 않는 경우이다.

ㄴ. 정책오류 중 제3종 오류이다. 정책문제 자체를 잘못 인지하여 틀린 정의를 내린 경우이다.

ㄷ. 정책오류 중 제1종 오류이다. 정책효과가 없는데 있다고 판단하여 틀린 대안을 선택하는 경우이다.

정책오류의 유형

제1종 오류	제2종 오류	제3종 오류
올바른 귀무가설을 기각하는 것	잘못된 귀무가설을 인용하는 것	가설을 검증하거나 대안을 선택하는 과정에 있어서는 오류가 없었으나, 정책문제 자체를 잘못 인지하여 정책문제가 해결되지 못하는 것
잘못된 대립가설을 채택하는 것	올바른 대립가설을 기각하는 것	
잘못된 대안을 선택하는 것	올바른 대안을 선택하지 않는 것	
정책효과가 없는데 있다고 판단하는 것	정책효과가 있는데 없다고 판단하는 것	

38　　　정답 ④

（오답분석）

ㄱ. 허즈버그의 욕구충족요인 이원론에 의하면, 만족요인을 충족시켜 줘야 조직원의 만족감을 높이고 동기를 유발할 수 있다.

ㄹ. 호손실험을 바탕으로 하는 인간관은 사회적 인간관이다.

39　　　정답 ④

제도를 개인들 간의 선택적 균형에 기반한 결과물로 보는 것은 합리적 선택 제도주의고, 제도를 제도적 동형화과정의 결과물로 보는 것은 사회학적 제도주의이다. 따라서 사회학적 제도주의는 사회문화적 환경에 의해 형성된 제도가 개인의 선호에 영향을 미친다는 이론이다.

40　　　정답 ②

프로그램의 최고 단계 훈련을 마치고, 프로젝트 팀 지도를 전담하는 직원은 블랙벨트이다. 마스터블랙벨트는 식스 시그마 최고과정에 이른 사람으로 블랙벨트가 수행하는 프로젝트를 전문적으로 관리한다.

01	02	03	04	05	06	07	08	09	10
③	④	②	①	④	②	⑤	②	③	②
11	12	13	14	15	16	17	18	19	20
①	①	④	④	②	①	①	③	⑤	⑤
21	22	23	24	25	26	27	28	29	30
④	②	③	②	②	②	①	②	②	①
31	32	33	34	35	36	37	38	39	40
③	⑤	②	②	③	②	①	③	③	①

01
정답 ①

균일한 평야지역의 작은 유역에 발생한 강우량 산정은 산술평균법 사용이 적절하다.

02
정답 ④

$$I_p = I_x + I_y$$
$$= \frac{bh^3}{12} + \frac{b^3 h}{12}$$
$$= \frac{bh}{12}(b^2 + h^2)$$

03
정답 ②

$V = ki$ 이므로, 지하수의 유속은 $0.3 \times \frac{0.4}{2.4} = 0.05\text{m/s}$ 이다.

04
정답 ①

전단탄성계수 공식은 $G = \frac{E}{2(1+\nu)}$ 이다.

공식을 푸아송비로 표현한다면,

$\nu = \frac{E}{2G} - 1 = \frac{230,000}{2(60,000)} - 1 \fallingdotseq 0.917$ 이다.

05
정답 ④

$\tau = \mu \cdot \frac{dV}{dy}$ 이므로 $0.01 \times \frac{200}{0.5} = 4\text{N/cm}^2$

따라서 전단응력은 4N/cm^2 이다.

06
정답 ②

하상계수(F)는 $F = \frac{A}{L^2}$ 로 나타낼 수 있다. 여기서 F가 크면 유료연장에 비해서 폭이 넓은 유역으로, 유하시간이 짧고 최대유량은 크다.

07
정답 ⑤

층류영역에서 사용 가능한 마찰손실계수의 산정식은 $f = \frac{64}{Re}$ 이다.

08
정답 ②

$Q = CAV$ 이므로
$Q = 0.6 \times 20 \times \sqrt{2 \times 980 \times 300}$
$\quad = 9,200\text{cm}^3/\text{s} = 0.0092\text{m}^3/\text{s}$ 이다.
따라서 유출수의 유량은 $0.0092\text{m}^3/\text{s}$ 이다.

09
정답 ③

유체흐름에서 펌프수두는 −, 터빈수두는 +한다.
따라서 베르누이 정리에 관한 표현식은 다음과 같다.

$$\frac{v_1^2}{2g} + \frac{p_1}{\gamma} + z_1 = \frac{v_2^2}{2g} + \frac{p_2}{\gamma} + z_2 - E_P + E_T + h_L$$

10
정답 ②

$Q = AV = bd \cdot \frac{1}{n} R^{2/3} \cdot I^{1/2}$ 이므로

$14.56 = (4 \times 2) \times \frac{1}{n} \times \left(\frac{4 \times 2}{4 + 2 \times 2}\right)^{2/3} \times 0.0004^{1/2}$ 이다.

따라서 $n \fallingdotseq 0.010099$ 이므로
수로표면 조도계수(n)는 약 0.010099 이다.

11
정답 ①

Francis 공식을 적용한 직사각형 위어의 경우

$Q = 1.84 b_0 h^{\frac{3}{2}}$ 이므로

단수축을 고려한 월류 수맥 폭(b_o)은 $b_o = b - \frac{1}{10} nh$ 이다.

이때, 양단수축의 경우 $n = 2.0$ 이므로 $b_o = b - \frac{1}{5} h$ 이다.

12
정답 ①

굴착정(Q)의 계산식은 다음과 같다.

$$Q=2\pi bk\frac{H-h_o}{l_n\left(\dfrac{R}{r_o}\right)}$$

이에 대입하면,

$$Q=2\times\pi\times10\times0.3\times\frac{20-10}{l_n\left(\dfrac{100}{50}\right)}$$

$$\fallingdotseq\frac{271.9\mathrm{m}^3}{hr}\times\frac{hr}{3,600\sec}\fallingdotseq7.5\times10^{-2}\mathrm{m}^3/\mathrm{s}$$

따라서 양수량은 $7.5\times10^{-2}\mathrm{m}^3/\mathrm{s}$이다.

13
정답 ④

이중누가우량곡선법은 강수량 자료의 일관성을 검증하는 방법이다. 여기서 이중누가곡선은 자료의 일관성을 검증하기 위해 주변에 있는 여러 관측소의 연 또는 계절 강우량의 누적 총량의 평균을 문제가 된 관측점에서의 연 또는 계절 강우량의 누적 종량과 비교한 것이나.

14
정답 ④

$$Q=AV=A\sqrt{\frac{2gh}{f_i+f\dfrac{\ell}{D}+f_o}}$$ 이므로,

$$0.0628=\frac{\pi\cdot0.2^2}{4}\times\sqrt{\frac{2\times9.8\times h}{0.5+0.035\dfrac{200}{0.2}+1.0}}$$

$$\therefore\ h=7.44\mathrm{m}$$

따라서 A저수지와 B저수지 사이의 수위차는 7.44m이다.

15
정답 ②

직사각형 위어(Francis) 공식에서 단수축을 고려한 월류 수맥 폭(b_0)은 $b_0=b-0.1nh$이므로
$b_0=2.5-0.1\times2(\because$ 양단수축$)\times0.4=2.42$m이다.

$$Q=1.84b_0h^{\frac{3}{2}}$$ 식에 대입하면,

$$Q=1.84\times2.42\times0.4^{\frac{3}{2}}\fallingdotseq1.126\mathrm{m}^3/\mathrm{s}$$이다.

16
정답 ①

수리상 유리한 단면을 볼 때,
최대유량은 $Q_{\max}=A\times V_{\max}=A\times C\sqrt{R_{\max}I}$이며,
여기서 동수반경을 살펴보면, $R=\dfrac{A}{P}$에서 윤변(P)이 최소일 때 동수반경(R)이 최대가 된다.

17
정답 ①

$$Q=AV=A\cdot\frac{1}{n}R^{\frac{2}{3}}\cdot I^{\frac{1}{2}}$$ 식에 대입하면,

$$1=\frac{\pi D^2}{4}\times\frac{1}{0.012}\times\left(\frac{D}{4}\right)^{\frac{2}{3}}\times\left(\frac{1}{100}\right)^{\frac{1}{2}}$$

$$\rightarrow 1\fallingdotseq2.6D^{\frac{8}{3}}$$

$$\therefore\ D\fallingdotseq0.7\mathrm{m}=70\mathrm{cm}$$

따라서 적당한 관의 지름은 약 70cm이다.

18
정답 ③

물의 단위중량 $w=9.8\mathrm{kN/m}^3$이며, [정체압력(P)]=(정압력)+(동압력)이므로 $P=wh+\dfrac{wv^2}{2g}$이다. 이에 대입하면,

$$P=(9.8\times3)+\left(\frac{9.8\times3^2}{2\times9.8}\right)=33.9\mathrm{kN/m}^2$$

따라서 정체압력은 $33.90\mathrm{kN/m}^2$이다.

19
정답 ⑤

$$\sum F_y=0,\ (F_A+F_y)\cos60°=P$$
$$2F_B\cos60°=1$$
$$\therefore\ F_B=1\mathrm{t}$$
$$\sum F_x=0,\ F_A\sin60°=F_B\sin60°$$
$$\therefore\ F_A=F_B$$

(A)는 $\dfrac{P}{2}$만큼의 하중을 한 끈이 지탱한다.

(B)는 $0.707P$만큼의 하중을 한 끈이 지탱한다.

(C)는 P만큼의 하중을 한 끈이 지탱한다.

20
정답 ⑤

마찰손실수두(h_L)의 계산식은 $h_L=f\dfrac{L}{D}\dfrac{v^2}{2g}$이며, 손실수두 중 가장 큰 값으로 마찰손실계수에 유속수두와 관의 길이를 곱한 후 관의 지름으로 나누어 계산한다.

21
정답 ④

$$\sigma_{\max}=\frac{P}{A}\left(1+\frac{e_x}{e_{x_{\max}}}+\frac{e_y}{e_{y_{\max}}}\right)$$
$$=\frac{200}{5\times4}\left(1+\frac{6\times0.5}{5}+\frac{6\times0.8}{4}\right)$$
$$=28\mathrm{kPa}$$

22

정답 ②

$$P_x = \frac{\pi^2 \times 2.1 \times 10^6 \times 190}{300^2} = 43.7\text{t}$$

$$P_y = \frac{\pi^2 \times 2.1 \times 10^6 \times 27}{300^2} = 6.2\text{t}$$

이때 작은 값인 6.2t이 좌굴 하중이 된다.

23

정답 ③

$$P = \frac{AE}{l}\delta = \frac{1 \times 2.1 \times 10^4}{100} \times 1 = 210\text{kN}$$

24

정답 ②

$$R_A = \frac{3}{8}wl, \ R_B = \frac{5}{8}wl$$

$$R_A = \frac{3}{8} \times 2 \times 10 = 7.5\text{t}$$

25

정답 ②

$$M_B = -[(4 \times 2) + (2 \times 0.5)] = -9\text{t} \cdot \text{m}$$

26

정답 ②

공액 보법 이용

실제 보의 $\theta_i = \dfrac{M}{EI}$ 도를 하중으로 실은 공액보에서의 V_i 이다.

$$\theta_B = \frac{1}{3}(l)\left(\frac{wl^2}{2EI}\right) = \frac{wl^3}{6EI}$$

27

정답 ①

오일러의 좌굴 공식 $P_{cr} = \dfrac{\pi^2 EI}{(2L)^2}$ 에서

$$L_1 = \sqrt{\frac{\pi^2 EI}{4P_{cr}}} = \sqrt{\frac{\pi^2 \times 2,100,000 \times \frac{10 \times 5^3}{12}}{4 \times 20,000}}$$

$$\fallingdotseq 164\text{cm} = 1.64\text{m}$$

$$L_2 = \sqrt{\frac{\pi^2 EI}{4P_{cr}}} = \sqrt{\frac{\pi^2 \times 2,100,000 \times \frac{5 \times 10^3}{12}}{4 \times 20,000}}$$

$$\fallingdotseq 328\text{cm} = 3.28\text{m}$$

따라서 단면 2차 모멘트(I)가 작은 값을 택하므로 약 1.64m 이다.

28

정답 ②

S.F.D가 2차 이상의 함수이므로 하중은 1차 이상의 함수이다.

29

정답 ②

① 직사각형으로 분포
② 삼각형으로 분포

$$\triangle B = \frac{1}{2} \times x \times Px \times \frac{2}{3}x = 4\delta = 4 \times \frac{Pl^3}{3EI}$$

$$\therefore \ x = \sqrt[3]{4l} \fallingdotseq 1.6l$$

30

정답 ①

$$V = \sqrt{\frac{2gh}{f_o + f\dfrac{\ell}{D} + f_i}} \ \text{이므로}$$

여기에 대입하면

$$V = \sqrt{\frac{2 \times 9.8 \times 20}{1 + 0.03 \times \dfrac{500}{0.3} + 0.5}} = 2.75\text{m/s}$$

따라서 관 내의 유속은 2.75m/s이다.

31

정답 ③

$$I_y = \frac{b^3 h}{12} = \frac{10^3 \times 20}{12} \fallingdotseq 1,667\text{cm}^4$$

따라서 y축에 대한 단면 2차 모멘트의 값은 약 1,667cm^4 이다.

32

정답 ⑤

최대 휨모멘트 지점은 전단력이 0인 곳이다.

$$M_B = 0, \ R_A \times l - w \times \frac{l}{2} \times \frac{3}{4}l = 0 \rightarrow R_A = \frac{3}{8}wl$$

$$\frac{3}{8}wl - w \times x = 0$$

$$\therefore \ x = \frac{3}{8}l$$

33

정답 ②

$\sum M_F = \sum M_p = 0$을 이용하면

$F = 400\text{kg}, \ P = 200\text{kg}$

34

정답 ②

$\sum F_y = 0$에서 $F_{CB} = F_{AB}$

$\sum F_y = 0$에서 $F_{CB}\sin30° + F_{AB}\sin30° - 2 = 0$

$2F_{CB}\sin30° = 2$

$\therefore \ F_{CB} = 2\text{t}$

35

정답 ③

평행축 정리 이용

$I_b = I_x + A\overline{y}^2 = \dfrac{bh^3}{36} + \dfrac{bh}{2}\left(\dfrac{h}{3}\right)^2 = \dfrac{bh^3}{12}$

36

정답 ②

전단력도에서 어느 점의 기울기는 그 점의 하중 강도이다.

$w = \dfrac{400 + 400}{4} = 200\text{kg/m}$

37

정답 ①

$\tau = \dfrac{VQ}{Ib}$

$I = \dfrac{bh^3}{12} = \dfrac{1}{12}(40 \times 60^3 - 30 \times 50^3) = 407{,}500\text{cm}^4$

$Q = 40 \times 5 \times (25 + 2.5) = 5{,}500\text{cm}^3$

$\tau = \dfrac{6{,}000 \times 5{,}500}{407{,}500 \times 10} = 8.10\text{kg/cm}^2$

38

정답 ③

AB부재에서,

$M_{B1} = \dfrac{\omega(2L)^2}{8} = \dfrac{\omega L^2}{2} = 2M(+)$

BC부재에서,

$M_{B2} = \dfrac{2\omega L^2}{8} = \dfrac{\omega L^2}{4} = M(-)$

두 부재의 분배비는 $1 : 2$이므로,

$M_B = 2M - (2M - M) \times \dfrac{1}{3} = \dfrac{\omega L^2}{2} - \dfrac{\omega L^2}{12} = \dfrac{5\omega L^2}{12}$

39

정답 ③

$\sum M_B = 0$이고,

$(R_A \times 6) - (w \times 6 \times 3) + (2{,}400 \times \sin150° \times 3) = 0$

$R_A = 0$이므로 $w = 200\text{kg/m}$이다.

40

정답 ①

$\sigma_a = \dfrac{My}{I} = \dfrac{6M}{bh^2}$

$h = \sqrt{\dfrac{6M}{b \cdot \sigma_a}} = \sqrt{\dfrac{6 \times 8{,}000 \times 100}{25 \times 120}} = 40\text{cm}$

PART 3

계속 갈망하라. 언제나 우직하게.

- 스티브 잡스 -

한국농어촌공사 필기전형 답안카드

NCS

1	① ② ③ ④ ⑤
2	① ② ③ ④ ⑤
3	① ② ③ ④ ⑤
4	① ② ③ ④ ⑤
5	① ② ③ ④ ⑤
6	① ② ③ ④ ⑤
7	① ② ③ ④ ⑤
8	① ② ③ ④ ⑤
9	① ② ③ ④ ⑤
10	① ② ③ ④ ⑤
11	① ② ③ ④ ⑤
12	① ② ③ ④ ⑤
13	① ② ③ ④ ⑤
14	① ② ③ ④ ⑤
15	① ② ③ ④ ⑤
16	① ② ③ ④ ⑤
17	① ② ③ ④ ⑤
18	① ② ③ ④ ⑤
19	① ② ③ ④ ⑤
20	① ② ③ ④ ⑤
21	① ② ③ ④ ⑤
22	① ② ③ ④ ⑤
23	① ② ③ ④ ⑤
24	① ② ③ ④ ⑤
25	① ② ③ ④ ⑤
27	① ② ③ ④ ⑤
28	① ② ③ ④ ⑤
29	① ② ③ ④ ⑤
30	① ② ③ ④ ⑤
31	① ② ③ ④ ⑤
32	① ② ③ ④ ⑤
33	① ② ③ ④ ⑤
34	① ② ③ ④ ⑤
35	① ② ③ ④ ⑤
36	① ② ③ ④ ⑤
37	① ② ③ ④ ⑤
38	① ② ③ ④ ⑤
39	① ② ③ ④ ⑤
40	① ② ③ ④ ⑤
41	① ② ③ ④ ⑤
42	① ② ③ ④ ⑤
43	① ② ③ ④ ⑤
44	① ② ③ ④ ⑤
45	① ② ③ ④ ⑤
46	① ② ③ ④ ⑤
47	① ② ③ ④ ⑤
48	① ② ③ ④ ⑤
49	① ② ③ ④ ⑤
50	① ② ③ ④ ⑤

전공

1	① ② ③ ④ ⑤
2	① ② ③ ④ ⑤
3	① ② ③ ④ ⑤
4	① ② ③ ④ ⑤
5	① ② ③ ④ ⑤
6	① ② ③ ④ ⑤
7	① ② ③ ④ ⑤
8	① ② ③ ④ ⑤
9	① ② ③ ④ ⑤
10	① ② ③ ④ ⑤
11	① ② ③ ④ ⑤
12	① ② ③ ④ ⑤
13	① ② ③ ④ ⑤
14	① ② ③ ④ ⑤
15	① ② ③ ④ ⑤
16	① ② ③ ④ ⑤
17	① ② ③ ④ ⑤
18	① ② ③ ④ ⑤
19	① ② ③ ④ ⑤
20	① ② ③ ④ ⑤
21	① ② ③ ④ ⑤
22	① ② ③ ④ ⑤
23	① ② ③ ④ ⑤
24	① ② ③ ④ ⑤
25	① ② ③ ④ ⑤
26	① ② ③ ④ ⑤
27	① ② ③ ④ ⑤
28	① ② ③ ④ ⑤
29	① ② ③ ④ ⑤
30	① ② ③ ④ ⑤
31	① ② ③ ④ ⑤
32	① ② ③ ④ ⑤
33	① ② ③ ④ ⑤
34	① ② ③ ④ ⑤
35	① ② ③ ④ ⑤
36	① ② ③ ④ ⑤
37	① ② ③ ④ ⑤
38	① ② ③ ④ ⑤
39	① ② ③ ④ ⑤
40	① ② ③ ④ ⑤

한국농어촌공사 필기전형 답안카드

전공

	① ② ③ ④ ⑤		① ② ③ ④ ⑤
21	① ② ③ ④ ⑤	1	① ② ③ ④ ⑤
22	① ② ③ ④ ⑤	2	① ② ③ ④ ⑤
23	① ② ③ ④ ⑤	3	① ② ③ ④ ⑤
24	① ② ③ ④ ⑤	4	① ② ③ ④ ⑤
25	① ② ③ ④ ⑤	5	① ② ③ ④ ⑤
26	① ② ③ ④ ⑤	6	① ② ③ ④ ⑤
27	① ② ③ ④ ⑤	7	① ② ③ ④ ⑤
28	① ② ③ ④ ⑤	8	① ② ③ ④ ⑤
29	① ② ③ ④ ⑤	9	① ② ③ ④ ⑤
30	① ② ③ ④ ⑤	10	① ② ③ ④ ⑤
31	① ② ③ ④ ⑤	11	① ② ③ ④ ⑤
32	① ② ③ ④ ⑤	12	① ② ③ ④ ⑤
33	① ② ③ ④ ⑤	13	① ② ③ ④ ⑤
34	① ② ③ ④ ⑤	14	① ② ③ ④ ⑤
35	① ② ③ ④ ⑤	15	① ② ③ ④ ⑤
36	① ② ③ ④ ⑤	16	① ② ③ ④ ⑤
37	① ② ③ ④ ⑤	17	① ② ③ ④ ⑤
38	① ② ③ ④ ⑤	18	① ② ③ ④ ⑤
39	① ② ③ ④ ⑤	19	① ② ③ ④ ⑤
40	① ② ③ ④ ⑤	20	① ② ③ ④ ⑤

NCS

	① ② ③ ④ ⑤		① ② ③ ④ ⑤
41	① ② ③ ④ ⑤	1	① ② ③ ④ ⑤
42	① ② ③ ④ ⑤	2	① ② ③ ④ ⑤
43	① ② ③ ④ ⑤	3	① ② ③ ④ ⑤
44	① ② ③ ④ ⑤	4	① ② ③ ④ ⑤
45	① ② ③ ④ ⑤	5	① ② ③ ④ ⑤
46	① ② ③ ④ ⑤	6	① ② ③ ④ ⑤
47	① ② ③ ④ ⑤	7	① ② ③ ④ ⑤
48	① ② ③ ④ ⑤	8	① ② ③ ④ ⑤
49	① ② ③ ④ ⑤	9	① ② ③ ④ ⑤
50	① ② ③ ④ ⑤	10	① ② ③ ④ ⑤
		11	① ② ③ ④ ⑤
		12	① ② ③ ④ ⑤
		13	① ② ③ ④ ⑤
		14	① ② ③ ④ ⑤
		15	① ② ③ ④ ⑤
		16	① ② ③ ④ ⑤
		17	① ② ③ ④ ⑤
		18	① ② ③ ④ ⑤
		19	① ② ③ ④ ⑤
		20	① ② ③ ④ ⑤

21	① ② ③ ④ ⑤
22	① ② ③ ④ ⑤
23	① ② ③ ④ ⑤
24	① ② ③ ④ ⑤
25	① ② ③ ④ ⑤
26	① ② ③ ④ ⑤
27	① ② ③ ④ ⑤
28	① ② ③ ④ ⑤
29	① ② ③ ④ ⑤
30	① ② ③ ④ ⑤
31	① ② ③ ④ ⑤
32	① ② ③ ④ ⑤
33	① ② ③ ④ ⑤
34	① ② ③ ④ ⑤
35	① ② ③ ④ ⑤
36	① ② ③ ④ ⑤
37	① ② ③ ④ ⑤
38	① ② ③ ④ ⑤
39	① ② ③ ④ ⑤
40	① ② ③ ④ ⑤

성 명

지원분야

문제지 형별기재란
Ⓐ
Ⓑ
(형)

수험번호
⓪ ① ② ③ ④ ⑤ ⑥ ⑦ ⑧ ⑨

감독위원 확인
(인)

한국농어촌공사 필기전형 답안카드

성 명

지원 분야

문제지 형별기재란

( )형

Ⓐ Ⓑ

수험번호

감독위원 확인

㊞

	⓪	①	②	③	④	⑤	⑥	⑦	⑧	⑨
	⓪	①	②	③	④	⑤	⑥	⑦	⑧	⑨
	⓪	①	②	③	④	⑤	⑥	⑦	⑧	⑨
	⓪	①	②	③	④	⑤	⑥	⑦	⑧	⑨
	⓪	①	②	③	④	⑤	⑥	⑦	⑧	⑨
	⓪	①	②	③	④	⑤	⑥	⑦	⑧	⑨
	⓪	①	②	③	④	⑤	⑥	⑦	⑧	⑨

NCS

문번						문번						문번					
1	①	②	③	④	⑤	21	①	②	③	④	⑤	41	①	②	③	④	⑤
2	①	②	③	④	⑤	22	①	②	③	④	⑤	42	①	②	③	④	⑤
3	①	②	③	④	⑤	23	①	②	③	④	⑤	43	①	②	③	④	⑤
4	①	②	③	④	⑤	24	①	②	③	④	⑤	44	①	②	③	④	⑤
5	①	②	③	④	⑤	25	①	②	③	④	⑤	45	①	②	③	④	⑤
6	①	②	③	④	⑤	26	①	②	③	④	⑤	46	①	②	③	④	⑤
7	①	②	③	④	⑤	27	①	②	③	④	⑤	47	①	②	③	④	⑤
8	①	②	③	④	⑤	28	①	②	③	④	⑤	48	①	②	③	④	⑤
9	①	②	③	④	⑤	29	①	②	③	④	⑤	49	①	②	③	④	⑤
10	①	②	③	④	⑤	30	①	②	③	④	⑤	50	①	②	③	④	⑤
11	①	②	③	④	⑤	31	①	②	③	④	⑤						
12	①	②	③	④	⑤	32	①	②	③	④	⑤						
13	①	②	③	④	⑤	33	①	②	③	④	⑤						
14	①	②	③	④	⑤	34	①	②	③	④	⑤						
15	①	②	③	④	⑤	35	①	②	③	④	⑤						
16	①	②	③	④	⑤	36	①	②	③	④	⑤						
17	①	②	③	④	⑤	37	①	②	③	④	⑤						
18	①	②	③	④	⑤	38	①	②	③	④	⑤						
19	①	②	③	④	⑤	39	①	②	③	④	⑤						
20	①	②	③	④	⑤	40	①	②	③	④	⑤						

전공

문번						문번					
1	①	②	③	④	⑤	21	①	②	③	④	⑤
2	①	②	③	④	⑤	22	①	②	③	④	⑤
3	①	②	③	④	⑤	23	①	②	③	④	⑤
4	①	②	③	④	⑤	24	①	②	③	④	⑤
5	①	②	③	④	⑤	25	①	②	③	④	⑤
6	①	②	③	④	⑤	26	①	②	③	④	⑤
7	①	②	③	④	⑤	27	①	②	③	④	⑤
8	①	②	③	④	⑤	28	①	②	③	④	⑤
9	①	②	③	④	⑤	29	①	②	③	④	⑤
10	①	②	③	④	⑤	30	①	②	③	④	⑤
11	①	②	③	④	⑤	31	①	②	③	④	⑤
12	①	②	③	④	⑤	32	①	②	③	④	⑤
13	①	②	③	④	⑤	33	①	②	③	④	⑤
14	①	②	③	④	⑤	34	①	②	③	④	⑤
15	①	②	③	④	⑤	35	①	②	③	④	⑤
16	①	②	③	④	⑤	36	①	②	③	④	⑤
17	①	②	③	④	⑤	37	①	②	③	④	⑤
18	①	②	③	④	⑤	38	①	②	③	④	⑤
19	①	②	③	④	⑤	39	①	②	③	④	⑤
20	①	②	③	④	⑤	40	①	②	③	④	⑤

〈절취선〉

한국농어촌공사 필기전형 답안카드

전공

번호	①	②	③	④	⑤	번호	①	②	③	④	⑤
1	①	②	③	④	⑤	21	①	②	③	④	⑤
2	①	②	③	④	⑤	22	①	②	③	④	⑤
3	①	②	③	④	⑤	23	①	②	③	④	⑤
4	①	②	③	④	⑤	24	①	②	③	④	⑤
5	①	②	③	④	⑤	25	①	②	③	④	⑤
6	①	②	③	④	⑤	26	①	②	③	④	⑤
7	①	②	③	④	⑤	27	①	②	③	④	⑤
8	①	②	③	④	⑤	28	①	②	③	④	⑤
9	①	②	③	④	⑤	29	①	②	③	④	⑤
1C	①	②	③	④	⑤	30	①	②	③	④	⑤
11	①	②	③	④	⑤	31	①	②	③	④	⑤
12	①	②	③	④	⑤	32	①	②	③	④	⑤
13	①	②	③	④	⑤	33	①	②	③	④	⑤
14	①	②	③	④	⑤	34	①	②	③	④	⑤
15	①	②	③	④	⑤	35	①	②	③	④	⑤
16	①	②	③	④	⑤	36	①	②	③	④	⑤
17	①	②	③	④	⑤	37	①	②	③	④	⑤
18	①	②	③	④	⑤	38	①	②	③	④	⑤
19	①	②	③	④	⑤	39	①	②	③	④	⑤
20	①	②	③	④	⑤	40	①	②	③	④	⑤

NCS

번호	①	②	③	④	⑤	번호	①	②	③	④	⑤	번호	①	②	③	④	⑤
1	①	②	③	④	⑤	21	①	②	③	④	⑤	41	①	②	③	④	⑤
2	①	②	③	④	⑤	22	①	②	③	④	⑤	42	①	②	③	④	⑤
3	①	②	③	④	⑤	23	①	②	③	④	⑤	43	①	②	③	④	⑤
4	①	②	③	④	⑤	24	①	②	③	④	⑤	44	①	②	③	④	⑤
5	①	②	③	④	⑤	25	①	②	③	④	⑤	45	①	②	③	④	⑤
6	①	②	③	④	⑤	26	①	②	③	④	⑤	46	①	②	③	④	⑤
7	①	②	③	④	⑤	27	①	②	③	④	⑤	47	①	②	③	④	⑤
8	①	②	③	④	⑤	28	①	②	③	④	⑤	48	①	②	③	④	⑤
9	①	②	③	④	⑤	29	①	②	③	④	⑤	49	①	②	③	④	⑤
10	①	②	③	④	⑤	30	①	②	③	④	⑤	50	①	②	③	④	⑤
11	①	②	③	④	⑤	31	①	②	③	④	⑤						
12	①	②	③	④	⑤	32	①	②	③	④	⑤						
13	①	②	③	④	⑤	33	①	②	③	④	⑤						
14	①	②	③	④	⑤	34	①	②	③	④	⑤						
15	①	②	③	④	⑤	35	①	②	③	④	⑤						
16	①	②	③	④	⑤	36	①	②	③	④	⑤						
17	①	②	③	④	⑤	37	①	②	③	④	⑤						
18	①	②	③	④	⑤	38	①	②	③	④	⑤						
19	①	②	③	④	⑤	39	①	②	③	④	⑤						
20	①	②	③	④	⑤	40	①	②	③	④	⑤						

성 명

지원 분야

문제지 형별기재란 Ⓐ Ⓑ
(   )형

수 험 번 호
⓪ ① ② ③ ④ ⑤ ⑥ ⑦ ⑧ ⑨

감독위원 확인
(인)

2024 최신판 SD에듀 All-New 한국농어촌공사 5·6급 NCS + 전공 + 모의고사 3회 + 무료NCS특강

개정11판1쇄 발행	2024년 05월 30일 (인쇄 2024년 05월 03일)
초 판 발 행	2014년 10월 10일 (인쇄 2014년 09월 14일)
발 행 인	박영일
책 임 편 집	이해욱
편 저	SDC(Sidae Data Center)
편 집 진 행	김재희·윤소빈
표지디자인	박수영
편집디자인	김경원·장성복
발 행 처	(주)시대고시기획
출 판 등 록	제10-1521호
주 소	서울시 마포구 큰우물로 75 [도화동 538 성지 B/D] 9F
전 화	1600-3600
팩 스	02-701-8823
홈 페 이 지	www.sdedu.co.kr

I S B N	979-11-383-7136-0 (13320)
정 가	25,000원